Die

Reichsversicherungsordnung

Handausgabe

mit

gemeinverständlichen Erläuterungen

von

Dr. Manes
Professor
Dozent der
Handelshochschule Berlin

Dr. Mentzel
Regierungs-Rat
Mitglied des
Reichsversicherungsamts

Dr. Schulz
Regierungs-Rat
Mitglied des
Reichsversicherungsamts

Erster Band

Die für alle Versicherungszweige geltenden
Vorschriften
der Reichsversicherungsordnung
(Erstes, fünftes und sechstes Buch)
nebst Einleitung und Einführungsgesetz

Leipzig
G. J. Göschen'sche Verlagshandlung
1912

Die für alle Versicherungszweige geltenden Vorschriften der Reichsversicherungs-ordnung

(Erstes, fünftes und sechstes Buch)

nebst

Einleitung und Einführungsgesetz

Erläutert

von

Dr. Manes
Professor
Dozent der
Handelshochschule Berlin

Dr. Mentzel
Regierungs-Rat
Mitglied des
Reichsversicherungsamts

Dr. Schulz
Regierungs-Rat
Mitglied des
Reichsversicherungsamts

Leipzig
G. J. Göschen'sche Verlagshandlung
1912

Inhalt.

Reichsversicherungsordnung.

Erstes Buch.

Gemeinsame Vorschriften.

Fünftes Buch.

Beziehungen der Versicherungsträger zu einander.

Sechstes Buch.

Verfahren.

A. Feststellung der Leistungen.

Die Anordnung dieser Ausgabe, deren Bände I bis IV vorliegen und einzeln käuflich sind, ist folgende:

Band I: Die für alle Versicherungszweige geltenden Vorschriften der Reichsversicherungsordnung (1., 5. und 6. Buch) nebst Einleitung und Einführungsgesetz.

Band II: Die Krankenversicherung.

Band III: Die Unfallversicherung.

Band IV: Die Invaliden- und Hinterbliebenenversicherung.

Ergänzungsband: Die zur Reichsversicherungsordnung ergangenen Gesetze, Verordnungen und sonstigen offiziellen Bekanntmachungen (erscheint Mitte 1912).

Vorwort.

Diese Ausgabe der Reichsversicherungsordnung (RVO.) einschließlich ihres Einführungsgesetzes (Einf.-Ges.) und aller zu ihr ergehenden Gesetze, Verordnungen und sonstigen offiziellen Bekanntmachungen, will in bequemer und praktischer Form eine für das Studium und die Handhabung der neuen Kodifikation geeignete Grundlage bieten. Sie möchte zwischen Textausgabe und Kommentar eine Mittelstellung einnehmen: dem Juristen will sie das wichtigste der Gesetzesmaterialien und der bisher ergangenen aber auch noch künftig geltenden Rechtsprechung bieten, dem Nichtjuristen durch gemeinverständliche Erläuterungen die Tragweite und den Zusammenhang der gesetzlichen Bestimmungen klarmachen, beide aber auch auf die wirtschaftliche Bedeutung der Reichsversicherungsgesetzgebung hinweisen.

In die Bearbeitung des ganzen Stoffes haben sich die Verfasser in folgender Weise geteilt:

1. Buch	Manes
2. Buch	Manes
3. Buch	Schulz
4. Buch	Mentzel
5. Buch	Mentzel
6. Buch	Schulz

Jeder Verfasser hat auch die einschlägigen Teile des Einführungsgesetzes erläutert. Bei Bearbeitung des 1. und 2. Buches hat sich Herr Regierungsassessor Dr. Sitzler umfassend beteiligt.

Der Wunsch der Verfasser ist es, daß diese Ausgabe sich insbesondere brauchbar erweisen möge einerseits für den Studenten der Universitäten wie der Handelshochschulen, andrerseits für den Industriellen und den Kaufmann.

Berlin, im September 1911.

Die Verfasser.

Einleitung.

Geschichte der Gesetzgebung.

Es sind genau drei Jahrzehnte her, daß das Fundament für dic Gesetzgebung gelegt worden ist, deren umfassende Kodifikation die Reichsversicherungsordnung darstellt; denn am 17. November 1881 erschien die Kaiserliche Botschaft, in der „die Heilung der sozialen Schäden nicht ausschließlich im Wege der Repression .... sondern gleichmäßig auf dem der positiven Lösung des Wohls der Arbeiter“ dem Reichstag ans Herz zu legen als „kaiserliche Pflicht“ erklärt wurde. „Für diese Fürsorge die rechten Mittel und Wege zu finden, ist eine schwierige, aber auch eine der höchsten Aufgaben eines jeden Gemeinwesens“. So hieß es in diesem für die deutsche Sozialpolitik wichtigsten Aktenstück, welches mit dem von ihm gewiesenen Weg unerwartet große Erfolge auf den verschiedensten Gebieten der Volkswohlfahrt erzielt hat. In zahlreichen Etappen hat sich die deutsche Sozialversicherung, oder, wie sie bis vor kurzem genannt wurde, die Arbeiterversicherung, ihren Weg geebnet, hinweg über enorme Schwierigkeiten parteipolitischer wie finanzieller und ethischer Natur. Schritt für Schritt ist die Gesetzgebung hier nicht nur in Deutschland vorwärts gedrungen, sondern nach deutschem Vorbild haben fast alle Kulturländer der Welt sich mit der Regelung derselben Materie befaßt.

Der Einführung der Krankenversicherung auf Grund des Gesetzes vom 15. Juni 1883 folgte die Unfallversicherung zunächst für die Industrie durch das Gesetz vom 6. Juli 1884; die Invaliditäts- und Altersversicherung brachte das Gesetz vom 22. Juni 1889; dazwischen aber liegen Gesetze, welche die Unfall- und die Krankenversicherung auf weitere Bevölkerungskreise ausdehnten. Die späteren Jahre haben die Kranken-, wie die Unfall-, und die Invalidenversicherung in neuen fortschrittlichen Gesetzen geregelt. (Die bis zum Inkrafttreten der RVO. geltenden Gesetze sind in Art. 5 Einf.-Ges. aufgezählt. Siehe in diesem Bd. S. 75 ff. Die Entwicklung jedes einzelnen Versicherungszweigs findet sich dargestellt in den Einleitungen zum II., III. und IV. Buch, die auch eine knappe Wiedergabe der Grundzüge dieser Versicherungszweige enthalten.)

Aber alle erwähnten Gesetze bildeten bisher kein einheitliches Ganzes, standen vielmehr fast unvermittelt nebeneinander; die Durchführung des einen Gedankens, welchem die gesamte Sozialversicherung dienen soll, durch ein einziges Gesetzgebungswerk zu erreichen, war bisher nicht möglich. Dreißig Jahre nach dem Beginn der Gesetzgebung erst ist es gelungen, die verschiedenen neben- und auseinanderstehenden Zweige der Sozialversicherung in einer einzigen großen Kodifikation zu vereinen. Das ist die Hauptbedeutung des vorliegenden Gesetzes.

Die Geschichte dieses Reformgesetzes ist beinahe so alt, wie die deutsche Sozialversicherung überhaupt; denn sobald mehr als ein Zweig seine gesetzliche Regelung gefunden hatte, wurden bereits Stimmen laut, die für eine Vereinheitlichung, oder wenigstens eine Vereinfachung der Versicherungsgesetzgebung eintraten. Zu greifbarer Gestalt verdichtet hat der Gesetzgeber diese Vorschläge in den unterm 5. März 1908 den Bundesregierungen bekannt gegebenen „Grundzügen für die Abänderung der Organisation, des Verfahrens und des Instanzenzuges in Arbeiterversicherungssachen“, welche im Reichsamt des Innern ausgearbeitet worden waren. Soweit diese

Grundzüge der Öffentlichkeit bekannt wurden, gaben sie Anlaß zu lebhafter Kritik. Gewissen Interessentengruppen des Gesetzgebungswerks wurde alsdann in den Konferenzen, welche in der Zeit vom 23. bis 27. Oktober 1908 im Reichsamt des Innern stattfanden, Gelegenheit gegeben an Hand von Fragebogen und Leitsätzen ihre Wünsche zu äußern. Daß diese stark von einander abwichen, liegt auf der Hand. Das gesamte Material wurde hierauf zu einem im Januar 1909 fertiggestellten Entwurf einer Reichsversicherungsordnung verarbeitet, der, unwesentlich geändert, unterm 2. April 1909 dem Bundesrat und der Öffentlichkeit übergeben wurde. Eine umfassende Kritik folgte, deren Spuren in dem Entwurf deutlich erkennbar sind, der als Umarbeitung des vorhergehenden ein Jahr später nebst Anlagen als Nr. 340 der Drucksachen des Reichstags diesem unter dem 12. März 1910 vorgelegt wurde. Aus der weiteren parlamentarischen Geschichte dieses Entwurfs, an welchen sich eine außerordentlich umfangreiche und heftige Kritik knüpfte, soll hier nur hervorgehoben werden, daß der Reichstag sich zum ersten Mal mit ihm am 18./20. April 1910 beschäftigte und ihn einer Kommission von 28 Mitgliedern überwies, welche in der Zeit von Mai 1910 bis April 1911 auf das eingehendste sich mit der Regierungsvorlage befaßt hat. Die Kommission legte dem Reichstag ihren über 2000 Seiten starken Bericht vor, in welchem die zahlreichen Änderungen, welche die Kommission in ihren drei Beratungen vorgenommen hatte, gerechtfertigt wurden. Das Reichstagsplenum beschäftigte sich in zweiter Lesung mit dem Entwurf in der Zeit vom 5. Mai bis 22. Mai 1911 und nahm in der dritten Lesung, nachdem das Plenum an dem Kommissionsentwurf abermals eine Anzahl Änderungen vorgenommen hatte, das Gesetz in der Sitzung vom 30. Mai 1911 an. Tags darauf wurde das Einführungsgesetz angenommen und beide Gesetze erhielten unter dem 1. Juni 1911 die Zustimmung des Bundesrats. Verkündet ist *die vom 19. Juli 1911 datierte Reichsversicherungsordnung* nebst Einführungsgesetz im Reichsgesetzblatt Nr. 42, S. 509 ff. vom 1. August 1911.

Wenngleich es nun nicht die Aufgabe dieser Handausgabe sein kann, den Leser mit den Grundzügen der deutschen Sozialversicherung in systematischer Weise vertraut zu machen, für diesen Zweck vielmehr auf andere literarische Hilfsmittel verwiesen werden muß (siehe das Literaturverzeichnis S. 25 ff.), so erscheint es doch angebracht, an dieser Stelle wenigstens eine ganz knappe Skizze des Systems zu geben, auf welchem die RVO. aufgebaut ist.

Dieses Gesetz normiert ohne an den bisherigen wichtigsten Grundsätzen der früheren Arbeiterversicherungsgesetze zu rütteln, eine Versicherungspflicht für gewisse Volkskreise und zwar für fast dieselben Personen hinsichtlich der Kranken- und Invalidenversicherung, während der Kreis der Unfallversicherungspflichtigen ein anderer ist. Neben der Anordnung von ausnahmsweisen Befreiungen von der Versicherungspflicht kennt die RVO. eine Versicherungsberechtigung für bestimmt fixierte Personenschichten. Die Organisationen, welche als Träger der Versicherung in Betracht kommen, und zwar im wesentlichen die Krankenkassen bei der KV., die Berufsgenossenschaften bei der UV., und die Versicherungsanstalten bei der IV., werden in ihrer äußeren wie in ihrer inneren Verfassung — wenigstens in den Hauptgrundzügen — von dem Gesetz geregelt. Zur Durchführung der Versicherung sind ferner besondere Versicherungsbehörden: das V. Amt, das OV. Amt und das RV. Amt, beziehungsweise die LV. Ämter bestellt, die auf dem gesamten Gebiete der Arbeiterversicherung eine Reihe von Verwaltungsaufgaben zu erfüllen, namentlich aber über alle auf diesem Gebiete entstehenden Streitigkeiten zu entscheiden haben.

Über die Leistungen aus der Versicherung, wie auch über die Aufbringung der zu ihrer Deckung erforderlichen Lasten, die Beiträge der Arbeitgeber wie der Arbeitnehmer sowie die Zuschüsse des Reichs, enthält die RVO. genaue Bestimmungen, desgleichen über die Verwaltung und Anlegung des Vermögens der Versicherungsträger. Zur Durchführung der Anordnungen des Gesetzes dienen besondere Strafvorschriften.

Über alle weiteren Einzelheiten der in der RVO. geregelten Sozialversicherung ist auf den Gesetzestext und die dazu gegebenen Erläuterungen, namentlich auf die Einleitungen zu dem II., III. und IV. Buch zu verweisen.

Ziele und Zwecke der RVO.

Über Ziele und Zweck der Reichsversicherungsordnung möge folgender Auszug aus der Begründung zum ersten Entwurf der RVO. Aufschluß geben.

Der Wert und die Bedeutung des Friedenswerkes, das durch die Kaiserliche Botschaft vom 17. November 1881 eingeleitet wurde, wird in keiner Weise geschmälert, wenn Reformen für die deutsche Arbeiterversicherung vorgenommen worden sind. Nicht gegen das Werk als Ganzes oder gegen seine Grundgedanken richtet sich die Kritik. Sie haben sich vollauf bewährt. Nur einzelne Unvollkommenheiten will das Gesetz beseitigen, die zwar nicht klein an Zahl, auch, für sich betrachtet, wichtig genug sind, die aber doch nur geringfügig erscheinen, wenn sie an der Größe und dem Erfolge des Ganzen gemessen werden.

Solche Unvollkommenheiten konnten nicht ausbleiben. Sie waren bedingt ebenso durch die Neuheit, wie durch den Umfang der Aufgaben, vor die sich die Gesetzgebung durch die Verheißungen der Allerhöchsten Botschaft gestellt sah. Sie mußten dadurch vermehrt werden, daß der gewaltige Stoff unmöglich auf einmal in Angriff genommen, sondern nur stückweise allmählich gemeistert werden konnte.

Die Spuren dieser Art des Vorgehens machen sich auch heute noch bemerkbar.

Und noch ein anderes tritt hinzu. Seit den ersten Jahren der deutschen sozialen Versicherung hat das Volksleben, namentlich wirtschaftlich, weitreichende Veränderungen erfahren. Davon konnte die soziale Fürsorge nicht unberührt bleiben, die mit so zahlreichen Lebensbeziehungen auf das innigste verwoben ist. Will die soziale Gesetzgebung die nötige Fühlung mit dem sozialen Leben wahren, so muß sie auch den Änderungen in seinen Verhältnissen folgen. Ähnliches vollzieht sich auch auf dem Gebiete des Gewerberechts: auch dort beweisen die zahlreichen Änderungen, welche die Gewerbeordnung seit ihrem Entstehen erfahren hat und fortdauernd noch erfährt, nicht die Mangelhaftigkeit der ursprünglichen Vorschriften; sie spiegeln vielmehr nur den raschen, unablässigen Wechsel wieder, der sich auf allen Gebieten des Lebens vollzieht.

Die deutsche Arbeiterversicherung bedarf aber weiterhin auch des Ausbaues.

Der berechtigte Wunsch, die Segnungen einer sozialen Versicherung den beteiligten Kreisen möglichst bald zu gewähren, ließ seinerzeit vor allen Schwierigkeiten Halt machen, deren man nicht sogleich Herr werden konnte. Demgemäß sind namentlich auf dem Gebiete der Krankenversicherung ganze Bevölkerungsgruppen deshalb unversichert geblieben, weil ihre eigenartigen Verhältnisse ihrer gleichmäßigen Einbeziehung in den Kreis der Versicherten zunächst widerstrebten. Auf die Dauer geht es aber nicht an, Unterschiede in dieser Hinsicht bestehen zu lassen, und zwar in der Hauptsache nur um deswillen, weil das Zuwenden einer ähnlichen Fürsorge der Gesetzestechnik und der Durchführung Hindernisse bietet. Jene Schwierigkeiten sind nach wie vor vorhanden. Sie sind nach wie vor von erheblicher Art. Allein es muß nunmehr der Versuch gemacht werden, sie zu überwinden. Das Gesetz erblickt hierin eine seiner wesentlichen Aufgaben.

Des weiteren ist eines der großen Probleme, vor die sich die soziale Gesetzgebung gestellt sah, bisher überhaupt noch nicht in Angriff genommen worden. Für die Versicherten selbst war bei Krankheit, Unfall, Invalidität und Alter vorgesorgt: für ihre Hinterbliebenen stand die Fürsorge in der Hauptsache noch aus.

Reform und Ausbau müssen Hand in Hand gehen. Sie bedingen sich gegenseitig und würden, losgelöst voneinander, wiederum nur Stückwerk bringen können. Die Reform ohne den gleichzeitigen Ausbau würde der namentlich für ihre Organisationsvorschläge nötigen breiten und einheitlichen Unterlagen entbehren. Der Ausbau ohne die Reform würde die vorhandenen und erkannten Mängel auf weitere Kreise übertragen und Neubildungen schaffen, die voraussichtlich in kurzer Frist doch wieder geändert werden und damit die Schwierigkeiten der Gesamtreform nur noch vergrößern müßten.

Reform und Ausbau sind aber nicht nur notwendig, sondern auch dringlich. Dies ist die Meinung weitester Kreise, eine Meinung, der insbesondere auch die große Mehrheit des Reichstags wiederholt und nachdrücklich Ausdruck verliehen hat.

Muß die Leistungsfähigkeit und die Leistungswilligkeit aller beteiligten Kreise erneut in Anspruch genommen werden, so mahnen andererseits die Zeitverhältnisse zu Vorsicht und Beschränkung. Dem trägt das Gesetz Rechnung. Es weist, abgesehen von der Hinterbliebenenversicherung, der sozialen Fürsorge keine neuen, bisher unbekannten Ziele. Es beschränkt sich vielmehr auf den Ausbau des Bestehenden, ohne über den Rahmen dessen hinauszugehen, was der Reichstag seit Jahren gefordert und für durchführbar erachtet hat. Dabei nimmt es auf die besonderen wirtschaftlichen Verhältnisse der neu in die Versicherung einbezogenen Gruppen der Bevölkerung durch angemessene Sondervorschriften schonende Rücksicht. Durch Einfügen einer freiwilligen Zusatzversicherung kommt die Gesetzgebung berechtigten

Wünschen des Mittelstandes nach einer Ausgestaltung der sozialen Versicherung entgegen, die seinen Verhältnissen entspricht. Dadurch wird diesen Kreisen von Versicherten die Möglichkeit eröffnet, nach freier Wahl von den bestehenden Einrichtungen Gebrauch zu machen, um ihr Versicherungsbedürfnis in einfachster und billigster Weise zu befriedigen. Noch nicht spruchreife Fragen sind zurückgestellt worden, um die Reform nicht auf Jahre hinaus zu verzögern. Infolgedessen muß mancher lange gehegte Wunsch zurücktreten, kann manche an sich berechtigte Forderung nicht in dem erhofften Umfange befriedigt werden. Gleichwohl bedeutet das Maß dessen, was das Gesetz bietet, einen wichtigen Fortschritt auf der Bahn der sozialen Wohlfahrtspflege. Die Organisation, die es vorschlägt, gibt überdies einen geeigneten Rahmen für künftige weitere Verbesserungen ab.

Die Meinungen über die Ziele, die Wege und den Umfang der Reform sind auch in den Kreisen derjenigen sehr geteilt, welche in wissenschaftlicher Durchbildung und praktischer Erfahrung einen Überblick über das weitverzweigte Gebiet gewonnen haben. Daß dabei in der Verschiedenheit der Auffassungen bei den einzelnen Gruppen der Nächstbeteiligten, also der Arbeitgeber, der Versicherten sowie der Körperschaften und Organe der reichsgesetzlichen Versicherung, auch die Rücksicht auf eigene Sonderinteressen hervortritt, ist nur natürlich. Für das Gesetz kam es unter diesen Umständen darauf an, nach Möglichkeit eine Mittellinie einzuhalten und da auszugleichen, wo an sich berechtigte Interessen einander widerstreiten.

Grundlegend für die Gestaltung der Reform ist es, wie man sich zur Frage einer Vereinheitlichung der verschiedenen Versicherungszweige stellen soll. Ihrer völligen Verschmelzung haben sich die verbündeten Regierungen bisher stets ablehnend gezeigt. Maßgebend hierfür war allerdings nicht die Überzeugung, daß die gegenwärtige Einteilung der Versicherung in mehrere gegeneinander völlig selbständige Zweige oder überhaupt eine Teilung die allein zweckmäßige oder doch grundsätzlich beste Form der Organisation sei. Zu keiner Zeit hat man es verkannt, daß der Mangel an Einheitlichkeit die Quelle für viele der häufig beklagten Unzuträglichkeiten des geltenden Systems bildet. Auf der anderen Seite aber ließen sich auch nicht die außerordentlichen Schwierigkeiten übersehen, die einer Zusammenlegung, sei es auch nur einer solchen der äußeren Organisation, entgegenstehen. Diese Schwierigkeiten müssen um so mehr beachtet werden, als sie zu einem großen Teile im inneren Wesen der einzelnen Versicherungszweige selbst, besonders in der ganz verschiedenen Art ihrer Risiken, begründet sind. Zudem haben augenscheinlich in neuerer Zeit die Stimmen derjenigen Kenner der Sozialversicherung an Zahl und Bedeutung zugenommen, welche davon abraten, alle oder doch einzelne Zweige der Versicherung völlig zu verschmelzen, und auf die mannigfachen Vorteile hinweisen, die gerade der Sonderung der Organisation zu danken seien und deren Mängeln mindestens das Gleichgewicht hielten.

Auch der Umstand fällt ins Gewicht, daß bei den Trägern der Versicherung selbst wenig oder keine Neigung zu einer Verschmelzung besteht. Diese Versicherungsträger sind nun einmal seit geraumer Zeit in der ihnen vom Gesetze gegebenen Form selbständige Rechtssubjekte geworden. Sie haben als solche im Laufe der Jahre, zum Teil in sehr beträchtlichem Umfange, eigenes Vermögen gesammelt und Dritten gegenüber Rechte erworben und Pflichten übernommen. Gesetzgeberische Maßnahmen, die wider ihren Willen ihren selbständigen Bestand in Frage stellen, müssen schon aus diesem Grunde auf schwerwiegende Bedenken stoßen.

Den Ausschlag aber gibt die Erwägung, daß trotz so mannigfacher Vorschläge sich noch immer keine Organisation hat finden lassen, von der man auch nur mit einiger Sicherheit sagen könnte, sie vereinige in sich die Vorzüge der seitherigen Organisationen, vermeide aber deren Mängel. Solange dies nicht der Fall ist, wird man die Frage der Verschmelzung nach wie vor als zum mindesten nicht spruchreif bezeichnen müssen.

Statt der Verschmelzung, der die jetzt selbständigen Versicherungszweige widerstreben, muß unter Wahrung ihrer Selbständigkeit eine gegenseitige Annäherung versucht haben.

Bei der inneren Verwandtschaft der Gegenstände und den vielfachen, durch das Gesetz noch stark vermehrten Berührungspunkten der einzelnen Versicherungszweige untereinander erscheint es angezeigt, den jetzt in einer Reihe verschiedener Gesetze zerstreuten Stoff nebst der neuen Hinterbliebenenversicherung in ein einheitliches Gesetz zusammenzufassen. Ein solches verlangt auch eine kurze, einheitliche Bezeichnung. Der Name „Arbeiterversicherungsgesetz", der hierfür zunächst in Betracht kommen könnte, trifft deshalb nicht zu, weil der Kreis der Versicherten weit über diejenigen Personen hinausgeht, die man gewöhnlich als Arbeiter bezeichnet. Da die ganze soziale Versicherung nicht nur durch Reichsgesetz geregelt, sondern auch überhaupt erst von Reichs wegen ins Leben gerufen worden ist, so kann sie zutreffend als Reichsversicherung bezeichnet werden. Dies steht zudem mit der schon gegebenen Benennung des Reichsversicherungsamts in Einklang. Da es sich ferner um eine allseitige, umfassende Ordnung dieses Versicherungswesens, auch nach der Seite der Verwaltung hin, handelt, ist übereinstimmend z. B. mit der Bezeichnung „Gewerbeordnung" der Name „Reichsversicherungsordnung" gewählt worden; damit läßt sich zugleich dieses Gesetz leichter von anderen Reichsgesetzen unterscheiden, die sonstiges Versicherungsrecht, namentlich die private Versicherung betreffen.

Anordnung des Gesetzes.

Bei der Anordnung des Gesetzes kam es zunächst darauf an, möglichst das zusammenzufassen, was für alle Versicherungszweige gleichmäßig gilt. Dahin gehören vor allem die Vorschriften über die besonderen Versicherungsbehörden und das Verfahren, ferner gewisse Vorschriften über gegenseitige Beziehungen der verschiedenen Versicherungen untereinander, wie sie namentlich bei Ersatzstreitigkeiten zutage treten. Überdies enthalten die einzelnen Versicherungsgesetze schon jetzt eine Reihe von Vorschriften, die entweder wörtlich gleichlauten oder doch unbedenklich gleichmäßig gestaltet werden können. Auch diese konnten, um überflüssige Wiederholungen innerhalb desselben Gesetzes zu vermeiden, nebst einigen mehrfach wiederkehrenden Begriffsbestimmungen an gemeinsamer Stelle zusammengefaßt werden.

Auf diese Weise ergibt sich, abgesehen von den gemeinsamen Übergangsvorschriften, die in einem besonderen Einführungsgesetze zusammengefaßt sind, zwanglos die Einteilung in sechs Bücher.

Das Erste Buch enthält außer den allgemeinen Grundzügen der Organisation gewisse Vorschriften, die für alle Träger und Zweige der Versicherung übereinstimmen, sowie Begriffsbestimmungen. Es regelt ferner die Verhältnisse der Versicherungsbehörden. Das Zweite, Dritte und Vierte Buch bringen die besonderen Vorschriften für die Einzelzweige der Reichsversicherung in der Reihenfolge ihres geschichtlichen Entstehens, also für Krankenversicherung, Unfallversicherung, Invaliden- und Hinterbliebenenversicherung. Dabei wird das Buch über Unfallversicherung in drei Teile gegliedert, entsprechend den besonderen Verhältnissen der gewerblichen, landwirtschaftlichen und See-Unfallversicherung. Als Fünftes und Sechstes Buch schließen sich die Vorschriften über die gegenseitigen Beziehungen aus den verschiedenen Versicherungszweigen sowie über das Verfahren in den Spruch- und Beschlußsachen an.

Die äußere Verschmelzung zu einem einzigen Gesetze machte es auch notwendig, die Vorschriften für die einzelnen Versicherungszweige gleichmäßiger anzuordnen, als es bisher der Fall war. Im Hinblick auf die Besonderheiten, die jeder Versicherungszweig unvermeidlich fordert, ließ sich eine solche Gleichmäßigkeit freilich nur bis zu einem gewissen Grade durchführen. Die gründlichste Umgestaltung hat dabei wiederum das in seiner gegenwärtigen Form recht unübersichtliche Krankenversicherungsgesetz erfahren. Seine Einteilung lediglich nach den verschiedenen Trägern der Versicherung konnte mit der auf sachlichen Gesichtspunkten begründeten Einteilung der anderen Versicherungsgesetze unmöglich in Einklang gebracht werden.

Der Gesetzgeber hat sich im übrigen bemüht, eine gewisse Gleichmäßigkeit auch der Ausdrucksweise durchzuführen und gleichzeitig die Satzfassung und Wortbildung dem Sprachgebrauch anderer neuerer Gesetze mehr anzupassen. Dabei wurde auf Kürze und leichte Verständlichkeit der einzelnen Bestimmungen hingearbeitet.

Die erhebliche Vermehrung der Paragraphenzahl des Gesetzes gegenüber den seither geltenden Versicherungsgesetzen ist nur zu einem Teile auf das unvermeidliche Anschwellen des Stoffes infolge der neuen Vorschriften, z. B. über die besonderen Versicherungsbehörden, das Zusammenlegen von Krankenkassen, das Neueinbeziehen großer Personenkreise in die Krankenversicherung sowie das Einführen der Hinterbliebenenversicherung, zurückzuführen. Zum größeren Teile beruht sie darauf, daß zahlreiche lange Paragraphen der alten Gesetze, etwa entsprechend ihren einzelnen Absätzen, in selbständige kleinere Paragraphen zerlegt worden sind. Kurze Paragraphen erleichtern erfahrungsgemäß den Überblick und das Zitieren der einzelnen Vorschriften. Wenn das Gesetz gleichwohl tatsächlich einen großen Umfang gewonnen hat, so war dies bei der Fülle des Stoffes, der in die Form gesetzlicher Regeln zu bringen war, nicht zu vermeiden. Eine kleine Kürzung hätte sich allenfalls erzielen lassen, wenn verschiedene Einzelvorschriften der alten Gesetze beseitigt worden wären, die ihr Entstehen mehr einem gewissen Gelegenheitsbedürfnisse verdankt haben. Dies hätte indessen leicht dazu führen können, daß bereits entschiedene Fragen demnächst in der Praxis von neuem als Streitpunkte wieder auftauchten. Demgegenüber erschien es zweckmäßiger, auf den dabei erzielten Gewinn an Kürze zu verzichten.

Der Umfang des Gesetzes hat bei seiner ersten Veröffentlichung Anlaß zu der Frage gegeben, ob es überhaupt zweckmäßig sei, die gesamten Arbeiterversicherungsgesetze zu einem einheitlichen Ganzen zusammenzuarbeiten. Die Frage ist vielfach verneint worden. Man hat ein Gesamtgesetz als unhandlich bezeichnet und bezweifelt, ob sich die Versicherten, für die es doch in erster Reihe bestimmt sei, darin würden zurecht finden können. Man übersieht dabei aber, daß der gerügte große Umfang nicht durch die Tatsache der Zusammenfassung, sondern durch die gewaltige Fülle des vorhandenen Stoffes selbst bedingt wird. Wollte man diesen in eine Reihe neuer Einzelgesetze zusammenfassen, so würde wegen der Notwendigkeit, gleichlautende und deshalb jetzt nur an einer Stelle gegebene Vorschriften bei allen einzelnen Versicherungszweigen zu wiederholen, die Paragraphenzahl nur noch erheblich steigen. Die ganz überwiegende Mehrzahl der Versicherten ist aber bei allen drei, mindestens aber bei zwei Zweigen der Reichsversicherung beteiligt; sie wird daher auch in die Lage kommen, sich mit den Vorschriften bald für den einen, bald für den anderen Versicherungszweig zu befassen. Dann ist es für den Versicherten aber doch bequemer, wenn er die gesamten Vorschriften in einem Gesetze, einheitlich und übersichtlich geordnet, findet, als wenn er sie sich aus einer ganzen Anzahl von Gesetzen zusammensuchen muß, die vielleicht noch dazu eine völlig abweichende Anordnung des Stoffes aufweisen. Den Bedürfnissen derer aber, die sich fortdauernd nur mit einer der Versicherungsarten zu beschäftigen haben, wird der Buchhandel zweifelsohne durch geeignete Textausgaben oder Kommentare Rechnung tragen, die nebst den gemeinsamen Bestimmungen des Ersten, Fünften und Sechsten Buches je nur die einschlägigen Vorschriften der übrigen Bücher über die Kranken-, die gewerbliche, die landwirtschaftliche und Seeunfallversicherung oder über die Invaliden- und Hinterbliebenenversicherung wiedergeben.

Es sei noch hervorgehoben, was die deutsche Sozialversicherung seit ihrem Bestehen bis 1909 den Versicherten zugewendet hat:

die Krankenversicherung .	3 944,4	Millionen Mark
die Unfallversicherung . .	1 808,3	„ „
die Invalidenversicherung .	1 871,6	„ „
die deutsche Arbeiterversicherung insgesamt . .	7 674,3	Millionen Mark,

also über 7½ Milliarden Mark.

Im Jahre 1909 hat den Versicherten zugewendet:

die Krankenversicherung . . .	342 200 000	Mark
die Unfallversicherung . . .	162 266 000	„
die Invalidenversicherung . . .	189 029 000	„
die deutsche Arbeiterversicherung insgesamt	693 495 000	Mark.

Mithin wurden von der deutschen Sozialversicherung täglich den Versicherten zugewendet:

1 900 000 Mark.

Das Gesamtvermögen Ende 1909 betrug:

bei der Krankenversicherung .	286 525 000	Mark
bei der Unfallversicherung . .	510 737 000	„
bei der Invalidenversicherung .	1 574 111 000	„
bei der deutschen Arbeiterversicherung insgesamt . . .	2 371 373 000	Mark.

Literatur-Verzeichnis.

(Die hauptsächlich für die deutsche Sozialversicherung in Betracht kommende Literatur.)

(Die mit einem * versehenen Schriften wurden bei dieser Ausgabe vorzugsweise benutzt oder sind besonders zu empfehlen.)

---

1. Zum Gesamtgebiet der RVO.

a) Zeitschriften.

***Amtliche Nachrichten des Reichsversicherungsamts,** Berlin, 27 Jge.

Ärztliche Sachverständigen-Zeitung. Berlin, 17 Jge., Red. Leppmann u. a.

Der Versicherungsbote, herausgegeben von Düttmann, Oldenburg, 4 Jge.

Deutsche Krankenkassen-Zeitung, Berlin, 11 Jge.

***Die Arbeiter-Versorgung,** herausgegeben von Dr. Troschel, Berlin-Lichterfelde, 28 Jge.

Die Betriebs-Krankenkasse, Essen, 4 Jge.

Die Berufsgenossenschaft, Berlin, 26 Jge.

Die Invaliditäts- und Altersversicherung im Deutschen Reiche, herausgegeben von Fey und Dietz, Mainz, 21 Jge.

Jahrbuch der Arbeiterversicherung, nach amtlichen Materialien zusammengestellt von Götze und Schindler, Berlin, 24 Jge.

Monatsblätter für Arbeiterversicherung, herausgegeben von Mitgliedern des Reichsversicherungsamts, Berlin, 5 Jge.

Volkstümliche Zeitschrift für praktische Arbeiterversicherung, Berlin, 17 Jge.

***Zeitschrift für die gesamte Versicherungs-Wissenschaft,** herausgegeben vom Deutschen Verein für Versicherungs-Wissenschaft, Berlin, 11 Jge. Red. Manes.

***Zentralblatt der Reichsversicherung** (früher Reformblatt für Arbeiterversicherung), Frankfurt a. M., herausgegeben von Stier-Somlo, 6 Jge.

b) Nachschlagewerke.

***Handwörterbuch der Staatswissenschaften,** herausgegeben von Conrad, Elster, Lexis, Löning. 3. Auflage, Jena 1909—1911. Mit Aufsätzen von van der Borght, Manes, Weymann, Zacher.

***Wörterbuch der Volkswirtschaft**, 3. Aufl., Jena 1911, herausgegeben von Elster. Mit Aufsätzen von Manes und Potthoff.
***Versicherungslexikon**, Tübingen 1909, herausgegeben von Manes, mit Aufsätzen von van der Borght u. a.
Berichte der 8 internationalen Kongresse für Arbeiterversicherung seit 1889.

c) Sonstige Literatur.

***Arbeiterversicherung.**, die deutsche, als soziale Einrichtung. Im Auftrage des Reichsversicherungsamts dargestellt für die Weltausstellung in St. Louis 1904.
Heft 1 L. Lass, Entstehung und soziale Bedeutung.
Heft 2 G. A. Klein, Statistik der Arbeiterversicherung.
Heft 3 K. Hartmann, Unfallverhütung und Arbeitshygiene.
Heft 4 Bielefeldt, Arbeiterversicherung und Volksgesundheit, Berlin 1905.
Bellom, M., Les lois d'assurance ouvrière a l'étranger, Paris 1894.
Bödicker, Die Arbeiterversicherung in den europäischen Staaten, Leipzig 1895.
Bödicker, Die Reichsversicherungsgesetzgebung, Leipzig, 1898.
v. d. Borght, Die soziale Bedeutung der deutschen Arbeiterversicherung, Jena 1898.
v. d. Borght, Grundzüge der Sozialpolitik, Leipzig 1904.
Brentano, L., Die Arbeiterversicherung gemäß der heutigen Wirtschaftsordnung, Leipzig 1879.
Finster, Curt, Die deutsche Reichspost im Dienste der Arbeiterversicherung, Berlin, Selbstverlag 1905.
Frankenstein, Bibliographie des Arbeiterversicherungswesens im deutschen Reiche, 1895.
Freund, R., Die Vereinfachung der Arbeiterversicherung, Berlin 1896.
Freund , Die Zentralisation der Arbeiterversicherung, Berlin 1888.
Freund, Vereinfachung der Arbeiterversicherung, Berlin 1896.
Gebhard, Die Reform der Invaliditäts- und Altersversicherung, Mainz 1893.
Geschichte und Wirkungskreis des Reichsversicherungsamts, Berlin 1911.
Halbach, H., Die Einwirkung der Arbeiterversicherungsgesetze auf die Knappschaftsvereine, Leipzig 1906.
Hirsch, Max, Die gegenseitigen Hilfskassen und die Gesetzgebung, Stuttgart 1876

v. Jagwitz, Vereinheitlichung der Arbeiterversicherung, Berlin 1906.

Kleeis, F., Der Aus- und Umbau der Arbeiterversicherung, Berlin 1907.

Kulemann, Die Reform unserer Sozialversicherung, Leipzig 1894.

Lass u. Zahn, Einrichtung und Wirkung der deutschen Arbeiterversicherung, 3. Aufl., Berlin 1904.

Lohmar, Die Reichsversicherungsordnung, Frankfurt a. M. 1909.

Lohmar, Über Reform und Vereinheitlichung unserer Arbeiterversicherung, Köln 1905.

Manes, Einführung in die Praxis der Sozialversicherung, Tübingen 1908.

Manes, Sozialversicherung. Zweite Auflage, Sammlung Göschen, Leipzig 1911.

Meesmann, Die Reform der Arbeiterversicherung, Vortrag. Mainz 1907.

Piloty, Der Versicherungszwang in der deutschen Arbeiterversicherung und die Thesen des Dr. Zacher, Stuttgart 1910.

***Piloty**, Arbeiterversicherungsgesetze. Textausgabe mit Anmerkungen 3 Bde. II. Aufl. München 1900.

Reichsversicherungsamt, das, und die deutsche Arbeiterversicherung, Festschrift, Berlin 1910.

Reichsversicherungsamt, das, und die internationalen Arbeiterversicherungskongresse, Berlin 1908.

Romacker, G., Die Reichsversicherung, Umbau und Ausbau der Arbeiterversicherung und Vorschläge zur Errichtung einer Reichsversicherung, Grunewald-Berlin 1904.

***Rosin, Heinrich**, Das Recht der Arbeiterversicherung. Erster Band: Die reichsrechtlichen Grundlagen der Arbeiterversicherung. Zweiter Band: Das Recht der Invaliden- und Altersversicherung. Berlin 1893/1905.

Rosin, Die Bestrebungen zur Vereinfachung der deutschen Arbeiterversicherung, Vortrag. S. A. a. d. Zeitschrift f. d. ges. Vers.-Wiss., Band IX, Heft 2, Berlin 1909.

Rosin, Umschau und Vorschau auf dem Gebiete der Arbeiterversicherung. Berlin 1898.

Rosin, Die Rechtsnatur der Arbeiterversicherung, Tübingen 1908.

Roth, Zur Reform der Unfallversicherung, Frankfurt a. M. 1897.

Schäffle, Der korporative Hilfskassenzwang. Tübingen 1884.

Schirbel, Wie könnte sich die Sozialversicherungsreform gestalten? Berlin 1907.

Schlesing, F., Projekt über Haftpflicht und Vorsorge bei Arbeitsunfähigkeit (Krankheit, Invalidität, Unfall und Alter) für alle lohnempfangenden Handarbeiter des Deutschen Reiches, ohne Staatshilfe, Berlin 1882.

Schmid, Georg, Die Geschichte des deutschen Arbeiterrechts, Biberach 1907.

Schwanck, W., Die Reform des Heilverfahrens in der Kranken-, Unfall- und Invalidenversicherung als organische Verbindung zwischen Krankenkassen, Berufsgenossenschaften und Landesversicherungsanstalten, Köln 1906.

Schwenger, E., Beschäftigung als Grundlage der Arbeiterversicherungspflicht, Tübingen 1910.

Seelmann, Die Ansprüche der Armenverbände aus den Reichsversicherungsgesetzen, Frankfurt a. M. 1906.

Seelmann, Das gesamte Material zur Reform der Arbeiterversicherung, Frankfurt a. M. 1906.

Seydel, M., Das Recht der Arbeiterversicherung in seiner Anwendung auf Bayern, Freiburg i. B., 1890.

***Siefart**, Der Begriff der Erwerbsunfähigkeit auf dem Gebiete des Versicherungswesens. 3. Aufl., Berlin 1908.

Sitzler, H. Die Arbeiterversicherung in ihrem inneren Zusammenhang, Erlangen, Junge & Sohn 1905.

***Stier-Somlo**, Deutsche Sozialgesetzgebung, Jena 1906.

Unger, H., Die deutsche Arbeiterversicherung, ihre Entwicklung und Wirkung.

Wagner, Die deutsche Arbeiterversicherung. Berlin 1906.

v. **Waltershausen, A.**, Die wirtschaftlich-soziale Bedeutung des obligatorischen Zuschusses der Unternehmer zu den Arbeiterversicherungskassen, Göttingen 1880.

Wengler, Katechismus der deutschen Arbeiterversicherung, 3 Bände, Leipzig 1898/1900.

Wenck, Geschichte und Ziele der deutschen Sozialpolitik, Leipzig 1908.

Weyl, R., Lehrbuch des Reichsversicherungsrechts, Leipzig 1894.

***Weymann, K.**, Die deutsche Arbeiterversicherung und ihre Reform durch die Reichsversicherungsordnung, Frankfurt a. M. 1909.

Zacher, Leitfaden zur Arbeiterversicherung des Deutschen Reichs. Zusammengestellt für die Weltausstellung in Chikago vom Reichsversicherungsamt in Berlin. Im amtlichen Auftrage bearbeitet. Berlin, 1898, 1902.

Zacher, Guide to the Workmens Insurance of the German Empire, Berlin 1900.

Zacher, Guide pour L'Assurance ouvrière de l'Empire Allemand, Berlin 1900.

Zacher, Lass, Klein, Leitfaden zur Arbeiterversicherung des Deutschen Reichs, Asher & Co., Berlin 1906.
***Zacher,** Die Arbeiterversicherung im Auslande, Berlin 1900.
Zadek, Die Arbeiterversicherung. Eine sozial-hygienische Kritik, Jena 1895.
Zahn, F., Die Entwicklung der deutschen sozialpolitischen Gesetzgebung, Vortrag, Berlin.
Zeller, Die Vereinfachung und Verschmelzung der Arbeiterversicherung, Leipzig 1896.

2. Krankenversicherung.

Brauchitsch, M., Die neuen preußischen Verwaltungsgesetze, nach dem Tode des Verfassers umgearbeitet, fortgeführt und herausgegeben von Studt und Braunbehrens, Berlin.
Düttmann, Das Krankenversicherungsgesetz, Altenburg 1903.
Flesch, K., Die Ursachen der Armut und die Krankenversicherung. „Soziale Zeitfragen", Heft 14. Minden i. W. 1886.
Hallbauer, Das Krankenversicherungsgesetz. 2. Aufl., Leipzig 1903.
***Hahn, J.,** Das Krankenversicherungsgesetz mit den Abänderungsgesetzen, 6. Auflage, Groß-Lichterfelde 1909.
***Hoffmann, F.,** Das Krankenversicherungsgesetz mit dem Hilfskassengesetz und den Ausführungsbestimmungen, Berlin 1908.
Karwehl, H., Die Entwicklung und Reform des deutschen Knappschaftswesens, Jena 1907.
von Koebke, Die Rechtspraxis der Krankenversicherung. Band I Entscheidungen aus den Jahren 1905/1907, Frankfurt a. M. 1908.
Köhne, P., Das Krankenversicherungsgesetz. 2. Aufl., Stuttgart 1892.
Krankenkassen-Bibliothek. Frankfurt a. M. 1909.
Leyers, F., Die Hilfskassen in Gegenwart und Zukunft, Tübingen 1908.
Mugdan, Otto, Das Krankenversicherungsgesetz. Kommentar für Ärzte. Leipzig 1900.
Petersen, Th. Das Krankenversicherungsgesetz. Neu bearbeitete und erheblich vermehrte Auflage, Hamburg 1902.
Piloty-Redenbacher, Die Arbeiterversicherungsgesetze des Deutschen Reichs. Bd. I: Das Krankenversicherungsgesetz mit dem Hilfskassengesetz und dem Invaliditäts- und Altersversicherungsgesetze, München 1893.
Rasp-Meinel, Das Krankenversicherungsgesetz. 2. Auflage. München 1903.
Redenbacher, W. Das Krankenversicherungsgesetz in der Fassung der Novelle vom 25. Mai 1903. II. Auflage mit Vor-

wort von R. Piloty, München. Band 3 der Arbeiterversicherungsgesetze von R. Piloty.
Reger, A., Das Krankenversicherungsgesetz. 8. Aufl., Ansbach 1908, bearbeitet von Henle.
Rosin, Das Recht der Arbeiterversicherung für Theorie und Praxis systematisch dargestellt. Band I, Berlin 1893.
Rumpelt, A., Die Krankenversicherung der Arbeiter. 2. Auflage. Leipzig 1896.
Schäffle, A. E. F., Der korporative Hülfskassenzwang, Tübingen 1884.
v. **Schicker**, Das Krankenversicherungsgesetz und das Hilfskassengesetz. 2. Aufl., Stuttgart 1893.
Schicker, K., Krankenpflegeversicherung. Württembergisches Gesetz vom 16. Dezember 1888 nebst Erläuterungen und Vollzugsvorschriften, Stuttgart 1889.
Steinbrinck, Gesetz betr. die Abänderung des siebenten Teils im allgemeinen Berggesteze für die Preußischen Staaten vom 24. Juni 1865, vom 19. Juni 1906 (von den Knappschaftsvereinen), 2. Aufl., Berlin 1908.
***Stier-Somlo**, Deutsche Sozialgesetzgebung. Geschichtliche Grundlagen und Krankenversicherungsrecht, Jena, Fischer 1906.
Stier-Somlo, Die Ärztefrage und der Staat, Frankfurt a. M. 1910.
Sydow, Georg, Das Krankenversicherungsgesetz. Ein Leitfaden für Angestellte und Arbeiter. Heft 1. Frankfurt a. M. 1905.
Watzke, Die Kassa- und Rechnungsgebarung der Krankenkassen, Wien 1910.
Weck, R., Lexikalisches Handbuch der Krankenversicherungspflicht, Groß-Lichterfelde 1908.
Wengler, Handwörterbuch der Krankenversicherung, Leipzig 1906.
v. **Woedtke**, Krankenversicherungsgesetz (Kommentar). 5. Aufl., Berlin 1896.
v. **Woedtke**, Krankenversicherungsgesetz. Kleine Ausgabe. 11. Aufl., Berlin 1905, bearbeitet von E. Eucken-Addenhausen.
Zeller, W., Das Krankenversicherungsgesetz, München 1892.

3. Unfallversicherung.

Arendt, Die Reichsunfallversicherung. Leizig 1881.
Baare, Gesetzes-Entwurf betreffend die Errichtung einer Arbeiter-Unfall-Versicherungs-Kasse. Berlin 1880.
Barten, Notwendigkeit, Erfolge und Ziele der technischen Unfallverhütung. Groß-Lichterfelde 1909.

Becker, Anleitung zur Bestimmung der Arbeits- und Erwerbsfähigkeit nach Verletzungen. 4. vermehrte Auflage. Berlin 1892.
Esters, Rechtsbeziehungen zwischen Krankenkassen und Berufsgenossenschaften. Tübingen 1908.
Funke, Führer durch die Unfallversicherung des Deutschen Reichs. Berlin 1907.
Graef, Die Unfallversicherunggesetze vom 30. Juni 1900 etc. nebst den Materialien. 4. Aufl. Berlin 1904.
Hahn, Die Unfallversicherungsgesetze des Deutschen Reichs. Leipzig 1901.
***Handbuch der Unfallversicherung** in drei Bänden. 3. Auflage. Leizpig 1909. 1910.
Hartmann, Das Gefahrentarifwesen der Unfallversicherung des Deutschen Reichs. Im amtlichen Auftrage für die Weltausstellung zu Paris bearbeitet. Berlin 1900.
Heimann, Die Ergebnisse der berufsgenossenschaftlichen Unfallversicherung. Berlin 1897.
Kaufmann, Fünfundzwanzig Jahre Unfall- und Invalidenversicherung. Rede bei der Jubelfeier der Unfall- und Invalidenversicherung am 1. Oktober 1910. Berlin 1910.
Kaufmann, Handbuch der Unfallverletzungen. 2. Auflage. Stuttgart 1890.
Laß, Das Prozeßrecht in Unfallversicherungssachen. Berlin 1899.
Laß, Haftpflichtrecht und Reichsversicherungsgesetzgebung. Zum praktischen Gebrauch bearbeitet. Marburg 1890.
Marcus, Die Bestimmungen über die Reservefonds der gewerblichen Berufsgenossenschaften. Berlin 1911.
Müller, Die Rechtsprechung in Unfallrenten-Streitsachen. Berlin 1909.
Oefele, Gewerbe- und Bauunfallversicherungsgesetz 1900. München 1902.
Piloty, Das Reichsunfallversicherungsrecht, dessen Entstehungsgeschichte und System. Würzburg 1910.
Piloty, Unfallversicherungsgesetze. III. Auflage. München 1908.
von **Rasp-Meinel**, Kommentar zum Unfallversicherungsgesetz für Land- und Forstwirtschaft. 2. Auflage. München 1902.
Reinke, Die Vermögensverwaltung der Berufsgenossenschaften, Handbuch für den praktischen Gebrauch. Berlin-Grunewald 1903.
Roth, Zur Reform der Unfallversicherung. Frankfurt a. M. 1897.

Unfallversicherung, die landwirtschaftliche, im Deutschen Reiche 1888—1908. Festschrift vom Jubiläum der Unfall- und Invalidenversicherung. Herausgegeben von der Ständigen Kommission der Deutschen landwirtschaftlichen Berufsgenossenschaften. Berlin 1910.

Verband der deutschen Baugewerks-Berufsgenossenschaften. 1885—1910 Fünfundzwanzig Jahre sozialer Mitarbeit. Zum Gedächtnis an das 25jährige Bestehen der Unfallversicherung. Berlin 1910.

Weymann, Die Unfallversicherung des Deutschen Reichs, Berlin 1904.

v. Woedtke-Radtke, Unfallversicherungsgesetz für Land- und Forstwirtschaft vom 30. Juni 1900, nebst dem Hauptgesetze, den zugehörigen Landesgesetzen usw. 2. Auflage. Berlin 1905.

v. Woedtke-Caspar, Unfallversicherungsgesetz, in der Fassung des Gesetzes, betr. die Abänderung der Unfallversicherungsgesetze, vom 30. Juni 1900 als Gewerbe-Unfallversicherungsgesetz. 5. Auflage. Berlin 1901.

Wörner, Nebengesetze zur Unfallversicherungsgesetzgebung. 1. und 2. Teil. Juristische Handbibliothek. 2 Bände. Leipzig, Roßberg 1904.

4. Invaliden- und Hinterbliebenen-Versicherung.

Appelius, Das Einzugsverfahren der Beiträge zur Invalidenversicherung. Grunewald-Berlin 1904.

Bazille und Köstlin, Das Invalidenversicherungsgesetz. Eine gemeinverständliche Belehrung über Pflichten und Rechte der Arbeitgeber und der Versicherten. Grunewald-Berlin 1904.

Bericht über die VIII. Generalversammlung des Rheinischen Vereins zur Förderung des Arbeiterwohnungswesens und über die IV. Generalversammlung des Verbandes Rheinischer Baugenossenschaften. Düsseldorf 1906.

Bosse, Die Förderung des Arbeiterwohnungswesens durch die Landesversicherungsanstalten. Jena 1907.

Elle, Freund, Liebrecht, v. Schmid, Invalidenversicherung und Arbeiterwohlfahrt. Festschrift aus Anlaß des 25jährigen Jubiläums der Deutschen Reichs-Versicherung. Im Auftrag der Deutschen Versicherungs-Anstalten. Berlin 1910.

Ellering, Der Kreis der nach dem Invalidenversicherungsgesetz vom 13. Juli 1899 versicherungspflichtigen Personen. Berlin-Grunewald 1906.

Freund, Das Invalidenversicherungsgesetz vom 13. Juli 1899, Handausgabe mit Anmerkungen nebst Ausführungsverordnungen, Berlin 1906.

Gebhard, Die Invaliditäts- und Altersversicherung der Hausgewerbetreibenden der Tabakfabrikation. Berlin 1892.

Gebhard-Düttmann, Das Reichsinvalidenversicherungsgesetz vom 13. Juli 1899. Altenburg 1901.

Hallbauer, Das Invalidenversicherungsgesetz vom 13./19. Juli 1899. Eine Darlegung in Gesprächsform. Leipzig 1900.

Hanow, Erläuterungen zu den Satzungen der Invaliden-, Witwen- und Waisen-Versicherungskasse der Seeberufsgenossenschaft. Berlin 1907.

***Isenbart und Spielhagen**, Das Invalidenversicherungsgesetz vom 13. Juli 1899. 2. Auflage. Berlin 1903.

Keidel, Entscheidungen betr. die Invalidenversicherung. 2. Auflage 1903.

Keiner, Die Entwicklung der deutschen Invalidenversicherung. München 1904.

Knobloch, Die Beseitigung der Beitragsmarke. Jena 1896.

Landmann und Rasp, Kommentar zum Invalidenversicherungsgesetz. München 1900/1901.

v. **Loeper**, Die Versicherung der Arbeiter-Witwen- und -Waisen. Berlin 1907.

Petersen, Die Invalidenversicherung im Hamburgischen Staatsgebiete. Hamburg 1900.

Pfeiffer, Der Anschluß der Ärzte an die freiwillige staatliche Alters- und Invalidenversicherung. Weimar 1903.

***Rosin**, Das Recht der Arbeiterversicherung. II. Bd.: Das Recht der Invaliden- und Altersversicherung. Berlin 1893 und 1905.

Seelmann, Anleitung zur Berechnung der Invalidenversicherungs-Beiträge. Mainz 1904.

von **Sybel**, Die organisatorische Weiterentwicklung der Invalidenversicherung und der Unfallversicherung für Land- und Forstwirtschaft. Berlin 1909.

Vogt, Die Vorteile der Invalidenversicherung und ihr Einfluß auf die deutsche Volkswirtschaft. Berlin-Grunewald 1905.

Weymann, Das Invalidenversicherungsgesetz vom 13. Juli 1899 und die Reichsausführungsbestimmungen. Berlin 1902.

Witte, Unser Invalidenversicherungsgesetz. Ein Beitrag zur Geschichte seiner Entstehung, seiner Fehler und der Weg zu seiner Besserung. Berlin 1906.

v. **Woedtke-Follmann**, Invalidenversicherungsgesetz vom 13. Juli 1899 mit Ausführungsbestimmungen. Berlin 1906.

Abkürzungen:

a. a. O.	= am angeführten Ort.
Abs.	= Absatz.
a. E.	= am Ende.
A. N.	= Amtliche Nachrichten des Reichsversicherungsamts.
Anl.	= Anleitung der RVA. betreffend den Kreis der versicherten Personen.
Anm.	= Anmerkung.
Art.	= Artikel.
AV.	= Altersversicherung.
Ausf.-Ges.	= Ausführungsgesetz.
Bd.	= Band.
Begr.	= Begründung des Entwurfs der Reichsversicherungsordnung.
Bek.	= Bekanntmachung.
Besch.	= Bescheid oder Beschluß (in A. N.).
BRB.	= Bundesratsbeschluß.
betr.	= betreffend.
BG. (n)	= Berufsgenossenschaft (en).
BGB.	= Bürgerliches Gesetzbuch.
BUVG.	= Bau-Unfallversicherungsgesetz v. 30. 6. 1900.
Einf.-Ges.	= Einführungsgesetz zur Reichsversicherungsordnung.
Entsch.	= Entscheidung.
forstw.	= forstwirtschaftlich.
G. oder Ges.	= Gesetz.
Gen.	= Genossenschaft.
Gew. O.	= Gewerbe-Ordnung.
GVG.	= Gerichtsverfassungsgesetz.
GUVG.	= Gewerbeunfallversicherungsgestz v. . . .
HG.	= Hauptgesetz, d. i. Gesetz betr. die Abänderung der Unfallversicherungsgesetze v. 30. 6. 1900.
HGB.	= Handelsgesetzbuch.
Handbuch	= Handbuch der Unfallversicherung. III. Aufl.
HKG.	= Hilfskassengesetz.
HV.	= Hinterbliebenenversicherung.
I. u. AV.	= Invaliden- und Altersversicherung.
I. u. HV.	= Invaliden- u. Hinterbliebenenversicherung.
KK.	= Krankenkasse.
IV.	= Invalidenversicherung.
IVG.	= Invalidenversicherungsgesetz.

Kom.-Ber.	= Bericht der 16. Kommission über den Entwurf einer Reichsversicherungsordnung.
KVG.	= Krankenversicherungsgesetz v. 15. 6. 1883, 10. 4. 1892, 30. 6. 1900, 25. 5. 1903.
KV.	= Krankenversicherung.
landw.	= landwirtschaftlich.
LUVG.	= landwirtschaftliches Unfallversicherungsgesetz v. 30. 6. 1900.
LV. Amt (er)	= Landesversicherungsamt (-ämter).
LV. Anst.	= Landesversicherungsanstalt.
Nr.	= Nummer.
OVA.	= Oberversicherungsamt.
R. Anz.	= Reichsanzeiger.
Rek. Entsch.	= Rekursentscheidung.
Rev. Entsch.	= Revisionsentscheidung.
RG.	= Reichsgericht.
RGBl.	= Reichsgesetzblatt.
RVA.	= Reichsversicherungsamt.
RVO.	= Reichsversicherungsordnung.
S.	= Seite.
Sch. V.	= Verordnung betr. Verfahren vor d. Schiedsgerichten für Arbeiterversicherung vom 22. 11. 1900.
SUVG.	= See-Unfallversicherungsgesetz v. 30. 6. 1900.
Sten. Ber.	= Stenographischer Bericht über die Verhandlungen des Reichstags 12. Legislatur-Periode II. Session 1909/1911.
StGB.	= Strafgesetzbuch.
u.	= und.
usw.	= und so weiter.
UVBeh.	= Untere Verwaltungs-Behörde.
U. Verh.	= Unfallverhütung.
U. V.	= Unfallversicherung.
UVG.	= Unfallversicherungsgesetz vom 6. 7. 1884.
v.	= vom.
V. v. 19. 10. 00.	= Verordnung betr. den Geschäftsgang und das Verfahren des RVA. v. 19. 10. 1900.
V. Amt	= Versicherungsamt.
V. Anst.	= Versicherungsanstalt.
vgl.	= vergleiche.
Z.	= Ziffer.
z. B.	= Zum Beispiel.
Z. B.	= Zentralblatt für das Deutsche Reich.
ZPO.	= Zivilprozeßordnung.

Gegenüberstellung

der Paragraphen der bisherigen Arbeiterversicherungs-Gesetze und der Paragraphen der Reichsversicherungsordnung.

I. Krankenversicherung.

KVG.	RVO.
§ 1 Abs. 1	§ 165, 441.
2	165.
3	163, 165.
4	160.
2 Abs. 1 Nr. 1	165, 166, 416, 441.
2	165.
3	—
4	162, 165, 166, 416, 466.
6	165, 166, 416, 417.
2	444, 450, 453, 468, 469, 480.
3	—
4	—
2a	165.
2b	165.
3	169.
3a Abs. 1	173.
2	175.
3, 4	—
3b	174.
4 Abs. 1	234.
(4 bis 15	Einf.-Ges. 14.)
2	165, 166, 176, 238, 435.
3	310, 505.
4	313 Abs. 3.
5 Abs. 1	179, 182.
2	380.
5a Abs. 1	153, 154.
2	155.
3	156.
6	179, 416, 423 ff., 435 ff., 450, 482, 487.
§ 6 Abs. 1	§ 180, 181, 182.
2	183.
3	210.
6a	179, 462 ff.
Abs. 1 Nr. 1	207.
2	120, 121, 192.
3	188.
4	191.
5	205.
6	368, 371, 374, 375.
2	347, 529.
7 Abs. 1	184.
2	186.
8 Abs. 1	149, 151.
2	150.
9 Abs. 1	384, 386.
2	—
3	z. T. 367.
4	389, 390.
10 Abs. 1	387, 388.
2	364.
3	392, 326.
11	313.
12	—
13	—
14	—
16 Abs. 1	231.
2	153 bis 156.
3	226, 239.
4	228, 229.
5	226, 239.
17 Abs. 1, 2	231, 232.
3	233, 128.
4	232, 233.
18, 18a	—

KVG.	RVO.
§ 19 Abs. 1	§ 243, 321.
2	234, 243, 306.
3	176, 238, 243, 310 (505).
4	244, 258, 309.
5	520.
6	313.
20	179, 416, 423 ff., 435 ff., 450, 482, 487.
Abs. 1 Nr. 1	180, 182, 183, 184, 186, 210.
2	195.
3	201.
2	180.
3	202.
4	203.
5	1502.
21 Abs. 1	179, 462.
Nr. 1	187.
1a	191.
2	191, 193.
2a	194.
3	194.
3a	187.
4	198.
5	205.
6	204.
7	205.
2	—
22 Abs. 1	385.
22 Abs. 2, 3	384.
23 Abs. 1	320.
2	321.
3	323.
24 Abs. 1	324, 1793, 128.
2	—
3	325.
4	324.
25	4.
26 Abs. 1,	206, 416, 451, 487.
2	209, 496, 498.
3	208.

KVG.	RVO.
§ 26a Abs. 1	§ 189.
2 Nr. 1	190.
2	120, 121, 192.
2a	347, 529.
2b	368, 371, 374, 375.
3	188.
4	207, 451.
5	435.
6	180.
3	347.
4	211.
27 Abs. 1	313.
2	313.
3	193.
4	348.
28	214.
29 Abs. 1	25, 380.
2	363, 385.
30	385.
31 Abs. 1	386.
2	388, 389, 390.
32	364.
33 Abs. 1	387.
2	392.
3	326.
4	128, 130, 391, 1797.
34 Abs. 1	5, 14, 327, 335.
2	6.
34a Abs. 1	21, 321.
2	17, 18.
35 Abs. 1	5, 342.
2	6.
3	8, 357.
36	327, 345.
37 Abs. 1	12, 14, 321, 332, 333.
2	332.
3	—
38 Abs. 1	13, 332.
2	332.
3	335.
4	337.
38a Abs. 1	—
2	z. T. 13.

KVG.	RVO.
§ 39 Abs. 1	§ 379.
2	—
40 Abs. 1	25.
2	365.
3	26.
4	—
5	27.
41 Abs. 1	367.
2	366.
42 Abs. 1	23, 361.
2	—
3	23, 535.
4, 5	24, 352, 359, 361.
6	24, 358, 128, 130, 1797.
43	—
43a	—
44	377.
45 Abs. 1	30, 31.
2	31.
3	32.
4	32.
5	379.
6	128, 377, 1792.
46 Abs. 1	406, 407.
2,3,4	408, 409, 410.
46a	411, 412.
46b	—
47 Abs. 1	264, 267, 389, 390.
2	265, 269, 345.
3	280, 284.
4	264, 265, 267, 269, 289, 300.
47 Abs. 5	293, 294, 301, 303.
6	130, 287, 297, 300.
7	267.
48 Abs. 1	268, 269, 345.
2	298.
3	266, 298.
4	266, 268, 280, 284, 287, 289, 293, 294, 297, 298, 300, 301, 303.
48a	326, 128, 1793.

KVG.	RVO.
§ 49 Abs. 1	§ 317.
2	317, 322, 345.
3	318.
4	317.
5	319.
49a Abs. 1	521.
2,3,4	522.
50	530, 531.
51 Abs. 1	380, 381.
2	—
52 Abs. 1	321, 393, 397.
2	396.
3	397.
52a Abs. 1	398.
2	398.
3	399.
4	400.
5	398, 128, 130.
52b	384.
53 Abs. 1	394, 395.
2	394, 395.
3	402.
53a	405.
54 Abs. 1	416, 441 ff., 458, 468, 469, 480, 492.
2	480, 482, 486, 491.
3	491.
4	492.
5	—
6	486, 491.
7	405, 416.
54a	311, 383.
55	28, 29.
56 Abs. 1, 3	223.
2, 4	119.
56a	372, 374, 375.
57 Abs. 1	1527.
2	1531 bis 1536.
3	1541.
4, 5	1542.
57a Abs. 1	219, 222.
2, 3, 4	220, 221, 222.
57b	258, 128.

KVG.	RVO.
§ 58 Abs. 1	§ 405, 528, 1551, 1636, 1675, 1694, 1695, 128, 130.
2	224, 1540, 1541, 1636, 1675, 1694, 1778, 1771.
3	413, 1780, 1792.
4	130, 1675, 1682, 1710.
59	245.
60 Abs. 1	245.
2	—
61 Abs. 1	—
2	248.
62	—
63 Abs. 1	306, 307, 245.
2	176, 245, 310.
3	520.
4	313.
64 Nr. 1	320.
2	338.
3	361.
4	—
5	340.
65 Abs. 1	380, 381, 393, 394, 397.
2	389, 390.
3	28, 29, 119, 219 bis 224, 258, 311, 372, 374, 383, 384, 394, 395, 397 bis 400, 402, 405, 413, 520, 1527 ff., 1636 ff.
66 Abs. 1	30, 31, 32, 377, 379, 1792.
2	378.
67	—
67a	298.
67b	271, 298.
67c Abs. 1	270.
2	280.
3	288.
68 Abs. 1	273, 274.
2	253, 273.

KVG.	RVO.
§ 68 Abs. 3	§ 272.
4	280, 284, 128.
5	301, 303, 304.
69, 70, 71	249.
72 Abs. 1, 3	273, 249 ff.
2, 4	—
73 Abs. 1 bis 4	234, 250, 306, 308, 312.
5	324.
6	(Einf.-Ges. 103.)
74 Abs. 1	225.
2	495.
3	496 bis 502, 1528.
4	502.
75 Abs. 1	503, 507, 517.
2	—
3	507.
4	—
75a	514 bis 517.
75b Abs. 1	—
2	515.
76	525, 1544.
76a Abs. 1	115, 116, 117, 524.
2	344, 524.
3	30, 31.
76b	1512, 1516.
76c Abs. 1	1513.
2	1515, 1551.
76d	115, 116, 117, 344, 524, 1512, 1513, 1515, 1551, (623 ff., 956 ff., 1118 ff.).
76e Abs. 1	529, 128.
2	1512, 128.
77	118.
78 Abs. 1	—
2	137, 138.
78a Abs. 1	124.
2	125.
3	127.
79	311.
80	139.
81	530.

KVG.	RVO.
§ 82	§ 140, 532.
82a	534.
82b	533.
82c	146.
83	114.
84	38, 111, 377,

KVG.	RVO.
§ 84	§ 526, 527.
85	239, 255 bis 257,
	—
86	—
87	—

II. Unfallversicherung.

Mantelgesetz (Abänderungsgesetz).

UVG	RVO.
§ 1 Abs. 1	Einf.-Ges. 5.
2	—
3	Einf.-Ges.
2	Einf.-Ges. 43-45.
3 Abs. 1	36, 38, 61, 63.
2	—
4	47, 49, 71—76, 110, 113.
5	44, 48, 71—76, 110.
6	50, 76.
7	1656, 1685.
8	1686.
9 Abs. 1	1580.
2	1564, 1580, 1652, 1679.
3	142—145.
4	1653, 1679.
5	1655, 1669, 1679.
10 Abs. 1—3	80.
4	1802.
11 Abs. 1	83, 85.
2	86.
3	87, 89, 90.
4	89, 90.
5	91.
12	92—94.
13	87.
14 Abs. 1	88.
2, 3	95.
15	84.
16 Abs. 1 Nr. 1	981, 694, 1700.
2	646, 960, 1780, 100.

UVG.	RVO.
§ 16 Abs. 1 Nr. 3	§ 98, 1712, 1714, 1715, 1735 bis 1742, 98.
2	1705.
3	1706.
17	101, 1709, 1710, 1711.
18 Nr. 1	543.
18 Nr. 2	640, 647, 960, 961, 1122.
3	1030, 1205.
19 Abs. 1	104.
2	104, 1802.
3	96.
4	35.
20	1804, 1805.
21	105, 1700, 1771, 1800, 723, 724, 986.
22 Abs. 1	106.
2	106.
3	107.
4	—
22 Abs. 5	107.
6	108.
7	108, 1700, 1705, 1706, 1712, 1714, 1715, 1735 bis 1742, 1800, 1802.
8	109.
23	843 bis 846, 1029, 1198.
24—27	Einf.-Ges.

Gewerbe-Unfallversicherung.

GUVG.	RVO.
§ 1 Abs. 1	§ 537, 544, 545.
2	541.
3	543.
2 Abs. 1	545.
2—4	538.
5	539.
3	546.
4	157.
5 Abs. 1	548, 162.
2	550.
3	552.
6	160.
7	554.
8	555—557.
9	558—562.
10 Abs. 1	563.
2	564.
3	565—567.
4	570.
5	570.
11 Abs. 1	1514.
2	1516, 1517, 1551.
3	605.
4	605, 1516, 1517, 1551.
12 Abs. 1	573, 576, 578.
2	577, 579.
13	582, 583.
14	585, 1515, 1551.
15	586, 587.
16	588, 589, 590.
17	592.
18	593 Abs. 1.
19	594.
20 Abs. 1	595.
2	593 Abs. 2.
21	—
22	597—602.
23	603, 606.
24	607.
25	1501, 1503, 1505, 1506, 1507, 1527, 1528, 1531, 1536, 1544.
§ 26	§ 1508, 1515, 1539,
27	1540, 1771.
28 Abs. 1	1541.
Satz 1	623.
2—4	630.
2 Satz 1	631.
2, 3	540, 161.
28 Abs. 3, 4	633, 634.
5, 6	4.
29	731, 732.
30	733—735.
31	736, 737.
32	738.
33	740.
34	741—747.
35	Einf.-Ges. 49—52.
36	675, 676, 688.
37	677.
38	678, 679.
39	681, 682, 128.
40	684.
41	7, 685, 686.
42 Abs. 1, 2	5, 6, 103.
43 Abs. 1	12, 13, 17, 18, 687.
44	21, 681, 686.
45	23.
46	689.
47	24, 128, 130, 722.
48	690, 704.
49 Abs. 1, 2	706, 707.
3	709, 710.
4	711, 128, 1780, 1791, 1797.
5	708, 709.
6	712.
50	713.
51	714, 715, 716.
52 Abs. 1	635—639.
2	641.
3	675.
53 Abs. 1—4	642—644.
5	673.
6, 7	645, 646.

GUVG.	RVO.
§ 54	§ 647.
55	649, 650, 652.
56	651, 653, 656.
57	654—656.
58	657—659.
59 Abs. 1	660, 1797.
2	661.
3	662, 1791, 1797.
60	663, 664.
61 Abs. 1	665, 666, 667, 128, 1797.
2	667.
3	667, 668, 1797.
4	671.
62	674, 128, 1780, 1791, 1797.
63	1552—1555, 1557,
64	1559, 1562 bis 1565.
65	1562—1565.
66	1567.
67	1561.
68	1553, 1560 bis 1562.
69	1568, 1569, 1582.
70	—
71 Abs. 1	1545.
2, 3	1587.
72 Abs. 1	1546, 1549.
2	1547.
73 Abs. 1	1545, 1583, 1588.
2	1735—1738.
74	1581, 1665, 1679, 1698.
§ 75	1583, 1588.
76 Abs. 1	1636, 1675.
2	128, 129, 1650, 1675, 1676.
3	129, 1650.
4	1607.
5	130, 1679, 1682.
77 Abs. 1	1654, 1679.
2	—
78	1668, 1679.
79	1671, 1679.

GUVG.	RVO.
§ 80 Abs. 1	§ 1694, 1700, 1710, 130.
2	1707.
3	1708, 128, 129.
81 Abs. 1	1713.
2	1715.
82	1687, 1679, 1703, 1737.
83	1705, 1706.
84	1722—1734.
85	1739—1742.
86	620.
87	726.
88 Abs. 1, 2	608, 609.
3	1584, 1600.
4	604.
89 Abs. 1	1608.
2	—
3	611.
4	610.
90	—
91	1583, 1600.
92	1548, 1549, 1568 ff., 1636 ff., 1675 ff., 1694 ff.
93	612, 613.
94 Nr. 1, 3	615.
94 Nr. 2	—
95 Abs. 1	616, 1583, 1636, 1682, 1689, 1675, 1700 Nr. 8.
2	617.
3	—
96 Abs. 1, 3	119.
2	622.
97	726.
98	777.
99	749—752.
100 Abs. 1	z. T. 753.
2	—
101	754—756.
102 Abs. 1	128, 130, 757, 758, 1791, 1797.
2, 4	758, 760.

GUVG.		RVO.
§ 102	Abs. 5	§ 29, 761.
103	Abs. 1, 2	28, 29.
	3	762.
104		765—767.
105	Abs. 1	768.
	2	128, 130, 769.
	3	770, 1793.
	4	28.
106	Abs. 1	778.
	2	781.
	3	782.
107	Abs. 1	25.
	2	717.
108		Einf.-Ges. 54.
109		27.
110		718, 719.
111	Abs. 1	721.
	2	164.
112		848—851.
113		852—856.
114	Abs. 1, 2	858, 859.
	3	16, 24, 860, 862.
	4	21, 863.
115	Abs. 1—4	864—868.
	5	869.
116	Satz 1	870, 1784.
	2	910, 1791, 1792, 1797.
117		871, 872.
118		873, 897.
119	Abs. 1, 2	874 bis 877.
	3	878, 879.
120		880, 881.
121		142 bis 145, 882.
122		883.
123		884 bis 886.
124	Abs. 1	—
	2	887.
	3	128, 146, 887, 910, 1791, 1797.
125	Abs. 1	30, 722.
	2, 3	31.
	4	34.

GUVG.		RVO.
§ 126		§ 31, 33.
127	Abs. 1—3	723, 724, 725, 1703 bis 1706, 1708, 1722 bis 1742, 1771, 1800.
	4	648.
128	Abs. 1, 2	624, 625.
	3	892, 893.
129		894, 897.
130		896.
131		1570.
132		897.
133		895.
134	Abs. 1	630.
	2a	713.
	2b	858.
	2c	687.
	2d	730.
135	Abs. 1, 2	898, 899.
	3	901.
136		903, 904, 905.
137		906.
138		907.
139		900, 903.
140		z. T. 1542.
141	Abs. 1, 2	139, 140.
	3	911.
142		22, 50, 76.
143		Einf.-Ges. 56.
144		115 bis 117.
145		137, 138.
146		908.
147		909, 1556, 1581.
148		912, 1556, 1581.
149		128, 910, 1556, 1581.
150		142 bis 145.
151		142 bis 145.
152		111.
153		146.
154	Abs. 1	914.
	2	146.
155		135, 136.

Bau-Unfallversicherung.

BUVG.	RVO.
§ 1 Abs. 1	§ 537, 541, 544, 545.
2	541, 544, 545.
3	554.
2	546.
3	157.
4 Abs. 1	548.
2	—
3	550.
4	552.
5	633.
6 Nr. 1	623, 630.
2	624, 627, 892.
3	628, 892.
4	624, 629, 631.
7	634.
8	627, 628.
9	160, 555 bis 603, 605 bis 607, 1501.
9	1503 bis 1508, 1514 bis 1517, 1527, 1528, 1529 bis 1536, 1539 bis 1541, 1544, 1551, 1771.
10, 11	— (573—579, 585.)
12 Abs. 1	630.
2	539, 631.
13 Abs. 1	731, 732.
2	733 bis 740.
14	4, 5, 6, 7, 12, 13, 17, 18, 21, 23, 24, 128, 635 bis 639, 641 bis 648, 673, 675, bis 716.
15	748.
16	649, 650.
17	641, 653 bis 671, 674.
18 Abs. 1	629, 783.
2	785.
3	—
4	629, 786.

BUVG.	RVO.
§ 19 Abs. 1—4	§ 787 bis 789.
5	784.
6	790.
20	792, 793.
21 Abs. 1	794.
2	795.
3	797.
22 Abs. 1, 2	796.
3	792.
23	731, 798.
24	799 bis 801.
25	802, 803.
26	804 bis 806.
27	807 bis 811.
28 Abs. 1, 2	812 bis 815.
3	128, 816, 1791, 1797.
4	29, 817.
29 Abs. 1, 2	819.
3	821, 1793.
30	822.
31	823.
32 Abs. 1	825.
2—5	828 bis 831.
33	832.
34	833, 834.
35	835.
36	114.
37 Abs. 1	119, 128 bis 129, 130, 604, 608 bis 622, 726, 777, 1545 bis 1549, 1552 bis 1555, 1557 bis 1569, 1581 bis 1583, 1636, 1682, 1654, 1687 bis 1689, 1674, 1675, 1676, 1694, 1698, 1700, 1703, 1705, 1706, 1707, 1708, 1710, 1713, 1722 bis 1742.
2	1581.

BUVG.	RVO.
§ 38 Abs. 1	§ 763.
2	29, 750 bis 761, 764, 128, 1791, 1797.
3	824, 825, 826, 827.
39	25 bis 29, 128, 130, 164, 717 bis 721, 762, 765 bis 770, 778 bis 782, 818, 820.
40	16, 21, 24, 128, 142 bis 146, 848 bis 863, 866 bis 868, 869 bis 887, 1791, 1792, 1797.
Nr. 1	890.
40 Nr. 2	891.
41	30 bis 34, 648, 722 bis 725, 758,

BUVG.	RVO.
§ 41	§ 761, 816, 817, 1708, 1703 bis 1706, 1722 bis 1742, 1791, 1797, 1800.
42	892, 893.
43	894—897, 1570.
44	—
45 Abs. 1	—
2	18, 22, 111, 115 bis 117, 135 bis 140, 142 bis 146, 898 bis 903, 908 bis 914, 1542, 1556, 1581.
46	903, 904, 905.
47	906.
48	907.

Land- und forstwirtschaftliche Unfallversicherung.

LUVG.	RVO.
§ 1 Abs. 1	§ 915, 161, 923.
2	918.
3	919.
4	916.
5	1034.
6	923.
7	917.
8	915.
2	924, 926.
3	157.
4 Abs. 1	925.
2	927.
3	929 Nr. 1.
5	160.
6	929 Nr. 2.
7, 8	930.
9	931.
10	936.
11	938.
12 Abs. 1	931, 939.
2	934.
3	937.
13	939.

LUVG.	RVO.
§ 14 Abs. 1	§ 1514.
2	1515, 1551, 1695, 1771, 1778.
3	1517.
4	952.
6	952, 1516, 1517, 1551.
15	z. T. 948, 1551, 1630, 1675, 1694, 1695.
16	950.
17	950.
18	950.
19	950.
20	950.
21	950.
22	—
23	951, 952.
24	952.
25	952.
26 Abs. 1	953.
2—6	120, 121, 954.

LUVG.		RVO.
§ 27	Abs. 1	§ 942, 943.
	2	944.
	3	945.
28		942.
29		128, 130, 949, 1551, 1636, 1675, 1694 ff., 1771, 1778.
30		1501 bis 1507, 1527, 1528, 1531, 1534, 1535.
31		128, 1508, 1515, 1539, 1540, 1544, 1771.
32		1541.
33	Abs. 1	956.
	2	958.
	3	959.
	4, 5	4.
34	Abs. 1	989.
	2	1011.
35		1011.
36		1012, 1035.
37		1013, 1036.
38		971, 972.
39	Abs. 1	976.
	2, 3	973.
40		973, 128.
41		974.
42	Abs. 1, 2	975.
	3, 4	977.
43	Abs. 1	7.
	2	1641, 1642, 1679, 1698, 1771, 1789.
44	Abs. 1—3	5, 6.
	4	978.
45	Abs. 1	12, 13, 975.
	2, 3	17, 18.
46		21, 973, 975.
47		23.
48		975.
49		24, 128, 130, 985.
50		978.
51		990.

LUVG.		RVO.
§ 52		§ 979.
53		991 bis 994.
54	Abs. 1	995.
	2	997.
55	Abs. 1, 2	998, 999.
	3, 4	128, 130, 1000, 1780, 1791, 1797.
	5	1001.
	6	1003, 1004.
56	Abs. 1	1002, 1004.
	2	996.
57	Abs. 1	1005.
	2	1007.
	3	1008.
58		1001, 128, 1780.
59		980.
60		981.
61		982.
62		960.
63		960, 969.
64		961.
65	Abs. 1—3	962, 963, 964.
	4	959.
	5	966.
66		965.
67		967.
68		968.
69		969, 970.
70	Abs. 1—4	1552, 1553 Abs. 1, 1554, 1555.
	5	1557.
71		1559, 1565.
72		1562, 1563, 1564.
73		1567.
74		1561.
75	Abs. 1, 2	1568, 1569.
	3	1582.
76		—
77	Abs. 1	1545.
	2, 3	1587.
78	Abs. 1	1546, 1549.
	2	1547.
79	Abs. 1	1545, 1583.
	2	1735 bis 1738.

LUVG.		RVO.
§ 80		§ 1581, 1665, 1679, 1698.
81		1583, 1588.
82	Abs. 1	1636, 1675.
	2	128, 129, 1650, 1675, 1676.
	3	129, 1650.
	4	1607.
	5	130, 1679, 1682.
83	Abs. 1	1654, 1679.
	2	—
84		1668, 1679.
85		1671, 1679.
86	Abs. 1	1694, 1700, 1710, 130.
	2	1707.
	3	128, 129, 1708.
87	Abs. 1	1713.
	2	1715.
88		1679, 1687, 1703, 1737.
89		1705, 1706.
90		1722 bis 1734.
91		1739 bis 1742.
92		955.
93		988.
94	Abs. 1, 2	955.
	3	1600, 1584, 952.
	4	952.
95	Abs. 1, 3, 4	955, 1608.
	2	—
96		—
97		1583, 1600.
98		1548, 1549, 1568 ff., 1636 ff., 1675 ff., 1694 ff.,
99		955.
100	Nr. 1, 3	955.
	2	—
101	Abs. 1, 2	955, 1583, 1636, 1675, 1682, 1689, 1700.
	3	—
102	Abs. 1, 3	119.
	2	955.

LUVG.		RVO.
§ 103		§ 988.
104		1028.
105		1014.
106		1015.
107		1017, 1018.
108		1016.
109		1017, 1018.
110	Abs. 1, 2	1019, 1020.
	3	1026.
111	Abs. 1	1021.
	2	1023.
	3	1024.
	4	29, 1025.
112		1022.
113	Abs. 1, 2	28, 29.
	3	1027.
114		1028.
115	Abs. 1	25.
	2	983.
116		26 Einf.-Ges.
117		27.
118		984.
119	Abs. 1	984.
	2	164.
120		1030.
121		1030.
122	Abs. 1	21, 1030.
	2	1031.
	3	16, 24, 1030, 1031.
123 124 125 126 127 128 129 130		1030, 1045, 128, 142 bis 145, 146, 1784, 1791, 1792, 1797.
131	Abs. 1	30, 985.
	2, 3	31.
	4	34.
132		31, 33, 985.
133		961, 985 bis 987, 1703 bis 1706, 1708, 1722 bis 1742, 1771, 1800.

LUVG.	RVO.
§ 134	§ 957, 1033.
135	1033.
136	1033.
137	1570.
138	1033.
139	1033.
140	957.
141	1037.
142	1038.
143	1039.
144	1040.
145	1041.
146	1042.
147	1042.
148	1042.
149	1042.
150	1042.
151 Satz 1	—
2	1542.

LUVG.	RVO.
§ 152 Abs. 1, 2	§ 139, 140.
3	1045.
153	22, 50, 76.
154	115 bis 117.
155	137, 138.
156	1043.
157 Abs. 1	1044, 1581.
2	1556, 1581.
158	1045, 1556, 1581.
159	18, 1045, 1556, 1581, 128.
160	142 bis 145.
161	142 bis 145.
162	111.
163	146.
164 Abs. 1	1045.
2	146.
165	114.
166	135, 136.
167	—

See-Unfallversicherung.

SUVG.	RVO.
§ 1 Abs. 1	§ 1046, 1052.
2	540, 1051, 1064.
3	1050.
2	1057.
3 Abs. 1	163.
2	1047, 1048.
3	—
4	1060.
4	1053 bis 1056.
5 Abs. 1	1059.
2	1061.
6	1063.
7	1064.
8	1065.
9	1071.
10 Abs. 1	1065.
Satz 1	1068.
2	1068.
2 Satz 1	1068.
2	
3	

SUVG.	RVO.
§ 10 Abs. 3	§ 1069.
4	1070.
5	—
11 Abs. 1, 2	1074.
3	1079.
12 Abs. 1	1073, 1074, 1079.
2	1077.
3	1072, 1077, 1080.
13	1081.
14	1083 bis 1086.
15 Abs. 1	z. T. 1094.
2, 3	1094.
16 Abs. 1	1106, 1514.
2	1517.
3	1113.
4	1516, 1517, 1551.
17	Z. T. 1102, 1105, 1108, 1110.
18 Abs. 1	1112, 1113.
2	1014.
19	1014.

SUVG.		RVO.
§ 20		§ 1107 bis 1110, 1515, 1551, 128, 130, 1636, 1675, 1694, 1695, 1770, 1771, 1778.
21	Abs. 1	1095, 1096, 1097, 1098.
	2	1096, 1097.
	3	1101.
22		1098.
23		1098.
24		1098.
25		1098.
26		1098.
27		— (158.)
28		1099, 1100.
29		1501 bis 1507, 1527, 1528, 1531, 1534, 1535.
30		1508, 1515, 1539, 1540, 1771, 128, 130.
31		1541.
32	Abs. 1	1118, 1122.
	2	1121.
	3	1122.
	4, 5	4.
33		1128 bis 1130.
34	Abs. 1	1162.
	2	1164.
35		1164.
36		1164.
37		1142, 1143.
38		1144.
39		1144.
40		1145.
41	Abs. 1, 3	1146.
	2	7.
42	Abs. 1—3	5, 6.
	4	1147.
43	Abs. 1	12, 13, 1146.
	2, 3	17, 18.
44		21, 1144.
45		23.

SUVG.		RVO.
§ 46		§ 1146.
47		24.
48		1147.
49		1148.
50		1149.
51		1149.
52		1150 bis 1152.
53		128, 1153, 1791, 1797.
54		128, 1154, 1791, 1797.
55		1155.
56		1156.
57		1122.
58	Abs. 1	1123, 1124.
	2	1132.
	3	1126, 1127, 1143
59		1133, 1134.
60		128, 129, 1134, 1791, 1797.
61	Abs. 1	1134.
	2	1125.
62		1135 bis 1138.
63		128, 1139, 1793, 1797.
64		128, 1140, 1141, 1791, 1797.
65		1746 bis 1749, 1752.
66	Abs. 1	1552, 1553, 1554, 1745.
	2	1557.
67		1555, 1745, 1751.
68		1559, 1562 bis 1565, 1745, 1753.
69	Abs. 1	1754.
	2	1560, 1755.
	3	1756.
	4	1560, 1757.
	5	1561, 1758.
	6	1759.
70		1562 bis 1565, 1760.
71		1761.
72		1567, 1745, 1762.

SUVG.		RVO.
§ 73		§ 1763 bis 1765.
74	Abs. 1	1568, 1745.
	2	1569, 1768, 1769.
	3	1582, 1745.
75		—
76	Abs. 1	1545.
	2, 3	1587, 1745.
77	Abs. 1	1546, 1549.
	2	1547.
78	Abs. 1	1545, 1583, 1588, 1745.
	2	1735 bis 1738.
79		1583, 1588, 1745.
80	Abs. 1	1636, 1650, 1675.
	2	128, 1650, 1675, 1676, 1680, 1682.
	3	130, 1679, 1682.
	4, 5	128, 129.
	6	1607, 1745.
81		z. T. 1654, 1679.
82		1668, 1679.
83		1671, 1679.
84	Abs. 1	1694, 1696, 1710, 130.
	2	1707.
	3	128, 129, 1708.
85	Abs. 1	1713.
	2	1715.
86		1687, 1679, 1703, 1737.
87		1705, 1706.
88		1722 bis 1734.
89		1739 bis 1742.
90		1117.
91		1159.
92	Abs. 1, 2	1115.
	3	1600, 1584, 1592, 1745.
	4	1112.
93	Abs. 1	1608, 1745.
	2	—
	3, 4	1115.
94		—
95		1853, 1600, 1745.

SUVG.		RVO.
§ 96		§ 1548, 1549, 1568 ff., 1636 ff., 1675 ff., 1694 ff.
97		1115.
98		1115, 1116.
99	Abs. 1, 2	1117, 1583, 1636, 1675, 1682, 1689, 1700.
	3	—
100	Abs. 1, 3	119.
	2	1117.
101		1159.
102		1185.
103	Abs. 1	1165, 1175.
	2, 4	1166 bis 1168.
104		1169, 1170.
105		1171, 1172.
106		1173, 1174.
107		1175 bis 1177.
108	Abs. 1	128, 130, 1178, 1791, 1797.
	2, 3	1179.
	4	29, 1182.
109		1180.
110		1181.
111		28, 29, 1183, 1184.
112		1185.
113	Abs. 1	25.
	2	1157.
114		26.
115		27.
116		1157.
117	Abs. 1	1157.
	2	164.
118		1199 bis 1202.
119		1203.
120	Abs. 1	16, 24, 1204, 1205.
	2	21, 1205.
121	Abs. 1—4	1205.
	5	1206, 1214.
122		1207, 1208, 128, 1224, 1791, 1792, 1797.

SUVG.	RVO.	SUVG.	RVO.
§ 123 Abs. 1	§ 1209, 1210.	§ 144	§ 1221, 1556, 1581, 1745, 1767.
2	1211.	145	1222, 1556, 1581, 1767.
123 Abs. 3	1212, 1213, 1214.	146	1223, 1581, 1767.
4	128, 1215, 1792.	147	18, 128, 1224, 1556, 1581, 1767.
124	142 bis 145, 1216, 1217.	148	111.
125	1216, 1217.	149	146.
126 Abs. 1	—	150	135, 136.
2	1216, 1217.	151	1246.
3	128, 1216, 1217, 1224, 1791, 1797.	152	1046, 1049, 1120, 1186, 1751.
127	30, 31, 34, 1158.	153	1058, 1187.
128	31, 33.	154	1080.
129 Abs. 1	1119, 1218.	155	1087—1091.
2	1119.	156	1111, 1551, 1636, 1682, 1675, 1771.
130	1218.	157	1096, 1097.
131	1570, 1745.	158	1120, 1186, 1187, 1189.
132	1218.	159 Abs. 1 bis 3	1190, 1191.
133	1219.	4	1188.
134	1219.	5	1102, 1192.
135	1219.	160	1131, 1133, 1148, 1750.
136	1219.	161	1194.
137	1219.	162	1163, 1195.
138 Abs. 1	1219.	163	111, 128, 1196, 1197.
2	z. T. 1542, 1745.	164	1553, 1560, 1745, 1750, 1766.
139 Abs. 1, 2	139, 140, 1225.		
3	1224.		
140	22, 50, 76.		
141	115 bis 117.		
142	137, 138, 1107, 1108, 1761.		
143	1220.		

III. Invalidenversicherung.

IVG.	RVO.	IVG.	RVO.
§ 1	§ 163, 1226.	§ 8 Abs. 1	§ 1361—1367.
2	1229, 1230, 162.	2	1360, 1368.
3 Abs. 1	160.	9 Abs. 1	1367.
2	1227.	2	1370.
4	1232, 1233.	10	1360 Abs. 2.
5	1234—1236.	11 Abs. 1—5	1375—1378.
Abs. 4	1255.	6	—
6	1237—1241, 128.	12 Abs. 1	1379.
7	1242.	2	—

IVG.	RVO.
§ 13	§ 1380.
14 Abs. 1, 2	1243, 1244.
3	1371.
15 Abs. 1	1250.
2	1255, 1522.
3	1257.
16	1255.
17	1254.
18 Abs. 1, 2	1269, 1270.
3	1518.
4	1271, 1518.
19	1519.
20	1271, 1521.
21	1524.
22	1272.
23	1273, 1520. 1526, 1551, 1771.
24	120, 121, 128, 1275, 1276.
25	1277.
26	—
27	1387.
28	1251.
29	1278, 1279.
30	1387, 1393, 1394.
31	1438.
32	1388—1392.
33	1395—1399.
34	1245—1249.
35	1284—1286.
36	1287—1290.
37	1287, 1293.
38	1297, 1301.
39	1369.
40	z. T. 1393.
41 Abs. 1, 2	1256, 1257.
3	1253.
4	1303.
42, 43, 44	Einf.-Ges.
45	1400.
46	1280—1283.
47 Abs. 1	1304.
2	1305, 1306, 1518, 1519—1521, 1524, 1526, 1551.

IVG.	RVO.
§ 47 Abs. 3	§ 1308.
4	1309.
48 Abs. 1	z. T. 1311—1314.
2	1312.
3	1318.
49	1527, 1531, 1536.
50 Abs. 1	1539.
2	1537.
3	128, 1540, 1771.
51	1541.
52	1321, 1322.
53	1323.
54	1542.
55 Abs. 1, 3	119.
2	1324.
56—64	— (vgl. 35 bis 60, 1550, 1617 bis 1627, 1629, 1634.)
65	1326, 1329, 1330, 1331.
66	1327.
67	1328, 113.
68 Abs. 1	4, 1402.
2	1402.
3, 4	25.
69	—
70	1338.
71	1353—1355.
72 Abs. 1	1339, 128.
2	1339, 128.
72 Abs. 3	1340.
4	128, 1341.
5	1350.
73	5, 1342.
74 Abs. 1	113, 1343, 1344, 1349.
2	21, 1346.
3	1347.
75	8.
76	1351.
77.	113, 1352.
78	—
79	—
80	—

IVG.		RVO.
§ 81		§ —
82		—
83		—
84		—
85		—
86		—
87		1346, 1351.
88		12, 13, 14.
89		14, (47).
90	Abs. 1	16.
	2	18.
	3	1359.
91		24.
92		21.
93		23.
94		17.
95		1359.
96		9.
97		22.
98		79, 1348.
99		1401.
100		1332, 1333.
101		1334—1336.
102		1337.
103		62.
104		68, 69, 71—76, 79, 1802.
105		66.
106	Abs. 1, 2	1655, 1665, 1679.
	3	77, 78.
	4	1667, 1671, 1679.
	5	1684.
	6	35.
107		69, 79, 80.
108	Abs. 1	30, 1381.
108		30.
	2	84.
	3	31.
109		33, 1345.
110	Abs. 1	98, 100.
	2	98, 100, 1713.
	3	89, 90, 91.
	4	35.
111	Abs. 1	105, 106, 108, 1382.

IVG.		RVO.
§ 111	Abs. 2	§ 1337, 1339. 1340, 1341, 1356, 1410, 1427, 1460, 1467, 1526, 1708, 1771, 1800.
	3	109.
112	Abs. 1	1545, 1613, 1614, 1616.
	2	1617—1626.
	3	1632.
	4, 5	1630, 1631.
113	Abs. 1—4	1522, 1523.
	5	1525.
	6	1526, 1771.
114	Abs. 1	130, 1675, 1682.
	2	128, 129, 1676.
	3	129.
	4	1631.
	5	1631.
115		1668.
116	Abs. 1	128, 129, 1708.
	2	130, 1694, 1710.
	3	1697.
117	Abs. 1	1709.
	2	1713.
	3	1715.
118		1320.
119		1722—1734.
120		1635.
121		1617—1626, 130, 1633.
122		—
123		1384, 1385.
124		103, 1385.
125		1403, 1404, 1405.
126		1406, 1407, 1408.
127.		1409, 1410.
128		Einf.-Ges.75—77.
129		—
130		1411, 1412.
131		1413, 1414, 1415.
132		1416, 1417.
133		1418.
134		1419.
135		1420.

IVG.	RVO.
§ 136	§ 1421.
137	1422, 128.
138	1423.
139	1424, 1425.
140	1426, 1427.
141	1428, 1430, 1431.
142	1432, 1433, 1435.
143	1436.
144	1439.
145	1440, 1441.
146	1442, 1443.
147	1445.
148	1447—1452.
149	110, 1453.
150	1454.
151	1455.
152	1456.
153	1457.
154	1458.
155	128, 1459, 1693, 1786, 1799.
156	1460.
157	1461.
158	1462, 1463.
159	1802, 104, 108.
160	1464.
161	1465, 1466, 1467.
162	z. T. 128, 1468.
163	1469.
164 Abs. 1, 2	26, 27.
3	1356 Abs. 2—4.
165	1358, 164.
166	1484, 1521, 1551.
§ 167 Abs. 1, 2	§ 1485, 1486.
3	128, 1631.
4	—
168	28, 29.
169	110, 111.
170	135, 136.
171	137, 138.
172	115—117.
173	1372, 1373.
174	1374.
175	1487.
176	1488.
177	1494.
178 Abs. 1	53, 128, 129, 1500.
2	146.
179	146, 1489.
180	139, 149.
181	1490, 1491.
182	1492.
183	1493.
184	1495.
185	142—145.
186	142—145.
187	1496—1498.
188	1499.
189	Einf.-Ges. 64.
190	Einf.-Ges. 65.
191	Einf.-Ges. 66.
192	Einf.-Ges. 67.
193	Einf.-Ges. 79.
194	Einf.-Ges. 1—2.

Gegenüberstellung

der Paragraphen der Reichsversicherungsordnung (RVO.) und des Kommissionsentwurfs (KB.)

(Zwecks Erleichterung des Nachschlagens in der Begründung und in dem Kommissionsbericht.)

RVO.	KB.	RVO.	KB.	RVO.	KB.	RVO.	KB.
1	1	31	28	61	74	91	105
2	2	32	29	62	75	92	106
3	3	33	30	63	76	93	107
4	4	34	31	64	77	94	108
5	5	35	33	65	78	95	109
6	6	36	34	66	79	96	110
7	7	37	35	67	80	97	111
8	8	38	36	68	81	98	112
9	9	39	41	69	82	99	113
10	10	40	47	70	83	100	114
11	11	41	48	71	84	101	115
12	12	42	49	72	85	102	115a
13	13	43	50	73	86	103	116
14	14	44	51	74	86a	104	117
15	14a	45	53	75	87	105	118
16	15	46	54	76	88	106	119
17	16	47	55	77	89	107	120
18	17	48	56	78	90	108	121
19	17a	49	57	79	91	109	122
20	17	50	58	80	92	110	123
21	18	51	59	81	95	111	124
22	19	52	60	82	96	112	125
23	20	53	61	83	97	113	126
24	21	54	62	84	98	114	127
25	22	55	63	85	99	115	128
26	23	56	64	86	100	116	129
27	24	57	65	87	101	117	130
28	25	58	66	88	102	118	131
29	26	59	69	89	103	119	132
30	27	60	73	90	104	120	133

RVO.	KB.	RVO.	KB.	RVO.	KB.	RVO.	KB.
121	134	154	166	187	202	220	230
122	135	155	167	188	203	221	231
123	136	156	168	189	204	222	232
124	137	157	169	190	205	223	233
125	138	158	170	191	206	224	234
126	139	159	171	192	207	225	235
127	140	160	172	193	208	226	236
128	141	161	173	194	209	227	237
129	142	162	174	195	210	228	238
130	143	163	175	196	210a	229	239
131	144	164	176	197	211	230	240
132	145	165	177	198	212	231	241
133	146	166	178	199	212a	232	242
134	147	167	179	200	213	233	243
135	148	168	182	201	214	234	244
136	149	169	183	202	215	235	245
137	150	170	183a	203	216	236	246
138	151	171	184	204	217	237	247
139	152	172	185	205	218	238	248
140	153	173	186	206	219	239	249
141	154	174	186a	207	220	240	250
142	155	175	187	208	221	241	252
143	156	176	190	209	222	242	253
144	156a	177	192	210	223	243	255
145	157	178	192a	211	224	244	256
146	158	179	193	212	225	245	257
147	159	180	195	213	225a	246	258
148	160	181	196	214	226	247	259
149	161	182	197	215	227	248	260
150	162	183	198	216	228	249	261
151	163	184	199	217	228a	250	262
152	164	185	200	218	228b	251	263
153	165	186	201	219	229	252	264

RVO.	KB.	RVO.	KB.	RVO.	KB.	RVO.	KB.
253	265	286	299	319	331	352	363
254	266	287	300	320	332	353	363a
255	267	288	301	321	333	354	363b
256	268	289	302	322	334	355	365
257	269	290	303	323	335	356	366
258	271	291	304	324	336	357	367
259	272	292	305	325	337	358	368
260	273	293	306	326	338	359	369
261	274	294	307	327	339	360	370
262	275	295	308	328	340	361	371
263	276	296	309	329	341	362	371a
264	277	297	310	330	342	363	372
265	278	298	311	331	343	364	373
266	279	299	312	332	344	365	374
267	280	300	313	333	345	366	375
268	281	301	314	334	347a	367	376
269	282	302	315	335	348	368	378
270	283	303	316	336	349	369	379
271	284	304	317	337	350	370	380
272	285	305	318	338	351	371	381
273	286	306	319	339	352	372	382
274	287	307	320	340	353	373	383
275	288	308	321	341	354	374	384
276	289	309	322	342	355	375	385
277	290	310	323	343		376	386
278	291	311	324	344	357	377	408
279	292	312	325	345	358	378	409
280	293	313	326a	346	359	379	410
281	294	314	326	347	360	380	411
282	295	315	327	348	361	381	412
283	296	316	328	349	361a	382	412a
284	297	317	329	350	361b	383	413
285	298	318	330	351	362	384	414

RVO.	KB.	RVO.	KB.	RVO.	KB.	RVO.	KB.
385	415	418	447	451	479	484	512
386	416	419	447a	452	480	485	513
387	417	420	448	453	481	486	514
388	418	421	449	454	482	487	515
389	419	422	450	455	483	488	515a
390	420	423	451	456	484	489	516
391	421	424	452	457	485	490	517
392	422	425	453	458	486	491	518
393	423	426	454	459	487	492	519
394	424	427	455	460	488	493	520
395	425	428	456	461	489	494	520a
396	426	429	457	462	490	495	521
397	427	430	458	463	491	496	522
398	428	431	459	464	492	497	522a
399	429	432	460	465	493	498	523
400	430	433	461	466	494	499	524
401	431	434	462	467	495	500	525
402	432	435	463	468	496	501	525a
403	433	436	464	469	497	502	527
404	434	437	465	470	498	503	528
405	435	438	466	471	499	504	529
406	436	439	467	472	500	505	530
407	437	440	468	473	501	506	530a
408	438	441	469	474	502	507	531
409	439	442	470	475	503	508	532
410	440	443	471	476	504	509	533
411	441	444	472	477	505	510	534
412	442	445	473	478	506	511	535
413	443	446	474	479	507	512	536
414	443a	447	475	480	508	513	537
415	443b	448	476	481	509	514	538
416	444	449	477	482	510	515	539
417	445	450	478	483	511	516	540

RVO.	KB.	RVO.	KB.	RVO.	KB.	RVO.	KB.
517	541	550	570	583	603	616	633
518	541a	551	571	584	603a	617	634
519	542	552	572	585	604	618	634a
520	544	553	572a	586	605	619	635
521	545	554	573	587	606	620	636
522	546	555	574	588	607	621	636a
523	546a	556	575	589	608	622	637
524	547	557	576	590	609	623	638
525	548	558	577	591	610	624	639
526	549	559	578	592	611	625	640
527	550	560	579	593	612	626	640a
528	551	561	580	594	613	627	641
529	552	562	581	595	614	628	642
530	553	563	584	596	614a	629	643
531	554	564	585	597	615	630	644
532	555	565	586	598	617	631	645
533	556	666	587	599	619a	632	645a
534	557	567	588	600	619b	633	646
535	558	568	589	601	619c	634	647
536	559	569	590	602	619d	635	648
537	560	570	591	603	620	636	649
538	561	571	591a	604	621	637	650
539	562	572	592	605	622	638	651
540	563	573	593	606	623	639	652
541	564	574	594	607	624	640	653
542	564a	575	595	608	625	641	654
543	565	576	596	609	626	642	655
544	566	577	597	610	627	643	656
545	567	578	598	611	628	644	657
546	568	579	599	612	629	645	658
547	568a	580	600	613	630	646	659
548	569	581	601	614	631	647	660
549	569a	582	602	615	632	648	661

RVO.	KB.	RVO.	KB.	RVO.	KB.	RVO.	KB.
649	662	682	695	715	716	748	747
650	663	683	696	716	717	749	748
651	664	684	697	717	718	750	749
652	665	685	698	718	719	751	750
653	666	686	699	719	720	752	751
654	667	687	700	720	720a	753	752
655	668	688	701	721	721	754	753
656	669	689	702	722	722	755	754
657	670	690	703	723	723	756	755
658	671	691	703a	724	724	757	756
659	672	692	703b	725	725	758	757
660	673	693	703c	726	726	759	757a
661	674	694	703d	727	726a	760	758
662	675	695	703e	728	727	761	659
663	676	696	703f	729	728	762	760
664	677	697	703g	630	729	763	761
665	678	698	703h	731	730	764	762
666	679	699	703i	732	731	765	763
667	680	700	703k	733	732	766	764
668	681	701	703l	734	733	767	765
669	682	702	703m	735	734	768	766
670	683	703	704	736	735	769	767
671	684	704	705	737	736	770	768
672	685	705	706	738	737	771	768
673	686	706	707	739	738	772	769
674	687	707	708	740	739	773	770
675	688	708	709	741	740	774	771
676	689	709	710	742	741	775	772
677	690	710	711	743	742	776	773
678	691	711	712	744	743	777	774
679	692	712	713	745	744	778	775
680	693	713	714	746	745	779	776
681	694	714	715	747	746	780	777

RVO.	KB.	RVO.	KB.	RVO.	KB.	RVO.	KB.
781	778	814	812	847	846	880	879
782	779	815	813	848	847	881	880
783	780	816	814	849	847a	882	881
784	782	817	815	850	848	883	882
785	783	818	816	851	849	884	883
786	784	819	817	852	850	885	884
787	785	820	818	853	851	886	885
788	786	821	819	854	852	887	886
789	787	822	820	855	853	888	887
790	788	823	821	856	854	889	887a
791	789	824	822	857	854a	890	888
792	790	825	823	858	855	891	889
793	791	826	824	859	856	892	890
794	792	827	825	860	857	893	891
795	793	828	826	861	858	894	892
796	794	829	827	862	859	895	893
797	795	830	828	863	860	896	894
798	796	831	829	864	861	897	895
799	797	832	830	865	862	898	896
800	798	833	831	866	863	899	897
801	799	834	832	867	864	900	898
802	800	835	833	868	865	901	899
803	801	836	835	869	867	902	900
804	802	837	836	870	868	903	901
805	803	838	837	871	869	904	902
806	804	839	838	872	870	905	903
807	805	840	839	873	871	906	904
808	806	841	840	874	872	907	905
809	807	842	841	875	873	908	906
810	808	843	842	876	874	909	907
811	809	844	943	877	875	910	908
812	810	845	844	878	876	911	909
813	811	846	845	879	878	912	910

RVO.	KB.	RVO.	KB.	RVO.	KB.	RVO.	KB.
913	911	946	938	979	971	1012	1003
914	912	947	939	980	972	1013	1004
915	913	948	940	981	973	1014	1005
916	914	949	941	982	974	1015	1006
917	915	950	942	983	975	1016	1007
918	916	951	943	984	976	1017	1008
919	917	952	944	985	977	1018	1009
920	917a	953	945	986	978	1019	1010
921	917b	954	946	987	979	1020	1011
922	917c	955	947	988	980	1021	1012
923	918	956	948	989	981	1022	1013
924	919	957	949	990	982	1023	1014
925	920	958	950	991	983	1024	1015
926	921	959	951	992	984	1025	1016
927	922	960	952	993	985	1026	1017
928	923	961	953	994	986	1027	1018
929	924	962	954	995	987	1028	1019
930	925	963	955	996	988	1029	1020
931	926	964	956	997	989	1030	1021
932	927	965	957	998	990	1031	1022
933	928	966	958	999	991	1032	1022a
934	929	967	959	1000	992	1033	1023
935	929a	968	960	1001	993	1034	1024
936	930	969	961	1002	994	1035	1025
937	931	970	962	1003	995	1036	1026
938	932	971	963	1004	996	1037	1027
939	933	972	964	1005	997	1038	1028
940	933a	973	965	1006	998	1039	1029
941	933b	974	966	1007	999	1040	1030
942	934	975	967	1008	1000	1041	1031
943	935	976	968	1009	1001	1042	1032
944	936	977	969	1010	1001a	1043	1033
945	937	978	970	1011	1002	1044	1034

RVO.	KB.	RVO.	KB.	RVO.	KB.	RVO.	KB.
1045	1035	1078	1067a	1111	1097	1144	1130
1046	1036	1079	1068	1112	1098	1145	1131
1047	1037	1080	1069	1113	1099	1146	1132
1048	1038	1081	1070	1114	1100	1147	1133
1049	1039	1082	1070a	1115	1101	1148	1134
1050	1040	1083	1071	1116	1102	1149	1135
1051	1041	1084	1072	1117	1103	1150	1136
1052	1042	1085	1073	1118	1104	1151	1137
1053	1043	1086	1074	1119	1105	1152	1138
1054	1044	1087	1075	1120	1106	1153	1139
1055	1045	1088	1076	1121	1107	1154	1140
1056	1046	1089	1077	1122	1108	1155	1141
1057	1047	1090	1078	1123	1109	1156	1142
1058	1048	1091	1079	1124	1110	1157	1143
1059	1049	1092	1080	1125	1111	1158	1144
1060	1050	1093	1081	1126	1112	1159	1145
1061	1051	1094	1082	1127	1113	1160	1146
1062	1052	1095	1083	1128	1114	1161	1147
1063	1053	1096	1084	1129	1115	1162	1148
1064	1054	1097	1085	1130	1116	1163	1149
1065	1055	1098	1086	1131	1117	1164	1150
1066	1056	1099	1087	1132	1118	1165	1151
1067	1057	1100	1088	1133	1119	1166	1152
1068	1058	1101	1089	1134	1120	1167	1153
1069	1059	1102	1090	1135	1121	1168	1154
1070	1060	1103	1090a	1136	1122	1169	1155
1071	1061	1104	1090b	1137	1123	1170	1156
1072	1062	1105	1091	1138	1124	1171	1157
1073	1063	1106	1092	1139	1125	1172	1158
1074	1064	1107	1093	1140	1126	1173	1159
1075	1065	1108	1094	1141	1127	1174	1160
1076	1066	1109	1095	1142	1128	1175	1161
1077	1067	1110	1096	1143	1129	1176	1162

RVO.	KB.	RVO.	KB.	RVO.	KB.	RVO.	KB.
1177	1163	1210	1196	1243	1228	1276	1259
1178	1164	1211	1197	1244	1229	1277	1260
1179	1165	1212	1198	1245	1230	1278	1264
1180	1166	1213	1199	1246	1231	1279	1265
1181	1167	1214	1200	1247	1232	1280	1266
1182	1168	1215	1201	1248	1233	1281	1267
1183	1169	1216	1202	1249	1234	1282	1268
1184	1170	1217	1203	1250	1235	1283	1269
1185	1171	1218	1204	1251	1236	1284	1270
1186	1172	1219	1205	1252	1237	1285	1271
1187	1173	1220	1206	1253	1238	1286	1272
1188	1174	1221	1207	1254	1239	1287	1273
1189	1175	1222	1208	1255	1240	1288	1274
1190	1176	1223	1209	1256	1241	1289	1275
1191	1177	1224	1210	1257	1242	1290	1276
1192	1178	1225	1211	1258	1243	1291	1276a
1193	1179	1226	1212	1259	1244	1292	1277
1194	1180	1227	1213	1260	1245	1293	1278
1195	1181	1228	1214	1261	1246	1294	1279
1196	1182	1229	1215	1262	1247	1295	1280
1197	1183	1230	1216	1263	1248	1296	1281
1198	1184	1231	1217	1264	1249	1297	1285
1199	1185	1232	1218	1265	1250	1298	1286
1200	1186	1233	1219	1266	1251	1299	1287
1201	1187	1234	1220	1267	1252	1300	1288
1202	1188	1235	1221	1268	1252a	1301	1289
1203	1189	1236	1222	1269	1253	1302	1290
1204	1190	1237	1223	1270	1254	1303	1291
1205	1191	1238	1223a	1271	1255	1304	1292
1206	1192	1239	1224	1272	1256	1315	1293
1207	1193	1240	1225	1273	1257	1306	1294
1208	1194	1241	1226	1274	1257a	1307	1295
1209	1195	1242	1227	1275	1258	1308	1296

RVO.	KB.	RVO.	KB.	RVO.	KB.	RVO.	KB.
1309	1297	1342	1328	1375	1360	1408	1392
1310	1298	1343	1329	1376	1361	1409	1393
1311	1299	1344	1330	1377	1362	1410	1394
1312	1300	1345	1331	1378	1363	1411	1395
1313	1301	1346	1332	1379	1364	1412	1396
1314	1302	1347	1333	1380	1365	1413	1397
1315	1303	1348	1334	1381	1366	1414	1398
1316	1303a	1349	1335	1382	1367	1415	1399
1317	1303b	1350	1336	1383	1368	1416	1400
1318	1304	1351	1337	1384	1368a	1417	1401
1319	1305	1352	1338	1385	1369	1418	1402
1320	1306	1353	1339	1386	1370	1419	1403
1321	1307	1354	1340	1387	1371	1420	1404
1322	1308	1355	1341	1388	1372	1421	1405
1323	1309	1356	1342	1389	1373	1422	1406
1324	1310	1357	1342a	1390	1374	1423	1407
1325	1311	1358	1343	1391	1375	1424	1408
1326	1312	1359	1344	1393	1376	1425	1409
1327	1313	1360	1345	1393	1377	1426	1410
1328	1314	1361	1346	1394	1378	1427	1411
1329	1315	1362	1347	1395	1379	1428	1412
1330	1316	1363	1348	1396	1380	1429	1412a
1331	1317	1364	1349	1397	1381	1430	1413
1332	1318	1365	1350	1398	1382	1431	1414
1333	1319	1366	1351	1399	1383	1432	1415
1334	1320	1367	1352	1400	1384	1433	1416
1335	1321	1368	1353	1401	1385	1434	1416a
1336	1322	1369	1354	1402	1386	1435	1417
1337	1323	1370	1355	1403	1387	1436	1418
1338	1324	1371	1356	1404	1388	1437	1419
1339	1325	1372	1357	1405	1389	1438	1420
1340	1326	1373	1358	1406	1390	1439	1421
1341	1327	1374	1359	1407	1391	1440	1422

RVO.	KB.	RVO.	KB.	RVO.	KB.	RVO.	KB.
1441	1423	1474	1455	1507	1488	1540	1523
1442	1424	1475	1456	1508	1489	1541	1524
1443	1425	1476	1457	1509	1490	1542	1525
1444	1426	1477	1458	1510	1491	1543	1526
1445	1427	1478	1459	1511	1491a	1544	1527
1446	1428	1479	1460	1512	1492	1545	1528
1447	1429	1480	1461	1513	1493	1546	1529
1448	1430	1481	1462	1514	1494	1547	1530
1449	1431	1482	1463	1515	1495	1548	1531
1450	1432	1483	1464	1516	1496	1549	1532
1451	1433	1484	1465	1517	1497	1550	1533
1452	1434	1485	1466	1518	1498	1551	1534
1453	1435	1486	1467	1519	1499	1552	1535
1454	1436	1487	1468	1520	1500	1553	1536
1455	1437	1488	1469	1521	1501	1554	1537
1456	1438	1489	1471	1522	1502	1555	1538
1457	1439	1490	1472	1523	1503	1556	1539
1458	1440	1491	1473	1524	1504	1557	1540
1459	1441	1492	1474	1525	1505	1558	1541
1460	1442	1493	1475	1526	1506	1559	1542
1461	1443	1494	1476	1527	1507	1560	1543
1462	1444	1495	1477	1528	1508	1561	1544
1463	1445	1496	1478	1529	1513	1562	1545
1464	1446	1497	1479	1530	1513a	1563	1546
1465	1447	1498	1480	1531	1514	1564	1547
1466	1448	1499	1481	1532	1515	1565	1548
1467	1449	1500	1482	1533	1516	1566	1548a
1468	1450	1501	1483	1534	1517	1567	1550
1469	1451	1502	1484	1535	1518	1568	1552
1470	1452	1503	1485	1536	1519	1569	1553
1471	1452a	1504	1485a	1537	1520	1570	1554
1472	1453	1505	1486	1538	1521	1571	1555
1473	1454	1506	1487	1539	1522	1572	1556

RVO.	KB.	RVO.	KB.	RVO.	KB.	RVO.	KB.
1573	1556a	1606	1572f	1639	1599a	1672	1635
1574	1557	1607	1572g	1640	1600	1673	1636
1575	1558	1608	1572h	1641	1602	1674	1637
1576	1558a	1609	1572i	1642	1603	1675	1638
1577	1559	1610	1572k	1643	1604	1676	1639
1578	1560	1611	1572l	1644	1605	1677	1639 a
1579	1561	1612	1573	1645	1606	1678	1639 b
1580	1562	1613	1574	1646	1607	1679	1640
1581	1563	1614	1575	1647	1608	1680	1641
1582	1564	1615	1576	1648	1609	1681	1641 a
1583	1565	1616	1577	1649	1609a	1682	1642
1584	1565a	1617	1578	1650	1610	1683	1642 a
1585	1565b	1618	1579	1651	1610a	1684	1643
1586	1565d	1119	1580	1652	1615	1685	1644
1587	1567	1620	1581	1653	1616	1686	1646
1588	1566	1621	1582	1654	1617	1687	1646 a
1589	1565c	1622	1583	1655	1618	1688	1646 b
1590	1567a	1623	1584	1556	1619	1689	1646 c
1591	1568	1624	1585	1657	1619b	1690	1648
1592	1569	1625	1586	1658	1619c	1691	1648 a
1593	1570	1626	1587	1659	1619d	1692	1649
1594	1571	1627	1588	1660	1620	1693	1650
1595	1572	1628	1589	1661	1620a	1694	1651
1596	1572a	1629	1590	1662	1621	1695	1652
1597	1572b	1630	1591	1663	1622	1696	1653
1598	1572c	1631	1592	1664	1623	1697	1654
1599	1572d	1632	1593	1665	1624	1698	1655
1600	1572e	1633	1594	1666	1625	1699	1656
1601	1572ea	1634	1595	1667	1626	1700	1657
1602	1572eb	1635	1596	1668	1628	1701	1658
1603	1572ec	1636	1597	1669	1632	1702	1659
1604	1572ed	1637	1598	1670	1633	1703	1660
1605	1572ee	1638	1599	1671	1634	1704	1661

RVO.	KB.	RVO.	KB.	RVO.	KB.	RVO.	KB.
1705	1662	1738	1691	1771	1723	1804	1753
1706	1663	1739	1692	1772	1724	1805	1754
1707	1664	1740	1693	1773	1725		
1708	1665	1741	1694	1774	1726		
1709	1666	1742	1695	1775	1727		
1710	1667	1743	1696	1776	1728a		
1711	1668	1744	1697	1777	1728b		
1712	1669	1745	1698	1778	1728c		
1713	1670	1746	1699	1779	1728d		
1714	1671	1747	1700	1780	1730		
1715	1672	1748	1701	1781	1731		
1716	1673	1749	1702	1782	1731a		
1717	1674	1750	1703	1783	1732		
1718	1674a	1751	1704	1784	1733		
1719	1674b	1752	1705	1785	1734		
1720	1674c	1753	1706	1786	1735		
1721	1674d	1754	1707	1787	1736		
1722	1675	1755	1708	1788	1736a		
1723	1676	1756	1709	1789	1737		
1724	1677	1757	1710	1790	1738		
1725	1678	1758	1711	1791	1739		
1726	1679	1759	1712	1792	1740		
1727	1680	1760	1713	1793	1741		
1728	1681	1761	1714	1794	1742		
1729	1682	1762	1715	1795	1743		
1730	1683	1763	1716	1796	1744		
1731	1684	1764	1717	1797	1745		
1732	1685	1765	1718	1798	1746		
1733	1686	1766	1719	1799	1747		
1734	1687	1767	1720	1800	1748		
1735	1688	1768	1721	1801	1749		
1736	1689	1769	1722	1802	1750		
1737	1690	1770	1722a	1803	1751		

Gegenüberstellung

der Artikelzahlen des Einführungsgesetzes zur Reichsversicherungsordnung und der Artikelzahlen der endgültigen Beschlüsse der Kommission (KB.).

RVO.	KB.	RVO.	KB.	RVO.	KB.	RVO.	KB.
1	1	27	25b	53	45	79	69
2	2	28	25c	54	46	80	69a
3	3	29	26	55	48	81	70
4	4	30	27	56	49	82	71
5	5	31	28	57	50	83	71a
6	6	32	28a	58	51	84	71b
7	7	33	29	59	52	85	72
8	8	34	30	60	53	86	73
9	9	35	31	61	53a	87	74
10	11	36	31a	62	53b	88	75
11	12	37	32	63	53c	89	76
12	13	38	32a	64	54	90	77
13	14	39	32b	65	55	91	78
14	15	40	32c	66	56	92	79
15	16	41	32d	67	57	93	80
16	16a	42	34	68	58	94	81
17	17	43	35	69	59	95	82
18	18	44	36	70	60	96	83
19	19	45	37	71	61	97	84
20	20	46	38	72	62	98	85
21	21	47	39	73	63	99	86
22	22	48	40	74	64	100	87
23	23	49	41	75	65	101	88
24	24	50	42	76	66	102	89
25	25	51	43	77	67	103	90
26	25b	52	44	78	68	104	91

Einführungsgesetz.

Vorbemerkung.

Die Bestimmungen des Einführungsgesetzes sind in der Regel auch innerhalb des Textes der RVO. an denjenigen Stellen berücksichtigt worden, für welche sie in Betracht kommen. Bei dem nachstehenden Abdruck des Einführungsgesetzes ist (soweit möglich) bei jedem Artikel auf den Paragraphen der RVO. verwiesen, für welchen der betr. Artikel von Bedeutung ist.

Die Reichsversicherungsordnung ersetzt (wie die Begründung ausführt) alle Gesetze und Gesetzesteile, die sich bisher auf die Arbeiterversicherung beziehen, durch ein einheitliches Gesetz; sie regelt die einschlägigen Fragen erschöpfend. Demgemäß sind zunächst die sämtlichen Versicherungsgesetze, wie sie Artikel 5 aufzählt, zur Reichsversicherungsordnung umgearbeitet und ergänzt worden. Ferner mußten einzelne Vorschriften aus der Gewerbeordnung, dem Bürgerlichen Gesetzbuch und der Zivilprozeßordnung in sie aufgenommen werden. Dagegen empfahl es sich, aus ihr die Vorschriften auszuscheiden, die nur vorübergehende Bedeutung haben, da sie den Umfang der Reichsversicherungsordnung vermehren und ihren Aufbau stören würden. Alle Vorschriften dieser Art, mögen sie sich auf das Inkrafttreten der Reichsversicherungsordnung, auf die Durchführung der Organisation, auf laufende Leistungen, erworbene Ansprüche, schwebende Streitigkeiten oder anderes beziehen, sind daher in das besondere Einführungsgesetz, und zwar in einen eigenen Abschnitt A, aufgenommen worden.

Der Abschnitt A schließt sich in seiner ganzen Anordnung der Reichsversicherungsordnung an. Die Artikel 1 bis 6 enthalten Vorschriften über deren Inkrafttreten und Einfluß auf den Lauf von Fristen; Artikel 7 bis 13 beziehen sich auf die im Ersten Buche der Reichsversicherungsordnung geregelten Gegenstände, namentlich auf die Einrichtung der Versicherungsbehörden; Artikel 14 bis 42 behandeln Angelegenheiten der Krankenversicherung, Artikel 43 bis 63 solche der Unfallversicherung und Artikel 64 bis 84 solche der Invaliden- und Hinterbliebenenversicherung; Artikel 85 bis 99 beschäftigen sich mit dem Verfahren; Artikel 100 endlich enthält einen allgemeinen Vorbehalt für noch andere Übergangsvorschriften.

Da die Reichsversicherungsordnung die Zuständigkeit der Gewerbe- und der Kaufmannsgerichte in Krankenkassenstreitigkeiten durch die der Versicherungsämter ersetzt, müssen im Gewerbegerichtsgesetz und im Gesetze, betreffend Kaufmannsgerichte, kleine Änderungen vorgenommen werden, die dauernde Bedeutung haben. Das Gleiche gilt für die Gewerbeordnung, deren Vorschriften in einzelnen Beziehungen durch die Reichsversicherungsordnung abweichend geregelt werden. Die hiernach in jenen Gesetzen erforderlichen Änderungen werden in einem besonderen Abschnitt B zusammengefaßt, dem in Artikel 91 noch eine Vorschrift über den Einfluß der Reichsversicherungsordnung auf andere Gesetze und Rechtsnormen aller Art beigefügt ist.

Abschnitt A.

I. Allgemeine Vorschriften.

Vorbemerkung zu Art. 1 bis 4.

Das gleichzeitige Inkrafttreten der RVO. in ihrer Gesamtheit ist schon aus verwaltungstechnischen Gründen nicht durchführbar, da das neue Gesetz zu umfassende

Änderungen und Erweiterungen bringt. Es erfolgt daher das Inkrafttreten:

1. sofort am 1. August 1911 hinsichtlich der Maßnahmen zur Durchführung (Art. 1) sowie (gemäß Art. 38) hinsichtlich der §§ 349, 350, 354 Abs. 2 bis 6, § 358 betr. Angestellte der Krankenkassen, die künftig der Dienstordnung unterstehen sollen;
2. zum 1. Januar 1912 (gemäß Art. 2) hinsichtlich der Hinterbliebenen- und Invalidenversicherung sowie der zu ihrer Durchführung erforderlichen Maßnahmen;
3. zu noch festzusetzenden Terminen (gemäß Art. 4) hinsichtlich aller übrigen Teile.

Die Krankenversicherung wird nicht vor dem 1. Januar 1913, die Unfallversicherung schwerlich vor Mitte 1912 in Kraft treten.

Termine des Inkrafttretens.

Artikel 1.

Die Reichsversicherungsordnung tritt, soweit es sich um die Maßnahmen zu ihrer Durchführung handelt, sofort in Kraft.

Der Ausdruck Maßnahmen zu ihrer Durchführung ist wohl absichtlich sehr weit gefaßt, weil man hier den in Betracht kommenden Behörden möglichst weiten Spielraum gewähren wollte. Als solche Maßnahmen dürften insbesondere gelten: die Vorbereitungen zur Errichtung neuer und zur Umänderung bestehender Krankenkassen, die Errichtung neuer Berufsgenossenschaften, die Vornahme der durch die neuen Vorschriften über das Verfahren erforderlichen Änderungen der verschiedenen Behörden, die Einrichtung der neuen Versicherungsbehörden usw.

Artikel 2.

Die Vorschriften ihres Vierten Buches und die zu ihrer Durchführung erforderlichen anderen Vorschriften der Reichsversicherungsordnung treten mit dem 1. Januar 1912 in Kraft.

Mit diesem Tage wird der § 15 des Zolltarifgesetzes vom 25. Dezember 1902 (Reichs-Gesetzbl. S. 303) aufgehoben. Die angesammelten Beträge und Zinsen (Hinterbliebenenversicherungsfonds, Gesetz vom 8. April 1907, Reichs-Gesetzbl. S. 89) sind zu den Zuschüssen des Reichs für die Hinterbliebenenversicherung (§§ 1284, 1285 der Reichsversicherungsordnung) zu verwenden.

Artikel 3.

Die Verwaltung des Hinterbliebenenversicherungsfonds wird dem Reichskanzler (Reichsschatzamt) unter der Aufsicht der Reichsschuldenkommission übertragen. Das Gesetz, betreffend die Verwaltung des Reichsinvalidenfonds und des Hinterbliebenenversicherungsfonds, vom 1. Juni 1909 (Reichs-Gesetzbl. S. 469) tritt, soweit es sich auf den Hinterbliebenenversicherungsfonds bezieht, mit dem 1. Oktober 1911 außer Kraft.

Zufolge der Vorschrift des § 15 des Zolltarifgesetzes vom 25. Dezember 1902 sind bisher rund 51,5 Millionen Mark Nennwert aufgesammelt worden. Nachdem nun die Hinterbliebenenversicherung grundsätzlich nicht auf diesen schwankenden Zolleinnahmen, sondern auf den regelmäßigen Prämienbeiträgen der Arbeitgeber und der Versicherten sowie auf Reichszuschüssen aufgebaut worden ist, muß dieser § 15 aufgehoben werden. Die angesammelten Zollerträgnisse nebst den bis zum Inkrafttreten der Hinterbliebenenversicherung noch eingehenden Summen und zuwachsenden Zinsen sollen als besonderer Fonds verwaltet werden, um daraus bis zu seiner Erschöpfung die Reichszuschüsse für die Hinterbliebenenbezüge zu leisten.

Durch das Gesetz vom 1. Juni 1909 (Reichsgesetzblatt S. 469) ist zwar die Verwaltung des Hinterbliebenenversicherungsfonds dem Reichskanzler übertragen worden. Jedoch sind für diese Verwaltung, abgesehen von der veränderten Organisation, die Vorschriften des Gesetzes, betreffend die Gründung und Verwaltung des Reichsinvalidenfonds, vom 23. Mai 1873 (Reichsgesetzbl. S. 117), im allgemeinen maßgebend geblieben. Der Reichsinvalidenfonds wird bis zum 30. Juni 1911 aufgezehrt sein. Da es sich beim Hinterbliebenenversicherungsfonds der Hauptsache nach darum handelt, seine Bestände allmählich zu veräußern, um die Zuschüsse des Reichs zur Hinterbliebenenversicherung aufzubringen, so dürfte es keinem Bedenken begegnen, die Verwaltung des Fonds dem Reichskanzler ohne weitere Beschränkung zu übertragen. Die der Reichschuldenkommission vorbehaltende fortlaufende Aufsicht wird das geeignete Mittel bilden, den ordnungsmäßigen Gang der Verwaltung unter Kontrolle zu halten, ohne daß eine besondere Mitwirkung bei dem Verschlusse der Wertpapiere erforderlich wäre. Dieser Verschluß ist als ein doppelter gedacht, dessen Regelung der Reichskanzler zu treffen hätte. Der einstweilen noch offen gelassene Zeitpunkt, zu dem das Gesetz vom 1. Juni 1909, soweit es sich auf den Hinterbliebenenversicherungsfonds bezieht, außer Kraft treten soll, wird übrigens ein anderer sein können, als der Zeitpunkt des Inkrafttretens des IV. Buches der Reichsversicherungsordnung (Begr.).

Artikel 4.

Die Tage, mit denen die übrigen Vorschriften der Reichsversicherungsordnung in Kraft treten, werden durch Kaiserliche Verordnung mit Zustimmung des Bundesrats festgesetzt.

Für die Zeit bis zum 31. Dezember 1914 kann der Bundesrat über die Amtsdauer der gegenwärtigen Vertreter der Unternehmer oder anderen Arbeitgeber sowie der Versicherten bei Versicherungsbehörden, unteren Verwaltungsbehörden und Versicherungsträgern nach Bedürfnis bestimmen. Dies gilt auch für die nichtständigen Mitglieder des Reichsversicherungsamts. Für die nichtständigen Mitglieder der Landesversicherungsämter steht diese Befugnis den obersten Verwaltungsbehörden zu.

Siehe bei § 40 und § 87.

Die Kaiserliche Verordnung wird in Band V mitgeteilt.

Über die Wahl der Vertreter der Unternehmer und sonstigen Arbeitgeber sowie der Versicherten, welche größtenteils unmittelbar oder mittelbar von dem Vorstande der Krankenkassen künftig zu wählen sind vgl. das Wahlschema in dem Bd. S. 278 ff. Bis zu der hiernach vollzogenen Wahl der Versicherungsvertreter haben die Versicherungsämter die im Artikel 8 des Einführungsgesetzes angegebenen Personen zuzuziehen. Die Wahlzeit dieser läuft noch bis zum 31. Dezember 1914, sodaß hier eine Verlängerung nicht erforderlich ist.

Im Gegensatz hierzu dürfte eine solche Verlängerung erforderlich sein für die Ausschüsse bei den Versicherungsanstalten in Bayern und Württemberg, obwohl an sich deren Wahl bis 1914 bezw. 1915 reicht; denn die Wählbarkeit und die Art der Wahl der Ausschußmitglieder ist wesentlich geändert worden. Das gleiche gilt für die nicht beamteten Vorstandsmitglieder bei den Landesversicherungsanstalten in Preußen, deren Wahlzeit bis Ende 1914, sowie in Bayern, Württemberg und Baden, deren Wahlzeit Ende 1915 an sich dauert.

Die Beisitzer der Schiedsgerichte sind nach den bisherigen Bestimmungen so gewählt, daß ihre Amtsdauer zwischen Ende 1914 und Ende 1915 abläuft. Nach Artikel 7 Absatz 1 dürfte eine Verlängerung der Amtsdauer dieser Personen nicht erforderlich sein.

Neuwahlen werden bei in Kraft treten der RVO. notwendig sein für die Vorstände der Berufsgenossenschaften und ihrer Sektionen sowie für die Vertrauensmänner und die Vertreter, welche die Genossenschaftsversammlung bilden können (§ 691 RVO.). Zuvor müßten aber die erforderlichen Änderungen der Satzungen nach Artikel 40 des Einführungs-Gesetzes vorgenommen werden.

Eine Verlängerung der Wahlzeit, und zwar möglichst bis zum 31. Dezember 1914, wird jedoch erforderlich sein für die Vertreter der Versicherten und ihre Ersatzmänner, die zur Beratung und zum Beschluß über die Unfallverhütungsvorschriften sowie zur gutachtlichen Äußerung über Schutzvorschriften zuzuziehen sind (vgl. §§ 858, 1030, 1203, 1204 RVO.), sowie für die nach § 1031 Abs. 2 RVO. berufenen Vertreter der Arbeitgeber aus den landwirtschaftlichen Arbeitgeberbeisitzern.

Die Amtszeit für die Arbeitgeber und die Arbeiterbeisitzer beim Reichsversicherungsamt, welche mit dem 31. Dezember 1911 abläuft, ist vom Bundesrat laut Bek. vom 2. August 1911 (ZBl. S. 444) bereits auf zwei Jahre, also bis 1913, verlängert worden.

Außerkrafttreten der alten Gesetze.

Artikel 5.

Mit diesen Tagen (Artikel 2, Artikel 4 Abs. 1) tritt, soweit dieses Gesetz nichts anderes vorschreibt, die Reichsversicherungsordnung an die Stelle der entsprechenden Vorschriften

des Krankenversicherungsgesetzes vom 15. Juni 1883 (Reichs-Gesetzbl. S. 73) in der Fassung vom 10. April 1892 (Reichs-Gesetzbl. S. 379) und der Gesetze vom 30. Juni 1900 (Reichs-Gesetzbl. S. 332) und vom 25. Mai 1903 Reichs-Gesetzbl. S. 233),

des Gesetzes, betreffend die Unfall- und Krankenversicherung der in land- und forstwirtschaftlichen Betrieben beschäftigten Personen, vom 5. Mai 1886 (Reichs-Gesetzbl. S. 132), B. Krankenversicherung,

des Gesetzes, betreffend die Abänderung der Unfallversicherungsgesetze, vom 30. Juni 1900 (Reichs-Gesetzbl. S. 573),

des Gewerbe-Unfallversicherungsgesetzes vom 30. Juni 1900 in der Fassung der Bekanntmachung vom 5. Juli 1900 Reichs-Gesetzbl. S. 585),

des Unfallversicherungsgesetzes für Land- und Forstwirtschaft vom 30. Juni 1900 in der Fassung der Bekanntmachung vom 5. Juli 1900 (Reichs-Gesetzbl. S. 641),

des Bau-Unfallversicherungsgesetzes vom 30. Juni 1900 in der Fassung der Bekanntmachung vom 5. Juli 1900 (Reichs-Gesetzbl. S. 698),

des See-Unfallversicherungsgesetzes vom 30. Juni 1900 in der Fassung der Bekanntmachung vom 5. Juli 1900 (Reichs-Gesetzbl. S. 716),

des Invalidenversicherungsgesetzes in der Fassung der Bekanntmachung vom 19. Juli 1899 (Reichs-Gesetzbl. S. 463).

Die hier aufgezählten Gesetze werden je nach dem Inkrafttreten der einzelnen Teile der RVO. durch diese ersetzt. Die auf Grund der alten Gesetze erworbenen Ansprüche bleiben jedoch selbstverständlich erhalten. Ausnahmsweise behalten auch einzelne Vorschriften der alten Gesetze vorübergehende Geltung. Vgl. Art. 30, 31, 75, 77.

Rückwirkende Kraft betr. Fristen.

Artikel 6.

Die Vorschriften der Reichsversicherungsordnung über die Fristen gelten, vorbehaltlich des Abs. 2 und der Artikel 85 bis 99, auch für die Fristen, deren Lauf vor den nach Artikel 2, 4 bestimmten Tagen begonnen hat, an diesen Tagen aber noch nicht vollendet ist.

Die Frist bestimmt sich nach dem alten Rechte, wenn sie danach länger ist als nach der Reichsversicherungsordnung.

Der Beginn der Fristen bestimmt sich nach dem alten Rechte.

Zu §§ 124—134.

Der Art. 6 regelt die Einwirkung der Reichsversicherungsordnung auf Fristen, die in den alten Gesetzen bestimmt sind und deren Lauf vor dem Tage des Inkrafttretens der neuen Vorschriften begonnen hat, zu dieser Zeit aber noch nicht beendigt ist. Er gilt für Fristen aller Art, insbesondere nicht nur für die materiell-rechtlichen Pflichten, wie die Verjährungsfristen, sondern auch für prozeßrechtliche Fristen, wie die Berufungs-, Revisions- und Beschwerdefristen.

Die RVO. hat die Fristen, die in den alten Gesetzen vorgesehen waren, teils unverändert gelassen, teils auch verlängert. Art. 6 spricht den Grundsatz aus, daß die Vorschriften der Reichsversicherungsordnung auf die Fristen anzuwenden sind, die beim Inkrafttreten der Reichsversicherungsordnung laufen. Der Beginn dieser Fristen bestimmt sich nach dem alten Rechte. Hierdurch wird ausgeschlossen, daß Fristen mit dem Inkrafttreten der Reichsversicherungsordnung von neuem zu laufen beginnen, und zwar sowohl, wenn die neue Frist gleich lang ist wie die alte, als auch wenn sie länger ist.

Eine Ausnahme von diesem Grundsatz bestimmt Abs. 2 für die Fälle, in denen die Reichsversicherungsordnung die Frist kürzt. Hier soll ohne jede Ausnahme die längere Frist maßgebend sein. Der Beginn der Frist richtet sich auch für diese Fälle nach dem alten Rechte. Hiernach ist abweichend von der Regelung, die Art. 169 Abs. 2 des Einführungsgesetzes zum Bürgerlichen Gesetzbuch für Verjährungsfristen trifft, die längere Frist auch dann maßgebend, wenn die kürzere Frist der Reichsversicherungsordnung, vom Tage ihres Inkrafttretens an gerechnet, früher beendigt sein würde. Weitere Ausnahmen von Art. 6 enthalten die Artikel 85 bis 99, die für das Verfahren allgemein die Frage regeln, ob bei schwebenden Rechtsstreitigkeiten das alte oder das neue Recht anzuwenden ist. (Begr.).

II. Versicherungsbehörden.

Vorbemerkung.

Unter der neu eingeführten Bezeichnung Versicherungsbehörden versteht die RVO. Versicherungsämter, Oberversicherungsämter, Reichsversicherungsamt, Landesversicherungsämter.

Vgl. über die Aufgaben und Einrichtungen dieser Behörden in diesem Band die Bemerkungen zu §§ 35 ff. RVO.

Verwaltung in der Übergangszeit.

Artikel 7.

Soweit Vorschriften der Reichsversicherungsordnung in Kraft treten, bevor Versicherungsämter und Oberversicherungsämter bestehen, treten für die Aufgaben, die ihnen jene Vorschriften oder dieses Gesetz zuweisen,

bei Spruchsachen an Stelle der Versicherungsämter die unteren Verwaltungsbehörden und an Stelle der Oberversicherungsämter die Schiedsgerichte,

im übrigen die Behörden, welche die oberste Verwaltungsbehörde bestimmt.

Auch für diese Behörden gelten die in den folgenden Artikeln für Versicherungsämter und Oberversicherungsämter gegebenen Vorschriften.

Zu § 35 ff.

Die in den Art. 7 bis 9 erwähnten Befugnisse gelten als erteilt nur bis zu den im Art. 4 genannten Terminen.

Die Besetzung der Ämter mit ihren Laienbeisitzern kann erst nach Vollzug aller bei den Krankenkassen erforderlichen Änderungen erfolgen, da die Krankenkassen die Wahlkörper für jene direkt oder indirekt bilden. Über die Wahl siehe §§ 35 ff. Vgl. das Wahlschema S. 278 ff.

Die Bestimmungen der obersten Verwaltungsbehörde finden sich in Band V.

Artikel 8.

Das Versicherungsamt zieht an Stelle der Versicherungsvertreter die Vertreter der Arbeitgeber und der Versicherten bei der unteren Verwaltungsbehörde oder Rentenstelle (§§ 61, 81, 82 des Invalidenversicherungsgesetzes) zu.

Soweit sich der Bezirk einer vorhandenen Behörde (Artikel 7) nicht mit dem der entsprechenden Versicherungsbehörde deckt, bestimmt die oberste Verwaltungsbehörde über die Zuziehung von Vertretern oder Beisitzern das Nähere. Dasselbe gilt, wo anderen Behörden als den Schiedsgerichten für Arbeiterversicherung diese Aufgaben übertragen werden.

Zu § 36 ff.

Während die Schiedsgerichte, an dessen Stelle künftig die OV. Ämter treten, für die in Art. 7 erwähnten Aufgaben Laienbeisitzer bereits haben, entbehren die unteren Verwaltungsbehörden solcher.

Es wird daher das Versicherungsamt bezw. die seine Stelle einnehmende Behörde ermächtigt, die für andere Zwecke der Arbeiterversicherung gewählten Vertreter der Arbeitgeber und Versicherten auch für die fraglichen Aufgaben heranzuziehen.

Statt der vorhandenen im Herbst 1909 gewählten Vertreter der Arbeitgeber und der Versicherten können auf Antrag der beteiligten Kassen besondere Vertreter gewählt werden; für die Wahl dieser wird auf das System der bisherigen Inv.-Versicherung zurückgegriffen, das jedoch gewisse Änderungen erfährt.

Nicht wahlberechtigt sind die knappschaftlichen Krankenkassen und Hilfskassen.

Artikel 9.

Auf Antrag beteiligter Krankenkassen kann das Versicherungsamt anordnen, daß zu seinen Beschlüssen über Herstellung und Änderung der äußeren und inneren Verfassung der Krankenkassen besondere Vertreter der Arbeitgeber und der Versicherten in gleicher Zahl gewählt werden. Die Wahl richtet sich nach den §§ 61 und 63 des Invalidenversicherungsgesetzes. Jedoch kann das Versicherungsamt die Zahl der Vertreter nach dem Bedürfnis festsetzen; dabei sind nur die Orts-, Betriebs-, Bau- und Innungskrankenkassen und die Gemeindekrankenversicherungen wahlberechtigt.

Der Gemeindeverband (§§ 526, 527 der Reichsversicherungsordnung) bestellt einen oder mehrere Vertreter, um die Rechte der Gruppen wahrzunehmen, welche die Reichsversicherungsordnung neu in die Krankenversicherung einbezieht.

Die oberste Verwaltungsbehörde kann näheres anordnen.

Zu § 56 ff.

Die in Art. 8 und 9 erwähnten Paragraphen des Invalidenversicherungs-Gesetzes haben folgenden Wortlaut:

§ 61.

Für den Bezirk jeder unteren Verwaltungsbehörde (§ 57) werden Vertreter der Arbeitgeber und der Versicherten gewählt; deren Zahl beträgt, solange nicht durch diejenige Behörde, welche die Wahlordnung erlassen hat (§ 63), eine größere Zahl bestimmt ist, aus der Klasse der Arbeitgeber und der Versicherten je vier. Die Bestimmungen der §§ 87 bis 94, 97 finden entsprechende Anwendung.

§ 63.

Die Wahl der Vertreter erfolgt nach näherer Bestimmung einer Wahlordnung, welche von der für den Sitz der Versicherungsanstalt zuständigen Landes-Zentralbehörde oder der von dieser bestimmten Behörde zu erlassen ist, unter Leitung eines Beauftragten dieser Behörde. Bei gemeinsamen Versicherungsanstalten wird die Wahlordnung, sofern ein Einverständnis unter den beteiligten Landesregierungen nicht erzielt wird, durch den Reichskanzler erlassen, und die Wahl durch einen von demselben ernannten Beauftragten geleitet.

Zum Zwecke der Wahl der Vertreter kann der Bezirk der unteren Verwaltungsbehörde in kleinere Wahlbezirke geteilt werden.

Streitigkeiten über die Wahlen werden von derjenigen Behörde entschieden, welche die Wahlordnung erlassen hat.

§ 81.

Jede Rentenstelle besteht aus einem ständigen Vorsitzenden, mindestens einem Stellvertreter und aus Beisitzern; ihr werden die erforderlichen Hilfsbeamten beigegeben.

Die Festsetzung der Amtsdauer und der Bezüge des Vorsitzenden und der Stellvertreter erfolgt durch den Vorstand der Versicherungsanstalt. Die Ernennung des Vorsitzenden und der Stellvertreter erfolgt nach Anhörung des Vorstandes durch die mit der Verwaltung der Angelegenheiten des weiteren Kommunalverbandes betraute Behörde, für diejenigen Anstalten aber, in welchen die beamteten Mitglieder des Vorstandes von der Landes-Zentralbehörde zu ernennen sind (§ 74 Abs. 1), durch die letztere.

Name und Wohnort des Vorsitzenden der Rentenstelle von einem mittelbaren oder unmittelbaren Staatsbeamten im Nebenamte verwaltet, so unterliegt er hinsichtlich seiner Tätigkeit als Vorsitzender der Rentenstelle nur der Disziplinargewalt der ihm im Hauptamte vorgesetzten Behörde.

Die Hilfsbeamten der Nebenstelle sind Beamte der Versicherungsanstalt, ihre Bestellung erfolgt durch den Vorstand der Versicherungsanstalt nach Anhörung des Vorsitzenden der Rentenstelle.

§ 82.

Die Zahl der Beisitzer beträgt, solange nicht durch die Versicherungsanstalt eine größere Zahl bestimmt ist, aus der Klasse der Arbeitgeber und der Versicherten je vier.

Auf die Wahl der Beisitzer finden die Vorschriften der §§ 62, 63 entsprechende Anwendung.

Berücksichtigung angestellter Hilfskräfte.

Artikel 10.

Bei Annahme von Hilfskräften für die Versicherungsbehörden sollen geeignete Angestellte möglichst berücksichtigt werden, die bei den Versicherungsträgern infolge der Neuordnung entbehrlich werden.

Zu § 110.

Diese Bestimmung gilt nach dem Kom. Ber. nicht für die Hilfskräfte, welche bei den bisherigen freien Hilfskassen entbehrlich werden.

Oberversicherungsamt.

Artikel 11.

Das Oberversicherungsamt tritt in Rechten und Pflichten an Stelle des Schiedsgerichts für Arbeiterversicherung. Die Akten sind an das Oberversicherungsamt abzugeben. Soweit das Gerät nicht Eigentum des Staates ist, zahlt er dafür eine angemessene Entschädigung. Bei Streit entscheidet ein Schiedsgericht nach §§ 1025 ff. der Zivilprozeßordnung.

Die oberste Verwaltungsbehörde kann näheres anordnen.

Zu § 61.

Satz 1 bezieht sich z. B. auch auf Mietverträge. Deckt sich der Bezirk einer OVA. nicht mit demjenigen des Schiedsgerichts, so veranlaßt die obere Verwaltungsbehörde nötigenfalls eine Auseinandersetzung.

Artikel 12.

Die Versicherungsanstalt hat dem Oberversicherungsamte die Beamten, die sie dem Schiedsgerichte für Arbeiterversicherung zur Verfügung gestellt hat, wenn es die oberste Verwaltungsbehörde anordnet, bis zum 1. April 1912 zu belassen.

Zu § 61.

Zur Zeit sind die Versicherungsanstalten verpflichtet, den Schiedsgerichten die erforderlichen Beamten zu stellen; die Berufsgenossenschaften tragen einen Teil der Kosten. Die Oberversicherungsämter werden nicht immer sofort bei der Errichtung genau übersehen können, wieviel Beamte sie brauchen; sie werden also auch nicht sofort angeben können, welche Beamte sie zu übernehmen wünschen. Es ist daher je nach dem Ermessen der obersten Verwaltungsbehörde eine Übergangszeit zugelassen, während der die Versicherungsanstalten, wie bisher, die Beamten gegen Erstattung der Kosten zu belassen haben. Während dieser Zeit sind diese Beamte noch keine Staatsbeamte (Begr.).

Wegfall einer Landesversicherungsanstalt.

Artikel 13.

Wird ein Landesversicherungsamt aufgehoben, so regelt der Reichskanzler mit Zustimmung der zuständigen obersten Verwaltungsbehörde den Übergang der Befugnisse auf das Reichsversicherungsamt.

Zu § 105.

III. Krankenversicherung.

Schließung der Gemeindekrankenversicherung.

Artikel 14.

Die Kaiserliche Verordnung (Artikel 4) bestimmt den Tag, bis zu dem alle Gemeindekrankenversicherungen geschlossen sein müssen. Für die Schließung gelten die §§ 282 bis 284, 300 bis 305 der Reichsversicherungsordnung entsprechend. Bestände werden dabei wie Eigentum der Gemeindekrankenversicherung behandelt. Dabei gilt § 294 Abs. 1, 2 und 3 Satz 1 entsprechend, doch wird der

Zuschlag zum Sterbegeld für alle Versicherten gezahlt, die in einer Gemeinde mit solchen Sondervermögen beschäftigt werden.

Vorschüsse, die nach § 9 des Krankenversicherungsgesetzes geleistet sind, werden zurückerstattet, soweit nach Abwicklung der Geschäfte (§ 303 der Reichsversicherungsordnung) ein Vermögensbetrag verbleibt.

Zu § 225.

In dem System der Kassenorganisationen nach der RVO. ist die bisherige minderwertige Gemeindekrankenversicherung beseitigt. Vgl. die Vorbem. zu § 225 RVO. Da Träger dieser Versicherung die Gemeinde war, ist die Vorschrift erforderlich, daß Bestände der Gemeindekrankenversicherung als deren Eigentum zu betrachten sind. Die in § 9 des KVG. erwähnten Vorschüsse sind von den Gemeindekassen zu leisten gewesen, wenn die Bestände der Kasse nicht ausreichten.

Ergibt sich bei der Geschäftsabwickelung ein Fehlbetrag, so hat die Gemeinde für ihn aufzukommen; ergibt sich umgekehrt ein Vermögensbetrag, so wird er dazu verwendet, um einen etwa erhaltenen Vorschuß zurückzuerstatten. Ein danach noch verbliebener Vermögensbetrag, der eigentlich zuviel erhobene Beiträge darstellt, soll auch den Mitgliedern der Gemeindekrankenversicherung zugute kommen.

§ 294, soweit auf ihn in Art. 14 Bezug genommen ist, lautet:

Verbleibt noch freies Vermögen, so ist es der aufzunehmenden Kasse zu überweisen. — Ist es groß genug, so kann der Ausschuß der aufzunehmenden Kasse daraus ein Sondervermögen für die übergehenden Mitglieder bilden, aus dem sie einen Zuschlag zum Sterbegeld erhalten. Der Zuschlag darf den Betrag des Sterbegeldes nach den §§ 204, 205 Nr. 3 nicht übersteigen. — Der Vorstand der aufzunehmenden Kasse hat dieses Sondervermögen bestimmungsgemäß zu verwalten.

Zu Art. 15 bis 29. Diese Artikel befassen sich mit der Zulassung bestehender Krankenkassen und eingeschriebener Hilfskassen.

Zulassung bestehender gemeinsamer Ortskrankenkassen.

Artikel 15.

Hat ein Bezirk, für den nach der Reichsversicherungsordnung eine Ortskrankenkasse zu errichten sein würde, bereits eine gemeinsame Ortskrankenkasse (§ 16 Abs. 4, § 43 des Krankenversicherungsgesetzes), deren Mitgliederkreis alle nach dem Krankenversicherungsgesetz Ortskassenpflichtigen des Bezirkes umfaßt, so kann diese für ihn zur allgemeinen Ortskrankenkasse ausgestaltet werden.

Umfaßt der Mitgliederkreis einer gemeinsamen Ortskrankenkasse bereits einen großen Teil der nach dem Krankenversicherungsgesetz Ortskassenpflichtigen des Bezirks, so kann mit Genehmigung des Oberversicherungsamts diese Kasse zur allgemeinen Ortskrankenkasse ausgestaltet werden.

Der Mitgliederkreis solcher Kassen wird dabei auf alle Versicherten erstreckt, welche die Reichsversicherungsordnung den Ortskrankenkassen zuweist.

Zu § 226.

Die für jeden Bezirk eines Versicherungsamts in der Regel zu errichtende allgemeine Ortskrankenkasse soll aus einer bereits bestehenden gemeinsamen Ortskrankenkasse gebildet werden können, — und meistens wird sich dieses Verfahren auch empfehlen, — falls diese entsprechend ausgestaltet wird, d. h. alle erforderlichen Änderungen vornimmt, insbesondere eventuell auch bei einer sich auf mehrere Bezirke erstreckenden Kasse die Abtrennung eines oder mehrerer Bezirke gestattet. Wird die Satzung nicht angepaßt, so wird die Kasse nach Art. 21 geschlossen und eine neue allgemeine OKK. errichtet.

In einem Bezirke, wo eine große Ortskrankenkasse schon besteht, die bereits die Mehrheit aller jetzt Ortskassenpflichtigen umfaßt, wo aber daneben noch einige kleine Ortskrankenkassen für bestimmte Berufe vorhanden sind, wird es (nach der Begr.) vielfach das einfachste sein, die große Kasse zu einer allgemeinen Ortskrankenkasse zu erweitern und jene kleinen Kassen eingehen zu lassen oder mit ihr zu verschmelzen. Der Antrag hat von der großen Kasse auszugehen. Das Oberversicherungsamt kann ihn nur genehmigen, wenn die Satzung entsprechend geändert und die etwa erforderliche Auseinandersetzung oder Regelung der Verhältnisse erledigt ist. Freilich kann es in solchen Fällen mitunter wegen persönlicher oder sachlicher Hindernisse leichter sein, alle vorhandenen Kassen zu schließen und eine neue Ortskrankenkasse zu errichten. Der Mitgliederkreis der verbleibenden Kasse muß auf alle Beschäftigten erstreckt werden, die nach der Reichsversicherungsordnung in Betracht kommen können.

Vorschußleistungen durch den Gemeindeverband.

Artikel 16.

Reichen innerhalb der ersten drei Jahre nach dem Inkrafttreten der Reichsversicherungsordnung bei einer neu errichteten Orts- oder Landkrankenkasse die Bestände nicht aus, um die fällig werdenden Ausgaben zu decken, so hat der Gemeindeverband die erforderlichen Vorschüsse zu leisten. Die oberste Verwaltungsbehörde kann hierüber näheres bestimmen sowie den Tag festsetzen, bis zu dem die Vorschüsse zurückerstattet werden müssen.

Durch diese erst in der Kommission eingefügte Bestimmung soll den neu eingerichteten Kassen, die noch nicht über genügend Einnahme und Vermögen verfügen, die Aufnahme von Anleihen erspart werden.

Betr. Gemeindeverband vgl. § 111.

Antrag auf Zulassung bestehender Kassen.

Artikel 17.

Die Kaiserliche Verordnung (Artikel 4) bestimmt den Tag, bis zu dem bestehende Ortskrankenkassen für einzelne oder mehrere Gewerbszweige oder Betriebsarten oder allein für Mitglieder eines Geschlechts, sowie bestehende Betriebskrankenkassen und Innungskrankenkassen bei ihrem Versicherungsamte den Antrag auf Zulassung stellen können.

Zu §§ 239 ff., 255 bis 257.

Jede in diesem Art. erwähnte Kasse bedarf für ihren Fortbestand einer neuen Zulassung, für welche ein Antrag zu stellen ist, im Gegensatz zu den auf Anordnung fortbestehenden Kassen gemäß Art. 22.

Während bestehende gemeinsame OKK. nach Art. 15 zu allgemeinen ausgestaltet werden können, können die hier behandelten besonderen OKK. unter bestimmten Voraussetzungen neben der allgemeinen OKK. zugelassen werden. Die Voraussetzungen der Zulassung sind im II. Buch §§ 239 bis 242 bestimmt, weil diese Voraussetzungen für die zugelassenen Kassen auch in Zukunft Bedeutung behalten. Im Einführungsgesetz ist lediglich das Verfahren bei der Zulassung geregelt. Die Errichtung neuer besonderer Ortskrankenkassen ist unzulässig.

Die sachlichen Voraussetzungen der Zulassung bestehender Betriebs- und Innungskrankenkassen sind in §§ 255, 256 enthalten; die Neugründung in §§ 245 ff.

Vgl. Art. 18 ff.

Artikel 18.

Eine Ortskrankenkasse kann diesen Antrag nur stellen, wenn ihre Generalversammlung ihn mit Stimmenmehrheit beschlossen hat.

Bei einer Betriebskrankenkasse kann der Arbeitgeber nach Anhören von Versicherten den Antrag stellen, bei einer Innungskrankenkasse die Innung nach Anhören des Gesellenausschusses.

Zu §§ 239 ff., 245 ff.

Für den Antrag auf Zulassung einer Betriebskrankenkasse ist also Zustimmung der Versicherten so wenig erforderlich wie für ihre Errichtung.

Über Generalversammlung vgl. § 27 KVG., über Gesellenausschuß § 95 der Gew. O.

Artikel 19.

Einreichung der Kassensatzung.

Gleichzeitig mit dem Antrag auf Zulassung oder, falls dies nicht geschehen kann, später binnen einer vom Versicherungsamt festgesetzten Frist ist ein Entwurf der Kassensatzung einzureichen, der den Vorschriften der Reichsversicherungsordnung entspricht.

Über die Satzung handeln die §§ 320 ff.

Der Satzungsentwurf wird vom Antragsteller aufgestellt, also bei der besonderen OKK. vom Vorstand, bei der Betr.-KK. vom Arbeitgeber und bei der Innungs-KK. von der Innung.

Artikel 20.

Prüfung der Voraussetzungen einer Zulassung.

Das Versicherungsamt (Beschlußausschuß) prüft, ob die Voraussetzungen erfüllt sind, unter denen die Kasse zugelassen werden kann, und gibt den Antrag mit der Satzung und einer gutachtlichen Äußerung an das Oberversicherungsamt zur Entscheidung ab. Gegen die Entscheidung steht den Beteiligten binnen einem Monat die Beschwerde an die oberste Verwaltungsbehörde zu.

Über die Zuständigkeit und Besetzung der Behörden während der Übergangszeit vgl. Art. 7 bis 9.

Die Voraussetzungen der Zulassung sind in den §§ 240 bis 242, 255, 256 geregelt. Für die Zulassung wird gegebenenfalls auch die Frage von Mehrleistungen nach § 239 Abs. 2 und § 257 RVO. zu prüfen sein. Zu den Voraussetzungen, die erfüllt sein müssen, gehört auch, daß die Gleichwertigkeit im Sinne der §§ 259 bis 263 RVO. vorhanden ist. Das Versicherungsamt muß daher diese Prüfung sofort nach Inkrafttreten dieser Vorschriften für alle Kassen seines Bezirkes vornehmen. Das Versicherungsamt wird der allgemeinen Ortskrankenkasse und, soweit eine Landkrankenkasse schon errichtet ist, auch ihr Gelegenheit zur Äußerung darüber geben, ob sie sich durch die Zulassung einer besonderen Ortskrankenkasse, einer Betriebs- oder einer Innungskrankenkasse in ihrem Bestand oder ihrer Leistungsfähigkeit beeinträchtigt oder gefährdet erachten.

Schließung bestehender Kassen.

Artikel 21.

Wird die Satzung einer Krankenkasse nicht binnen sechs Monaten nach dem gemäß Artikel 17 bestimmten Tage mit den Vorschriften der Reichsversicherungsordnung in Einklang gebracht, oder wird der Antrag auf Zulassung nicht rechtzeitig gestellt, so ist die Kasse zu schließen.

Wegen des Verfahrens und der Folgen der Schließung vgl. § 280 ff.

Baukrankenkassen.

Artikel 22.

Das Oberversicherungsamt bestimmt, ob eine Baukrankenkasse als Betriebskrankenkasse nach § 249 der Reichsversicherungsordnung fortbestehen soll. Es setzt das Maß ihrer Leistungen fest; wird die Satzung nicht binnen der von ihm gesetzten Frist geändert, so ändert es sie rechtsverbindlich von Amts wegen.

Zu § 249.

Die Baukrankenkassen als besondere Kassenart sind durch die RVO. beseitigt. Nach § 249 kann aber einem Bauherrn, der zeitweilig eine größere Zahl von Arbeitern in einem vorübergehenden

Baubetriebe beschäftigt, vom OVA. aufgegeben werden, eine Betriebskrankenkasse zu errichten, für die gewisse Besonderheiten gelten. In Ergänzung dieser Bestimmung wird hier die Möglichkeit gewährt, Baukrankenkassen als Betriebskrankenkassen im Sinne des § 249 fortbestehen zu lassen.

Wird für eine andere Betriebskrankenkasse, die vor dem Inkrafttreten der RVO. auf Anordnung nach § 60 Abs. 2, § 61 Abs. 1 KVG. errichtet ist, die Zulassung nicht beantragt, so wird das V. Amt zweckmäßig in den geeigneten Fällen die beteiligte OKK. darauf aufmerksam machen, daß diese nach § 384 RVO. höhere Beiträge für die in jenem Betriebe Beschäftigten beschließen kann.

Innungskrankenkassen.

Artikel 23.

Die Bestände einer Innungskrankenkasse gehen mit der Zulassung in ihr Vermögen über.

Zu § 256.

Die Innungskrankenkassen erlangen erst durch die RVO. Rechtsfähigkeit gemäß § 4 RVO., während bisher die Innung der Träger war. Das Vermögen einer Innungskrankenkasse muß jedoch nach § 85 Abs. 2 der Gewerbeordnung schon bisher gesondert verwaltet und darf nicht zu anderen Zwecken verwendet werden. Will ausnahmsweise eine Innung das Vermögen an sich ziehen und zu anderen Zwecken verwenden, so kann sie die Auflösung der Innungskrankenkasse beschließen, wie ihr auch der Antrag auf Zulassung zusteht, deren Folge der Übergang des Vermögens auf die Innungskrankenkasse ist.

Artikel 24.

Wer bisher freiwilliges Mitglied einer Innungskrankenkasse war, ist berechtigt, die Mitgliedschaft fortzusetzen.

Zu §§ 176—178.

Bisher bestimmte das Nebenstatut der Innung, unter welchen Voraussetzungen die freiwillige Mitgliedschaft bei den IKK. erlosch. In Zukunft gelten nun für die freiwillige Mitgliedschaft bei IKK. dieselben Vorschriften wie für andere Kassenarten. Um aber Benachteiligungen zu verhüten, gibt Art. 24 allen Personen, die nach dem Innungsnebenstatut freiwillige Mitglieder waren, das Recht, diese Mitgliedschaft fortzusetzen.

Ersatzkassen (Hilfskassen).

Artikel 25.

Die Kaiserliche Verordnung (Artikel 4) bestimmt den Tag, mit dessen Ablauf die nach § 75 a des Krankenversicherungsgesetzes den eingeschriebenen Hilfskassen ausgestellten Bescheinigungen ungültig werden.

Dem Antrag auf Zulassung der Ersatzkasse (§ 503 der Reichsversicherungsordnung) kann nur stattgegeben werden, wenn die eingeschriebene Hilfskasse ihn sechs Monate vor diesem Tage gestellt hat.

Zu § 503 ff.

Über die Stellungnahme der RVO. zu den bisherigen eingeschriebenen Hilfskassen finden sich ausführliche Darlegungen bei § 503 ff.

Bisher befreite die Mitgliedschaft bei einer Hilfskasse (Ges. vom 7. April 1876 und 1. Juni 1884 (RGBl. 76, S. 125; 1884, S. 54), nach § 75 KVG. von der Zugehörigkeit zu den Krankenkassen. Hierüber erhalten diese Kassen nach § 75 a KVG. eine Bescheinigung.

Nach der RVO. (§§ 503 ff.) gilt dies nicht mehr. Die Hilfskassen verlieren ihre Privilegien und werden zu bloßen Versicherungsvereinen auf Gegenseitigkeit. Sie können aber unter gewissen Voraussetzungen als Ersatzkassen zugelassen werden. Ihre Mitglieder gehören aber auch dann den gesetzlichen KK. an, können jedoch Ruhen ihrer Rechte und Pflichten bei diesen beantragen (§ 517).

Die Voraussetzungen und das Verfahren der Zulassung sowie ihre Wirkungen sind in §§ 503 ff. geregelt; die Art. 25 bis 28 enthalten nur einige Ergänzungsbestimmungen.

Artikel 26.

Der Bundesrat kann auf Antrag und bei Nachweis eines Bedürfnisses genehmigen, daß ein Versicherungsverein auf Gegenseitigkeit nach den §§ 503 ff. der Reichsversicherungsordnung als Ersatzkasse auch dann zugelassen werden kann, wenn dem Verein als eingeschriebener Hilfskasse eine Bescheinigung nach § 75 a des Krankenversicherungsgesetzes erst nach dem 1. April 1909 erteilt worden ist.

Zu § 503 ff.

Nach § 503 werden nur solche Versicherungsvereine zugelassen, denen als eingeschriebene Hilfskassen vor dem 1. April 1909 eine Bescheinigung nach § 75 a KVG. erteilt worden ist. Durch die hier erteilte Ermächtigung soll die Möglichkeit geschaffen werden, auch einem weitergehenden Bedürfnis Rechnung zu tragen.

Artikel 27.

Als Versicherungsvereine auf Gegenseitigkeit im Sinne des Artikel 26 dieses Gesetzes, der §§ 503 ff. und des § 1438 der Reichsversicherungsordnung gelten bis zum Inkrafttreten eines Gesetzes über die Aufhebung des Gesetzes über die eingeschriebenen Hilfskassen (Reichs-Gesetzbl. 1876 S. 125, 1884 S. 54) die eingeschriebenen Hilfskassen.

Bis zum Inkrafttreten eines solchen Gesetzes treten für die im § 503 Abs. 1 der Reichsversicherungsordnung bezeichneten Hilfskassen und ihre Mitglieder an Stelle

des § 6 Abs. 2 des Hilfskassengesetzes § 504 der Reichsversicherungsordnung,

des § 12 des Hilfskassengesetzes § 508 der Reichsversicherungsordnung,

des § 13 des Hilfskassengesetzes § 509 Abs. 1 bis 3 der Reichsversicherungsordnung,

des § 15 Satz 3 des Hilfskassengesetzes § 511 der Reichsversicherungsordnung,

des § 15 Satz 4, 5 des Hilfskassengesetzes § 512 der Reichsversicherungsordnung.

Zu § 503 ff.

Bis zum Inkrafttreten des Gesetzes über Aufhebung des Hilfskassengesetzes bleiben die freien Hilfskassen einstweilen bestehen. Da die RVO. diesen Begriff aber nicht kennt, war Abs. 1 erforderlich.

Abs. 2 berücksichtigt die Möglichkeit eines Nebeneinanderbestehens der RVO. und des Hilfskassengesetzes. Es sollen durch ihn die dann aus einem solchen Nebeneinanderbestehen der bezeichneten gleichwertigen Vorschriften in den beiden Gesetzen möglichen Zweifel beseitigt werden. Zur Beseitigung des Hilfskassengesetzes liegt vorläufig nur ein Entwurf vor.

Hilfskassen, welche nicht Ersatzkassen sind.

Artikel 28.

Eingeschriebene Hilfskassen, die nicht als Ersatzkassen zugelassen werden, haben ihren versicherungspflichtigen

Mitgliedern in Unterstützungsfällen, die an dem nach Artikel 25 Abs. 1 bestimmten Tage schweben, die Leistungen für die nach der Satzung vorgeschriebene Zeit fortzugewähren. § 212 der Reichsversicherungsordnung gilt erst nach Ablauf dieser Zeit entsprechend für die Krankenkasse des Versicherungspflichtigen. Streitigkeiten werden im Festsetzungsverfahren nach der Reichsversicherungsordnung entschieden.

Zu § 503 ff.

„Geschlossen" werden die Hilfskassen nicht, vielmehr nur „nicht als Ersatzkassen zugelassen."

Mit dem nach Art. 25 Abs. 1 bestimmten Tag werden die Mitglieder der Hilfskassen Mitglieder ihrer zuständigen KK. Soweit die Hilfskassen als Ersatzkassen zugelassen sind, können sie nach § 517 Ruhen ihrer Rechte und Pflichten beantragen; soweit sie aber nicht zugelassen werden, werden sie vollberechtigte Mitglieder. Art. 28 trifft nun Übergangsvorschriften für die schwebenden Unterstützungsfälle. Diese werden nicht nach der allgemeinen Regel des § 212 von der zuständigen Kasse übernommen, sondern noch von der H. Kasse erledigt.

Der letzte Satz beseitigt auch die Möglichkeit widersprechender Entscheidungen durch die mangels ausdrücklicher Regelung eintretende doppelte Zuständigkeit (der ordentlichen oder Verwaltungsgerichte und der Instanzen der RVO.

§ 212 lautet: Tritt ein Versicherter, der Kassenleistungen bezieht, zu einer anderen Kasse über, so übernimmt sie die weitere Leistung nach ihrer Satzung. Die Zeit der bereits genossenen Leistung wird angerechnet. Die Mehrleistungen erhält er nur, wenn er schon in seiner früheren Kasse Anspruch auf Mehrleistungen erworben hatte.

Verbleiben in der alten Kasse.

Artikel 29.

Sind beim Inkrafttreten der Reichsversicherungsordnung landkassenpflichtige Versicherte Mitglieder einer Orts- oder Betriebs- (Bau-)krankenkasse, so können sie

1. Mitglieder ihrer Kasse bleiben, wenn sie fortbesteht,
2. Mitglieder der Ortskrankenkasse, welche die Mitglieder ihres Berufszweigs aufnimmt, oder mangels solcher Kasse Mitglieder der allgemeinen Ortskrankenkasse werden, wenn ihre frühere Kasse eingeht,

3. der Ortskrankenkasse wieder als Mitglieder beitreten, wenn sie wegen Wechsels der Beschäftigung nicht länger als sechsundzwanzig Wochen einer anderen Ortskrankenkasse, einer Landkrankenkasse, einer Betriebskrankenkasse oder einer Innungskrankenkasse im Bezirke desselben Versicherungsamts angehört haben.

Haben sie von diesem Rechte (Nr. 3) Gebrauch gemacht, so können sie in die Landkrankenkasse mit dem Schlusse eines Geschäftsjahrs übertreten, wenn sie spätestens drei Monate zuvor dem Vorstand ihrer Krankenkasse den Austritt angezeigt haben.

Zu §§ 235 ff.

Die Mitglieder von Landkrankenkassen (vgl. § 235) haben allgemein oder unter bestimmten Voraussetzungen auf andere oder auch auf geringere Leistungen Anspruch als die Mitglieder der Ortskrankenkassen. Mitglieder der Gemeindekrankenversicherung erfahren zwar durch die Aufnahme in Landkrankenkassen regelmäßig eine Erhöhung oder doch keine Verringerung der Leistungen. Da aber in die Landkrankenkassen nicht lediglich diese und die neuversicherten Gruppen gehören, so kann es eintreten, daß Versicherte künftig einer Landkrankenkasse anzugehören haben, die zur Zeit Mitglieder einer Orts- oder Betriebskrankenkasse mit höheren Leistungen sind. Um sie vor möglichem Nachteil zu bewahren, ist außer den in der Reichsversicherungsordnung hierfür vorgesehenen Möglichkeiten durch Art. 29 solchen Personen nun je nach Lage des Falles freigestellt, entgegen der Regel der Reichsversicherungsordnung bei ihrer Kasse zu bleiben, wenn ihre Kasse bestehen bleibt, oder, wenn ihre Kasse eingeht, entweder zu derjenigen Ortskrankenkasse überzutreten, welche die Mitglieder ihres Berufszweigs aufnimmt, oder wenn solche Ortskrankenkasse nicht vorhanden ist, Mitglieder der allgemeinen Ortskrankenkasse zu werden. „Berufszweig" ist hierbei in weiterem Sinne verstanden. Da solche Personen vielfach ihren Beruf und damit möglicherweise ihre Kasse schnell wechseln oder z. B. zeitweise in der Landwirtschaft tätig sind und dadurch landkassenpflichtig werden, wird noch außerdem zu ihren Gunsten zugelassen, daß sie der Ortskrankenkasse wieder beitreten können, auch wenn sie bis zu sechsundzwanzig Wochen hintereinander einer anderen Krankenkasse angehört haben. Voraussetzung ist der leichteren Kontrolle halber allerdings, daß diese Beschäftigung in dem Bezirke desselben Versicherungsamts stattgefunden hat. Über Personen dieser Art wird die allgemeine Ortskrankenkasse oder auch das Versicherungsamt ein einfaches Verzeichnis führen müssen, um einen Mißbrauch zu verhüten und bei Streit die Möglichkeit leichter Entscheidung zu haben. Endlich ist vorgesehen, daß sie nicht plötzlich ausscheiden können, sondern ihren Übertritt zur Landkrankenkasse rechtzeitig vorher anzeigen müssen. (Begr.).

Leistungspflicht nach altem Recht.

Artikel 30.

Für Versicherungsfälle, in denen beim Inkrafttreten der Reichsversicherungsordnung die Leistungspflicht der Krankenkasse nach dem alten Rechte noch fortdauert, gelten von diesem Tage ab die Vorschriften der Reichsversicherungsordnung, soweit sie für den Berechtigten günstiger sind.

Zu §§ 179 ff.

Grundsätzlich richten sich Ansprüche nach dem Recht, unter dessen Herrschaft sie entstanden sind. Hiervon enthält Art. 30 eine Ausnahme zu Gunsten des Versicherten. Für Versicherungsfälle, in denen die Leistungspflicht noch gar nicht begonnen hat, gilt sofort das neue Recht.

Die Anwendbarkeit des Art. ist auf die gesetzlichen Vorschriften über Leistungen (insbes. Dauer und Inhalt) beschränkt. Für Änderungen der Satzungen gilt § 210, nach dem die Leistungen erhöht, aber nicht herabgesetzt werden können und Änderungen des Grundlohns keinen Einfluß haben.

Befreiung der Arbeitgeber von der Beitragspflicht.

Artikel 31.

Statuarische Bestimmungen, die nach § 51 Abs. 2 des Krankenversicherungsgesetzes Arbeitgeber von der Beitragsleistung aus eigenen Mitteln befreien, können bis zu fünf Jahren über den nach Artikel 4 festgesetzten Tag hinaus in Kraft bleiben.

Zu §§ 380 ff.

Die Ausnahmevorschrift des § 51 Abs. 2 des Krankenversicherungsgesetzes ist von der RVO. nicht wieder aufgenommen worden. Wo indessen bisher eine statutarische Bestimmung Arbeitgeber von der Beitragspflicht befreit hat, kann sie noch für fünf Jahre in Geltung bleiben; dann erlischt sie von selbst.

§ 51 Abs. 2 des KVG. lautet: Durch statutarische Regelung kann bestimmt werden, daß Arbeitgeber, in deren Betrieben Dampfkessel oder durch elementare Kraft bewegte Triebwerke nicht verwendet und mehr als zwei dem Krankenversicherungszwange unterliegende Personen nicht beschäftigt werden, von der Verpflichtung zur Leistung von Beiträgen aus eigenen Mitteln befreit sind.

Angestellten-Verhältnisse (Art. 32 bis 40).

Artikel 32.

Für Angestellte einer Kasse, die infolge der Neuordnung aufgelöst oder geschlossen wird, verlängert sich die Ablaufsfrist des Vertragsverhältnisses abweichend von § 302 Abs. 1 der Reichsversicherungsordnung auf zwölf Monate. Die Versicherungsträger sollen geeignete Angestellte, die infolge der Neuordnung bei einer Krankenkasse entbehrlich werden, bei Annahme von Hilfskräften möglichst berücksichtigen.

§§ 264 ff.
Zu §§ 349—362.

Nach § 302 hat der Vorstand einer aufgelösten oder geschlossenen Kasse den Auflösungs- oder Schließungsbeschluß des OVA. (§ 284 Abs. 1) den Angestellten unverzüglich mitzuteilen. Das Vertragsverhältnis endet nach der hier getroffenen abweichenden Bestimmung 12 (sonst 3) Monate nach der Mitteilung, jedoch frühestens mit dem Tage der Auflösung oder Schließung. Vertragsmäßige Rechte, zu einem früheren Zeitpunkt zu kündigen, werden hierdurch nicht berührt.

Auf die Angestellten der eingeschriebenen Hilfskassen bezieht sich diese Bestimmung nicht.

Artikel 33.

Bei Genehmigung oder Feststellung der Dienstordnung bestimmt das Oberversicherungsamt, wie und bis wann die Dienstordnung den sämtlichen Angestellten der Kasse bekannt gemacht werden muß. Bei der Bekanntmachung sind die Angestellten auf die Vorschriften der Artikel 34 bis 37, 39 hinzuweisen.

Die Dienstordnung tritt mit Ablauf eines Monats seit dem nach Abs. 1 vom Oberversicherungsamte bestimmten Tage in Kraft.

Zu §§ 351—358.

In ihren §§ 349 ff. regelt die Reichsversicherungsordnung eingehend die wichtige Frage nach den dienstlichen Verhältnissen der Kassenbeamten und -angestellten. Soweit diese nicht lediglich zur Vorbereitung, zur Probe usw. angenommen sind (§ 351 Abs. 2 der Reichsversicherungsordnung) oder aber — weil mit den Rechten und Pflichten der Staats- oder Gemeindebeamten ausgestattet (§ 359 a. a. O.) — keiner besonderen Regelung ihrer Verhältnisse bedürfen, sollen sie durchweg einer Dienstordnung unterstehen, für deren Inhalt, Aufstellung und Änderung die Reichsversicherungsordnung bestimmte Vorschriften gibt.

Die Paragraphen der Reichsversicherungsordnung gehören zu denen, die zur Durchführung erforderlich sind und deshalb nach Artikel 1 sofort in Kraft treten. Da sie nicht nur den Interessen der Angestellten sowie der Kassen selbst, sondern zugleich einem dringenden öffentlichen Interesse dienen sollen, so müssen sie alsbald im vollen Umfang durchgeführt und deshalb auch auf alle diejenigen Angestellten angewandt werden, die beim Inkrafttreten der Reichsversicherungsordnung und der Dienstordnung bereits im Kassendienste stehen. Nun waren die gegenseitigen Beziehungen dieser Angestellten und der Kassen bisher durch privatrechtliche Verträge geregelt. Deren Inhalt wird naturgemäß in manchen Punkten den Bestimmungen der Dienstordnung widersprechen; es sind deshalb Übergangsvorschriften geboten, welche diesen Widerspruch ausgleichen und den Angestellten unter tunlichster Schonung ihrer berechtigten Interessen den Eintritt in die neuen Verhältnisse erleichtern sollen. Eine gesetzliche Klarstellung in dieser Hinsicht ist um so mehr geboten, als manche Kassen in den letzten Jahren ganz eigentümliche Verträge mit ihren Angestellten geschlossen haben, die einseitig nur zu Gunsten dieser Angestellten abgefaßt sind. So heißt es in einem Muster (zu vergleichen Drucksachen des Reichstags, 12. Legislaturperiode, II. Session 1909/10, 16. Kommission Nr. 231, Anstellungsvertrag Nr. 1):

> „Das Religionsbekenntnis des Angestellten und dessen politische Gesinnung dürfen auch in ihrer Ausübung und Betätigung keinen Kündigungs- oder Entlassungsgrund abgeben, ebensowenig die Bestrafung wegen eines politischen oder religiösen Delikts und die Verbüßung einer derartigen Strafe."

Es ist mindestens sehr fraglich, ob einzelne dieser Bestimmungen mit der pflichtmäßigen Verwaltung vereinbar sind, für welche die vertragschließenden Vorstandsmitglieder nach § 42 des Krankenversicherungsgesetzes der Kasse haften, wie Vormünder ihren Mündeln. So ist es namentlich bedenklich, wenn den Angestellten hier, ohne daß ein Bedürfnis oder Interesse der Kasse es rechtfertigt, einseitig Begünstigungen eingeräumt werden, welche die Grenzen des Üblichen und Billigen weit überschreiten. Von dieser Art sind z. B. die Bestimmungen über das Kündigungsrecht der Kasse schon insofern, als sie zum ausschließlichen Nutzen der Angestellten Kassenmittel für zukünftige Möglichkeiten festlegen, deren Eintritt oder Nichteintritt sich ganz unabhängig vom Willen der Kassenorgane vollzieht. Auch dürften derartige Verträge gegen § 626 des Bürgerlichen Gesetzbuchs verstoßen, wonach bei Dienstverträgen jeder Teil das Dienstverhältnis dann ohne Einhalten einer Kündigungsfrist kündigen kann, wenn ein wichtiger Grund vorliegt. Nach dem Zwecke dieser Vorschrift darf das Kündigungsrecht keinesfalls in so allgemeiner Weise eingeschränkt werden, wie es hier geschieht: sonst trifft die Beschränkung auch die von vornherein gar nicht übersehbaren Fälle, bei denen es den Umständen nach dem einen Vertragsteil gar nicht zugemutet werden kann, den Vertrag wider seinen Willen fortzusetzen. Damit würde also eine solche Vertragsbestimmung nach § 134 des Bürgerlichen Gesetzbuchs nichtig sein. Nun sind allerdings neuerdings bei einer ganzen Anzahl von Krankenkassen die Verträge, denen das angegebene oder ein ähnliches Muster zu Grunde lag, nachgeprüft und in einzelnen Beziehungen geändert worden, wohl weil die Beteiligten sich von der Unhaltbarkeit solcher Bestimmungen selbst überzeugt haben oder davon eine Nachwirkung auf die im Flusse befindlichen Verhandlungen zur Reichsversicherungsordnung befürchteten. Allein auch da, wo dies geschehen ist, hat man verschiedene recht bedenkliche Bestimmungen bestehen lassen. So hat das Reichsamt des Innern in Verfolg der Kommissionsberatungen zum Abschnitt der Reichsversicherungsordnung über die Verhältnisse der Kassenbeamten zahlreiche der geltenden Beamtenverträge eingefordert und dabei festgestellt, daß bei Hunderten von ihnen z. B. der oben mitgeteilte Schlußsatz des § 1 aufrechterhalten geblieben ist. Der Wortlaut dieser Bestimmung sichert aber den Kassenangestellten nicht nur die Freiheit ihrer religiösen und politischen Betätigung außerhalb des Dienstes — was berechtigt ist —, sondern verwehrt auch ein Einschreiten gegen einen Mißbrauch der Dienstgeschäfte selbst zu religiöser oder politischer Agitation; überdies aber wird dem Angestellten seine Stelle auch für den Fall der schwersten Verbrechen politischer oder religiöser Art gesichert und die Kasse zur Fortzahlung der Bezüge selbst während langwieriger Freiheitsstrafen und der damit verbundenen Untätigkeit des Angestellten für die Kassenaufgaben gezwungen. Privatrechtliche Abmachungen solcher Art stellen sich als grober Mißbrauch dar und können auf den Schutz des Richters keinen Anspruch erheben; wenn ihnen mit allem Nachdruck entgegengetreten wird, so kann von einem Eingriff in wohlerworbene Rechte gewiß nicht die Rede sein.

Soll hier Abhilfe geschaffen und die für eine ungehinderte Durchführung der neuen Vorschriften unerläßliche Vorsorge getroffen werden, so bieten sich dafür zwei Wege. Entweder kann das Gesetz den Kassenorganen die Pflicht auferlegen, mit den Angestellten neue, der Dienstordnung entsprechende Verträge zu schließen und zu diesem Zwecke die alten Verträge in der vereinbarten Frist, längstens aber bis zu einem gesetzlich festzulegenden Endtermine zu kündigen. Oder aber es kann selbst einen Zeitpunkt festsetzen, mit dem die im öffentlichen Interesse erlassene Dienstordnung ohne weiteres und unter Beseitigung aller etwa entgegenstehenden privaten Vereinbarungen in Wirksamkeit tritt, wobei es den damit nicht einverstandenen Angestellten überlassen bleibt, ihrerseits das Vertragsverhältnis zu kündigen. Dem öffentlich-rechtlichen Wesen und Zwecke der ganzen Vorschrift entspricht der letztere Weg mehr. Er empfiehlt sich zudem auch deshalb, weil er eine pünktliche, glatte und vom mehr oder minder guten Willen der einzelnen Kassenvorstände unabhängige Durchführung der erforderlichen Maßregeln verbürgt. Ihn glaubt daher die Vorlage in diesem und den drei folgenden Artikeln einschlagen zu müssen, wobei sie darauf Bedacht nimmt, daß der Übergang Härten für die Angestellten möglichst vermeidet.

Hiervon ausgehend bestimmt Artikel 33, daß die nach dem Inkrafttreten der Reichsversicherungsordnung erstmalig erlassene Dienstordnung an einem bestimmten Tage von selbst — und zwar auch für die bereits vorhandenen Kassenangestellten — wirksam wird. Diesen letzteren wird eine vorgängige, ausreichende Überlegungsfrist eingeräumt, in der sie sich frei darüber schlüssig machen können, wie sie sich zu den neuen Dienstverhältnissen stellen wollen. Hierzu ist es notwendig, daß sie nicht nur mit dem Inhalt der Dienstordnung, sondern auch mit den hier für deren Einführung gegebenen und ihnen selbst dabei zugestandenen Rechten zeitig genug bekanntgemacht werden. Es steht zu erwarten, daß die weitaus meisten Kassenvorstände die ihnen selbst daraus erwachsenden Aufgaben pünktlich erfüllen werden. Immerhin muß mit dem möglichen Widerstand oder der Nachlässigkeit einzelner dieser Vorstände gerechnet werden. Deshalb gibt die RVO. dem Oberversicherungsamte die nötige Handhabe, die Art der Bekanntgabe der Dienstordnung seinerseits zu bestimmen oder auch, z. B. im Wege öffentlicher Bekanntmachung oder unmittelbarer Zustellung an die einzelnen Angestellten, die Bekanntgabe selbst durchzusetzen. Da diese an die sämtlichen Angestellten einer Kasse nicht überall an ein und demselben Tage geschehen kann, anderseits die Dienstordnung für diese Personen füglich nicht zu verschiedenen Zeiten in Kraft treten darf, so empfiehlt es sich, durch das Oberversicherungsamt einen bestimmten Endtermin festsetzen zu lassen, bis zu dem den Angestellten, — die nötigen Eröffnungen gemacht sein müssen. Von diesem Tage ab läuft dann die Überlegungsfrist gleichmäßig für alle Angestellten, so daß für diese, vorbehaltlich der im nächsten Artikel zugelassenen Ausnahmen, die Dienstordnung gleichzeitig in Kraft tritt (Begr.).

Nach § 351 wird für die besoldeten Angestellten der Krankenkassen, die nicht nach Landesrecht staatliche oder gemeindliche Beamte sind oder deren Rechte haben, eine Dienstordnung aufgestellt, die ihre Rechts- und allgemeinen Dienstverhältnisse regelt (§ 352) und einen Besoldungsplan enthält (§ 353). Diese Dienstordnung wird vom Vorstand und Ausschuß nach Anhörung der volljährigen Angestellten beschlossen und bedarf der Genehmigung des OVA.s (§ 355). Reicht die Kasse trotz Aufforderung nicht rechtzeitig eine Dienstordnung ein, so stellt sie das OVA. rechtsverbindlich fest (§ 356).

Artikel 34.

Vorbehaltlich des § 351 Abs. 2 der Reichsversicherungsordnung unterstehen der Dienstordnung auch die bei ihrem Erlasse schon vorhandenen Kassenangestellten, soweit sie nicht nach Landesrecht staatliche oder gemeindliche Beamte sind oder deren Rechte und Pflichten nach § 359 der Reichsversicherungsordnung erhalten.

Für diese Angestellten gilt alles, was die Reichsversicherungsordnung für die nach ihr der Dienstordnung unterstehenden Angestellten vorschreibt. Die nach der Reichsversicherungsordnung zulässigen Vertragsbestimmungen über Kündigung oder Entlassung, die mit diesen Angestellten vor dem 1. Juli 1910 vereinbart worden sind, bleiben aufrechterhalten, soweit nicht Artikel 35 bis 39 entgegenstehen.

Der Dienstordnung unterstehen nicht die Kassenangestellten, die bis zu deren Inkrafttreten den Dienstvertrag kündigen. Tut dies ein Angestellter, so endigt das Dienstverhältnis mit Ablauf von sechs Monaten oder, wenn er nach dem Vertrage zu einem früheren Tage kündigen kann, mit diesem.

Zu §§ 351—358.

Nach § 351 Abs. 2 gilt für Angestellte, die nur auf Probe, zu vorübergehender Dienstleistung oder zur Vorbereitung beschäftigt werden, oder die das Amt ohne Entgelt nebenher ausüben, die Dienstordnung nur, soweit sie es ausdrücklich vorsieht.

Die Dienstordnung erfaßt also alle Angestellten, für die sie überhaupt vorgesehen ist, ohne Rücksicht darauf, ob sie bei ihrem Erlasse schon im Amt waren oder nicht. Abs. 3 wahrt aber jedem Angestellten das Recht, bis zum Ablaufe der einmonatlichen Überlegungsfrist (Art. 33) von seinem vertragsmäßigen Kündigungsrecht Gebrauch zu machen und dann bis zum Ablauf der Kündigungsfrist unter den alten vertraglichen Bedingungen, unberührt von der Dienstordnung, weiterzuarbeiten.

Die sechsmonatliche Frist gilt für alle Fälle, in denen der Dienstvertrag eine längere Frist oder gar keine Kündigung vorgesehen hat.

Artikel 35.

Übersteigen die Bezüge eines Angestellten, der nach Artikel 34 der Dienstordnung unterstellt ist, die Sätze des Besoldungsplans, so sind die Bezüge fortzuzahlen, wenn sie vor dem 1. Januar 1908 oder gemäß einer vor diesem Tage aufgestellten Besoldungsordnung in dieser Höhe vereinbart worden sind, oder wenn es die Dienstordnung bestimmt.

Im übrigen kann das Versicherungsamt (Beschlußausschuß) auf Antrag des Kassenvorstandes genehmigen, daß sie fortgezahlt werden. Der Antrag kann nur binnen einem Monat nach Inkrafttreten der Dienstordnung gestellt werden.

Die Genehmigung ist zu versagen, wenn die Bezüge zu den Sätzen des Besoldungsplans in einem auffälligen Mißverhältnis stehen. Im übrigen kann die Genehmigung versagt werden, soweit der Wert der Bezüge den der Bezüge nach dem Besoldungsplan um mehr als den vierten Teil übersteigt oder erst nach dem 1. Juli 1910 vereinbart worden ist.

Wird die Genehmigung versagt, so hat der Kassenvorstand die Beschwerde an das Oberversicherungsamt (Beschlußkammer). Dieses entscheidet endgültig.

Was hiernach für die Bezüge eines Angestellten gilt, gilt auch für seine Anwartschaft auf Ruhegeld, Wartegeld oder ähnliche Bezüge sowie auf Fürsorge für seine Hinterbliebenen.

Zu § 353.

Nach § 353 enthält die Dienstordnung einen Besoldungsplan. Durch einen solchen soll ein gleichmäßiger Zustand herbeigeführt werden, der den Leistungen und Fähigkeiten der Angestellten sowie den Verhältnissen bei ähnlichen Körperschaften entspricht. Diesem Zwecke würde es widersprechen, wenn die Durchführung dieser Neuordnung bis zum Ablauf aller derzeit geltenden Privatabmachungen hinausgeschoben würde. Deshalb müssen auch die Bezüge der bereits vorhandenen Angestellten entsprechend dem Besoldungsplan neu geregelt werden. Soweit sie hinter dessen Sätzen zurückbleiben, sind sie ohne weiteres zu erhöhen (Begr.). — Vgl. Art. 36. —

Artikel 36.

Können die höheren Bezüge nach Artikel 35 nicht weitergezahlt werden und erklärt sich der Angestellte nicht bereit, das Vertragsverhältnis nach dem Tage, zu dem ihm frühestens gekündigt oder er entlassen werden kann, unter den Bedingungen des Besoldungsplans fortzusetzen, so hat der Kassenvorstand so zeitig als möglich von seinem Kündigungs- oder Entlassungsrechte Gebrauch zu machen. § 357 Abs. 2 der Reichsversicherungsordnung gilt entsprechend.

Zu §§ 349—362.

Nach § 357 Abs. 2 kann das V. Amt den Vorstand oder seinen Vorsitzenden dazu anhalten, von seinem Kündigungsrechte Gebrauch zu machen. Über die Anordnung entscheidet auf Beschwerde des Vorstands das OVA. (Beschlußkammer) endgiltig.

Artikel 37.

Das Versicherungsamt (Beschlußausschuß) kann binnen zwei Jahren nach dem Inkrafttreten der Dienstordnung anordnen, daß einem ihr nach Artikel 34 unterstellten Angestellten, dessen Fachkenntnisse und Leistungen für seine Stelle offenbar nicht ausreichen, im Dienste der Kasse eine andere Stelle zugewiesen wird, die seinen Fachkenntnissen und Leistungen entspricht. Voraussetzung ist, daß nicht der Angestellte in seiner oder einer ähnlichen Stelle bei der Kasse bereits seit länger als fünf Jahren tätig ist. Auf einen Mangel an Fachkenntnissen darf nicht aus dem Umstande geschlossen werden, daß der Angestellte keinen bestimmten Bildungsgang zurückgelegt hat.

Das Versicherungsamt kann zugleich bestimmen, daß dem Angestellten seine höheren Bezüge zu belassen sind, soweit sie nicht in auffälligem Mißverhältnis zu den Sätzen stehen, die der Besoldungsplan für die neu zugewiesene Stelle vorsieht.

Vor Erlaß der Anordnung sind der Kassenvorstand und der Angestellte zu hören; sie ist beiden zuzustellen. Auf Beschwerde entscheidet das Oberversicherungsamt (Beschlußkammer) und auf weitere Beschwerde das Reichsversicherungsamt (Beschlußsenat). Die Frist für die Beschwerde und für die weitere Beschwerde beträgt je einen Monat.

Der Angestellte hat binnen einer Frist von einem Monat nach Zustellung der endgültigen Anordnung dem Kassenvorstand zu erklären, ob er bereit ist, die Stelle zu übernehmen. Erklärt er sich nicht bereit, so hat ihm der Vorstand das Vertragsverhältnis mit einer Frist von sechs Monaten zu kündigen. Kann er das Vertragsverhältnis schon zu einem früheren Tage lösen, so hat er von seinem Kündigungs- oder Entlassungsrechte so zeitig als möglich Gebrauch zu machen. § 357 Abs. 2 der Reichsversicherungsordnung gilt entsprechend.

Zu §§ 349—362.

Der lange Zeitraum von 2 Jahren ist bestimmt, weil die Aufsichtsbehörde unter Umständen erst nach längerer Zeit Gelegenheit findet, sich von der Unbrauchbarkeit eines Beamten zu überzeugen.

Die neu zugewiesene Stelle kann dem Dienstgrad nach niedriger und geringer besoldet sein.

Die Frist für die Beschwerden in Abs. 3 beginnt mit der Zustellung der Anordnung.

Die Kündigung mit sechsmonatlicher Frist nach Abs. 4 ist auch dann zulässig, wenn eine längere Kündigungsfrist vertraglich ausbedungen oder überhaupt keine Kündigung vorgesehen ist.

Nach § 357 Abs. 2 kann das V. Amt den Vorstand oder seinen Vorsitzenden anhalten, von seinem Kündigungsrecht Gebrauch zu machen. Über die Anordnung des V. Amt entscheidet auf Beschwerde des Vorstands das OVA. (Beschlußkammer) endgiltig.

Artikel 38.

Die §§ 349, 350, 354 Abs. 2 bis 6, § 358 der Reichsversicherungsordnung treten sofort in Kraft für alle Angestellten, die künftig der Dienstordnung unterstehen sollen. Dabei treten, solange die Versicherungsämter und die Oberversicherungsämter noch nicht errichtet sind, an Stelle der Versicherungsämter die Schiedsgerichte für Arbeiterversicherung, an Stelle der Oberversicherungsämter das Reichsversicherungsamt (Landesversicherungsamt).

Für das Verfahren und die Fristen gelten entsprechend die Vorschriften der Reichsversicherungsordnung über das Spruchverfahren. Der Reichskanzler kann hierüber näheres bestimmen.

Zu §§ 349—362.

§§ 349, 350 betreffen die Bestellung der der Dienstordnung unterstehenden Angestellten, § 354 Abs. 2 bis 6, ihre Entlassung und Bestrafung, § 358 das Verfahren bei Streitigkeiten aus dem Dienstverhältnis.

Wegen der Vorschriften über das Spruchverfahren vgl. §§ 1771 flg.

Unterm 1. August 1911 hat der Reichskanzler im Reichsgesetzblatt hierzu folgende Bekanntmachung erlassen.

Bekanntmachung

betreffend das Verfahren bei Anstellung, Kündigung und Entlassung von Angestellten und Beamten der Krankenkassen sowie bei Streitigkeiten aus deren Dienstverhältnissen.

Auf Grund des Artikels 38 Abs. 2 des Einführungsgesetzes zur Reichsversicherungsordnung vom 19. Juli 1911 bestimme ich für die Zeit, in der Versicherungsämter und Oberversicherungsämter noch nicht errichtet sind, folgendes:

§ 1. Für die nach Artikel 38 Abs. 1 des Einführungsgesetzes zur Reichsversicherungsordnung den Schiedsgerichten für Arbeiterversicherung zugewiesenen Aufgaben sind diejenigen Schiedsgerichte für Arbeiterversicherung zuständig, in deren Bezirken die beteiligten Krankenkassen ihren Sitz haben.

§ 2. Soweit das Reichsversicherungsamt (Landesversicherungsamt) für die im Artikel 38 Abs. 1 a. a. O. bezeichneten Angelegenheiten zur Entscheidung berufen ist, entscheidet das Landesversicherungsamt, wenn der Bezirk der Krankenkasse nicht

über das Gebiet des Bundesstaates hinaus reicht; im übrigen entscheidet das Reichsversicherungsamt.

Ist die Entscheidung von einem Spruchsenate zu treffen, so entscheiden bei dem Reichsversicherungsamte der Verstärkte Senat (§ 22 Abs. 2, 3 der Kaiserlichen Verordnung, betreffend den Geschäftsgang und das Verfahren des Reichsversicherungsamtes, vom 19. Oktober 1900, Reichsgesetzblatt S. 983), bei den Landesversicherungsämtern die vorhandenen Senate.

§ 3. Für die Bestätigung der Beschlüsse des Krankenkassenvorstandes nach § 349 Abs. 2 der Reichsversicherungsordnung, für die widerrufliche Bestellung für die Geschäftsführung der Krankenkasse erforderlichen Personen und für die endgültige Übertragung der Stelle an die widerruflich Angestellten nach § 350 a. a. O. sowie für die Zustimmung und die Genehmigung nach § 354 Abs. 2, 6 a. a. O. sind der Vorsitzende des Schiedsgerichts für Arbeiterversicherung, für die Genehmigung zur endgültigen Übertragung der Stelle (§ 350 a. a. O.) die mit Erledigung dieser Angelegenheiten betrauten Beamten des Reichsversicherungsamts (Landesversicherungsamts) zuständig.

§ 4. Über Streitigkeiten aus dem Dienstverhältnisse der Angestellten (§ 358 Abs. 1 der Reichsversicherungsordnung) entscheidet das Schiedsgericht für Arbeiterversicherung.

Auf Beschwerde (§ 349 Abs. 3, § 358 Abs. 1 a. a. O) entscheiden die im § 2 Abs. 2 dieser Bekanntmachung bezeichneten Senate des Reichsversicherungsamts (Landesversicherungsamts).

§ 5. Die Beschwerdefrist beträgt einen Monat nach Zustellung der angefochtenen Entscheidung; für die Frist gelten die §§ 124 bis 134 der Reichsversicherungsordnung.

§ 6. Solange die im § 35 Abs. 2 der Reichsversicherungsordnung vorgesehenen Verordnungen über das Verfahren vor den Versicherungsbehörden noch nicht in Kraft getreten sind, gelten auch für die im Artikel 38 des Einführungsgesetzes zur Reichsversicherungsordnung bezeichneten Angelegenheiten die allgemeinen Bestimmungen der Kaiserlichen Verordnung, betreffend das Verfahren vor den Schiedsgerichten für Arbeiterversicherung, vom 22. November 1900 (Reichs-Gesetzbl. S. 1017) und der Kaiserlichen Verordnung betreffend den Geschäftsgang und das Verfahren des Reichsversicherungsamts, vom 19. Oktober 1900 (Reichs-Gesetzbl. S. 983) sowie der für das Verfahren vor den Landesversicherungsämtern erlassenen Verordnungen der Landesregierungen.

§ 7. Die Schiedsgerichte für Arbeiterversicherung, bei denen mehrere Spruchabteilungen bestehen, bestimmen, welche Spruchabteilung die im Artikel 38 des Einführungsgesetzes zur Reichsversicherungsordnung bezeichneten Angelegenheiten zu erledigen hat.

Das Entsprechende gilt für Landesversicherungsämter, bei denen mehrere Senate bestehen.

§ 8. Für das Verfahren bei Entlassung eines Angestellten wegen Vergehens gegen die Dienstordnung und im Falle des § 354 Abs. 6 der Reichsversicherungsordnung gelten folgende besonderen Bestimmungen:

1. Will der Vorstand der Krankenkasse nach § 354 Abs. 2 a. a. O. oder der Vorsitzende des Vorstandes nach § 354 Abs. 6 a. a. O. einen Angestellten entlassen, so ist diesem eine Anschuldigungsfrist mitzuteilen. Der Angeschuldigte ist zu hören, er kann sich auch des Beistandes eines Verteidigers bedienen.
2. Gegen den übereinstimmenden Beschluß der Arbeitgeber und der Versicherten im Vorstand, der die Entlassung ausspricht, steht dem Angestellten die Beschwerde an das Schiedsgericht für Arbeiterversicherung zu. Vor dessen Entscheidung findet eine mündliche Verhandlung statt, in welcher der Beschwerdeführer persönlich erscheinen, sich auch durch einen Verteidiger vertreten lassen kann. Das Schiedsgericht kann nach freiem Ermessen Beweis erheben, für diesen gelten die Vorschriften der Reichsversicherungsordnung; das Schiedsgericht entscheidet nach freier, aus dem Inbegriffe der Verhandlungen und Beweise erschöpften Überzeugung.
3. Die Bestimmungen unter Nr. 2 Satz 2, 3 gelten entsprechend für das Verfahren bei Entscheidung des Vorsitzenden des Schiedsgerichts in den Fällen, in denen dieser nach § 354 Abs. 2 der Reichsversicherungsordnung die Zustimmung zu einem Beschlusse der Vorstandsmehrheit über die Entlassung oder nach § 354 Abs. 6 a. a. O. die Genehmigung zu der von dem Vorsitzenden des Vorstandes ausgesprochenen Entlassung zu erteilen hat. Auch in diesen Fällen ist gegen den Beschluß, der die Entlassung ausspricht, die Beschwerde an das Schiedsgericht zulässig.
4. Gegen die Entscheidungen des Schiedsgerichts für Arbeiterversicherung ist die weitere Beschwerde statthaft, über welche die im § 2 Abs. 2 dieser Bekanntmachung bezeichneten Senate des Reichsversicherungsamts (Landesversicherungsamts) entscheiden. Auch hierfür gelten die Bestimmungen unter Nr. 2 Satz 2, 3 entsprechend.

Berlin, den 1. August 1911.

Artikel 39.

Rechtshandlungen, die nach dem 1. Januar 1908 vorgenommen worden sind, sind unwirksam, soweit sie die

Durchführung der Artikel 34 bis 38 vereiteln oder wesentlich erschweren. Das Gleiche gilt für die vor dem Inkrafttreten der Dienstordnung getroffenen Vertragsbestimmungen, welche vermögensrechtliche Streitigkeiten zwischen den Krankenkassen und den Angestellten wegen oder aus Anlaß der Kündigung oder Entlassung den ordentlichen Gerichten entziehen.

Zu §§ 349—362.

Artikel 40.

Hat ein Angestellter in der Zeit zwischen dem 30. Mai 1911 und dem Inkrafttreten dieses Gesetzes seine Kündigung oder Entlassung erhalten, so hat, wenn er es bis zum vierzehnten Tage nach dem Inkrafttreten dieses Gesetzes beantragt, der Kassenvorstand erneut über die Kündigung oder Entlassung zu beschließen; die frühere Kündigung oder Entlassung wird, falls sie nicht endgültig bestätigt wird, unwirksam.

Zu §§ 349—362.

Verträge mit Krankenhäusern.

Artikel 41.

Vertragsverhältnisse, die beim Inkrafttreten der Reichsversicherungsordnung zwischen Krankenkassen und Krankenhäusern bestehen, enden spätestens zwei Jahre nach diesem Zeitpunkt, soweit sie der Anwendung des § 184 Abs. 5 oder des § 371 Abs. 2 der Reichsversicherungsordnung entgegenstehen.

§ 184 Abs. 5: Wo mehrere geeignete Krankenhäuser zur Verfügung stehen, die bereit sind, die Krankenhauspflege zu gleichen Bedingungen zu übernehmen, soll die Krankenkasse dem Berechtigten, vorbehaltlich des § 371, die Auswahl unter ihnen überlassen.

§ 371 heißt: Die Satzung kann den Vorstand ermächtigen, die Krankenhausbehandlung nur durch bestimmte Krankenhäuser zu gewähren und, wo die Kasse Krankenhausbehandlung zu gewähren hat, die Bezahlung anderer Krankenhäuser, von dringenden Fällen abgesehen, abzulehnen.

Dabei dürfen Krankenhäuser, die lediglich zu wohltätigen oder gemeinnützigen Zwecken bestimmt oder von öffentlichen Verbänden oder Körperschaften errichtet und die bereit sind, die Krankenhauspflege zu den gleichen Bedingungen wie die im Abs. 1 bezeichneten Krankenhäuser zu leisten, nur aus einem wichtigen Grunde mit Zustimmung des Oberversicherungsamts ausgeschlossen werden.

Aufhebung landesrechtlicher Bestimmungen betr. Gesinde.

Artikel 42.

Landesrechtliche Vorschriften, die den Dienstberechtigten zur Sorge für Kur und Pflege des erkrankten Gesindes verpflichten, werden aufgehoben.

Landesrechtliche Vorschriften, welche die Fortzahlung des Lohnes oder ähnlicher Bezüge in Krankheitszeiten betreffen, bleiben, vorbehaltlich des § 436 der Reichsversicherungsordnung, unberührt.

Zu §§ 435 ff. vgl. auch Art. 95 Einf.-Ges. z. BGB.

Nachdem Dienstboten der Krankenversicherungspflicht unterworfen sind (§ 165 Nr. 1, §§ 435 ff.) bedarf es der Fürsorgen des Dienstherrn nicht mehr.

§ 436 RVO. lautet: Der Dienstberechtigte kann das Krankengeld auf den Lohn anrechnen, den er dem Dienstboten während der Krankheit weiterzuzahlen hat.

Die Aufrechnung ist auf den für die Zeit der Krankheit geschuldeten Lohn beschränkt. Ist das Krankengeld höher als der Lohn, so bleibt der Überschuß dem Dienstboten.

IV. Unfallversicherung.

Artikel 43.

Berufsgenossenschaftl. Eingliederung der neu in die Versicherung einbezogenen Betriebe und Tätigkeiten.

Der Bundesrat bestimmt, wieweit für Gewerbszweige, die erst die Reichsversicherungsordnung der Unfallversicherung unterstellt, neue Berufsgenossenschaften errichtet oder wieweit sie bestehenden Berufsgenossenschaften zugeteilt werden sollen.

Vertreter der beteiligten Gewerbszweige sowie die beteiligten Genossenschaften sind vorher zu hören.

Insbesondere ist der Kreis der gewerblichen UV. erweitert worden, wie in der Vorbemerkung zu § 537 im Einzelnen angegeben ist.

Die organisatorischen Bestimmungen über die Versicherung des Haltens von Reittieren und Fahrzeugen (§ 537 Nr. 6, 7) sind in der RVO. selbst (§ 629 Abs. 2, §§ 836, 842) enthalten.

Artikel 44.

Änderungen des Bestandes der bestehenden BG.en.

Bis zur Eingliederung der Gewerbszweige, die der Unfallversicherung neu unterstellt sind, in die berufsgenossenschaftliche Organisation kann der Bundesrat nach Anhören der beteiligten Genossenschaftsvorstände Gewerbszweige aus bestehenden Berufsgenossenschaften ausscheiden und einer anderen Berufsgenossenschaft zuteilen, oder für sie eine besondere Berufsgenossenschaft errichten, auch wenn die Voraussetzungen nicht vorliegen, unter denen nach der Reichsversicherungsordnung oder nach altem Rechte der Bestand der Berufsgenossenschaften geändert werden kann.

Diese Vorschrift entspricht dem § 2 Abs. 2 des durch Art. 5 aufgehobenen HG.

Der Bundesrat ist nach Art. 44 bis zu dem dort bezeichneten Zeitpunkt insbesondere befugt, auch gegen den Willen der beteiligten BG.en aus bestehenden BG.en Gewerbszweige auszuscheiden und sie anderen BG.en zuzuweisen. — Die Voraussetzungen, unter denen sonst der Bestand der BG.en geändert werden kann, sind in den §§ 635 bis 648, 960, 961, 1122 enthalten.

Artikel 45.

Neuerrichtung von BG.en (Art. 45 bis 47.)

Wird eine neue Berufsgenossenschaft errichtet, so ist eine Versammlung einzuberufen, die über die Satzung beschließt. Die Versammlung besteht aus Abgeordneten von Handelskammern, Handwerkskammern, Gewerbekammern oder ähnlichen wirtschaftlichen Vertretungen der beteiligten Gewerbszweige.

Die oberste Verwaltungsbehörde bezeichnet die Stellen, die Abgeordnete entsenden können, und bestimmt für jede

Stelle nach ihrer wirtschaftlichen Bedeutung die Zahl der Abgeordneten.

Erstreckt sich der Bezirk der Berufsgenossenschaft über das Gebiet eines Bundesstaats hinaus, so bestimmt der Reichskanzler nach Benehmen mit den beteiligten obersten Verwaltungsbehörden die Stellen und die Zahl ihrer Abgeordneten.

Diese Vorschrift entspricht dem § 2 Abs. 3 des durch Art. 5 aufgehobenen HG., neu sind in Abs. 1 die Handwerkskammern aufgeführt.

Die Versammlung, die über die Satzung der BG. beschließt, ist die Gründungsversammlung (§ 676).

Artikel 46.

Das Reichsversicherungsamt beruft die Versammlung und leitet ihre Verhandlungen, bis ein vorläufiger Vorstand gewählt worden ist.

Vgl. § 2 Abs. 4 des aufgehobenen HG.

Der vorläufige Vorstand hat die Genossenschaftsversammlung solange zu leiten und die Geschäfte der Genossenschaft solange zu führen, bis der auf Grund einer gültigen Satzung gewählte Vorstand die Geschäfte übernommen hat — § 676 (Begr. zum Einf.-Ges. S. 36).

Artikel 47.

Bei neu errichteten Berufsgenossenschaften läuft die erste Wahlzeit der Vertreter der Versicherten an demselben Tage ab, an welchem die Wahlzeit dieser Vertreter bei den bestehenden Berufsgenossenschaften abläuft.

Vgl. § 2 Abs. 5 des aufgehobenen HG.

Artikel 48.

Änderung der Satzung bestehender BG.en.

Das Reichsversicherungsamt (Landesversicherungsamt) bestimmt den Tag, bis zu welchem die Berufsgenossenschaften die Änderung ihrer Satzungen nach der Reichsversicherungsordnung zu beschließen haben. Dieser Tag ist so zu bestimmen, daß die Satzungen zu der Zeit gültig werden können, zu welcher die Vorschriften der Reichsversicherungsordnung über die Unfallversicherung in Kraft treten.

Kommt die Berufsgenossenschaft der Anordnung nicht rechtzeitig nach, so ändert das Reichsversicherungsamt (Landesversicherungsamt) die Satzung von Aufsichts wegen.

Vgl. § 26 des HG.

Diese Vorschrift legt den BG.en die Verpflichtung auf, ihre Satzung nach den neuen Vorschriften der RVO. zu gestalten, und gibt der Aufsichtsbehörde die erforderliche Handhabe, die Erfüllung der Verpflichtung zu erzwingen.

Vgl. auch Anm. zu § 677 RVO.

Artikel 49.

Ermittelung der erst durch die RVO. der Unfall-Versicherung unterstellten Betriebe (Art. 49 bis 52).

Jeder Unternehmer eines Betriebs, den erst die Reichsversicherungsordnung der Unfallversicherung unterstellt, hat ihn in einer Frist, die das Reichsversicherungsamt bestimmt und veröffentlicht, bei dem Versicherungsamt anzumelden, in dessen Bezirke der Betrieb seinen Sitz hat. Dabei sind Gegenstand, Art und Zahl der durchschnittlich beschäftigten Versicherungspflichtigen anzugeben.

Die Vorschriften der Art. 49 bis 52, welche dem § 35 GUVG. entsprechen, haben nur vorübergehende Bedeutung.

Vgl. Anm. zu § 657 RVO.

Artikel 50.

Ist die Anmeldung versäumt oder unvollständig, so stellt das Versicherungsamt selbst die Angaben auf oder ergänzt sie nach eigener Kenntnis der Verhältnisse. Es kann die Unternehmer durch Geldstrafen bis zu einhundert Mark anhalten, binnen einer gesetzten Frist Auskunft zu geben.

Auf Beschwerde gegen die Festsetzung der Strafe entscheidet das Oberversicherungsamt endgültig.

Abs. 2 ist dem § 656 Abs. 2 RVO. entsprechend gestaltet.

Artikel 51.

Das Versicherungsamt stellt ein Verzeichnis der im Artikel 49 bezeichneten Betriebe seines Bezirkes auf, das Gegenstand und Art des Betriebs sowie die Zahl der beschäftigten Versicherungspflichtigen angibt und nach Gewerbszweigen geordnet ist.

Das Verzeichnis wird dem Oberversicherungsamt eingereicht und von ihm nötigenfalls berichtigt.

Sind die der Unfallversicherung neu unterstellten Betriebe den zuständigen BG.en überwiesen, so gelten für die späteren Betriebsanmeldungen die §§ 653 bis 656, 967.

Artikel 52.

Das Oberversicherungsamt reicht die Verzeichnisse dieser versicherungspflichtigen Betriebe seines Bezirkes dem Reichsversicherungsamt ein; dieses überweist die Betriebe den zuständigen Genossenschaftsvorständen.

Artikel 53.

Reichs- und Staatsbetriebe.

Die Artikel 49 bis 52 gelten nicht, wenn das Reich, ein Bundesstaat, ein Gemeindeverband, eine Gemeinde oder eine andere öffentliche Körperschaft Versicherungsträger ist.

Vgl. § 129 GUVG.

Artikel 54.

Vermögensanlegung.

Solange die Berufsgenossenschaften noch nicht ein Viertel ihres Vermögens in Anleihen des Reichs oder der Bundesstaaten angelegt haben (§ 718 Abs. 1, §§ 984, 1157 der Reichsversicherungsordnung), müssen sie jährlich mindestens ein Drittel ihres Vermögenszuwachses in solchen Anleihen anlegen.

Die Vorschrift will die Durchführung der § 718 Abs. 1, §§ 984, 1157, nach welchen die BG.en mindestens ein Viertel ihres Vermögens in Anleihen des Reichs oder der Bundesstaaten anzulegen haben, für die Übergangszeit erleichtern.

Artikel 55.

Postvorschuß und schwebende Schuld.

Der Artikel I § 6 des Gesetzes, betreffend Änderungen im Finanzwesen, vom 15. Juli 1909 (Reichs-Gesetzbl. S. 743) wird aufgehoben.

Die Träger der Unfallversicherung können mit Genehmigung des Reichskanzlers innerhalb des ersten Jahres nach dem Inkrafttreten des Dritten Buches der Reichsversicherungsordnung die noch ausstehenden Beträge für Verzinsung und Tilgung der schwebenden Schuld (§§ 779, 1028, 1185 der Reichsversicherungsordnung) in einer Summe an die Post abführen. Für die Berechnung dieser Summe wird eine Verzinsung von 3½ vom Hundert zu Grunde gelegt.

Bei Berufsgenossenschaften hat die Genossenschaftsversammlung hierüber zu beschließen.

Abs. 1 hebt den Art. I § 6 des Finanzgesetzes formell auf, dessen materielle Bestimmungen in die RVO. aufgenommen worden sind (vgl. Vorbem. zu § 726 RVO.).

Abs. 2 gibt den Trägern der Unf.-Vers. die Möglichkeit, sich von der Last der allmählichen Abtragung der schwebenden Schuld (§§ 779, 1028, 1185 der RVO.) und deren Verzinsung durch eine einmalige Zahlung an die Post zu befreien.

Artikel 56.

Übergang älterer zivilrechtlicher Versicherungsverträge auf die BG.en (Art. 56 bis 59).

Haben Unternehmer von Betrieben oder Tätigkeiten, die erst die Reichsversicherungsordnung der Unfallversicherung unterstellt, vor dem Inkrafttreten des Dritten Buches der Reichsversicherungsordnung mit Versicherungsunternehmungen Versicherungsverträge gegen Unfälle der in der Reichsversicherungsordnung bezeichneten Art geschlossen, so übernimmt auf ihren Antrag die Genossenschaft die Rechte und Verbindlichkeiten aus diesen Verträgen. Der Antrag muß binnen sechs Monaten nach dem bezeichneten Tage beim Vorstand gestellt werden. Die Übernahme wirkt von dem Tage, an dem die Unfallversicherung für den Betrieb oder die Tätigkeit in Kraft tritt.

Die Vorschriften der Art. 56 bis 59 sind dem § 143 GUVG. bezw. § 45 Abs. 2 BUVG. nachgebildet. — Streitigkeiten über Rechte und Pflichten aus Versicherungsverträgen, die auf die BG. übergegangen sind, haben die ordentlichen Gerichte zu entscheiden.

Artikel 57.

Das Gleiche gilt, wenn Versicherungsunternehmungen solche Verträge vor dem Inkrafttreten des Dritten Buches der Reichsversicherungsordnung mit Versicherten geschlossen haben, die in Betrieben oder Tätigkeiten beschäftigt sind, welche erst die Reichsversicherungsordnung der Unfallversicherung unterstellt hat.

Artikel 58.

Die Artikel 56, 57 gelten nicht, wenn die Verträge nach der Bekanntmachung der im Artikel 4 bezeichneten Verordnung und in den letzten drei Monaten vor dem Inkrafttreten des Dritten Buches der Reichsversicherungsordnung geschlossen worden sind.

Diese Vorschrift ist nicht anzuwenden, wenn der Vertrag innerhalb der bezeichneten Frist stillschweigend verlängert worden ist.

Artikel 59.

Die Aufwendungen, die der Genossenschaft aus der Übernahme der Versicherungsverträge erwachsen, werden durch Umlage auf die Mitglieder gedeckt, und, sofern die Tätigkeit bei einer Zweiganstalt gegen Prämie versichert wird, bei der nächsten Festsetzung der Prämien berücksichtigt.

Artikel 60.

Anwendung günstigerer Vorschriften der RVO. während der Übergangszeit.

Die Vorschriften der Reichsversicherungsordnung sind, wenn sie für die Berechtigten günstiger ist, vorbehaltlich der Artikel 85, 87 bis 93, 96 bis 99, auf die erste Feststellung von Entschädigungsansprüchen aus Unfällen anzuwenden, die sich vor dem Inkrafttreten des Dritten Buches der Reichsversicherungsordnung ereignet haben. Dies gilt jedoch nur dann, wenn der Berechtigte schon nach altem Rechte einen Entschädigungsanspruch hatte und über diesen an jenem Tage noch nicht rechtskräftig entschieden ist.

Für Entschädigungsansprüche, die im Falle der Tötung erwachsen, gilt Absatz 1 nur, wenn auch der Tod des Verletzten vor dem Inkrafttreten des Dritten Buches der Reichsversicherungsordnung eingetreten ist.

Art. 60, dessen Abs. 1 dem § 27 HG. im wesentlichen entspricht, regelt die Frage nicht, ob diejenigen den Anspruch selbst betreffenden (materiell-rechtlichen) Bestimmungen, deren Anwendung von besonderen im Laufe des Rentenbezugs eintretenden Tatsachen abhängt, aus dem neuen Recht entnommen werden, wenn diese Tatsachen sich unter der zeitlichen Herrschaft der neuen Vorschriften zutragen. Diese Frage ist aus den in der Rek. Entsch. 1987 (A. N. 1903, S. 349) niedergelegten Gründen im allgemeinen zu bejahen. Eine solche neue Tatsache ist z. B. der Eintritt, der Hilflosigkeit (s. unten). — Ist dagegen keine neue Tatsache eingetreten, so dauern im allgemeinen — soweit nicht aus dem Gesetz, insbesondere auch aus Art. 60, oder nach dem Willen des Gesetzgebers das Gegenteil zu entnehmen ist — die unter der Herrschaft des früheren Rechts begründeten Verhältnisse unverändert fort (vgl. auch Rek. Entsch. 1875, A. N. 1901, S. 551).

Der Art. 60 betrifft ebenso, wie der § 27 HG., lediglich die Fälle der sog. eigentlichen Rückwirkung, d. h. die Verknüpfung der Rechtsfolgen nicht des alten, sondern des neuen Gesetzes mit einem unter der Herrschaft des alten Gesetzes eingetretenen Tatbestand (Rek. Entsch. 1875, a. a. O., Abs. 2). Er bezieht sich nicht auf das Verfahren, für das die Art. 85 flg. die erforderlichen Vorschriften enthalten.

Dem Berechtigten günstigere Vorschriften enthalten insbesondere folgende Paragraphen der RVO.:

a) § 560, der die Hilflosenrente auch bei teilweiser Erwerbsunfähigkeit gewährt,
b) § 563 Abs. 2, nach welchem der Rentenberechnung ein Jahresarbeitsverdienst von 1800 M. (früher 1500 M.) ungekürzt zu Grunde zu legen ist,

c) § 577 gegenüber § 10 BUVG.,
d) § 593 Abs. 1, nach welchem die Aszendentenrente schon bei wesentlicher Unterhaltsgewährung (vgl. dagegen § 18 GUVG.), zu gewähren ist,
e) § 615 Abs. 3 (Ruhen der Renten im Ausland befindlicher Ausländer) gegenüber § 94 Abs. 2, Nr. 2 GUVG.,
f) § 617 (Abfindung von Ausländern) gegenüber § 95 Abs. 2 GUVG.,
g) §§ 942, 1087 Abs. 2, welche dem Verletzten eine weitergehende Fürsorge zuwenden, als die früheren gesetzlichen Bestimmungen,
h) § 1546 Abs. 2, § 1547 Abs. 1, Nr. 1 RVO gegenüber § 72 GUVG., § 78 LUVG., § 37 Abs. 1 BUVG., § 77 SUVG.,
i) § 1548 Abs. 1 RVO. gegenüber § 92 Satz 1 GUVG., § 98 Satz 1 LUVG., § 37 Abs. 1 BUVG., § 96 Satz 1 SUVG.

Für die Fälle e. und f. enthalten die Art. 61, 62 besondere Bestimmungen.

Die dem Verletzten günstigeren Vorschriften der RV. finden Anwendung, wenn

1. es sich um die erste Feststellung von Entschädigungsansprüchen handelt. Als solche ist die Zubilligung vorläufiger Entschädigungen, wie die Übernahme von Kosten des Heilverfahrens, die Übertragung der Fürsorge für den Verletzten an die Krankenkasse und die von vornherein an Stelle der Rente übernommene Gewährung freier Kur und Verpflegung in einer Heilanstalt nicht anzusehen (Rek. Entsch. 1858, A. N. 1901, S. 397, vgl. auch Rek. Entsch. 1859, A. N. 1901, S. 398).
2. der Anspruch des Verletzten schon nach dem bisherigen Recht begründet gewesen ist. Der Anspruch eines Aszendenten, der sich auf einen Unfall vor dem Inkrafttreten des 3. Buchs der RVO. stützt, ist nur dann gerechtfertigt, wenn der Verletzte seinen Lebensunterhalt ganz oder überwiegend bestritten hat — § 18 GUVG. — nicht aber schon dann, wenn er den Aszendenten nur wesentlich aus seinem Arbeitsverdienst unterhalten hat — § 593 RVO. (vgl. Rek. Entsch. 1876, A. N. 1901, S. 556),
3. über den Anspruch des Verletzten zur Zeit des Inkrafttretens des 3. Buchs der RVO. noch nicht rechtskräftig entschieden worden ist. Dies ist nicht der Fall, solange das Verfahren auch nur in der Rekursinstanz noch schwebt.

Die — zwar im 6. Buch der RVO. geregelten, aber dem materiellen Recht angehörigen — neuen Vorschriften über die Verjährung (vgl. oben h. u. i.) finden Anwendung auf Unfälle, die sich vor dem Inkrafttreten der fraglichen Bestimmungen ereignet haben, wenn zu dieser Zeit die Verjährungsfrist nicht schon nach dem früheren Recht abgelaufen war (Rek. Entsch. 1833, letzter Absatz, A. N. 1901, S. 172, vgl. auch Handbuch Bd. I, S. 45 Anm. 2 A c).

Abs. 2 des Art. 60 entspricht der bisherigen Rechtsübung. Stirbt der vor dem Inkrafttreten des 3. Buchs Verunglückte nachher, so ist der Rente der Hinterbliebenen der Jahresarbeitsverdienst von 1800 M. (§ 563 Abs. 2 RVO.) zu Grunde zu legen.

Artikel 61.

Ruhen der Rente.

Soweit eine festgestellte Rente nach altem, aber nicht nach neuem Rechte ruht, gelten für sie die Vorschriften der Reichsversicherungsordnung über Ruhen der Rente vom Tage des Inkrafttretens dieser Vorschriften an; in solchen Fällen ist neuer Bescheid zu erteilen.

Vgl. §§ 615, 955, 1116 RVO. gegenüber § 94 GUVG., § 100 LUVG., § 37 Abs. 1 BUVG., § 98 SUVG.

Vor dem 1. Oktober 1900 bewilligte Renten von Ausländern, die vor diesem Zeitpunkt ihren gewöhnlichen Aufenthalt ins Ausland verlegt haben, ruhen nicht (Rek. Entsch. 1875, A. N. 1901, S. 551).

Artikel 62.

Abfindung von Ausländern.

Die Vorschriften der Reichsversicherungsordnung über Abfindung von Ausländern mit einem dem Werte ihrer Jahesrente entsprechenden Kapitale gelten auch für Renten, die vor dem Inkrafttreten dieser Vorschriften festgestellt worden sind.

Wird eine solche Abfindung in den ersten drei Jahren nach Inkrafttreten dieser Vorschriften festgestellt, so kann die Genossenschaft die Mittel hierfür aus der Rücklage entnehmen. Diese ist dann nach Anordnung des Reichsversicherungsamts (Landesversicherungsamts) wieder zu ergänzen.

Vgl. §§ 617, 955, 1117 RVO. gegenüber § 95 GUVG., § 101 LUVG., § 37 Abs. 1 BUVG., § 99 SUVG.

Artikel 63.

Rücklagen.

Der Bundesrat hat im Jahre 1913 dem Reichstag die gesetzlichen Vorschriften über Rücklagen zur erneuten Beschlußfassung vorzulegen.

Vgl. die Anm. zu §§ 742, 743 RVO.

V. Invaliden- und Hinterbliebenenversicherung.

Artikel 64.

Berechnung der Wartezeit für die Invalidenrente während der Übergangszeit.

Werden Versicherte innerhalb der ersten fünf Jahre invalide, nachdem die Versicherungspflicht für ihren Berufszweig in Kraft getreten ist, so wird ihnen auf die Wartezeit für die Invalidenrente (§1278 Nr. 1 der Reichsversicherungsordnung) die Dauer derjenigen früheren Beschäftigung angerechnet, für welche die Versicherungspflicht inzwischen eingeführt worden ist.

Die Anrechnung geschieht indessen nur soweit, als die Beschäftigung in die letzten fünf Jahre vor Eintritt der Invalidität fällt, und nur bei Versicherten, die nach dem Inkrafttreten der Versicherungspflicht für ihren Berufszweig mindestens vierzig anrechnungsfähige Beitragswochen auf Grund der Versicherungspflicht nachweisen können.

Die Anrechnungsfähigkeit von freiwilligen und Pflichtbeiträgen, die vor dem Inkrafttreten der Versicherungspflicht des Berufszweigs rechtswirksam verwendet sind, wird hierdurch nicht berührt.

Vgl. § 189 IVG.
Vgl. Anm. zu §§ 1278, 1279 RVO.

Zweck der Vorschrift ist, die Erfüllung der Wartezeit für die Invalidenrente während einer Übergangszeit zu erleichtern, um die Vorteile der Versicherung den in sie einbezogenen Bevölkerungskreisen möglichst frühzeitig zugänglich zu machen.

Gegenstand der Vorschrift ist die Anrechnung einer vor Einführung der Versicherungspflicht liegenden Beschäftigungszeit des Rentenbewerbers auf die Wartezeit für die Invalidenrente. — Diese Wartezeit ist diejenige des § 1278 Nr. 1 RVO., beträgt also stets 200 Wochen. Nur um dies zum Ausdruck zu bringen, verweist das Einf.-Ges. auf § 1278 Nr. 1 RVO. Dagegen hat die Verweisung nicht die Bedeutung, daß auch die im § 1278 a. a. O. geforderten 100 Pflichtbeiträge nach Einführung der Versicherungspflicht geleistet sein müssen, um die Anwendung der Wartezeit von 200 Wochen zu rechtfertigen (vgl. Rev. Entsch. 821, A. N. 1900, S. 677). Vielmehr sind statt dieser 100 Pflichtwochen gemäß Art. 64 nur 40 nachzuweisen (s. unten Ziffer 5).

Zu den nach Abs. 1 und 2 erforderlichen Voraussetzungen für die Anwendung des Art. 64 ist im einzelnen folgendes zu bemerken:

1. Nur „Versicherte" kommen in Betracht, für deren Berufszweig die Versicherungspflicht in Kraft getreten ist. — „Versichert" ist nicht gleichbedeutend mit „versicherungspflichtig", sondern setzt den durch Ausübung einer versicherungspflichtigen Tätigkeit tatsächlich vollzogenen Eintritt in die Versicherung voraus (vgl. Rev. Entsch. 44, A. N. I. u. AV. 1891, S. 156). — Diese versicherungspflichtige Tätigkeit muß der Rentenbewerber ausgeübt haben, nachdem die Versicherungspflicht für seinen Berufszweig — sei es unmittelbar auf Grund des Gesetzes, sei es auf Grund eines Bundesratsbeschlusses — eingeführt worden ist. Mit Rücksicht auf die unten bei Ziffer 2 erörterte Frist und im Hinblick darauf, daß in der Zeit zwischen dem Inkrafttreten des IVG. (1. Januar 1900) und des IV. Buchs der RVO. (1. Januar 1912) keine Berufszweige neu in die Versicherung einbezogen sind, können hier nur die auf Grund der RVO. (§§ 1226, 1228) neu in die Versicherung einbezogenen sowie solche Berufszweige in Betracht kommen, auf welche der Bundesrat etwa noch auf Grund des § 1229 in Zukunft die Versicherungspflicht erstrecken wird. Soweit letzteres der Fall sein sollte, behält Art. 64 also dauernde Bedeutung.
2. Innerhalb der ersten fünf Jahre nach Einführung der Versicherungspflicht für seinen Berufszweig muß die Invalidität des Versicherten eingetreten sein. Dabei macht es keinen Unterschied, ob die Invalidität eine dauernde (§ 1255 Abs. 1 RVO.) oder eine vorübergehende (Abs. 3 a. a. O.) ist. In den Fällen der letzteren Art endigt die 5jährige Frist erst mit dem Ablaufe der 26. Woche nach Beginn der Krankheit oder mit dem Ablaufe des Krankengeldbezugs. Im übrigen handelt es sich bei dieser 5jährigen Frist nicht um Kalenderjahre, sondern um Zeitjahre. Das

ist für den Fall von Bedeutung, daß ein neuer Bundesratsbeschluß nicht mit dem Beginn eines Kalenderjahrs in Kraft treten sollte.

3. Unter der früheren Beschäftigung, deren Dauer auf die Wartezeit angerechnet werden kann, ist eine solche zu verstehen, die vor dem Inkrafttreten des IV. Buchs der RVO. (1. Januar 1912) oder eines auf Grund der Vorschriften dieses Buchs ergangenen Bundesratsbeschlusses ausgeübt worden ist und entweder durch die RVO. oder durch den Bundesratsbeschluß vor Eintritt der Invalidität des Rentenbewerbers versicherungspflichtig geworden ist (Begr. 3. Einf., Ges. S. 39). Wegen der Tatsachen, die dieser früheren Beschäftigung gleichgestellt sind, vgl. Art. 66. — Steigerungssätze (§ 1289 RVO.) werden für die vorgesetzliche Zeit bei der Rentenberechnung nicht in Ansatz gebracht (Rev. Entsch. 244 A. N. I. u. AV. 1893, S. 57).

Nach § 189 IVG. war eine „frühere Beschäftigung" auch dann anrechnungsfähig, wenn für sie die Versicherungspflicht schon bestand. Dies hatte der Entwurf unter Berücksichtigung der Rechtsprechung des RVA.s zu § 189 a. a. O. in der Form übernommen, daß auch die Dauer einer Beschäftigung angerechnet werden sollte, „für die vor dem Inkrafttreten des IV. Buchs der RVO. schon die Versicherungspflicht bestand, soweit für sie wirksame Beiträge entrichtet sind oder anrechnungsfähige Beitragswochen auf Grund des § 30 Abs. 2 bis 6 IVG. oder der §§ 1393, 1394 RVO. nachgewiesen werden." Erst bei der 2. Beratung im Reichstag wurde dies auf Antrag Schulz u. Gen. gestrichen und dem Art. 64 unter Hinzufügung des Abs. 3 die gesetzliche Fassung gegeben (vgl. Stenogr. Ber. S. 7321 B). Hiernach kommt also eine frühere Beschäftigung, für welche die Versicherungspflicht (sei es auf Grund des IVG. oder der bei § 1229 RVO. erwähnten Bundesratsbeschlüsse) schon bestand, bei Anwendung des Art. 64 nicht in Betracht. Vielmehr ist, wenn eine solche Beschäftigung berücksichtigt werden soll, die Wartezeit ausschließlich nach den Vorschriften der RVO. zu berechnen.

4. Die nach der vorhergehenden Ziffer anrechnungsfähige frühere Beschäftigung muß in die letzten fünf Jahre vor Eintritt der Invalidität fallen. Auch diese fünfjährige Frist (vgl. Ziffer 2) ist nach Zeitjahren zu berechnen (vgl. Rev. Entsch. 419, A. N. I. u. AV. 1895, S. 136). Bei vorübergehender Invalidität (§ 1255 Abs. 3) ist sie nicht von dem Beginn der Krankheit, sondern von demjenigen Tage ab zurückzurechnen, an welchem die Krankheit 26 Wochen hindurch bestanden oder

der Krankengeldbezug aufgehört hat (vgl. Rev. Entsch. 361, A. N. I. u. AV. 1894, S. 131).

5. Nach dem Inkrafttreten der Versicherungspflicht für seinen Berufszweig muß der Versicherte mindestens 40 anrechnungsfähige Beitragswochen auf Grund der Versicherungspflicht nachgewiesen haben. Diese 40 Beitragswochen müssen vor Eintritt der Invalidität zurückgelegt sein. Auf sie können aber auch Krankheits- und Militärdienstzeiten nach Maßgabe der §§ 1393, 1394 RVO. angerechnet werden (vgl. Rev. Entsch. 145, A. N. I. u. AV. 1892, S. 54). Nur ist zu beachten, daß diese Anrechnung erst zulässig ist, wenn eine versicherungspflichtige und mit Beiträgen oder doch mindestens mit einem Beitrage belegte Beschäftigung vorausgegangen ist. Die 40 Beitragswochen können also nicht lediglich durch Ersatztatsachen nachgewiesen werden (vgl. Rev. Entsch. 195, A. N. I. u. AV. 1892, S. 140).

Wegen Abs. 3 vgl. oben bei Ziffer 3.

Artikel 65.

Berechnung der Wartezeit für die Altersrente während der Übergangszeit.

Den Versicherten, die beim Inkrafttreten der Versicherungspflicht für ihren Berufszweig das vierzigste Lebensjahr vollendet haben, werden auf die Wartezeit für die Altersrente für jedes volle Jahr, um das sie an diesem Tage älter als vierzig Jahre waren, vierzig Wochen und für den überschießenden Teil eines solchen Jahres die darauf entfallenden Wochen bis zu vierzig angerechnet.

Die Versicherten müssen nachweisen, daß sie während der drei Jahre unmittelbar vor dem Inkrafttreten berufsmäßig, wenn auch mit Unterbrechungen, eine Beschäftigung ausgeübt haben, die versicherungspflichtig bereits war oder inzwischen geworden ist. Von dem Nachweis ist befreit, wer für die ersten fünf Jahre nach Eintritt der Versicherungspflicht mindestens zweihundert anrechnungsfähige Beitragswochen auf Grund der Versicherungspflicht nachweisen kann.

Vgl. § 190 IVG.
Vgl. Anm. zu §§ 1278, 1293 RVO.

Die Vorschrift hat den Zweck, auch solchen Personen, welche das 70. Lebensjahr vollendet, bevor sie die im § 1278 Nr. 2 RVO. vorgesehene Wartezeit von 1200 Beitragswochen zurückgelegt haben, unter Umständen die Erlangung der Altersrente zu ermöglichen. Da selbst diejenigen Personen, für deren Berufszweig die Versicherungspflicht schon mit dem I. u. AVG. — am 1. Jan. 1891 — in Kraft getreten ist, vor Ende des Jahres 1913 die Wartezeit für die Altersrente gemäß § 1278 Nr. 2 RVO. nicht zurückgelegt haben können, so ist die Gewährung der Altersrente bisher nur auf Grund der Übergangsvorschriften des I. u. AVG.es und des IVG.es möglich gewesen. Für diejenigen Rentenbewerber, welche unter der Herrschaft der RVO. das 70. Lebensjahr vollenden werden, ist jedenfalls bis Ende 1913 die Erfüllung der Wartezeit auch nur mit Hülfe des Art. 65 möglich. Aber auch darüber hinaus behält die Vorschrift Bedeutung, und zwar einmal für diejenigen, die zwar auch schon seit 1. Januar 1891 versicherungspflichtig sind, aber nicht Woche für Woche mit Beiträgen belegt haben und sodann für diejenigen, bei deren Berufszweig die Versicherungspflicht erst nach dem 1. Januar 1891 eingeführt ist oder gar erst nach dem 1. Januar 1912 noch eingeführt werden wird.

Gegenstand dieser Vorschrift ist die Anrechnung von solchen Zeiten, die vor Einführung der Versicherungspflicht des Rentenbewerbers liegen, auf die Wartezeit für die Altersrente. Diese Wartezeit beträgt 1200 Wochen (§ 1278 Nr. 2 RVO.).

Zu den Voraussetzungen für die Anwendung des Art. 65 ist folgendes zu bemerken:

1. Auch hier kommen nur Versicherte in dem Sinne in Betracht, der bei den Voraussetzungen für die Anwendung des Art. 64 unter Ziffer 1 erörtert ist. Aber es genügt hier, daß der Rentenbewerber bei Einführung der Versicherungspflicht versichert war. Wenn beispielsweise ein am 1. Januar 1842 geb. Rentenbewerber bis zum 1. Januar 1912 nach Maßgabe der Ausführungen unter Ziffer 3 bis 6 (s. unten) eine Tätigkeit ausgeübt hat, die am 1. Januar 1912 versicherungspflichtig geworden ist, so steht ihm ohne weiteres und insbesondere ohne Beitragsleistung die Altersrente zu, da er bis 1. Januar 1912 die Wartezeit von 1200 Wochen erfüllt hat (vgl. Rev. Entsch. 611, A. N. 1897, S. 518). Ist die Wartezeit bei Vollendung des 70. Lebensjahres noch nicht erfüllt, so kann der Rentenbewerber — seine Erwerbsfähigkeit vorausgesetzt — sie im Wege der Pflichtversicherung wie der Weiterversicherung später erfüllen und alsdann die Rente beanspruchen.
2. Die „Versicherten" müssen beim Inkrafttreten der Versicherungspflicht für ihren Berufszweig das 40. Lebens-

jahr vollendet haben. Das 40. Lebensjahr ist s. Z. als Grenzjahr gewählt, weil die Berechnungen für das Jahr durchschnittlich 40 Beitragswochen ergeben haben und demgemäß bis zur Vollendung des 70. Lebensjahrs die Wartezeit im Durchschnitt nur dann erfüllt wird, wenn der Versicherte beim Inkrafttreten der Versicherung das 40. Lebensjahr noch nicht überschritten hatte.

3. Die Versicherten müssen vor Inkrafttreten der Versicherung eine Beschäftigung berufsmäßig, wenn auch mit Unterbrechungen, ausgeübt haben. Eine solche Beschäftigung liegt dann vor, wenn der Lebensunterhalt regelmäßig durch eine — wenn auch nicht ununterbrochen geleistete — Lohnarbeit erworben wird. Dabei sind die zulässigen Unterbrechungen auf die im Art. 66 Abs. 2 hervorgehobenen besonderen Fälle grundsätzlich nicht beschränkt (vgl. Rev. Entsch. 1329, A. N. 1907, S. 549, wo eine zulässige Unterbrechung allerdings nicht angenommen ist bei einem Rentenbewerber, der im Jahre 5 Monate Lohnarbeit verrichtete und 7 Monate das Sattlergewerbe selbständig betrieb).
4. Diese Beschäftigung muß unmittelbar vor dem Inkrafttreten der Versicherung während dreier Jahre ausgeübt sein, d. h. die vorgesetzliche Beschäftigungszeit von 3 Jahren und die gesetzliche Zeit müssen unmittelbar auf einander folgen. Eine dazwischen liegende Zeit tatsächlicher Beschäftigungslosigkeit ist aber unschädlich, wenn letztere sich als Unterbrechung in dem oben bei Ziffer 3 erörterten Sinne darstellt. Die 3jährige Frist ist von dem Tage des Inkrafttretens der Versicherung zurückzurechnen. Sie umfaßt auch hier nicht Kalender-, sondern Zeitjahre (vgl. die Anm. bei Art. 64 zu Ziffer 2 der Voraussetzungen für die Anwendung dieser Vorschrift).
5. Die Beschäftigung muß — vorbehaltlich des Art. 66 Abs. 2, Nr. 3 — entweder bereits versicherungspflichtig gewesen oder es inzwischen geworden sein. Im ersten Falle kommen die Beschäftigungen in Betracht, die unter das IVG. und unter die in der Anm. zu § 1229 RVO. erwähnten Bundesratsbeschlüsse fallen; sie sind aber nur anzurechnen, wenn sie durch Beiträge oder diesen nach Maßgabe des § 30 Abs. 2 bis 6 IVG. oder der §§ 1393, 1394 RVO. gleichzustellende Ersatztatsachen gedeckt sind; alsdann kommen sie aber zugleich für die Rentensteigung in Ansatz (vgl. Rev. Entsch. 455, 541, A. N. I. u. AV. 1895, S. 246, A. N. 1896, S. 503).

   Im zweiten Falle sind nur solche vorgesetzlichen Beschäftigungen anrechnungsfähig, die mit dem Beginne der sich unmittelbar anschließenden gesetzlichen Zeit versicherungspflichtig geworden sind (vgl. Rev. Entsch. 813, A. N. 1900, S. 662). Für die Jahre 1909, 1910 und 1911 ist also zwar eine Beschäftigung anzurechnen, die durch die RVO. versicherungspflichtig geworden ist; aber eine Beschäftigung, die beispielsweise erst vom 1. Juli 1915 ab (durch Bundesratsbeschluß gemäß § 1229 für versicherungspflichtig) erklärt würde, könnte nur angerechnet werden, wenn sie vom 1. Juli 1912 bis 30. Juni 1915 ausgeübt worden wäre.

6. Welche Ersatztatsachen einem oben unter Ziffer 3 bis 5 erörterten Beschäftigungsverhältnisse gleichstehen und in welchem Umfange dies der Fall ist, bestimmt Art. 66.

7. Das Erfordernis der Erfüllung einer vorgesetzlichen Wartezeit (oben Ziffer 3 bis 6) fällt fort, wenn für die ersten 5 Jahre nach Eintritt der Versicherungspflicht mindestens 200 anrechnungsfähige Beitragswochen auf Grund der Versicherungspflicht nachgewiesen sind (Abs. 2 Satz 2). Beim Vorliegen dieser Voraussetzungen kommt die Vergünstigung des Art. 65 also ohne weiteres zur Anwendung, wenn nur die oben unter 1 und 2 erörterten Erfordernisse gegeben sind.

   Die 5jährige Frist läuft vom Inkrafttreten des I. u. AVG. oder der bei § 1229 RVO. erwähnten Bundesratsbeschlüsse oder des IVG. oder der RVO. oder der etwa auf Grund der RVO. noch ergehenden Bundesratsbeschlüsse. Sie ist auch hier nicht nach Kalender-, sondern nach Zeitjahren zu berechnen.

   Die Wartezeit von 200 Wochen muß auf Grund der Versicherungspflicht zurückgelegt sein. Freiwillige Versicherung kommt also nicht in Betracht.

   Anrechnungsfähig sind nur solche Beitragswochen, für die rechtsgültig Beiträge entrichtet sind; anrechnungsfähige Ersatztatsachen (§ 30 Abs. 2 bis 6 IVG., §§ 1393, 1394 RVO.) sind aber in die Wartezeit einzurechnen.

Für die Anrechnung der vorgesetzlichen Lebenszeit kommt es, sofern ihre Voraussetzungen entweder nach Ziffer 1 bis 6 oder nach Ziffer 1, 2, 7 gegeben sind, nicht darauf an, ob der Versicherte während der von diesen Voraussetzungen nicht berührten vorgesetzlichen Zeiten überhaupt eine Beschäftigung ausgeübt hat.

Was die Berechnung der Wartezeit nach Art. 65 anlangt, so stellt sie sich z. B. für einen am 1. Juli 1842 geb. Rentenbewerber, dessen Berufszweig am 1. Januar 1891 versicherungspflichtig wurde, folgendermaßen: der Versicherte war am 1. Januar 1891 um 8 Jahre und 26 Wochen älter als 40 Jahre.

Ihm sind daher 8 × 40 + 26 = 346 Wochen auf die Wartezeit von 1200 Wochen anzurechnen, sodaß er seit 1. Januar 1891 noch 854 Beitragswochen nachzuweisen hat.

Die Berechnung der Wartezeit für die Altersrente wird durch Tabellen erleichtert, die in den A. N. 1900, S. 203—207 und A. N. 1909, S. 513—515 abgedruckt sind. Voraussichtlich werden demnächst neue Tabellen aufgestellt und veröffentlicht werden; diese werden, wenn möglich, im Ergänzungsbande mit den Tabellen für Rentenberechnungen, deren Neuaufstellung ebenfalls zu erwarten ist, mitgeteilt werden.

Artikel 66.

Ersatztatsachen.

In den Fällen der Artikel 64, 65 steht für die Zeit vor der Begründung der Versicherungspflicht eine nach § 30 Abs. 2 bis 6 des Invalidenversicherungsgesetzes oder nach den §§ 1393, 1394 der Reichsversicherungsordnung anrechnungsfähigeMilitärdienst- oder Krankheitszeit sowie die Zeit des früheren Bezugs einer Invalidenrente (§ 47 Abs. 4 des Invalidenversicherungsgesetzes, § 1309 der Reichsversicherungsordnung) einem Arbeits- oder Dienstverhältnisse gleich.

Das Gleiche gilt für höchstens vier Monate während eines Kalenderjahrs von Zeiten

1. der vorübergehenden Unterbrechung eines ständigen Arbeits- oder Dienstverhältnisses zu einem bestimmten Arbeitgeber,
2. solcher Unterbrechung einer berufsmäßigen Beschäftigung, welche vorübergehend wiederzukehren pflegt (Saisonarbeit),
3. einer des Verdienstes halber geleisteten Beschäftigung mit Spinnen, Stricken oder ähnlichen leichten häuslichen Arbeiten, die bei älteren oder schwächlichen Leuten landesüblich sind.

Vgl. § 191 IVG.
Vgl. §§ 1278, 1293 RVO.

Die Vorschrift erweitert die in den Art. 64 und 65 vorgesehenen Erleichterungen der Erfüllung der Wartezeit für Invaliden- und Altersrenten noch dadurch, daß den vorgesetzlichen Beschäftigungszeiten (Art. 64 Abs. 1, 2, Art. 65 Abs. 2) gewisse Tatsachen gleichgestellt werden.

Zu Abs. 1: Dieser Absatz hat erst in der 2. Beratung des Reichstags (Drucks. II. Session 1909/1911, S. 7321 C) die gesetzliche Fassung erhalten; in dem Entwurfe fehlte die Gleichstellung einer nach § 30 Abs. 2 bis 6 IVG. anrechnungsfähigen Militärdienst- oder Krankheitszeit (vgl. Anm. zu Art. 64 Ziffer 3, Abs. 2).

Auf die vorgesetzlichen Beschäftigungszeiten werden Krankheits- und Militärdienstzeiten unter den Voraussetzungen angerechnet, die für ihre Anrechnung bei der Pflichtversicherung maßgebend sind. Die vorgesetzlichen Beschäftigungszeiten sind daher für die Anwendung dieses Art. als Zeiten versicherungspflichtiger Beschäftigung zu unterstellen.

Während ununterbrochene Krankheitszeiten sowohl nach dem IVG. (§ 30 Abs. 5) als nach der RVO. (§ 1394 Abs. 2) nur für die Dauer eines Jahres angerechnet werden, ist die Zeit eines früheren Invalidenrentenbezugs nach dem IVG. (§ 47 Abs. 4) unbeschränkt, nach der RVO. (§ 1309) aber ebenfalls nur für die Dauer eines Jahres anrechenbar. — Auch eine Krankheit, die teils in die Zeit vor, teils in die Zeit nach dem Beginn der Versicherungspflicht fällt, ist nur bis zur Dauer eines Jahres anzurechnen (vgl. Rev. Entsch. 487, 598, A. N. 1896, S. 178, 1897, S. 413). — Liegt der Beginn der Krankheit schon vor den nach Art. 64, 65 in Betracht kommenden vorgesetzlichen Zeiten und reicht sie in diese hinein, so ist das anrechnungsfähige Krankheitsjahr erst vom Beginn der vorgesetzlichen Zeit zu zählen (vgl. Rev. Entsch. 119, A. N. I. u. AV. 1892, S. 31).

Zu Abs. 2: Die hier erwähnten vier Monate können auf die durch anderweitige versicherungspflichtige Beschäftigung nicht gedeckten Zeiträume der im Laufe eines Kalenderjahrs vorgekommenen Unterbrechungen beliebig verteilt werden (vgl. Rev. Entsch. 201, A. N. I. u. AV. 1893, S. 2).

Im Falle der Nr. 1 kann auch eine zusammenhängende Arbeitspause, die den Zeitraum von vier Monaten überschreitet und sich auf zwei Kalenderjahre verteilt, insoweit angerechnet werden, als auf jedes der beiden Kalenderjahre nicht mehr als vier Monate entfallen (vgl. Rev. Entsch. 473, A. N. I. u. AV. 1895, S. 261). — Aus welchen Gründen die Unterbrechung erfolgt, ist an sich unerheblich. Nur muß bei Beendigung der Beschäftigung die Absicht bestanden haben, die Arbeit bei Fortfall der Unterbrechungsursache fortzusetzen (vgl. Rev. Entsch. 116, A. N. I. u. AV. 1892, S. 29; in dieser Entsch. ist ferner ausgeführt, daß die Anrechnung auch dann nicht ausgeschlossen ist, wenn jene Absicht aus äußeren Gründen nicht verwirklicht werden konnte). — Auch vorübergehender Aufenthalt im Ausland kann als Unterbrechungszeit angerechnet werden (vgl. Rev. Entsch. 576, A. N. 1897, S. 333).

Im Falle der Nr. 3 handelt es sich insofern um eine Besonderheit, als hier keine Lohnarbeiten, sondern selbständige Beschäftigungen in Frage stehen. Die Vorschrift wird, da sie nur für die vorgesetzliche Zeit gilt und die nach der RVO. erst versicherungspflichtig werdenden Personenkreise hier kaum in Betracht kommen dürften, nur noch von geringer Bedeutung sein.

Artikel 67.

Übergangsvorschrift für die Berechnung der Altersrente.

Sind bei Gewährung von Altersrenten nach Artikel 65 weniger als vierhundert Beitragswochen nachgewiesen, so werden für die fehlenden Wochen Beiträge der Lohnklasse angesetzt, die dem durchschnittlichen Jahresarbeitsverdienste des Versicherten während der im Artikel 65 Abs. 2 Satz 1 bezeichneten drei Jahre entspricht, mindestens aber Beiträge der ersten Lohnklasse.

Sind mehr als vierhundert Beitragswochen nachgewiesen, so wird nach § 1293 der Reichsversicherungsordnung verfahren.

Vgl. § 192 IVG.
Vgl. Anm. zu § 1293 RVO.

Bei Prüfung der Frage, ob die 400 Beitragswochen nachgewiesen sind, sind die in den drei vorgesetzlichen Jahren auf Grund der Versicherungspflicht oder freiwillig entrichteten Beiträge mitzuzählen, nicht aber Beiträge, die vor den vorgesetzlichen 3 Jahren entrichtet worden sind (vgl. Rev. Entsch. 1235, A. N. 1905, S. 582).

Bei Berechnung des durchschnittlichen Jahresarbeitsverdienstes sind für die nach Art. 67 in Frage kommenden Ergänzungswochen nur solche Beschäftigungen zu berücksichtigen, die zur Belegung der vorgesetzlichen Zeit geeignet sind (vgl. Rev. Entsch. 814, A. N. 1900, S. 664).

Artikel 68.

Übergangsvorschrift bezw. der Wartezeit für die Hinterbliebenenbezüge.

Bis zum 31. Dezember 1930 werden auf die Wartezeit für den Anspruch auf Hinterbliebenenbezüge (§§ 1252, 1278 Nr. 1 der Reichsversicherungsordnung) auch die nach dem Invalidenversicherungsgesetz entrichteten Beiträge angerechnet. Nach diesem Zeitpunkt kommen auf die Wartezeit nur die für die Zeit nach dem 1. Januar 1912 entrichteten Beiträge in Anrechnung.

Vgl. Anm. zu §§ 1252, 1278 RVO.

Die Leistungen aus der Hinterbliebenenversicherung sind an die Voraussetzung geknüpft, daß der verstorbene Ernährer eine Wartezeit von 200 oder 500 Wochen erfüllt hat. Um nun den Hinterbliebenen die Vorteile der neuen Versicherung früher zuzuwenden, als es geschehen könnte, wenn diese Wartezeit durch Beitragswochen aus der Zeit nach Einführung der neuen Versicherung nachgewiesen werden müßte, schreibt Art. 68 vor, daß die Beiträge, die für den verstorbenen Ernährer auf Grund des IVG. geleistet sind, bis zum 31. Dezember 1930 für die Hinterbliebenenversicherung angerechnet werden sollen.

Der Entwurf sah eine 10jährige Übergangszeit unter Anlehnung an die Übergangsvorschriften für die Wartezeit bei Invalidenrenten vor. Die weitergehende und einfachere Vorschrift des Gesetzes beruht auf einem Beschlusse des Reichstags in zweiter Beratung (vgl. Sten. Ber. S. 7321 D).

Artikel 69.

Bemessung der Hinterbliebenenbezüge während der Übergangszeit.

Für die Bemessung der Hinterbliebenenbezüge (§§ 1292, 1296 der Reichsversicherungsordnung) wird zur Berechnung des Grundbetrages der Invalidenrente die für die Zeit nach dem 1. Januar 1912 an fünfhundert Beitragswochen fehlende Zahl aus den höchsten nach dem Invalidenversicherungsgesetz entrichteten Beiträgen ergänzt. Reicht die Zahl dieser Beiträge hierzu nicht aus, so gilt für die fehlenden die Lohnklasse I. Für die Steigerungssätze sind nur die Beiträge anzurechnen, die für die Zeit nach dem 1. Januar 1912 geleistet worden sind.

Vgl. Anm. zu § 1292 RVO.

Der Entwurf wollte Beitragswochen aus der Zeit vor dem Inkrafttreten der Hinterbliebenenversicherung nicht nur bei Berechnung der Steigerungssätze, sondern auch bei Berechnung des Grundbetrags der Hinterbliebenenbezüge außer Betracht lassen. Zur Ermittlung des Grundbetrags sollten die auf die Zeit nach

Einführung der Hinterbliebenenversicherung fallenden Beitragswochen durch Beiträge der I. Lohnklasse auf 500 ergänzt werden. Die erst vom Reichstag in zweiter Beratung (Sten. Ber. S. 7328 A) angenommene Fassung der Vorschrift hat also auch hier, wie bei Art. 68, die Hinterbliebenen gegenüber dem Entwurf besser gestellt.

Sind Beitragswochen für die Zeit nach dem 1. Januar 1912 nicht nachgewiesen, so kommen für die Berechnung der Hinterbliebenenbezüge nur Reichszuschuß und Grundbetrag in Frage.

Artikel 70.

Übergangsvorschrift für Hinterbliebene von neu der Versicherung unterstellten Personen.

Sofern nach dem 1. Januar 1912 die Invalidenversicherung auf Berufszweige neu erstreckt wird, gilt Artikel 64 bei Berechnung der Wartezeit für die Hinterbliebenenansprüche.

Vgl. §§ 1252, 1278 RVO.

Nach dieser Vorschrift, die gegenüber dem Entwurf nicht verändert ist, haben die Hinterbliebenen eines Versicherten, auf den die Vergünstigungen der Art. 64, 66 Anwendung zu finden hatten, Anspruch auf die Hinterbliebenenbezüge, wenn nach Einführung der Hinterbliebenenversicherung, der verstorbene Ernährer auf Grund dieser Übergangsvorschriften eine Invalidenrente zur Zeit seines Todes bezogen hatte oder bei Eintritt der Invalidität zur Zeit seines Todes erworben haben würde.

Dagegen müssen Personen, die nachträglich zur Selbstversicherung zugelassen werden, die Wartezeit für die Invaliden- und Hinterbliebenenversicherung in vollem Umfange durch Beitragsleistung oder durch den Nachweis gleichwertiger Ersatztatsachen erfüllen, da bei der Invalidenversicherung für die Selbstversicherer erleichternde Übergangsvorschriften nicht vorgesehen sind (Begr. z. Einf.-Ges. S. 40).

Artikel 71.

Grenzen für die Anwendung der Übergangsvorschriften auf Hinterbliebenenbezüge und Kinderzuschußrenten.

Keinen Anspruch auf Fürsorge nach dem Vierten Buche der Reichsversicherungsordnung haben die Hinterbliebenen solcher Versicherten, welche am 1. Januar 1912 bereits verstorben waren.

Das Gleiche gilt für die Hinterbliebenen solcher Versicherten, welche an dem genannten Tage im Sinne des § 5 Abs. 4 des Invalidenversicherungsgesetzes dauernd erwerbsunfähig waren und dann verstorben sind, ohne inzwischen die Erwerbsfähigkeit wieder erlangt zu haben.

Der § 1291 der Reichsversicherungsordnung gilt nur für die Empfänger von Invalidenrenten, deren dauernde Invalidität nach dem 31. Dezember 1911 eingetreten ist oder deren Rente gemäß § 1255 Abs. 3 der Reichsversicherungsordnung nach diesem Tage beginnt.

Zu Abs. 1, 2 vgl. Vorbemerkung zum IV. Buch, sowie Anm. zu § 1252.

Zu Abs. 3 vgl. Anm. zu § 1291.

Ein Antrag, die Hinterbliebenenversicherung mit rückwirkender Kraft vom 1. Januar 1910 ab einzuführen, wurde in der zweiten Lesung der Kommission und ebenso in der Vorberatung des Reichstags wegen der damit verbundenen auf etwa 138 Mill. Mark berechneten Mehrbelastung des Reichs und der Versicherungsträger abgelehnt (Kom. Ber. über den Entwurf des Einf.-Ges. S. 39 flg.; Reichstagsdrucks. II. Session 1909/1911, S. 7328 C).

An Stelle des 31. Dezember 1911, der von der Kommission in Abs. 1 eingesetzt wurde, hat der Reichstag in zweiter Beratung den 1. Januar 1912 eingesetzt.

Der Abs. 3 wurde erst vom Reichstag in zweiter Beratung angenommen (Drucks. 7329 C).

Artikel 72.

Fristen für Verwendung und Umtausch der alten Marken.

Für die Zeit nach dem 1. Januar 1912 dürfen Marken in alten Werten (§ 130 des Invalidenversicherungsgesetzes) nicht mehr verwendet werden.

Ungültig gewordene Marken können binnen 2 Jahren nach Ablauf ihrer Gültigkeitsdauer bei den Markenverkaufsstellen gegen gültige Marken im gleichen Geldwert umgetauscht werden.

Vgl. Anm. zu § 1411 RVO.

Die entgegen der Vorschrift des Abs. 1 für die Zeit nach dem 1. Januar 1912 erfolgte Verwendung alter Marken dürfte nicht als schlechthin rechtsunwirksam, sondern so zu behandeln sein, wie die Verwendung von Marken einer zu niedrigen Lohnklasse, d. h. es werden die alten Marken unter Erstattung ihres Wertes zu vernichten und statt ihrer die neuen Marken einzukleben sein (vgl. Besch. 18, A. N. I. u. AV. 1891, S. 127). Ob eine solche Markenberichtigung von dem Arbeitgeber oder Versicherten verlangt werden kann, wenn nach dem 1. Januar 1912 umgekehrt für eine Zeit vor dem diesem Tage statt alter neue Marken höheren Werts verwendet worden sind, ist zweifelhaft. Eine Vorschrift über die Verpflichtung der V. Anstalten, in solchen Fällen den Wertunterschied in bar zu ersetzen, ist nach der Begr. z. Einf.-Ges. S. 41 absichtlich nicht getroffen, weil die erforderlichen älteren Marken in der Frist zwischen der Verkündung der RVO. und dem Inkrafttreten ihres IV. Buches leicht zu beschaffen seien.

Artikel 73.

Wiedereintritt der Versicherungspflicht nach dem IVG. befreiter Personen.

Nach dem 1. Januar 1912 werden diejenigen wieder versicherungspflichtig, welche gemäß § 5 Abs. 1, 2 des Invalidenversicherungsgesetzes befreit waren, wenn nicht bei ihnen die Voraussetzungen des § 1234 der Reichsversicherungsordnung zutreffen.

Dasselbe gilt für die nach § 6 Abs. 1, § 7 des Invalidenversicherungsgesetzes Befreiten, solange sie nicht nach der Reichsversicherungsordnung neu von der Versicherungspflicht befreit sind.

Zu Abs. 1 vgl. Anm. zu § 1234 RVO.
Zu Abs. 2 vgl. Anm. zu §§ 1237, 1242 RVO.

Artikel 74.

Übergangsvorschrift für die Erneuerung des Versicherungsverhältnisses.

Hat ein Versicherter, dessen Anwartschaft erloschen ist, vor dem 1. Januar 1912 oder innerhalb eines Jahres nach diesem Tage wieder eine versicherungspflichtige Beschäftigung aufgenommen oder durch freiwillige Beitragsleistung das Versicherungsverhältnis erneuert, so gelten für das Wiederaufleben der Anwartschaft die Vorschriften des § 46 Abs. 4 des Invalidenversicherungsgesetzes weiter, solange nicht die Anwartschaft abermals erlischt.

Vgl. Anm. zu 1283 RVO.; dort ist auch ausgeführt, daß diese Übergangsvorschrift nur für die Fälle des Abs. 2 und 3 des § 1283 a. a. O. Bedeutung hat. Die Fassung der Vorschrift beruht auf einem Kommissionsbeschlusse, der infolge der gleichfalls von der Kommission bei § 1283 a. a. O. vorgenommenen Änderungen notwendig wurde. —

Artikel 75.

Übergangsvorschrift für die Beitragserstattungsfälle der §§ 43, 44 IVG.

Der § 43 des Invalidenversicherungsgesetzes behält Geltung für diejenigen, welche vor dem 1. Januar 1912 durch Unfall dauernd erwerbsunfähig im Sinne des § 5 Abs. 4 des Invalidenversicherungsgesetzes geworden sind.

Der § 44 des Invalidenversicherungsgesetzes behält Geltung für die Erstattung der Beiträge von Personen, die vor dem 1. Januar 1912 gestorben sind. Wenn der Todesfall, der den Antrag auf Beitragserstattung begründet, durch einen Unfall herbeigeführt ist, der nach den Unfallversicherungsgesetzen zu entschädigen ist, so ist § 1522 Abs. 1 Satz 1, 2 der Reichsversicherungsordnung entsprechend anzuwenden. Die Versicherungsanstalt kann Ersatz aus der Unfallrente verlangen; dabei gelten die §§ 1507, 1523, 1526 der Reichsversicherungsordnung entsprechend.

Vgl. die Vorbemerkung zum IV. Buche der RVO.

Während nach dem 1. Januar 1912 eine Beitragserstattung (§§ 42 bis 44 IVG.) allgemein ausgeschlossen ist, ist den bis dahin entstandenen Erstattungsansprüchen aus den §§ 43, 44 IVG. noch stattzugeben.

Abs. 1 betrifft die Beitragserstattung für solche Versicherten, die durch einen nach den UVG.en entschädigungspflichtigen Unfall im Sinne des IVG. dauernd erwerbsunfähig geworden sind und nach § 15 Abs. 2, Satz 2 a. a. O. für die Zeit des Bezugs der Unfallrente keinen Anspruch auf die Invalidenrente haben. Für diese Personen kann die Übergangsvorschrift dann nachteilig werden, wenn sie — gegen die Voraussicht — ihre Erwerbsfähigkeit wiedererlangen.

Abs. 2 betrifft die Beitragserstattungsansprüche der Hinterbliebenen. Für diese können neue Fürsorgeansprüche nach der

RVO. gemäß Art. 71 nicht in Frage kommen. Soweit aber das IVG. noch Anwendung findet, gilt aber auch nach § 50 Abs. 2, Satz 2, in Verbindung mit § 44 Abs. 4 a. a. weiter. Vgl. darüber die Anm. zu § 1537.

Im Falle des Satzes 2 können die Hinterbliebenen zwar auch die Beitragserstattung beanspruchen, müssen aber der V. Anstalt gemäß Satz 3 aus der Unfallhinterbliebenenrente Ersatz leisten. —

Artikel 76.

Übergangsvorschrift für die Beitragserstattung im Heiratsfalle.

Beiträge werden gemäß § 42 des Invalidenversicherungsgesetzes nach dem 1. Januar 1912 nur dann erstattet, wenn der Antrag vor der Verkündung der Reichsversicherungsordnung gestellt worden ist.

Vgl. die Vorbem. zum IV. Buche.

Durch diese Vorschrift sollten die Beteiligten vor dem Verluste der Ansprüche aus der Invaliden- und Hinterbliebenenversicherung bewahrt werden, der ihnen bezw. ihren Hinterbliebenen bei Geltendmachung des Erstattungsanspruchs droht. Zu diesem Zwecke sollte die Erstattung von Beiträgen für die am Tage der Verkündung der RVO. (1. August 1911) und später gestellten Anträge ausgeschlossen werden (Begr. z. Einf.-Ges. S. 42). Diese Absicht der Begründung hat aber im Gesetze selbst keinen klaren Ausdruck gefunden. Denn der Wortlaut des Gesetzes kann mittels der Schlußform des argumentum e contrario zu der Auslegung führen, daß bis zum 1. Januar 1912 auch noch diejenigen Beiträge zu erstatten sind, deren Erstattung nach dem 1. August 1911 beantragt ist.

Man wird indessen annehmen müssen, daß der Gesetzgeber den 1. Januar 1912 nur deshalb in die Vorschrift eingesetzt hat, weil dies der Tag ist, an dem das IV. Buch der RVO. in Kraft tritt und daß er somit — allerdings überflüssiger Weise — lediglich zum Ausdruck bringen wollte, daß noch über diesen Tag hinaus eine Beitragserstattung in Heiratsfällen unter Umständen (wenn nämlich der Antrag schon vor Verkündung der RVO. gestellt ist) sollte stattfinden können. Der Sinn der Vorschrift ist also in Übereinstimmung mit der Begr. der, daß nur noch solche Anträge auf Beitragserstattung gemäß § 42 IVG. berücksichtigt werden sollen, die vor dem 1. August 1911 gestellt sind, daß diese Anträge aber auch noch nach dem 1. Januar 1912 befriedigt werden müssen.

Artikel 77.

Verfahren bei Beitragserstattungen.

Für die Fälle, in denen nach dem 1. Januar 1912 noch Beiträge zu erstatten sind, gilt § 128 Abs. 6 des Invalidenversicherungsgesetzes weiter.

Der § 128 Abs. 6 IVG. betrifft den Ersatzanspruch der erstattenden V. Anstalt gegenüber den anderen V. Anstalten, an die Beiträge entrichtet worden sind.

Artikel 78.

Anwendungen von Vorschriften des Einf.-Ges. auf Sonderanstalten.

Der Artikel 75 Abs. 2 Satz 2, 3 und der Artikel 77 sind auf die Sonderanstalten entsprechend anzuwenden.

Die Anwendung der vorgenannten Vorschriften auf die Sonderanstalten ist notwendig, weil die diesen Vorschriften entsprechenden Bestimmungen des § 128 Abs. 3, 6 IVG. gemäß § 173 Abs. 1 a. a. O. auf die zugelassenen Kasseneinrichtungen ebenfalls entsprechend anzuwenden waren. —

Artikel 79.

Übergangsvorschrift für schwebende Invaliden- oder Altersrentenansprüche.

Ansprüche auf Invaliden- oder Altersrenten, über die am 1. Januar 1912 das Feststellungsverfahren noch schwebt, unterliegen, vorbehaltlich des Artikel 71 Abs. 3 und der Artikel 85, 94 bis 99, den Vorschriften der Reichsversicherungsordnung, wenn diese für die Berechtigten günstiger ist. Soweit hiernach die Reichsversicherungsordnung anzuwenden ist, gilt ihre Nichtanwendung auch dann als Revisionsgrund (§ 1697 der Reichsversicherungsordnung), wenn das Schiedsgericht sie noch nicht anwenden konnte.

Vgl. § 193 IVG.

Vgl. Anm. zu Art. 60 und zu § 1251 RVO.

Zu Satz 1: Das Feststellungsverfahren ist solange als schwebend anzusehen, als der angefochtene Bescheid noch nicht unabänderlich geworden, sondern noch der Nachprüfung im Rechtsmittelverfahren unterworfen ist. Dies ist

der Fall, wenn die Revision noch nicht erledigt ist (Rev. Entsch. 790, 795, A. N. 1900, S. 404, 410). Dabei macht es keinen Unterschied, von wem die Revision eingelegt ist. Art. 79 findet daher auch dann Anwendung, wenn nur die V. Anstalt die Revision zu Ungunsten des Versicherten eingelegt hat. Allerdings ist in Fällen der letzteren Art das im Prozeßrechte allgemein anerkannte und auch auf dem Gebiete der Arbeiterversicherung stets aufrecht erhaltene Verbot der sog. reformatio in pejus zu beachten. Dies führt dazu, daß auch bei Anwendung des Art. 79 in dem angenommenen Falle dem Versicherten jedenfalls nicht mehr zugesprochen werden darf, als die Vorinstanz ihm zugesprochen hat (vgl. Rev. Entsch. 797, A. N. 1900, S. 412).

Die rückwirkende Kraft der RVO. ergreift alle zur Begründung des schwebenden Anspruchs in Betracht kommenden Tatumstände, auch soweit sie in der Zeit vor dem 1. Januar 1912 liegen. Dahin gehören die Voraussetzungen für das Bestehen, den Beginn und den Umfang des Anspruchs. Diese Rückwirkung ist aber an die Bedingung geknüpft, daß die RVO. für die Berechtigten günstiger ist, als das bisherige Recht. Der Wortlaut des Gesetzes spricht für die Annahme, daß die Rechtslage nach der RVO., im ganzen genommen, mit der nach dem IVG., ebenfalls im ganzen genommen, verglichen werden soll, nicht die einzelne Vorschrift des einen mit der entsprechenden Vorschrift des anderen Gesetzes. Damit ist also gesagt, daß, wenn einmal das Recht der RVO. Platz greift, es auch in allen seinen Teilen — wenigstens soweit es die Invaliden- und Altersversicherung betrifft — zur Durchführung gelangt, selbst insoweit, als es im einzelnen ungünstiger wirkt (vgl. Rev. Entsch. 790, A. N. 1900, S. 404). Dabei bleibt aber einer sorgfältigen Prüfung der Tragweite der einzelnen Vorschriften der RVO., insbesondere solcher, die sich im Vergleiche mit dem bisherigen Rechte als die strengeren erweisen, die Entscheidung darüber vorbehalten, ob die Regel der Rückwirkung in gewissen Beziehungen vermöge des bereits bestehenden Rechtsverhältnissen gebührenden Schutzes oder aus anderen Gründen einer Einschränkung unterliegt. Dies ist ebenfalls schon in der Rev. Entsch. 790 für das IVG. ausgesprochen und die Praxis des RVA. hat, dem Erfordernisse einer solchen Prüfung Rechnung tragend, unter der Herrschaft des IVG. mehrfach Einschränkungen der Rückwirkung anerkannt (vgl. Isenbart-Spielhagen II. Aufl., Anm. 4 zu § 193 IVG.).

Im übrigen wird die Anwendung des Art. 79 in materiellrechtlicher Hinsicht durch den Art. 71 Abs. 3 und in prozeßrechtlicher Hinsicht durch die Art. 85, 94 bis 99 berührt.

Die RVO. muß für die Berechtigten günstiger sein, als das bisherige Recht. Es ist also stets vom Standpunkt der Versicherten zu prüfen, welches Recht das günstigere ist. Zu den Berechtigten gehören auch die Rechtsnachfolger des Versicherten.

Von Vorschriften der RVO., die für die Berechtigten günstiger sind, als das IVG. seien hier u. a. erwähnt:

§ 1253 Satz 2, der unter Umständen die Gewährung der Rente für eine länger als ein Jahr vor der Antragstellung liegende Zeit gestattet;

§ 1255 Abs. 3, der die Gewährung der Krankenrente schon vor Ablauf der 26. Woche nach Wegfall des Krankengeldes vorsieht;

§ 1282 Satz 2, der zur Aufrechterhaltung der Anwartschaft bei der Selbstversicherung statt 40 nur 20 Beiträge verlangt, wenn mehr als 60 Pflichtbeiträge geleistet sind;

§ 1308, der die Rentenentziehung erst mit Ablauf des auf die Zustellung des Bescheids folgenden Monats wirksam werden läßt;

§ 1313 Nr. 1, insofern er das Ruhen der Rente nur für den Fall ausspricht, daß der Berechtigte sich freiwillig im Ausland aufhält;

§ 1394 Abs. 3, der die Anrechnung der Zeit der Arbeitsunfähigkeit bei Schwangerschaft erweitert;

§ 1442, der die Nachentrichtung von Pflichtbeiträgen schon dann gestattet, wenn die Beitragsleistung ohne Verschulden des Versicherten unterblieben ist;

§ 1444, der in Abs. 1 gewisse Tatsachen der Beitragsentrichtung gleichstellt und in Abs. 2 die Zeiten der Beitrags- und Rentenstreitigkeiten in die Fristen der §§ 1442, 1443 nicht einrechnet;

§ 1446, der die Anrechnung irrtümlich geleisteter Beiträge für die Selbstversicherung gestattet.

Ungünstiger sind dagegen gegenüber dem IVG. für die Berechtigten z. B.:

§ 1283 Abs. 2, 3, wo die Erneuerung des Versicherungsverhältnisses gegenüber dem bisherigen Recht erschwert ist;

§ 1309, der die Zeit eines früheren Rentenbezuges nur ebenso wie eine nachgewiesene Krankheitszeit anrechnet.

Zu Satz 2: Nach dieser Vorschrift bildet die bloße Tatsache der Nichtanwendung des günstigeren neuen Gesetzes einen selbständigen Revisionsgrund, der neben die Revisionsgründe des § 1697 RVO. tritt. Das Revisionsgericht hat hiernach jedes Schiedsgerichtsurteil aufzuheben, das für die Berechtigten günstiger ausgefallen wäre, wenn zur Zeit seines Erlasses die RVO. schon gegolten hätte.

Artikel 80.

Übergangsvorschrift für den Fall, daß Invaliden- oder Altersrenten nach altem, aber auch nach neuem Rechte ruhen.

Der Artikel 61 gilt entsprechend für Invaliden- und Altersrenten.

Vgl. Anm. zu Art. 61 und zu §§ 1311, 1313 RVO.

Diese Vorschrift beruht auf einem Beschlusse der Kommission.

Nach § 48 Abs. 1, Nr. 2 IVG. hatten Invaliden- und Altersrenten für gewisse Personen beim Zusammentreffen mit Pensionen, Wartegeldern oder ähnlichen Bezügen unter gewissen Voraussetzungen zu ruhen. Da nach der RVO. (vgl. §§ 1311 ff.) in solchen Fällen ein Ruhen der Renten nicht mehr stattfindet, so sind nunmehr vom 1. Januar 1912 ab die nach der Vorschrift des § 48 Abs. 1, Nr. 2 IVG. ruhenden Renten auszuzahlen. Das hat durch neuen Bescheid zu geschehen, der von Amts wegen zu erlassen sein wird.

Übrigens kann die Vorschrift auch im Falle des § 1313 RVO. Anwendung finden. Denn danach ruht die Rente jetzt nur, solange der Berechtigte sich freiwillig gewöhnlich im Ausland aufhält oder als Ausländer wegen Verurteilung in einem Strafverfahren ausgewiesen ist. Nach § 48 Abs. 1, Nr. 4 IVG. ruhte die Rente aber ohne weitere Beschränkung für jeden, der nicht im Inlande seinen gewöhnlichen Aufenthalt hatte.

Artikel 81.

Satzungsänderung.

Die Aufsichtsbehörde bestimmt den Tag, bis zu welchem die Versicherungsanstalten und die zugelassenen besonderen Kasseneinrichtungen (Sonderanstalten) die Änderung ihrer Satzungen nach der Reichsversicherungsordnung zu beschließen haben. Dieser Tag ist so zu bestimmen, daß die Satzungen am 1. Januar 1912 giltig werden können.

Kommt ein Versicherungsträger der Anordnung nicht rechtzeitig nach, so ändert die Aufsichtsbehörde die Satzung.

Vgl. § 194 Abs. 2 IVG.
Vgl. Anm. zu §§ 1338, 1360.

Die Vorschrift hat ihre gegenwärtige Fassung durch Kommissionsbeschluß erhalten.

Wegen der Satzungsänderung für die Sonderanstalt der See-BG. vgl. § 1380 RVO.

Artikel 82.

Übergangsvorschrift wegen teilweiser Anlegung des Vermögens der V. Anstalten in deutschen Reichs- oder Staatsanleihen.

Der Artikel 54 gilt entsprechend für die Versicherungsanstalten.

Vgl. Anm. zu § 1356 RVO.

Artikel 83.

Fortgeltung der besonderen Kasseneinrichtungen des IVG. als Sonderanstalten der RVO.

Besondere Kasseneinrichtungen, die nach den Gesetzen vom 22. Juni 1889 und vom 13. Juli 1899 zugelassen sind, gelten bis zum 31. März 1912 ohne neue Zulassung durch den Bundesrat als Sonderanstalten nach den §§ 1360 bis 1380 der Reichsversicherungsordnung. Sie müssen vom Inkrafttreten der Hinterbliebenenversicherung an Hinterbliebenenbezüge nach der Reichsversicherungsordnung gewähren.

Die Rechtswirksamkeit der seit dem Inkrafttreten der Hinterbliebenenversicherung bis zum 31. März 1912 entrichteten Beiträge kann nicht deshalb bestritten werden, weil ihre Höhe sich nachträglich als unzureichend erwiesen hat.

Vgl. Anm. zu § 1360 RVO.

Die Vorschrift, welche den Verhältnissen der Bergverwaltungen Rechnung tragen soll, beruht auf einem Beschlusse der Kommission (Kom. Ber. z. Entwurf des Einf.-Ges., S. 43).

Artikel 84.

Revision der Vorschriften für die Altersrente.

Der Bundesrat hat im Jahre 1915 dem Reichstag die gesetzlichen Vorschriften über die Altersrente zur erneuten Beschlußfassung vorzulegen.

Vgl. Anm. zu § 1257 RVO.

Die Vorschrift beruht auf einem Beschlusse des Reichstags in zweiter Beratung.

Es handelt sich hier um die Frage ob und inwieweit eine Herabsetzung der Altersgrenze für die Altersrente erfolgen soll. Da die Vorschriften darüber im Jahre 1915 zur erneuten Beschlußfassung vorgelegt werden sollen, wird eine Gesetzesvorlage zu machen sein und die Vorlage einer Denkschrift auch dann nicht genügen, wenn die verbündeten Regierungen eine Änderung des Gesetzes für untunlich erachten sollten (Drucks. II. Session 1909/1911, S. 7329 D).

VI. Verfahren.

Artikel 85.

Allgemeiner Grundsatz für anhängige Verfahren.

Ist ein Verfahren an dem Tage, an dem die Vorschriften des Sechsten Buches der Reichsversicherungsordnung in Kraft treten, bereits anhängig, so wird es nach den bisher geltenden Vorschriften erledigt, soweit die Artikel 86 bis 99 nichts anderes vorschreiben.

Diese Vorschrift ist dem § 18 Abs. 1 des Einf.-Ges. zur ZPO. nachgebildet.

Soweit die bisher geltenden Vorschriften auf ein schwebendes Verfahren anzuwenden sind, werden sie durch Art. 5 nicht aufgehoben (vgl. Art. 5).

Nach Art. 72 ist jedes Verfahren besonders zu beurteilen. Gesonderte Verfahren sind z. B. das Verfahren bei der ersten Feststellung der Unfallentschädigung, die späteren Neufeststellungen nach Änderung der Verhältnisse, die Feststellung der Invalidenrente, die spätere Entziehung dieser Rente, die Einstellung der Renten wegen Ruhens u. dergl. (Begr. zum Einf.-Ges. S. 43).

Über die Verjährung vgl. Anm. zu Art. 60.

Vgl. auch Einleitung zum 6. Buch.

Artikel 86.

Bestimmte vor der Aufsichtsbehörde schwebende Verfahren (Art. 86, 87).

Ist an dem im Artikel 85 bezeichneten Tage ein Verfahren, das nach § 58 (§ 65 Abs. 3, § 72 Abs. 2, 4, § 73 Abs. 1) des Krankenversicherungsgesetzes zu erledigen ist, bei der Aufsichtsbehörde einer Gemeindekrankenversicherung oder Krankenkasse anhängig, so ist die Sache an das Versicherungsamt abzugeben, wenn darüber noch nicht entschieden ist; für das weitere Verfahren gelten die Vorschriften der Reichsversicherungsordnung.

Der Art. 86 bezieht sich nur auf Sachen der Krankenversicherung.

Ist in Sachen der Krankenversicherung an dem Tage, an dem die Vorschriften der Reichsversicherungsordnung über das Verfahren in Kraft treten, ein Rechtsstreit im Verwaltungsstreitverfahren, vor einem Gewerbegericht, Innungsschiedsgericht, Kaufmannsgericht, ordentlichen Gericht usw., anhängig, so gilt die Regel des Art. 85, wonach die Sache nach altem Recht zu erledigen ist. Auch für die Rechtsmittel bleibt in diesen Fällen das alte Recht maßgebend. Nur für die Fälle, in denen ein Verfahren vor der Aufsichtsbehörde der Krankenversicherung oder Krankenkasse anhängig ist (§§ 58, 65 Abs. 3, § 72 Abs. 2, 4, § 73 Abs. 1 KVG.), findet gemäß Art. 86 das neue Recht Anwendung. Hatte die Aufsichtsbehörde bereits entschieden, so bleibt für das folgende Verfahren nach Art. 85 das alte Recht maßgebend (Begr. zum Einf.-Ges. S. 43).

Anhängig ist in Sachen der Krankenversicherung ein Verfahren noch nicht, solange zwischen dem Berechtigten und der Krankenkasse oder dem sonst Verpflichteten verhandelt ist, ohne daß die Aufsichtsbehörde, das Gewerbegericht, Kaufmannsgericht, ordentliche Gericht usw. angerufen oder das Verwaltungsstreitverfahren eingeleitet ist. Auf solche Fälle sind die Art. 85 bis 89 überhaupt nicht anwendbar (Begr. a. a. O.).

Art. 86 betrifft auch Streitigkeiten in den Fällen des § 76c Abs. 2 KVG., § 14 GUVG., § 14 Abs. 2 und § 15 Abs. 3 LUVG., § 9 BUVG., § 20 Abs. 3 SUVG., die nach § 58 KVG. zu erledigen sind (Begr. a. a. O.).

Anhängige Streitigkeiten zwischen verschiedenen Krankenkassen über die Frage, welcher von ihnen Betriebe oder Betriebsteile angehören, sind stets nach altem Recht zu entscheiden (Begr. a. a. O.).

Artikel 87.

Die Vorschrift des Artikel 86 gilt auch für die Fälle, in denen

1. die Entscheidung an Stelle der Aufsichtsbehörde anderen Behörden übertragen ist (§ 58 Abs. 1 Satz 2, § 84 Abs. 3 des Krankenversicherungsgesetzes).

2. an dem im Artikel 85 bezeichneten Tage nach
§ 136 Abs. 6 des Gesetzes, betreffend die Unfall- und Krankenversicherung der in land- und forstwirtschaftlichen Betrieben beschäftigten Personen, vom 5. Mai 1886,
§ 26 Abs. 2, § 27 des Gewerbe-Unfallversicherungsgesetzes,
§ 29, § 31 Abs. 2, § 32 des Unfallversicherungsgesetzes für Land- und Forstwirtschaft,
§§ 9, 11 des Bau-Unfallversicherungsgesetzes,
§ 30 Abs. 2, §§ 31, 156 des See-Unfallversicherungsgesetzes,
§ 23 Abs. 2 des Invalidenversicherungsgesetzes
ein Verfahren vor der Aufsichtsbehörde anhängig ist.

Artikel 88.

Sachen der Unfallversicherung (Art. 88 bis 93). — Erstmalige Feststellung und Feststellung nach Heilanstaltpflege.

Für die erstmalige Feststellung von Leistungen der Unfallversicherung gelten die Vorschriften der Reichsversicherungsordnung, wenn an dem im Artikel 85 bezeichneten Tage der Vorbescheid (§ 70 Abs. 1 des Gewerbe-Unfallversicherungsgesetzes, § 76 Abs. 1 des Unfallversicherungsgesetzes für Land- und Forstwirtschaft, § 37 Abs. 1 des Bau-Unfallversicherungsgesetzes, § 75 Abs. 1 des See-Unfallversicherungsgesetzes) noch nicht erteilt ist.

Das Gleiche gilt für die Neufeststellung von Leistungen der Unfallversicherung nach Heilanstaltpflege.

Der erste wesentliche Unterschied zwischen dem alten und dem neuen Verfahren besteht gerade darin, daß der Vorbescheid im neuen Verfahren wegfällt.

Artikel 89.

Neufeststellung nach Änderung der Verhältnisse.

Für die Neufeststellung von Leistungen der Unfallversicherung nach Änderung der Verhältnisse gelten die alten Vorschriften, wenn vor dem im Artikel 85 bezeichneten Tage dem Berechtigten die Unterlagen mitgeteilt worden sind, auf Grund deren die Rente gemindert oder entzogen werden soll, oder

der Anspruch auf Erhöhung oder Wiedergewährung der Rente angemeldet, oder

der Antrag auf Entscheidung bei dem Schiedsgerichte gestellt worden ist.

Die bisher geltenden Gesetze unterschieden bei Neufeststellung der Leistungen nach Änderung der Verhältnisse die Zeit innerhalb der ersten 5 Jahre nach Rechtskraft des Bescheids oder der Entscheidung, welche die Entschädigung zuerst endgültig feststellen, und der Zeit nach Ablauf der 5 Jahre (§ 88 Abs. 3, §§ 89, 90 GUVG., § 94 Abs. 3, §§ 95, 96 LUVG., § 37 Abs. 1 BUVG., § 92 Abs. 1, §§ 93, 94 SUVG.). Im ersteren Falle wird die Rente durch Bescheid des Versicherungsträgers, im letzteren Falle durch Entscheidung des Schiedsgerichts neu festgestellt. Auf jenen Fall beziehen sich die beiden ersten Alternativen, während für diesen Fall die dritte Alternative gilt; an die Stelle des Schiedsgerichts tritt bei Anwendung des alten Rechts nach Art. 84 des OVA.

Artikel 90.

Fälle des Ruhens der Rente, der Kapitalabfindung, der Gewährung von Heilanstaltpflege.

In Fällen, in denen

Leistungen der Unfallversicherung eingestellt werden sollen, weil das Recht auf den Bezug der Rente ruht, oder

eine Unfallrente durch Kapitalzahlung abgelöst werden soll,

sind die Vorschriften der Reichsversicherungsordnung anzuwenden, wenn der Versicherungsträger an dem im Artikel 85 bestimmten Tage noch keinen Bescheid erteilt hat.

Das Gleiche gilt für die Fälle, in denen der Träger der Unfallversicherung Heilanstaltpflege gewähren will.

Artikel 91.

Feststellung des entschädigungspflichtigen Trägers der Unfallversicherung — Verteilungsverfahren.

Das Verfahren zur Feststellung des entschädigungspflichtigen Trägers der Unfallversicherung (§ 73 Abs. 2

des Gewerbe-Unfallversicherungsgesetzes, § 79 Abs. 2 des Unfallversicherungsgesetzes für Land- und Forstwirtschaft, § 37 Abs. 1 des Bau-Unfallversicherungsgesetzes, § 78 Abs. 2 des See-Unfallversicherungsgesetzes) richtet sich nach der Reichsversicherungsordnung, wenn der Antrag auf Entscheidung des Reichsversicherungsamts (Landesversicherungsamts) nach dem im Artikel 85 bezeichneten Tage gestellt worden ist.

Das Gleiche gilt für die Verteilung der Entschädigungslast unter mehrere Träger der Unfallversicherung (§ 85 des Gewerbe-Unfallversicherungsgesetzes, § 91 des Unfallversicherungsgesetzes für Land- und Forstwirtschaft, § 37 Abs. 1 des Bau-Unfallversicherungsgesetzes, § 89 des See-Unfallversicherungsgesetzes).

Artikel 92.

Keine Verbindung einer älteren mit einer jüngeren Streitsache.

Der § 1608 Abs. 2 Satz 2 der Reichsversicherungsordnung ist nicht anzuwenden, wenn sich das neue Verfahren nach der Reichsversicherungsordnung, das frühere Verfahren aber nach den alten Vorschriften richtet.

Diese Vorschrift will verhüten, daß ein dem alten Recht unterliegendes Verfahren durch Verbindung mit dem Verfahren über eine neuere Sache dem neuen Recht unterstellt wird.

Artikel 93.

§ 43 Abs. 2 LUVG.

Die Vorschrift des § 43 Abs. 2 des Unfallversicherungsgesetzes für Land- und Forstwirtschaft bleibt aufrechterhalten, solange nach dem im Artikel 85 bezeichneten Tage auf dem Gebiete der Land- und Forstwirtschaft Streitigkeiten noch nach den alten Vorschriften im Verwaltungsstreitverfahren zu erledigen sind.

Die Vorschrift des § 43 Abs. 2 LUVG. ist in der Übergangszeit nur aufrechterhalten, soweit es sich um das Verwaltungsstreitverfahren handelt. Soweit die Aufsichtsbehörde in Frage kommt, war eine Aufrechterhaltung nicht erforderlich, weil nach

Art. 87 die Sache an das V. Amt abzugeben ist, wenn die Aufsichtsbehörde noch nicht entschieden hat (Begr. zum Einf.-Ges. S. 46).

Artikel 94.

Sachen der Invalidenversicherung (Art. 94 bis 95) — Rentensachen.

Hat die untere Verwaltungsbehörde oder Rentenstelle an dem im Artikel 85 bezeichneten Tage in Sachen der Invalidenversicherung einen Antrag auf Bewilligung, Entziehung oder Einstellung der Leistungen noch nicht begutachtet, so wird die Sache an das Versicherungsamt abgegeben; das weitere Verfahren richtet sich nach der Reichsversicherungsordnung.

Das Gleiche gilt in den Fällen des § 112 Abs. 3 des Invalidenversicherungsgesetzes, wenn die mündliche Verhandlung nachzuholen ist.

Vgl. Vorbem. zu § 1613 RVO.

Artikel 95.

Beitragserstattungen.

Das Verfahren bei Erstattung von Beiträgen (§§ 42 bis 44 des Invalidenversicherungsgesetzes) richtet sich nach den bisher geltenden Vorschriften, jedoch tritt von dem im Artikel 85 bezeichneten Tage an das Versicherungsamt an die Stelle der unteren Verwaltungsbehörde oder Rentenstelle oder der von der obersten Verwaltungsbehörde bestimmten Behörde (§ 128 Abs. 1 des Invalidenversicherungsgesetzes).

Vgl. die Art. 75 bis 77 Einf.-Ges.

Artikel 96.

Wiederaufnahme des Verfahrens.

Gegen Entscheidungen, die vor dem im Artikel 85 bezeichneten Tage rechtskräftig geworden oder die im Verfahren nach den alten Vorschriften erledigt und nach diesem Tage rechtskräftig geworden sind, findet die Wiederaufnahme des Verfahrens nach der Reichsversicherungsordnung statt.

Diese Vorschrift ist dem § 20 des Einf.-Ges. zur ZPO. nachgebildet.

Vgl. auch Vorbem. zu § 1722 RVO.

Artikel 97.

Erledigung anhängiger Sachen nach den alten Vorschriften.

Zur Erledigung anhängiger Sachen, auf welche die alten Vorschriften anzuwenden sind, treten an die Stelle der Schiedsgerichte die Oberversicherungsämter nach ihrer Errichtung und an die Stelle der alten Senate die neugebildeten Senate des Reichsversicherungsamts (Landesversicherungsamts).

An welche OV. Ämter die bei den einzelnen Schiedsgerichten schwebenden Sachen zur Erledigung abzugeben sind, bestimmt der Bundesrat (Art. 100 Einf.-Ges.).

Artikel 98.

Ärztliche Sachverständige vor dem OVA.

Die oberste Verwaltungsbehörde bestimmt, zu welcher Zeit das Oberversicherungsamt zum ersten Male nach § 1686 der Reichsversicherungsordnung aus seinem Bezirke die Ärzte auswählt, die es als Sachverständige nach Bedarf zuziehen will. Bis zu diesem Zeitpunkt werden die bisher gewählten Ärzte als Sachverständige auch zu denjenigen Sachen hinzugezogen, welche nach den Vorschriften der Reichsversicherungsordnung zu beurteilen sind.

Vgl. Anm. zu § 1686 RVO.

Artikel 99.

Abgabe von Sachen der Krankenversicherung an das RVA.

Innerhalb der ersten fünf Jahre nach dem im Artikel 85 bezeichneten Tage soll das Oberversicherungsamt die Sache nach den §§ 1693, 1799 der Reichsversicherungsordnung auch dann an das Reichsversicherungsamt (Landesversicherungsamt) zur Entscheidung abgeben, wenn es in Angelegenheiten der Krankenversicherung von einer Entscheidung des Reichsgerichts oder des höchsten Verwaltungsgerichts des Bundesstaats, in dem es seinen Sitz hat, abweichen will.

In Sachen der Krankenversicherung war bisher das RVA. (LVA.) nicht zuständig. Die Entscheidungen von grundsätzlicher Bedeutung sind auf diesem Gebiete von dem Reichsgericht oder von den höchsten Verwaltungsgerichten der Bundesstaaten getroffen worden. Die Vorschrift des Art. 99 soll die Einheitlichkeit in der Rechtsprechung fördern. Vgl. auch Anm. zu § 1693.

VII. Schlußvorschrift.

Artikel 100.

Erlaß von Übergangsbestimmungen.

Der Bundesrat kann noch andere Übergangsbestimmungen erlassen. Die Bestimmungen sind durch das Reichsgesetzblatt zu veröffentlichen und dem Reichstag bei seinem nächsten Zusammentritt zur Kenntnisnahme vorzulegen.

Die vom Bundesrat noch zu erlassenden Ausführungsbestimmungen werden im Nachtragsbande V dieser Handausgabe abgedruckt werden, soweit sie von allgemeiner Bedeutung sind.

Abschnitt B.

Vorbemerkung.

Dieser Abschnitt enthält lediglich Vorschriften über den Wegfall oder die Änderung von Bestimmungen aus Nebengesetzen der Sozialversicherung

Artikel 101.

Änderungen des Gewerbe- und des Kaufmannsgerichtsgesetzes.

Mit dem nach Artikel 4 festgesetzten Tage fallen die Nr. 5 im § 4 Abs. 1 des Gewerbegerichtsgesetzes (Reichs-Gesetzbl. 1901 S. 353) und die Nr. 5 im § 5 des Gesetzes, betreffend Kaufmannsgerichte, (Reichs-Gesetzbl. 1904 S. 266) weg.

Streitigkeiten, welche vor diesem Zeitpunkt anhängig geworden sind, werden von den bis dahin zuständig gewesenen Stellen erledigt.

Da an Stelle der jetzt bestehenden Zersplitterung auf verschiedene Gerichte und Behörden ein einheitlicher Instanzenzug mit dem Versicherungsamt als erste Instanz eingeführt wird, können künftig die Gewerbegerichte für Streitigkeiten aus § 4 Nr. 5 des Gewerbegerichtsgesetzes

5. über die Berechnung und Anrechnung der von den Arbeitern zu leistenden Krankenversicherungsbeiträge und Eintrittsgelder (§§ 53a, 65, 72, 73 des Krankenversicherungsgesetzes)

und die Kaufmannsgerichte für Streitigkeiten aus § 4 Nr. 5 des Gesetzes, betreffend Kaufmannsgerichte über

5. die Berechnung und Anrechnung der von den Handlungsgehilfen oder Handlungslehrlingen zu leistenden Krankenversicherungsbeiträge und Eintrittsgelder (§§ 53a, 65 des Krankenversicherungsgesetzes)

nicht mehr zuständig sein.

Artikel 102.

Änderungen der Gewerbeordnung.

Mit dem nach Artikel 4 festgesetzten Tage fällt der § 90 der Gewerbeordnung weg.

Artikel 103.

Mit dem nach Artikel 4 festgesetzten Tage erhalten
der § 62 Abs. 2,
die §§ 81 a, 81 b und § 95 Abs. 4,
der § 98 Abs. 3,
die §§ 100 l, 100 m und § 100 n Abs. 1
der Gewerbeordnung die nachstehende Fassung:

§ 62 Abs. 2.

Die Erlaubnis ist zu versagen, soweit bei ihnen eine der im § 57 bezeichneten Voraussetzungen zutrifft, oder wenn für sie die nach der Reichsversicherungsordnung erforderlichen Krankenkassenbeiträge nicht entrichtet oder gestundet sind; außerdem darf sie nur dann versagt werden, soweit eine der in den §§ 57 a, 57 b bezeichneten Voraussetzungen vorliegt. Die Erlaubnis wird nach Maßgabe des § 58 durch eine für ihre Erteilung zuständige Behörde zurückgenommen.

§ 81 a.

Aufgabe der Innungen ist:

1. die Pflege des Gemeingeistes sowie die Aufrechterhaltung und Stärkung der Standesehre unter den Innungsmitgliedern;
2. die Förderung eines gedeihlichen Verhältnisses zwischen Meistern und Gesellen (Gehilfen) sowie die Fürsorge für das Herbergswesen und den Arbeitsnachweis;
3. die nähere Regelung des Lehrlingswesens und die Fürsorge für die technische, gewerbliche und sittliche Ausbildung der Lehrlinge, vorbehaltlich der §§ 103 e, 126 bis 132 a;
4. die Entscheidung von Streitigkeiten der im § 4 des Gewerbegerichtsgesetzes (Reichs-Gesetzbl. 1901 S. 353) bezeichneten Art zwischen den Innungsmitgliedern und ihren Lehrlingen.

§ 81 b.

Die Innungen sind befugt, ihre Wirksamkeit auf andere, den Innungsmitgliedern gemeinsame gewerbliche Interessen als die im § 81 a bezeichneten auszudehnen. Insbesondere steht ihnen neben der Errichtung von Innungskrankenkassen (Abs. 2) zu:

1. Veranstaltungen zur Förderung der gewerblichen, technischen und sittlichen Ausbildung der Meister, Gesellen (Gehilfen) und Lehrlinge zu treffen, insbesondere Schulen zu unterstützen, zu errichten und zu leiten, sowie über die Benutzung und den Besuch der von ihnen errichteten Schulen Vorschriften zu erlassen;
2. Gesellen- und Meisterprüfungen zu veranstalten und über die Prüfungen Zeugnisse auszustellen;
3. zur Unterstützung ihrer Mitglieder und deren Angehörigen, ihrer Gesellen (Gehilfen), Lehrlinge und Arbeiter in Fällen der Krankheit, des Todes, der Arbeitsunfähigkeit oder sonstiger Bedürftigkeit Kassen zu errichten;

4. Schiedsgerichte zu errichten, welche berufen sind, Streitigkeiten der im § 4 des Gewerbegerichtsgesetzes bezeichneten Art zwischen den Innungsmitgliedern und ihren Gesellen (Gehilfen) und Arbeitern an Stelle der sonst zuständigen Behörden zu entscheiden.
5. zur Förderung des Gewerbebetriebs der Innungsmitglieder einen gemeinschaftlichen Geschäftsbetrieb einzurichten.

Die Errichtung und die Rechtsverhältnisse der Innungskrankenkassen richten sich nach der Reichsversicherungsordnung.

§ 95 Abs. 4.

Zur Ausführung von Beschlüssen der Innungsversammlung in den im Abs. 2 bezeichneten Angelegenheiten bedarf es der Zustimmung des Gesellenausschusses. Wird die Zustimmung versagt, so kann die Aufsichtsbehörde sie ergänzen. Die Teilnahme des Gesellenausschusses an den Angelegenheiten der Innungskrankenkassen richtet sich nach der Reichsversicherungsordnung.

§ 98 Abs. 3

Sind mit der Innung andere Unterstützungskassen als Innungskrankenkassen verbunden gewesen, so kann ihnen die höhere Verwaltungsbehörde nach der Auflösung oder Schließung der Innung Korporationsrechte verleihen; in diesem Falle verbleiben den Kassen ihre Bestände.

§ 100 l.

Sind mit einer Innung, die infolge der Errichtung einer Zwangsinnung geschlossen wird, andere Unterstützungskrankenkassen als Innungskrankenkassen verbunden gewesen, so sind die §§ 98, 98 a anzuwenden. Sofern nicht statutarische Bestimmungen oder landesgesetzliche Vorschriften entgegenstehen, kann die Zwangsinnung mit Zustimmung der Vertretung der Unterstützungskasse diese Kasse mit allen Rechten und Verbindlichkeiten übernehmen. In letzterem Falle bleiben die vorhandenen Mitglieder dieser Kasse berechtigt, ihr anzugehören, auch wenn sie der Zwangsinnung nicht angehören.

§ 100 m.

Scheiden infolge der Errichtung einer Zwangsinnung aus einer bestehenden Innung, mit der eine andere Unterstützungskasse als eine Innungskrankenkasse verbunden ist, Mitglieder aus (§ 100 b Abs. 5), so können sie dieser Kasse auch ferner angehören.

§ 100 n Abs. 1.

Zur Teilnahme an anderen Unterstützungskassen als Innungskrankenkassen dürfen Innungsmitglieder gegen ihren Willen nicht verpflichtet werden.

Die Gewerbeordnung wird durch die RVO. insbesondere nach zwei Richtungen hin berührt, nämlich soweit das Wandergewerbe (Gewerbebetrieb im Umherziehen) und die Innungskrankenkassen in Betracht kommen. Die Erlaubnis, andere Personen beim Wandergewerbe von Ort zu Ort mitzuführen, wird durch die Reichsversicherungsordnung außer den bestehenden Vorschriften noch davon abhängig gemacht, daß für diese Gehilfen die Krankenkassenbeiträge vorher entrichtet oder doch gestundet worden sind. Um dies durchzuführen, sind die Versagungsgründe im § 62 Abs. 2 der Gewerbeordnung entsprechend zu ergänzen. Die Innungskrankenkassen, die jetzt nur Nebeneinrichtungen der Innungen sind, gestaltet die Reichsversicherungsordnung zu selbständigen Rechtsträgern aus. Auch übernimmt sie des Zusammenhanges und der Übersichtlichkeit wegen alle Vorschriften der Gewerbeordnung, die Innungskrankenkassen betreffen, mit den für ihre Zwecke nötigen Änderungen.

Artikel 104.

Vorrang der RVO. und des Einf.-Ges.

Soweit Gesetze und andere Rechtsnormen auf Vorschriften verweisen, welche die Reichsversicherungsordnung oder dieses Gesetz übernimmt, ändert oder aufhebt, treten an deren Stelle die entsprechenden Vorschriften der Reichsversicherungsordnung oder dieses Gesetzes.

Rechtsnorm soll hier ebenso wie im Art. 2 Einf.-Ges. BGB. jede Regel umfassen, die das Recht im objektiven Sinne aufstellt; hierunter fallen namentlich auch die verschiedenen Beschlüsse des Bundesrats auf dem Gebiete der Arbeiterversicherung sowie die Staatsverträge über Unfallversicherung (Begr.).

Reichsversicherungsordnung

Erstes Buch.

Gemeinsame Vorschriften.

Erster Abschnitt.
Umfang der Reichsversicherung.

Vorbemerkung.

Die Reichsgesetze, durch welche die deutsche Arbeiterversicherung vor Inkrafttreten der RVO. geregelt worden sind, sind im Einführunggesetz Art. 5 aufgezählt. (Siehe oben S. 75, 76.) An die Stelle dieser Sondergesetze tritt nun die sie umfassende RVO. Hieraus ergibt sich die Möglichkeit und Notwendigkeit einer Zusammenfassung der alle Versicherungszweige betreffenden gemeinsamen Vorschriften. Die RVO. bringt eine einheitliche Gestaltung der grundlegenden Vorschriften über die Rechtsfähigkeit, die Organe, die Ehrenämter, das Vermögen der Versicherungsträger sowie ihre Beaufsichtigung. Ferner sind einheitlich zusammengefaßt einzelne wichtige Vorschriften über Behörden, Rechtshilfe, Leistungen, ärztliche Behandlung, Fristen, Zustellungen, Gebühren und Stempel, Verbote und Strafen, Ortslohn, Beschäftigungsort, ausländische Gesetzgebung sowie einige gemeinsame Begriffsbestimmungen.

Versicherungszweige.

§ 1. Die Reichsversicherung umfaßt

die Krankenversicherung,

die Unfallversicherung,

die Invaliden- und Hinterbliebenenversicherung.

Neu.

Die Bezeichnung Reichsversicherung ist nicht gleichbedeutend mit Arbeiterversicherung oder mit Sozialversicherung. Sie umfaßt vielmehr nur die in § 1 aufgezählten Versicherungszweige. Zur Sozialversicherung gehören aber auch die Arbeitslosenversicherung, welche schon jetzt von Seiten einer Reihe deutscher Gemeinden eingeführt worden ist, wie die Angestelltenversicherung, deren gesetzliche Regelung durch Reichsgesetz beabsichtigt wird. Ein diesbezüglicher Entwurf ist dem Reichstag im Mai 1911 unterbreitet worden und wird voraussichtlich noch in diesem Jahre Gesetz werden.

Die Krankenversicherung umfaßt, wenn auch in begrenztem Umfang, eine Mutterschaftsversicherung.

Die Invaliden- und Hinterbliebenenversicherung (auch Witwen- und Waisenversicherung genannt) schließt eine Altersversicherung mit ein. Das älteste Gesetz vom 22. VI. 89 (Invaliditäts- und Altersversicherungsgesetz) enthielt auch diese Bezeichnung, welche dann bei dem Gesetz vom 13. VII. 99 fortgelassen wurde, da die Altersversorgung gegenüber der Invalidenfürsorge nur eine untergeordnete Rolle spielt. Vgl. die geschichtlichen Vorbemerkungen zu Buch 4 der RVO.

Der Reichsversicherung in ihrer bisherigen Gestalt unterstanden im Jahre 1909 von der deutschen, fast 64 Millionen zählenden Bevölkerung:
in der K. V. 13,4 Mill. Versicherte = 210 ‰ der Gesamtbevölkg.
in der U. V. 23,8 Mill. Versicherte = 372 ‰ der Gesamtbevölkg.
in der J. V. 15,4 Mill. Versicherte = 242 ‰ der Gesamtbevölkg

Es gehört also schon bisher mindestens jeder dritte Deutsche der Sozialversicherung an, und zwar die meisten davon mehr als einem Zweig derselben. Durch die von der RVO eingeführte Ausdehnung wird dieser Satz eine nicht unerhebliche Steigerung erfahren. Insbesondere dürfte die KV. sich demnächst auf 20 bis 21 Millionen Personen erstreken. Die Versicherten sind keineswegs nur „Arbeiter", daher spricht man besser von Sozial- als von Arbeiterversicherung.

Über das Inkrafttreten der einzelnen Teile der RVO. siehe Einf.-Ges. Art. 1, 2, 4, 38.

Die Vorschriften der RVO. gehen z. T. über das Gebiet der Versicherung hinaus. Beispiele hierfür bilden die §§ 358 ff. betr. Angestellte der Krankenkassen, §§ 1527 ff. betr. Verhältnis von Versicherungsträgern zu anderen Verpflichteten.

Geltungsbereich.

§ 2. Es gelten die besonderen Vorschriften
der §§ 165 bis 536 für die Krankenversicherung,
der §§ 537 bis 1225 für die Unfallversicherung, und zwar der §§ 537 bis 914 für die gewerbliche, der §§

915 bis 1045 für die landwirtschaftliche und der §§ 1046 bis 1225 für die See-Unfallversicherung,

der §§ 1226 bis 1500 für die Invaliden- und Hinterbliebenenversicherung.

Neu.

Der Umstand, daß mehrere selbständige Zweige der Versicherung in einem einheitlichen Gesetze behandelt werden, bringt es mit sich, daß gewisse Ausdrücke, die sich unmittelbar auf das Versicherungsverhältnis beziehen, wie „Versicherte" oder „versicherungspflichtige Personen", „freiwillige Versicherung" und dergleichen, in verschiedenem Sinne gebraucht werden, je nachdem es sich um Angelegenheiten der Kranken-, der Unfall- oder der Invaliden- und Hinterbliebenenversicherung handelt. Soweit dies der Fall ist, d. h. also in den Büchern, welche die besonderen Vorschriften für die einzelnen Versicherungszweige enthalten, würde es überaus umständlich sein, wenn, um Mißverständnisse zu vermeiden, in jedem einzelnen Falle der in Rede stehende Versicherungsgegenstand ausdrücklich bezeichnet, beispielsweise stets von den „gegen Krankheit" oder den „gegen Unfall Versicherten" gesprochen werden müßte. Deshalb grenzt § 2 den Geltungsbereich des zweiten bis fünften Buches und damit auch der in jedem von ihnen vorkommenden Bezeichnungen der gedachten Art ausdrücklich ab. (Begr.)

Zweiter Abschnitt.

Träger der Reichsversicherung.

I. Bezeichnung.

Regelmäßige Träger.

§ 3. Träger der Reichsversicherung sind, soweit dieses Gesetz nichts anderes vorschreibt,

für die Krankenversicherung die Krankenkassen,

für die Unfallversicherung die Berufsgenossenschaften,

für die Invaliden- und Hinterbliebenenversicherung die Versicherungsanstalten.

Für diese Versicherungsträger gelten die Vorschriften der §§ 4 bis 34.

Neu.

Als Träger der Reichsversicherung bezeichnet die RVO. alle Rechtssubjekte, welche der Durchführung der oben genannten Versicherungen dienen. Von den Trägern der Versicherung sind scharf zu trennen die Versicherungsbehörden (siehe § 35 ff.). Die Träger sind keine Versicherungsbehörden im Sinne der RVO.

Besonders zu beachten sind die Worte: „soweit dieses Gesetz nichts anderes vorschreibt." Die RVO. enthält eine Reihe solcher anderer Vorschriften, und zwar sind auf Grund dieser auch Träger der Reichsversicherungsordnung:

1. für die Krankenversicherung, die Ersatzkassen (früher Hilfskassen) und die knappschaftlichen Krankenkassen (vgl. § 495 ff., § 503 ff. und Art. 25 ff. des Einf.-Ges.).
2. für die Unfallversicherung das Reich, die einzelnen Bundesstaaten, die für leistungsfähig erklärten Gemeinden, Gemeindeverbände und Körperschaften (§§ 624 ff., 892 ff., 957, 1119).

   Dagegen sind die in den §§ 629, 1120 benannten Zweiganstalten nicht selbst Träger der Versicherung, sie sind vielmehr den Berufsgenossenschaften angegliedert.
3. für die Invaliden- und Hinterbliebenenversicherung die Sonderanstalten nach den §§ 1360 ff. und die Sonderanstalten der Seeberufsgenossenschaft nach den §§ 1375 ff., welche den bisherigen besonderen Kasseneinrichtungen im Sinne der §§ 8—13 des früheren Invalidenversicherungsgesetzes entsprechen.

Der Abs. 2 bezieht sich nur auf die im ersten Absatz ausdrücklich benannten Versicherungsträger, also nur auf die Krankenkassen, Berufsgenossenschaften und Versicherungsanstalten. Demgemäß gelten auch die §§ 4 bis 34 für andere Versicherungsträger nur insoweit, als es ausdrücklich bestimmt wird, vgl. z. B. § 408 Abs. 2. Siehe auch § 1037.

II. Rechtsfähigkeit.

Grundsatz.

§ 4. Die Träger der Versicherung sind rechtsfähig.

Vgl. KVG. §§ 25, 64, § 72 Abs. 3; Gew. O. § 85 Abs. 2 GUVG. § 28 Abs. 5; LUVG. § 33 Abs. 4, 5; BUVG. § 14; SUVG § 32 Abs. 4, 5; IVG. § 68 Abs. 1.

Im Gegensatz zu § 3 Abs. 2 bezieht sich diese Vorschrift auf sämtliche Versicherungsträger. Diese hatten auch nach den bisherigen Gesetzen die der juristischen Persönlichkeit entsprechenden Rechte. Die RVO. folgt mit ihrer deutlicheren Bestimmung dem Sprachgebrauch des BGB.

Als hauptsächlichste Folgen der Rechtsfähigkeit sind hervorzuheben: eigenes Vermögen, eigene Schulden, eigener Konkurs, alles getrennt vom Vermögen usw. der Mitglieder; die Fähigkeit Prozeßpartei zu sein usw.

Während bei den Innungskrankenkassen bisher die Innung Trägerin der Vermögensrechte und Verbindlichkeiten war, wird es auf Grund des § 4 jetzt die Kasse selbst. Vergl. Art. 23 Einf.-Ges., wonach die Bestände einer Innungskrankenkasse nach der Zulassung in ihr Vermögen übergehen, sowie Art. 102 und 103 ebenda, Abänderungen der Gewerbeordnung betreffend.

III. Organe.

Vorstand.

§ 5. Jeder Versicherungsträger hat einen Vorstand. Dieser vertritt ihn gerichtlich und außergerichtlich. Er hat die Stellung eines gesetzlichen Vertreters.

Beschränkungen des Umfanges der Vertretungsmacht, die sich nicht aus dem Gesetz ergeben, kann mit Wirkung gegen Dritte die Satzung bestimmen. Sie kann es nur, soweit dieses Gesetz es zuläßt.

Die Satzung kann bestimmen, daß auch einzelne Vorstandsmitglieder den Versicherungsträger vertreten können.

Vgl. KVG. § 34 Abs. 1, Satz 1, § 35 Abs. 1, § 64, § 72 Abs. 3 Gew. O § 90. GUVG. § 42 Abs. 1, 2. LUVG. § 44 Abs. 1, 2. GUVG. § 14. SUVG. § 42 Abs. 1, 2. IVG. § 73.

Die Stellung des Vorstandes ist ähnlich geordnet wie die des Vorstandes eines Vereins nach §§ 26 ff. BGB.

A. gegenüber Dritten. Regelmäßig ist die Vertretungsmacht unbeschränkt. Das Gesetz selbst beschränkt sie ausnahmsweise, zum Beispiel bei Geschäften über unbewegliche Sachen, vgl. §§ 346, 1354. Eine weitere Beschränkung ist nur in dem Rahmen möglich, welchen das Gesetz selbst gibt. Die Beschränkung muß dann in die Satzung aufgenommen werden. Diese bestimmt auch, falls der Vorstand sich aus mehreren Personen zusammensetzt, über die Art und Weise der Vertretung dieser untereinander. Überschreitet der Vorstand seine Vertretungsmacht, so wird dadurch der Versicherungsträger nicht verpflichtet.

B. gegenüber dem Versicherungsträger. Im Verhältnis des Vorstands zum Versicherungsträger kann, wo das Gesetz es zuläßt, der Auftrag zur Geschäftsführung abweichend von der dem Vorstand erteilten Ermächtigung bestimmt werden. Der Vorstand ist mit Ausnahme des Vorstands der V. Anstalt

(§ 1343) keine öffentliche Behörde, hat aber in großem Umfang die Rechte und Pflichten einer solchen.

Für die landwirtschaftliche Unfallversicherung kann die Landesgesetzgebung von den §§ 5—7 abweichende Bestimmungen erlassen. Siehe § 1037.

Wahlanzeige; Ausweis.

§ 6. Der Vorstand hat das Ergebnis jeder Wahl und jede Änderung in seiner Zusammensetzung binnen einer Woche seiner Aufsichtsbehörde anzuzeigen.

Soweit der Vorstand eines Ausweises bedarf, genügt eine Bescheinigung seiner Aufsichtsbehörde über seine Zusammensetzung und den Umfang seiner Vertretungsmacht.

Vgl. KVG. § 34 Abs. 2. § 35 Abs. 2. § 64. § 72 Abs. 3. Gew. O. § 90. GUVG. § 42 Abs. 3. LUVG. § 44 Abs. 3. BUVG. § 14 SUVG. § 42 Abs. 3.

Bisher hat in der Krankenversicherung die Aufsichtsbehörde, in der Unfallversicherung die höhere Verwaltungsbehörde die in Abs. 2 erwähnte Bescheinigung erteilt: jetzt wird allgemein die Aufsichtsbehörde für zuständig erklärt.

Abs. 1 bezieht sich nur auf die Wahl des Vorstands und Vorsitzenden. Über Aufsichtsbehörde vgl. die §§ 377 ff., 722 ff., 1158, 1381, 1382; auch § 31 Abs. 3.

Schriftliche Abstimmung.

§ 7. Der Vorstand kann in eiligen Fällen schriftlich abstimmen.

Vgl. GUVG. § 41 Abs. 2. LUVG. § 43 Abs. 1. BUVG. § 14. DUVG. § 41 Abs. 2.

Die Bestimmung ist der bisherigen Unfallversicherung entnommen, jetzt aber auf alle Versicherungszweige ausgedehnt. Die Einschränkung auf eilige Fälle hat die Bedeutung einem zu ausgedehntem Gebrauch vorzubeugen und zu verhindern, daß sie allgemein zur Regel wird.

Beanstandung von Beschlüssen.

§ 8. Verstoßen Beschlüsse der Organe des Versicherungsträger gegen Gesetz oder Satzung, so hat sie der Vorsitzende des Vorstandes durch Beschwerde an die Aufsichtsbehörde zu beanstanden.

Die Beschwerde bewirkt Aufschub.

Vgl. KVG. § 35 Abs. 3, § 64, § 72 Abs. 3. Gew. O. § 90. IVG. § 75.

Die Vorschrift hat den Zweck, satzungswidrige Beschlüsse, durch welche die Interessen der Versicherten geschädigt werden, vor die Aufsichtsbehörde zu bringen. Die Bestimmung ist daher nicht etwa als eine Beschränkung der Selbstverwaltung anzusehen, sondern eher als eine Vermehrung der den Versicherten durch das Gesetz gebotenen Rechtsgarantien. Sie verallgemeinert die bisher für Kranken- und Invalidenversicherung bestehenden Vorschriften analoger Art. Auch in den preußischen Selbstverwaltungsgesetzen findet sich eine gleiche Vorschrift. Vgl. § 357 Abs. 1, welcher eine gleiche Anordnung für den Fall gibt, daß Beschlüsse gegen die Dienstordnung einer Krankenkasse verstoßen.

Bescheide über Leistungen an die Versicherten sind beim Beschlusse im Sinne dieser Bestimmung.

Über Aufsichtsbehörde vgl. bei § 6. Die Aufsichtsbehörde kann auch nach §§ 30 ff. von selbst einschreiten.

Die Einlegung der Beschwerde hat nach § 128 KVO. binnen einem Monat zu erfolgen.

Abs. 2 ist eine Ausnahme von der allgemeinen Regel des § 130.

Stimmrecht des Vorsitzenden.

§ 9. In den Organen hat auch ihr Vorsitzender Stimmrecht; bei Stimmengleichheit gibt seine Stimme den Ausschlag.

Vgl. IVG. § 96.

Eine ähnliche Vorschrift ist für kollegiale Abstimmungen allgemein üblich; sie bestand bisher schon für die Invalidenversicherung.

Stellvertreter.

§ 10. Für die Mitglieder sind Stellvertreter in der erforderlichen Zahl zu bestellen.

Neu.

Die Stellvertreter werden zweckmäßig in einer solchen Zahl gestellt, daß dem gleichzeitigen Wegfall der erforderlichen Vorstandsmitglieder tunlichst vorgebeugt ist.

Keine Öffentlichkeit.

§ 11. Die Sitzungen sind nicht öffentlich.

Neu.

Bisher wurde auch ohne ausdrückliche Vorschrift die Nichtöffentlichkeit der Sitzungen von Organen der Versicherungsträger angenommen. Dieser gelegentlich angezweifelte Grundsatz wird jedoch tatsächlich insofern durchbrochen, als die von der Aufsichtsbehörde des betreffenden Versicherungsträgers etwa entsandten Vertreter an allen Sitzungen mit beratender Stimme teilnehmen können und jederzeit gehört werden müssen, auch berechtigt sind, Anträge zu stellen. Ferner werden durch die Bestimmung des § 11 die Organe der Versicherungsträger nicht gehindert, zu den Sitzungen Personen zuzuziehen, deren Erscheinen im Interesse der Sache gewünscht wird, wie Ärzte, Unternehmer und dergl.

Über die zum Schutz der Mitglieder vorgesehene Schweigepflicht vgl. §§ 141 bis 145.

IV. Ehrenämter.

Vorbemerkung.

Im Gegensatz zu dem bisher herrschenden Recht findet sich nicht mehr die Vorschrift, daß eine Vertretung der gewählten Mitglieder nicht stattfinden darf, sofern nicht etwa eine andere gewählte Person von vornherein als Vertreter bestimmt worden ist. Aus dem Charakter eines Ehrenamts geht ohne weiteres dieses Verbot hervor.

Nach § 1037 können von den §§ 12, 13, 14 Abs. 2, Satz 2, 17—21, 23, 24 durch die Landesgesetzgebung hinsichtlich der landwirtschaftlichen Unfallversicherung abweichende Bestimmungen getroffen werden.

Wählbarkeit.

§ 12. Wählbar zu den Organen der Versicherungsträger sind nur volljährige Deutsche.

Nicht wählbar ist,

1. wer infolge strafgerichtlicher Verurteilung die Fähigkeit zur Bekleidung öffentlicher Ämter verloren hat oder wegen eines Verbrechens oder Vergehens, das den Verlust dieser Fähigkeit zur Folge haben kann,

verfolgt wird, falls gegen ihn das Hauptverfahren eröffnet ist,

2. wer infolge gerichtlicher Anordnung in der Verfügung über sein Vermögen beschränkt ist.

Vgl. KVG. § 37 Abs. 1, § 64. § 72 Abs. 3. Gew. O. § 90. GUVG. § 43 Abs. 1, Satz 2. LUVG. § 45 Abs. 1, Satz 2. BUVG. § 14. SUVG. § 43 Abs. 1, Satz 2. IVG. § 88 Abs. 1.

§ 12 dehnt die bisherigen Anforderungen des Invaliden- und Unfall-Versicherungs-Gesetzes auf die Krankenversicherung aus, überträgt jedoch die bisher bei der Krankenversicherung allein zulässige Wählbarkeit der Frauen auch auf die anderen Versicherungsgebiete. — Der neueren Entwicklung entspricht es, daß die Frauen, die als Arbeitgeber oder Arbeitnehmer selbständig im wirtschaftlichen Leben stehen, und infolge dieser Stellung Mitglieder von Organisationen des öffentlichen Rechtes sind, innerhalb dieser letzteren auch ihre wirtschaftlichen Interessen in gleicher Weise wie ihre männlichen Berufsgenossen vertreten dürfen. Demgemäß wird für die Mitgliedschaft aller Organe der Versicherungsträger das Erfordernis des männlichen Geschlechts fallen gelassen. (Begr.) Einen anderen Standpunkt nimmt der Gesetzgeber hinsichtlich der Teilnahme der Frauen bei den Versicherungsbehörden ein (vgl. §§ 47, 76, 92, 107).

Die Volljährigkeit tritt mit Vollendung des 21. Lebensjahres ein (§ 2 BGB.).

§ 12 regelt die Voraussetzungen der Wählbarkeit und zwar diese erschöpfend; die Voraussetzungen der Wahlberechtigung sind bei den einzelnen Versicherungszweigen (2. bis 4. Buch) bestimmt.

Eine Wahl die gegen die Vorschriften des § 12 verstößt ist unwirksam.

In der Komm.-Beratung betonte der Staatssekretär ausdrücklich, daß die Bezeichnung „Deutsche" nicht gegen Personen gerichtet sei, welche deutsche Staatsbürger seien (also etwa gegen polnische Arbeiter deutscher Staatsangehörigkeit), sondern daß mit dem Worte Deutsche alle Reichsangehörige im Gegensatz zu den Reichsausländern gemeint seien. Die Bestimmung ist eine Neuerung, da nach altem Recht auch Versicherte, welche nicht Deutsche waren, in die Organe der Krankenversicherung gewählt werden konnten.

Vertreter von Unternehmern.

§ 13. Wählbar als Vertreter der Unternehmer oder anderen Arbeitgeber ist, wer regelmäßig mindestens einen

Versicherungspflichtigen beschäftigt, der bei dem Versicherungsträger versichert ist.

Den Unternehmern oder anderen Arbeitgebern stehen bevollmächtigte Betriebsleiter, den Arbeitgebern bei den Wahlen zu den Organen der Krankenkassen auch Geschäftsführer und Betriebsbeamte der beteiligten Arbeitgeber (§ 332 Abs. 2), den Unternehmern bei den Wahlen zu den Organen der Berufsgenossenschaften auch die gesetzlichen Vertreter der Genossenschaftsmitglieder gleich.

Nicht wählbar sind Mitglieder einer Behörde, die Aufsichtsbefugnisse über einen Versicherungsträger hat.

Vgl. § 38 Abs. 1, § 38a Abs. 2, Satz 1, § 64, § 72 Abs. 3 KVG.; § 90 Gew. O.; § 43 Abs. 1, Satz 1 GUVG.; § 45 Abs. 1, Satz 1 LUVG.; § 14 SUVG.; § 43 Abs. 1, Satz 1 BUVG.; § 88 Abs. 2 IVG.

Zur Terminologie ist das folgende zu bemerken: Während die Krankenversicherungspflicht im Gegensatz zum früheren Recht nicht mehr an die Zugehörigkeit zu bestimmten Betrieben anknüpft, vielmehr an der Person der einzelnen haftet und die arbeitende Bevölkerung sämtlicher Berufszweige als solche begreift, mithin auf die gleiche Grundlage wie die Invalidenversicherung gestellt wird, knüpft die Unfallversicherung nach altem wie nach neuem Recht an einzelne Betriebe an. Das dritte Buch der RVO. gebraucht daher den Ausdruck Unternehmer, um damit einen Arbeitgeber zu bezeichnen, der einen Betrieb hat, während der Arbeitgeber als solcher keinen Betrieb zu haben braucht, wenn er z. B. lediglich Dienstboten beschäftigt. Die Begriffsbestimmung in der RVO. ist mithin keine einheitliche. Für die große Mehrzahl der Arbeitgeber stimmt die Definition jedoch überein.

Unter Betrieb ist nach Stier-Somlo (Sozialgesetzgebung, Jena 1906, S. 94) zu verstehen ein Inbegriff erlaubter wirtschaftlicher möglichst ununterbrochener Tätigkeit von verhältnismäßiger Dauer außerhalb der bloßen Hauswirtschaft, bestimmt zur Vorbereitung, Durchführung, oder zum Abschluß eines Unternehmens, gerichtet auf Erwerb, d. h. Erzeugung oder Beschaffung, ferner auf Sammlung, Verwendung, oder Umsatz von Sachgütern. Ein Unternehmen umfaßt eine auf wirtschaftlichen Erfolg gerichtete, mit Hilfe von menschlichen, tierischen oder elementaren Kräften, oder von Vermögensstücken oder Werten vollbrachte nach irgendeinem vernünftigen subjektiven Grundsatze oder Plane äußerlich begrenzte, und dadurch zu einer Einheit gewordene Summe von Arbeitsleistungen.

Abs. 2 enthält Sondervorschriften für die Berufsgenossenschaften und Krankenkassen, die dem geltenden Recht entnommen sind.

Beteiligte Arbeitgeber sind nach § 332 Abs. 2 solche, die für ihre versicherungspflichtigen Beschäftigten Beiträge an die Kassen zu zahlen haben und nicht selbst nach § 14 Abs. 2 zu den Versicherten zu rechnen sind.

Abs. 3 wurde erst durch die Kommissionsberatung zugefügt. Seine Fassung ist mißverständlich. Wörtlich ausgelegt würde er zur Folge haben, daß die Vertreter der Berufsgenossenschaften nicht mehr als Beisitzer des RVA. gewählt werden dürften. Denn auch die Beisitzer des RVA. sind nach der RVO. § 87 dessen nichtständige Mitglieder. Keineswegs lag aber dergleichen in der Absicht der Kommission; vielmehr ging diese nur dahin, die Berufsgenossenschaften vor einer Beeinflussung durch die Aufsichtsbehörde zu schützen. Nur im Sinne von beamteten Mitgliedern der Aufsichtsbehörde wird in Abs. 3 gesprochen.

Vertreter von Versicherten.

§ 14. Wählbar als Vertreter der Versicherten ist nur, wer bei dem Versicherungsträger versichert ist.

Bei der Kranken- sowie der Invaliden- und Hinterbliebenenversicherung werden Versicherte für die Bildung der Organe den Arbeitgebern zugerechnet, wenn sie regelmäßig mehr als zwei Versicherungspflichtige beschäftigen. Bei der Unfallversicherung werden versicherte Mitglieder der Berufsgenossenschaften den Unternehmern zugerechnet, wenn sie regelmäßig mindestens einen Versicherungspflichtigen beschäftigen.

Vgl. § 34 Abs. 1, Satz 2, § 37 Abs. 1, § 64, § 72 Abs. 3 KVG.; § 90 Gew. O.; § 88 Abs. 2, § 89 IVG.

Versichert im Sinne des Abs. 1 sind auch freiwillige Mitglieder.

Häufig vereinigen Personen die Eigenschaft eines Arbeitgebers und eines Versicherten in sich (vgl. Bem. zu § 13); diese können aber nur einer der beiden Gruppen in den Organen angehören, und zwar bemüht sich das Gesetz diese Personen der Gruppe zuzurechnen, für welche sie am meisten Interesse empfinden. Der Durchführung dieser Idee dient der 2. Abs.

von § 14, indem in der Kranken-, Invaliden- und Hinterbliebenenversicherung davon ausgegangen wird, daß bei Versicherten, die als Arbeitgeber regelmäßig zwei Versicherungspflichtige beschäftigen, bei der Unfallversicherung, wenn sie regelmäßig mindestens einen Versicherungspflichtigen beschäftigen, die Interessen des Unternehmers vorherrschen, bei denen aber, welche weniger Personen beschäftigen, die Interessen als Versicherte überwiegen.

Eine unterschiedliche Behandlung kommt nur bei denjenigen Arbeitgebern in Frage, welche gleichzeitig Versicherte sind. Bei solchen Personen mit einer Doppelstellung wird ein Unterschied gemacht zwischen der UV. einerseits, der KV. und IV. andrerseits. Die Verwaltung der UV. ist ausschließlich Angelegenheit der Arbeitgeber. Daher ist eine Begriffsbestimmung gewählt worden, daß hier als Arbeitgeber oder vielmehr als Unternehmer gilt, wer mindestens einen versicherungspflichtigen Beschäftigten in Dienst gestellt hat; dagegen ist die Verwaltung der KV. und IV. nicht ausschließlich Angelegenheit der Arbeitgeber. Hier muß daher notwendigerweise ein Ausweg gefunden werden, ob Personen, die gleichzeitig Arbeitgeber und Versicherte sind, mehr nach der einen oder mehr nach der andern Seite hinneigen. (Vgl. Ausführungen des Berichterstatters Dr. Dröscher, Reichstagsberichte S. 6384.)

Verhältniswahl.

§ 15. Die Vertreter der Unternehmer oder anderen Arbeitgeber und der Versicherten werden nach den Grundsätzen der Verhältniswahl gewählt.

Wird dabei die Stimmabgabe auf Vorschlagslisten beschränkt, so bestimmt die Satzung, bis wann sie einzureichen sind; die Wahl ist, unbeschadet der Vorschlagslisten, geheim.

Neu.

Die Vorschrift dieses Paragraphen bezieht sich ebenso wie die übrigen §§ 4—34, nur auf die in § 3 Abs. 1 ausdrücklich genannten Versicherungsträger; es besteht daher kein Widerspruch, wenn im § 501 für die knappschaftlichen Krankenkassen die Verhältniswahl für zulässig, nicht aber für obligatorisch erklärt wird.

Nach dem Regierungsentwurf war die Verhältniswahl nur für die Ortskrankenkassen obligatorisch beabsichtigt. In der Kommissionsberatung wurde jedoch geltend gemacht, es sei durchaus nicht einzusehen, warum dieses zweckmäßige Wahlsystem auf die Ortskrankenkasse beschränkt werden solle, es müsse vielmehr überall im Bereiche der sozialen Versicherung wie überhaupt in allen Organen der Selbstverwaltung für die Wahlen zu den Ehrenämtern zum Schutze der Minderheit durchgeführt werden. So sei es namentlich auch in den Berufsgenossenschaften zum Schutze der kleineren Gewerbetreibenden und Handwerker, welche den großen Betriebsinhabern gegenüber nur zu leicht in der Minderheit bleiben könnten, erforderlich; es sei eine allgemeine und nur zu berechtigte Klage, daß die Interessen der Inhaber der kleineren Betriebe in den Vorständen der Berufsgenossenschaften nicht zur Geltung kämen, da ihnen jede Vertretung fehle. Es müsse unbedingt gefordert werden, daß auch die Unternehmer kleinerer Betriebe im Genossenschaftsvorstande vertreten seien. Dem Mangel einer geeigneten Vertretung könne wenigstens in gewissem Grade durch Verhältniswahl begegnet werden. Ebenso sei für die Wahlen der Beisitzer der Versicherungsämter und Oberversicherungsämter die Verhältniswahl wünschenswert.

Die Bezeichnung Verhältniswahl umfaßt eine ganze Gruppe von Wahlsystemen, die im einzelnen sehr verschieden gestaltet sein können, sämtlich aber das Merkmal aufweisen, daß sie sich auf eine Verteilungszahl, den Wahlquotienten stützen, um eine verhältnismäßige Verteilung der Sitze für die verschiedenen Wahlkandidaten zu erhalten; wer als gewählt gelten soll, dessen Stimmenzahl muß diesen Wahlquotienten erreichen. Im einzelnen ist zu unterscheiden zwischen einnamiger und Listenwahl und bei letzterem System zwischen freien und gebundenen Listen, je nachdem der Wähler nur einen Namen auf seinen Stimmzettel schreibt oder aber so viele, als Stellen zu besetzen sind, und dann entweder Namen ganz nach seinem Belieben oder nur solche, die einem vorher genehmigten Verzeichnis entsprechen. (Vgl. Siegfried, Die Proportionalwahl, Berlin 1898. Luschka, Die Verhältniswahl im deutschen Verwaltungsrecht, Karlsruhe 1905. Luppe, Ein neues System der Verhältniswahl. 1906. Cohn, Das Verhältniswahlsystem in den modernen Kulturstaaten, Berlin 1909).

In Deutschland besteht z. B. die Verhältniswahl bereits

a) für das Reich obligatorisch, für die Beisitzerwahl zu den Kaufmannsgerichten v. 6. Juli 1904; Muster zur Aufstellung der Orts-(Kreis-)Statuten für die Kaufmannsgerichte. Veröff. durch das Ministerium f. Handel u. Gewerbe. Berlin, Heymann, 1900,
b) für das Reich fakultativ für die Wahl der Beisitzer zu den Gewerbegerichten (§ 15 des Gewerbegerichtsgesetzes in der Fassung der Bek. v. 29. September 1901),
c) für Preußen durch die Berggesetznovelle v. 14. Juli 1905 fakultativ für die Arbeiterausschüsse,

d) in Bayern für Gemeindewahlen in den Gemeinden über 4000 Einwohner (Gesetz v. 15. August 1908),
e) in Württemberg teilweise für die Landtagswahl und für die Wahl der Mitglieder des Gemeinderats und des Bürgerausschusses in Städten mit mehr als 10 000 Einwohnern (Gemeindeordnung v. 28. Juli 1906). Vgl. Scholl, Das württembergische Landtagswahlgesetz v. 16. Juli 1906, Stuttgart 1906,
f) In Baden wird nach der Gemeinde- und Städteordnung in der Bekanntmachung vom 18. Okt. 1910 (Ges.- u. Verordn.-Bl. 1910, S. 597 ff.) in Gemeinden von über 2000 Einwohnern die Bürgerausschuß- und in Städten die Stadtverordnetenwahl in 3 Klassen nach den Grundsätzen der Verhältniswahl mit gebundenen Listen vorgenommen. Die Wahlordnung ist vom 24. März 1911 (Ges.- u. Verordn.-Bl. 1911, S. 189).
g) in Oldenburg für die Wahlen zur Gemeindevertretung nach fakultativem Gemeindestatut (Gesetz v. 27. Dezember 1907). — Die gleiche Bestimmung ist Mitte 1908 für das Fürstentum Lübeck erlassen worden,
h) in Hamburg für die Wahl der Bürgerschaftsmitglieder (Gesetz v. 5. März 1906),
i) unzulässig war nach der herrschenden Ansicht auch die Verhältniswahl nicht für die Krankenkassen nach dem KVG.; auf diesem Gebiet hat aber die Verhältniswahl keine Bedeutung erlangt. Soweit bekannt, wurde sie nur bei den Ortskrankenkassen von Heilbronn und Ravensburg eingeführt, und zwar nach dem nicht sehr empfehlenswerten System der gebundenen Listen.

Musterbestimmungen für die Verhältniswahl bei den Krankenkassen werden von der Reichsverwaltung noch erlassen; sie gelangen zum Abdruck in Bd. V. Die Bestimmungen können dann als Beispiel auch für die übrigen durch RVO. angeordneten Verhältniswahlen dienen.

Vgl. die Bem. zu § 45.

Bei Knappschaftskassen ist für die Wahl der Versichertenvertreter die Verhältniswahl für zulässig erklärt (§ 501).

Wahlzeit.

§ 16. Die Wahlzeit dauert vier Jahre.

Die Gewählten bleiben nach Ablauf dieser Zeit im Amte, bis ihre Nachfolger eintreten.

Wer ausscheidet, kann wiedergewählt werden.

Vgl. § 114 Abs. 3, Satz 1 GUVG.; § 122 Abs. 3, Satz 1 LUVG.; § 40 BUVG.; § 120 Abs. 1, Satz 2 SUVG.; § 90 Abs. 1 IVG.

Dieser Paragraph findet auch auf die Landkrankenkassen Anwendung. Siehe § 331; vgl. auch die §§ 50, 76, 95, 107.

Für alle Versicherungszweige sind die Wahlperioden künftig einheitlich geregelt.

Wahlablehnung.

§ 17. Wer als Unternehmer oder anderer Arbeitgeber wählbar ist, kann die Wahl nur ablehnen, wenn er

1. das sechzigste Lebensjahr vollendet hat,
2. mehr als vier minderjährige eheliche Kinder hat; Kinder, die ein anderer an Kindesstatt angenommen hat, werden dabei nicht gerechnet,
3. durch Krankheit oder Gebrechen verhindert ist, das Amt ordnungsmäßig zu führen,
4. mehr als eine Vormundschaft oder Pflegschaft führt. Die Vormundschaft oder Pflegschaft über mehrere Geschwister gilt nur als eine; zwei Gegenvormundschaften stehen einer Vormundschaft, ein Ehrenamt der Reichsversicherung einer Gegenvormundschaft gleich,
5. nur Dienstboten beschäftigt.

Nach mindestens zweijähriger Amtsführung kann eine Wiederwahl für die nächste Wahlzeit abgelehnt werden.

Die Satzung kann noch andere Ablehnungsgründe zulassen.

Vgl. § 34a Abs. 2, Satz 1 bis 3, § 64, § 72 Abs. 3 KVG.; § 90 Gew. O.; § 43 Abs. 2 GUVG.; § 45 Abs. 2 LUVG.; § 14 BUVG.; § 43 Abs. 2 SUVG.; § 94 IVG.

Über die Begriffe Unternehmer und Arbeitgeber siehe oben bei § 13.

Die Absicht des Regierungsentwurfs, Unternehmer und Arbeiter auch hinsichtlich der Wahlablehnung gleich zu behandeln, ist durch die Kommissionsberatungen vereitelt worden. Nach der jetzigen Fassung besteht für die versicherten Arbeiter keine Pflicht zur Annahme auf sie fallender Wahlen, sondern nur für die Arbeitgeber, wie es bisher schon nach dem IVG. § 94 der Fall war. Das Krankenversicherungsgesetz hatte hingegen Versicherte und Arbeitgeber inbezug auf das Recht der Ablehnung gleich behandelt.

Die aufgezählten Ablehnungsgründe, welche den für die Ablehnung einer Vormundschaft geltenden Gründen (§ 1786 BGB.) fast wörtlich entsprechen, können, wie der letzte Absatz des § 17 zeigt, vermehrt werden.

Grundlose Ablehnung.

§ 18. Ein Unternehmer oder anderer Arbeitgeber, der die Wahl ohne zulässigen Grund ablehnt, kann vom Vorsitzenden des Vorstandes mit Geldstrafe bis zu fünfhundert Mark bestraft werden.

Vgl. § 34a Abs. 2, Satz 4, § 64, § 72 Abs. 3 KVG.; § 90 Gew. O.; § 43 Abs. 3, § 149 GUVG.; § 45 Abs. 3, § 159 LUVG.; § 14, § 45 Abs. 2 BUVG.; § 43 Abs. 3, § 147 SUVG.; § 90 Abs. 2 IVG.

Die RVO. folgt nicht der Vorschrift des Krankenversicherungsgesetzes, welches eine grundlose Wahlablehnung mit der Stimmrechtsentziehung in der Generalversammlung bestraft, schließt sich vielmehr den beiden anderen alten Versicherungsgesetzen an.

Die zulässigen Gründe für eine Ablehnung zählt § 17, bezw. die Satzung nach § 17 Abs. 3 auf. — Gegen die Straffestsetzung ist Beschwerde zulässig: § 20.

Der Strafbetrag fließt in die Kasse des Versicherungsträgers (§ 146) und wird wie Gemeindeabgaben beigetrieben (§ 28).

Pflichtverletzung.

§ 19. Der Vorsitzende kann gegen ein Mitglied des Vorstandes, das sich der Erfüllung seiner Pflichten entzieht, eine Geldstrafe bis zu fünfzig Mark und bei Wiederholung eine Geldstrafe bis zu dreihundert Mark, wenn es sich jedoch um eine Krankenkasse handelt, nur bis zu hundert Mark verhängen. Er hat die Strafe zurückzunehmen, wenn nachträglich eine genügende Entschuldigung nachgewiesen wird.

Bisheriges Recht: siehe bei § 17.

Die verschiedene Bemessung der Strafbefugnis für die Vorstände hat ihren Grund darin, daß bei den Krankenkassen im allgemeinen die Mitglieder der Organe häufiger herangezogen zu werden pflegen, als die der Organe anderer Versicherungsträger und daher häufiger und leichter der Versuchung ausgesetzt sein werden, bei einer einzelnen Gelegenheit einmal ihre Obliegenheiten zu versäumen (Begr.). Beschwerde gegen die Straffestsetzung: § 20.

Die Bestimmung findet sowohl auf Unternehmer und andere Arbeitgeber, als auf Versicherte Anwendung.

Strafe ist nur bei Entziehung zulässig; unentschuldigtes Zuspätkommen genügt nicht.

Der Strafbetrag fließt in die Kasse des Versicherungsträgers (§ 146) und wird wie Gemeindeabgaben beigetrieben (§ 28).

Beschwerde.

§ 20. In den Fällen der §§ 18, 19 entscheidet auf Beschwerde die Aufsichtsbehörde endgültig.

Bisheriges Recht: siehe bei § 17.

Die Einlegung der Beschwerde hat nach § 128, von Ausnahmen abgesehen, binnen einem Monat nach Zustellung der angefochtenen Entscheidung zu erfolgen.

Aufsichtsbehörde ist bei Krankenkassen das V. Amt (§§ 377 ff.), bei Berufsgenossenschaften und Versicherungsanstalten das RVA. (§§ 722, 985, 1158, 1381 (vgl. auch § 1382).

Auslagenerstattung.

§ 21. Die Gewählten verwalten ihr Amt unentgeltlich als Ehrenamt.

Der Versicherungsträger erstattet ihnen ihre baren Auslagen und gewährt den Vertretern der Versicherten Ersatz für entgangenen Arbeitsverdienst oder statt dessen einen Pauschbetrag für Zeitverlust. Einen solchen Pauschbetrag kann die Satzung auch den Vertretern der Unternehmer oder anderen Arbeitgeber zubilligen.

Die Festsetzung der Pauschbeträge bedarf der Zustimmung der Behörde, welche die Satzung genehmigt.

Die ehrenamtlichen Mitglieder des Vorstandes dürfen nicht zugleich besoldete Beamte des Versicherungsträgers sein.

Vgl. § 34a Abs. 1, § 24 Abs. 1, Satz 1, 3, § 64, § 72 Abs. 3 KVG.; § 90, § 85 Abs. 1 Gew. O.; § 44, § 114 Abs. 4 GUVG.; § 46, § 122 Abs. 1, Satz 1 LUVG.; §§ 14, 40 BUVG.; § 44, § 120 Abs. 2 SUVG.; § 72 Abs. 1, § 74 Abs. 2, Satz 2, § 92 IVG.

Bisher waren die Vorschriften über Vergütungen an die ehrenamtlich tätigen Mitglieder von Versicherungsorganen bei den einzelnen Zweigen verschieden. Die RVO. stellt auch hier Einheitlichkeit her. Die beamteten Mitglieder des Vorstands werden durch diese Vorschrift nicht betroffen.

In der Kommissionsberatung fand eine eingehende Erörterung der Frage der Entschädigung der ehrenamtlichen Tätigkeit des Genossenschaftsvorstandes statt. Ein Kommissionsmitglied führte aus, daß die Aufwendungen für die Vorstände bei den verschiedenen Berufsgenossenschaften recht verschiedenartig seien und bei einzelnen Berufsgenossenschaften eine ganz beträchtliche Höhe erreichten; diese Höhe der Remunerationen, welche die Vorstände der einzelnen Berufsgenossenschaften sich bewilligen ließen, ständen mit dem ehrenamtlichen Charakter der Stellung, welcher reichsgesetzlich vorgeschrieben sei, nicht im Einklang. Hiergegen müsse Einspruch erhoben werden und zwar im Interesse der kleineren Unternehmer, die keine genügende Vertretung in den Vorständen der Genossenschaften hätten. Die hohen Entschädigungen der Vorstände vermehrten die Verwaltungskosten und belasteten dadurch die kleineren Betriebsunternehmer, welche keine Möglichkeit hätten, dagegen einzuschreiten, da sie im Vorstande nicht vertreten, vielfach auch wirtschaftlich von größeren Unternehmern abhängig seien; sie wagten es nicht, Kritik zu üben. In ihrem Interesse müßte eine unentgeltliche Verwaltung der ehrenamtlichen Vorstandsämter verlangt werden. Die überwiegende Mehrheit schloß sich dieser Kritik und dieser Forderung an und wünschte, daß das Reichsversicherungsamt als Aufsichtsbehörde jede Gelegenheit suchen und benutzen solle, um gegen eine unangemessene Entschädigung von Ehrenämtern in den Genossenschaftsvorständen vorzugehen.

Die Höhe der Vergütungen wird durch die Satzung bestimmt (§§ 321 Nr. 8, 677 Nr. 6, 1338 Nr. 7; vgl. auch § 686 Nr. 4).

Für die Zustimmung nach Abs. 3 ist zuständig: bei Krankenkassen das OVA. (§ 324), bei BG. und V. Anst. das RVA. bezw. das LVA. (§§ 681, 724, 973, 986, 1144, 1339). Die Zustimmung wird nach freiem Ermessen erteilt oder versagt.

Alle Vertreter bekommen also Ersatz ihrer baren Auslagen, die Vertreter der Versicherten außerdem entweder Ersatz für entgangenen Arbeitsverdienst oder einen Pauschbetrag für Zeitverlust, ein solcher Pauschbetrag kann auch den Vertretern der Unternehmer und anderen Arbeitgebern zugebilligt werden.

Bare Auslagen sind insbesondere die Kosten der Reise und des Aufwands für Zehrung. Ersatz für entgangenen Arbeitsverdienst setzt voraus, daß wirklich eine Verdienstschmälerung stattgefunden habe, während der Pauschbetrag für Zeitverlust ohne Rücksicht hierauf gewährt wird.

Sicherung der Abkömmlichkeit.

§ 22. Die Vertreter der Versicherten haben ihrem Arbeitgeber jede Einberufung zu den Organen anzuzeigen. Tun sie es rechtzeitig, so gibt das Fernbleiben von der Arbeit dem Arbeitgeber keinen wichtigen Grund, das Arbeitsverhältnis ohne Einhalten einer Kündigungsfrist zu lösen.

Vgl. § 142 GUVG.; § 153 LUVG.; § 45 Abs. 2 BUVG.; § 140 SUVG.; § 97 IVG.

Die Vorschrift bezweckt eine Sicherstellung der Arbeitervertreter. Die Unterlassung der Anzeige ist nicht unter Strafe gestellt, hat vielmehr nur die Wirkung, daß der vom Gesetz beabsichtigte Schutz entfällt. Der Begriff „wichtiger Grund" ist der gleiche wie im BGB. Weiteren Schutz der Versicherten bezwecken die Strafbestimmungen der §§ 139 und 140.

Nach § 626 BGB. kann bei Vorliegen eines wichtigen Grundes ein Dienstverhältnis von beiden Teilen ohne Einhaltung einer Kündigungsfrist gekündigt werden.

Haftung der Organsmitglieder.

§ 23. Die Mitglieder der Organe haften dem Versicherungsträger für getreue Geschäftsverwaltung wie Vormünder ihren Mündeln. Der Versicherungsträger kann auf Ansprüche aus der Haftung nur mit Genehmigung der Aufsichtsbehörde verzichten. Diese kann die Haftung an Stelle und auf Kosten des Versicherungsträgers geltend machen.

Ein Mitglied, das vorsätzlich zum Nachteil des Versicherungsträgers handelt, wird mit Gefängnis bestraft. Daneben kann auf Verlust der bürgerlichen Ehrenrechte erkannt werden. Hat das Mitglied die Handlung begangen, um sich oder einem anderen einen Vermögensvorteil zu verschaffen, so kann neben der Gefängnisstrafe auf Geldstrafe bis zu dreitausend Mark erkannt werden.

Bei Beratung über solche Gegenstände, welche das Privatinteresse eines Mitglieds oder seiner Angehörigen berühren, muß sich das Mitglied der Teilnahme an der Beratung und Abstimmung enthalten, auch sich während der Beratung aus dem Sitzungszimmer entfernen.

Vgl. § 42 Abs. 1, 3, § 64, § 72 Abs. 3, § 73 Abs. 1 KVG.; § 45 GUVG.; § 47 LUVG.; § 14 BUVG.; § 45 SUVG.; § 93 IVG.

Nach Abs. 1 sind die Vorschriften des bürgerlichen Rechtes über die Haftung des Vormunds auf die Haftung der Mitglieder der Organe anwendbar. Demnach ist der aus einer Pflichtverletzung entstehende Schaden bei Verschulden (Vorsatz oder Fahrlässigkeit) zu ersetzen (vgl. § 1833 BGB.; außerdem noch insbesondere §§ 1804 ff., 1834).

Abs. 1 gilt nach § 361 auch für geschäftsleitende Beamte oder Angestellte aller Krankenkassen, ebenso Abs. 2 nach § 535.

Die Strafvorschrift entspricht dem § 266 StGB. (Untreue). Zuständig ist die Strafkammer.

Abs. 3, der eine schon bisher allgemein herrschende Gepflogenheit gesetzlich festlegt, wurde vom Reichstagsplenum zugefügt. Angehörige sind Verwandte und Verschwägerte jeden Grades.

Amtsenthebung.

§ 24. Werden von einem Gewählten Tatsachen bekannt, die seine Wählbarkeit oder seine Vertrauenswürdigkeit für die Geschäftsführung ausschließen, so hat ihn der Vorstand, wenn es sich jedoch um eine Krankenkasse handelt, die Aufsichtsbehörde seines Amtes durch Beschluß zu entheben.

Vor der Beschlußfassung ist ihm Gelegenheit zur Äußerung zu geben.

Gegen den Beschluß ist die Beschwerde beim Reichsversicherungsamt (Beschlußsenat), wenn es sich jedoch um eine Krankenkasse handelt, beim Oberversicherungsamte (Beschlußkammer) zulässig.

Ein Gewählter wird auf seinen Antrag durch Beschluß des Vorstandes des Amtes enthoben, wenn bei ihm während der Wahlzeit einer der Ablehnungsgründe nach § 17 Abs. 1 Nr. 2 bis 5 eintritt.

Vgl. § 42 Abs. 4, 5, 6, § 64, § 72 Abs. 3, § 73 Abs. 1 KVG.; § 47, § 114 Abs. 3, Satz 5 GUVG.; § 49, § 122 Abs. 3, Satz 3 LUVG.; §§ 14, 40 BUVG.; § 47, § 120 Abs. 1, Satz 4 SUVG.; § 91 IVG.

Wegen der Voraussetzungen der Wählbarkeit vgl. §§ 12 bis 14.

Mit Wegfall der Voraussetzungen der Wählbarkeit erlischt sofort das Amt, sodaß die Enthebung nur die Bedeutung der Feststellung hat; bei Wegfall der Vertrauenswürdigkeit ist aber erst der Beschluß entscheidend.

Für die Krankenkassen ist gegenüber den übrigen Versicherungsträgern eine Ausnahmestellung geschaffen, welche allerdings dem bisherigen Recht entspricht. Dadurch, daß nicht der Vorstand sondern die Aufsichtsbehörde das Recht der Amtsenthebung bei den Krankenkassen hat, erleidet die Selbstverwaltung hier eine Einschränkung. Aufsichtsbehörde ist das V. Amt (§ 377).

Die Beschwerde beim Reichsversicherungsamt bedeutet eine Abweichung von der Regel des § 1791. Gegen die Beschwerdeentscheidung des OVA.s ist weitere Beschwerde an das Reichs- bezw. LVA. zulässig, über die die Beschlußkammer entscheidet (§§ 1797, 1781). Die Frist für die Beschwerden ist ein Monat (§ 128).

Abs. 4 entscheidet den bisher bestehenden Zweifel, ob und wann es statthaft ist, das angenommene Ehrenamt niederzulegen. Dabei gilt der Eintritt des 60. Lebensjahrs während der Wahlzeit nicht als berechtigter Grund für die Niederlegung.

§ 24 gilt entsprechend für das Personal der Betriebskrankenkassen (§ 362).

V. Vermögen.

Vermögensverwaltung.

§ 25. Die Mittel der Versicherungsträger dürfen nur für die gesetzlich vorgeschriebenen oder zugelassenen Zwecke verwendet werden.

Die Einnahmen und Ausgaben sind gesondert zu verrechnen, die Bestände gesondert zu verwahren.

Die Versicherungsträger dürfen nur die Geschäfte übernehmen, die ihnen das Gesetz überträgt.

Vgl. § 9 Abs. 2, 3, § 40 Abs. 1, § 64, § 72 Abs. 3, § 73 Abs. 1 KVG.; § 107 Abs. 1 GUVG.; § 115 Abs. 1 LUVG.; § 39 BUVG.; § 113 Abs. 1 SUVG.; § 68 Abs. 3, 4 IVG.

Welche Zwecke gesetzlich vorgeschrieben oder zugelassen sind, ist bei den einzelnen Versicherungszweigen gesagt (vgl. §§ 363 ff., 736).

Die in der ersten Lesung der Kommission beschlossene Erweiterung des § 25, welcher eine umfassende Befreiung der Versicherungsträger von der Steuerpflicht bringen sollte, wurde später abgelehnt, da eine solche Vorschrift einen unzulässigen Eingriff in die Steuerhoheit der Einzelstaaten dargestellt hätte.

Über Art und Weise der **Rechnungsführung** der Krankenkassen bestimmt der Bundesrat (§ 366), über die der Versicherungsanstalten das Reichsversicherungsamt (§ 1358).

Mündelsichere Anlagen.

§ 26. Das Vermögen muß wie Mündelgeld (§§ 1807, 1808 des Bürgerlichen Gesetzbuchs) verzinslich angelegt werden, soweit dieses Gesetz nichts anderes zuläßt.

Außerdem darf es in Wertpapieren, die landesgesetzlich zur Anlegung von Mündelgeld zugelassen sind, sowie in solchen auf den Inhaber lautenden Pfandbriefen deutscher Hypotheken-Aktienbanken angelegt werden, welche die Reichsbank in Klasse I beleiht.

Vgl. § 40 Abs. 3, § 64, § 72 Abs. 3, § 73 Abs. 1 KVG.; § 108 GUVG.; § 116 LUVG.; § 39 BUVG.; § 114 SUVG.; § 164 Abs. 1 Satz 1, 2 IVG.

Die **Anlegung der Mittel** bei den verschiedenen Arten der Versicherungsträger ist nicht vollständig einheitlich geregelt; es sind vielmehr außer den Bestimmungen in diesem ersten Buch u. a. zu vergleichen für die Unfallversicherung die §§ 718, 984 und 1157, für die Invalidenversicherung § 1356 ff. Den Krankenkassen wird, im Gegensatz zu den anderen Versicherungsträgern, die Anlegung eines bestimmten Teils ihres Vermögens in Reichs- oder Staatsanleihen wegen der geringen in Betracht kommenden Summen nicht zur Pflicht gemacht (vgl. §§ 718 Abs. 1, 984, 1157, 1356 Abs. 1).

Das Gesetz läßt Ausnahmen zu für die Berufsgenossenschaften (vgl. §§ 718, 719, 984, 1038 Nr. 3, 1157) und für die Versicherungsanstalten (§ 1356); vgl. außerdem § 27.

Zu Abs. 1 kommen in erster Linie folgende gesetzliche Bestimmungen des Bürgerlichen Gesetzbuchs in Betracht:

§ 1807 BGB. Die im § 1806 vorgeschriebene Anlegung von Mündelgeld soll nur erfolgen:

1. in Forderungen, für die eine sichere Hypothek an einem inländischen Grundstück besteht, oder in sicheren Grundschulden oder Rentenschulden an inländischen Grundstücken;
2. in verbrieften Forderungen gegen das Reich oder einen Bundesstaat sowie in Forderungen, die in das Reichsschuldbuch oder in das Staatsschuldbuch eines Bundesstaats eingetragen sind;

3. in verbrieften Forderungen, deren Verzinsung von dem Reiche oder einem Bundesstaate gewährleistet ist;
4. in Wertpapieren, insbesondere Pfandbriefen, sowie in verbrieften Forderungen jeder Art gegen eine inländische kommunale Körperschaft oder die Kreditanstalt einer solchen Körperschaft, sofern die Wertpapiere oder die Forderungen von dem Bundesrate zur Anlegung von Mündelgeld für geeignet erklärt sind;
5. bei einer inländischen öffentlichen Sparkasse, wenn sie von der zuständigen Behörde des Bundesstaats, in welchem sie ihren Sitz hat, zur Anlegung von Mündelgeld für geeignet erklärt ist.

Die Landesgesetze können für die innerhalb ihres Geltungsbereichs belegenen Grundstücke die Grundsätze bestimmen, nach deren die Sicherheit einer Hypothek, einer Grundschuld oder einer Rentenschuld festzustellen ist.

§ 1808 BGB. Kann die Anlegung den Umständen nach nicht in der im § 1807 bezeichneten Weise erfolgen, so ist das Geld bei der Reichsbank, bei einer Staatsbank oder bei einer anderen durch Landesgesetz dazu für geeignet erklärten inländischen Bank oder bei einer Hinterlegungsstelle anzulegen.

Art. 212 Einf.-Ges. BGB. In Kraft bleiben die landesgesetzlichen Vorschriften, nach denen gewisse Wertpapiere zur Anlegung von Mündelgeldern für geeignet erklärt sind.

Das Preußische Ausführungsgesetz zum BGB. vom 20. September 1899 (Ges.-Samml. S. 177) bestimmt weiter:

Anlegung von Mündelgeld.

Artikel 73.

§ 1. Eine Hypothek, eine Grundschuld oder eine Rentenschuld an einem in Preußen belegenen Grundstück ist für die Anlegung von Mündelgeld als sicher anzusehen, wenn sie innerhalb des Fünfzehnfachen oder, sofern ihr kein anderes der Eintragung bedürfendes Recht im Range vorgeht oder gleichsteht, innerhalb des Zwanzigfachen des staatlich ermittelten Grundsteuerreinertrags oder bei einem ländlichen Grundstück innerhalb der ersten zwei Drittel, bei einem städtischen Grundstück innerhalb der ersten Hälfte des Wertes zu stehen kommt.

Der Wert ist bei ländlichen Grundstücken durch Taxe einer Preußischen öffentlichen Kreditanstalt, die durch Vereinigung von Grundbesitzern gebildet ist und durch staatliche Verleihung Rechtsfähigkeit erlangt hat, oder durch Taxe einer Preußischen Provinzial- (Kommunal-) ständischen öffentlichen Grundkreditanstalt oder durch gerichtliche Taxe, bei städtischen Grundstücken in gleicher Weise oder durch Taxe einer öffentlichen Feuerversicherungsanstalt festzustellen.

§ 2. Statt des Zwanzigfachen des Grundsteuerreinertrags ist bei Grundstücken, die von einer Kreditanstalt der im § 1 Abs. 2 bezeichneten Art satzungsgemäß ohne besondere Ermittelungen bis zu einem größeren Vielfachen beliehen werden können, das größere Vielfache, sofern es jedoch den dreißigfachen Betrag übersteigt, dieser Betrag maßgebend.

Für einzelne Bezirke kann durch Königliche Verordnung statt des Zwanzigfachen des Grundsteuerreinertrags ein das Vierzigfache nicht übersteigendes größeres Vielfaches bestimmt werden.

Artikel 74.

Zur Anlegung von Mündelgeld sind außer den im § 1807 des Bürgerlichen Gesetzbuchs bezeichneten Forderungen und Wertpapieren geeignet:

1. die Rentenbriefe der zur Vermittelung der Ablösung von Renten in Preußen bestehenden Rentenbanken;
2. die Schuldverschreibungen, welche von einer Deutschen kommunalen Körperschaft oder mit Genehmigung der staatlichen Aufsichtsbehörde von einer Kirchengemeinde oder einem kirchlichen Verband ausgestellt und entweder von Seiten der Inhaber kündbar sind oder einer regelmäßigen Tilgung unterliegen;
3. die mit staatlicher Genehmigung ausgegebenen Pfandbriefe und gleichartigen Schuldverschreibungen einer Kreditanstalt der im Artikel 73 § 1, Abs. 2 bezeichneten Art;
4. die auf den Inhaber lautenden Schuldverschreibungen, welche von einer Preußischen Hypotheken-Aktien-Bank auf Grund von Darlehen an Preußische Körperschaften des öffentlichen Rechtes, oder von Darlehen, für welche eine solche Körperschaft die Gewährleistung übernommen hat, ausgegeben sind.

Artikel 75.

§ 1. Eine in Preußen bestehende öffentliche Sparkasse kann durch den Regierungspräsidenten im Einvernehmen mit dem Landgerichtspräsidenten zur Anlegung von Mündelgeld für geeignet erklärt werden. Die Erklärung kann zurückgenommen werden.

Die Erklärung und die Rücknahme sind durch das Amtsblatt bekannt zu machen.

§ 2. Ist vor Inkrafttreten des Bürgerlichen Gesetzbuchs ein Sparkassenbuch außer Kurs gesetzt, so ist zur Erhebung des Geldes die Genehmigung des Gegenvormundes oder des Vormundschaftsgerichts erforderlich.

Artikel 76.

Im Falle des § 1808 des Bürgerlichen Gesetzbuchs kann die Anlegung von Mündelgeld bei der Preußischen Zentral-Genossenschafts-Kasse oder einer sonstigen Preußischen öffentlichen Bankanstalt (Landesbank, landschaftlichen, ritterschaftlichen Darlehnskasse usw.) und, wenn die von einer Preußischen Privatbank ausgestellten Wertpapiere durch den Bundesrat zur Anlegung von Mündelgeld für geeignet erklärt sind oder eine Preußische Privatbank nach Maßgabe des Artikels 85 für die Hinterlegung von Wertpapieren als Hinterlegungsstelle bestimmt ist, bei einer solchen Privatbank erfolgen.

Die Anlegung bei den ordentlichen Hinterlegungsstellen (Hinterlegungsordnung vom 14. März 1879, Gesetz-Samml. S. 249) findet nicht statt.

Vgl. im übrigen die Übersicht der landesrechtlichen Bestimmungen über die Anlegung des Mündelvermögens im Handbuch der Unfallversicherung Bd. III, S. 509 ff.

Die Erlaubnis zur Anlegung in Pfandbriefen der Hypothekenbanken war schon nach § 108 des GUVG gestattet, im Regierungsentwurf jedoch nicht vorgesehen. Die Gründe, welche für die Ausnahmestellung der Hypotheken-Banken-Pfandbriefe sprechen, werden in dem Kommissionsbericht wie folgt dargelegt: Nach § 1807 BGB. genießen die Pfandbriefe der Hypothekenbanken die Reichsmündelsicherheit nicht. Dahingegen wird nach Art. 212 Einf.-Ges. zum BGB. die landesgesetzlichen Bestimmungen aufrechterhalten werden, welche anderen als den in § 1807 BGB. genannten Wertpapieren Mündelsicherheit gewähren. Es ist dies namentlich mit Rücksicht auf einige mittel- und süddeutsche Hypothekenbanken geschehen, welche, wie z. B. die Bayerische Hypotheken- und Wechselbank, die Deutsche Hypothekenbank in Meiningen und Rheinische Hypothekenbank in Mannheim, in ihrem Bundesstaate für ihre Pfandbriefe Mündelsicherheit besessen haben. Einerseits hat man geglaubt, den Papieren dieser Institute, in welchen Mündel- und Stiftungskapitalien bereits angelegt sind, die Mündelsicherheit nicht nehmen zu sollen, andererseits hat man ihnen aber die Reichsmündelsicherheit nicht gewähren können, ohne nicht gleichzeitig allen Hypothekenbanken dasselbe Recht zuzugestehen. Hierdurch ist eine Reihe mittel- und süddeutscher Staaten veranlaßt worden, noch vor Inkrafttreten des BGB. den Pfandbriefen ihrer Hypothekenbanken fast ohne Ausnahme die Mündelsicherheit zu gewähren.

Anordnung über Anlagen.

§ 27. Die oberste Verwaltungsbehörde kann genehmigen, daß das Vermögen auch in Darlehen an Gemeinden und Gemeindeverbände angelegt wird, soweit dies nicht bereits nach § 26 Abs. 1 zulässig ist.

Sie kann die Anlage in einzelnen Gattungen zinstragender Papiere auf einen bestimmten Betrag beschränken.

Erstreckt sich der Bezirk des Versicherungsträgers auf Gebiete oder Gebietsteile mehrerer Bundesstaaten, so ist dazu die Zustimmung ihrer obersten Verwaltungsbehörden erforderlich.

Die oberste Verwaltungsbehörde kann widerruflich gestatten, daß zeitweilig verfügbare Bestände in anderer Weise angelegt werden.

Vgl. § 40 Abs. 5, § 64, § 72 Abs. 3, § 73 Abs. 1 KVG.; § 109 GUVG.; § 117 LUVG.; § 39 BUVG.; § 115 SUVG.; § 164 Abs. 1, Satz 3, 4, 5, Abs. 2 IVG.

Als oberste Verwaltungsbehörde, (d. i. in der Regel ein Ministerium), im Sinne des § 27 Abs. 1, 2 und 4 ist diejenige für den Sitz des Versicherungsträgers zu verstehen (vgl. § 113 Abs. 1). Einigen sich im Falle des Abs. 3 des § 27 die verschiedenen Behörden nicht, so ist § 113 Abs. 2 maßgebend. Im Falle des Abs. 4 des § 27 genügt stets ausschließlich die Genehmigung der obersten Verwaltungsbehörde in deren Bezirk der Versicherungsträger seinen Sitz hat. Das Bestreben, das Reichsversicherungs-Amt an die Stelle der verschiedenen, obersten Verwaltungsbehörden zu setzen, wurde vom Staatssekretär des Innern als eine Überspannung des Grundsatzes der Einheitlichkeit der Behörden in der Reichsversicherung bezeichnet.

Der Genehmigung nach Abs. 1 bedarf es nur, soweit das Darlehn nicht mündelsicher ist (§ 26 Abs. 1). Welche dieser Darlehen diese Voraussetzung erfüllen, bestimmt der Bundesratsbeschluß vom 7. Juli 1901 (Reichs-Ges.-Bl. S. 263).

Beitreibung von Rückständen.

§ 28. Rückstände werden wie Gemeindeabgaben beigetrieben. Nach den landesgesetzlichen Vorschriften regelt sich auch die aufschiebende Wirkung der Einwendungen gegen die Zahlungspflicht.

Soweit es nicht bereits landesgesetzlich vorgeschrieben, kann die Satzung des Versicherungsträgers bestimmen, daß dem Beitreibungsverfahren ein Mahnverfahren vorangeht, und daß dafür eine Mahngebühr erhoben wird. Diese wird wie die Rückstände beigetrieben. Die Festsetzung ihres Betrages bedarf der Genehmigung der Aufsichtsbehörde.

Rückstände haben das Vorzugsrecht des § 61 Nr. 1 der Konkursordnung.

Vgl. § 55 Abs. 1, Satz 2, 3, Abs. 2, 3, § 65 Abs. 3, § 72 Abs. 3, § 73 Abs. 1 KVG.; § 103 Abs. 1 GUVG.; § 113 Abs. 1 LUVG.; § 39 BUVG.; § 111 Abs. 2, Satz 1 SUVG.; § 168 IVG.

Die Anordnung der RVO. schließt sich dem früheren KVG. abweichend von den anderen Versicherungsgesetzen an. Die Beitreibung erfolgt von demjenigen, welcher dem Versicherungsträger gegenüber zur Zahlung verpflichtet ist, in der Regel also dem Unternehmer oder sonstigen Arbeitgeber, bei Versicherungsberechtigten jedoch stets von diesem. Wie das Mahnverfahren im Falle des Abs. 2 geregelt wird, bleibt der Satzung überlassen. Es kann beispielsweise auf eine einfache Erinnerung des Säumigen beschränkt bleiben.

Nach § 61 Nr. 1 der Konkursordnung werden die Konkursforderungen nach folgender Rangordnung, bei gleichem Range nach Verhältnis ihrer Beträge, berichtigt:

1. Die für das letzte Jahr vor der Eröffnung des Verfahrens oder dem Ableben des Gemeinschuldners rückständigen Forderungen an Lohn, Wartegeld oder andern Dienstbezügen der Personen, welche sich dem Gemeinschuldner für dessen Haushalt, Wirtschaftsbetrieb oder Erwerbsgeschäft zur Leistung von Diensten verdungen hatten.

Diesen Forderungen stehen also die Rückstände gleich; sie kommen mithin im Rang noch vor den Forderungen der Staatskasse, der Ärzte etc.

Für die landwirtschaftliche Unfallversicherung kann die Landesgesetzgebung nach § 1037 RVO. abweichende Bestimmungen betr. § 28 Abs. 1, 2 treffen.

Verjährung.

§ 29. Der Anspruch auf Rückstände verjährt, soweit sie nicht absichtlich hinterzogen worden sind, in zwei Jahren nach Ablauf des Kalenderjahres der Fälligkeit.

Der Anspruch auf Rückerstattung von Beiträgen verjährt in sechs Monaten nach Ablauf des Kalenderjahrs, in dem sie entrichtet worden sind, vorbehaltlich des § 1446 Abs. 2 und der §§ 1462, 1464.

Der Anspruch auf Leistungen der Versicherungsträger verjährt in vier Jahren nach der Fälligkeit, soweit dieses Gesetz nichts anderes vorschreibt.

Vgl. § 55 Abs. 1, Satz 1, § 65 Abs. 3, § 72 Abs. 3, § 73 Abs. 1 KVG.; § 103 Abs. 2, § 102 Abs. 5, Satz 2 GUVG.; § 113 Abs. 2, § 111 Abs. 4, Satz 2 LUVG.; § 29 Abs. 4, Satz 2, § 28 Abs. 2, § 39 BUVG.; § 111 Abs. 3, § 108 Abs. 4, Satz 2 SUVG.; § 168 IVG.

In der Regelung der Verjährungsfrist für Rückstände, welche in den bisherigen Gesetzen von einander abweicht, folgt die RVO. den UVG. mit einem Vorbehalt für die Invalidenversicherung.

Die Verjährung ist mit Rücksicht auf die öffentlichrechtliche Natur der Vorschrift im Gegensatz zum bürgerlichen Recht von Amtswegen zu berücksichtigen. Unterbrochen wird die Verjährung durch die gleichen Tatsachen, die nach der Verjährung von Gemeindeabgaben unterbrechen (vgl. § 28). Besondere Unterbrechungsgründe für die I. und HV. bringt § 1444.

Absichtlich hinterzogene Beiträge verjähren in der gewöhnlichen 30jährigen Frist des § 195 BGB.

Vgl. auch § 441 Abs. 3.

Abs. 3 wurde erst in der Kommission zugefügt. Als Leistungen gelten festgestellte und fällig gewordene. Durch diesen Abs. werden aber die Bestimmungen über die Verjährung von Ansprüchen nur für zwei Zweige der Reichsversicherung einheitlich gestaltet, während bisher in diesen (der Unfall- und Invalidenversicherung) entsprechende Bestimmungen überhaupt fehlten, mithin das BGB. maßgebend war. Eine anderweitige Regelung, nämlich Verjährung in zwei Jahren, sieht die RVO. für die Krankenkassenleistungen vor (§ 223).

Die in Abs. 2 in Bezug genommenen Paragraphen betreffen folgendes:

§ 1446 Abs. 2 bestimmt: Der Versicherte kann die Beiträge binnen zehn Jahren nach der Entrichtung zurückfordern, wenn ihm nicht schon eine Rente rechtskräftig bewilligt worden ist, und nicht die Verwendung der Marken in betrügerischer Absicht geschehen ist.

Nach § 1462 sorgt nach endgültiger Erledigung des Streites das Versicherungsamt dafür, daß zu wenig erhobene Beiträge nachträglich durch Marken gedeckt werden. Zuviel erhobene, die noch zurückgefordert werden können, zieht es von der Versicherungsanstalt wieder ein und zahlt sie den Beteiligten zurück. Die Marken werden vernichtet und die Aufrechnungen berichtigt. Vernichtete Marken, die von einer unzuständigen Versicherungsanstalt stammten, müssen durch die der zuständigen ersetzt werden. Ihr Betrag wird der Ausgabeanstalt abgefordert und an die Beteiligten ausgezahlt.

Nach § 1464 erhalten die Beteiligten die noch nicht verfallenen Beiträge auf Antrag zurück, wenn die Pflicht oder das Recht zur Versicherung endgültig verneint ist.

VI. Aufsicht.

Umfang der Aufsicht.

§ 30. Das Aufsichtsrecht der Aufsichtsbehörde erstreckt sich darauf, daß Gesetz und Satzung beobachtet werden.

Vgl. § 45 Abs. 1, § 66 Abs. 1, § 72 Abs. 3, § 76a Abs. 3 KVG.; § 96 Gew. O.; § 125 Abs. 1, Satz 2 GUVG.; § 131 Abs. 1, Satz 2 LUVG.; § 41 Abs. 1 BUVG.; § 127 Abs. 1, Satz 2 SUVG.; § 108 Abs. 1, Satz 2 IVG.

Das Gesetz erweitert nicht die Rechte der Aufsichtsbehörden gegenüber den Versicherungsträgern. Nach wie vor gilt (nach der Begr.) als Regel, daß Fragen der Zweckmäßigkeit lediglich nach dem freien, pflichtmäßigen Ermessen dieser Körperschaften der Selbstverwaltung entschieden werden, und daß das Aufsichtsrecht sich nur auf die Befolgung der gesetzlichen und Satzungsvorschriften erstreckt.

Der § 30 gibt nur den obersten Grundsatz für die Aufsichtstätigkeit an, welche im einzelnen in den folgenden Paragraphen behandelt wird. Außerdem aber kommt die RVO. noch an verschiedenen anderen Stellen auf die Aufsichtstätigkeit zu sprechen (z. B. §§ 379, 689). Alle Einzelbefugnisse der Aufsichtsbehörde werden jedoch nicht erschöpfend aufgezählt. Es findet seine Grenzen in der Überwachung der Befolgung der gesetzlichen und satzungsgemäßen Vorschrift. Nicht nur auf die Beobachtung der RVO. hat die Behörde zu achten, sondern der Begriff Gesetz geht zweifsohne weiter und betrifft alle gesetzlichen Vorschriften, welche irgendwie für die in der RVO. geregelten Materien in Betracht kommen.

Aufsichtsbehörde der Krankenkassen und Kassenverbände ist das Versicherungsamt (§§ 377, 413), der übrigen Versicherungsträger das Reichsversicherungsamt bezw. ein Landesversicherungsamt (§§ 722, 723, 985, 1158, 1381, 1382).

Prüfungsrecht.

§ 31. Die Aufsichtsbehörde kann jederzeit die Geschäfts- und Rechnungsführung des Versicherungsträgers prüfen.

Die Mitglieder seiner Organe, seine Vertrauensmänner, Beamten und Angestellten haben der Aufsichtsbehörde oder ihren Beauftragten auf Verlangen alle Bücher, Rechnungen, Belege und Verhandlungen sowie die von ihnen verwahrten Urkunden, Wertpapiere und Bestände vorzulegen und alles mitzuteilen, was zur Ausübung des Aufsichtsrechts gefordert wird.

Die Aufsichtsbehörde kann die im Abs. 2 Bezeichneten, vorbehaltlich des § 985 Abs. 2, durch Geldstrafen bis zu eintausend Mark anhalten, das Gesetz und die Satzung zu befolgen.

Vgl. § 45 Abs. 1, 2, § 66 Abs. 1, § 72 Abs. 3, § 76a Abs. 3 KVG.; § 125 Abs. 2, 3, § 126 Satz 2 GUVG.; § 131 Abs. 2, 3, § 132 Abs. 1, Satz 2, Abs. 2 LUVG.; § 41 Abs. 1 BUVG.; § 127 Abs. 2, 3, § 128 Satz 2 SUVG.; § 108 Abs. 3 IVG.

Die Bestimmungen des § 31 entsprechen den bisherigen Bestimmungen, jedoch sind die Mittel der Aufsichtsführung genauer bezeichnet, um einzelne Zweifel, welche bei der Durchführung der Aufsicht über die Krankenkassen aufgetaucht sind, zu beseitigen. Die Aufsichtsbehörde wird, wenn sie Vorlegungen oder Mitteilungen von den Angestellten der Versicherungsträger fordert, seine Organe nicht übergehen, sondern sich regelmäßig ihrer Vermittlung bedienen. Das ist eine Frage des geschäftlichen Takts, die das Gesetz nicht besonders zu regeln braucht.

Die im Abs. 3 angeführten Strafen sind Zwangsstrafen, durch welche die Mitglieder zur Erfüllung ihrer Pflichten angehalten werden sollen, nicht aber Disziplinstrafen, mit denen sie nachträglich bestraft werden sollen. Es muß eine Strafdrohung vorhergehen.

Nach Abs. 3 können insbesondere die Vorsitzenden gezwungen werden, unzulässige Beschlüsse der Organe nach § 8 anzufechten.

Nach § 985 Abs. 2 erstreckt sich die Aufsicht über landwirtschaftliche BG. nicht auf die dienstlichen Verhältnisse von staatlichen Behörden oder von Organen der Selbstverwaltung, welche die Berufsgenossenschaften verwalten.

Die Strafen werden wie Gemeindeabgaben beigetrieben und fließen der Kasse zu (§§ 28, 146). Umwandlung in Haftstrafe ist unzulässig.

Einberufung von Sitzungen.

§ 32. Die Aufsichtsbehörde kann verlangen, daß die Organe zu Sitzungen einberufen werden; wird dem nicht entsprochen, so kann sie die Sitzungen selbst anberaumen und die Verhandlungen leiten.

Vgl. § 45 Abs. 3, 4, § 66 Abs. 1, § 72 Abs. 3 KVG.

Über Aufsichtsbehörde siehe bei § 30.

Erscheinen die Mitglieder nicht, so kann die Aufsichtsbehörde nach § 31 Abs. 3 oder nach den besonderen Vorschriften (§§ 379, 689, 975, 1359) verfahren.

Leitung durch die Aufsichtsbehörde ist also nur in den von ihr anberaumten Sitzungen zulässig.

Entscheidungen.

§ 33. Sie entscheidet, unbeschadet der Rechte Dritter und soweit das Gesetz nichts anderes vorschreibt, bei Streit über Rechte und Pflichten der Organe und ihrer Mitglieder, über die Auslegung der Satzung und über die Gültigkeit der Wahlen.

Vgl. § 94 Gew. O.; § 126 Satz 1 GUVG.; § 132 Abs. 1, Satz 1 LUVG.; § 41 Abs. 1 BUVG.; § 128 Satz 1 SUVG.; § 109 IVG.

Andere analoge Vorschriften des Gesetzes finden sich z. B. bei den §§ 45 Abs. 3, 74 Abs. 3.

Die vorbehaltenen Rechte Dritter sind im ordentlichen Gerichtsverfahren geltend zu machen.

Erweiterte Aufsicht.

§ 34. Der Aufsicht unterstehen auch die vom Versicherungsträger errichteten oder unterhaltenen Genesungsheime, Heil- und Pflegeanstalten.

Die Aufsichtsbehörde kann zu ihren Besichtigungen Vertreter der Arbeitgeber und der Versicherten zuziehen.

Vgl. § 125 Abs. 4 GUVG.; § 131 Abs. 1 LUVG.; § 41 Abs. 1 BUVG.; § 127 Abs. 4 SUVG.

Diese Vorschrift entspricht der des bisherigen GUVG.

Dritter Abschnitt.

Versicherungsbehörden.

Vorbemerkung.

Dieser Abschnitt ist einer der umstrittensten während der gesamten gesetzgeberischen Vorarbeiten gewesen, und hat die verschiedensten Wandlungen durchgemacht. Er ist derjenige Teil des Gesetzes, in welchem allein die Bestrebungen, eine Vereinheitlichung der gesamten sozialen Versicherungsgesetzgebung herbeizuführen, einen, wenn auch recht schwachen, so doch immerhin noch klar ersichtlichen Ausdruck gefunden haben. Denn trotz aller Durchbrechungen des Prinzips bringt dieser Abschnitt eine *einheitliche Gestaltung der Versicherungsbehörden*. Waren und sind auch die Versicherungsträger die der Durchführung der Versicherung dienenden Hauptorgane, so hatten bisher doch Verwaltungsbehörden und Gerichte mannigfacher Art mitzuwirken. Künftig wird nun die Tätigkeit dieser in der Hauptsache von Versicherungsbehörden wahrgenommen werden, die sich in drei Instanzen nach einheitlichem Plane übereinander aufbauen:

1. *Versicherungsamt* (§§ 36—60).
2. *Oberversicherungsamt* oder *gemeinschaftliches Oberversicherungsamt* (§§ 61—82).
3. *Reichsversicherungsamt* oder *Landesversicherungsamt* (§§ 83—108).

Alle diese Ämter sind entweder Reichsbehörden oder Staatsbehörden oder gemeindliche Behörden und haben entweder eine selbständige Existenz oder werden an vorhandene Verwaltungsbehörden angegliedert. Jede Versicherungsbehörde wird von einem beamteten Vorsitzenden geleitet und in allen Instanzen ist die Mitwirkung von Laien vorgesehen. Von diesen wird überall die eine Hälfte aus den Unternehmern, die andere aus den Arbeitern gewählt: die Versicherungsvertreter beim Versicherungsamte, die Beisitzer beim Oberversicherungsamt und die nichtständigen Mitglieder beim Reichsversicherungsamt oder den Landesversicherungsämtern. Des weiteren haben sämtliche Behörden Aufsichts- und Verwaltungsbefugnisse sowie zwei weitere Gruppen von Aufgaben: Spruchsachen und Beschlußsachen; es werden daher gleichmäßig besondere Abteilungen hierfür gebildet: beim Versicherungsamt Beschlußausschuß und Spruchausschuß, beim Oberversicherungsamt Beschlußkammer und Spruchkammer, beim Reichs- und Landesversicherungsamt Beschlußsenat und Spruchsenat.

Neben den in § 35 genannten Behörden werden nach wie vor noch einige Aufgaben und Befugnisse anderen Behörden verbleiben, und zwar

dem Bundesrat (beispielsweise)

Ausdehnung der Versicherungspflicht (§ 1129), Festsetzung des Auftraggeberzuschusses (§ 472), Bestimmung, wieweit vorübergehende Dienstleistungen versicherungsfrei bleiben (§§ 168, 1232), Errichtung, Änderung im Bestande und Auflösung von Berufsgenossenschaften (§§ 630, 636 bis 639, 641, 647), Entscheidung über Beschwerden gegen Versagung der Genehmigung von Satzungen der Berufsgenossenschaften und Versicherungsanstalten (§§ 681, 683, 973, 1144, 1339, 1341), die Zulassung von Sonderanstalten (§ 1360);

dem Reichskanzler (beispielsweise)

die Ernennung von Beamten des Reichsversicherungsamts (§ 96 Abs. 3), Berufung richterlicher Beamten zu den Spruchsenaten (§ 99 Abs. 2), Betrauung eines ständigen Mitglieds mit dem Vorsitz im Senate (§ 99 Abs. 1), Entscheidungen nach § 113 Abs. 2, 3;

der obersten Verwaltungsbehörde (beispielsweise)

die Gestaltung der Organisation der Versicherungsbehörden unterer und mittlerer Instanz (namentlich §§ 38, 62, 63, 64, 65, 66, 79) sowie der Orts- und Landkrankenkassen §§ 226, 230), Regelung des Einzugverfahrens und Festsetzung der Vergütung dafür (§§ 1447, 1449 bis 1453);

der höheren Verwaltungsbehörde (beispielsweise)
die Genehmigung der Übertragung des Einzugverfahrens (§ 1447 Abs. 2), Bestimmung der Orte für die Hebestellen (§ 1448);
der Ortspolizeibehörde (beispielsweise)
die erste Untersuchung bei Unfällen (§§ 1559 bis 1568);
den Postbehörden (beispielsweise)
die Rentenzahlung (§§ 726, 988, 1159, 1383), der Markenverkauf (§ 1412) u. a. m.

I. Allgemeines.

Behörden.

§ 35. Die öffentlichen Behörden der Reichsversicherung sind

die Versicherungsämter (§§ 36 bis 60)
die Oberversicherungsämter (§§ 61 bis 82)
das Reichsversicherungsamt und die Landesversicherungsämter (§§ 83 bis 109).

Soweit nicht dieses Gesetz den Geschäftsgang und das Verfahren der Versicherungsbehörden ordnet, geschieht es, vorbehaltlich des § 109 Abs. 1, durch Kaiserliche Verordnung mit Zustimmung des Bundesrats.

Gesetz, betr. Abänderung der Unfallversicherungsgesetze, Hauptgesetz (HG.) § 19 Abs. 4; IVG. § 56, § 64 Abs. 6, § 106 Abs. 6, § 110 Abs. 4.

Vgl. die Vorbemerkung zum dritten Abschnitt.

Über die für den Fall, daß die Ämter noch nicht errichtet sind, in Betracht kommenden Behörden usw. vgl. Art. 7, 8 Einf.-Ges.

Die in § 35 aufgezählten Behörden haben, gleichviel ob sie selbständig oder an andere Behörden angegliedert sind, die Eigenschaft öffentlicher Behörden.

Geschäftsgang und Verfahren behandelt das sechste Buch der RVO., dessen Vorschriften durch eine Kaiserliche Verordnung mit Zustimmung des Bundesrats, für Landesversicherungsämter durch Verordnung der Landesregierungen ergänzt werden (§ 100). Diese Verordnungen befinden sich in Bd. V.

II. Versicherungsämter.

Vorbemerkung.

Bei der Wichtigkeit dieser Instanz für die ganze Konstruktion der Reichsversicherungsordnung dürfte es zweckmäßig sein, eine Übersicht über die wesentlichen Aufgaben der Versicherungsämter, wie die RVO. sie ihnen zuweist, und über diejenigen Paragraphen des Gesetzes, durch welche diese Aufgaben fixiert werden, voraufzuschicken.

Diese Aufgaben der Versicherungsämter und die sie betreffenden Vorschriften sind insbesondere:

I. Allgemeine (§ 37).

II. Aufgaben für alle Zweige:

Leitung der Wahl der Versicherungsvertreter (§§ 45, 50, 51).

Anordnung, betreffend Gewohnheitstrinker (§ 121).
Gutachten bei Festsetzung des Ortslohns (§ 149).
Entscheidung bei Ersatzansprüchen und „anderen Spruchsachen" (§§ 1771 ff.).

III. Aufgaben für die Krankenversicherung:

Aufsicht über die Kassen und Kassenverbände (§§ 6, 8, 18, 20, 23, 28, 30, 31—34, 357, 367, 377—479, 413).

Mitwirkung bei der äußeren Organisation der Kassen (§§ 229, 233, 252, 259, 262, 263, 264, 281—283, 286, 287, 292, 298, 300, 303, 319).

Vorläufige Verfügung der Erhöhung der Beiträge und Herabsetzung der Leistungen (§ 391).

Entscheidung in Streitsachen und auf Beschwerden (§§ 175, 224, 258, 358, 384, 396, 398, 405, 413, 422, 438, 463, 525, 1636).

Bestellung von Kassenbeamten bei Streit (§ 350),
Genehmigung der Krankenordnung (§§ 347, 507).
Festsetzung des Wertes der Roh- und Hilfsstoffe bei Hausgewerbetreibenden (§ 475).
Befugnis in Strafsachen (§§ 529, 530).

IV. Aufgaben aus der Unfallversicherung:

Teilnahme an der Unfalluntersuchung (§§ 1562, 1571, 1572).

Entscheidung im Spruchverfahren (§§ 1636 ff.).

Entscheidungen einzelner Streitigkeiten (z. B. §§ 585, 601, 949, 954, 1009, 1010, 1111).

Mitwirkung bei Anmeldung der Betriebe, dem Betriebsverzeichnis, Prämienzahlung usw. (§§ 653 bis 656, 659—661, 666, 670, 801, 840, 605, 616, 936, 967, 1132, 1612).

Festsetzung von Geldstrafen (z. B. §§ 581, 656, 870, 891, 879, 1208).

Anordnung der Haftung von Bauherren (§§ 765, 768).

Vereidigung von technischen Aufsichtsbeamten usw. §§ 882, 888, 891).

V. Aufgaben für die Invaliden- und Hinterbliebenenversicherung:

Entscheidung auf Anträge, Beschwerden, Streitigkeiten (§§ 1240, 1241, 1422, 1427, 1459—1464).

Beteiligung an der Überwachung (§§ 1465—1470).

Befugnisse in Strafsachen (§§ 1438, 1487, 1457, 1489, 1495).

Vorbereitung des Bescheides (§§ 1613—1628).

Ferner kommen in Betracht

bei der KV: §§ 273, 320, 329, 333, 339, 341, 349, 354, 365, 375, 410, 502, 401, 404, 419, 444, 468, 476, 479, 521, 1512, 1516, 1650/9, 1660 ff., 1680;

bei der UV.: §§ 1037, 1210, 1559;

bei der IV.: §§ 1265, 1276, 1303, 1359, 1635, 1629, 1634,

außerdem: §§ 1515, 1516, 1520/1, 1526, 1540, 1549, 1584/5, 1550, 1574/5, 1576—79, 1580, 1592 ff., 1600, 1601, 1604, 1595—97, 1600, 1598, 1605, 1599/1600, 1602/4, 1603, 1646, 1648, 1722 ff., 1780/81, 1802, 41, 43, 52 ff., 115, 119, 141.

1. Errichtung.

Abteilung für Arbeiterversicherung.

§ 36. Bei jeder unteren Verwaltungsbehörde wird eine Abteilung für Arbeiterversicherung (Versicherungsamt) errichtet. Die oberste Verwaltungsbehörde kann bestimmen, daß für die Bezirke mehrerer unterer Verwaltungsbehörden bei einer dieser Behörden ein gemeinsames Versicherungsamt errichtet wird.

Die Landesregierungen mehrerer Bundesstaaten können für ihre Gebiete oder Teile davon die Errichtung eines gemeinsamen Versicherungsamts bei einer unteren Verwaltungsbehörde vereinbaren.

Vgl. § 3 Abs. 1, Satz 1 HG.; § 57 Nr. 5, §§ 79, 80 IVG.

Welche Behörden als untere Verwaltungsbehörden zu gelten haben, bestimmt die oberste Verwaltungsbehörde (vgl. § 111, 1). Oberste Verwaltungsbehörden sind die Ministerien.

Als untere Verwaltungsbehörden gelten nach bisherigem Recht: im Königreich Preußen in Städten mit mehr als 10 000 Einwohnern und im Bereiche der Revid. Hannoverschen Städte-Ordnung v. 24. Juni 1858, mit Ausnahme der im § 27 Abs. 2 der Hannov. Kreisordnung v. 6. Mai 1884 benannten Städte, die Gemeindevorstände (Magistrate), im übrigen die Landräte, in den Hohenzollernschen Landen die Oberamtmänner; im Königreich Bayern die Distriktsverwaltungsbehörden, in München der Stadtmagistrat; im Königreich Sachsen im Bereiche der Revid. Städte-Ordnung der Stadtrat, sonst die Amtshauptmannschaft bezw. die Amtshauptmannschaftliche Delegation Sayda; im Königreich Württemberg die Oberämter; im Großherzogtum Baden teils die Bürgermeister, teils die Bezirksämter; im Großherzogtum Hessen in den Städten mit mehr als 20 000 Einwohnern die Bürgermeistereien, im übrigen die Kreisämter. Renten- und Erstattungsansprüche können rechtswirksam auch bei der für den (gegenwärtigen, ev. letzten) Wohnort oder Beschäftigungsort zuständigen Bürgermeisterei angemeldet werden.

Die Bezirke der Versicherungsämter und der unteren Verwaltungsbehörden fallen naturgemäß zusammen, falls nicht für mehrere untere Verwaltungsbehörden ein gemeinsames Versicherungsamt errichtet wird. Die im Regierungsentwurf beabsichtigte Errichtung selbständiger Versicherungsämter neben den an untere Verwaltungsbehörden angelehnten, hat in der Kommission keine Annahme gefunden, hauptsächlich aus Gründen finanzieller Natur sowie aus Furcht vor einer alsdann eintretenden allzu großen Bureaukratisierung. Eine Ausnahme läßt nur § 38 zu; siehe dort.

Aufgaben der Ämter.

§ 37. Die Versicherungsämter nehmen nach den Vorschriften dieses Gesetzes die Geschäfte der Reichsversicherung wahr und erteilen in Angelegenheiten der Reichsversicherung Auskunft.

Sie können nach den Vorschriften dieses Gesetzes die Versicherungsträger in deren Angelegenheiten unterstützen.

Die Landesregierung kann den Versicherungsämtern noch andere Aufgaben aus der knappschaftlichen Versicherung übertragen.

Neu.

Dadurch, daß den Versicherungsämtern die Pflicht zur Auskunftserteilung auferlegt wird, haben sie die Möglichkeit, sich zu sozialen Wohlfahrtsämtern auszuwachsen.

Die Unterstützung der Versicherungsträger kann nur mit deren Zustimmung erfolgen und bezieht sich auf Überwachung der Leistungsempfänger und des Beitragseinganges unter bestimmten Voraussetzungen (§ 347 Abs. 4, § 404 Abs. 3, §§ 888, 1030, 1217, 1465, 1470) und wegen der Abgrenzung gegenüber der Rechtshilfe § 115 Abs. 2.

Die V. Ämter können neben den in der Reichsversicherungsordnung vorgesehenen Aufgaben noch andere Aufgaben aus dem Gesamtgebiete der auf Landesgesetz beruhenden knappschaftlichen Versicherung durch Anordnung der Landesregierung erhalten, insbesondere die Entscheidung über die aus der knappschaftlichen Versicherung sich ergebenden Streitigkeiten für die in manchen Bundesstaaten keine besonderen Behörden oder Gerichte bestehen. Gegenüber den Trägern der Unfallversicherung und denen der Invaliden- und Hinterbliebenenversicherung haben die Versicherungsämter keine Aufsichtsbefugnis (§§ 722, 723, 985, 986, 1158, 1381, 1382).

Versicherungsämter als selbständige Behörden.

§ 38. In Bundesstaaten, in denen die Einrichtung der Landesbehörden die Errichtung der Versicherungsämter bei den unteren Verwaltungsbehörden nicht zuläßt, und nur ein Oberversicherungsamt besteht, können die Versicherungsämter auch als selbständige Behörden errichtet werden. Das Nähere bestimmt die oberste Verwaltungsbehörde.

Vgl. § 84 Abs. 3 KVG.; § 3 Abs. 1, Satz 3 HG.

Der § 38 durchbricht das Prinzip des § 36, indem er die Errichtung selbständiger Versicherungsämter ausnahmsweise zuläßt. Diese Bestimmung ist ein Überbleibsel der im Regierungsentwurf vorgesehenen Sonderversicherungsämter für Betriebsverwaltungen der Bundesstaaten usw. Die jetzige erst vom Plenum bestimmte Fassung des § 38 ist auf einen Wunsch der Hamburger Regierung zurückzuführen, die mit Rücksicht auf die besonderen Verhältnisse in Hamburg darauf großen Wert legte. In Hamburg stehen nämlich alle Behörden unmittelbar unter dem Senat, Mittelbehörden gibt es dort nicht. Aus diesem Grunde ist dort die Möglichkeit sehr erwünscht, die Versicherungsämter als selbständige Behörden errichten zu können.

2. Zusammensetzung.

Vorsitzender und Stellvertreter.

§ 39. Der Leiter der unteren Verwaltungsbehörde ist der Vorsitzende des Versicherungsamts. Es werden ein oder mehrere ständige Stellvertreter des Vorsitzenden bestellt. Zum Stellvertreter kann bestellt werden, wer durch Vorbildung und Erfahrung auf dem Gebiete der Arbeiterversicherung geeignet ist.

Die Bestellung bedarf der Zustimmung des Oberversicherungsamts, soweit nicht die ständigen Stellvertreter nach Landesrecht wie die höheren Verwaltungsbeamten bestellt werden.

Ist das Versicherungsamt bei einer gemeindlichen Behörde errichtet, so bestellt die Stellvertreter des Vorsitzenden der Gemeindeverband, dessen Bezirk den des Versicherungsamts umfaßt. Wo das Landesgesetz für die Wahl höherer gemeindlicher Beamter eine Bestätigung vorschreibt, gilt es auch für die Bestellung der Stellvertreter des Vorsitzenden des Versicherungsamts.

Neu.

Vgl. § 81 Abs. 1, 2 IVG.

Der Regierungsentwurf beabsichtigte, dem Vorsitzenden des Versicherungsamts die Bezeichnung „Versicherungsamtmann“ zuzulegen, und zwar für alle Versicherungsämter des ganzen Reiches „damit trotz des starken Wanderns der Bevölkerung jedermann an jedem Ort sofort weiß, an wen er sich in Versicherungssachen zu wenden hat“. Auch sollte hierdurch in einer in die Augen fallenden Form eine besondere Karriere für Versicherungs-Verwaltungsbeamte geschaffen werden. Durch die in der Kommission vorgenommenen Änderungen werden diese beiden Ziele jedoch nicht ausgeschaltet, wenn sie auch nicht so klar wie in dem Regierungsentwurf zum Ausdruck gelangen. Der oder die Stellvertreter des Vorsitzenden müssen die Aufgaben erfüllen, die dem Versicherungsamtmann zugedacht waren, während der Leiter der unteren Verwaltungsbehörde in der Regel von den Versicherungsangelegenheiten sich fernhalten dürfte. Wo der oder die Stellvertreter durch die Versicherungsgeschäfte nicht voll beschäftigt werden, können sie nebenamtlich oder hauptamtlich noch andere Dienstgeschäfte führen; sie werden ihm im allgemeinen von der Behörde zugewiesen, der das Versicherungsamt angegliedert ist (Begr.).

Wer befähigt ist, das Amt eines stellvertretenden Vorsitzenden des Versicherungsamts zu bekleiden, wird nur ganz allgemein angedeutet. Es ist mithin nicht die Ablegung irgendwelcher bestimmter Examen Vorbedingung, ebensowenig juristisches Studium. Für Volkswirte dürfte sich hier ein weites Gebiet sozial wertvoller Betätigung eröffnen.

Der Staatssekretär des Innern betonte in der Kommissionsberatung, daß die Bestellung eines ständigen Stellvertreters obligatorisch gemacht werden sollte. Entweder könnte man staatliche oder gemeindliche Behörden zu Trägern des Versicherungsamts machen; wenn dieses an staatliche Behörden angegliedert werde, dann bestelle selbstverständlich der Staat den Vorsitzenden und den Stellvertreter, ohne daß es einer besonderen neuen Vorschrift bedürfe; bei einer Angliederung an eine Gemeindebehörde bestelle der Gemeindeverband sie; auch für diesen Fall genügten die bestehenden Vorschriften für die Ernennung der Beamten des Kreisausschusses und der kreisfreien Städte, so daß es auch hier keiner neuen Bestimmungen bedürfe. Diese Regelung entspreche der Organisation der Bundesstaaten, in die man nicht eingreifen wolle, auch werde diese Regelung zu keinen Schwierigkeiten führen. Die Versicherungsämter werden in Preußen häufig an die Landratsämter angegliedert. Allerdings seien die Landratsämter zugleich untere staatliche und gemeindliche Verwaltungsbehörden. Die Angliederung der Versicherungsämter an sie könne aber nur in der einen oder in der anderen Eigenschaft erfolgen und hiernach werde sich auch die Befugnis, den Stellvertreter zu bestellen, bestimmen. Ein Eingriff in diese Regelung erscheine staatsrechtlich unmöglich.

Der Staatssekretär des Innern führte auch bei dieser Gelegenheit über die eigentlichen Ziele der Gesetzgebung eingehend aus, daß die gesamten Angelegenheiten der Arbeiterversicherung in einer Hand vereinigt und so je demselben Beamten zur Erledigung zugewiesen werden sollten, der in die Lage käme, eine umfassende Erfahrung in diesen Geschäften zu gewinnen und ihre gleichmäßige Erledigung nach einheitlichen Gesichtspunkten zu gewährleisten.

Vorsitzender und Stellvertreter des V. Amts dürfen nach § 13 Abs. 3 kein Ehrenamt bei den Versicherungsträgern bekleiden.

Versicherungsvertreter.

§ 40. In den vom Gesetze bestimmten Fällen sind als Beisitzer des Versicherungsamts Versicherungsvertreter beizuziehen.

Sie werden je zur Hälfte aus Arbeitgebern und aus Versicherten entnommen.

Vgl. § 61, § 81 Abs. 1 IVG.

In den betreffenden Fällen des Abs. 1 haben die Redaktoren der RVO. dem Wort Versicherungsamt in Klammern das Wort Beschlußausschuß oder Spruchausschuß beigefügt. Der Spruch- oder Beschlußausschuß ist dann ausdrücklich für zuständig erklärt. Ferner handelt es sich um die Fälle der §§ 1602, 1618, 1632, 1633.

Von der Mitwirkung des Laienelements bezw. von Vertretern der Interessenten gerade in der untersten Behördeninstanz ist wie bisher eine größere Popularisierung der gesamten Sozialversicherung zu erwarten.

Die Bezeichnung Versicherungsvertreter ist neu; es fallen darunter die Vertreter der Versicherten wie der beteiligten Unternehmer.

Zahl. Verbot mehrerer Ämter.

§ 41. Ihre Zahl beträgt zusammen mindestens zwölf; sie kann vom Versicherungsamte mit Genehmigung des Oberversicherungsamts sowie von diesem nach Anhören des Versicherungsamts erhöht werden.

Ein Versicherungsvertreter darf nicht zugleich besoldeter Beamter des Versicherungsamts oder Versicherungsvertreter bei einem andern Versicherungsamt oder Beisitzer bei einem Oberversicherungsamt oder nichtständiges Mitglied des Reichs- oder eines Landesversicherungsamts sein.

Vgl. §§ 61, 82, 87 IVG.

Dem Grundsatz kollegialer Selbstverwaltung unter Beteiligung der Unternehmer wie der Arbeiter mit gleicher Stimmenzahl wird, so führt die Begr. aus, durch diesen Paragraph Rechnung getragen. Die Mindestzahl kann je nach Bedürfnis erhöht werden. Auf der einen Seite muß ihre Zahl groß genug sein, damit der einzelne Versicherungsvertreter nicht zu häufig für diese ehrenamtliche Tätigkeit herangezogen und von seiner Berufsarbeit abgezogen wird. Auf der anderen Seite darf sie nicht zu groß werden, damit der einzelne Versicherungsvertreter nicht zu selten an Sitzungen teilnimmt und sich daher überhaupt nicht einarbeitet. Um diesen gegenteiligen Erwägungen ausreichend Rechnung zu tragen, hat der Oberversicherungsamt (wie bisher mangels besonderer Versicherungsbehörden die oberste Verwaltungsbehörde) die Befugnis, die Zahl zu erhöhen.

Die Vorschrift des § 62 Abs. 3 des IVG., wonach die Vertreter nicht Mitglieder des Vorstands einer V. Anstalt sein durften, ist beseitigt. Es erscheint vielmehr erwünscht, besonders sachkundige Männer, wie es die Vorstandsmitglieder von Versicherungsträgern zu sein pflegen, zu Versicherungsvertretern zu haben. Gegen etwa mögliche Mißbräuche schützen die §§ 1621, 1641 Nr. 7.

Eine Wahl, die gegen Abs. 2 verstößt, ist ungiltig (unrichtig die Begründung').

Unzulässig ist sowohl die Vereinigung eines besoldeten Amtes und eines Ehrenamtes bei derselben Versicherungsbehörde, als auch die von Ehrenämtern bei verschiedenen Versicherungsbehörden in einer Person.

Wahlberechtigte.

§ 42. Die Versicherungsvertreter werden von den Vorstandsmitgliedern der Krankenkassen gewählt, die im Bezirke des Versicherungsamts mindestens fünfzig Mitglieder haben.

An der Wahl nehmen ferner teil die Vorstandsmitglieder der

1. knappschaftlichen Krankenkassen,
2. Ersatzkassen,

3. Seemannskassen und anderen obrigkeitlich genehmigten Vereinigungen von Seeleuten zur Wahrung ihrer Rechte,

soweit sie im Bezirke des Versicherungsamts mindestens fünfzig Mitglieder haben; die Ersatzkassen und die außerhalb des Bezirkes des Versicherungsamts seßhaften Kassen außerdem nur, wenn sie ihre Beteiligung an der Wahl dem Wahlleiter rechtzeitig anmelden und die Zahl ihrer Mitglieder in diesem Bezirke nachweisen.

An Stelle der Vertreter der Versicherten im Vorstande wählen

bei den knappschaftlichen Krankenkassen die für den Bezirk des Versicherungsamts zuständigen Knappschaftsältesten,

bei den Ersatzkassen, die örtliche Verwaltungsstellen haben, die Geschäftsleiter der für den Bezirk des Versicherungsamts zuständigen örtlichen Verwaltungsstellen.

Vgl. §§ 61, 62, 82 IVG.

Bei den Wahlvorschriften ist davon ausgegangen, daß die Versicherungsämter in den drei Versicherungszweigen (§ 1) Aufgaben zu erfüllen haben und dementsprechend das Wahlrecht mit Rücksicht hierauf zu bemessen ist, daß aber, um das Wahlgeschäft nicht unnötig zu erschweren, die Versicherten und ihre Arbeitgeber als Angehörige der Krankenversicherung (einschließlich ihres Ersatzes) zu wählen haben, weil dies dem bisher üblichen und bewährten Verfahren für die Wahl der Vertreter der Arbeitgeber und der Versicherten bei der unteren Verwaltungsbehörde entspricht, und weil allein für die Krankenversicherung zu Wahlkörpern geeignete örtliche Organisationen vorhanden sind. Gegenüber dem Invalidenversicherungsgesetze fällt dabei künftig das Wahlrecht der Gemeindeverwaltungen oder Kommunalverbände weg, da alle Versicherungspflichtigen, mit Ausnahme der Seeschiffsbesatzungen (§ 165 Abs. 1 Nr. 7), infolge des Kassenzwanges einer Krankenkasse angehören werden. Die Hauptwahlkörper sind demnach die Vorstände der vier Krankenkassenarten (§ 225). Gegenüber den bisher geltenden Vorschriften, die das Wahlrecht der Kassen mit ihrem Sitze in Beziehung brachten und dadurch mitunter zu Unbilligkeiten geführt haben, wird es durchgehends nach dem Mitgliederkreise bemessen. (Begr.)

Im Gegensatz zu dem bisherigen § 62 IVG. wählt künftig jedes einzelne Vorstandsmitglied, nicht mehr der Kassenvorstand, korporativ. Die Gemeindeverwaltungen und Kommunalverbände haben nicht mehr das Wahlrecht, welches ihnen früher aushilfsweise zustand. Die Wahl erfolgt nach den Grundsätzen der Verhältniswahl (§ 45).

Abs. 2 Nr. 3 trägt dem Umstand Rechnung, daß die Schiffsbesatzung in der Regel nicht der Krankenversicherung unterfällt (§ 165 Nr. 7).

Unklar ist, was unter „fünfzig Mitglieder haben" gemeint ist. Es kann dabei sowohl an den Wohnsitz wie an den Beschäftigungsort der Mitglieder gedacht sein. Richtig dürfte es sein, lediglich den Beschäftigungsort entscheiden zu lassen, da dieser in jeder Beziehung für die Krankenversicherung maßgebend ist; dann wird auch doppelte Zahlung vermieden. Vgl. §§ 1637, 1572 Abs. 2, 1614. In den §§ 47 Abs. 1, 49 Abs. 1 wird Wohnsitz und Beschäftigungsort jedoch gleichgestellt.

Der letzte Satz wurde vom Reichstagsplenum zugefügt. In Knappschaftsrevieren, bei denen keine Knappschaftsältesten vorhanden sind, wählen naturgemäß die Vorstandsmitglieder.

Wegen knappschaftlicher Krankenkassen vgl. §§ 495 ff., wegen Ersatzkassen §§ 503 ff.

Stimmenzahl der Kassen.

§ 43. Die Stimmenzahl einer Kasse richtet sich nach ihrer Mitgliederzahl im Bezirke des Versicherungsamts und wird von ihm vor jeder Wahl festgesetzt. Diese Stimmenzahl wird auf die Vorstandsmitglieder und die an ihrer Statt nach § 42 Abs. 3 Wahlberechtigten gleichmäßig verteilt.

Vgl. §§ 61, 62, 82 IVG.

Das nähere bestimmt die Wahlordnung. Bei Streitigkeiten ist das OVA. zuständig (vgl. § 45).

Die Festsetzung der Stimmenzahl erfolgt vor jeder Wahl erneut.

Vgl. auch die Bem. zu § 42 Abs. 3.

Wahlbeteiligung.

§ 44. In den Kassenvorständen nehmen die Mitglieder aus den Arbeitgebern nur an der Wahl der Arbeitgebervertreter, die Mitglieder aus den Versicherten nur an der Wahl der Versichertenvertreter teil.

Vorstände, die keine Arbeitgeber enthalten, nehmen nur an der Wahl der Versichertenvertreter teil.

Bei Kassen der im § 42 Abs. 2 bezeichneten Art, die keine Vertreter der Versicherten im Vorstand haben, wählen sonst bei ihnen vorhandene Arbeitervertreter.

Was von den Vorständen gilt, gilt entsprechend von den an ihrer Statt nach § 42 Abs. 3 Wahlberechtigten.

Vgl. §§ 61, 62, 82 IVG.

Die Vorschriften des § 62 IVG. über die Ausführung der Wahl sind einfach übernommen worden, Abs. 4 wurde im Reichstag in der 2. Lesung zugefügt.

Zu Abs. 2. Beispiel hierfür sind die Ersatzkassen.

Verhältniswahl.

§ 45. Die Wahl geschieht schriftlich und nach den Grundsätzen der Verhältniswahl. Die oberste Verwaltungsbehörde erläßt eine Wahlordnung.

Der Vorsitzende des Versicherungsamts leitet die Wahl.

Bei Streit über die Wahl entscheidet das Oberversicherungsamt endgültig.

Vgl. §§ 63, 82 IVG.

Über die Einrichtung der Verhältniswahl vgl. oben die Ausführungen bei § 15. Muster für Wahlordnungen finden sich im Bd. V abgedruckt.

Wie bei § 15 ausgeführt wurde, kann die Verhältniswahl die verschiedensten Formen annehmen. Die Auswahl unter diesen bleibt der obersten Verwaltungsbehörde vollkommen überlassen, welche in der Wahlordnung entsprechende Vorschriften aufzustellen hat. In diesen werden u. a. folgende Fragen geregelt werden müssen: Aufstellung der Wahllisten mit den Namen der Wahlberechtigten, Aufstellung der Vorschlagslisten (Einreichungsfrist, Höchstzahl der Kandidaten etc.), Bestimmungen über Zulässigkeit der freien bezw. gebundenen Listen, Ausrechnungsverfahren, Verkündung des Ergebnisses u. v. a. Dabei dürfte es sich empfehlen, mehrere Systeme zur Auswahl zu lassen, da für das platte Land sich andere Wahlverfahren eignen als für Industriebezirke und Städte.

Stellvertreter.

§ 46. Für die Versicherungvertreter werden in der gleichen Weise Stellvertreter nach Bedarf bestimmt.

Für Versicherungsvertreter, die vor Ablauf ihrer Wahlzeit ausscheiden, rücken die Stellvertreter ein.

Vgl. §§ 63, 82 IVG.

Die Wahlen der Stellvertreter gehen also ebenfalls nach den Grundsätzen des § 45 vor sich; sie werden im gleichen Wahlgange gewählt wie die Vertreter selbst, d. h. die erforderlichen Personen werden nach der Zahl der Stimmen entnommen.

Wählbarkeit.

§ 47. Wählbar sind nur Männer, die im Bezirke des Versicherungsamts wohnen oder ihren Betriebssitz haben oder beschäftigt werden, und die nicht nach § 12 ausgeschlossen sind.

Wählbar sind nur Versicherte, ihre Arbeitgeber und deren bevollmächtigte Betriebsleiter. Versicherte werden den Arbeitgebern zugerechnet, wenn sie regelmäßig mehr als zwei Versicherungspflichtige beschäftigen.

Bei Versicherungsämtern an der Seeküste können zu Vertretern der Versicherten auch befahrene Schiffahrtskundige gewählt werden, die nicht Reeder, Reedereileiter (Korrespondentreeder, §§ 492 bis 499 des Handelsgesetzbuchs) oder Bevollmächtigte sind.

Vgl. § 4, Abs. 2 HG.; §§ 61, 88, 89 IVG.

Nach der Fassung des Abs. 1 kann dieselbe Person in mehr als einem Bezirk wählbar sein. Eine Doppelwahl ist aber nach § 41 Abs. 2 unzulässig. Vgl. auch Bem. zu § 42.

Die Wählbarkeit von Frauen als Beisitzer der Versicherungsämter ist nach dem Wortlaute ausgeschlossen. Ihre Wählbarkeit war jedoch von den verschiedensten Seiten befürwortet worden. Beachtenswert ist die in den Kommissionsverhandlungen erfolgte Erklärung des Vertreters der verbündeten Regierungen, daß die RVO. den Frauen einen erheblichen Fortschritt bringe und soweit entgegenkomme, daß sie ihnen allgemein zu den Ehrenämtern der Versicherungsträger Wahlrecht und Wählbarkeit einräume und Gelegenheit gebe, ihre berechtigten Interessen bei den Versicherungsträgern unmittelbar wahrzunehmen, also ihr berechtigtes Verlangen einer Mitwirkung an der Selbstverwaltung der Versicherungszweige, an denen die Frauen beteiligt seien, befriedige; übrigens hätten sie hier z. B. bei Krankenkassenwahlen im allgemeinen von ihrem Wahlrecht nur einen bescheidenen Gebrauch gemacht. Dagegen könne auf keinen Fall den Frauen eine Beteiligung an der Ausübung obrigkeitlicher und richterlicher Funktionen zugestanden werden. Diese Grenze sei der Wirksamkeit der Frauen von jeher gezogen worden und sie müsse unter allen Umständen aufrecht erhalten bleiben. Ein Kommissionsmitglied hielt dieser Erklärung entgegen, daß diese Grenze, durch welche die Frauen von der Rechtsprechung ausgeschlossen werden sollten, nicht immer innegehalten worden sei. So sei es zugelassen, Ärztinnen zu Mitgliedern des ärztlichen Ehrenrates, dem ebenfalls rechtsprechende Funktionen oblägen, zu wählen. Hier hätte also die Frau richterliche Funktionen, und das Prinzip sei durchbrochen. Im übrigen forderten sämtliche Frauenorganisationen das volle Wahlrecht der Frau.

Zu Abs. 2 vgl. § 14.

„Befahrene Schiffahrtskundige" sind Personen, die mit den Verhältnissen der Schiffahrt aus eigener Anschauung bekannt sind.

Beteiligung der Versicherungsvertreter an der Unfallversicherung.

§ 48. Die Versicherungsvertreter sollen mindestens je zur Hälfte an der Unfallversicherug beteiligt sein.

Vgl. § 5. HG.

Nachdem die Kreise der Versicherten für die Krankenversicherung und für die Invalidenversicherung in der Hauptsache gleich gestaltet sind, und die Krankenkassen die Wahlkörper für das Versicherungsamt bilden, sollen die Vorschriften des § 48 dafür sorgen, daß die gewählten Versicherungsvertreter auch für die vermehrten Aufgaben aus dem Gebiete der Unfallversicherung geeignet sind. Der § 48 enthält jedoch keine zwingende Vorschrift, die auch nach den Grundsätzen der Verhältniswahl gar nicht vereinbar wäre.

Wohnort und Beschäftigung.

§ 49. Die Versicherungvertreter sollen mindestens je zu einem Drittel am Sitze des Versicherungsamts selbst oder nicht über 10 Kilometer entfernt wohnen oder beschäftigt sein.

Bei der Wahl sollen die hauptsächlichen Erwerbszweige, insbesondere die Landwirtschaft und die verschiedenen Teile des Bezirks berücksichtigt werden.

Die oberste Verwaltungsbehörde kann darüber besonderes oder abweichendes bestimmen.

Vgl. § 4 Abs. 1 HG.; § 62 Abs. 3, § 82 Abs. 2 IVG.

Die Vorschriften des § 49 sind, wie übrigens auch die des vorhergehenden Paragraphen, nur instruktionell. Wo sie nicht durchführbar sind, greift die oberste Verwaltungsbehörde ein, der hierdurch eine sehr weitgehende Vollmacht eingeräumt ist.

Ablehnungsgründe.

§ 50. Die §§ 16, 17, 22 gelten entsprechend; jedoch beschließt über die Zulässigkeit anderer Ablehnungsgründe das Versicherungsamt.

Solange und soweit keine Wahl zustande kommt oder die Gewählten die Dienstleistung verweigern, beruft der Vorsitzende des Versicherungsamts Vertreter aus der Zahl der Wählbaren.

Vgl. § 6 HG.; § 61, § 90 Abs. 1, 3, §§ 94, 97 IVG.

Der angezogene § 16 behandelt die vierjährige Wahlzeit, die Wahldauer des Vertreters und seine Wiederwählbarkeit. § 17 handelt von den Gründen, aus denen eine Wahl abgelehnt werden kann. § 22 bezieht sich auf die Anzeigepflicht der Versicherten bei Einberufung zu Sitzungen und auf den Schutz gegen vorzeitige Kündigung.

Siehe auch Einf.-Ges. Art. 4 Abs. 2.

Ablehnungsstrafe.

§ 51. Wer die Wahl oder die Berufung ohne zulässigen Grund ablehnt, kann vom Vorsitzenden des Versicherungsamts mit Geldstrafe bis zu fünfzig Mark bestraft werden.

Das Versicherungsamt kann einen Vertreter von seinem Amte entbinden, wenn ein wichtiger Grund vorliegt.

Auf Beschwerde entscheidet das Oberversicherungsamt (Beschlußkammer) endgültig.

Vgl. § 61, § 90 Abs. 2 IVG.

Die Strafe ist eine Ordnungsstrafe, die wie Gemeindeabgaben beigetrieben wird (§§ 146, 28) und nicht in Haft umgewandelt werden kann. Vgl. § 59 Abs. 3. Die Beschwerdefrist ist nach § 128 ein Monat.

Versicherte können nach § 17 die Wahl nach freiem Belieben ablehnen, sind also auch nicht nach § 51 strafbar.

Amtsenthebung.

§ 52. Werden von einem Versicherungsvertreter Tatsachen bekannt, die seine Wählbarkeit ausschließen oder eine grobe Verletzung seiner Amtspflicht darstellen, so enthebt der Vorsitzende ihn seines Amtes.

Auf Beschwerde entscheidet das Oberversicherungsamt (Beschlußkammer) endgültig.

Vgl. §§ 61, 91 IVG.

Zu beachten ist, daß es sich um wirkliche Tatsachen handeln muß, wenn eine Amtsenthebung die Folge sein soll. Diese Tatsachen können vor wie nach der Wahl eingetreten sein. Über die Ausschließungsgründe vgl. §§ 12, 47, über die Einlegung der Beschwerde § 128.

Bei Tatsachen, die die Wählbarkeit ausschließen, erlischt das Amt ohne weiteres und hat die Enthebung nur klarstellende Bedeutung; anders bei Pflichtverletzung.

Pflichterfüllung.

§ 53. Der Vorsitzende verpflichtet die Versicherungsvertreter vor ihrer ersten Dienstleistung auf die gewissenhafte Erfüllung ihrer Pflichten.

Der Vorsitzende kann gegen einen Vertreter, der sich der Erfüllung seiner Pflichten entzieht, eine Geldstrafe bis zu dreißig Mark und im Wiederholungsfalle bis zu einhundert Mark verhängen. Er hat die Strafe zurückzunehmen, wenn nachträglich eine genügende Entschuldigung nachgewiesen wird.

Auf Beschwerde entscheidet das Oberversicherungsamt (Beschlußkammer) endgültig.

Vgl. § 64 Abs. 1, § 61, § 90 Abs. 2, § 178 Abs. 1 IVG.

Strafe ist nur bei Entziehung der Pflicht zulässig, nicht etwa schon bei unentschuldigter Verspätung. Die Strafe ist eine Ordnungsstrafe, die wie Gemeindeabgaben beigetrieben wird (§§ 146, 28), aber nicht in Haft umgewandelt werden darf; vgl. § 59 Abs. 3.

Die Beschwerde ist binnen einem Monat einzulegen (§ 128).

Vergütung.

§ 54. Die Versicherungsvertreter verwalten ihr Amt unentgeltlich als Ehrenamt.

Das Versicherungsamt erstattet ihnen ihre baren Auslagen.

Daneben gewährt es den Versichertenvertretern Ersatz für entgangenen Arbeitsverdienst oder statt dessen einen Pauschbetrag für Zeitverlust. Einen solchen Pauschbetrag kann es auch den Vertretern der Arbeitgeber zubilligen. Die Pauschbeträge bedürfen der Genehmigung des Oberversicherungsamts (Beschlußkammer).

Vgl. § 61, § 83 Abs. 3, Satz 1, § 92 IVG.

Arbeitgeber und Versicherte sind, entsprechend dem Vorgang des Gewerbegerichtsgesetzes und des Kaufmannsgerichtsgesetzes, gleichmäßig behandelt; sie erhalten Ersatz ihrer Barauslagen und als Entschädigung einen Pauschbetrag, so daß es also keines Nachweises im einzelnen Falle bedarf. Der Pauschbetrag soll bei den Arbeitgebern den Zeitverlust, bei den Versicherten den entgangenen Arbeitsverdienst im Durchschnitt decken. (Begr.)

Vgl. den ähnlich gefaßten § 21 und die Bemerkungen zu ihm.

Vertrauensmänner.

§ 55. Das Versicherungsamt kann den Vertretern als seinen Vertrauensmännern bestimmte Amtshandlungen auftragen.

Neu.

Über die Verpflichtung der Beauftragten zur Erfüllung der Amtshandlungen (z. B. Erhebungen und Ermittlungen in einer beim Versicherungsamt anhängigen Sache) vgl. § 53 Abs. 2.

3. Ausschüsse.

Vorbemerkung.

Wie bereits oben S. 182 erwähnt, werden bei jedem Versicherungsamte ein oder mehrere Spruchausschüsse und ein Beschlußausschuß gebildet entsprechend der verschiedenen Größe der Aufgabenkreise beider Ausschußarten. Vergl. im übrigen zur Erläuterung des Unterschieds von Spruch- und Beschlußverfahren die Vorbemerkungen zum sechsten Buch.

Spruchausschüsse.

§ 56. Jedes Versicherungsamt bildet einen oder mehrere Spruchausschüsse für die Sachen, die dieses Gesetz dem Spruchverfahren überweist.

Der Spruchausschuß besteht aus dem Vorsitzenden des Versicherungsamts und je einem Versicherungsvertreter der Arbeitgeber und der Versicherten.

Vgl. § 59 IVG. Vgl. hierzu Art. 7 Abs. 2 des Einf.-Ges. für die Übergangszeit.

Das Spruchverfahren greift ein bei Streit über die Leistungen aus der Krankenversicherung § 1636 ff., sowie bei Streit über Erstattungs- und Ersatzansprüche § 1771 ff.

An Stelle des Vorsitzenden kann gemäß § 39 auch dessen Stellvertreter treten.

Beschlußausschuß.

§ 57. Jedes Versicherungsamt bildet einen Beschlußausschuß für die Sachen, die dieses Gesetz dem Beschlußverfahren überweist.

Der Beschlußausschuß besteht aus dem Vorsitzenden des Versicherungsamts und zwei Versicherungsvertretern. Von diesen wählen die Vertreter der Arbeitgeber und der Versicherten je einen nebst mindestens je einem Stellvertreter aus ihrer Mitte in getrennter Wahl nach einfacher Stimmenmehrheit auf vier Jahre.

Neu.

Die Überweisung erfolgt dadurch, daß hinter dem Wort Versicherungsamt das Wort Beschlußausschuß in Klammern zugefügt ist (§ 1781).

Dadurch, daß nur ein einziger Beschlußausschuß bei jedem Versicherungsamt vorhanden ist, sind stets dieselben Personen sowohl von seiten der Unternehmer wie der Arbeiter in ihm tätig, sodaß sie sich mit den in Betracht kommenden Fragen möglichst vertraut machen können, die oft nicht mit dem einzelnen Falle erledigt sind, sondern noch Folgen nach sich ziehen. Die Beschlußausschüsse haben bei der Zusammenlegung der Krankenkassen wichtige, sofort beginnende organisatorische Aufgaben. Für die Übergangszeit vgl. Art. 7 Einf.-Ges. Über das Verfahren siehe Buch 6 §§ 1780 ff. Vgl. auch § 58.

Technische Beamte.

§ 58. Die oberste Verwaltungsbehörde kann bestimmen, wieweit das Versicherungsamt technische staatliche und gemeindliche Beamte seines Bezirks als Beiräte mit beratender Stimme zum Beschlußverfahren zuziehen darf.

Neu.

Als technische Beamte kommen z. B. in Betracht die Beamten der Gewerbepolizei, Kreisärzte, Baubeamte, Stadtkämmerer usw. Nicht erforderlich ist, daß es sich um höhere Beamte handelt, es genügen beispielsweise auch Baubeamte mit Baugewerksschulbildung.

Über die Tragweite des § 58 gab ein Vertreter der verbündeten Regierungen die folgende Erklärung ab: Der Paragraph habe nur den Zweck, im Interesse der Versicherung einen Ausbau des Versicherungsamts in möglichst vielen Richtungen durch Zuziehung technischer Beamten als Berater zu ermöglichen. Die Auffassung, daß durch § 58 die Hinzuziehung von Sachverständigen durch das Versicherungsamt im einzelnen Falle eingeschränkt, etwa an die Zustimmung der obersten Verwaltungsbehörde geknüpft werden könne, entspreche nicht der Absicht des Entwurfs. Die Vernehmung von Sachverständigen im einzelnen Falle werde durch § 58 überhaupt nicht berührt, er eröffne nur die Möglichkeit, dem Versicherungsamte generell eine amtliche Mitarbeit sachverständiger Beisitzer zu schaffen.

Auch der Staatssekretär des Innern führte aus: Der Vorschrift der § 58 liege folgnde Erwägung zu Grunde. Für Fragen technischer Natur werde für das Versicherungsamt ein ständiger Beirat von technischen Beamten — z. B. Kreisbaumeister, Kreisarzt und dergleichen — von großem Vorteil sein. Diese ständige Mitarbeit habe man durch eine besondere Vorschrift ermöglichen müssen, da das Gesetz im übrigen nur die Vernehmung von Sachverständigen im einzelnen Falle regle und da jeder Beamte sonst grundsätzlich jedesmal der Genehmigung seiner vorgesetzten Behörde bedürfe, wenn er außerhalb seiner eigentlichen amtlichen Tätigkeit als Sachverständiger zugezogen werde. In beiden Richtungen schaffe § 58 eine generelle Vorschrift über Zuziehung und Tätigkeit als ständiger Beirat im Beschlußverfahren. Nur diese Erweiterung der im allgemeinen geltenden Bestimmungen bringe § 58 zum Ausdruck.

4. Kosten

Kostentragung.

§ 59. Sämtliche Kosten des Versicherungsamts trägt der Bundesstaat. Ist das Versicherungsamt bei einer gemeindlichen Behörde errichtet, so trägt sie der Gemeindeverband, dessen Bezirk den des Versicherungsamts umfaßt. Ist ein Versicherungsamt für die Bezirke mehrerer unterer Verwaltungsbehörden gemeinsam errichtet, so bestimmt die oberste Verwaltungsbehörde die Kostenverteilung.

Die Versicherungsträger haben die in Spruchsachen (§§ 1591 bis 1674) entstehenden Barauslagen des Verfahrens mit Ausnahme der Bezüge der Versicherungsvertreter zu erstatten, soweit die Barauslagen nicht nach Abs. 3 zu erstatten sind.

In die Kasse des Bundesstaats oder des Gemeindeverbandes (Abs. 1) fließen die Geldstrafen nach § 51 Abs. 1, § 53 Abs. 2, § 1577 Abs. 1, § 1617 Abs. 1, § 1626 Abs. 1, § 1652 Abs. 3, § 1664 Abs. 1 sowie die besonders auferlegten Verfahrenskosten (§ 1802) und die Beiträge nach § 60.

Vgl. § 64 Abs. 3, § 85 Abs. 1 IVG.

Gegenüber der bisherigen Kostenverteilung bei den unteren Verwaltungsbehörden (in der Invalidenversicherung) ist nur insoweit eine Änderung erfolgt, als nach der RVO. der Gerichtsherr die Bezüge der Versicherungsvertreter endgiltig tragen muß. Im übrigen bleibt die Erstattungspflicht wie bisher bestehen.

Barauslagen des Verfahrens sind insbesondere die Kosten der Beweisaufnahmen.

Bei den angeführten Geldstrafen handelt es sich um die folgenden: Geldstrafen für Ablehnung der Wahl oder Berufung zum Versicherungsvertreter ohne zulässigen Grund (§ 51 Abs. 1), Geldstrafen für Pflichtversäumnis eines Versicherungsvertreters (§ 53 Abs. 2), Geldstrafen gegen Zeugen und Sachverständige (§ 1577 Abs. 1, § 1617 Abs. 1, § 1626 Abs. 1, § 1652 Abs. 3), Geldstrafen zur Aufrechterhaltung der Ordnung in den Sitzungen nach §§ 176 bis 182, 184 des Gerichtsverfassungsgesetzes (§ 1664 Abs. 1).

Nach § 1802 können Beteiligten die durch Mutwillen, Verschleppung oder Irreführung veranlaßten Verfahrenskosten ganz oder teilweise auferlegt werden.

Kostenbeitrag der Knappschaftskasse.

§ 60. Sind einem Versicherungsamte nach § 37 Abs 3 Aufgaben aus der knappschaftlichen Versicherung übertragen, so haben die an diesen Aufgaben beteiligten Knappschaftsvereine oder Knappschaftskassen angemessene Beiträge zu den Kosten des Versicherungsamts zu leisten.

Das Oberversicherungsamt setzt die Beiträge fest; gegen die Festsetzung ist die Beschwerde an die oberste Verwaltungsbehörde zulässig.

Neu.

Es ist einfacher, die Knappschaftsvereine oder Knappschaftskassen zu den entsprechenden Beiträgen heranzuziehen, als die möglicherweise recht zahlreichen Betriebe, die hinter jenen stehen. Über den Begriff der knappschaftlichen Versicherung etc. siehe §§ 495 ff.

Die Beschwerde gegen die Entscheidung des OVA.s (nicht Beschlußkammer!) ist binnen einem Monat einzulegen (§ 128).

III. Oberversicherungsämter.

1. Errichtung.

Vorbemerkung.

Seit 1900 besitzen die Invaliden- und die Unfallversicherung besondere Organe als mittlere Instanz in den bisherigen Schiedsgerichten. An die Stelle dieser Schiedsgerichte treten die Oberversicherungsämter; diese werden aber nicht wie jene beschränkt auf die Entscheidung von Renten und Entschädigungsansprüchen, sondern (wie die Begründung ausführt) es werden ihnen auch Verwaltungs- und Aufsichtsgeschäfte überwiesen, die bisher staatlichen Behörden oblagen. Ihr Wirkungskreis wird zudem auf die Hinterbliebenenversicherung und auf die Krankenversicherung ausgedehnt. Endlich wird ihnen, um das RVA. und die obersten Verwaltungsbehörden zu entlasten, und um einen einfacheren und schnelleren Geschäftsgang zu erzielen, in nicht wenigen Fällen die endgültige Entscheidung übertragen. Bedingt schon diese Veränderung des Aufgabenkreises eine Umgestaltung ihrer Organisation, so ist eine solche auch aus dem Grunde erforderlich, weil ihre gegenwärtige Verfassung und besonders ihre Verbindung mit den Landesversicherungs-Anstalten für die Beteiligten unerwünscht ist. Ebensowenig wie die Versicherungsämter können künftig die Oberversicherungsämter irgendwie Einrichtungen der Versicherungsträger sein; sie müssen vielmehr staatliche Behörden sein, wie andere höhere Verwaltungs-, Spruch- und Aufsichtsbehörden, deren Befugnisse in Arbeiterversicherungsangelegenheiten sie übernehmen. Die gleichen Gründe, die für eine Anlehnung der Versicherungsämter an die unteren Verwaltungsbehörden sprechen, forden in noch stärkerem Maße, daß die Oberversicherungsämter in der Regel an die höheren Verwaltungsbehörden angeschlossen werden.

In Krankenkassenangelegenheiten sind die Oberversicherungsämter im allgemeinen Aufsichtsbehörden zweiter Instanz; in erster Instanz entscheiden sie über Errichtung und Änderung von Krankenkassen, soweit dies nicht der obersten Verwaltungsbehörde vorbehalten ist, Genehmigung oder Festsetzung der Satzung und der Dienstordnung, Anstellung der lebenslänglichen Kassenbeamten, Fürsorge für nicht ausreichende ärztliche Hilfe und ähnliches. Über die Träger der Unfall- sowie der Invaliden- und der Hinterbliebenenversicherung steht ihnen kein Aufsichtsrecht zu. Die Befugnis der Landesregierung, den Oberversicherungsämtern Aufgaben aus der knappschaftlichen Versicherung, z. B. die Entscheidung in knappschaftlichen Pensionskassenstreitigkeiten übertragen zu können, entspricht einem Wunsche der Bergverwaltungen und einem in manchen Bundesstaaten schon gegenwärtig für die Schiedsgerichte für Arbeiterversicherung bestehenden Rechtszustande, z. B. in Preußen nach § 186 i des Knappschaftsgesetzes vom 19. Juni 1906.

In der Übergangszeit tritt an die Stelle der OV. Ämter nach Artikel 7 Einf.-Ges. in Spruchsachen das Schiedsgericht, im übrigen die von der obersten Verwaltungsbehörde bestimmten Behörden, ausnahmsweise (Artikel 38 Einf.-Ges.) auch das RVA.

Aufgaben.

§ 61. Die Oberversicherungsämter nehmen nach den Vorschriften dieses Gesetzes die Geschäfte der Reichsversicherung als höhere Spruch-, Beschluß- und Aufsichtsbehörde wahr.

Die Landesregierung kann ihnen noch andere Aufgaben aus der knappschaftlichen Versicherung übertragen.

Neu.

Vgl. die Vorbem.

Wird von Abs. 2 Gebrauch gemacht, so haben die beteiligten Knappschaftsvereine oder Knappschaftskassen (letzteres ist die in Sachsen übliche Bezeichnung für Knappsch. Vereine) angemessene Leistungen zu den Kosten zu leisten, die die oberste Verwaltungsbehörde festsetzt (§ 82).

Abgrenzung.

§ 62. Das Oberversicherungsamt wird in der Regel für den Bezirk einer höheren Verwaltungsbehörde errichtet.

Die oberste Verwaltungsbehörde kann den Bezirk anders abgrenzen.

Die Landesregierungen mehrerer Bundesstaaten können für ihre Gebiete oder Teile davon ein gemeinsames Oberversicherungsamt errichten.

Vgl. § 103 IVG.

Neu.

Die Oberversicherungsämter können im Gegensatz zu den Versicherungsämtern selbständige Behörden sein, müssen dies aber nicht (§ 64). In vielen Fällen, z. B. in Berlin wird ihre Eingliederung in andere Behörden unmöglich oder schwierig. Die OV. Ämter treten an die Stelle der bisher bestehenden Schiedsgerichte. Wie diese verschieden groß gewesen sind, werden auch die OV. Ämter eine verschiedene Ausdehnung erhalten.

Über die Einrichtung der OV. Ämter in Preußen führte in der Kommissionsberatung ein Vertreter der preußischen Staatsregierung aus: Die Oberversicherungsämter würden durchweg an die Regierungen anzugliedern sein, und zwar in ähnlicher Weise wie die Bezirksausschüsse. Die preußische Regierung lege großen Wert darauf, die Oberversicherungsämter nicht als selbständige Behörden zu konstruieren, sondern sie an die bestehenden Verwaltungsbehörden anzugliedern, weil die allgemeine Erfahrung ergeben habe, daß Spezialbehörden, welche auf ein materiell verhältnismäßig eng abgegrenztes Gebiet wie die Arbeiterversicherung beschränkt seien, oft die Fühlung mit dem sonstigen Leben verlören und in eine gewisse Einseitigkeit verfielen, die naturgemäß die Güte ihrer Arbeit nachteilig beeinflusse. Dieser Nachteil werde heutzutage bei von der allgemeinen Verwaltung losgelösten Spezialbehörden, die eine die allgemeine Verwaltung vielfach berührende Tätigkeit auszuüben hätten, im Publikum wie in der Presse aller Parteien gleichmäßig empfunden. Die preußischen Bezirksausschüsse, welche ebenso wie das geplante Oberversicherungsamt zugleich eine verwaltende und eine jurisdiktionelle Tätigkeit ausübten, hätten sich in der Praxis durchaus bewährt und es erscheine dringend empfehlenswert, bei der Einrichtung der Oberversicherungsämter diesem Beispiele zu folgen. Die Unabhängigkeit der Rechtsprechung werde ebenso wie bei den Bezirksausschüssen durch die Bestimmung sichergestellt, daß der Leiter des Oberversicherungsamtes ebenso wie ein Richter unversetzbar angestellt werde.

In Preußen werde von dieser Angliederung des Oberversicherungsamtes an die Regierung nur in einem Fall eine Ausnahme gemacht werden, und zwar für Berlin. Hier werde bei den bekannten ganz besonderen Verhältnissen ein selbständiges Oberversicherungsamt für Berlin und die Vororte zu schaffen sein aus den gleichen Gründen, die zur Schaffung eines selbständigen Bezirksausschusses in Berlin geführt hätten.

Der Bayerische Bundesratsbevollmächtigte setzte auseinander, daß man in Bayern die Einrichtung der Oberversicherungsämter in ähnlicher Weise zu regeln gedenke wie in Preußen. Gegenwärtig sei an jede Kreisregierung ein Schiedsgericht angegliedert, dessen Mitglieder aus den Mitgliedern der Kreisregierung entnommen würden. So solle es auch in Zukunft sein, jeder Kreisregierung solle ein Oberversicherungsamt angegliedert werden, dessen Vorsitzender ein Regierungsdirektor statt eines jetzt als Vorsitzender des Schiedsgerichts funktionierenden Regierungsrates oder Regierungsassessors werden solle.

Über „gemeinschaftliches OVA.“ vgl. auch §§ 65, 113.

Besondere OV. Ämter.

§ 63. Oberversicherungsämter können von der obersten Verwaltungsbehörde auch errichtet werden für

1. Betriebsverwaltungen und Dienstbetriebe des Reichs

oder der Bundesstaaten, die eigene Betriebskrankenkassen haben,

2. Gruppen von Betrieben, für deren Beschäftigte Sonderanstalten die Invaliden- und Hinterbliebenenversicherung besorgen,
3. Gruppen von Betrieben, die Knappschaftsvereinen oder Knappschaftskassen angehören.

Für diese besonderen Oberversicherungsämter gelten § 62 Abs. 1, §§ 72, 73, 80 nicht. Im übrigen gelten für sie die Vorschriften über die Oberversicherungsämter, soweit die §§ 70, 75, 81 nichts anderes vorschreiben.

Ihre Zuständigkeit bestimmt die oberste Verwaltungsbehörde.

Vgl. § 3 Abs. 1, Satz 3 HG.

Der Grundsatz des § 62, nach welchem territoriale OV. Ämter errichtet werden, wird durch § 63 durchbrochen. Nach diesem können in den dort angegebenen Fällen beruflich abgegrenzte OV. Ämter errichtet werden. Tritt dieser Fall ein, so geht der Instanzenzug: Versicherungsamt, besonderes Oberversicherungsamt, Reichs- oder Landesversicherungsamt.

Soweit in dem Gesetz vom OVA. die Rede ist, werden auch die besonderen OV. Ämter hiervon miterfaßt. Die Ausnahme von dieser Regel sind in § 63 Abs. 2 aufgezählt.

Diese besonderen OV. Ämter traten an die Stelle der bisherigen besonderen Schiedsgerichte, können jedoch noch in weiterem Umfange als diese errichtet werden; die obersten Verwaltungsbehörden haben dabei breitesten Spielraum.

Als bisherige besondere Schiedsgerichte für Arbeiterversicherung der knappschaftlichen zugelassenen Kasseneinrichtungen kommen die folgenden in Betracht:

Für Preußen:

Die beiden Schiedsgerichte für Arbeiterversicherung der Norddeutschen Knappschaftspensionskasse in Halle und in Klausthal.

Das Schiedsgericht für Arbeiterversicherung des allgemeinen Knappschaftsvereins Bochum in Dortmund.

Das Schiedsgericht für Arbeiterversicherung des Saarbrücker Knappschaftsvereins in Saarbrücken.

Für Sachsen:

Die Schiedsgerichte für die allgemeine Knappschaftspensionskasse für das Königreich Sachsen (Bergschiedsgerichte) in Zittau, Freiburg i. Sa., Leipzig, Zwickau und Oelsnitz.

An besonderen Schiedsgerichten kommen außerdem in Preußen 20 Schiedsgerichte für die Arbeiterversicherung in den einzelnen Eisenbahndirektionsbezirken in Betracht, ebenso in Bayern, Sachsen, Baden und Hessen je ein Schiedsgericht gleicher Art.

Selbständige und angegliederte OV. Ämter.

§ 64. Die oberste Verwaltungsbehörde kann die Oberversicherungsämter an höhere Reichs- oder Staatsbehörden angliedern oder als selbständige Staatsbehörden errichten.

Neu.

Die OV. Ämter sind Reichsbehörden und ihre Beamten Reichsbeamte, wenn es sich um ein selbständiges OVA. handelt, welches als selbständige Reichsbehörde errichtet, oder an eine solche angegliedert wird. In allen anderen Fällen sind die OV. Ämter Staatsbehörden, die beispielsweise in Preußen im Namen des Königs Recht sprechen.

Sitz des OV. Amts.

§ 65. Die oberste Verwaltungsbehörde bestimmt den Sitz des Oberversicherungsamts.

Bei einem gemeinsamen Oberversicherungsamt ist die Zustimmung der beteiligten Landesregierungen erforderlich.

Neu.

Über „gemeinsames OVA." siehe § 62 Abs. 2.

Veröffentlichung.

§ 66. Die oberste Verwaltungsbehörde teilt Sitz und Bezirk aller Oberversicherungsämter ihres Bereichs binnen einem Monat nach deren Errichtung oder Änderung dem Reichsversicherungsamte zur Veröffentlichung mit.

Vgl. § 105 IVG.

Die Art und Weise der Veröffentlichung bleibt dem RVA. überlassen.

Vorsitzender und Stellvertreter.

§ 67. Wird das Oberversicherungsamt an eine höhere Reichs- oder Staatsbehörde angegliedert, so ist ihr Leiter zugleich der Vorsitzende. Als sein ständiger Stellvertreter wird ein Direktor des Oberversicherungsamts bestellt.

Neu.

Der Direktorposten soll nach einer Erklärung des Staatssekretärs des Innern im Reichstag nicht an Assessoren gegeben werden, sondern an „angemessene Beamte in angemessenen Stellungen", und zwar dürften für Preußen Oberregierungsräte, für Bayern Regierungsdirektoren in Frage kommen. Einen Richter im Nebenamt zum Direktor zu ernennen dürfte schon auf Grund des § 70 unzulässig sein. Der Direktor muß zweifellos im Hauptamt ernannt werden.

Die RVO. unterscheidet zwischen dem Direktor des OVA. und dem Vorsitzenden des OVA.; bei einem angegliederten OVA. ist ausdrücklich ein Eingreifen der letzteren bei besonders wichtigen Aufgaben vorgesehen. Vgl. z. B. § 1640.

Vorsitzender muß stets eine physische Person sein, eine juristische Person, z. B. die Polizeikommission einer Hansestadt kann nicht als Vorsitzender fungieren.

2. Zusammensetzung.

Mitglieder und Beisitzer.

§ 68. Das Oberversicherungsamt besteht aus Mitgliedern und Beisitzern.

Vgl. § 104 Abs. 1 IVG.

§ 69. Das Oberversicherungsamt hat außer dem Direktor mindestens noch ein Mitglied zugleich als dessen Stellvertreter.

Für jedes Mitglied wird mindestens ein Stellvertreter bestellt.

Die Mitglieder werden im Hauptamt oder für die Dauer des Hauptamts aus der Zahl der öffentlichen Beamten, der Direktor auf Lebenszeit oder nach Landesrecht unwiderruflich ernannt.

Vgl. § 104 Abs. 2 IVG.

Die OVÄmter haben gegenüber den bisherigen Schiedsgerichten erweiterte Aufgaben. Sie haben in vielen Fällen, namentlich in Beschlußsachen, endgültig zu entscheiden. Hieraus erklärt sich die Bestimmung des Abs. 1.

Die Bestimmungen des Abs. 3 wollen die Bedeutung des OVA.s heben und seine Unabhängigkeit stärken.

Vgl. auch § 70.

Stellung der Mitglieder.

§ 70. Die oberste Verwaltungsbehörde kann bestimmen, daß dem Direktor noch andere Dienstgeschäfte übertragen werden, und daß die übrigen Mitglieder sowie bei besonderen Oberversicherungsämtern auch der Direktor das Amt im Nebenberuf ausüben.

Neu.

Der Direktor darf also, vom besonderen OVA. (§ 63) abgesehen, nicht im Nebenamte tätig sein.

Beisitzerwahl.

§ 71. Die Beisitzer werden je zur Hälfte aus Arbeitgebern und Versicherten gewählt.

Die Zahl der Beisitzer beträgt vierzig; sie kann von der obersten Verwaltungsbehörde erhöht oder vermindert werden.

Ein Beisitzer darf nicht zugleich nichtständiges Mitglied des Reichs- oder eines Landesversicherungsamts sein.

Vgl. §§ 4, 5, 6 HG.; § 104 Abs. 3, 5 IVG.

Die Vorschrift des § 104 Abs. 5 Nr. 1 des Invalidenversicherungsgesetzes, daß die Beisitzer des Oberversicherungsamts nicht Vorstandsmitglieder der Versicherungsanstalten sein dürfen, ist aus den zu § 41 angestellten Erwägungen nicht übernommen. Die Vorschrift des Abs. 3 sorgt in Ergänzung zu § 41 Abs. 2 dafür, daß niemand gleichzeitig in der unter- und der übergeordneten Versicherungsbehörde als Laie tätig sein kann.

Über nichtständige Mitglieder des RVA.s bezw. des LV. Amts vgl. §§ 87 ff., 106 ff.

Vertrauensberufsgenossenschaften.

§ 72. Die gewerblichen Berufsgenossenschaften, die Seeberufsgenossenschaft und die Ausführungsbehörden bestimmen für jedes Oberversicherungsamt eine Berufsgenossenschaft oder Ausführungsbehörde, die ihr Wahlrecht (§ 73 Abs. 1) wahrnimmt. Kommt keine Übereinstimmung zustande, so bestimmt das Reichsversicherungsamt das nähere.

Die Namen dieser Vertrauensberufsgenossenschaften und Vertrauensausführungsbehörden sind dem Reichsversicherungsamt mitzuteilen und von diesem zu veröffentlichen.

Vgl. §§ 4, 5, 6 HG.; § 104 Abs. 3, 5 IVG.

Es steht den Versicherungsträgern frei, in welcher Weise sie die Vertrauens-BG. bestimmen wollen. Die landwirtsch. BG.en sind nicht beteiligt, weil regelmäßig nur eine in Frage kommen wird (vgl. § 73).

Wahlordnung und Verhältniswahl.

§ 73. Die Beisitzer aus den Arbeitgebern werden zur Hälfte von den Arbeitgebermitgliedern im Ausschuß der zuständigen Versicherungsanstalt und zur Hälfte von den Vorständen der zuständigen landwirtschaftlichen und Vertrauensberufsgenossenschaft gewählt; ist eine Vertrauensausführungsbehörde bestimmt, so wählt sie an Stelle des Vorstandes der Vertrauensberufsgenossenschaft. Das Reichsversicherungsamt erläßt eine Wahlordnung.

Die Beisitzer aus den Versicherten werden von den Versichertenvertretern bei den Versicherungsämtern des Bezirkes des Oberversicherungsamts nach den Grundsätzen der Verhältniswahl gewählt. Die Stimmenzahl der Versichertenvertreter wird nach der Zahl der Krankenkassenmitglieder des Bezirks ihres Versicherungsamts (§ 43) von dem Oberversicherungsamte festgesetzt. Die oberste Verwaltungsbehörde erläßt eine Wahlordnung.

Vgl. §§ 4, 5, 6 HG.; § 104 Abs. 3, 5 IVG.

Über die Verhältniswahl vgl. bei § 15.

Siehe ferner das Wahlschema am Ende dieses Buches.

Sonderanstalten haben sich an der Wahl der Arbeitgeberbeisitzer nicht zu beteiligen.

§ 43 regelt die Stimmenzahl einer Kasse.

Im Gegensatz zum bisherigen Recht haben die Unfallversicherungsträger nicht nur ein Vorschlags-, sondern ein eigentliches Wahlrecht. Anders als bisher werden auch die Beisitzer nicht mehr wie die der Schiedsgerichte von den Ausschußmitgliedern der Versicherungsanstalten gewählt.

Zu vergleichen über den Ausschuß der Versicherungsanstalt § 1351, über den Vorstand der Berufsgenossenschaft §§ 685, 975, über Vertrauensberufsgenossenschaften § 72.

Schriftliche Wahl.

§ 74. Die Wahl geschieht schriftlich. Der Direktor des Oberversicherungsamts leitet die Wahl.

Bei Streit über die Wahl entscheidet das Oberversicherungsamt (Beschlußkammer) endgültig.

Neu.

Daß die Wahl geheim stattfindet, ist nicht vorgeschrieben. Alles Nähere bestimmt die Wahlordnung nach § 73 Abs. 1.

Beisitzer für besondere OV. Ämter.

§ 75. Die Arbeitgeberbeisitzer für ein besonderes Oberversicherungsamt werden von den Arbeitgebervorstandsmitgliedern der Betriebskrankenkasse oder der Sonderanstalt oder der Knappschaftsvereine oder Knappschaftskassen gewählt; sind in einem Vorstand keine Arbeitgebervertreter vorhanden, so wählen die in einem anderen Verwaltungsorgan vorhandenen Arbeitgebervertreter.

Die Versichertenbeisitzer werden nach den Grundsätzen der Verhältniswahl von den Versicherten-Ausschußmitgiedern der Betriebskrankenkasse oder der Sonderanstalt oder von den Knappschaftsältesten gewählt; soweit Knappschaftsvereine oder Knappschaftskassen als Sonderanstalt zugelassen sind oder zu einer Sonderanstalt gehören, wählen auch hier die Knappschaftsältesten; soweit eine Sonderanstalt keinen Ausschuß hat, wählen die in einem anderen Verwaltungsorgan vorhandenen Versichertenvertreter.

Die oberste Verwaltungsbehörde bestimmt das Nähere.

Neu.

Über die Verhältniswahl siehe bei § 15, über besondere OVA. § 63.

Vgl. ferner das Wahlschema am Ende dieses Buchs.

Entsprechende Anwendung.

§ 76. Die §§ 46 bis 48, 49 Abs. 2, 3, §§ 50 bis 54 gelten entsprechend für Wahl, Rechte und Pflichten der Beisitzer sowie ihrer Stellvertreter. Jedoch gehen Beschwerden (§ 51 Abs. 3, § 52 Abs. 2, § 53 Abs. 3) an die oberste Verwaltungsbehörde; Geldstrafen (§ 51 Abs. 1, § 53 Abs. 2) können bis zu dreihundert Mark festgesetzt werden.

Neu, s. auch § 4, 5, 6 HG.; § 104 Abs. 3, 5 IVG.

Die angezogenen §§ 46 bis 54 regeln folgende Angelegenheiten: § 46 Wahl und Nachrücken der Stellvertreter; ob und in welchem Umfang für Stellvertreter ein Bedürfnis besteht, entscheidet die oberste Verwaltungsbehörde. § 47 Wählbarkeit. § 48 Beteiligung der Unfallversicherung. § 49 Berücksichtigung der Haupterwerbszweige und der Entfernung vom Sitze des Oberversicherungsamts; die oberste Verwaltungsbehörde kann diese Vorschriften abändern. Gemäß § 50 Wahlzeit, Wahldauer und Wiederwählbarkeit (§ 16); Ablehnungsgründe (§ 17). Anzeigepflicht der Versicherten bei Einberufung zu Sitzungen und Schutz gegen vorzeitige Kündigung (§ 22). Zulässigkeit anderer Ablehnungsgründe und Einberufung durch den Direktor (§ 50); § 51 Geldstrafe bei unberechtigter Ablehnung, abweichend bis zu dreihundert Mark, Amtsentbindung, Beschwerde geht abweichend an die oberste Verwaltungsbehörde. § 52 Amtsenthebung. § 53 Dienstverpflichtung, Geldstrafe bei unentschuldigter Pflichtversäumnis, abweichend bis zu dreihundert Mark. § 54 Entschädigung für die Tätigkeit im Oberversicherungsamt.

3. Kammern.

Spruchkammer.

§ 77. Jedes Oberversicherungsamt bildet eine oder mehrere Spruchkammern für die Sachen, die dieses Gesetz dem Spruchverfahren überweist.

Die Spruchkammer besteht aus einem Mitglied des Oberversicherungsamts als Vorsitzenden und je zwei Beisitzern der Arbeitgeber und der Versicherten.

Vgl. § 106 Abs. 3 IVG.

Vgl. hierzu die Ausführungen oben S. 203 ff.

Über die Zuständigkeit siehe bei § 1675 ff.

Die Spruchkammern werden zusammengesetzt wie bisher die Schiedsgerichte.

Ein Vertreter der verbündeten Regierungen erklärte: Es herrsche allseitig Übereinstimmung, daß in dem Oberversicherungsamt eine möglichst vertrauenswürdige Behörde geschaffen werden müsse. Diesem Gedanken habe man auch schon Rechnung getragen, insbesondere werde der Vorsitzende des Oberversicherungsamts regelmäßig ein bewährter Beamter sein. Irrig sei die Befürchtung, daß in Vertretung des Vorsitzenden vielleicht ein unerfahrener Assessor mit dem Vorsitz in der Spruchkammer betraut werden könne.

Jede andere Zusammensetzung als die vom Gesetz verlangte, bildet hier wie in den analogen Paragraphen über die Besetzung der verschiedenen Kammern einen wesentlichen Mangel des Verfahrens.

Wegen der dem Spruchverfahren überwiesenen Sachen vgl. §§ 1675 ff., 1771 ff. Das Verfahren ist in den §§ 1675 ff. und der Kaiserl. Verordnung über das Verfahren (§ 35 Abs. 2) geregelt.

Über die Zuziehung der Beisitzer vgl. §§ 1684, 1685.

Beschlußkammern.

§ 78. Jedes Oberversicherungsamt bildet eine oder mehrere Beschlußkammern für die Sachen, die dieses Gesetz dem Beschlußverfahren überweist.

Die Beschlußkammer besteht aus dem Vorsitzenden des Oberversicherungsamts, einem zweiten Mitglied und zwei Beisitzern. Von diesen wählen die Beisitzer der Arbeitgeber und der Versicherten je einen nebst mindestens je einem Stellvertreter aus ihrer Mitte in getrennter Wahl nach einfacher Stimmenmehrheit auf vier Jahre.

Bei Stimmengleichheit gibt der Vorsitzende den Ausschlag.

Vgl. § 106 Abs. 3 IVG.

Bei den OVÄmtern können im Gegensatz zu den VÄmtern mehrere Beschlußkammern gebildet werden. Ihre Zusammensetzung weicht von der bisherigen der Schiedsgerichte und der künftigen der Spruchkammern ab. Diese Kammern haben in erster Linie schwierigere Verwaltungsfragen zu entscheiden und organisatorische Angelegenheiten zu ordnen. Da die Beschlußkammer eine gerade Zahl von Personen enthält, mußte der Vorsitzende für Fälle der Stimmengleichheit den Ausschlag erhalten. Im Bedarfsfalle kann die Beschlußkammer die technischen Beamten der Behörde als Beiräte zuziehen. Über die Heranziehung der Beisitzer zu den Sitzungen schreiben die §§ 1684, 1685 Näheres vor.

Die Zuständigkeit der Beschlußkammern erstreckt sich nicht auf alle Beschlußsachen, sondern nur auf diejenigen, wo sie das Gesetz (durch Beifügung des Zuastzes „Beschlußkammern") vorschreibt oder die der Beschlußausschuß entschieden hat. Der Vorsitzende der Kammer kann ihr auch andere Fragen von grundsätzlicher Bedeutung überweisen (vgl. die §§ 1780, 1781).

4. Aufsicht. Kosten.

Aufsicht.

§ 79. Die oberste Verwaltungsbehörde führt die Aufsicht über das Oberversicherungsamt.

Sie gibt ihm die erforderlichen Hilfskräfte bei und beschafft seine Geschäftsräume.

Die Bureau-, Kanzlei- und Unterbeamten haben die Rechte und Pflichten der Reichs- oder Staatsbeamten, wenn sie im Hauptamt und nicht nur vorübergehend oder zur Vorbereitung beschäftigt werden; das Nähere bestimmt die Landesregierung.

Der Vorsitzende verpflichtet sie auf die gewissenhafte Erfüllung der Amtspflichten, soweit sie nicht bereits durch einen Diensteid verpflichtet sind.

Vgl. § 83 Abs 1, § 98, § 104 Abs. 5, § 107 Abs. 3 IVG. § 33 Abs. 1, Kaiserliche Verordnung betr. das Verfahren vor den Schiedsgerichten für Arbeiterversicherung, vom 22. November 1900 (Sch.-V.).

Die oberste Verwaltungsbehörde führt wie schon bisher über die nicht rein staatlichen Schiedsgerichte auch künftig über die staatlichen OVÄmter die Aufsicht. Mithin ist das Reichsversicherungsamt keine Aufsichtsbehörde der OVÄmter, wenngleich es höhere Instanz ist.

Kostentragung.

§ 80. Sämtliche Kosten des Oberversicherungsamts trägt der Bundesstaat.

Die Versicherungsträger haben für jede Spruchsache, an der sie beteiligt sind, einen Pauschbetrag zu entrichten; wenn in einem Falle Kosten nach Abs. 4 zu erstatten sind, so vermindert sich der Pauschbetrag entsprechend.

Die Pauschbeträge werden vom Bundesrat für jedes Gebiet der Arbeiterversicherung einheitlich für das Reich festgesetzt und von vier zu vier Jahren nachgeprüft. Sie sollen die tatsächlichen Kosten der Oberversicherungsämter ohne die Bezüge der Mitglieder und ihrer Stellvertreter sowie ohne die Gebühren (§ 1803) zur Hälfte decken.

In die Kasse des Bundesstaats fließen die Gebühren nach § 1803, die Geldstrafen nach den §§ 76, 1679 sowie die besonders auferlegten Verfahrenskosten (§ 1802) und die Beiträge nach § 82.

Vgl. §§ 92 bis 94 HG.; § 10 Abs. 1 bis 3 IVG.; § 107 Abs. 1, 2.

Die jetzige Fassung des § 80, der gegenüber dem alten Rechtszustand eine wesentliche Änderung bringt, wurde erst in der dritten Lesung der Kommission nach langwierigen Erörterungen beschlossen.

Nach der Regierungsvorlage ist die Verteilung der Kosten der Oberversicherungsämter die folgende gewesen: die Bundesstaaten sollten die Kosten der Mitglieder und ihrer Stellvertreter, der Geschäftsräume und ¼ der Kosten der Hilfskräfte tragen, die Versicherungsträger dagegen ¾ der Kosten der Hilfskräfte, die ausscheidbaren Kosten des Verfahrens und die übrigen Kosten ganz. Nach den Beschlüssen erster und zweiter Lesung wurden den Bundesstaaten sämtliche Kosten auferlegt. Die jetzige Fassung beruht auf einem Antrag zur dritten Lesung; danach sollen die Bundesstaaten die Kosten der Mitglieder und ihrer Stellvertreter ganz und von allen übrigen Kosten die Hälfte tragen.

Auf eine Anfrage eines Kommissionsmitglieds, ob die nach dem Antrag seitens der Versicherungsträger zu entrichtenden Pauschbeträge in mechanischer Weise für alle Versicherungszweige gleichmäßig, ohne Rücksicht auf das Maß, in welchem sie das Oberversicherungsamt in Anspruch nähmen, festgesetzt werden sollten, erklärte ein Kommissar des Bundesrats, daß diese Pauschbeträge für jeden Zweig der Arbeiterversicherung getrennt und unter Berücksichtigung seiner Eigenart festgesetzt werden sollten; es könnte also für die Krankenversicherungssachen, die allerdings im allgemeinen einfacher lägen als die Streitsachen aus den übrigen Versicherungszweigen, auch ein geringerer Pauschbetrag festgesetzt werden. An Material hierüber fehle es gänzlich. Außerdem sei die Nachprüfung der Pauschsätze von vier zu vier Jahren vorgesehen, wodurch eine Korrektur und damit eine Anpassung der Pauschsätze an die gemachten Erfahrungen möglich sei. Was die Frage nach der finanziellen Wirkung des Antrages anlange, so könne er sagen, daß die Bundesstaaten, die heute rund 500 000 M. Ausgaben für Schiedsgerichte leisteten, unter Zugrundelegung dieses Antrages 1 722 000 M. zu leisten hätten. Um diese Mehrbelastung von 1¼ Millionen Mark würden also die Versicherungsträger entlastet; für die Arbeitgeber und die Versicherten werde aber diese Verschiebung sich nicht fühlbar machen.

§ 1803 bestimmt: In Spruchsachen der Krankenversicherung legt das Oberversicherungsamt dem unterliegenden Teile eine Gebühr auf. Sie beträgt je nach dem Werte des Streitgegenstandes eine bis zwanzig Mark und wird in der Entscheidung festgesetzt. Die Kaiserliche Verordnung über das Verfahren bestimmt darüber Näheres. Die oberste Verwaltungsbehörde regelt die Beitreibung.

§ 1802 bestimmt: Hat ein Beteiligter durch Mutwillen, Verschleppung oder Irreführung Kosten des Verfahrens veranlaßt, so können die Versicherungsbehörden sie ihm ganz oder teilweise auferlegen.

Nach § 1679 gelten die Vorschriften über das Spruchverfahren vor dem Versicherungsamt entsprechend für das Verfahren über die Berufung.

Kosten der besonderen OV. Ämter.

§ 81. Alle Kosten der für Betriebe des Reichs oder Staates errichteten besonderen Oberversicherungsämter fallen den Verwaltungen der Betriebe zur Last. Diesen fließen die Einnahmen (§ 80 Abs. 4) zu.

Alle Kosten der übrigen besonderen Oberversicherungsämter erhält nach Abzug der Einnahmen (§ 80 Abs. 4) der Bundesstaat von den beteiligten Versicherungsträgern ersattet.

Neu.

Bei für Reichs- oder Staatsbetriebe errichteten OVÄmter wird von jeder Einzelverteilung der Kosten abgesehen, während bei den übrigen besonderen OVÄmtern die Unterverteilung den Versicherungsträgern überlassen bleibt.

Zu Abs. 1 vgl. § 63 Nr. 1, zu Abs. 2 § 63 Nr. 2 und 3.

Beteiligte Knappschaftskassen.

§ 82. Sind einem Oberversicherungsamte nach § 61 Abs. 2 Aufgaben aus der knappschaftlichen Versicherung übertragen, so haben die beteiligten Knappschaftsvereine oder Knappschaftskassen angemessene Beiträge zu seinen Kosten zu leisten. Die oberste Verwaltungsbehörde setzt die Beiträge fest.

Neu.

IV. Reichsversicherungsamt. Landesversicherungsämter.

Vorbemerkung.

Das RVA. ist eine Reichsbehörde. Es gehört zum Ressort des Reichsamtes des Innern. Diesem steht die geschäftliche Aufsicht über das RVA., nicht aber die Befugnis zu, in seine instanziellen Entscheidungen einzugreifen.

Das RVA. setzt sich aus (z. Z. 68) ständigen Mitgliedern (den Präsidenten, den Direktoren, den Senatspräsidenten und den sonstigen ständigen Mitgliedern; vgl. § 86) und 32 unständigen Mitgliedern (vgl. §§ 87 ff.) zusammen. Die ständigen Mitglieder sind Reichsbeamte nach dem Gesetz vom 18. Mai 1907 (RGBl. S. 245).

Das RVA. hat bisher unter einer großen geschäftlichen Überlastung zu leiden gehabt. Die RVO. sieht hierin Abhilfe zu bringen, hauptsächlich indem sie Streitigkeiten von untergeordneter Bedeutung seiner Zuständigkeit entzieht. Andererseits bringt sie dem RVA. auch wichtige neue Aufgaben, besonders die Zuständigkeit auf den Gebieten der Kranken- und Hinterbliebenenversicherung.

Nach der RVO. ist das RVA. oberste Spruch-, Beschluß- und Aufsichtsbehörde auf dem gesamten Gebiet der Sozialversicherung. Es hat organisatiorische, richterliche und verwaltungsgerichtliche Obliegenheiten, Verwaltungs- und disziplinare Befugnisse.

Das RVA. bildet Spruchsenate (§§ 98, 99), Beschlußsenate (§ 100) und den großen Senat (§ 101). Außerdem besitzt es eine Rechnungsstelle (§§ 103, 104). Das Verfahren ist hauptsächlich in den §§ 1694 ff. (Revision und Rekurs), 1717 ff. (Wiederaufnahme des Verfahrens), 1771 ff. (andere Spruchsachen), 1780 ff. (Beschlußverfahren) und außerdem durch eine noch nicht erlassene Kaiserliche Verordnung (§ 35 Abs. 2) geregelt.

Nähere Angaben über das RVA. finden sich insbesondere in der „Geschichte und Wirkungskreis des RVA.s“ im III. Band des Handbuchs der Unfallversicherung, Leipzig 1910 (auch als Sonderdruck erschienen).

Über die Landesversicherungsämter und das Verhältnis des RVA.s zu ihnen vgl. §§ 105 ff.

1. Geschäftskreis. Sitz.

Art der Geschäfte.

§ 83. Das Reichsversicherungsamt nimmt nach den Vorschriften dieses Gesetzes die Geschäfte der Reichsversicherung als oberste Spruch-, Beschluß- und Aufsichtsbehörde wahr.

Es hat seinen Sitz in Berlin.

Vgl. § 11 Abs. 1 HG.

Das RVA. ist nicht zuständig für die Organisation der besonderen Versicherungsbehörden, die in Übereinstimmung mit dem Behördenaufbau der einzelnen Bundesstaaten erfolgen muß, und für die Organisation der Krankenversicherung, wo die oberste Verwaltungsbehörde diese Befugnisse hat. Die Zuständigkeit der obersten Verwaltungsbehörde wird jedesmal ausdrücklich in der RVO. vermerkt. Ebenso ist stets darauf hingewiesen, wann das Oberversicherungsamt endgültig entscheidet, also das Reichsversicherungsamt nicht mehr als höhere Instanz in Frage kommt. Vgl. § 894 betr. Ausführungsbehörden und § 1372 betr. Sonderanstalten.

Endgültigkeit der Entscheidungen.

§ 84. Seine Entscheidungen sind endgültig, soweit dieses Gesetz nichts anderes vorschreibt.

Vgl. § 98 HG.; § 15, § 108 Abs. 2 IVG.

Der Grundsatz der Endgültigkeit der Entscheidungen ist nur insoweit durchbrochen, als bei Versagung der Genehmigung einer Satzung oder Satzungsänderung binnen vier Wochen Beschwerde an den Bundesrat zugelassen ist (§§ 681, 683, 796, 973 und 1144 für die Träger der Unfallversicherung, §§ 1339 und 134 für die Versicherungsanstalten).

„Endgültig" bedeutet, daß die Entscheidungen keiner weiteren Anfechtung bei einer höheren Behörde mehr unterliegen. Unter bestimmten Voraussetzungen ist aber auch bei Entscheidungen des RVA.s Wiederaufnahme des Verfahrens bei diesem selbst zulässig (vgl. §§ 1722 ff.).

Mitglieder.

§ 85. Das Reichsversicherungsamt besteht aus ständigen und nichtständigen Mitgliedern.

Vgl. § 11 Abs. 1 HG.

Bei der Zusammensetzung der Beamtenschaft des RVA. hat bisher die Tendenz geherrscht, Bewerber aus allen Teilen des Reichs heranzuziehen und dabei solche zu berücksichtigen, welche nach Ablegung der Staatsprüfung für den höheren Justiz- oder Verwaltungsdienst die wirtschaftlichen Verhältnisse kennen zu lernen Gelegenheit hatten.

Die Zahl der ständigen Mitglieder betrug einschließlich des Präsidenten anfangs 3 und stieg 1891 bis auf 13, betrug aber 1902 bereits 52; 1911 bestand das RVA. abgesehen vom Präsidenten aus 2 Direktoren, 23 Senatsvorsitzenden und 43 sonstigen ständigen Mitgliedern; dazu kommen noch kommissarische Hilfsarbeiter, deren Zahl etwa 10 beträgt.

Dem RVA. gehören auch richterliche Beamte an für die Entscheidung der Rekurs- und Revisionssachen (vgl. hierüber § 99).

Ständige Mitglieder.

§ 86. Der Kaiser ernennt den Präsidenten und die übrigen ständigen Mitglieder auf Vorschlag des Bundesrats auf Lebenszeit.

Aus den ständigen Mitgliedern ernennt der Kaiser die Direktoren und die Senatspräsidenten.

Die übrigen Beamten ernennt der Reichskanzler.

Vgl. § 11 Abs. 2 HG.

Die Bezeichnung Senatspräsident tritt an Stelle der bisherigen Titulatur Senatsvorsitzender, und zwar wurde diese Änderung durch die Kommission beschlossen. Der Antragsteller führte aus, daß das Reichsversicherungsamt auf dem Gebiete der Arbeiterversicherung der höchste Gerichtshof sei, dessen örtliche Zuständigkeit grundsätzlich das Gebiet des ganzen Reiches umfasse, und dessen sachlicher Wirkungskreis wie der anderer höchster Gerichtshöfe in der Ausbildung und Weiterbildung eines einheitlichen deutschen Rechts auf dem gesamten Gebiet der Arbeiterversicherung bestehe, und daß demgemäß seine Stellung auch nach außen hin wie die anderer höchsten Gerichtshöfe, vor allem wie die des preußischen Oberverwaltungsgerichts charakterisiert werden müsse. An allen analogen Gerichtshöfen, den Oberlandesgerichten, dem Reichsgericht, dem Reichsmilitärgericht, den obersten Verwaltungsgerichtshöfen (Oberverwaltungsgericht) führten die Spruchkollegien die Benennung „Senat“ und die Senatsvorsitzenden die Bezeichnung „Senatspräsident“. Das müsse auch für das Reichsversicherungsamt in Anspruch genommen werden und zwar um so mehr, als die Amtsbezeichnung „Senatspräsident“ schon in der Novelle zu den Unfallversicherungsgesetzen vom 30. Juni 1900 vorgesehen gewesen sei; nur die Rücksicht auf die beabsichtigte Verdeutschung der Titel habe zu der Wahl der Bezeichnung „Senatsvorsitzender“ geführt.

Vgl. auch die Vorbemerkung von § 83.

Nichtständige Mitglieder.

§ 87. Das Reichsversicherungsamt hat zweiunddreißig nichtständige Mitglieder. Acht von ihnen wählt der Bundesrat, und zwar mindestens sechs aus seiner Mitte; je zwölf werden als Vertreter der Arbeitgeber und der Versicherten gewählt.

Für die Arbeitgeber und Versicherten werden in der gleichen Weise Stellvertreter nach Bedarf gewählt. Für

Mitglieder, die vor Ablauf ihrer Wahlzeit ausscheiden, rücken die Stellvertreter in der Reihenfolge ihrer Wahl ein.

Vgl. § 11 Abs. 3, § 13 HG.

Infolge der starken Zunahme der Geschäfte hat die Zahl seiner beamteten Mitglieder sehr vermehrt werden müssen, während die gesetzlich gebundene Zahl der nichtständigen Mitglieder aus den Arbeitgebern und den Versicherten unverändert geblieben ist. Es mußte daher die gesetzlich nicht festgelegte Zahl ihrer Stellvertreter außerordentlich vermehrt werden. Dies Mißverhältnis beseitigt die RVO., ohne die finanzielle Belastung des Reichs sonderlich zu steigern. Außerdem sieht sie eine Vermehrung der vom Bundesrat aus seiner Mitte gewählten Mitglieder und zwar um zwei vor; dadurch ist zugleich die Möglichkeit gegeben, den Wünschen einiger Bundesstaaten nach Vertretung im Reichsversicherungsamt stattzugeben.

Die Amtsdauer der jetzigen nichtständigen Mitglieder des RVA. ist durch Bestimmung des Bundesrats vom 2. August 1911 bis zum 31. Dezember 1913 verlängert worden (vgl. auch Art. 4 Einf.-Ges.).

Die Zahl der Stellvertreter bestimmt der Reichskanzler.

Die Vertreter der Arbeitgeber und der Versicherten sind, obgleich ihnen bestimmte Obliegenheiten der Reichsverwaltung übertragen sind, nicht als Reichsbeamte zu betrachten. Ihre Zugehörigkeit zu dem RVA. wird in dem vom RVA. herausgegebenen Handbuch der Unfallversicherung als ein überaus glücklicher Gedanke bezeichnet, in ihnen fand das RVA. die Kräfte, die in verständnisvoller Weise die Vermittlung der hier vertretenen Anschauungen gegenüber den Versicherungsträgern und den Kreisen der Versicherten übernehmen; ohne eine solche weitgehende Mitwirkung der Beteiligten wäre eine sachgemäße Lösung der sozialpolitischen Aufgaben der Versicherung unmöglich gewesen, und würde auch fernerhin undenkbar sein. Auch durch diese Laienmitglieder wird, da sie aus allen Teilen des Reichs stammen, ebenso wie durch die obenerwähnte Auswahl der ständigen Mitglieder die Kenntnis und geeignete Berücksichtigung der verschiedenartigen wirtschaftlichen und sonstigen Lebensverhältnisse aller Gegenden Deutschlands gewährleistet. — Über die Vergütung, welche die nichtständigen Mitglieder erhalten, siehe § 96.

Wahlverfahren.

§ 88. Die Arbeitgeber und die Versicherten werden unter Leitung des Reichsversicherungsamts in getrennter

Wahl schriftlich gewählt, die Versicherten nach den Grundsätzen der Verhältniswahl, die Arbeitgeber nach einfacher Stimmenmehrheit, wobei bei Stimmengleichheit das Los entscheidet.

Der Bundesrat setzt das Stimmenverhältnis der einzelnen Wahlkörper nach der Zahl ihrer Versicherten fest. Er kann bestimmen, wie nach Bezirken zu wählen ist.

Das Reichsversicherungsamt veröffentlicht das Wahlergebnis.

Vgl. § 14 Abs. 1 HG.

Die Bestimmung des Abs. 2 will ermöglichen, daß die verschiedenen Teile des Reichs wie auch die wichtigsten Betriebszweige bei der Zusammensetzung des RVA. Berücksichtigung finden.

Über Verhältniswahl siehe bei § 15.

Arbeitgeberwahl.

§ 89. Sechs von den zwölf Arbeitgebern werden von den Arbeitgebermitgliedern in den Ausschüssen der Versicherungsanstalten und in den entsprechenden Vertretungen der Sonderanstalten gewählt, und zwar

vier aus dem Bereiche der Gewerbe-Unfallversicherung,

zwei aus dem der landwirtschaftlichen Unfallversicherung.

Vgl. § 11 Abs. 3, 4 HG.; § 110 Abs. 3 IVG.

Daß die Arbeitgebermitglieder (vgl. §§ 1351 ff., 1363) in den Ausschüssen der Versicherungsanstalten ein Wahlrecht haben, ist eine Neuerung.

Vgl. die folgenden Paragraphen.

§ 90. Die übrigen sechs Arbeitgeber werden von den Vorständen der Berufsgenossenschaften und den Ausführungsbehörden gewählt, und zwar je aus ihrem Bereiche

vier von den gewerblichen Berufsgenossenschaften und Ausführungsbehörden, davon einer von der See-Berufsgenossenschaft,

zwei von den landwirtschaftlichen Berufsgenossenschaften und Ausführungsbehörden.

Vgl. § 11 Abs. 3, 4 HG.; § 110 Abs. 3 IVG.

Siehe bei § 91.

Versichertenwahl.

§ 91. Die zwölf Versicherten werden von den Versichertenbeisitzern bei den Oberversicherungsämtern gewählt, und zwar

acht aus dem Bereiche der gewerblichen und der See-Unfallversicherung, davon einer aus dem Bereiche der See-Unfallversicherung,

vier aus dem Bereiche der landwirtschaftlichen Unfallversicherung.

Vgl. § 105 HG.; § 11 Abs. 5, § 110 Abs. 3 IVG.

Zu §§ 88—91. Festgehalten wird an der bewährten Verteilung der Mitglieder auf die großen Erwerbsgruppen des Gewerbes und der Landwirtschaft, neben denen nach wie vor die Seeschiffahrt ihrer besonderen Verhältnisse halber eine besondere Berücksichtigung erfordert. Bisher entstammten aus dem Bereiche der gewerblichen Unfallversicherung, aus dem Bereiche der landwirtschaftlichen Unfallversicherung und aus dem Bereiche der See-Unfallversicherung je zwei Arbeitgeber und zwei Versicherte. Für sie sind zur Zeit ernannt aus dem Bereiche der gewerblichen Unfallversicherung 148, aus dem Bereiche der landwirtschaftlichen Unfallversicherung 96 und aus dem Bereiche der See-Unfallversicherung 8 Stellvertreter. Auf die Verschiedenheit des Bedürfnisses, wie sie sich in den Unterschieden dieser Zahlen ausdrückt, mußte bei Vermehrung der nichtständigen Mitglieder Rücksicht genommen werden.

Ein Bedürfnis, die Wahlberechtigung der Beisitzer bei den allgemeinen und den besonderen Oberversicherungsämtern nach ihrer Berufszugehörigkeit auf die Wahl von Versicherten derselben Erwerbsgruppe zu beschränken, liegt nicht mehr vor, nachdem durch §§ 49, 76 für eine angemessene Vertretung der verschiedenen Erwerbsgruppen unter diesen Wahlberechtigten gesorgt ist und § 1706 Abs. 2, § 1781 Abs. 3 eine einschlägige Vorschrift enthält. Sollten sich trotzdem solche Vorschriften als nötig erweisen, so kann sie der Bundesrat nach § 88 Abs. 2 erlassen. (Begr.).

Vgl. § 71.

Wählbarkeit.

§ 92. Wählbar sind nur Männer, die nicht nach § 12 ausgeschlossen sind.

Vgl. § 12 Abs. 1 HG.

Über die Gründe des Ausschlusses der Frauen siehe oben bei § 47. Wegen der sonstigen Erfordernisse der Wählbarkeit vgl. die §§ 93, 94 und auch 41 Abs. 3, 71 Abs. 3.

Wählbarkeit der Arbeitgeber.

§ 93. Wählbar als Arbeitgeber sind die stimmberechtigten Mitglieder der Berufsgenossenschaften, deren gesetzliche Vertreter, die bevollmächtigten Leiter ihrer Betriebe und die Beamten der Betriebe, für die eine Ausführungsbehörde bestellt ist.

Wählbar nach § 89 sind außerdem auch Arbeitgeber, die Mitglied im Ausschuß einer Versicherungsanstalt oder in der entsprechenden Vertretung einer Sonderanstalt sind.

Vgl. § 12 Abs. 2 HG.

Siehe die Bemerkung zu § 94 sowie die §§ 649, 962, 1123, 624, 892, 957, 1119, 1351, 1363.

Wählbarkeit der Versicherten.

§ 94. Wählbar als Versicherte sind die nach diesem Gesetze gegen Unfall Versicherten, ferner Versichertenmitglieder im Ausschuß einer Versicherungsanstalt, auch wenn sie nicht mehr gegen Unfall versichert sind, und für den Bereich der See-Unfallversicherung auch befahrene Schiffahrtskundige, die nicht Reeder, Reedereileiter oder Bevollmächtigte sind.

Vgl. § 12 Abs. 3. HG.

Zu §§ 93 und 94. An den Erfordernissen der Wählbarkeit ist gegenüber dem § 12 des Hauptgesetzes von 1900 nichts geändert. Hinzugefügt ist nur die Wählbarkeit von Personen, die Arbeitgebermitglieder oder Versichertenmitglieder in den Ausschüssen der Versicherungsanstalten oder den entsprechenden Vertretungen der Sonderanstalten sind, weil diesen durch ihre Tätigkeit besonders sachkundigen Personen die Mitwirkung im Reichsversicherungsamt ermöglicht werden soll; dementsprechend ist auch solchen Arbeitgebermitgliedern und solchen Versichertenmitgliedern die Wählbarkeit zuerkannt worden, die nicht an der Unfallversicherung beteiligt sind. Durch § 1641 Nr. 7, §§ 1698, 1701, 1789 ist dafür gesorgt, daß sie bei Beschlüssen oder bei Sprüchen in Sachen nicht mitwirken, bei denen sie als Organe ihrer Anstalt bereits beteiligt gewesen sind.

Siehe § 1351 (Ausschuß einer V. Anst.). Betr. befahrene Schiffahrtskundige siehe bei § 47.

Entsprechende Anwendung.

§ 95. Der § 49 Abs. 2, und die §§ 50 bis 52, 53 Abs. 2, 3 gelten entsprechend; für die Bestrafung (§ 51 Abs. 1, § 53 Abs. 2) und die Amtsenthebung (§ 52) ist jedoch das Reichsversicherungsamt (Beschlußsenat) zuständig; Geldstrafen (§ 51 Abs. 1, § 53 Abs. 2) können bis zu fünfhundert Mark festgesetzt werden.

Vgl. § 14 Abs. 2, 3 HG.

Durch diesen Paragraphen gelten in Übereinstimmung mit den Vorschriften für die OVÄmter für die nichtständigen Mitglieder des RVA. entsprechend die Vorschriften, daß bei der Wahl die hauptsächlichsten Erwerbszweige, insbesondere die Landwirtschaft und die verschiedenen Teile des Bezirks berücksichtigt werden sollen (§ 49 Abs. 2); andere Ablehnungsgründe und Berufung durch den Vorsitzenden, die Wahlzeit und die Wiederwählbarkeit, ferner Anzeigepflicht und Schutz der Versicherten (§ 50 bezw. §§ 16, 17, 22), über die Strafen bei unzulässiger Ablehnung einer Wahl und über die Amtsentbindung (§ 51), über die Amtsenthebung (§ 52), über Geldstrafen bei unentschuldigter Pflichtversäumnis (§ 53 Abs. 2). Die Geldstrafen nach §§ 51, 53 können bis zu fünfhundert Mark festgesetzt werden. Die Bestrafung bei unzulässiger Ablehnung einer Wahl (§ 51 Abs. 1), die Amtsenthebung (§ 52 Abs. 2) muß durch den Beschlußsenat erfolgen, der endgültig entscheidet.

Vergütung.

§ 96. Für die Teilnahme an den Arbeiten und Sitzungen des Reichsversicherungsamts erhalten die nichtständigen Mitglieder eine Jahresvergütung und, sofern sie außerhalb Berlins wohnen, außerdem Ersatz der Kosten für Hin- und Rückreise nach den Sätzen, die für die vortragenden Räte der obersten Reichsbehörden gelten.

Die Stellvertreter erhalten dieselbe Reisevergütung und ein Tagegeld von achtzehn Mark.

Vgl. § 19 Abs. 3 HG.

Die bisher übliche Jahresvergütung für nichtständige Mitglieder und der Reisekostenersatz für außerhalb Berlin wohnende nichtständige Mitglieder ist beibehalten. Das Gleiche gilt für die Entschädigung der Stellvertreter, wobei nur das bisher übliche Tagegeld von achtzehn Mark zur Klarstellung ziffernmäßig festgelegt ist.

Bisher erhalten die nichtständigen Mitglieder eine feste Jahresvergütung von 1500 Mark für die Teilnahme an den Arbeiten und Sitzungen des RVA.

Verpflichtung.

§ 97. Der Reichskanzler verpflichtet die vom Bundesrate gewählten nichtständigen Mitglieder, die übrigen und ihre Stellvertreter der Präsident des Reichsversicherungsamts vor ihrer ersten Dienstleistung auf die gewissenhafte Erfüllung ihrer Pflichten.

Vgl. Kaiserliche Verordnung, betr. den Geschäftsgang und das Verfahren des Reichsversicherungsamts, vom 19. Oktober 1900 (V.) § 8.

Entsprechend den §§ 53, 76 enthält § 97 eine Vorschrift über die Verpflichtung der nichtständigen Mitglieder und ihrer Stellvertreter, die bisher im § 8 der Kaiserlichen Verordnung vom 19. Oktober 1900 ihre Stelle hatte.

3. Senate.

Vorbemerkung.

Beseitigt ist der dreigliedrige Senat für die Zurückweisung von unzuläsigen, verspäteten oder offenbar ungerechtfertigten Rekursen in Unfallsachen sowie von verspäteten Revisionen in Invalidensachen. Beseitigt ist ferner der verstärkte siebengliedrige Senat für Entscheidungen in Invalidensachen, bei denen es sich um die noch nicht festgestellte Auslegung gesetzlicher Vorschriften von erheblicher grundsätzlicher Bedeutung handelt. Die endgültige Besetzung der Senate ist entgegen dem Regierungsentwurf in der Kommissionsberatung nicht unwesentlich geändert worden, sodaß umfaßt

der Spruchsenat sieben Mitglieder,
der Beschlußsenat fünf Mitglieder
der große Senat elf Mitglieder bezw. dreizehn Mitglieder.

Spruchsenate.

§ 98. Das Reichsversicherungsamt bildet Spruchsenate für die Sachen, die dieses Gesetz dem Spruchverfahren überweist.

Der Spruchsenat besteht aus einem Vorsitzenden, einem vom Bundesrate gewählten nichtständigen, einem ständigen Mitglied, zwei hinzugezogenen richterlichen Beamten, einem Arbeitgeber und einem Versicherten. An Stelle des vom Bundesrate gewählten kann ein ständiges Mitglied treten.

Vgl. § 16 Abs. 1, 2 HG.; § 110 Abs. 1, 2 IVG.

Dem Spruchverfahren überwiesen sind die Fälle der §§ 1694 ff. (Revision), §§ 1699 ff. (Rekurs), ferner § 1693.

Über Sitzungen des gesamten RVA. oder seiner Abteilungen enthält die RVO. keine Bestimmungen. Hierüber wird die Kaiserliche Verordnung Anordnungen treffen, welche im Anlageband V zum Abdruck gelangt. Über das Spruchverfahren vgl. das sechste Buch.

Vgl. § 87.

Vorsitz im Spruchsenat; richterliche Beisitzer.

§ 99. Den Vorsitz im Spruchsenate führt der Präsident, ein Direktor oder ein Senatspräsident. Der Reichskanzler kann ein anderes ständiges Mitglied vorübergehend mit dem Vorsitz betrauen.

Der Reichskanzler beruft die richterlichen Beamten zu den Spruchsenaten.

Vgl. §§ 9, 20 V.

Die vorübergehende Betrauung mit dem Vorsitz entspricht dem jetzt bereits üblichen Verfahren auf Grund der Kaiserlichen Verordnung.

Beschlußsenate.

§ 100. Das Reichsversicherungsamt bildet Beschlußsenate für die Sachen, die dieses Gesetz dem Beschlußverfahren überweist.

Der Beschlußsenat besteht aus dem Präsidenten, einem Direktor oder einem Senatspräsidenten als Vorsitzendem, einem vom Bundesrate gewählten nichtständigen, einem ständigen Mitglied, einem Arbeitgeber und einem Versicherten. An Stelle des vom Bundesrate gewählten kann ein ständiges Mitglied treten.

Vgl. § 16 Abs. 1, 2 HG.; § 110 Abs. 1, 2 IVG.

Der Beschlußsenat ist zuständig, wo es das Gesetz (durch Beifügung des Wortes Beschlußsenat) ausdrücklich bestimmt oder wo in unterer Instanz die Beschlußkammer entschieden hat. Außerdem kann der Vorsitzende der Beschlußkammer diesen Fragen von grundsätzlicher Bedeutung überweisen (vgl. § 1781). Das Verfahren ist in den §§ 1780 ff. und die noch zu erlassende Kaiserl. Verordnung (§ 35 Abs. 2) geregelt.

Vgl. auch die §§ 640, 647.

Über das Beschlußverfahren siehe das sechste Buch. Die zu den Spruchsenaten hinzugezogenen zwei richterlichen Beamten fallen im Beschlußsenate fort. Über die Zuziehung der Mitglieder der Beschlußsenate siehe §§ 1781, 1782.

Großer Senat.

§ 101. Das Reichsversicherungsamt bildet den Großen Senat für die Aufgaben, die diesem das Gesetz zuweist.

Der Große Senat besteht vorbehaltlich einer Verstärkung nach § 1718 Abs. 2 aus dem Präsidenten oder seinem Vertreter, zwei vom Bundesrate gewählten Mitgliedern, zwei ständigen Mitgliedern, zwei richterlichen Beamten, zwei Arbeitgebern und zwei Versicherten.

Vgl. § 17 Abs. 1 HG.

Der Große Senat entscheidet, wenn in einer grundsätzlichen Rechtsfrage ein Senat des RVA.s an der Entscheidung eines anderen oder des Großen Senats abweichen will (§ 1717).

Will ein Spruchsenat eines LVA.s von einer amtlich veröffentlichten Entsch. des RVA.s in einer grundsätzlichen Rechtsfrage abweichen, so entscheidet ebenfalls der Große Senat des RVA.s, der denn gemäß § 1718 Abs. 2 durch ein Mitglied des verweisenden und ein solches eines anderen LVA. verstärkt wird.

Näheres bestimmt die Kaiserl. Verordnung (§ 35 Abs. 2).

Bezeichnung der Mitglieder des großen Senats.

§ 102. Sind alle vom Bundesrate gewählten Mitglieder des Reichsversicherungsamts verhindert, so werden statt ihrer ständige Mitglieder zugezogen.

Die übrigen Mitglieder des Großen Senats und mindestens je zwei Stellvertreter werden nach näherer Bestimmung der Kaiserlichen Verordnung (§ 35 Abs. 2) für ein Geschäftsjahr im voraus bezeichnet. Dabei sind je zwei ständige Mitglieder und je zwei richterliche Beamte sowie deren Stellvertreter besonders zu bezeichnen für Sachen der

Krankenversicherung,
Unfallversicherung,
Invaliden- und Hinterbliebenenversicherung.

Abs. 2 schreibt für jeden der drei Hauptzweige besondere Mitglieder vor, um deren besondere Erfahrungen für jedes Gebiet nutzbar zu machen.

4. Rechnungsstelle. Kosten.

Aufgaben der Rechnungsstelle.

§ 103. Beim Reichsversicherungsamte wird eine Rechnungsstelle errichtet.

Sie führt die Arbeiten aus, die dieses Gesetz ihr zuweist. Sie unterstützt das Reichsversicherungsamt bei seinen rechnerischen und versicherungstechnischen Arbeiten. Das Reichsversicherungsamt bestimmt, was ihr die Versicherungsträger zu diesen Zwecken mitzuteilen haben.

Vgl. § 124 IVG.

Nach der Fassung der alten Gesetze hat diese Rechnungsstelle, (welche nach wie vor keine selbständige Behörde, sondern eine Abteilung des RVA. ist), nur für die Zwecke der Invalidenversicherung bestanden, allein, daß diese Fassung zu eng gewesen ist, geht schon daraus hervor, daß auch die bisherige Rechnungsstelle bei der Lösung anderer Aufgaben mitgewirkt hat.

Die Aufgabe der Rechnungsstelle besteht außer den in Abs. 2 festgestellten allgemeinen Aufgaben in folgendem:

a) auf dem Gebiete der Krankenversicherung auf Erfordern des Oberversicherungsamts die Gleichwertigkeitsrechnung und den Auseinandersetzungsbeschluß (§ 203 Abs. 2, § 297 Abs. 2) nachzuprüfen, den Auftraggeberbeitrag für den Hausgewerbetreibenden zu berechnen (§ 472 Abs. 2) und, falls der Bundesrat die Rechnungsstelle beteiligt, die Verrechnung der Zuschüsse der Auftraggeber vorzunehmen (§ 492 Abs. 2);

b) in der Unfallversicherung hat sie die Höhe der Vorschüsse festzustellen, die von den Versicherungsträgern an die obersten Postbehörden abzuführen sind (§ 780), und die tatsächlichen Zahlungen mit den Postvorschüssen (§ 777 Abs. 3) auszugleichen. Ferner wird sie vom RVA. beigezogen, um die Beiträge der Tiefbau-Berufsgenossenschaft (§ 731 Abs. 2), die Gefahrentarife (§§ 709, 710) nachzuprüfen und den Nachweis über die gesamten Rechnungsergebnisse eines Geschäftsjahrs (§ 721) aufzustellen;

c) in der Invaliden- und Hinterbliebenenversicherung hat die Rechnungsstelle die Renten, Witwengelder und Waisenaussteuern auf das Reich, das Gemein- und das Sondervermögen zu verteilen (§ 1403), mit den obersten Postbehörden und den unmittelbar zahlenden Sonderanstalten abzurechnen (§§ 1405 bis 1407), die Postvorschüsse festzustellen (§ 1385), die Zulänglichkeit der Verversicherungsbeiträge zu prüfen (1391), sich über die Überschüsse des Sondervermögens gutachtlich zu äußern (§ 1400 II), sowie die Höhe der Zusatzrente nachzuprüfen (§ 480). Es wird auch herangezogen werden zur Begutachtung des Voranschlags (§ 1355) und zur Prüfung der Rechnungsergebnisse seines Geschäftsjahres (§ 1358).

Dazu treten alle sonstigen im Vollzuge der Reichsversicherungsordnung notwendig werdenden statistischen Arbeiten.

Ein Vertreter der verbündeten Regierungen hob in dem Kom.-Ber. hervor, es sei die Befürchtung ausgesprochen worden, nach der jetzigen Fassung des § 103 sei ein maßgebender Einfluß der Rechnungsstelle auf die Aufstellung der Gefahrtarife der Berufsgenossenschaften möglich, ein solcher Einfluß sei aber unerträglich, weil die Aufstellung der Gefahrtarife nicht allein auf rechnerischer Grundlage erfolgen könne. Es werde ohne weiteres zugegeben, daß eine Nachprüfung des Gefahrtarifs nach technischen Gesichtspunkten erfolgen müsse. Für diese Prüfung bleibe nach wie vor in Anbetracht der erforderlichen, zum Teil schwierigen Berechnungen die Rechnungsstelle am geeignetsten. Hieraus könne irgend ein Nachteil für die Berufsgenossenschaften nicht erwachsen. Selbständige Befugnisse in dieser Beziehung übertrage die RVO.

der Rechnungsstelle nicht, denn das Reichsversicherungsamt bestimme, was der Versicherungsträger der Rechnungsstelle mitzuteilen habe. Insbesondere aber lasse das Gesetz die Zuständigkeit der Berufsgenossenschaften, selbst über den Gefahrtarif zu beschließen, unberührt.

Für die Landesversicherungsämter kommt nach dem Wortlaut der RVO. die Rechnungsstelle nicht in Betracht.

Kosten des RVA.

§ 104. Die Kosten des Reichsversicherungsamts einschließlich der Kosten des Verfahrens trägt das Reich.

In die Reichskasse fließen die Geldstrafen nach den §§ 95, 1698 Abs. 1, § 1701 Abs. 1, sowie die besonders auferlegten Verfahrenskosten (§ 1802).

Vgl. § 19 Abs. 1, 2 HG.

An der Aufbringung der Kosten für das Reichsversicherungsamt ändert die Reichsversicherungsordnung nichts. Entsprechend dem § 59 sind auch hier die Einnahmen genannt, die aus Geldstrafen wegen ungerechtfertigter Wahlablehnung und Pflichtversäumnis (§ 95) gegen Zeugen und Sachverständige sowie zur Aufrechterhaltung der Ordnung in den Sitzungen (§§ 1698 Abs. 1, 1701 Abs. 1, 1577, 1664 Abs. 1) und aus besonders auferlegten Verfahrenskosten (§ 1802) eingehen. Der jährliche Reichshaushaltsetat enthält die für die Kostendeckung erforderlichen Ansätze.

5. Landesversicherungsämter.

Zulässigkeit.

§ 105. Ein Landesversicherungsamt, das vor diesem Gesetze für das Gebiet eines Bundesstaats errichtet war, kann bestehen bleiben, solange zu seinem Bereiche mindestens vier Oberversicherungsämter gehören.

Das Landesversicherungsamt tritt für dieses Gebiet an die Stelle des Reichsversicherungsamts, soweit dieses Gesetz es vorschreibt.

Die Kosten des Landesversicherungsamts trägt der Bundesstaat.

Vgl. § 21, Abs. 1 HG.; § 111 Abs. 1 IVG.

Während bisher jeder Bundesstaat zur Errichtung eines Landesversicherungsamts befugt war, schränkt Abs. 1 diese Befugnis ein. Es werden mithin künftig in Wegfall kommen die Landesversicherungsämter für die beiden Mecklenburg und Reuß ä. L., während bestehen bleiben die LVÄmter in Bayern, Sachsen, Württemberg, Baden und Hessen. Der Übergang der Befugnisse eines aufgelösten LVAmts auf das RVA. wird nach Art. 13 Einf.-Ges. vom Reichskanzler geregelt.

Soweit die LVÄmter bestehen bleiben, ist ihre Kompetenz jedoch erweitert. Sie sind künftig auch Revisionsinstanz für die Kranken- und die Invalidenversicherung. Bisher waren sie allein für Berufsgenossenschaften zuständig, die nur solche Betriebe umfaßten, welche im Gebiet des betreffenden Bundesstaats ihren Sitz hatten.

In folgenden Fällen tritt ein LVA. an die Stelle des RVA.

1. Als Aufsichtsbehörde über Berufsgenossenschaften und Versicherungsanstalten, die nicht über sein Gebiet hinausreichen: §§ 723 ff., 985 ff., 1382;
2. als Spruchbehörde in Revisions- und Rekurssachen, wenn der Bezirk des beteiligten Versicherungsträgers nicht über das Gebiet des Bundesstaats hinausreicht (§ 1708 Abs. 2). Will das LVA. aber von einer amtlich veröffentlichten Entscheidung in einer grundsätzlichen Rechtsfrage abweichen, so hat es die Sache an das RVA. zu überweisen (§ 1718). Vgl. außerdem §§ 1705, 1706, 1727 (Wiederaufnahme des Verfahrens), 1736 Abs. 2, 1740 Abs. 2.
3. Als Beschlußbehörde, wenn der Bezirk der beteiligten Versicherungsträger nicht über das Gebiet des Bundesstaats hinausreicht (§ 1800, vgl. auch 1793, 1797).

Zusammensetzung.

§ 106. Das Landesversicherungsamt besteht aus ständigen und nichtständigen Mitgliedern.

Die Landesregierung ernennt die ständigen Mitglieder. Soweit sie im Hauptamt ernannt werden, sind sie auf Lebenszeit oder nach Landesrecht unwiderruflich anzustellen.

Als nichtständige Mitglieder werden in getrennter Wahl unter Leitung des Landesversicherungsamts schriftlich mindestens je acht Vertreter der Arbeitgeber und der Versicherten gewählt. Davon entfällt je die eine Hälfte auf den Bereich der landwirtschaftlichen, die andere auf den der gewerblichen Unfallversicherung.

Vgl. § 22 Abs. 1, 2 HG.; § 111 Abs. 1 IVG.

Die Mindestzahl der Laienvertreter wird von acht auf sechzehn erhöht, acht als Vertreter der Arbeitgeber und acht als Vertreter der Versicherten. Dies dient zugleich dazu, den Trägern der Invalidenversicherung das Wahlrecht für die Arbeitgeber, wie für die Versicherten zu geben.

Über das Verhältnis des RVA. zu den Landesversicherungsämtern heißt es in dem Handbuch der Unfallversicherung Bd. III: „Auf dem Gebiete der eigentlichen Verwaltung ist das RVA. von Anfang an bemüht gewesen, mit den Landes-Versicherungsämtern Hand in Hand zu gehen, und es hat auch bei ihnen jederzeit bereitwilliges Entgegenkommen und sachkundige Förderung seiner Bestrebungen gefunden. Man war sich allgemein klar darüber, daß erhebliche Meinungsverschiedenheiten in der Durchführung der Gesetze der gemeinsamen Sache nur schaden könnten. Das RVA. hat regelmäßig die an die Berufsgenossenschaften oder Versicherungsanstalten gerichteten Verfügungen von grundsätzlicher Bedeutung auch den Landes-Versicherungsämtern mitgeteilt. Vor dem Erlasse wichtiger Rundschreiben und Anweisungen allgemeiner Natur, die für das ganze Reichsgebiet Bedeutung hatten, sind mit den Landesversicherungsämtern Verhandlungen über ihren Inhalt gepflogen worden. Zu den Konferenzen mit den Berufsgenossenschaften und Versicherungsanstalten, die grundsätzliche Fragen zum Gegenstande hatten, sind auch Vertreter der Landesversicherungsämter eingeladen worden und auf ihnen zugegen gewesen. Dadurch haben sich die vielfachen Schwierigkeiten, die in der Einsetzung verschiedener Aufsichtsinstanzen liegen, im wesentlichen ausgleichen lassen. Für eine Reihe wichtiger Fragen, insbesondere auf dem Gebiete der Heilbehandlung und der Statistik des Heilverfahrens in der Invalidenversicherung, ist so eine durchaus befriedigende Einheitlichkeit erzielt worden."

Wahl und Rechte der Mitglieder.

§ 107. Für Wahl, Rechte und Pflichten der Mitglieder gelten § 87 Abs. 2, §§ 88 bis 97 entsprechend, soweit im § 106 Abs. 3 und nachstehend nichts anderes vorgeschrieben ist.

An die Stelle des Bundesrats und des Reichskanzlers tritt die oberste Verwaltungsbehörde.

Die Arbeitgeber werden gewählt von

1. den Arbeitgebermitgliedern in den Ausschüssen der Versicherungsanstalten und in den entsprechenden Vertretungen der Sonderanstalten, die für das Ge-

biet des Bundesstaats errichtet sind oder es umfassen,

2. den Vorständen der Berufsgenossenschaften und den Ausführungsbehörden, die Betriebe mit dem Sitze im Gebiete des Bundesstaats umfassen. Wo sich dieses Gebiet mit dem Bezirk einer oder mehrerer Sektionen deckt, wählen die Sektionsvorstände an Stelle des Genossenschaftsvorstandes.

Die Versicherten werden von den Versichertenbeisitzern der Oberversicherungsämter gewählt, die für das Gebiet des Bundesstaats errichtet sind oder es umfassen.

Das Stimmenverhältnis setzt die Landesregierung nach der Zahl der Versicherten fest.

Vgl. § 22 Abs. 3, 5 HG.

§ 107 bezieht sich auf die nichtständigen Mitglieder der LV. Ämter.

Amtsenthebung. Senate.

§ 108. Die Enthebung eines nichtständigen Mitglieds beschließt das Landesversicherungsamt.

Die §§ 98 bis 100, 104 Abs. 2 gelten entsprechend für das Landesversicherungsamt; an die Stelle des Bundesrats und des Reichskanzlers tritt die oberste Verwaltungsbehörde, an die Stelle der Reichskasse die Kasse des Bundesstaats.

Vgl. § 22 Abs. 6,7 HG.; § 111 Abs. 1 IVG.

Geschäftsgang und Verfahren.

§ 109. Soweit nicht dieses Gesetz den Geschäftsgang und das Verfahren des Landesversicherungsamts ordnet, geschieht es durch die Landesregierung.

Sie setzt die Vergütung für die nichtständigen Mitglieder fest.

Vgl. § 22 Abs. 8 HG.; § 111 Abs. 3 IVG.

Die diesbezüglichen Anordnungen durch die Landesregierungen werden in Bd. V abgedruckt.

Vierter Abschnitt.

Sonstige gemeinsame Vorschriften.

I. Behörden.

Delegationsrecht der obersten Verwaltungsbehörde.

§ 110. Die oberste Verwaltungsbehörde kann einzelne der Aufgaben und Rechte, die ihr dieses Gesetz zuweist, auf andere Behörden übertragen.

Vgl. § 4 Abs. 1 HG.

In Verallgemeinerung einer im Unfallversicherungs-Hauptgesetze § 4 Abs. 1 für einen Einzelfall enthaltenen Sondervorschrift wird der obersten Verwaltungsbehörde das Delegationsrecht für jeden einzelnen Fall gegeben. Dies entspricht zugleich dem Bedürfnis, die obersten Verwaltungsbehörden durch Dezentralisation aller örtlich zu erledigenden Geschäfte möglichst zu entlasten. (Begr.)

Bestimmung der Zuständigkeit

§ 111. Sie bestimmt,

1. welchen Staatsbehörden und welchen Behörden und Vertretungen von Gemeindeverbänden und Gemeinden die Aufgaben zukommen, die dieses Gesetz den höheren und den unteren Verwaltungsbehörden, den Ortspolizeibehörden, den gemeindlichen Behörden, den Gemeindeverbänden und den Gemeinden sowie ihren Behörden und Vertretungen zuweist,
2. welche Verbände als Gemeindeverbände zu gelten haben; eine einzelne Gemeinde gilt als Gemeindeverband im Sinne dieses Gesetzes nur dann, wenn es die oberste Verwaltungsbehörde bestimmt,
3. ob und welche örtliche Geschäfte der Reichsversicherung von den Gemeindebehörden an Stelle der Versicherungsämter erledigt werden sollen.

Die Bestimmungen werden im Reichsanzeiger veröffentlicht.

Vgl. § 84 Abs. 1, 2 KVG.; § 152 GUVG.; § 162 LUVG.; § 45 Abs. 2 BUVG.; § 148 SUVG.; § 169 IVG.

Der § 111 übernimmt die in den verschiedenen alten Versicherungsgesetzen in abweichender Form vorhandenen Vorschriften in einheitlicher Fassung.

Unter Gemeindeverband versteht das Gesetz stets einen Verband von Gemeinden, z. B. in Preußen den Kreis; eine einzelne Gemeinde gilt als Gemeindeverband nur, wenn die oberste Verwaltungsbehörde es bestimmt. Steht aber eine einzelne Gemeinde schon nach den Landesgesetzen jenen Gemeindeverbänden gleich, also z. B. in Preußen die kreisfreien Städte, so bedarf es einer besonderen Bestimmung der obersten Verwaltungsbehörde nicht.

Eine Begriffsbestimmung der unteren Verwaltungsbehörde gibt die RVO. nicht. Vielmehr bestimmt die oberste Verwaltungsbehörde, welche Stellen hierunter zu verstehen sind. Der Staatssekretär hat jedoch in der Kommission wie im Reichstag erklärt, daß mit Rücksicht auf die Kostendeckung den Wünschen des Reichstags gemäß die Versicherungsämter, abgesehen von den größeren Städten, nicht bei den Selbstverwaltungsverbänden sondern bei den unteren staatlichen Behörden errichtet werden sollten, also in Preußen beim Landratsamt, nicht beim Kreiskommunalverband. Voraussichtlich dürfte für Preußen die landesrechtliche Bestimmung ergehen, daß als untere Verwaltungsbehörde nur noch die kreisfreien Städte, nicht die Städte mit mehr als 10 000 Einwohnern zu gelten haben.

Soweit für einen einzelnen Versicherungszweig noch andere Vorschriften erforderlich sind, haben sie in dem betreffenden Buche ihren Platz gefunden, z. B. §§ 526, 527 für die Krankenversicherung. In einzelnen Bundesstaaten, z. B. in Württemberg, bestehen bereits Ortsbehörden für die Arbeiterversicherung, an deren Vorhandensein sich die Bevölkerung bereits gewöhnt hat, und die künftig durch die Besorgung rein örtlicher Geschäfte die Versicherungsämter entlasten können. Die Möglichkeit ihrer Beibehaltung ist daher erwünscht und durch Abs. 1 Nr. 3 gesichert.

Übertragung von Aufgaben des Versicherungsamts.

§ 112. Die oberste Verwaltungsbehörde kann Aufgaben des Versicherungsamts Organen von

Knappschaftsvereinen oder Knappschaftskassen,

Betriebskrankenkassen für Betriebsverwaltungen und Dienstbetriebe des Reichs und der Bundesstaaten,

Sonderanstalten des Reichs und der Bundesstaaten

übertragen, wenn die Organe mindestens zur Hälfte aus

Versicherungsvertretern bestehen, die aus geheimer Wahl hervorgegangen sind. Spruchbefugnisse können nicht übertragen werden.

Neu.

Die vorliegende Fassung dieses Paragraphen hängt damit zusammen, daß die vom Regierungsentwurf in Aussicht genommenen Sonderversicherungsämter in der Kommission abgelehnt worden sind. Er versucht daher auf anderem Wege in beschränkterem Umfange den besonderen Verhältnissen Rechnung zu tragen, für welche die Sonderversicherungsämter vorgesehen waren.

Auch Aufsichtsbefugnisse dürfen wohl nicht übertragen werden, wohl aber beispielsweise Aufgaben des Versicherungsamts nach § 1609 betr. Einspruchsverfahren in der Unfallversicherung oder nach § 1628 betr. Vorbereitung von Rentengesuchen in der Invaliden- und Hinterbliebenenversicherung.

Zu beachten ist auch § 377 Abs. 3 betr. Betriebskrankenkassen für Reichs- oder Staatsbetriebe.

Erstreckung auf mehrere Bundesstaaten.

§ 113. Erstreckt sich eine Versicherungsbehörde, ein Versicherungsträger oder ein Betrieb auf Gebiete mehrerer Bundesstaaten, so nimmt die Landesregierung oder die oberste Verwaltungsbehörde des Bundesstaates ihres Sitzes die Befugnisse wahr, die dieses Gesetz der Landesregierung oder der obersten Verwaltungsbehörde beilegt, soweit es nichts anderes vorschreibt.

Wenn sich Landesregierungen oder oberste Verwaltungsbehörden nicht einigen, wo dieses Gesetz ihr Zusammenwirken vorschreibt, so entscheidet zwischen den Landesregierungen der Bundesrat, zwischen den Verwaltungsbehörden der Reichskanzler. Dasselbe gilt, wenn sie sich nicht über ihre Zuständigkeit oder im Falle des Abs. 1 nicht über den Sitz einigen.

Für Betriebe des Reichs und ihre besonderen Versicherungsbehörden und Versicherungsträger übt der Reichskanzler die Rechte der obersten Verwaltungsbehörde aus.

Neu.

Von der Regel, daß bei einer Versicherungsbehörde etc., deren Bezirk sich auf mehrere Bundesstaaten erstreckt, maßgebend für die Zuständigkeit ihr Sitz ist, setzt die RVO. gewisse Ausnahmen fest. Es sind nämlich ausgenommen die Fälle, für welche im Gesetz selbst abweichend ein Zusammenwirken der beteiligten Landesregierungen oder obersten Verwaltungsbehörden vorgesehen ist (z. B. §§ 27 Abs. 3, 65 Abs. 2, 1328 usw.). Danach bleiben noch folgende Fälle offen:

1. wenn sich in dem zuletzt genannten Ausnahmefalle die beteiligten Stellen nicht einigen,
2. wenn sich im Regelfalle die beteiligten Stellen über den Sitz nicht einigen, z. B. bei einer Betriebskrankenkasse für mehrere Betriebe eines Arbeitgebers,
3. wenn Behörden mehrerer Bundesstaaten gleichzeitig zuständig sind oder ihre Zuständigkeit bestreiten (z. B. bei einem Streit nach § 258 zwischen einer Krankenkasse des einen mit einer Krankenkasse des anderen Bundesstaates für die Bestimmung, welches Oberversicherungsamt zuständig sein soll).

In diesen Fällen tritt an die Stelle der Landesregierung der Bundesrat, an die Stelle der obersten Verwaltungsbehörde der Reichskanzler, was auch im wesentlichen den Vorschriften entspricht, die sich an den einschlägigen Stellen der bisher geltenden Versicherungsgesetze finden. Endlich fügt Abs. 3 noch eine Vorschrift über die Zuständigkeit des Reichskanzlers für Reichsbetriebe und deren besondere Versicherungsbehörden und Versicherungsträger an Stelle der sonst zuständigen obersten Verwaltungsbehörde ein. Für Ersatzkassen bringt § 514 Abs. 1 die entsprechende Vorschrift, während Ausführungsbehörden durch § 892 den Versicherungsträgern hierfür gleichgestellt sind. (Begr.)

Selbständige Gutsbezirke.

§ 114. Die Vorschriften dieses Gesetzes für Gemeinden gelten auch für die selbständigen Gutsbezirke und Gemarkungen (ausmärkische Bezirke). Die Rechte und Pflichten trägt dort an Stelle der Gemeinden der Gutsherr oder Gemarkungsberechtigte.

Vgl. § 83 KVG.; § 165 LUVG.; § 36 BUVG.

Die bisherige Vorschrift aus dem § 83 KVG. und dem § 165 LUVG. ist hier übernommen worden.

Ausmärkische Bezirke sind in Bayern namentlich Staatswaldungen.

II. Rechtshilfe.

Vorbemerkung.

Diese Vorschriften übernehmen die bereits nach den alten Versicherungsgesetzen (Gewerbe-Unfallversicherungsgesetz § 144, Unfallversicherungsgesetz für Land- und Forstwirtschaft § 154, Bau-Unfallversicherungsgesetz § 45 Abs. 2, See-Unfallversicherungsgesetz § 141, Invalidenversicherungsgesetz § 172) zwischen den Versicherungsträgern untereinander und in ihrem Verhältnis zu den öffentlichen Behörden bestehenden Pflichten und Rechte auf Rechtshilfe, und dehnen sie insofern aus, als es bisher an einer Vorschrift fehlte, nach der die öffentlichen Behörden auch den Trägern der Krankenversicherung gegenüber zur Gewährung der Rechtshilfe in dem für die Träger der Unfall- sowie der Invaliden- und Hinterbliebenenversicherung bestimmten Umfang verpflichtet waren. Auch die bisher im § 76a Abs. 1 des Krankenversicherungsgesetzes festgesetzte Mitteilungspflicht der Krankenkassen in Armensachen ist durch die Fassung des § 116 mitgedeckt; dagegen war die besondere Strafvorschrift jenes § 76a Abs. 3 entbehrlich infolge der allgemeinen Vorschrift im § 31 Abs. 3. Ersatzkassen haben nur die Pflicht zur Rechtshilfe, § 524; für Sonderanstalten ist § 1372 Abs. 1 Nr. 2, für Ausführungsbehörden § 892 zu vergleichen. (Begr.)

Pflicht zur Unterstützung.

§ 115. Die öffentlichen Behörden sind verpflichtet, den im Vollzuge dieses Gesetzes an sie ergehenden Ersuchen der Versicherungs- und anderen öffentlichen Behörden sowie der Organe der Versicherungsträger zu entsprechen, insbesondere vollstreckbare Entscheidungen zu vollstrecken.

Überwachungshandlungen der in § 347 Abs. 4, § 404 Abs. 3, §§ 888, 1465, 1470 bezeichneten Art können nur unter den dort genannten Voraussetzungen verlangt werden.

Vgl. § 76a Abs. 1 KVG.; § 144 GUVG.; § 154 GUVG.; § 45 Abs. 2 BUVG.; § 141 SUVG.; § 172 IVG.

Es kann fraglich erscheinen, ob Gerichte zu einer eidlichen Vernehmung von Zeugen auf Ersuchen von Versicherungsträgern verpflichtet sind. Tatsächlich haben sich Gerichte dahin ausgesprochen, daß dies nicht der Fall wäre. Die Kommission war jedoch offenbar der Auffassung, daß eine solche Pflicht der Gerichte besteht. Wenn entgegen einem Antrage in der Kommission diese Verpflichtung nicht ausdrücklich in § 115 miteingeschlossen worden ist, so rührt dies lediglich daher, daß man es vorgezogen hat, statt an dieser Stelle im ersten Buch darüber im sechsten Buch eine einheitliche Zusammenfassung aller bezüglichen Vorschriften zu geben. (Vgl. §§ 1571, 1574.)

Abs. 1 sorgt dafür, daß sämtliche nicht mehr anfechtbare Entscheidungen der Versicherungsbehörden und Versicherungsträger vollstreckt werden können. Damit wird eine bisher auf dem Gebiete der Krankenversicherung bestehende Lücke beseitigt, indem nach § 58 Abs. 4 des Krankenversicherungsgesetzes nur die Entscheidung der Aufsichtsbehörden über Versicherungsansprüche oder über Ansprüche eines Kassenverbandes an die beteiligte Kasse vorläufig vollstreckbar waren, nicht aber z. B. die Pflicht zur vorläufigen Zahlung der Beiträge. Mit Rücksicht auf § 130 muß die Pflicht zur Vollstreckung nicht nur auf die nicht mehr anfechtbaren Entscheidungen, sondern auf die vollstreckbaren Entscheidungen ausgedehnt werden, so daß nur ausgenommen sind die Entscheidungen, gegen die nach ausdrücklicher Vorschrift des Entwurfs ein Rechtsmittel mit aufschiebender Wirkung eingelegt werden kann. (Begr.)

Bei dem im Abs. 2 angeführten Paragraphen handelt es sich um die Unterstützung einer Krankenkasse durch das Versicherungsamt bei der Überwachung der Kranken (§ 347 Abs. 4), bezw. bei Einziehung der Beiträge (§ 404 Abs. 3); um Unterstützung einer Berufsgenossenschaft bei Überwachung der Rentenempfänger (§ 888); um Unterstützung einer Versicherungsanstalt; bei Überwachung der Beitragsentrichtung (§ 1465) bezw. bei Überwachung der Rentenempfänger (§ 1470).

Das Ersuchen um Rechtshilfe darf nur dann abgelehnt werden, wenn es einen unzulässigen Inhalt hat, wenn die ersuchte Behörde die verlangte Handlung nicht vornehmen darf oder wenn die ersuchende Behörde sie selbst vornehmen kann.

Beachtenswert ist das Rundschreiben des RVA. vom 4. Novbr. 1909 über Rechtshilfe (A. N. 1909, S. 596), abgedruckt in Bd. V.

Die Vollstreckung durch die ersuchte Behörde erfolgt nach den landesrechtlichen Vorschriften über Zwangsverfahren.

Die §§ 115—117 gelten auch nach § 1372 Nr. 2 für die Sonderanstalten in der IV. und nach § 892 für die Ausführungsbehörden in der UV.

Gegenseitige Rechtshilfe.

§ 116. Diese Rechtshilfe haben auch die Organe der Versicherungsträger einander sowie den Behörden und Armenverbänden zu leisten.

Bisheriges Recht: siehe bei § 128.

Diese Verpflichtung gilt auch für Ersatzkassen (§ 524).

Zu verweisen ist auf folgende besondere Fälle:

§ 343: Auskunftspflicht der Krankenkassen gegenüber Gewerbeaufsichtsbeamten.

§ 344: Recht der Träger der U., I. u. HV., Bücher und Listen der Krankenkassen zu sehen.

§ 444: Pflicht aller Angestellten und Organe der Versicherungsträger, den Krankenkassen noch nicht eingetragene unständig Beschäftigte zu melden.

§ 468: Gleiche Verpflichtung hinsichtlich hausgewerblich Beschäftigter.

§ 1512: Meldepflicht der Krankenkassen hinsichtlich voraussichtlich zu entschädigender Unfälle usw.

Kostenerstattung.

§ 117. Tagegelder, Reisekosten, Gebühren für Zeugen und Sachverständige und alle anderen baren Auslagen, die aus der Rechtshilfe erwachsen, werden von den Versicherungsträgern als eigene Verwaltungskosten erstattet.

Portofreiheit für die Schriftstücke der Versicherungsträger besteht nicht. Gegenüber einem dementsprechenden Antrag wurden in der Kommission verfassungsrechtliche Gründe vorgebracht, insbesondere legten der bayerische und der württembergische Bundesratsbevollmächtigte gegen jeden Eingriff der Reichsgesetzgebung in die Postreservate ihrer Staaten Verwahrung ein.

Eine Pflicht zur Kostenerstattung besteht nicht, soweit die ersuchte Behörde zu der vorgenommenen Handlung gesetzlich ohnehin verpflichtet ist.

Gebühren für Zeugen und Sachverständige bemessen sich nach der Gebührenordnung vom 20. Mai 1898 (RGBl. S. 689).

III. Leistungen.

Gegensatz zur Armenunterstützung.

§ 118. Leistungen, die nach diesem Gesetz oder ergänzenden Landesgesetzen gewährt werden, und die durch den Übergang des Anspruchs darauf ersetzten Unterstützungen sind keine öffentlichen Armenunterstützungen.

Vgl. § 77 KVG.

Die Vorschrift des § 118 entstammt dem § 77 des Krankenversicherungsgesetzes und wird, dem tatsächlichen Brauch entsprechend, auch formell auf die übrigen Zweige der Arbeiterversicherung ausgedehnt. Die Krankenhilfe ist nach dem Gesetze vom 15. März 1909, betreffend die Einwirkung von Armenunterstützung auf öffentliche Rechte (Reichs-Gesetzbl. 1909, S. 319), hinsichtlich des Verlustes öffentlicher Rechte nicht als Armenunterstützung anzusehen. Gleichwohl bleibt obiger Paragraph auch für die Krankenversicherung wegen der außer der Krankenhilfe zu gewährenden Leistungen (z. B. Wochenhilfe, Sterbegeld) von Bedeutung. Nach dem Landesrecht einzelner Bundesstaaten haben teilweise noch andere als die im § 165 genannten Personengruppen das Recht, freiwillig der Krankenkasse beizutreten (vgl. § 177). (Begr.)

Die Feststellung, daß die Versicherungsleistungen nicht als Armenunterstützungen zu gelten haben, hat die Bedeutung, daß die mit letzteren verbundenen Verluste gewisser politischer Rechte nicht eintreten. Es wird daher weder das Wahlrecht noch die Wählbarkeit zum Reichstag für Personen beeinflußt, welche Versicherungsleistungen erhalten, ebensowenig werden ihre Wahlrechte zum Preußischen Abgeordnetenhaus beeinflußt. Auch könnten sie im Gegensatz zu denjenigen, welche Armenunterstützungen beziehen, das Bürgerrecht erwerben. Auch das aktive und passive Wahlrecht zu den kirchlichen Wahlen wird nicht beeinflußt, desgleichen nicht die Fähigkeit, Schöffe oder Geschworner zu werden.

Nach §§ 1351 ff. kann ein Gemeinde- oder Armenverband, der einen Hilfsbedürftigen nach gesetzlicher Pflicht unterstützt, von den Versicherungsträgern in bestimmtem Umfang Ersatz aus den von ihnen geschuldeten Leistungen beanspruchen. Um einen eigentlichen Rechtsübergang handelt es sich hierbei nicht; trotzdem denkt § 118 hauptsächlich an diese Vorschriften. Vgl. aber auch § 113.

Vgl. die §§ 1531 ff.

Beschränkung der Übertragung.

§ 119. Die Ansprüche des Berechtigten können, vorbehaltlich des § 1325, mit rechtlicher Wirkung übertragen, verpfändet und gepfändet werden nur wegen

1. eines Vorschusses, den der Berechtigte auf seine Ansprüche vor Anweisung der Leistungen vom Arbeitgeber oder von einem Organe des Versicherungsträgers oder einem seiner Mitglieder erhalten hat,
2. der im § 850 Abs. 4 der Zivilprozeßordnung bezeichneten Forderungen,
3. der Forderungen der nach § 1531 ersatzberechtigten Gemeinden und Armenverbände sowie Arbeitgeber und Kassen, die an ihre Stelle getreten sind; die Übertragung, Verpfändung und Pfändung ist nur in Höhe der gesetzlichen Ersatzansprüche zulässig,
4. rückständiger Beiträge, die nicht seit länger als drei Monaten fällig sind.

Ausnahmsweise darf der Berechtigte auch in anderen Fällen den Anspruch mit Genehmigung des Versicherungsamts ganz oder zum Teil auf andere übertragen.

Vgl. § 56 Abs. 2, 4, § 65 Abs. 3, § 72 Abs. 3, § 73 Abs. 1 KVG.; § 96 Abs. 1, 3 GUVG.; § 102 Abs. 1, 3 LUVG.; § 37 Abs. 1 BUVG.; § 100 Abs. 1, 3 SUVG.; § 55 Abs. 1, 3 IVG.

Der Paragraph faßt (nach der Begr.) die bisher in den einzelnen Gesetzen enthaltenen Vorschriften einheitlich zusammen und fügt unter Nr. 4 eine neue hinzu. In den Fällen, in denen die Arbeiter ihre Beiträge selbst an den Versicherungsträger leisten, ist deren Einziehung mitunter auf Schwierigkeiten gestoßen, weil nach dem Gesetze, betreffend die Beschlagnahme des Arbeits- oder Dienstlohns vom 21. Juni 1869 in der Fassung vom 29. März 1897 (Reichs-Gesetzbl. 1897 S. 159), die Lohnbeschlagnahme nur wegen Beitreibung der direkten persönlichen Staatssteuern und Kommunalabgaben zulässig ist, sofern diese Steuern und Abgaben nicht länger als seit drei Monaten fällig sind. Da jene Schwierigkeiten sich mit der Erweiterung des Kreises der versicherungspflichtigen Personen voraussichtlich vermehren werden, sind auch die Leistungsansprüche der Berechtigten gegen die Versicherungsträger dem Zugriff wegen rückständiger Beiträge freigegeben. Hierbei ist eine dem erwähnten Gesetz entsprechende zeitliche Beschränkung vorgesehen.

Im übrigen ist die Übertragung, Pfändung und Verpfändung nicht nur zur Deckung, sondern auch zur Sicherung zugelassen, was durch die Fassung klargestellt ist. Für knappschaftliche Krankenkassen ist durch § 499, für Ausführungsbehörden durch § 892, für Sonderanstalten durch § 1372 Abs. 1 Nr. 3 entsprechendes vorgesehen. Für Witwengeld und Waisenaussteuer ist vorbehaltlich des § 119 Abs. 2 durch § 1325 Übertragung, Pfändung, Verpfändung und Aufrechnung nicht zugelassen.

Über Aufrechnung vgl. die §§ 223, 622, 955, 1117, 1324.

Eine Ergänzung der Bestimmung für die Unfall-Versicherung ist in § 621 getroffen.

§ 119 enthält eine zwingende Rechtsvorschrift (§ 139). Rechtsgeschäfte, die gegen seine Bestimmungen verstoßen, sind nichtig (§ 134 des BGB.).

Unter Abs. 2 dürfte auch die Verpfändung zu subsumieren sein.

§ 1531 bestimmt: Unterstützt eine Gemeinde oder ein Armenverband nach gesetzlicher Pflicht einen Hilfsbedürftigen für eine Zeit, für die er einen Anspruch nach diesem Gesetze hatte oder noch hat, so kann die Gemeinde oder der Armenverband, jedoch nur bis zur Höhe dieses Anspruchs, Ersatz beanspruchen. Vgl. auch § 1541.

Nach § 850 Abs. 4 der Zivilprozeßordnung ist die Pfändung ohne Rücksicht auf den Betrag zulässig, wenn sie wegen der den Verwandten, dem Ehegatten und dem früheren Ehegatten für die Zeit nach Erhebung der Klage und für das diesem Zeitpunkte vorausgehende letzte Vierteljahr kraft Gesetzes zu entrichtenden Unterhaltungsbeiträge beantragt wird. Das Gleiche gilt in Ansehung der zu Gunsten eines unehelichen Kindes von dem Vater für den bezeichneten Zeitraum kraft Gesetzes zu entrichtenden Unterhaltungsbeiträge; diese Vorschrift findet jedoch insoweit keine Anwendung, als der Schuldner zur Bestreitung seines notdürftigen Unterhalts und zur Erfüllung der ihm seinen Verwandten, seiner Ehefrau oder seiner früheren Ehefrau gegenüber gesetzlich obliegenden Unterhaltungspflicht der Bezüge bedarf. Hierbei werden ausschließlich die Leistungen berücksichtigt, welche vermöge einer solchen Unterhaltungspflicht für den nämlichen Zeitraum oder, falls die Klage zu Gunsten des unehelichen Kindes nach der Klage eines Unterhaltungsberechtigten erhoben ist, für die Zeit von dem Beginne des der Klage dieses Berechtigten vorausgehenden Vierteljahrs ab zu entrichten sind.

Sachleistungen an Trunksüchtige.

§ 120. Trunksüchtigen, die nicht entmündigt sind, können ganz oder teilweise Sachleistungen gewährt werden. Auf Antrag eines beteiligten Armenverbandes oder der Gemeindebehörde des Wohnorts des Trunksüchtigen muß dies geschehen. Bei Trunksüchtigen, die entmündigt sind, ist die Gewährung der Sachleistungen nur mit Zustimmung des Vormundes zulässig. Auf seinen Antrag muß sie geschehen.

Die Sachleistungen gewährt die Gemeinde des Wohnorts. Der Anspruch auf Barleistungen geht im Werte der Sachbezüge auf die Gemeinde über. Die Sachleistung kann auch durch Aufnahme in eine Trinkerheilanstalt oder mit Zustimmung der Gemeinde durch Vermittlung einer Trinkerfürsorgestelle gewährt werden.

Ein Rest der Barleistungen ist dem Ehegatten des Bezugsberechtigten, seinen Kindern oder seinen Eltern und, falls solche nicht vorhanden sind, der Gemeinde zur Verwendung für ihn zu überweisen.

Vgl. § 133, 134, § 6a Abs. 1 Nr. 2, § 26a Abs. 2 Nr. 2 KVG.; § 26 Abs. 2 bis 6 LUVG.; § 24 Abs. 2 bis 6 IVG.

Auch andere Stellen als der beteiligte Armenverband können einen entsprechenden Antrag stellen; nur besteht keine gesetzliche Verpflichtung zur Befolgung dieser Anträge.

Vgl. im übrigen die Bemerkungen zu § 121.

Verfahren bei Trunksüchtigen.

§ 121. Das Versicherungsamt (Beschlußausschuß) erläßt die Anordnung nach Anhören der Gemeindebehörde und des Bezugsberechtigten und teilt sie ihnen und dem Versicherungsträger schriftlich mit. Es entscheidet bei Streit zwischen der Gemeinde und dem Bezugsberechtigten.

Auf Beschwerde entscheidet das Oberversicherungsamt endgültig.

Ist der Anspruch auf Barleistungen endgültig auf die Gemeinde übergegangen, so benachrichtigt der Versicherungsträger die Post, wenn es sich um Barleistungen aus der Unfall- oder aus der Invaliden- und Hinterbliebenenversicherung handelt.

Die beiden §§ 120, 121 übernehmen die Vorschriften des § 26 des Unfallversicherungsgesetzes für Land- und Forstwirtschaft und des § 24 des Invalidenversicherungsgesetzes, gestalten sie einheitlich, erweitern sie und dehnen sie auf das ganze Gebiet der Reichsversicherung aus und erleichtern das Gewähren von Sachleistungen an Gewohnheitstrinker wesentlich. Zu diesem Zwecke fallen einschränkende Voraussetzungen weg; der Bezugsberechtigte wird nur angehört, auf Antrag des Armenverbandes muß Sachleistung eintreten. Gleichzeitig fällt die viel angefochtene Vorschrift in § 6a Abs. 1 Nr. 2 und in § 26a Abs. 2 Nr. 2 des Krankenversicherungsgesetzes weg. Es darf künftig bei Krankheit infolge Trunkfälligkeit das Krankengeld nicht mehr entzogen oder gekürzt werden. Der Rechtszug ist ebenfalls dem in der Reichsversicherung üblichen angepaßt. Für Ausführungsbehörden gelten nach § 892 diese Vorschriften entsprechend (Begr.).

Die Beschwerdefrist ist ein Monat (§ 128). Es entscheidet die Beschlußkammer (§ 1781).

IV. Ärztliche Behandlung.

Umfang.

§ 122. Die ärztliche Behandlung im Sinne dieses Gesetzes wird durch approbierte Ärzte, bei Zahnkrankheiten auch durch approbierte Zahnärzte (§ 29 der Gewerbeordnung) geleistet. Sie umfaßt Hilfeleistungen anderer Personen, wie Bader, Hebammen, Heildiener, Heilgehilfen, Krankenwärter, Masseure u. dgl. sowie Zahntechniker, nur dann, wenn der Arzt (Zahnarzt) sie anordnet oder wenn in dringenden Fällen kein approbierter Arzt (Zahnarzt) zugezogen werden kann.

Die oberste Verwaltungsbehörde kann bestimmen, wieweit auch sonst Hilfspersonen innerhalb der staatlich anerkannten Befugnisse selbständige Hilfe leisten können.

Neu.

Soweit wegen gegenseitiger Zulassung der in Grenzbezirken wohnenden Ärzte zur Praxis Staatsverträge abgeschlossen und vom Bundesrate genehmigt worden sind, stehen die danach in

Betracht kommenden ausländischen Ärzte ihren in Deutschland approbierten Kollegen auch ohne besondere gesetzliche Vorschrift hinsichtlich des Rechtes gleich, Kassenmitglieder zu behandeln (Begr.).

Von großer Bedeutung ist die Bestimmung, daß Hilfeleistungen von Hebammen nur wenn der Arzt sie anordnet oder in dringenden Fällen unter den Begriff ärztliche Behandlung fällt. Das Gesetz geht dabei von der Voraussetzung aus, ein normales Wochenbett gelte nicht als eine Erkrankung, so daß die Krankenkasse bei einem normalen Wochenbett gesetzlich bei der Entbindung weder durch einen Arzt noch durch eine Hebamme Hilfe zu leisten habe. Erst wenn das Wochenbett sich infolge besonderer Umstände zu einer Krankheit gestalte, habe die Krankenkasse Unterstützung zu gewähren. Nur für diese Fälle greife § 122 Platz, der lediglich die ärztliche Behandlung in Erkrankungsfällen regele und für diese allgemein die Zuziehung eines approbierten Arztes vorschreibe.

Soweit jedoch die Krankenkassen Hebammendienste als freiwillige Mehrleistung (§§ 198, 199 Nr. 3) übernehmen, bedarf es einer ärztlichen Anordnung selbstredend nicht. Auch ärztliche Geburtshilfe und ärztliche Behandlung von Schwangerschaftsbeschwerden können nach §§ 198, 199 übernommen werden und treten dann auch bei normalem Verlauf ein.

Wegen des Verhältnisses der Ärzte zu den Krankenkassen und die verschiedenen Möglichkeiten der Gewährung ärztlicher Hilfe durch die Krankenkassen vgl. im 2. Buch bei §§ 368 ff. Siehe auch § 1582.

Ein dringender Fall liegt vor, wenn Gefahr im Verzug liegt und ein Arzt nicht mehr rechtzeitig zugezogen werden kann.

Zahntechniker.

§ 123. Bei Zahnkrankheiten mit Ausschluß von Mund- und Kieferkrankheiten kann die Behandlung außer durch Zahnärzte mit Zustimmung des Versicherten auch durch Zahntechniker gewährt werden. Die oberste Verwaltungsbehörde bestimmt, wieweit auch sonst Zahntechniker bei solchen Zahnkrankheiten selbständige Hilfe leisten können. Sie kann bestimmen, wieweit dies auch Heildiener und Heilgehilfen tun können. Sie bestimmt ferner, wer als Zahntechniker im Sinne dieses Gesetzes anzusehen ist.

N e u.

Die Bestimmung des § 123 hat im Laufe der Gesetzgebung zahlreiche Änderungen erfahren und erst im Reichstag seine jetzige Fassuug erhalten.

Behandlung durch Zahntechniker ist also zulässig

a) soweit der Arzt oder Zahnarzt sie anordnet (§ 122),
b) in dringenden Fällen (§ 122),
c) bei Zustimmung des Versicherten, soweit nicht Mund- und Rachenkrankheiten in Frage stehen (§ 123),
d) soweit es die oberste Verwaltungsbehörde bestimmt (§ 123).

Bestimmungen im Sinne des Satzes 2 und 4 müssen erlassen werden, solche nach Satz 3 stehen im Ermessen der obersten Verwaltungsbehörde. (Vgl. auch Kom. Ber. S. 233, Stenogr. Ber. S. 7213 ff.)

Ein Vertreter der verbündeten Regierungen hob nach den Kom. Ber. hervor, es seien Zweifel geäußert worden, ob die Krankenkassen auch berechtigt seien, mit Zahntechnikern Verträge abzuschließen. Diese Frage sei unbedenklich zu bejahen. Den Kassen stehe dieses Recht auch ohne ausdrückliche Regelung im Gesetze zu, eine solche sei nur unterblieben, weil die vertraglichen Beziehungen zwischen den Krankenkassen und den Zahntechnikern nach den bisherigen Erfahrungen einer besonderen Regelung nicht bedürften.

Die zur Regelung der Dentistenfrage zu erlassenden Bestimmungen siehe in Bd. V.

V. Fristen.

Vorbemerkung.

Die Vorschriften über die Berechnung der Fristen gelten für alle materiell rechtlichen und Verfahrensfristen, die in der RVO. oder in Satzungen der Versicherungsträger vorgesehen sind. Sie lehnen sich an die Vorschriften des Bürgerlichen Gesetzbuchs (§§ 187, 188, 190, 191, 193) an. Jedoch ist die Vorschrift des § 78a Abs. 2 des Krankenversicherungsgesetzes übernommen, der zufolge eine nach Wochen oder Monaten bestimmte Frist abweichend von § 188 Abs. 2 des Bürgerlichen Gesetzbuchs stets mit dem Ablaufe desjenigen Tages der letzten Woche oder des letzten Monats endigen soll, der nach Benennung oder Zahl dem Tage entspricht, in den das Ereignis oder der Zeitpunkt fällt (§ 125 Abs. 1 RVO.).

Übergangsbestimmungen siehe in Art. 6 des Einf.-Ges., ferner Art. 85—99.

Beginn.

§ 124. Richtet sich der Anfang einer Frist nach einem Ereignis oder Zeitpunkt, so beginnt die Frist mit dem Tage, der auf das Ereignis oder den Zeitpunkt folgt.

Wird eine Frist verlängert, so beginnt die neue mit Ablauf der alten Frist.

Vgl. § 78a Abs. 1 KVG.; §§ 187, 190 BGB.

Beispiel: Scheidet ein Versicherter am Mittwoch aus der Beschäftigung aus, so beginnt die dreiwöchige Frist, während derer der Anspruch auf Leistungen einer Krankenkasse unter Umständen gemäß § 214 fortdauert, am Donnerstag.

Ende.

§ 125. Eine nach Tagen bestimmte Frist endigt mit dem Ablauf ihres letzten Tages, eine nach Wochen oder Monaten bestimmte Frist mit dem Ablauf desjenigen Tages der letzten Woche oder des letzten Monats, welcher nach Benennung oder Zahl dem Tage entspricht, in den das Ereignis oder der Zeitpunkt fällt.

Fehlt dem letzten Monat der entsprechende Tag, so endigt die Frist mit dem Monat.

Vgl. § 78a Abs. 2 KVG.; § 188 BGB.

Beispiel: Beginnt der Krankengeldbezug an einem Montag, so endet er gemäß § 183 nach spätestens 26 Wochen, also wieder mit dem Montag; die Bezugszeit ist also nicht $26 \times 7 = 182$, sondern $26 \times 7 + 1 = 183$ Tage.

Unzusammenhängende Zeiträume.

§ 126. Braucht ein Zeitraum von Monaten oder Jahren nicht zusammenhängend zu verlaufen, so wird der Monat zu dreißig, das Jahr zu dreihundertfünfundsechzig Tagen gerechnet.

Vgl. § 191 BGB.

Beispiel: Die sechsmonatige Frist des § 208 Satz 2.

Sonn- und Feiertag.

§ 127. Fällt der für eine Willenserklärung oder Leistung oder den Ablauf einer Frist gesetzte Tag auf einen Sonntag oder einen allgemeinen Feiertag, der am Erklärungs- oder Leistungsorte staatlich anerkannt ist, so gilt dafür der nächstfolgende Werktag.

Für die Dauer von Leistungen, zu denen ein Versicherungsträger verpflichtet ist, gilt diese Vorschrift nicht.

Vgl. § 78a Abs. 3 KVG.; § 193 BGB.

Ob ein allgemeiner Feiertag staatlich anerkannt ist, richtet sich nach den vielfache Abweichungen aufweisenden landesrechtlichen Vorschriften. Für Preußen: Ges. vom 12. März 1893 (GBl. S. 29) und vom 2. September 1899 (GBl. S. 199).

Rechtsmittelfrist.

§ 128. Rechtsmittel sind, soweit dieses Gesetz nichts anderes vorschreibt, binnen einem Monat nach Zustellung der angefochtenen Entscheidung einzulegen.

Für Seeleute, die sich außerhalb Europas aufhalten, wird diese Frist von der Stelle bestimmt, welche die angefochtene Entscheidung erlassen hat; sie muß mindestens drei Monate von der Zustellung an betragen.

Vgl. besonders: § 76 Abs. 2, § 80 Abs. 3 GUVG.; § 82 Abs. 2 § 86 Abs. 3 LUVG.; § 37 Abs. 1. BUVG.; § 80 Abs. 4, § 84 Abs. 3 SUVG.; § 114 Abs. 2, § 116 Abs. 2, § 167 Abs. 3 IVG.

Rechtsmittel sind nach der RVO.:

1. die Beschwerde nach §§ 1791 ff. und weitere Beschwerde nach §§ 1797 ff.; dabei ist zwischen Rechtsbeschwerde und Aufsichtsbeschwerde zu unterscheiden. Erstere ist ein Rechtsmittel im Sinne des Gesetzes und untersteht den für die Rechtsmittel geltenden Vorschriften, die allgemeine Aufsichtsbeschwerde hingegen ist an keine Frist gebunden und geht stets an die zuständige Aufsichtsbehörde (Kom. Ber. S. 235, 236).
2. die Berufung nach §§ 1675, 1709, 1771.
3. die Revision nach §§ 1694 ff., §§ 1777 ff.
4. der Rekurs nach §§ 1699 ff.

Außerdem wird der Einspruch nach § 1591 und der Antrag auf mündliche Verhandlung nach §§ 1658, 1692, wenngleich diese nicht als eigentliche Rechtsmittel anzusehen sind, doch in Bezug auf Einlegungs- bezw. Antragsfrist wie ein Rechtsmittel betrachtet. Keine Rechtsmittel enthalten auch z. B. die §§ 131 ff. (Wiederaufnahme des Verfahrens), 757 (Einspruch gegen Beitragsfeststellung), 1636, 1650 (Antrag auf Entscheidung), 1728 ff. (Antrag auf Wiederaufnahme des Verfahrens).

Als Frist zur Einlegung der Rechtsmittel sieht das Gesetz den gleichen Zeitraum vor, der für die Einlegung der Berufung und Revision in Zivilprozessen vorgesehen ist, nämlich einen Monat nach Zustellung der angefochtenen Entscheidung. Ei Ausnahme erleidet diese Regel bei Seeleuten, wofür die im § 80 Abs. 4 des See-Unfallversicherungsgesetzes und im § 167 Abs. 3 des Invalidenversicherungsgesetzes enthaltenen Vorschriften übernommen sind.

Andere Fristbestimmungen z. B. in § 128 Abs. 2. Über Zustellung siehe §§ 135, 136; über Berechnung der Frist §§ 124, 125, 127.

Einlegung der Rechtsmittel.

§ 129. Soweit dieses Gesetz nichts anderes vorschreibt, werden die Rechtsmittel bei der Stelle eingelegt, die zu entscheiden hat.

Die Frist gilt auch dann als gewahrt, wenn das Rechtsmittel rechtzeitig bei einer anderen inländischen Behörde oder bei einem Organ der Versicherungsträger, für die See-Unfallversicherung auch bei einem deutschen Seemannsamte des Auslandes eingegangen ist.

Die Rechtsmittelschrift ist unverzüglich an die zuständige Stelle abzugeben.

Vgl. besonders: § 76 Abs. 2, 3, § 80 Abs. 3 GUVG.; § 82 Abs. 2, 3, § 86 Abs. 3 LUVG.; § 37 Abs. 1 BUVG.; § 80 Abs. 2, 5 SUVG.; § 114 Abs. 2, 3, § 116 Abs. 2 IVG.

Die Rechtsmittel sollen wie die Revision im Zivilprozesse bei der Stelle eingelegt werden, welche zur Entscheidung darüber zuständig ist. Abweichend hiervon ist die Einlegung der Rechtsmittel geregelt in den §§ 660, 667, 1680. Im Anschluß an das bisher geltende Recht der Unfallversicherung und der Invalidenversicherung soll nach dem Entwurf die Bestimmung der Einlegungsstelle allgemein insofern nur eine Ordnungsvorschrift sein, als die Frist auch dann als gewahrt gelten soll, wenn das Rechtsmittel rechtzeitig bei einer für die Einlegung nicht zuständigen Inlandsbehörde oder bei einem Organe der Versicherungsträger und auf dem Gebiete der See-Unfallversicherung auch bei einem deutschen Seemannsamt im Ausland eingegangen ist. Dies gilt nach § 892 entsprechend für Ausführungsbehörden und nach § 1372 Nr. 4 für Sonderanstalten (Begr.).

Andere Vorschriften enthalten z. B. die §§ 660, 667 und 1680 (Berufung in Krankenversicherungssachen beim VA. einzulegen).

Über die Form der Rechtsmitteleinlegung enthält die RVO. keine allgemeinen Vorschriften. Die Rechtsprechung des RVA.s hat bisher jede unzweideutige Erklärung der Unzufriedenheit mit der ergangenen Entscheidung, die in greifbarer Gestalt Form genommen hatte, für ausreichend erachtet (also z. B. Einsendung des angefochtenen Bescheids). Auch telegraphische Einlegung genügt. Nähere Bestimmungen werden die noch ausstehenden Verfahrensordnungen (§ 35 Abs. 2) enthalten.

Aufschiebende Kraft.

§ 130. Die Rechtsmittel bewirken Aufschub nur da, wo das Gesetz es vorschreibt.

Vgl. besonders: § 47 Abs. 6, § 58 Abs. 4 KVG.; § 76 Abs. 5, § 80 Abs. 1 GUVG.; § 82 Abs. 5, § 86 Abs. 1, § 55 Abs. 4; LUVG.; § 37 Abs. 1 BUVG.; § 80 Abs. 3, § 84 Abs. 1 SUVG.; § 114 Abs. 1, § 116 Abs. 1, § 121 Abs. 3 IVG.

Die RVO. faßt die an verschiedenen Stellen der bisher geltenden Versicherungsgesetze enthaltenen Vorschriften über die aufschiebende Wirkung der Rechtsmittel zusammen, indem er ihnen für den Regelfall die aufschiebende Wirkung abspricht. Als Ausnahme von dieser Regel hat das Rechtsmittel häufig aufschiebende Wirkung z. B. in § 1682 (Berufung an das Oberversicherungsamt wegen Wiederaufnahme des Heilverfahrens oder Kapitalabfindung), im § 1710 (Rechtsmittel, die vom Versicherungsträger eingelegt werden hinsichtlich nachzuzahlender Beträge), im § 1779 (Berufung und Revision bei Ersatzansprüchen); vgl. auch §§ 1683, 1794.

Wiedereinsetzung in den vorigen Stand.

§ 131. Ist ein Beteiligter durch Naturereignisse oder andere unabwendbare Zufälle verhindert worden, eine gesetzliche Verfahrensfrist einzuhalten, so wird ihm auf Antrag die Wiedereinsetzung in den vorigen Stand erteilt.

Die Wiedereinsetzung wird auf Antrag auch dann erteilt, wenn das verspätet eingelaufene Schriftstück der Post mindestens drei Tage vor Ablauf der Frist zur Bestellung übergeben worden ist.

Neu.

Vgl. §§ 233—238 ZPO.

Nach der Praxis der Schiedsgerichte für Arbeiterversicherung wie des Reichsversicherungsamts und der Landesversicherungsämter wurde schon bisher die Wiedereinsetzung in den vorigen Stand erteilt, wenn die Voraussetzungen vorlagen, welche die Zivilprozeßordnung hierfür vorsieht. Dieser Übung entsprechend hat die RVO. den wesentlichen Inhalt der §§ 233 bis 238 der Zivilprozeßordnung übernommen, ihn aber gleichzeitig den besonderen Bedürfnissen der Versicherungsverhältnisse angepaßt. So konnte die im § 234 Abs. 1 der Zivilprozeßordnung vorgesehene allgemeine zweiwöchige Frist nicht übernommen werden, sondern wurde dahin geändert, daß die Frist für die Wiedereinsetzung durch die Dauer der versäumten Frist bestimmt wird. So ist die Ausschlußfrist von einem Jahre (§ 234 Abs. 3 der Zivilprozeßordnung) auf zwei Jahre verlängert worden. So ist die strenge Vorschrift über die zwei Einreichungsstellen des § 236 Abs. 2 der Zivilprozeßordnung außerordentlich erweitert worden, indem § 142 Abs. 2 hierfür anwendbar gemacht ist. So ist von einer besonderen Auferlegung der Kosten (§ 238 Abs. 3 der Zivilprozeßordnung) Abstand genommen worden (Begr.).

Die Wiedereinsetzung ist nur bei Versäumung von Verfahrensvorschriften zulässig, insbesondere also bei Rechtsmittelfristen (vgl. § 128).

„Unabwendbarer Zufall" ist nach der Rechtsprechung des RG.s; vgl. V. Z., S. 48, 409) ein Ereignis das unter den gegebenen, nach der Besonderheit des Falles zu berücksichtigenden Umständen auch durch die äußerste diesen Umständen angemessene und vernünftigerweise zu erwartende Sorgfalt weder abzuwehren noch in seinen schädlichen Folgen zu vermeiden ist. Der Wiedereinsetzungsgrund muß für die Fristversäumnis kausal sein. Eine Krankheit rechtfertigt daher die Wiedereinsetzung nur, wenn ihn die rechtzeitige Beauftragung anderer ausschloß. Unabwendbarer Zufall ist auch eine falsche Rechtsbelehrung durch die hierzu berufene amtliche Stelle (Rev. Entsch. 1525; A. N. des RVA. 1910, S. 656).

Vgl. die folgenden Paragraphen.

Antrag auf Wiedereinsetzung.

§ 132. Die Wiedereinsetzung ist im Falle des § 131 Abs. 1 binnen einer Frist zu beantragen, deren Dauer durch die Dauer der versäumten Frist bestimmt wird. Die Frist beginnt mit dem Tage, an dem das Hindernis gehoben ist.

In den Fällen des § 131 Abs. 2 ist die Wiedereinsetzung binnen einem Monat zu beantragen. Die Frist beginnt mit dem Tage, an welchem dem Beteiligten bekannt wird, daß er die Frist versäumt hat.

Nach Ablauf von zwei Jahren, vom Ende der versäumten Frist an, kann die Wiedereinsetzung nicht mehr beantragt werden.

Neu.

Vgl. §§ 233—238 ZPO.

Abs. 3 enthält eine Ausschlußfrist, gegen deren Versäumung es keine Wiedereinsetzung mehr gibt.

Inhalt des Antrags.

§ 133. Der Antrag auf Wiedereinsetzung soll

1. die Tatsachen angeben, welche die Wiedereinsetzung begründen,
2. die Mittel bezeichnen, diese Tatsachen glaubhaft zu machen, und
3. die versäumte Handlung nachholen, wenn es nicht bereits geschehen ist.

Er wird bei der Stelle angebracht, bei der die Frist versäumt ist; § 129 Abs. 2, 3 gilt entsprechend. Die Stelle entscheidet, die über die nachgeholte Handlung zu entscheiden hat.

Neu.

Vgl. §§ 233—238 ZPO.

Es handelt sich nur um eine Ordnungsvorschrift („soll!").

Nach § 129 I sind Rechtsmittel regelmäßig bei der Beschwerdestelle einzulegen, ebenso also auch der Wiedereinsetzungsantrag.

Entscheidung über den Antrag.

§ 134. Das Verfahren über den Antrag wird mit dem über die nachgeholte Handlung verbunden, doch kann auch zunächst über den Antrag allein verhandelt und entschieden werden.

Für die Entscheidung über die Zulässigkeit des Antrags und ihre Anfechtung gelten dieselben Vorschriften wie für die nachgeholte Handlung.

Neu.

Vgl. §§ 223—238 ZPO.

VI. Zustellungen.

Art der Zustellung.

§ 135. Zustellungen, die eine Frist in Lauf setzen, können durch eingeschriebenen Brief geschehen.

Der Postschein begründet nach zwei Jahren seit seiner Ausstellung die Vermutung dafür, daß in der ordnungsmäßigen Frist nach der Einlieferung zugestellt worden ist.

Die Vorschriften über die Zustellungen, die eine Frist in Lauf setzen, sind den Unfallversicherungsgesetzen (Gewerbe-Unfallversicherungsgesetz § 155, Unfallversicherungsgesetz für Land- und Forstwirtschaft § 166, Bau-Unfallversicherungsgesetz § 45 Abs. 2, See-Unfallversicherungsgesetz § 150) und dem Invalidenversicherungsgesetz (§ 170) entnommen und werden durch die RVO. auch auf die Krankenversicherung ausgedehnt.

Für den Beginn von Fristen entscheidend sind insbesondere Zustellungen von Entscheidungen, die unfehlbar sind.

Die Zustellungen können auch auf jede andere Weise erfolgen, z. B. nach den Vorschriften der Zivilprozeßordnung. Es genügt auch jede formlose Zustellung, sofern der Zeitpunkt der Aushändigung zuverlässig nachgewiesen wird.

Ob die Aushändigung an eine dritte Person, die der Adressat nicht erhält, wirksam ist, bestimmt sich nach den Vorschriften der Postordnung; nach dieser können eingeschriebene Briefe auch an erwachsene Familienmitglieder ausgehändigt werden.

Wer die Vermutung des Abs. 2 bestreitet muß sie widerlegen.

Ausländer und unbekannter Aufenthalt.

§ 136. Wer nicht im Inland wohnt, hat auf Verlangen einen Zustellungsbevollmächtigten zu benennen.

Ist der Aufenthalt unbekannt oder wird der Zustellungsbevollmächtigte nicht in der gesetzten Frist benannt, so kann die Zustellung durch einwöchigen Aushang in den Geschäftsräumen der Behörde oder Stelle ersetzt werden; die Frist darf nicht kürzer als ein Monat sein.

Vgl. § 155 GUVG.; § 166 LUVG.; § 45 BUVG.; § 150 SUVG.; § 170 IVG.

Die Anordnung einer Frist von mindestens einem Monat ist neu. Sie bezweckt eine Einschränkung der öffentlichen Zustellungen.

Wohnen in Abs. 1 bedeutet einen dauernden Zustand; vorübergehende Abwesenheit genügt nicht.

VII. Gebühren und Stempel.

Gebührenfreiheit.

§ 137. Gebühren- und stempelfrei sind, soweit dieses Gesetz nichts anderes vorschreibt, alle Verhandlungen und Urkunden, die bei den Versicherungsträgern und Versicherungsbehörden erforderlich werden, um die Rechtsverhältnisse zwischen den Versicherungsträgern einerseits und den Arbeitgebern oder Versicherten oder ihren Hinterbliebenen anderseits zu begründen oder abzuwickeln.

Vgl. § 78 Abs. 2 KVG.; § 145 GUVG.; § 155 LUVG.; § 45 Abs. 2 BUVG.; § 142 SUVG.; § 171 IVG.

Siehe die Bemerkungen zu § 138.

§ 138. Das Gleiche gilt für die außergerichtlichen Verhandlungen und Urkunden dieser Art, sowie für solche privatschriftlichen Vollmachten und amtlichen Bescheinigungen, welche nach diesem Gesetze zum Ausweis und zu Nachweisungen erforderlich werden.

Altes Recht: Siehe bei § 150.

Die Gebühren- und Stempelfreiheit ist einheitlich für sämtliche Zweige der Arbeiterversicherung gestaltet worden. Bisher galt allgemein (Krankenversicherungsgesetz § 78 Abs. 2, Gewerbe-Unfallversicherungsgesetz § 145, Unfallversicherungsgesetz für Land- und Forstwirtschaft § 155, Bau-Unfallversicherungsgesetz § 45 Abs. 2, See-Unfallversicherungsgesetz § 142, Invalidenversicherungsgesetz § 171) nur die im § 138 für die dort bestimmten amtlichen Bescheinigungen (wie Standesamtsurkunde, Physikatsattest) zugelassene Gebühren- und Stempelfreiheit, während die Gebühren- und Stempelfreiheit für die im § 137 genannten Verhandlungen und Urkunden sowie für privatschriftliche Vollmachten (§ 138) sich bisher auf die Unfall- und Invalidenversicherung beschränkte (Begr.).

Gerichtliche Urkunden (z. B. Erbscheine) fallen nicht unter § 138; wohl aber Auszüge aus Personenstandsregistern, Beglaubigung von Lebensbescheinigungen, Krankheitsbescheinigungen usw.

VIII. Verbote und Strafen.

Vorbemerkung.

Im allgemeinen stehen die Strafvorschriften mit den einzelnen Zweigen der Arbeiterversicherung im engen Zusammenhang und sind daher in die Schlußabschnitte der einzelnen Bücher verwiesen. In dem gemeinsamen Teile waren dagegen zweckmäßig die Verbote und Strafvorschriften aufzunehmen, die sich auf alle Zweige der Reichsversicherung und auf die besonderen Versicherungsbehörden beziehen, also Schutz der ehrenamtlich in der Reichsversicherung tätigen Versicherten, Schutz der Versicherten gegen Benachteiligung durch Sonderabkommen, Schweigegebot über Krankheiten und Schweigegebot über Geschäfts- und Betriebsgeheimnisse.

Die hier geregelten Strafen sind durchweg gerichtliche, für die die Vorschriften des Gerichtsverfassungsgesetzes und des Strafgesetzbuchs gelten. Nach diesen regelt sich insbesondere die Gerichtszuständigkeit, die Umwandlung nicht beitreibbarer Geldstrafen in Freiheitsstrafen, die Verjährung der Strafverfolgung und Strafvollstreckung. Der Betrag der Geldstrafen fließt in die Kasse des Bundesstaats.

Soweit ein Antrag erforderlich ist (§§ 141, 142 Abs. 1) ist er binnen 3 Monaten zu stellen (§ 61 StGB.).

Die §§ 146 bis 148 enthalten allgemeine Vorschriften für die nichtgerichtlichen Strafen der RVO.

Schutz ehrenamtlich tätiger Versicherter.

§ 139. Den Arbeitgebern und ihren Angestellten sowie den Versicherungsträgern ist untersagt, die Versicherten in der Übernahme oder Ausübung eines Ehrenamts der Reichsversicherung zu beschränken oder sie wegen der Übernahme oder der Art der Ausübung eines solchen Ehrenamts zu benachteiligen. Den Arbeitgebern und ihren Angestellten ist ferner untersagt, durch Übereinkunft oder Arbeitsordnung zum Nachteil der Versicherten die Anwendung der Vorschriften dieses Gesetzes ganz oder teilweise auszuschließen.

Vertragsbestimmungen, die dem zuwiderlaufen, sind nichtig.

Vgl. § 80 KVG.; § 141 Abs. 1 GUVG.; § 152 Abs. 1 LUVG.; § 45 Abs. 2 BUVG.; § 139 Abs. 1 SUVG.; § 180 Abs. 1 IVG.

Siehe die Bemerkungen zu § 140.

Über Ehrenämter vgl. §§ 12 ff.

Vertragliche Ausschließung gesetzlicher Vorschriften zum Vorteil der Versicherten ist zulässig (z. B. Übernahme der ganzen Beitragslast durch die Arbeitgeber).

Strafandrohung.

§ 140. Arbeitgeber oder ihre Angestellten, die gegen § 139 Abs. 1 verstoßen, werden mit Geldstrafe bis zu dreihundert Mark oder mit Haft bestraft, sofern nicht nach anderen gesetzlichen Vorschriften härtere Strafe eintritt.

Vgl. § 82 KVG.; § 141 Abs. 2 GUVG.; § 152 Abs. 2 LUVG.; § 45 Abs. 2 BUVG.; § 139 Abs. 2 SUVG.; § 180 Abs. 2 IVG.

Die §§ 139, 140 fassen die bisher in den einzelnen Gesetzen enthaltenen Vorschriften einheitlich zusammen und dehnen dabei den Schutz ehrenamtlich tätiger Versicherter auf die Krankenversicherung aus, wo er bisher nicht ausdrücklich gesichert war. Dabei ist die Fassung der Unfallversicherungsgesetze zu Grunde gelegt, die solche Übereinkünfte auch zwischen Versicherungsträgern und Versicherten untersagt. Das ein Vergleich nicht unter diesen Begriff der Übereinkunft fällt, ist selbstverständlich. Hiernach unzulässige Vertragsbestimmungen verfallen der zivilrechtlichen Nichtigkeit; Arbeitgeber und Angestellte, die gegen diese Vorschriften verstoßen, sind straffällig (Begr.).

Die §§ 139 und 140 gelten auch für die Auftraggeber hausgewerblich Beschäftigter (§ 479 Abs. 2) und für Mitreeder (§ 1225).

Schweigepflicht.

§ 141. Wer unbefugt offenbart, was ihm in amtlicher Eigenschaft als

Mitglied eines Organs oder Angestellten eines Versicherungsträgers,

Mitglied oder Angestellten einer Versicherungsbehörde,

Vertreter oder Beisitzer bei einer Versicherungsbehörde

über Krankheiten oder andere Gebrechen Versicherter oder ihre Ursachen bekannt geworden ist, wird mit Geldstrafe bis zu eintausendfünfhundert Mark oder mit Gefängnis bis zu drei Monaten bestraft. Die Verfolgung tritt nur auf Antrag des Versicherten oder der Aufsichtsbehörde ein.

Den Versicherten stehen andere Personen gleich, für die dieses Gesetz eine Leistung eines Versicherungsträgers vorsieht.

Neu.

In den Unfallversicherungsgesetzen war Verschwiegenheit über Betriebsgeheimnisse unter Strafandrohung vorgeschrieben. Es fehlte dagegen bisher an einer Vorschrift, die dem Versicherten einen ähnlichen Schutz für seine eigne Person sichert, wie er gegenüber dem Arzte, Apotheker, Rechtsanwalt usw. infolge der Strafvorschrift im § 300 des Strafgesetzbuchs bereits gegeben ist. § 141 soll diese Lücke ausfüllen, die sich in der Praxis mehrfach unliebsam bemerkbar gemacht hat. Die Strafverfolgung tritt nur auf Antrag ein; außer dem Versicherten ist auch die Aufsichtsbehörde berechtigt, einen solchen Antrag zu stellen. Da auch an Nichtversicherte unter Umständen Leistungen gewährt werden, z. B. die Familienhilfe nach § 205, so ist die Schutzvorschrift auf sie ausgedehnt worden (Begr.).

Nicht unbefugt ist eine Mitteilung, wenn sie unmittelbar für die Zwecke des Gesetzes, insbesondere also in Ausübung amtlicher Funktionen erfolgt.

Über Versicherungsträger vgl. § 3; über Versicherungsbehörde §§ 35 ff.

Vgl. die Vorbemerkung vor § 139 und § 145.

Verrat von Geschäftsgeheimnissen.

§ 142. Mit Geldstrafe bis zu eintausendfünfhundert Mark oder mit Gefängnis werden bestraft

die im § 141 Abs. 1 Bezeichneten,
die besonderen Sachverständigen nach § 880,
die Mitglieder der Ausschüsse zur Entscheidung über Einsprüche nach § 1000 Abs. 2 und über Widersprüche nach § 1023 Abs. 1,

wenn sie unbefugt Geschäfts- oder Betriebsgeheimnisse offenbaren, die ihnen in amtlicher Eigenschaft bekannt geworden sind.

Tun sie dies, um den Unternehmer zu schädigen oder sich oder anderen einen Vermögensvorteil zu verschaffen, so werden sie mit Gefängnis bestraft. Neben der Gefängnisstrafe kann auf Verlust der bürgerlichen Ehrenrechte und auf Geldstrafe bis zu dreitausend Mark erkannt werden.

Die Verfolgung tritt im Falle des Abs. 1 nur auf Antrag des Unternehmers ein.

Vgl. § 9 Abs. 3 HG.; § 121 Satz 1, §§ 150, 151 GUVG.; § 128 Satz 1, §§ 160, 161 LRVG.; § 40, § 45 Abs. 2 BUVG.; § 124 Satz 1 SUVG.; §§ 185, 186 IVG.

Die Unfallversicherungsgesetze (Gewerbe-Unfallversicherungsgesetz §§ 121, 150, 151, Unfallversicherungsgesetz für Land- und Forstwirtschaft §§ 128, 160, 161, Bau-Unfallversicherungsgesetz § 40) schreiben für die Mitglieder der Vorstände der Genossenschaften, für deren Aufsichts- und Rechnungsbeamten, für die besonders ernannten Sachverständigen und die Beisitzer der Schiedsgerichte (Hauptgesetz § 9 Abs. 3), für die Mitglieder der Ausschüsse bei landwirtschaftlichen Berufsgenossenschaften zur Entscheidung über Beschwerden nach § 38 Ziffer 3 des Unfallversicherungsgesetzes für Land- und Forstwirtschaft die Pflicht vor, Verschwiegenheit über Betriebsgeheimnisse zu beobachten, die diesen beiden Personen bei der Überwachung der Betriebe oder sonst kraft Amtes oder Auftrags bekannt werden; dabei ist die Strafe nach der Schwere des Vergehens dreifach gestuft. Der Entwurf übernimmt diese Vorschriften und dehnt sie auf die gesamte Reichsversicherung aus. Danach erstreckt sie sich auf die im § 142 Abs. 1 genannten fünf Gruppen von Personen. Da indessen die Beamten der Versicherungsbehörden teils Mitglieder, teils Angestellte dieser Behörden sind, für sie aber jene Schweigepflicht bereits nach anderen Gesetzen besteht, so mußten sie durch § 145 von diesen besonderen Vorschriften ausgenommen werden. Die dreifache Strafabstufung der Unfallversicherungsgesetze ist beibehalten, aber etwas anders aufgebaut (Begr.).

Eine ähnliche Schutzvorschrift bestand bisher nur für das Gebiet der Unfallversicherung; jetzt ist sie allgemein zum Schutz der Unternehmer eingeführt.

Geschäfts- und Betriebsgeheimnis darf nicht zu eng ausgelegt werden. „Unbefugt" wird die Offenbarung oder Benutzung meist schon dann sein, wenn sie über die unmittelbaren Zwecke des Gesetzes hinausgeht. In beiden Beziehungen muß für die Auslegung das Interesse des Unternehmers maßgebend sein, so daß diesen Personen eine streng vertrauliche Behandlung der in den einzelnen Betrieben gemachten Beobachtungen obliegt.

Besondere Sachverständige nach § 880 kann der Unternehmer statt des technischen Aufsichtsbeamten verlangen, wenn er von dessen Besichtigung die Verletzung eines Betriebsgeheimnisses oder Schaden für seine geschäftliche Tätigkeit befürchtet.

Verwertung von Geschäftsgeheimnissen.

§ 143. Die im § 142 Abs. 1 Bezeichneten werden mit Gefängnis bestraft, wenn sie Geschäfts- oder Betriebsgeheimnisse unbefugt verwerten, um den Unternehmer zu schädigen oder sich oder anderen einen Vermögensvorteil zu verschaffen. Neben der Gefängnisstrafe kann auf Verlust der bürgerlichen Ehrenrechte und auf Geldstrafe bis zu dreitausend Mark erkannt werden.

Altes Recht: siehe bei § 142.

Verwerten bedeutet zu gewerblichen Zwecken ausnutzen. Hier ist es im Gegensatz zu § 142 gleichgiltig, ob die Geschäfts- und Betriebsgeheimnisse in amtlicher Eigenschaft bekannt geworden sind.

§ 144. Sind in den Fällen des § 142 Abs. 2 oder des § 143 mildernde Umstände vorhanden, so ist auf Geldstrafe bis dreitausend Mark zu erkennen.

Altes Recht: siehe bei § 142.

§ 145. Für Beamte, die der Dienstgewalt einer staatlichen oder gemeindlichen Behörde unterstehen, bewendet es an Stelle der §§ 141 bis 144 bei den für sie geltenden Vorschriften.

Altes Recht: siehe bei § 142

Verwendung von Geldstrafen.

§ 146. Die Geldstrafen fließen, vorbehaltlich des § 59 Abs. 3, § 80 Abs. 4, § 104 Abs. 2, § 108 Abs. 2 und der §§ 914, 1045, 1224, in die Kasse des Versicherungsträgers, die gerichtlich erkannten nur, wo es dieses Gesetz vorschreibt.

Die Strafen, außer den gerichtlich erkannten, werden wie Rückstände beigetrieben.

Vgl. § 82c KVG.; § 153, § 154 Abs. 2 GUVG.; § 163, § 164 Abs. 2 LUVG.; § 45 Abs. 2 BUVG.; § 149 SUVG.; § 168, § 178 Abs. 2, § 179 Satz 2 IVG.

Die Geldstrafen fließen nach dem Vorgange des geltenden Rechts in die Kasse des beteiligten Versicherungsträgers, mag er sie verhängen, oder mag sie von einer Versicherungsbehörde gegen einen bei ihm beteiligten Arbeitgeber oder Versicherten verhängt werden. Die von den ordentlichen Gerichten verhängten Geldstrafen, wie sie z. B. die RVO. in den § 23 Abs. 2, §§ 140 bis 144, 532 bis 536, 1045, 1224, 1490 bis 1499 vorsieht, sind jedoch gemäß der allgemeinen Regel der Staatskasse zu überweisen. Besonderheiten wegen der Abführung der gegen Versicherte verhängten Geldstrafen finden sich auf dem Gebiete der Unfallversicherung zu Gunsten der Krankenkassen in den §§ 914, 1045, 1224, die § 154 Abs. 1 des Gewerbe-Unfallversicherungsgesetzes, § 164 Abs. 1 des Unfallversicherungsgesetzes für Land- und Forstwirtschaft, § 45 Abs. 2 des Bau-Unfallversicherungsgesetzes entsprechen. Die Strafen nach §§ 51, 53, 76, 95, 107, 1577, 1664, 1679, 1698 werden von den Versicherungsbehörden verhängt und fließen den in den §§ 59, 81, 104, § 105 Abs. 1 bezeichneten Stellen zu (Begr.).

Vorschriften, wonach gerichtliche Strafen den Versicherungsträgern zufließen, enthält die RVO. nicht.

Rückstände werden wie Gemeindeabgaben beigetrieben (§ 28).

Wegen der gerichtlichen Strafen vgl. die Vorbemerkung von § 139.

Verjährung der Strafverfolgung.

§ 147. Zuwiderhandlungen gegen die Strafvorschriften dieses Gesetzes, für welche die Gerichte nicht zuständig sind, verjähren, falls sie nicht mit mehr als dreihundert Mark bedroht sind, in drei Monaten, im übrigen in einem Jahre. Die Verjährung beginnt mit dem Tage, an dem die Handlung begangen ist. Sie wird unterbrochen durch jede gegen den Täter gerichtete Handlung dessen, der zur Verhängung der Strafe zuständig ist. Mit der Unterbrechung beginnt eine neue Verjährung; sie endet spätestens mit Ablauf von zehn Jahren seit dem Tage, an dem die Zuwiderhandlung begangen ist.

Neu.

Bei fortgesetzten Unterlassungen (z. B. Unterlassung von Meldungen) beginnt die Verjährung mit Vornahme der Handlung oder Beendigung des rechtswidrigen Zustands (also z. B. Meldung der Beendigung des Arbeitsverhältnisses).

Vgl. die Bemerkungen zu § 148.

Verjährung der Strafvollstreckung.

§ 148. Endgültig verhängte Strafen, die nicht von den Gerichten erkannt sind, verjähren in zwei Jahren. Die Verjährung beginnt mit dem Tage, an dem die Entscheidung endgültig geworden ist. Sie wird unterbrochen durch jede auf Vollstreckung der Strafe gerichtete Handlung dessen, dem die Vollstreckung obliegt. Mit der Unterbrechung beginnt eine neue Verjährung; sie endet spätestens mit Ablauf von vier Jahren seit dem Tage, an dem die Entscheidung endgültig geworden ist.

Neu.

Über die Verjährung der Strafverfolgung und der Strafvollstreckung fehlte es bisher in den Versicherungsgesetzen an ausdrücklichen Vorschriften; es mußten daher die einschlägigen Vorschriften des Reichs-Strafgesetzbuchs herangezogen werden. Die RVO. nimmt in Nachbildung der §§ 67, 68, 70, 71, 72 des Reichs-Strafgesetzbuchs besondere Vorschriften hierfür auf, wobei er statt der abgestuften je eine einheitliche Frist einführt.

IX. Ortslohn.

Festsetzung.

§ 149. Als Ortslohn gilt der ortsübliche Tagesentgelt gewöhnlicher Tagearbeiter.

Das Oberversicherungsamt setzt den Ortslohn fest und macht ihn öffentlich bekannt. Vorher werden die Vorstände der beteiligten Versicherungsanstalten gehört; das Versicherungsamt hat sich nach Anhörung der Gemeindebehörden und der Vorstände der beteiligten Krankenkassen gutachtlich zu äußern.

Vgl. § 8 Abs. 1, Satz 1 KVG.

Den Ortslohn, wie der ortsübliche Tagelohn gewöhnlicher Tagearbeiter der Kürze halber genannt werden soll, setzt für die Folge das Oberversicherungsamt an Stelle der höheren Verwaltungsbehörde fest. Da die beteiligten Arbeitgeber und Versicherten durchweg in Kassen' zusammengefaßt werden, deren Organe in Sachen der Krankenversicherung ihre gegebenen Vertreter sind, so sollen diese Krankenkassen gehört werden, wogegen dann auf die durch die Novelle von 1903 eingeführten Äußerungen der Arbeitgeber- und Versichertenvertreter verzichtet werden kann. Auch die Versicherungsanstalten werden von der Höhe der Ortslöhne wesentlich berührt; ihre Vorstände sollen deshalb ebenfalls gehört werden. Daß die beteiligten Gemeindebehörden zu hören sind, entspricht dem geltenden Rechte; außerdem soll sich das Versicherungsamt äußern, einmal weil es die Aufsichtsbehörde der Krankenkassen ist und sodann, weil es namentlich durch seine regelmäßigen Beziehungen zu den unteren Verwaltungsbehörden mit den einschlägigen wirtschaftlichen Verhältnissen besonders vertraut ist. Daß das Oberversicherungsamt die vorgeschriebene Bekanntmachung durch das für seine amtlichen Bekanntmachungen bestimmte Blatt (vgl. § 8 des Krankenversicherungsgesetzes) erläßt, braucht im Gesetze nicht besonders hervorgehoben zu werden. (Begr.).

Der ortsübliche Tagelohn ist nach der RVO. vielfach für die Bemessung der den Versicherungsträgern obliegenden Leistungen und der ihnen zufließenden Beiträge von Bedeutung (vgl. z. B §§ 181, 567, 570, 1246).

Über den Begriff des Entgelts siehe § 160.

Abstufungen.

§ 150. Der Ortslohn wird für Männer und Frauen, für Versicherte unter sechzehn Jahren, von sechzehn bis einundzwanzig Jahren und über einundzwanzig Jahre besonders festgesetzt.

Die Versicherten unter sechzehn Jahren (Jugendliche) können dabei in junge Leute von vierzehn Jahren an und Kinder unter vierzehn Jahren geschieden werden; Lehrlinge zählen zu den jungen Leuten.

Im übrigen wird der Ortslohn einheitlich nach dem Durchschnitt für den ganzen Bezirk jedes Versicherungsamts festgesetzt. Ausnahmen sind zulässig, wenn die Lohnhöhe in einzelnen Ortschaften oder zwischen Stadt und Land erheblich abweicht.

Vgl. § 8 Abs. 2 KVG.

Das Gesetz ändert die Festsetzung des Ortslohns nach Altersstufen durch Einschiebung der Stufe 16 bis 21. Das in der Kommission zutage getretene Bestreben, einen gesetzlichen Minimalbetrag als Ortslohn rechnungsmäßig zu fixieren, hat keine Annahme gefunden. Eine Abweichung vom bisherigen Recht bedeutet die Bestimmung, daß der Ortslohn für den ganzen Bezirk je eines Versicherungsamts festgesetzt wird. Ausnahmen sind jedoch zulässig und Unbilligkeiten zu vermeiden.

Jugendliche sind alle Personen unter 14, junge Leute solche von 14 bis 16 Jahren (vgl. auch §§ 135, 136 Gew. O.).

Über die Festsetzung ergehende nähere Anweisungen gelangen in Bd. V zum Abdruck.

Gleichzeitige Festsetzung.

§ 151. Die Ortslöhne werden gleichzeitig im ganzen Reiche, und zwar zunächst bis zum 31. Dezember 1914, dann immer auf vier Jahre festgesetzt. Änderungen in der Zwischenzeit gelten nur bis zur nächsten allgemeinen Festsetzung.

Alle Änderungen treten erst zwei Monate nach ihrer Veröffentlichung in Kraft.

Vgl. § 8 Abs. 1, Satz 2 KVG.

Eine regelmäßige Nachprüfung der Ortslöhne in gewissen Zwischenräumen und ebenso die Möglichkeit von Änderungen in der Zwischenzeit ist nötig, um den Änderungen in den wirtschaftlichen Verhältnissen folgen zu können. Das Gesetz erblickt in einem Zeitraum von 4 Jahren die Gewähr, daß der wandelbaren Höhe der Löhne im allgemeinen ausreichend Rechnung getragen werden könne, ohne daß die Gefahr eines unerwünschten Einflusses vorübergehender Schwankungen im Wirtschaftsleben bestehe.

Die Frist von 2 Monaten (in Abs. 2) tritt an Stelle der bisher vorgeschriebenen als zu lange befundenen von 6 Monaten.

Vgl. auch § 211.

Veröffentlichung der Festsetzungen.

§ 152. Der Reichskanzler veröffentlicht im „Zentralblatt für das Deutsche Reich“ vor Beginn jedes Jahrviertels eine Liste aller geltenden Festsetzungen sowie mindestens alljährlich eine Liste der inzwischen vorgenommenen Änderungen.

Neu.

Schon jetzt werden, um diesem Bedürfnisse zu genügen, entsprechend einer vom Reichstage bei Annahme der Novelle von 1892 gefaßten Resolution, von Reichs wegen in angemessenen Zwischenräumen als Anhang zum Zentralblatt des Deutschen Reichs solche Zusammenstellungen veröffentlicht (vgl. die Beilage zu Nr. 59 des Zentralbl. vom 30. Dezember 1910). § 152 schreibt sie jetzt im Gesetze selbst vor.

X. Beschäftigungsort.

Bestimmung des Beschäftigungsorts. Grundsatz.

§ 153. Beschäftigungsort ist der Ort, an dem die Beschäftigung tatsächlich stattfindet.

Für Versicherte, die an einer festen Arbeitstätte (Betrieb-, Dienststätte) beschäftigt werden, gilt diese als Beschäftigungsort auch, während sie außerhalb für den Arbeitgeber einzelne Arbeiten von geringer Dauer ausführen.

Das Gleiche gilt für Versicherte, die von einer festen Arbeitsstätte aus nur mit einzelnen Arbeiten wechselnd in Bezirken verschiedener Orts- oder Landkrankenkassen beschäftigt werden.

Es gilt ferner für Versicherte, die nur für einzelne Arbeiten außerhalb der festen Arbeitsstätte angenommen sind, sofern diese und ihr Arbeitsort im Bezirke desselben Versicherungsamts liegen.

Vgl. § 5a Abs. 1, § 16 Abs. 2 KVG.

Der § 153 ersetzt den § 5a Abs. 1 des Krankenversicherungsgesetzes und verallgemeinert seinen Inhalt für die anderen Gebiete der Versicherung. Die Ausgestaltung der Vorschrift im einzelnen nimmt darauf Rücksicht, daß bei Auslegung jenes § 5a Abs. 1 die berufenen höchsten Instanzen in wesentlichen Fragen auseinander gegangen sind, übrigens auch jene Fassung in einzelnen Punkten den Absichten des Gesetzgebers nicht ganz entsprochen hat. Insbesondere die Auslegung der Begriffe „Betriebsstätte" hat zu entgegengesetzten Entscheidungen des preußischen Oberverwaltungsgerichts und des höchsten bayerischen Gerichtshofs geführt. Die RVO. sucht die Schwierigkeiten zu vermeiden und eine dem praktischen Bedürfnis entsprechende klare Regelung zu schaffen.

Abs. 1 des § 153 spricht die allgemeine Regel aus, daß der tatsächliche Arbeitsort (Gemeinde, selbständiger Gutsbezirk, Gemarkung usw.) den Beschäftigungsort bilde. Von dieser Regel läßt § 153 in Abs. 2, 3 und 4 die Ausnahmen zu, bei denen nicht der tatsächliche Beschäftigungsort als Beschäftigungsort gelte. Die RVO. beseitigt zunächst die Zweifel, die an den Begriff der „Betriebsstätte" im Sinne des § 5a des Krankenversicherungsgesetzes geknüpft worden sind, durch Einführung des Begriffs der „festen Arbeitsstätte", die mit dem „Sitze des Betriebs zusammenfallen könne, aber nicht müsse". Diese feste Arbeitsstätte soll an die Stelle des Ortes der tatsächlichen Beschäftigung treten:

1. für die im allgemeinen an der festen Arbeitstätte beschäftigten Versicherten dann, wenn sie mit Arbeiten von geringer Dauer außerhalb der festen Arbeitsstätte beschäftigt werden;
2. für Versicherte, die zwar am Orte der festen Arbeitsstätte nicht beschäftigt werden, die aber dauernd von dort aus nicht nur an einem Orte, sondern bald hier, bald da im Bezirke verschiedener Krankenkassen mit Arbeiten beschäftigt werden;
3. in bestimmten Ausnahmefällen für Versicherte, die — ebenso wie diejenigen im zweiten Falle — überhaupt nicht an der festen Arbeitsstätte beschäftigt, die dagegen auch nicht von dort aus entsandt werden, sondern erst am Orte der Arbeit und lediglich, um diese auszuführen, angenommen werden. Für diese Personen gilt im allgemeinen die Regel des ersten Absatzes; die Ausnahme trifft bei ihnen nur dann zu, wenn der tatsächliche Arbeitsort und die feste Betriebsstätte im Bezirke desselben Versicherungsamts gelegen sind.

Der Zweck der Ausnahme unter 1. ist der, die Unzuträglichkeiten zu vermeiden, die für den Arbeitgeber wie für den Versicherten mit einem häufigen Wechsel der Kassenmitgliedschaft bei einmaliger oder häufigerer auswärtiger Beschäftigung verbunden sind (Begr.).

Bei Bestimmung des Beschäftigungsortes ist die Zuständigkeit der Orts- und Landkrankenkassen, der V. Anstalt und Versicherungsbehörden bedeutsam. Zu beachten ist aber, daß für die Zugehörigkeit zu Betriebs- und Innungskrankenkassen andere Gesichtspunkte (Zugehörigkeit zum Betrieb) maßgebend sind.

Vgl. auch §§ 1329 bis 1331.

Ohne feste Betriebsstätte.

§ 154. Für Beschäftigungsverhältnisse ohne feste Betriebsstätte gilt als Beschäftigungsort der Sitz des Betriebs.

Neu.

Dieser Paragraph setzt an die Stelle einer fehlenden festen Arbeits- und Betriebsstätte den Betriebssitz. Hierdurch wird ein fortgesetzter Wechsel in der Kassenmitgliedschaft vermieden in allen Fällen, in denen beispielsweise der Unternehmer keine feste Betriebsstätte hat, sondern alle auswärtigen Arbeiten von seiner Privatwohnung oder seinem Kontor aus leitet (z. B. der Unternehmer eines Schiffahrtsbetriebs).

Sitz des Betriebes ist der Ort, wo der wirtschaftliche Schwerpunkt des Unternehmens liegt.

Beschäftigung in verschiedenen Gemeinden.

§ 155. Für Versicherte, die eine Betriebsverwaltung zu einer in verschiedenen Gemeinden wechselnden Beschäftigung angenommen hat, gilt die Gemeinde als Beschäftigungsort, wo die unmittelbare Leitung der Arbeiten ihren Sitz hat. Das Oberversicherungsamt kann anders darüber bestimmen, nachdem es die beteiligten Verwaltungen und Gemeinden oder Gemeindeverbände gehört hat.

Vgl. § 5a Abs. 2, § 16 Abs. 2 KVG.

Darauf, daß tatsächlich auch eine wechselnde Beschäftigung stattfindet, kommt es nicht an; es braucht nur eine solche beabsichtigt gewesen zu sein. Die Vorschrift bezieht sich sowohl auf öffentliche als private Betriebsverwaltungen.

Der letzte Satz wird hauptsächlich praktisch werden, wenn es zweifelhaft ist, welche Stelle als die mit der unmittelbaren Leitung beauftragte anzusehen ist, oder wenn diese in einer Gemeinde ihren Sitz hat. auf deren Bezirk sich die Arbeiten der Versicherungspflichtigen gar nicht erstrecken und zu dem sie in keinerlei Beziehung stehen (vgl. Kom. Ber.).

§ 155 bezieht sich insbesondere auf Wege-, Wasser-, Telegraphen-, Eisenbahn- und ähnlichen Arbeiten.

Landwirtschaftliche Beschäftigung in verschiedenen Gemeinden.

§ 156. Für Versicherte, die zu landwirtschaftlicher, in verschiedenen Gemeinden wechselnder Beschäftigung angenommen sind, gilt der Sitz des Betriebs (§§ 963, 964) als Beschäftigungsort.

Vgl. § 5a Abs. 3, § 16 Abs. 2 KVG.

Sind die Versicherten zur Beschäftigung an einem Ort angenommen, so ist dieser Ort Beschäftigungsort (§ 153 Abs. 1), auch wenn der Betriebssitz nicht da ist.

Die §§ 963, 964 handeln von den Fällen, in denen ein Unternehmer mehrere Grundstücke hat, oder in denen ein Betrieb sich auf die Bezirke mehrerer Gemeinden erstreckt u. ähnl.

XI. Ausländische Gesetzgebung.

Internationale Vereinbarungen.

§ 157. Soweit andere Staaten eine der Reichsversicherung entsprechende Fürsorge durchgeführt haben, kann der Reichskanzler mit Zustimmung des Bundesrats unter Wahrung der Gegenseitigkeit vereinbaren, in welchem Umfang für Betriebe, die aus dem Gebiete des einen Staates in das des anderen übergreifen, sowie für Versicherte, die zeitweise im Gebiete des anderen Staates beschäftigt werden, die Fürsorge nach der Reichsversicherungsordnung oder nach den Fürsorgevorschriften des anderen Staates geregelt werden soll.

Auf gleichem Wege kann bei entsprechender Gegenleistung die Versicherung von Angehörigen eines ausländischen Staates abweichend von den Vorschriften dieses Gesetzes geregelt und die Durchführung der Fürsorge des einen Staates in dem Gebiete des andercn erleichtert werden. In diesen Vereinbarungen darf die nach diesem Gesetze bestehende Beitragspflicht des Arbeitgebers nicht ermäßigt oder beseitigt werden. Diese Vereinbarungen sind dem Reichstage mitzuteilen.

Diese Vorschriften gelten entsprechend für eine Fürsorge, die an Stelle der Reichsversicherung tritt.

Vgl. § 4 GUVG.; § 3 LUVG.; § 3 BUVG.

Der Wortlaut des § 4 des Gewerbe-Unfallversicherungsgesetzes und § 3 des Bau-Unfallversicherungsgesetzes hat zu Zweifeln Anlaß gegeben. Wenn auch hierdurch die Ermächtigung des Bundesrats und Reichskanzlers zur Regelung solcher Angelegenheiten gedeckt ist, die zur Durchführung des § 4 a. a. O. erforderlich sind, so werden doch im Einzelfalle nicht selten Zweifel darüber bestehen, ob eine Vereinbarung noch durch diese Vorschrift gedeckt wird, die für eine ordnungsmäßige Regelung der internationalen Verhältnisse auf dem Gebiete der Unfallversicherung nicht unbedingt notwendig, aber beim Abschluß eines internationalen Abkommens wünschenswert und nützlich ist. Um eine Rechtslage zu schaffen, die solche Zweifel ausschließt, mußte § 157 Abs. 1 allgemeiner gefaßt werden. Inzwischen hat sich das Bedürfnis in beteiligten Kreisen geltend gemacht, daß wie bisher für die Unfallversicherung, so künftig auch für die Krankenversicherung derartige internationale Abkommen möglich gemacht werden, und daß ihr Abschluß gefördert wird. Auch zu einer Invaliden- und Altersversorgung mehren sich in anderen Ländern die Ansätze. Die RVO. hat daher jene Befugnis zum Abschluß internationaler Vereinbarungen auf die gesamte Reichsversicherung ausgedehnt. Über das Anwendungsgebiet des Abs. 1 hinaus sieht Abs. 2 internationale Abmachungen vor, wonach der Geltungsbereich der entsprechenden Fürsorgegesetze in den vertragschließenden Staaten abgegrenzt und die Fürsorge hieraus hinsichtlich der in Abs. 1 bezeichneten Betriebe und Versicherten geregelt werden kann. Hierbei sind Abweichungen von den inländischen Gesetzen unvermeidlich (Begr.).

In der Plenar-Reichstagsverhandlung wurde von diesem Paragraphen gesagt, daß in ihm „gewissermaßen ein internationaler, versicherungsgesetzlicher Meistbegünstigungsvertrag" beschlossen werde; d. h., es sollen den ausländischen Arbeitern in Deutschland alle versicherungsgesetzlichen Vergünstigungen zustehen, die unsern reichsangehörigen Arbeitern unter denselben Umständen im Auslande gewährt werden (S. 6434).

Ein Kommissar des Bundesrats führte in der Komm.-Sitzung aus, es sei nicht Voraussetzung, daß der ausländische Staat eine der deutschen Versicherungsgesetzgebung gleichwertige Gesetzgebung habe. Wenn ein solcher Staat in seinen Fürsorgevorschriften Deutsche schlechter stelle als seine eigenen Staatsangehörigen, so sei es gegebenenfalls von Interesse, eine Besserstellung der Deutschen in diesem anderen Lande zu erreichen. Hierauf würde sich der andere Staat doch nur dann einlassen, wenn man deutscherseits eine entsprechende Gegenleistung gewähre dadurch, daß man die Angehörigen dieses anderen Staates in der deutschen Arbeiterversicherung um ebenso viel besser stelle; da die Vergünstigungen, die der eine und der andere Staat für die Angehörigen des ausländischen Staates hiernach gewähren solle, bei der Verschiedenartigkeit der Gesetzgebung in beiden Ländern nicht immer gerade eben dieselben sein können, sondern nur in ihrem Werte gleich sein sollen, so heißt es statt „bei Gegenseitigkeit" „bei entsprechender Gegenleistung".

Vergeltungsrecht.

§ 158. Der Reichskanzler kann mit Zustimmung des Bundesrats anordnen, daß gegen Angehörige eines ausländischen Staates und ihre Rechtsnachfolger ein Vergeltungsrecht angewendet wird.

Vgl. Einführungsgesetz zum BGB. Art. 31.

Auch wenn keine Abkommen nach § 157 vorliegen, stellt die Reichsversicherungsordnung (nach der Begr.) grundsätzlich die Ausländer den Inländern gleich. Von diesem Grundsatze gibt es nur auf dem Gebiete der Kranken- und der Invaliden- und Hinterbliebenenversicherung einzelne Ausnahmen für Ausländer, die sich nicht innerhalb des deutschen Reichsgebiets aufhalten (§ 216 Abs. 3, §§ 596, 615, 617, 1116, 1233, 1313, 1316, 1317). Die das Gesetz beherrschende Regel bleibt aber die Gleichstellung der Ausländer mit den Inländern. Ihre Durchführung würde jedoch gegenüber solchen ausländischen Staaten zu weit gehen, die ihrerseits die Deutschen schlechter stellen, als ihre eigenen Staatsangehörigen. Für diesen Fall läßt deshalb § 158 das Vergeltungsrecht zu, das der Reichskanzler mit Zustimmung des Bundesrats anzuwenden befugt ist. Diese Regelung entspricht derjenigen auf dem Gebiete des Bürgerlichen Rechts (Artikel 31 des Einführungsgesetzes zum Bürgerlichen Gesetzbuche).

XII. Gemeinsame Begriffsbestimmungen.

1. Versicherungspflichtige Beschäftigung.

Beschäftigung des Ehegatten.

§ 159. Die Beschäftigung eines Ehegatten durch den anderen begründet, vorbehaltlich der Vorschriften der §§ 551, 928, 1062, keine Versicherungspflicht.

Neu.

Das Gesetz will keineswegs den Begriff des versicherungspflichtigen Beschäftigungsverhältnisses für die gesamte Reichsversicherung abgrenzen, sondern bestimmt nur den strittigen Fall der Beschäftigung eines Ehegatten durch den andern dahin, daß sie nach dem Wesen der Ehe kein versicherungspflichtiges Verhältnis begründet. Für die Gebiete der Unfallversicherung und der Invalidenversicherung war dies bisher schon durch mehrere Entscheidungen des Reichsversicherungsamts festgelegt, an denen das Reichsversicherungsamt gegenüber der abweichenden Entscheidung des Königlich Preußischen Oberverwaltungsgerichts (Entscheidungen des OVG. Bd. 42, S. 297, vom 25. September 1902) ausdrücklich mit zutreffenden Gründen festgehalten hat: für das Gebiet der Invalidenversicherung durch die Revisionsentscheidung 1087 vom 28. September 1903 (Amtliche Nachrichten des RVA. 1903, S. 571) und für das Gebiet der Unfallversicherung durch die Rekursentscheidung 2095 vom 28. November 1904 (Amtliche Nachrichten des RVA. 1905, S. 406). Die bisher auf dem Gebiete der Unfallversicherung gesetzlich zulässigen Ausnahmen bleiben hierdurch unberührt (Begr.).

Die in Bezug genommenen Paragraphen geben dem im Betrieb mittätigen Ehegatten des Unternehmers das Recht der freiwilligen Versicherung auf dem Gebiet der Unfallversicherung.

Häufig wird ein Ehegatte durch Beteiligung an der Lohnarbeit des andern in ein direktes Beschäftigungsverhältnis zum Arbeitgeber treten, besonders wenn seine Mitarbeit vorausgesetzt und bei der Vergütung berücksichtigt ist. (So z. B. die Ehefrauen von Gutsarbeitern, Verwaltern, Gastwirten, Schuldienern usw.).

Die Beschäftigung von Verwandten schließt die Versicherung nicht grundsätzlich aus, es bedarf jedoch jeweils einer genauen Prüfung, ob tatsächlich ein mit wirtschaftlicher und persönlicher Abhängigkeit verbundenes Beschäftigungsverhältnis und nicht vielmehr ein gemeinschaftliches Familienleben mit unverbindlicher gegenseitiger Hilfeleistung vorliegt. Näheres siehe bei den einzelnen Versicherungszweigen (insbesondere bei §§ 165 und 1226).

2. Entgelt.

§ 160. Zum Entgelt im Sinne dieses Gesetzes gehören neben Gehalt oder Lohn auch Gewinnanteile, Sach- und andere Bezüge, die der Versicherte, wenn auch nur gewohnheitsmäßig, statt des Gehaltes oder Lohnes oder neben ihm von dem Arbeitgeber oder einem Dritten erhält.

Der Wert der Sachbezüge wird nach Ortspreisen berechnet, die das Versicherungsamt festsetzt.

Vgl. § 1 Abs. 4 KVG.; § 6 GUVG.; § 5 LUVG.; § 9 BUVG.; § 3 Abs. 1 IVG.

Diese Vorschrift beseitigt die bisher dem Kranken- und Invalidenversicherungsgesetz einerseits und den Unfallversicherungsgesetzen anderseits bestehenden kleinen Unterschiede, indem der Entgelt als einheitlicher Oberbegriff für Gehalt, Lohn, Arbeitsverdienst, Gewinnanteile u. a. eingeführt und darunter nach dem Vorgang der Unfallversicherungsgesetze neben den Sachbezügen auch „andere Bezüge" (Trinkgelder, Rollgelder, Aufmunterungsgelder für Lehrlinge usw.) verstanden werden; auch eine nur gewohnheitsmäßige Gewährung genügt. Gleichzeitig wird die Vorschrift auf die See-Unfallversicherung ausgedehnt, wo sie bisher nicht bestand; § 10 des See-Unfallversicherungsgesetzes, der sich ebenfalls auf den Entgelt bezieht, kehrt in den §§ 1067 bis 1071 wieder. Die Festsetzung der durchschnittlichen Ortspreise geht auf das Versicherungsamt über (Begr.).

Als Entgelt sind danach außer den im § 160 ausdrücklich angeführten Arten von Bezügen alle diejenigen zu rechnen, welche für den Gelohnten einen irgenwie wirtschaftlichen Vorteil darstellen, sich nicht lediglich als Ersatz von Auslagen u. dergl. charakterisieren.

Der Entgelt ist namentlich für die Frage der Versicherungspflicht von Bedeutung. Die Unfallversicherung greift allerdings ohne Rücksicht auf Gewährung von Entgelt Platz. Ebenso die Krankenversicherungspflicht der Lehrlinge. Dagegen setzt die I. u. HV. und die KV., abgesehen von den Lehrlingen, stets Gewährung eines Entgelts voraus. Seine Höhe ist bei den niedern Beschäftigten gleichgiltig, bei den Beschäftigten in gehobener Stellung schließt aber ein bestimmtes Höchsteinkommen (bei der KV. 2500, bei der I. u. HV. 2000 M. die Versicherungspflicht aus. Vgl. auch die §§ 176, 178, 467, 548, 550, 1063 usw.

Erforderlich ist, daß der Entgelt eine Vergütung für die Arbeit darstelle. Reine Geschenke fallen nicht unter den Begriff. Gleichgiltig ist dagegen, worin der Entgelt besteht (z. B. auch Befreiung von Geldschulden, Gelegenheit zu Nebenverdienst), wer ihn gewährt (z. B. auch Trinkgelder, auf die gewisse Personen wie Kellner angewiesen sind) und wenn die Vergütung bezahlt wird (z. B. auch an den Ehemann statt an seine mittätige Frau).

Auch die Gewährung des freien Unterhalts stellt ein Entgelt dar, das allerdings teilweise besonders behandelt wird (vgl. § 1227).

Die Festsetzung nach Abs. 2 erfolgt nicht zu bestimmten Zeiten wie etwa die des Ortslohns, sondern nach Bedarf im Einzelfall.

3. Landwirtschaft.

§ 161. Die Vorschriften dieses Gesetzes für landwirtschaftliche Betriebe, Arbeitgeber, Unternehmer und Beschäftigte gelten, soweit nichts anderes vorgeschrieben ist, auch für forstwirtschaftliche Betriebe, Arbeitgeber, Unternehmer und Beschäftigte.

Neu.

Um eine allzuhäufige Wiederholung der Ausdrücke „Land- und Forstwirtschaft", „land- und forstwirtschaftliche Arbeitgeber", „land- und forstwirtschaftliche Beschäftigte" usw." zu vermeiden, ist diese Begriffsbestimmung der „Landwirtschaft" hier unter den gemeinsamen Vorschriften aufgenommen worden.

4. Hausgewerbtreibende.

§ 162. Als Hausgewerbtreibende im Sinne dieses Gesetzes gelten die selbständigen Gewerbtreibenden, die in eigenen Betriebstätten im Auftrag und für Rechnung anderer Gewerbtreibender gewerbliche Erzeugnisse herstellen oder bearbeiten.

Sie gelten dafür auch dann, wenn sie die Roh- oder Hilfstoffe selbst beschaffen, sowie für die Zeit, in der sie vorübergehend für eigene Rechnung arbeiten.

Vgl. § 2 Abs. 1, Nr. 4 KVG.; § 5 Abs. 1 lit. b. GUVG.; § 2 Abs. 1, Nr. 2 IVG.

Wie die bisher geltenden Arbeiterversicherungsgesetze (Krankenversicherungsgesetz § 2 Abs. 1, Nr. 4, Gewerbe-Unfallversicherungsgesetz § 5 Abs. 1b, Invalidenversicherungsgesetz § 2 Abs. 1, Nr. 2), nimmt die RVO. von der Feststellung einer Begriffsbestimmung des „Hausgewerbetreibenden" Abstand und beschränkt sich auf die Hervorhebung einzelner Merkmale.

Gegen diese unvollständige Begriffsbestimmung sind mit Recht in der Komm.-Beratung wie im Reichstagsplenum Bedenken vorgebracht worden (vgl. S. 6440 ff.).

Die Hausgewerbetreibenden nehmen eine Mittelstellung zwischen den Lohnarbeitern und den selbständigen Gewerbetreibenden im eigentlichen Sinne ein. Sie haben die wirtschaftliche Abhängigkeit mit dem Lohnarbeiter, die persönliche Selbständigkeit mit dem Gewerbetreibenden gemein. Erstere zeigt sich darin, daß sie von einem anderen Gewerbetreibenden „beschäftigt werden", daß sie auf Rechnung eines Dritten arbeiten, der einerseits die geschäftliche Gefahr trägt, aber andererseits ihnen die Möglichkeit eigener Verwertung ihrer Erzeugnisse und damit der Erzielung eines Unternehmergewinns nimmt, ihnen vielmehr nur eine nach dem Stück bemessene Vergütung zahlt, die sich wirtschaftlich wesentlich als Arbeitsentgelt darstellt. Die Tätigkeit für fremde Rechnung bringt es weiter mit sich, daß der im allgemeinen wirtschaftlich mächtigere Auftraggeber die Art der Herstellung, die Lieferzeiten und sonstige Bedingungen einseitig vorzuschreiben in die Lage gesetzt wird.

Dieser wirtschaftlichen Abhängigkeit steht jedoch die persönliche Selbständigkeit gegenüber, die der in der eigenen Betriebsstätte Tätige gegenüber einem Fabrikarbeiter genießt. In der eigenen Werkstatt ist der Beschäftigte alleiniger Herr, er bestimmt Beginn, Ende, Umfang und Reihenfolge der Arbeit und ist einer Leitung und Beaufsichtigung nicht unterworfen. Er darf Hilfskräfte zuziehen, im allgemeinen auch Aufträge von dritter Seite entgegennehmen. Ferner besteht regelmäßig kein fester Vertrag und keine Kündigungsfrist, wenn sich auch tatsächlich nicht selten dauernde Beziehungen herausbilden.

Im letzteren Punkte zeigt sich ein wichtiger Unterschied vom Akkordaußenarbeiter (Heimarbeiter). Auch bei letzterem kann, wenn auch mehr aus zufälligen äußeren Gründen, die Einwirkung des Arbeitgebers ganz zurücktreten; gleichwohl bleibt er aber vom Arbeitgeber insofern persönlich abhängig, als dieser einen Rechtsanspruch auf weitere Leistungen besitzt, auch jederzeit in die Arbeitsausführungen eingreifen kann.

Der Begriff der Hausgewerbetreibenden ist auf das Gebiet der gewerblichen Warenerzeugung beschränkt. Außerdem treffen die Merkmale des Hausgewerbetreibenden dann nicht mehr zu, wenn jemand unmittelbar für den Verbraucher auf Bestellung oder auf Vorrat Waren herstellt oder wenn er nicht persönlich mitarbeitet, sondern sich überwiegend mit der Leitung von Hilfskräften befaßt.

Näheres über den Begriff des Hausgewerbetreibenden vgl. in der Anleitung des RVA. vom 6. Dezember 1905, Ziffer 33, die auch obigen Ausführungen zu Grunde gelegt ist.

Die Hausgewerbetreibenden sind durch die RVO. der Krankenversicherungspflicht unterworfen worden (§§ 168, 460 ff.). Die Unfallversicherungspflicht kann durch die Satzung auf sie erstreckt werden (§ 548 Nr. 2). Auf dem Gebiet der I. und HV.

kann der Bundesrat die Hausgewerbetreibenden für versicherungspflichtig erklären (§ 1229 Nr. 2). Bisher war das für die Hausgewerbetreibenden der Tabak- und Textilindustrie geschehen (vgl. Bekanntmachungen vom 16. Dezember 1891 und $\frac{\text{1. März 1894}}{\text{9. Novbr. 1895}}$ RGBl. 1891, S. 395; 1894, S. 324; 1895, S. 452).

Wenn die RVO. von hausgewerblichen Versicherungspflichten spricht, versteht sie darunter sowohl die Unternehmer eines Hausgewerbebetriebs (Hausgewerbetreibende im engern Sinn) als die von ihm „hausgewerblich Beschäftigten".

5. Deutsches Seefahrzeug.

§ 163. Als deutsches Seefahrzeug gilt jedes Fahrzeug, das unter deutscher Flagge fährt und ausschließlich oder vorzugsweise zur Seefahrt benutzt wird. Dadurch, daß Eingeborene der Schutzgebiete die Reichsflagge führen (§ 10 des Schutzgebietgesetzes, Reichs-Gesetzbl. 1900 S. 812), wird das Schiff nicht zu einem deutschen Seefahrzeug im Sinne dieses Gesetzes.

Vgl. § 1 Abs. 3 KVG.; § 3 Abs. 1 SUVG.; § 1 Nr. 3 IVG.

Der § 163 gibt nunmehr für alle Zweige eine einheitliche Definition des deutschen Seefahrzeuges. Nicht erforderlich ist die Bestimmung des Schiffs zum Erwerb durch die Seefahrt, wie dies im HGB. und (mit Ausnahmen) im Flaggengesetz sowie in der Seemannsordnung verlangt wird. Es fallen mithin unter den § 163 auch Privatfahrzeuge, die der Seemannsordnung nicht unterstehen, sowie die Schiffe der Reichs- und Staatsressorts.

Der Begriff der Seefahrt bestimmt sich nach der zur Ausführung des Flaggengesetzes vom 22. Juni 1899 angezogenen Bundesratsverordnung vom 10. November 1899 (Zentralbl. f. d. Deutsche Reich S. 380). Eine Erweiterung des Begriffes findet sich aber in der RVO. §§ 1047, 1048 für die SUV.

Über die Voraussetzungen für die Befugnis zur Führung der deutschen Flagge vgl. Gesetz betr. das Flaggenrecht der Kauffahrteischiffe vom 22. Juni 1899 (RGBl. 1899, S. 319).

6. Geschäftsjahr.

§ 164. Geschäftsjahr ist das Kalenderjahr.

Vgl. § 111 Abs. 2 GUVG.; § 119 Abs. 2 LUVG.; § 39 BUVG.; § 177 Abs. 2 SUVG.; § 165 Abs. 3 IVG.

Die Vorschrift bestand bereits gesetzlich für die Unfall- und Invalidenversicherung und war auch durch die höheren Verwaltungsbehörden in der Regel für die Krankenkassen angeordnet.

A. Aufbau der Wahlen bei

Es werden gewählt:

I. Die Versicherungsvertreter und deren Stellvertreter beim V. Amt	Durch die Vorstandsmitglieder der Krankenkassen, knappschaftl. Krankenkassen, Ersatzkassen und Seemannskassen (§ 42)
II. Die Beisitzer des OVA.	A) die Arbeitgeberbeisitzer: 1. zur Hälfte von den Arbeitgebermitgliedern im Ausschuss der zuständigen V. Anstalt (§ 73 Abs. 1) 2. zur Hälfte von den Vorständen der zuständigen landwirtschaftlichen und Vertrauens-BG (ev. Vertrauensausführungsbehörde) (§ 73 Abs. 1) B) die Beisitzer aus den Versicherten von den Versichertenvertretern bei den V. Ämtern des Bezirks des OVA. (§ 73 Abs. 2)
III. Die Vertreter der Arbeitgeber und der Versicherten unter den nichtständigen Mitgliedern des R.-VA.	A) die Arbeitgeber: 1. zur Hälfte von den Arbeitgebermitgliedern in den Ausschüssen der V. Anstalten und Sonderanstalten (§ 89) 2. zur anderen Hälfte von den Vorständen der BGn. und Ausführungsbehörden (§ 90) B) die Versicherten von den Versichertenbeisitzern bei den Oberversicherungsämtern (§ 91)

den Versicherungsbehörden.

Bestimmung der Stimmenzahl durch:	Verhältniswahl:	Wahlordnung erläßt:	Wahl leitet:
das V. Amt (nach der Mitgliederzahl der Kasse), (§ 43)	ja (§ 45)	die oberste Verwaltungsbehörde (§ 45 Abs. 1)	der Vorsitzende des V. Amts (§ 45 Abs. 2)
die Wahlordnung.	nein	RVA. (§ 73 Abs. 1)	der Direktor des OVA. (§ 74)
OVA. nach der Zahl der Krankenkassenmitglieder des Bezirks ihres V. Amts (§ 73 Abs. 2)	ja (§ 73 Abs. 2)	die oberste Verwaltungsbehörde (§ 73 Abs. 2)	der Direktor des OVA. (§ 74)
den Bundesrat nach der Zahl der Versicherten (§ 88 Abs. 2)	nein (§ 88 Abs. 1)	nach bisherigen Erfahrungen ist eine besondere Wahlordnung nicht nötig	das RVA. (§ 88)
„	ja (§ 88 Abs. 1)	Wahlordnung nötig, für deren Erlass der RVA. zuständig sein dürfte (a. M. Begründung, S. 63)	„

B. Die Wahlen bei

Es werden gewählt:

die Organe	durch
I. Der Vorsitzende des Vorstandes a) bei den Ortskrankenkassen	die Vorstandsmitglieder aus ihrer Mitte (§ 328 Abs. 1.)
b) bei den Landkrankenkassen	die Vertretung des Gemeindeverbandes (§ 331 Abs. 1) ev. die einzelnen Gemeindevertretungen (§ 331 Abs. 2, § 336 Abs. 2) ev. wie bei den Ortskrankenkassen (336 Abs. 3, 328)
c) bei den Betriebskrankenkassen	(Keine Wahl; der Arbeitgeber oder sein Vertreter führt ohne weiteres den Vorsitz § 338 Abs 3)
d) bei den Innungskrankenkassen	(Keine Wahl; Bestellung durch die Innung aus den Vorstandsmitgliedern § 341)
e) bei den Knappschaftlichen Krankenkassen	die in der Satzung bestimmten Personen
f) bei den Ersatzkassen	dgl.
II. Stellvertreter des Vorsitzenden des Vorstandes a) bei den Ortskrankenkassen	die Vorstandsmitglieder aus ihrer Mitte ungetrennt (§ 330)
b) bei den Landkrankenkassen	wie oben unter Ib
c) Bei den Betriebskrankenkassen	Bestellung durch den Arbeitgeber (§ 338)
d) bei den Innungskrankenkassen	Bestellung durch die Innung (§ 341 Abs. 1)
e) bei den Knappschaftlichen Krankenkassen	Nach Bestimmung der Satzung ev. Landesges.
f) bei den Ersatzkassen	dgl.
III. Die Vorstandsmitglieder a) bei den Ortskrankenkassen	die getrennt wählenden Vertreter der Arbeitgeber und der Versicherten im Ausschuss (§ 335), die Arbeitgeber ein, die Versicherten zwei Drittel
b) b. d. Landkrankenkassen	wie oben Ib
c) bei den Betriebskrankenkassen	durch die Vertr. der Versichert. im Ausschuss (§ 339); ein Drittel der Stimmen hat der Arbeitgeber (§ 338 Abs. 3) zwei Drittel die Versicherten
d) bei den Innungskrankenkassen	bei Halbierung der Beiträge je zur Hälfte aus den Vertretern der Arbeitgeber und der Versicherten im Ausschuss; sonst wie bei den Ortskrankenkassen (§§ 341, 335)
e) bei den Knappschaftlichen Krankenkassen	die in der Satzung bestimmten Personen
f) bei den Ersatzkassen	dgl.

den Krankenkassen.

Bestimmung der Stimmenzahl durch:	Verhältniswahl:	Wahlordnung erläßt:	Wahl leitet:	
	ja			
	ja			
	zulässig (§ 501)			
	dgl.			
	ja			
	ja			
	zulässig (§ 501)			
	dgl.			
	ja			
	ja (i. allgemein.)			
	ja			
	zulässig (§ 501)			
	dgl.			

B Die Wahlen bei

Es werden gewählt:

die Organe	durch
IV. Vertreter im Ausschuss (bezw. General-vers.) a) bei den Ortskrankenkassen	die beteiligten volljährigen Arbeitgeber und die volljährigen Versicherten getrennt (§ 333 Abs. 1)
b) bei den Landkrankenkassen	die Vertretung des Gemeindeverbands je aus der Mitte der beteiligten Arbeitgeber und Versicherten (§ 336); ev. die einzelnen Gemeindevertretungen (§ 336 Abs. 2); ev. wie bei der Ortskrankenkasse (§§ 336 Abs. 3, 333 Abs. 1)
c) bei den Betriebskrankenkassen	Zu zwei Dritteln die volljährigen Versicherten (§ 339); ein Drittel der Stimmen steht dem Arbeitgeber zu (§ 338)
d) bei den Innungskrankenkassen	bei Halbierung der Beiträge je zur Hälfte durch die Arbeitgeber und die Versicherten, sonst wie bei den Ortskrankenkassen (§§ 341, 333)
e) bei den Knappschaftlichen Krankenkassen (General-Versammlung)	durch die in der Satzung bestimmten Personen
f) bei den Ersatzkassen (General-Versammlung)	dgl.

den Krankenkassen.

Fortsetzung.

Bestimmung der Stimmenzahl durch:	Verhältniswahl:	Wahlordnung erläßt:	Wahl leitet:
ev. Satzung (§ 333 Ab. 3)	ja (§ 15)		Vorstand, jedoch bei der ersten Wahl nach Errichtung der Kasse und wenn kein Vorstand vorhanden, der Vertreter des Versicherungsamts, (§ 333 Abs. 2)
	im Allgemeinen ja		Vertretung des Gemeindeverbandes, ev. der Gemeinden; ev. wie bei den Ortskrankenkassen (§§ 336, 338)
	ja		wie bei den Ortskrankenkassen (§§ 339, 333 Abs. 2)
ev. Satzung (§ 341, 333 Abs. 3)	ja		dgl. (§ 341)
dgl.	zulässig (§ 501)		
dgl.	dgl.		

C. Die Wahlen bei den

Es werden gewählt:

I. Der Vorstand	durch die Genossenschaftsversammlung (§ 686 Nr. 1, vgl. §§ 975, 1146)
II. Die Sektionsvorstände	durch die Sektions- oder Genossenschaftsversammlung
III. Die Vertreter, welche die Genossenschafts- (Sektions-) versammlung bilden können	nach Bestimmung der Satzung (§§ 679, 975 — § 1037 — § 1146)
IV. Vertrauensmänner (§ 678)	dgl. durch d. Genossenschafts- od. Sektionsvorstand od. die Genossenschaftsversammlung
V. Die Vertreter der Versicherten (und Ersatzmänner), die bei den Unfallverhütungsvorschriften mitwirken: a) bei den gewerblichen Berufsgenossenschaften b) bei den landwirtschaftl. Berufsgenossenschaften c) der See-Berufsgenossenschaft	a) durch die Versichertenbeisitzer der OV. Aemter, die nicht dem Bereiche der landwirtschaftlichen oder See-Unfallversicherung angehören (§ 858 Abs. 1) (besondere Bestimmungen für Knappschaftsälteste (§ 858 Abs. 2) b) durch die Versicherungsvertreter (aus den Versicherten) der V. Aemter des Bezirks der Genossenschaft oder Sektion, soweit sie dem Bereich der landwirtschaftlichen Unfallversicherung zugehören (§ 1030 Abs. 2) c) aus den für die Seeschiffahrt berufenen Versichertenbeisitzern der OV. Aemter (§§ 1204, 1205)
VI. Die Vertreter der Arbeitgeber, die staatlichen Behörden oder Selbstverwaltungsorgane, die eine landw. BG. verwalten, gemäss § 1031 bei den Unfallverhütungsvorschriften zuziehen.	aus den landwirtschaftlichen Arbeitgeberbeisitzern bei den OV. Aemtern des Bezirks der Genossenschaft (§ 1031 Abs. 2)

Berufsgenossenschaften.

Bestimmung der Stimmenzahl durch:	Verhältniswahl:	Wahlordnung erläßt:	Wahl leitet:
die Satzung	ja (§ 15)	Das Nähere bestimmt hierzu die Satzung	
dsgl.	ja (§ 15)	Das Nähere bestimmt hierzu die Satzung	
ev. dsgl.	ja (§ 15)	dsgl.	
	§ 15 wohl unanwendbar		
a) die Wahlordnung	ja (§ 15)	das RVA. (§ 860)	ein Beauftragter des RVA. (§ 860)
b) die Wahlordnung	ja (§ 15)	das RVA. (§§ 1030 Abs. 1, 860)	ein Beauftragter des RVA. (§§ 1030 Abs. 1, 860)
c) das Loos			

durch das Loos (§ 1031 Abs. 2)

D. Die Wahlen bei den

Es werden gewählt:	
I. Der Ausschuss.	durch die Versicherungsvertreter bei den V. Aemtern des Bezirks der V. Anst., je getrennt von den Arbeitgebern und Versicherten (§ 1351 Abs. 2)
II. Die nichtbeamteten Vorstandsmitglieder	durch den Ausschuss (§ 1353 Nr. 1)

Versicherungsanstalten.

Bestimmung der Stimmenzahl durch:	Verhältniswahl:	Wahlordnung erläßt:	Wahl leitet:
die Wahlordnung (die Stimmenzahl der Versichertenvertreter wird nach der Zahl der Krankenkassemitglieder des Bezirks ihres V. Amts festzusetzen sein — vgl. § 73 Abs. 2)	§ ja (15)	die oberste Verwaltungsbehörde (§ 1352 Abs. 1) (vergl. auch § 113 Abs. 2)	der Beauftragte der obersten Verwaltungsbehörde (§ 1352 Abs. 1)
—	ja (§ 15)	Das Nähere bestimmt hierzu die Satzuug	

Fünftes Buch.

Beziehungen der Versicherungsträger zu einander und zu anderen Verpflichteten.

Vorbemerkung.

Das fünfte Buch regelt im ersten Abschnitte (§§ 1501 bis 1526) in 3 Unterabschnitten eine Reihe von Rechtsbeziehungen, die sich zwischen den verschiedenen Trägern der Reichsversicherung aus den Vorschriften des 2. bis 4. Buches der RVO. ergeben, und im zweiten Abschnitte (§§ 1527 bis 1544) die Ansprüche der nicht reichsgesetzlichen KK.en (d. h. der knappschaftlichen KK.en und Ersatzkassen), der unterstützungspflichtigen Gemeinden und Armenverbände sowie sonstiger Fürsorgepflichtiger gegenüber den Trägern der Reichsversicherung und schließlich das Verhältnis gewisser Schadenersatzansprüche zu den Ansprüchen aus der Reichsversicherung und zu den diesen gleichgestellten Ansprüchen.

Die für dieses Gebiet in Betracht kommenden Vorschriften waren bisher enthalten in den §§ 57, 58, 76 des des KVG., in den §§ 18 Abs. 3, 19—21, 23 47 Abs. 2 Satz 2, 49—54, 113 IVG., in den §§ 11, 12, 25—27, 140 GUVG. sowie in den entsprechenden Paragraphen der anderen UVGe. Diese Vorschriften waren aber — auch soweit es sich dabei um den Ausgleich der verschiedenen Ansprüche handelte — nicht immer von einheitlichen Grundgedanken beherrscht und wurden auch abgesehen hiervon verschieden gehandhabt, da sie vielfach Auslegungszweifel zuließen, und da der Instanzenzug kein einheitlicher war, vielmehr teils die Instanzen der Reichsversicherung, teils die ordentlichen Gerichte, teils die Verwaltungsgerichte oder andere Verwaltungsbehörden in Streitfällen zur Entscheidung zuständig waren.

Im fünften Buche der RVO. sind diese Vorschriften nunmehr — soweit tunlich — unter einheitliche Gesichtspunkte gebracht und übersichtlich zusammengefaßt; auch ist das Verfahren nach Möglichkeit einheitlich geregelt worden, indem durchweg das Verfahren vor den Versicherungsbehörden und zwar in der Regel das Spruchverfahren nach den §§ 1771 ff. vorgesehen ist. Über Ausnahmen vgl. besonders die §§ 1515, 1520 sowie die Anmerkung dazu. Auch in den bisher ausschließlich dem RV. Amt oder LV. Amt zur Entscheidung vorbehaltenen Streitfällen bei Ersatzansprüchen aus § 21 Abs. 1, § 113 Abs. 2, 5 IVG. findet jetzt das Spruchverfahren vor den Versicherungsbehörden statt (vgl. § 1526).

Über die allgemeinen Gesichtspunkte, welche für den Ausgleich der in Betracht kommenden verschiedenen Ansprüche gegen einander durchweg maßgebend sind, enthalten das Nähere die Vorbemerkungen zu dem 1. Unterabschnitte des I. Abschnitts, der in den §§ 1501—1517 die Beziehungen zwischen der Krankenversicherung und der Unfallversicherung regelt.

Während das 4. Buch und die zu seiner Durchführung erforderlichen anderen Vorschriften der RVO. schon am 1. Januar 1912 in Kraft treten (Art. 2 Abs. 1 Einf.-Ges.) wird der Tag des Inkrafttretens der übrigen Vorschriften der RVO. durch Kais. Verord. mit Zustimmung des Bundesrats festgesetzt (Art. 4 Abs. 1 a. a. O.). Eine solche Verordnung ist aber weder überhaupt noch insbesondere für das 5. Buch bisher erlassen.

Ob Übergangsvorschriften gemäß Art. 100 a. a. O. für das 5. Buch zu erlassen sind, wird im Wesentlichen davon abhängen, ob das III. Buch (Unfallversicherung) vor das II. Buch (Krankenversicherung) oder ob diese Bücher zugleich in Kraft treten werden (vgl. jedoch den letzten Abs. dieser Vorbem.).

Nun treten allerdings die Unterabschnitte 2 und 3 des I. Abschnitts (§§ 1518 bis 1526) und einzelne Vorschriften des II. Abschnitts (vgl. besonders §§ 1536,

1537 und teilweis §§ 1542, 1543) an die Stelle von Vorschriften, die bisher im IVG. geregelt sind. Aber diese Vorschriften des IVG. sind am 1. Januar 1912 jedenfalls insoweit noch nicht aufgehoben, als sie sich auf das Verhältnis der IV. zur KV. und UV. beziehen (vgl. das Nähere in der Vorbem. zum 4. Buche). Es ist daher anzunehmen, daß auch nach dem 1. Januar 1912 die den §§ 1518 bis 1526 RVO. entsprechenden §§ 15 Abs. 2 Satz 2, § 18 Abs. 3, §§ 19, 21, 23, § 47 Abs. 2 Satz 2, § 113 IVG. vorläufig noch fortgelten.

Von ihrem Abdruck ist mit Rücksicht auf die Kürze der für ihre Fortgeltung in Betracht kommenden Zeit abgesehen worden.

Das Verhältnis der HV. z. KV. u. UV. wird jedenfalls nach Art. 100 Einf.-Ges. vorläufig zu regeln sein.

Erster Abschnitt.

Beziehungen der Versicherungsträger zu einander.

I. Krankenversicherung und Unfallversicherung.

Vorbemerkung.

In diesem 1. Unterabschnitte des I. Abschnitts sind zunächst (§§ 1501 bis 1511) die Vorschriften über die Beziehungen zwischen der Krankenversicherung — soweit die reichsgesetzlichen Krankenkassen (vgl. S. 289) deren Träger sind — und der Unfallversicherung unter Anknüpfung an den § 25 GUVG. enthalten. Alsdann werden in den §§ 1512 bis 1517 solche Vorschriften gegeben, welche nicht nur das Verhältnis der reichsgesetzlichen Krankenkassen, sondern auch der knappschaftlichen Krankenkassen und der Ersatzkassen zu den Trägern der Unfallversicherung regeln sollen. Dagegen ist die bisher im § 25 GUVG. gleichfalls enthaltene Regelung der Ansprüche gegen andere Kassen und Unterstützungsverpflichtungen von Gemeinden und Armenverbänden in ihrem Verhältnisse zu den Ansprüchen aus der Unfallversicherung in den II. Abschnitt verwiesen, da es sich insofern nicht um das Verhältnis von Trägern der Reichsversicherung untereinander handelt.

Für das Verhältnis der reichsgesetzlichen KK.en (§ 225) zu den Ansprüchen aus der Unfallversicherung gilt — wie bisher nach § 25 GUVG. — als oberster Grundsatz, daß die Leistungspflicht dieser Kassen dadurch nicht berührt wird, daß ein Träger der reichsgesetzlichen Unfallversicherung zum Schadensersatze verpflichtet ist (§ 1501 Abs. 1). Ebenso bleiben, entsprechend dem bisherigen Recht (vgl. § 25 GUVG., § 57 KVG., § 49 IVG.) die Verpflichtungen, welche den Gemeinden und Armenverbänden zur Unterstützung Hilfsbedürftiger oder sonst Dritten zur Fürsorge für die nach der RVO. Versicherten und ihre Hinterbliebenen obliegen, von diesem Gesetz unberührt (§ 1527). Auch sonst ist der § 25 GUVG. für die neue Regelung in mancher Beziehung vorbildlich gewesen. So ist der Grundsatz des § 25 a. a. O. beibehalten worden, daß nicht mehr, wie dies noch nach § 8 Abs. 1 des UVG. v. 6. Juli 1884 der Fall war, der Anspruch des Unfallverletzten gegen den Träger der Unfallversicherung auf die Kassen pp. in Höhe des von ihnen auf Grund gesetzlicher Pflicht Geleisteten kraft Gesetzes übergeht, sondern daß diesen Kassen pp. ein — dem Umfange nach — beschränkter Anspruch auf Ersatz des von ihnen pflichtgemäß Geleisteten aus der Unfallrente zu gewähren ist. Diesen Grundsatz hat die RVO. ganz allgemein durchgeführt, sodaß er jetzt auch für die bisher unter dem Gesichtspunkte des Rechtsübergangs geregelten Fälle des § 113 Abs. 2 IVG. (jetzt § 1522 Abs. 3 RVO.) und § 57 Abs. 2 KVG. (jetzt § 1531 RVO.) Geltung hat.

Da in der Rechtsprechung ein Rechtsübergang nicht für den ganzen Rentenanspruch, sondern nur für die Rententeile anerkannt ist, die auf denselben Zeitraum entfallen wie die zum Ersatz berechtigenden Unterstützungen, jene

Rententeile aber meist im Voraus zu zahlen sind, so konnte der Ersatzberechtigte seinen Anspruch bei dem Ersatzpflichtigen in der Regel nicht rechtzeitig geltend machen und ging infolge dessen vielfach leer aus. Dieser Übelstand wird beim Ersatzanspruch vermieden, da dieser sich nicht auf Rententeile beschränkt, die auf denselben Zeitraum entfallen, für den die Unterstützung geleistet ist.

Nur für das Verhältnis gewisser gesetzlicher Schadenersatzansprüche zu den Ansprüchen, die aus der Reichsversicherung hervorgehen oder diesen gleichgestellt sind, gilt noch jetzt der Grundsatz des Rechtsübergangs (§§ 1542, 1544).

Im Folgenden sollen die einzelnen für den Anspruch einer reichsgesetzlichen Krankenkasse auf Ersatz aus den Leistungen der Unfallversicherung geltenden Voraussetzungen, die auch für die sonst nach dem fünften Buche in Betracht kommenden Ersatzansprüche von Bedeutung sind, im Anschluß an die Begründung (S. 439 ff.) erörtert werden. Zu diesen Voraussetzungen gehört:

1. die Einheit des Leistungsgrundes d. h. die Leistung der Kasse muß wegen einer auf einem Unfalle beruhenden Krankheit erfolgt sein, und zwar wegen desselben Unfalls, für den ein Träger der Unfallversicherung haftet, mindestens muß dieser Unfall die Kassenleistung wesentlich mitverursacht haben;
2. die Identität der Person, d. h. es muß dieselbe Person sein, welcher der Anspruch auf die Leistung der KK. und auf die Unfallentschädigung zusteht. Das ist z. B. nicht der Fall, wenn den Angehörigen eines von seiner KK. unterstützten Verletzten bei Heilanstaltspflege die sog. Angehörigenrente (§ 598) gewährt wird. Denn letztere bildet einen selbständigen Anspruch der Angehörigen. Für die dem Verletzten gewährte Krankenunterstützung

kann daher die KK. aus der Angehörigenrente nach § 598 Ersatz nicht beanspruchen;

3. die Gleichartigkeit der Leistungen; d. h. die KK. kann für ihre Leistungen Ersatz nur aus den entsprechenden Leistungen des Trägers der Unfallversicherung verlangen. So kann z. B. Ersatz für das von der KK. gezahlte Krankengeld nur aus der Unfallrente, für das von ihr gezahlte Sterbegeld nur aus dem von dem Träger der Unfallversicherung zu gewährenden Sterbegeld beansprucht werden. Das Nähere vgl. bei §§ 1502 bis 1505;
4. Gleichzeitigkeit der Ansprüche, d. h. die Zeit, für welche die Krankenkasse geleistet hat, muß sich mit der Zeit decken, für die der Anspruch auf Unfallentschädigung besteht. Für Leistungen der KK. vor Ablauf der 13. Woche nach dem Unfall besteht daher ein Ersatzanspruch in der Regel nicht. Einer Gleichzeitigkeit der tatsächlichen Leistungen aus der KV. u. UV. bedarf es aber nicht.

   Der Grundsatz Nr. 4 bezieht sich nur auf solche Leistungen der KK., die auf die Unfallrente verwiesen werden. Für das Sterbegeld kommt er der Natur der Sache nach nicht in Betracht, und Krankenpflege wird durchweg nicht von beiden Seiten gleichzeitig, sondern nur einmal gewährt.

Nur soweit die vorstehend unter Nr. 1 bis 4 aufgezählten Voraussetzungen zusammentreffen, besteht also ein Ersatzanspruch. Dabei werden aber die Fälle vorübergehender und dauernder Unterstützung (§ 25 Abs. 4, 5 GUVG.) nicht mehr unterschieden. Diese Unterscheidung kommt auch für den Umfang des Ersatzanspruchs (S. 295) und das Maß des Zugriffs (S. 296) nicht mehr in Betracht.

Treffen die obigen 4 Voraussetzungen für den Ersatzanspruch nicht zusammen, so besteht — übrigens in Übereinstimmung mit dem bisherigen Gange der Rechtsentwicklung — grundsätzlich ein Anspruch des Versicherten auf volle Doppelleistungen der Krankenversicherung und der Unfallversicherung d. h. die Leistungen aus beiden Versicherungen werden nebeneinander voll gewährt.

Aber auch soweit nach Vorstehendem ein Ersatzanspruch an sich gegeben ist, erkennt das Gesetz regelmäßig einen Anspruch des Versicherten auf eine beschränkte Doppelleistung an. Denn seinem Umfange nach erstreckt sich der Ersatzanspruch grundsätzlich nur auf die halbe Unfallrente, während die andere Hälfte der Unfallrente dem Versicherten freizulassen ist. Reicht nun die Leistung der Krankenkasse nicht weiter als die halbe Unfallrente, so ist sie völlig subsidiärer Natur. Die Kasse erhält alsdann vollen Ersatz, da eine Doppelleistung überhaupt nicht in Frage kommt. Wohl aber ist dies der Fall, wenn die Leistung der Krankenkasse über die halbe Unfallrente hinausreicht. Da der Versicherte auf die alsdann eintretende beschränkte Doppelleistung ohne Rücksicht darauf Anspruch haben soll, ob die Krankenkasse oder der Träger der Unfallversicherung vorleistet, so mußte der Umfang des Ersatzanspruchs und damit der Doppelleistung von vornherein und grundsätzlich gleichbleibend für beide Fälle begrenzt werden. Das konnte nur in der Weise geschehen, daß die Verpflichtungen des Trägers der Kranken- und der Unfallversicherung in einer Zeit erfaßt und verglichen werden, und zwar in derjenigen, für welche beide Verpflichtungen nebeneinander bestehen. Demgemäß ist der Ersatzanspruch der Kasse auf den Betrag festgesetzt worden, den die Kasse für ihre Leistung bei Zugriff auf die gleichzeitige Unfallrente zum Ersatz in Anspruch nehmen könnte. Wie also der Ersatzanspruch nur für die Zeit entsteht, für die gleichzeitig die Leistungspflicht der Kranken- und der

Unfallversicherung besteht (S. 294), so wird nach der sich deckenden Zeit der beiderseitigen Verpflichtung auch der Umfang des Ersatzanspruchs und der Doppelleistung bestimmt (§ 1506 Abs. 1).

Was den tatsächlichen Zugriff auf die Rente zum Zwecke der Befriedigung des Ersatzanspruchs anlangt, so ist er nicht auf solche Rententeile beschränkt, die auf einen der Unterstützungszeit entsprechenden Zeitraum entfallen. Von einer solchen Beschränkung konnte hier abgesehen werden, nachdem der Ersatzanspruch selbst schon bei seiner Entstehung in der dargelegten Weise begrenzt ist, indem er überhaupt nur aus der Zeit, für die der Anspruch aus der Krankenversicherung mit dem aus der Unfallversicherung zusammenfällt, und nur bis zur Höhe des halben Betrages der Unfallrente erwächst. Demgemäß ist auch der Zugriff auf Rentenrückstände nicht weiter beschränkt worden. (§ 1507).

Von dem Grundsatze, daß der Ersatzanspruch der Kasse die halbe Unfallrente des Versicherten freilassen muß, besteht, wie bisher schon nach § 25 Abs. 5 GUVG., eine Ausnahme in dem Falle, daß dem Versicherten vollständiger Unterhalt in einer Anstalt, d. h. die volle Versorgung in allen Lebensbedürfnissen gewährt wird. Hierher gehört namentlich der Fall der sog. geschlossenen Armenpflege. Aber auch Krankenkassen (vgl. § 239 Abs. 2, § 257) und die im § 1528 erwähnten Kassen können für die Gewährung eines solchen Unterhalts in Frage kommen. Alsdann beschränkt sich der Umfang des Ersatzanspruchs nicht auf die halbe Unfallrente, sondern die Unfallrente kann für die Dauer dieses Unterhalts bis zu ihrem vollen Betrage zum Ersatz in Anspruch genommen werden. (§ 1506 Abs. 2, Satz 1.) Ebenso ist für dieselbe Zeit der Zugriff auf die Unfallrente in ihrer vollen Höhe zulässig. (§ 1507). Wird der vollständige Unterhalt in einer Anstalt von dem Träger der Unfall-Versicherung gewährt (§ 607), so ist die festgestellte Unfallrente ebenfalls in ihrer vollen Höhe für die Begrenzung des Ersatzanspruchs zugrunde zu legen. (§ 1506 Abs. 2, Satz 2). In diesem Falle kommt aber ein Zugriff auf Rententeile für die Unterhaltszeit natürlich nicht in Betracht, da eine Unfallrente für eine solche Zeit überhaupt nicht zu zahlen ist. Deshalb ist im § 1507 auch nur der § 1506 Abs. 2, Satz 1 angezogen.

Bei Behandlung im Krankenhause kommt es darauf an, ob sie von der Krankenkasse oder von dem Träger der Unfallversicherung gewährt wird. Im ersteren Falle ist nach § 1503 für den Ersatzanspruch zwischen der Krankenpflege und dem Unterhalt im Krankenhause zu unterscheiden. Für die Krankenpflege sind nach § 1503 Abs. 1 als Pauschbetrag $^3/_8$ des Grundlohns (§§ 180, 181) zu ersetzen, während der Unterhalt im Krankenhause gemäß Abs. 2 a. a. O. unter Ansatz des halben Grundlohns auf die Unfallrente nach den für den Ersatz aus ihr geltenden Grundsätzen zu verweisen ist. Gegebenenfalls können zu dem halben Grundlohn noch ein Hausgeld (§ 186, § 194 Nr. 1) oder ein besonderes Krankengeld (§ 194 Nr. 2) hinzutreten. Die Krankenkasse kann aber als Ersatz für ihre Leistungen höchstens die halbe Unfallrente für die sich deckende Zeit in Anspruch nehmen. Dabei ist die Unfallrente für diese Zeit nach dem Grade der Erwerbsunfähigkeit, wie er im Feststellungsverfahren der Unfallversicherung festgestellt wird, anzusetzen. In Fällen des § 584 gilt der Verletzte als voll erwerbsunfähig.

Gewährt der Träger der Unfallversicherung dem Versicherten die sog. Heilanstaltspflege (§ 597), so kommt — da die Krankenpflege ausscheidet — als Anspruch des Versicherten gegen die Krankenkasse nur der Anspruch auf Krankengeld in Frage. War der Versicherte während der Heilanstaltspflege nicht arbeitsunfähig im Sinne des § 182 Nr. 2, so entsteht ein Anspruch auf Krankengeld überhaupt nicht. War er aber während dieser Zeit arbeitsunfähig, so besteht ein Anspruch auf Krankengeld auch für die Zeit der Heilanstaltspflege; dabei soll für den Umfang des Ersatzanspruchs der Unterhalt in der Heilanstalt der Vollrente gleichgerechnet werden, ohne Rücksicht darauf, ob der Versicherte infolge des Unfalls voll erwerbsunfähig war (1506 Abs. 3). Ein wirklicher Zugriff auf Unfallrente kommt aber, da eine solche für die Zeit der Heilanstaltspflege nicht zu zahlen ist, hier ebenso wenig in Betracht, wie für die Dauer des von dem Träger der Unfallversicherung gewährten vollständigen Unterhalts in einer Anstalt. (S. 297.) Hiernach können sich für den Umfang des Anspruchs des Versicherten auf Barleistung gegenüber der Krankenkasse Verschiedenheiten ergeben, je nachdem diese oder der Träger der Unfallversicherung die Behandlung im Krankenhause gewährt.

Gewährt der Träger der Unfallversicherung dem Verletzten vollständigen Unterhalt in einer Anstalt (§ 1506 Abs. 2, Satz 2), so tritt dieser an die Stelle einer nach dem Grade der Erwerbsunfähigkeit festgestellten Rente. Diese Rente dient alsdann zum Vergleiche mit dem Krankengelde. Für diesen Fall bedurfte es demnach keiner Vorschrift darüber, welche Rente an Stelle des Anstaltsunterhalts anzusetzen ist.

Soweit außer den Ersatzansprüchen der gesetzlichen Krankenkassen gegenüber der Unfallversicherung solche Ansprüche anderer Unterstützungskassen und der Armenverbände bestehen (§§ 1528 bis 1531, §§ 1534, 1535), sind sie jenen im allgemeinen gleichgestellt. Namentlich gelten auch bei ihnen für die Begrenzung ihres Umfangs sowie für den Gegenstand und das Maß des Zugriffs im allgemeinen dieselben Grundsätze, wie für die Ersatzansprüche der gesetzlichen Krankenkassen. Treffen für dieselbe Zeit mehrere Ansprüche ersatzberechtigter Kassen gegen den Träger der Unfallversicherung zusammen, so können sie nur mit der Maßgabe Befriedigung finden, daß dem Versicherten die halbe Unfallrente freibleiben muß. Gegebenenfalls sind sie bis zu dieser Grenze nach Verhältnis ihrer Höhe zu befriedigen. Dem Zugriff unterliegen auch hier Rentenrückstände voll, andere Rententeile bis zur halben Höhe; auch dabei kann eine Reduktion nach Verhältnis der Höhe der Ansprüche eintreten.

Leistungspflicht und Ersatzanspruch der Krankenkasse.

§ 1501. Die Leistungspflicht der Krankenkassen (§ 225) wird dadurch nicht berührt, daß ein Träger der reichsgesetzlichen Unfallversicherung zum Schadenersatz verpflichtet ist.

Leistet eine Krankenkasse pflichtgemäß nach Gesetz oder Satzung infolge eines Unfalls für eine Zeit, für die der Berechtigte infolge des Unfalls auch einen Anspruch auf Unfallentschädigung hatte oder noch hat, so kann sie, jedoch höchstens bis zum Betrage dieses Anspruchs und nur in den Grenzen der §§ 1502 bis 1507, als Ersatz die Unfallentschädigung beanspruchen.

Aus dem Sterbegeld und der Unfallrente kann die Krankenkasse nur Ersatz beanspruchen, soweit dies ausdrücklich zugelassen ist.

§ 25 GUVG. und die entsprechenden Vorschriften der anderen UVGe.

Während die Krankenkasse nach § 25 Abs. 2 GUVG. nur aus der Unfallrente und nach der Novelle zum KVG. vom 25. Mai 1903 (Abs. 5 des § 20 KVG.) auch aus dem von dem Träger der Unfallversicherung zu zahlenden Sterbegelde — und zwar für das von ihr gewährte Sterbegeld — Ersatz beanspruchen konnte, war jetzt eine allgemeinere Fassung geboten, da nach der RVO. auch ein Ersatz aus noch anderen Leistungen der Unfallversicherung, insbesondere aus den für die Heilbehandlung erforderlichen Mitteln in Betracht kommt.

Nur was die Kasse pflichtgemäß nach Gesetz oder Satzung leistet, begründet einen Ersatzanspruch. Ob damit aber alle — auch die auf pflichtmäßigem Ermessen beruhenden — freiwilligen Kassenleistungen vom Ersatz ausgeschlossen sind, wie die Begr. (S. 452) annimmt, ist zweifelhaft.

Die im Abs. 3 enthaltenen Worte „soweit dies ausdrücklich zugelassen ist“ beziehen sich nicht auf die Kassensatzung, sondern auf die RVO. (Kom. Ber. Teil 5, S. 23). Vgl. § 1502, § 1503 Abs. 2 Satz 2, § 1505.

Ersatz des Sterbegeldes.

§ 1502. Sterbegeld, das die Krankenkasse einem nach § 203 Berechtigten zahlt, ist aus dem Sterbegeld zu ersetzen, das der Träger der Unfallversicherung zu gewähren hat.

Art. I Nr. IX Abs. 4 der Novelle zum KVG. v. 25. Mai 1903 als Abs. 5 des § 20 KVG.

Die Vorschrift bezieht sich nur auf die Kosten des Begräbnisses, welche die Krankenkasse aus dem Sterbegelde (§ 201) an denjenigen gezahlt hat, der das Begräbnis besorgt hat (§ 203). Ein Ersatzanspruch im Sinne des Fünften Buches liegt dagegen nicht vor, wenn die Krankenkasse selbst das Begräbnis besorgt hat und den Ersatz der entstandenen Kosten von dem Träger der Unfallversicherung beansprucht. Ein solcher Anspruch ist im Rahmen des § 586 Abs. 1 Nr. 1 und in dem für die Unfallversicherung vorgeschriebenen Feststellungsverfahren geltend zu machen (Komm.-Ber. Teil 5, S. 1).

Vgl. ferner die Anm. zu § 1528.

Ersatz bei Kranken- und Krankenhauspflege.

§ 1503. Für Krankenpflege sind drei Achtel des Grundlohns zu ersetzen, nach welchem sich das Krankengeld des Berechtigten bestimmt.

Bei Krankenhauspflege gilt das Gleiche für die Krankenpflege. Für den Unterhalt im Krankenhause wird die Hälfte des Grundlohns angesetzt; für diesen Betrag kann Ersatz nur aus der Unfallrente beansprucht werden.

§ 25 Abs. 3 bis 5 GUVG. und die entsprechenden Vorschriften der anderen UVG.e.

Vgl. § 222.

Die Pauschbeträge für Krankenpflege sind der KK. in Höhe von $^3/_8$ des Grundlohns (§§ 180, 181) in den Fällen des Abs. 1 und Abs. 2, Satz 1 von dem Träger der Unfallversicherung besonders zu ersetzen. Nur die mit dem halben Grundlohn anzusetzenden Kosten des Unterhalts im Krankenhause werden auf die Unfallrente verwiesen. Höhere Aufwendungen der Krankenkassen werden im Gegensatz zu § 25 Abs. 3 GUVG. in diesen Fällen nicht ersetzt. Nur in den Fällen des § 1514 — wenn der Träger der Unfallversicherung der Krankenkasse das Heilverfahren übertragen hat — ist der Nachweis höherer Aufwendungen und demgemäß ein über den § 1503 hinausgehender Ersatzanspruch zugelassen. Im übrigen sind die durch § 1503 eingeführten Pauschbeträge wesentlich höher, als der im § 25 Abs. 3 GUVG. festgesetzte Durchschnittssatz.

Ersatz für Hilfsmittel.

§ 1504. Für Hilfsmittel, die nach § 187 Nr. 3 zu gewähren sind, ist Ersatz in Höhe des Aufwandes zu leisten.

Die Vorschrift ist neu.

Es handelt sich hier um Hilfsmittel gegen Verunstaltung und Verkrüppelung, die nach beendigtem Heilverfahren nötig sind, um die Arbeitsfähigkeit herzustellen oder zu erhalten (z. B. Krücken, Stützapparate u. dergl.), und die gemäß § 187 Nr. 3 durch die Satzung der Krankenkasse zugebilligt werden können. Hier ist der wirkliche Aufwand zu ersetzen, weil sich in Fällen dieser Art ein angemessener Pauschsatz nicht ermitteln läßt (Komm. Ber. Teil 5, S. 4).

Ersatz aus der Unfallrente.

§ 1505. Für andere Leistungen als Sterbegeld, Krankenpflege und Hilfsmittel (§§ 1502 bis 1504) kann Ersatz nur aus der Unfallrente beansprucht werden.

§ 25 Abs. 2 GUVG. und die entsprechenden Vorschriften der anderen UVGe.

Leistungen der Krankenkasse, die auf die Unfallrente verwiesen werden, sind hauptsächlich: das Krankengeld (§ 182 Nr. 2) und bei Behandlung im Krankenhause der für den Unterhalt daselbst anzusetzende Betrag zuzüglich des etwa noch zu gewährenden Hausgeldes nach § 186, § 194 Nr. 1 und des besonderen Krankengeldes nach § 194 Nr. 2 und bei Gewährung vollständigen Unterhalts in einer Anstalt die dafür aufgewendeten Kosten bis zur vollen Höhe der Unfallrente.

Umfang des Ersatzanspruchs aus der Unfallrente.

§ 1506. Soweit für Kassenleistungen Ersatz aus der Unfallrente beansprucht werden kann, ist der Anspruch nur begründet bis zum halben Betrage der Rente, die auf die Zeit fällt, für welche die Ansprüche auf Kassenleistungen und Rente zusammentreffen.

Ist dem Kranken während dieser Zeit vollständiger Unterhalt in einer Anstalt gewährt worden, der nach den Vorschriften dieses Buches aus der Unfallrente zu ersetzen ist, so ist für die Dauer dieses Unterhalts der Anspruch auf Ersatz bis zum vollen Betrage der Rente begründet. Dies gilt entsprechend, wenn der Träger der Unfallversicherung dem Kranken vollständigen Unterhalt in einer Anstalt gewährt hat (§ 607).

Um bei Heilanstaltpflege, die der Träger der Unfallversicherung gewährt, den Umfang zu bestimmen, in welchem der Ersatzanspruch der Krankenkasse für ihre Leistungen begründet ist, wird der Unterhalt in der Heilanstalt gleich der Vollrente gerechnet.

§ 25 Abs. 4, 5 GUVG. und die entsprechenden Vorschriften der anderen UVGe.

Vgl. die Vorbemerkungen zum 1. Unterabschnitt.

Abs. 1 bestimmt, daß die Unfallrente grundsätzlich bis zur halben Höhe freibleiben muß, und bis zur Hälfte nur insoweit in Anspruch genommen werden darf, als sie für eine Zeit zu gewähren ist, für die auch ein Anspruch auf die Kassenleistung besteht.

Abs. 2 gestattet die ausnahmsweise Inanspruchnahme der vollen Rente für den Fall des vollständigen Unterhalts in einer Anstalt. Satz 1 gilt für die Gewährung dieses Unterhalts durch die Kasse, Satz 2 für den Fall, daß ihn der Träger der Unfallversicherung gewährt; in letzterem Falle tritt der Unterhalt in der Anstalt an die Stelle der nach dem Grade der Erwerbsunfähigkeit festgestellten Unfallrente.

Abs. 3 bestimmt, daß bei Heilanstaltspflege des Trägers der Unfallversicherung für den Umfang des Ersatzanspruchs der Krankenkasse stets die Vollrente an Stelle der Naturalleistung des Anstaltsunterhalts anzusetzen ist. Im übrigen untersteht dieser Ersatzanspruch der Regel des Abs. 1.

Zugriff auf Rente.

§ 1507. Zur Befriedigung des Ersatzanspruchs der Krankenkasse darf auf rückständige Rentenbeträge und auf solche für die Zeit des vollständigen Unterhalts in einer Anstalt (§ 1506 Abs. 2 Satz 1) bis zu ihrer vollen

Höhe, auf andere Rentenbeträge nur bis zu ihrer halben Höhe zugegriffen werden.

§ 25 Abs. 2, 4, 5 GUVG. und die entsprechenden Vorschriften der anderen UVGe.

Die Vorschrift bezieht sich auf die §§ 1505, 1506. Die Unterscheidung zwischen vorübergehender und fortlaufender Unterstützung ist fortgefallen (vgl. die Vorbemerkung zu diesem Unterabschnitt).

Dem Zugriff der ersatzberechtigten Kasse unterliegen alle verfügbaren Rententeile ohne Rücksicht darauf, ob sie auf einen der Unterstützungszeit entsprechenden Zeitraum entfallen. Auch bei diesem Zugriff muß in der Regel die halbe Unfallrente frei bleiben. Nur im Falle des § 1506 Abs. 2, Satz 1 kann die Unfallrente, an deren Stelle der vollständige Unterhalt in einer Anstalt gewährt wird, in ihrer vollen Höhe zum Ersatz in Anspruch genommen werden. Gewährt der Träger der Unfallversicherung den vollen Unterhalt in einer Anstalt, so ist Unfallrente überhaupt nicht zu zahlen; für diese Zeit kann daher auch kein Zugriff auf Rente stattfinden. Dasselbe ist dann der Fall, wenn der Träger der Unfallversicherung Heilanstaltspflege gewährt (§ 597). Über das Nähere vgl. die Vorbemerkung zu diesem Unterabschnitt.

Anmeldung und Ausschluß des Ersatzanspruchs.

§ 1508. Der Anspruch auf Ersatz (§§ 1501 bis 1507) ist ausgeschlossen, wenn er nicht spätestens drei Monate nach Beendigung der Kassenleistungen bei dem Träger der Unfallversicherung geltend gemacht wird.

Hat jedoch die Krankenkasse ohne ihr Verschulden erst nach Ablauf dieser Zeit Kenntnis davon erhalten, daß die Voraussetzungen für einen Ersatzanspruch zutreffen, so kann sie noch innerhalb einer Woche nach dem Tage, an dem sie diese Kenntnis erlangt hat, den Anspruch geltend machen.

§ 26 GUVG. und die entsprechenden Vorschriften der anderen UVGe.

Der Ersatzanspruch ist, wie bisher, bei dem Träger der Unfallversicherung anzumelden. Streitigkeiten, die sich bei der Prüfung des Anspruchs zwischen der Krankenkasse und dem Träger der Unfallversicherung oder zwischen diesen Stellen und dem Unfallverletzten oder zwischen mehreren Ersatzberechtigten — sei es in Bezug auf Grund oder Höhe des Anspruchs, sei es in Bezug auf den Gegenstand oder das Maß des Zugriffs — ergeben, werden aber gemäß § 1515 Abs. 2 nunmehr einheitlich in dem durch die RVO. geordneten Spruchverfahren (§ 1771 ff.) entschieden.

Werden mehrere sachlich gleichberechtigte Ersatzansprüche zu verschiedenen Zeiten angemeldet, bevor einer befriedigt ist, so sind sie nach Verhältnis zu berücksichtigen. (Vgl. Vorbem. z. 1. Unterabschn. a. E.) Ist eine solche verhältnismäßige Befriedigung aber nicht mehr möglich, weil z. B. ein Ersatzanspruch erst nach Befriedigung eines anderen bekannt geworden ist, so würde über einen daraus entstehenden Streit zwischen den Ersatzberechtigten im ordentlichen Rechtsweg und nicht in dem Spruchverfahren der RVO. zu entscheiden sein, weil in diesem Verfahren nur über unmittelbar aus den Leistungen der Versicherung selbst hervorgehende Ersatzansprüche entschieden werden soll (Begr. S. 454).

Die Frist zur Geltendmachung des Ersatzanspruchs beträgt in Abweichung von dem Entwurf, der sie auf 6 Monate bemaß, nur 3 Monate; dafür sieht aber Abs. 2 einen Schutz zugunsten derjenigen Kasse vor, die erst nach Ablauf der im Abs. 1 bestimmten Frist von den Voraussetzungen ihres Ersatzanspruchs Kenntnis erhält (Kom. Ber. Teil 5, S. 7).

Betreibung des Unfallentschädigungsverfahrens durch die Krankenkasse.

§ 1509. Die Krankenkasse kann die Feststellung der Unfallentschädigung betreiben, auch Rechtsmittel einlegen. Der Ablauf von Fristen, die ohne ihr Verschulden verstrichen sind, wirkt nicht gegen sie; dies gilt nicht für Verfahrensfristen, soweit die Krankenkasse das Verfahren selbst betreibt.

Unter der Herrschaft des GUVG. stand den Kassen ein Recht zur selbständigen Betreibung des Unfallentschädigungsverfahrens nicht zu. Es wurde ihnen aber das Recht eingeräumt, einem solchen Verfahren beizutreten. Sie hatten alsdann die prozessuale Stellung der Nebenintervenienten mit den Wirkungen einer notwendigen Streitgenossenschaft im Sinne des § 69 ZPO. Voraussetzung für ihr Eingreifen war aber immer, daß gegenüber dem Hauptberechtigten, insbesondere dem Verletzten oder seinen Hinterbliebenen ein Verfahren schwebte. (Vgl. Handbuch der UV. III. Aufl., Anm. 6 Abs. 3 zu § 26 GUVG. Bd. I, S. 337). Nunmehr ist der Krankenkasse in Anlehnung an die für das Verhältnis der Invalidenversicherung zur Krankenversicherung gegebene Vorschrift des § 113 Abs. 3 IVG. das Recht zur selbständigen Betreibung des Unfallentschädigungsverfahrens gegeben worden.

Die im Satz 2 enthaltene Schutzvorschrift gegen Fristversäumnis hat den Fall im Auge, daß der im Verfahren stehende Hauptberechtigte Rechtsmittelfristen verstreichen läßt. Die Krankenkasse kann alsdann aus eigenem Rechte die an sich zulässigen Rechtsmittel einlegen, ohne daß ihr die Fristversäumnis des Hauptberechtigten entgegensteht. Ihr Recht zur Einlegung von Rechtsmitteln ist aber kein zeitlich unbeschränktes, es besteht vielmehr nur insoweit, als sie nicht durch eigenes Verschulden Fristen hat verstreichen lassen. Die Fristen sind die gesetzlichen und dürften von dem Zeitpunkt ab laufen, in welchem die Krankenkasse in die Lage gekommen ist, von ihnen Gebrauch zu machen. Dies wird regelmäßig der Zeitpunkt sein, in dem die Kasse von dem in dem Unfallentschädigungsverfahren erlassenen Bescheid oder Urteil Kenntnis erlangt hat.

Die Schutzvorschrift des 2. Satzes gilt natürlich nicht für Fristen in dem von der Krankenkasse selbständig betriebenen Verfahren. Gegen die Versäumung dieser Fristen kann nur die Vorschrift des § 131 (Wiedereinsetzung in den vorigen Stand) Schutz gewähren. Ihre Anwendbarkeit setzt aber voraus, daß die Einhaltung der Frist durch ein Naturereignis, oder einen anderen unabwendbaren Zufall verhindert worden ist.

Materiell ist der Ersatzanspruch der Krankenkasse von dem Unfallrentenanspruch des Hauptberechtigten nach Grund und Höhe abhängig. Die Krankenkasse muß daher alle materiellrechtlichen und — soweit Satz 2 nicht entgegensteht — auch prozeßrechtlichen Einwendungen gegen sich gelten lassen, die dem in Anspruch genommenen Träger der Unfallversicherung gegen den Hauptberechtigten zustehen. Dahin gehören besonders die Einreden der Zahlung und der Verjährung. (Vgl. Handbuch der UV. III. Aufl., Anm. 8 zu § 25 GUVG., Bd. I S. 329.)

Vorleistung des Trägers der Unfallversicherung.

§ 1510. Entschädigt ein Träger der Unfallversicherung pflichtgemäß für eine Zeit, für die der Berechtigte auch von einer Krankenkasse Leistungen nach Gesetz oder Satzung beanspruchen kann, so kann die Kasse auf ihre Leistungen für diese Zeit die Unfallentschädigung anrechnen, soweit für die Kasse im Falle des § 1501 wegen dieser Leistungen ein Anspruch auf Ersatz aus der Unfallentschädigung begründet wäre.

Vgl. § 1529.

Die Vorschrift betrifft den im § 25 GUVG. nicht ausdrücklich geregelten Fall, daß der Träger der Unfallversicherung für dieselbe Zeit, für welche die Krankenkasse unterstützungspflichtig ist, die Unfallentschädigung geleistet hat, bevor die Krankenkasse ihrer Leistungspflicht nachgekommen ist. In diesem Falle soll die Krankenkasse die Unfallentschädigung auf das, was sie selbst für die sich deckende Zeit an sich zu leisten hat, insoweit anrechnen können, als ihr, falls sie für diese Zeit schon selbst geleistet hätte, gemäß § 1501 ein Anspruch auf Ersatz aus der Unfallentschädigung zustehen würde.

Von dieser Anrechnung ist die im § 223 Abs. 2, 3 geregelte Aufrechnung zu unterscheiden. Bei letzterer handelt es sich darum, daß die Krankenkasse für eine bestimmte Zeit, für die der bei ihr Versicherte auch Unfallentschädigung beanspruchen konnte, tatsächlich ihrerseits geleistet hat, daß ihr auf Grund dieser Leistung ein wirklicher Ersatzanspruch gegen den Versicherten zusteht, und daß dieser dann noch weitere Leistungen von der Kasse beanspruchen kann. In solchem Falle findet in den Grenzen des § 223 Abs. 2, 3 eine Aufrechnung der Ersatzforderung der Krankenkasse gegenüber dem neuen Anspruche des Versicherten statt.

Im übrigen soll durch die Fassung des § 1510 klargestellt werden, daß die Behandlung im Krankenhause, die auf Kosten des die Heilanstaltspflege wählenden und gewährenden Trägers der Unfallversicherung erfolgt, nicht der Krankenkasse zugerechnet werden darf, gegen die ja dem Versicherten ein Anspruch auf Krankenhauspflege regelmäßig nicht zusteht, daß also die Leistungen der KK. zum Zwecke des Ausgleichs mit den Leistungen der Unfallversicherung auf Seiten der Kasse nicht so anzusetzen sind, als wenn diese selbst die Krankenhauspflege gewählt und gewährt hätte, sondern so, wie es bei der Krankenpflege außerhalb des Krankenhauses zu geschehen hat, d. h. mit dem wirklichen Krankengelde. Auch ein Hausgeld kommt für die Krankenkasse nicht in Betracht, da diese nicht selbst Krankenhauspflege gewährt hat. Der Unterhalt im Krankenhaus ist vielmehr nur auf Seiten des Trägers der Unfallversicherung, und zwar in der vergleichbaren Form von Unfallrente nach § 1506 Abs. 3 anzusetzen (Begr. S. 456).

Weitere Einschränkung der Gewährung von Krankengeld.

§ 1511. Die Satzung der Krankenkasse kann bestimmen, daß bei einer Krankheit, die Folge eines entschädigungspflichtigen Unfalls ist, für die Zeit, für die Unfallrente oder Heilanstaltpflege gewährt wird, Krankengeld nur soweit zu gewähren ist, als es den Betrag der Unfallrente übersteigt. Dabei wird der Unterhalt in der Heilanstalt gleich der Vollrente gerechnet.

Diese Vorschrift beruht auf einem Beschlusse der Kommission in der Ausgleichslesung (Kom. Ber. Teil 5, S. 8). Danach kann einem Unfallverletzten, welcher über 13 Wochen in Folge des Unfalls krank ist, vom Beginne der 14. Woche ab die Krankenunterstützung entzogen werden, soweit sie nicht höher ist, als die Unfallrente.

Anzeigepflicht der Krankenkassen.

§ 1512. Die Krankenkasse hat jede Krankheit, die ein entschädigungspflichtiger Unfall herbeigeführt hat, dem Träger der Unfallversicherung binnen drei Tagen anzuzeigen, sobald genügender Anhalt dafür vorliegt, daß die Erwerbsfähigkeit infolge des Unfalls über die dreizehnte Woche hinaus beschränkt sein wird; ist der Erkrankte nach Ablauf von drei Wochen nach dem Unfall noch nicht wieder hergestellt, so ist die Anzeige längstens bis zum Ende der vierten Woche zu erstatten.

Zu der Anzeige ist der geschäftleitende Angestellte der Kasse verpflichtet, wenn nicht der Vorstand einen anderen damit beauftragt. Die Anzeige an eine Berufsgenossenschaft, die in Sektionen eingeteilt ist, hat an den Sektionsvorstand zu ergehen.

Das Versicherungsamt kann wegen Unterlassung der Anzeige eine Geldstrafe bis zu zwanzig Mark festsetzen. Auf Beschwerde entscheidet das Oberversicherungsamt endgültig.

Vgl. §§ 76b, 76d, § 76e Abs. 2 KVG.

Bei Handhabung der Versicherungsgesetze ist immer mehr die Notwendigkeit hervorgetreten, das Heilverfahren möglichst frühzeitig und unter Anwendung der geeigneten Mittel eintreten zu lassen. Das Gesetz hat daher — unter Verschärfung der früheren Bestimmungen — die Träger der Unfallversicherung in den Stand gesetzt, von denjenigen Fällen Kenntnis zu erlangen, in denen ein baldiges Eingreifen ihrerseits erforderlich erscheint. Ein weiteres Mittel, die Träger der Unfallversicherung zur rechtzeitigen Übernahme des Heilverfahrens anzuregen, bietet die Nachricht des V. Amts gemäß § 1612.

Die Anzeige ist im Falle des § 219 von der ursprünglich verpflichteten, im Falle des § 220 von der aushilfspflichtigen Kasse zu erstatten. Die Frist von 3 Tagen läuft von dem Zeitpunkt ab, in welchem für die anzeigepflichtige Kasse genügender Anhalt dafür vorliegt, daß die Erwerbsfähigkeit über die 13. Woche hinaus beschränkt sein wird.

Die Unterlassung der Anzeige hat für die Krankenkasse — abgesehen von Abs. 3 — keine materiellen Nachteile zur Folge (Kom. Ber. Teil 5, S. 9).

Übernahme des Heilverfahrens durch den Träger der Unfallversicherung.

§ 1513. Bei Krankheit, die ein Unfall herbeigeführt hat, kann der Träger der Unfallversicherung das Heilverfahren übernehmen. Er hat dann für dessen Dauer oder bis zum Ablauf der dreizehnten Woche nach dem Unfall dem Kranken das zu gewähren, was diesem seine Krankenkasse nach Gesetz oder Satzung zu leisten hätte. An Stelle der Krankenpflege und des Krankengeldes kann er Krankenhauspflege und Hausgeld nach den §§ 184, 186 gewähren; er kann mit Zustimmung des Kranken auch Pflege nach § 185 gewähren.

Die Krankenkasse hat dem Träger der Unfallversicherung insoweit Ersatz zu leisten, als der Kranke von ihr nach Gesetz oder Satzung Krankenhilfe beanspruchen könnte und der Träger der Unfallversicherung dann nicht selbst ersatzpflichtig wäre. Dabei gelten als Ersatz für Krankenpflege drei Achtel des Grundlohns, nach welchem sich das Krankengeld des Berechtigten bestimmt.

Vgl. § 76c Abs. 1, § 76d KVG.

Zu Abs. 1: Übernimmt der Träger der Unfallversicherung während der ersten 13 Wochen (der sog. Wartezeit) das Heilverfahren, so hat er bis zum Ablauf der 13. Woche nach dem Unfall oder bis zum früheren Ende des Heilverfahrens dem Verletzten das zu leisten, was ihm sonst die Krankenkasse zu gewähren verpflichtet ist. (Vom Ablauf der Wartezeit an hat der Träger der Unfallversicherung die Krankenbehandlung aus eigener Pflicht zu gewähren). Ebenso wie die Krankenkasse kann auch der Träger der Unfallversicherung bei Übernahme des Heilverfahrens dieses in der Gestalt von Krankenhauspflege (§ 184) gewähren; einen Anspruch hierauf hat der Verletzte regelmäßig nicht. Wählt der Träger der U. Vers. die Krankenhauspflege, so hat der Verletzte auch Anspruch auf die mit der Krankenhauspflege verbundenen Krankenkassenleistungen, also gegebenenfalls auf das Hausgeld (§ 186) und, wenn es die Satzung der Kasse vorsieht, auch auf das erhöhte Hausgeld und das besondere Krankengeld (§ 194 Nr. 1 u. 2). Der § 185 betrifft die Gewährung von Hilfe und Wartung durch Krankenpfleger, Krankenschwestern oder andere Pfleger. Die in Satz 3 enthaltene Vorschrift versteht sich eigentlich von selbst; sie ist aber auf Beschluß der Kommission in 2. Lesung zur Klarstellung hier noch besonders aufgenommen (Kom. Ber. 5. Teil, S. 14).

Zu Abs. 2: Der Anspruch des Trägers der Unfallversicherung gegen die Krankenkasse gemäß Abs. 2 ist auch hier in die Form eines Ersatzanspruchs gekleidet. Dabei kann der Träger der Unfallversicherung von der Krankenkasse nicht nur wie bisher das Krankengeld, das der Versicherte von ihr fordern konnte, sondern auch die Kosten des Heilverfahrens mit dem Durchschnittssatze von 3 Achteln des für das Krankengeld des Berechtigten maßgebenden Grundlohnes erstattet verlangen. Diese Neuerung hat man eingeführt, um nicht durch die Leistung des Trägers der Unfallversicherung die zur Leistung von Krankenpflege (§ 182 Nr. 1) verpflichtete Krankenkasse zu entlasten und um das berufsgenossenschaftliche Heilverfahren während der Wartezeit zu fördern (Kom. Ber. 5. Teil, S. 9 ff.).

Das Krankengeld kann der Träger der Unfallversicherung als Ersatz von der Krankenkasse nur dann beanspruchen, wenn der Versicherte bei Krankenpflege, die ihm ohne Dazwischentreten des Trägers der Unfallversicherung gewährt wurde, es selbst von der Krankenkasse nach Gesetz oder Satzung hätte beanspruchen dürfen. Das Krankengeld ist dann in der vollen Höhe zu gewähren, die durch den Unfall bedingt wird, also einschließlich des Krankengeldzuschusses nach § 573, sofern der Träger der Unfallversicherung den Krankengeldzuschuß nicht gemäß § 576 selbst zu tragen hat. Andernfalls bleibt der Krankenkasse, die den Krankengeldzuschuß dem Träger der Unfallversicherung geleistet hat, der Rückgriff an den Unternehmer. Hausgeld und besonderes Krankengeld (§§ 186, 194), das der Träger der Unfallversicherung im Falle der Unterbringung des Verletzten in einer Heilanstalt zu zahlen hat, sind von der Krankenkasse nicht zu ersetzen, weil der Verletzte gegen die Krankenkasse keinen Anspruch auf Krankenhauspflege hat; die verschärfte Ersatzpflicht der Krankenkasse für Kosten des Heilverfahrens beschränkt sich vielmehr auf das in Satz 2 bestimmte Maß.

Vereinbarungen zwischen Trägern der Unfallversicherung und Krankenkassen, daß jene bei allen durch einen Unfall herbeigeführten Krankheitsfällen oder bei einzelnen Arten von Verletzungen das Heilverfahren vom Beginn der Erkrankung an übernehmen, sind zulässig, berühren aber die Rechte des Verletzten gegenüber der Krankenkasse nicht (Kom. Ber. Teil 5, S. 13).

Streitigkeiten, die zwischen dem Träger der Unfallversicherung und dem Kranken aus der Übernahme des Heilverfahrens durch ersteren entstehen, werden, wie bisher (§ 76c Abs. 2 KVG.) in dem Verfahren entschieden, das für Streitigkeiten über die Ansprüche des Kranken gegen die Krankenkasse auf deren Leistungen vorgesehen ist, da der Träger der Unfallversicherung gegenüber dem Kranken an die Stelle der Krankenkasse tritt. Nur ist an die Stelle des bisher im § 58 Abs. 1 KVG. geordneten Verfahrens nunmehr das Feststellungsverfahren der Krankenversicherung (§ 1551 Abs. 3) getreten.

Streitigkeiten über Ersatzansprüche aus § 1513 werden im Spruchverfahren gemäß §§ 1771 ff. entschieden.

Übertragung der Fürsorge auf die Krankenkasse.

§ 1514. Der Träger der Unfallversicherung kann die Erfüllung seiner Pflichten gegen den Verletzten und dessen Angehörige der letzten Krankenkasse des Verletzten über die dreizehnte Woche nach dem Unfall hinaus bis zum Ende des Heilverfahrens in dem Umfang übertragen, den er für geboten hält.

Er hat ihr die daraus erwachsenden Kosten zu ersetzen. Als Ersatz für Krankenbehandlung (§ 558 Nr. 1) und für Heilanstaltpflege gelten die im § 1503 bezeichneten Beträge, wenn nicht ein höherer Aufwand nachgewiesen wird. Bei der See-Unfallversicherung gilt für diesen Ersatz der § 1106 Abs. 2.

Für die eigenen Leistungen der Krankenkasse gilt § 1510.

Vgl. § 11 Abs. 1 GUVG. und die entsprechenden Vorschriften der anderen UVGe.

Dieser Paragraph regelt die Übertragung der Pflichten des Trägers der Unfallversicherung gegen den Verletzten auf die Krankenkasse. Die Regelung wird von dem Grundsatz beherrscht, daß durch diese Übertragung weder die Krankenkasse *noch der Verletzte benachteiligt* werden darf. Als Ersatz dafür, daß die Krankenkasse diejenigen Leistungen des Trägers der Unfallversicherung übernimmt, die der Krankenbehandlung und der Heilanstaltspflege entsprechen, sind der Einfachheit halber zunächst die Pauschbeträge von $^{3}/_{4}$ und $^{1}/_{2}$ des für das Krankengeld maßgebenden Grundlohns vorgesehen. Doch ist der Krankenkasse, die hier auf ausdrücklichen Auftrag des Trägers der Unfallversicherung handelt, der *Nachweis höherer Aufwendungen* für den Einzelfall nachgelassen. — Für die *See-Unfallversicherung* gilt die Besonderheit, daß der Träger der Unfallversicherung die Gewährung seiner Leistungen nicht nur der Krankenkasse, sondern auch dem Unternehmer übertragen kann, und daß jene Pauschbeträge hier nach dem Jahresarbeitsverdienst zu bemessen sind. Das Nähere regelt § 1106. Das Gesetz behandelt hier die Übertragung an den Unternehmer und die Krankenkasse gleichmäßig.

Die Fürsorge, welche den Krankenkassen übertragen werden kann, kann sich auf die *Zahlung der zu gewährenden Renten* erstrecken, auch dann, wenn das Heilverfahren selbst nicht der Krankenkasse übertragen ist (Kom. Ber. Teil 5 S. 15); über die Beendigung des Heilverfahrens hinaus besteht aber eine Verpflichtung der Kasse zur Rentenzahlung nicht.

Hat die Krankenkasse auf Grund des § 182 Nr. 1 innerhalb der ersten 13 Wochen nach dem Unfall *ohne Befragung des Trägers der Unfallversicherung Aufwendungen* gemacht, deren Ergebnis diesem Versicherungsträger zugute kommt (z. B. den Verletzten in einer medico-mechanischen Anstalt behandeln lassen), so steht der Krankenkasse — wie bisher — kein Ersatzanspruch zu. (Besch. 2103 A. N. 1905 S. 411.) Doch ist der Träger der Unfallversicherung nicht gehindert, in solchen Fällen die Aufwendungen aus dem Gesichtspunkt der Geschäftsführung ohne Auftrag oder der nützlichen Verwendung nachträglich zu erstatten (Besch. 2265 A. N. 1908 S. 551).

Die *Unfallrente* und bei Streit auch die sonstigen im *Heilverfahren zu gewährenden Leistungen* sind von dem zuständigen Träger der Unfallversicherung gemäß den Vorschriften des ersten Abschnitts des 6. Buchs *festzustellen.* Streit über Ersatzansprüche zwischen der Krankenkasse und dem Träger der Unfallversicherung ist im Spruchverfahren nach §§ 1771 ff. zu entscheiden (vgl. § 1515).

Der Träger der Unfallversicherung hat gemäß § 581 das Recht, den Verletzten jederzeit ärztlich untersuchen zu lassen und von der Krankenkasse Auskunft über die Behandlung und den Zustand des Verletzten zu verlangen. Im Falle des § 1514 wird er darüber hinaus der Kasse auch Anweisungen erteilen dürfen.

Inwieweit die Krankenkasse neben den Leistungen der Unfallversicherung noch Krankengeld zu gewähren hat, ergibt der § 1510.

Entscheidung über Streitigkeiten.

§ 1515. Bei Streit zwischen der Kasse und dem Träger der Unfallversicherung aus der Übertragung seiner Leistungen (§ 1514) entscheidet das Versicherungsamt endgültig, wenn es sich nicht um einen Ersatzanspruch handelt.

Streit über Ersatzansprüche aus den §§ 1501, 1513, 1514 wird im Spruchverfahren entschieden.

Es sind hier zu unterscheiden die Streitigkeiten zwischen der Kasse und dem Träger der Unfallversicherung, bei denen es sich nicht um einen Ersatzanspruch handelt, und die Streitigkeiten über Ersatzansprüche.

Im ersteren Fall kommt hier nur der Streit in Betracht, der aus der Übertragung der Leistungen der Unfallversicherung auf die Krankenkasse im Rahmen des § 1514 entstehen kann, indem z. B. die Krankenkasse die Einleitung eines von der BG. verlangten Heilverfahrens oder die Berücksichtigung von besonderen Wünschen der BG. für dessen Durchführung ablehnt. Alsdann entscheidet jetzt das V.Amt endgültig, während bisher nach § 14 GUVG. die Aufsichtsbehörde der Krankenkasse mit nachfolgendem Rechtsweg oder Verwaltungsstreitverfahren (§ 58 Abs. 1 KVG.) und nach § 14 Abs. 2 LUVG. die Aufsichtsbehörde der Krankenkasse endgültig (§ 58 Abs. 1 Satz 1 KVG.) zu entscheiden hatte. —

Handelt es sich aber um Streitigkeiten über Ersatzansprüche der Krankenkassen aus § 1501 oder aus der Übernahme des Heilverfahrens gemäß § 1513 oder aus seiner Übertragung gemäß § 1514, so findet das Spruchverfahren gemäß §§ 1771 ff. Anwendung. Dasselbe gilt für Streitigkeiten mehrerer Ersatzberechtigter untereinander über die Abgrenzung ihrer Ansprüche in Bezug auf den Umfang der Ersatzansprüche oder über den Gegenstand und das Maß des Zugriffs (Begr. S. 460).

Es kommen schließlich noch Streitigkeiten aus der Übertragung des Heilverfahrens zwischen dem Kranken und dem Träger der Unfallversicherung vor (§ 1514). Diese werden im Feststellungsverfahren der Unfallversicherung entschieden. Einer besonderen dahin gehenden Vorschrift bedurfte es nicht, weil es sich hier nur um Ansprüche auf Leistungen der Unfallversicherung handeln kann (Begr. S. 460).

Über Streitigkeiten zwischen dem Träger der Unfallversicherung und dem Kranken aus der Übernahme des Heilverfahrens im Falle des § 1513 ist im Feststellungsverfahren der Krankenversicherung zu entscheiden (vgl. Anm. zu § 1513 vorletzter Abs.).

Gleichstellung anderer Kassen.

§ 1516. Die §§ 1512 bis 1515 gelten auch für knappschaftliche Krankenkassen und für Ersatzkassen. Für die Ersatzkassen ist die Anzeigepflicht in der Satzung zu regeln.

Für Mitglieder von knappschaftlichen Krankenkassen gilt der nach § 180 bestimmte Grundlohn, für Mitglieder von Ersatzkassen der Grundlohn ihrer Krankenkasse.

Unter knappschaftlichen Krankenkassen versteht die RVO. die besonderen Einrichtungen, die bei den Knappschaftsvereinen — d. s. die allgemeinen knappschaftlichen Organisationen, welche der Unterstützung, Krankenversicherung usw. ihrer Mitglieder dienen — für die Zwecke der Krankenversicherung bestehen. Wo die RVO. nur von Knappschaftsvereinen spricht, sind gegebenenfalls deren knappschaftliche Krankenkassen miterfaßt (Begr. S. 245/246). Ersatzkassen sind Versicherungsvereine auf Gegenseitigkeit, die ausdrücklich als Ersatzkassen zugelassen sind. Im übrigen vgl. über knappschaftliche Krankenkassen §§ 495 ff., über Ersatzkassen §§ 503 ff.

Als Ersatzkassen im Sinne der §§ 1512 bis 1515 sind die zugelassenen Versicherungsvereine (§ 503) für den Kranken nur dann anzusehen, wenn seine Rechte als Mitglied der Krankenkasse auf seinen Antrag ruhen (§ 517).

Der Träger der Unfallversicherung, der von einer der hier erwähnten Kassen das Heilverfahren gemäß § 1513 übernimmt, tritt auch hier, wie im Falle des § 1513 dem Kranken gegenüber an die Stelle der Kasse; Streitigkeiten zwischen ihm und dem Kranken aus der Übernahme dieses Heilverfahrens werden hier wie dort im Feststellungsverfahren der Krankenversicherung entschieden (§ 1551 Abs. 3).

Unterbringung Verletzter in bestimmten Anstalten.

§ 1517. Die oberste Verwaltungsbehörde kann anordnen, daß Unfallverletzte, die Mitglieder von Krankenkassen, knappschaftlichen Krankenkassen oder Ersatzkassen sind, denen Anstalten mit genügenden Heileinrichtungen zu Gebote stehen, vor Ablauf der dreizehnten Woche nach dem Unfall in einer anderen Heilanstalt nur untergebracht werden dürfen, wenn es die Vorstände der Kassen oder Kassenverbände genehmigen.

Vgl. § 11 Abs. 2, Satz 2, Abs. 4 GUVG. und die entsprechenden Vorschriften der anderen UVGe.

Über knappschaftliche Kranken- und Ersatzkassen vgl. Anm. zu § 1516.

Diese — dem bisherigen Recht entsprechende — Vorschrift soll einmal im Interesse der Verletzten verhüten, daß sie ohne weiteres aus ihren bisherigen Verhältnissen herausgerissen und in eine vielleicht weit entfernte Heilanstalt der Träger der Unfallversicherung gebracht werden können. Sodann soll sie eine Schädigung anderer Heilanstalten (vornehmlich Knappschaftskrankenhäuser) verhindern, deren nicht ausreichende Benutzung sonst zu befürchten wäre. Übernehmen die Träger der Unfallversicherung das Heilverfahren, so können sie natürlich auch beim Verbleiben des Verletzten in der Anstalt der Kassen die Art der Durchführung des Heilverfahrens bestimmen. — Vgl. auch § 605 über die Umtransportierung des Verletzten.

II. Krankenversicherung und Invaliden- und Hinterbliebenenversicherung.

Vorbemerkung.

Die Leistungen der Krankenversicherung und diejenigen der Invaliden- und Hinterbliebenenversicherung bestehen im allgemeinen nebeneinander. Beide Versicherungszweige treten nur dann in Beziehungen, die einer gesetzlichen Regelung bedürfen, wenn ein Träger der Invaliden- und Hinterbliebenenversicherung das Heilverfahren von einem Träger der Krankenversicherung übernimmt oder diesem überträgt. Die Regelung dieser Beziehungen ist im allgemeinen im Anschluß an die Vorschriften erfolgt, welche für die Übernahme des Heilverfahrens durch den Träger der Unfallversicherung (§ 1513) und für seine Übertragung auf die Krankenkasse

(§ 1514) gelten. Den Krankenkassen stehen nach § 1521 die knappschaftlichen Krankenkassen und die Ersatzkassen, den VAnstalten nach § 1372 Nr. 20 die Sonderanstalten gleich.

Darüber, daß die Vorschriften dieses Unterabschnitts am 1. Jan. 1912 noch nicht in Kraft treten, vgl. die Vorbemerkung zum 5. Buch.

Übernahme des Heilverfahrens durch die V. Anstalt.

§ 1518. Läßt die Versicherungsanstalt ein Heilverfahren eintreten, so hat sie für dessen Dauer dem Kranken das zu gewähren, was diesem seine Krankenkasse (§ 225) nach Gesetz oder Satzung zu leisten hätte. Bringt die Versicherungsanstalt den Kranken in einem Krankenhaus oder in einer Anstalt für Genesende unter, so kann sie ihm für die Dauer dieses Heilverfahrens die Invaliden- oder Witwenrente ganz oder teilweise versagen.

Die Krankenkasse hat der Versicherungsanstalt Ersatz zu leisten, soweit der Kranke von der Kasse nach Gesetz oder Satzung Krankengeld zu beanspruchen hätte.

Vgl. §§ 18, 47 Abs. 2 IVG.

Wegen der Übernahme des Heilverfahrens durch die V. Anst. vgl. §§ 1269 ff., §§ 1305, 1306. Diese Vorschriften regeln die Ansprüche des Kranken gegen die V. Anst. aus der Übernahme des Heilverfahrens durch letztere für solche Fälle, in denen eine Leistungspflicht der Krankenkasse nicht oder nicht mehr besteht. Wenn dagegen die V. Anst. das Heilverfahren für eine Zeit übernimmt, während deren die Krankenkasse noch unterstützungspflichtig ist, so gilt für die Ansprüche des Kranken und die Ersatzansprüche der V. Anst. gegen die Krankenkasse der § 1518. Dabei finden im allgemeinen die gleichen Grundsätze Anwendung, die im Falle des § 1513 für die Ansprüche des Kranken und die Ersatzansprüche des Trägers der Unfallversicherung gegen die Krankenkasse gelten. Nur der im § 1513 Abs. 2, Satz 2 bei Übernahme des Heilverfahrens durch den Träger der Unfallversicherung vorgesehene Ersatz für Krankenpflege findet bei Übernahme des Heilverfahrens durch die V. Anstalt nicht statt. Abs. 1 Satz 2, der im Ergebnis den Satz 1 für den Fall der Krankenhausbehandlung einschränkt, entspricht dem § 1271 Satz 4 und ersetzt den § 18 Abs. 4 Satz 3

IVG., der in solchem Falle die Anrechnung der Invalidenrente auf die Angehörigenunterstützung vorsah. Dagegen war § 1271 Satz 5 (Wegfall des Hausgeldes bei Fortzahlung des Gehalts oder Lohns) nicht zu übernehmen, weil es sich bei § 1518 um das Heilverfahren gegenüber einem Kranken handelt, dem die KK. leistungspflichtig ist. Diese wird von der Zahlung des Hausgeldes bei Fortzahlung des Gehalts oder Lohns aber auch nicht befreit (§ 186).

Auch das besondere Krankengeld im Sinne des § 194 Nr. 2 fällt unter § 1518 Abs. 1, Satz 1, da es als ein auf Grund der Satzung zu gewährendes Krankengeld anzusehen ist (Kom. Ber. Teil 5, S. 19).

Über das Verfahren bei Streit vgl. Anm. zu § 1520.

Übertragung der Fürsorge auf die Krankenkasse.

§ 1519. Die Versicherungsanstalt, die ein Heilverfahren eintreten läßt, kann die Fürsorge für den Kranken seiner letzten Krankenkasse in dem Umfang übertragen, den sie für geboten hält.

Werden dadurch der Kasse Leistungen über den Umfang ihrer gesetzlichen oder satzungsmäßigen Leistungen hinaus auferlegt, so hat die Versicherungsanstalt die Mehrkosten zu ersetzen.

Sie hat der Kasse den Aufwand auch für die Zeit zu ersetzen, für welche die Kasse zu Leistungen nicht mehr verpflichtet war. Dabei gelten als Ersatz für Krankenpflege und für Krankenhauspflege die im § 1503 bezeichneten Beträge, wenn nicht ein höherer Aufwand nachgewiesen wird.

Vgl. § 19 IVG.

Die Vorschrift entspricht derjenigen des § 1514, die für den Fall gilt, daß der Träger der Unfallversicherung die Fürsorge für den Erkrankten auf die Krankenkasse überträgt.

Abs. 1 u. 2 behandeln den Fall, daß die Krankenkasse selbst noch leistungspflichtig ist. Hier steht ihr ein Ersatzanspruch gegen die V. Anst nur auf das zu, was sie infolge der Übertragung der Fürsorge mehr zu leisten hat, als sie sonst zu leisten gehabt hätte. Dabei ist, wenn die V. Anst. Krankenhauspflege gewählt und damit die Krankenkasse beauftragt hat, als eigene Pflichtleistung der KK. in der Regel nur die Krankenpflege und bei Arbeitsunfähigkeit außerdem das Krankengeld anzusetzen (vgl. die Vorbemerkungen zum 1. Unterabschnitt). Der Wert dieser Leistungen ist mit den Kosten in Vergleich zu stellen, die durch die Krankenhauspflege und die damit verbundenen Leistungen, z. B. Hausgeld entstehen. Den Mehrbetrag hat die V. Anstalt zu ersetzen (Begr. S. 462).

Abs. 3 gilt für den Fall, daß die Krankenkasse bei Übertragung der Fürsorge dem Kranken gegenüber nicht mehr leistungspflichtig ist. Alsdann hat ihr die V. Anst. vollen Ersatz zu leisten. Auch hier ist, wie bei § 1514 Abs. 2 der Nachweis eines über die Pauschbeträge des § 1503 hinausgehenden Aufwands zugelassen. —

Wegen des Verfahrens bei Streitigkeiten, die sich aus den Vorschriften dieses Paragraphen ergeben können, vgl. die Anm. zu § 1520.

Entscheidung über Streitigkeiten.

§ 1520. Bei Streit zwischen der Kasse und der Versicherungsanstalt aus der Übertragung der Fürsorge (§ 1519) entscheidet das Versicherungsamt endgültig, wenn es sich nicht um einen Ersatzanspruch handelt.

Streit über Ersatzansprüche aus den §§ 1518, 1519 wird im Spruchverfahren entschieden.

Vgl. § 23 Abs. 1, 2 IVG.

Bei Streit, der zwischen dem Kranken und der V. Anstalt aus der Übernahme des Heilverfahrens durch letztere (§ 1518) entsteht, gilt das in den Anm. zu §§ 1513, 1515 für den Fall der Übernahme des Heilverfahrens durch den Träger der Unfallversicherung Gesagte entsprechend. Über solchen Streit ist also im Feststellungsverfahren der Krankenversicherung zu entscheiden (§ 1551 Abs. 3).

Die Versagung der Rente im Falle des § 1518 Abs. 1 Satz 2 fällt nicht unter § 1551 Abs. 3, weil es sich hier nicht um die Übernahme einer Leistung eines anderen Verpflichteten handelt. Streitigkeiten sind in solchem Falle in dem Feststellungsverfahren der Invaliden- und Hinterbliebenenversicherung auszutragen (§§ 1613 ff.).

Im Falle des § 1519 können aus der Übertragung des Heilverfahrens auch Streitigkeiten zwischen dem Kranken und der V. Anst. vorkommen, insbesondere wegen des dem Kranken während des Heilverfahrens gegen die V. Anst. gegebenenfalls zustehenden Anspruchs auf Hausgeld. Solche Streitigkeiten sind nur dann im Feststellungsverfahren der Invalidenversicherung auszutragen, wenn und soweit es sich um wirkliche Leistungen der Invalidenversicherung, also um Invaliden- oder Hinterbliebenenrente selbst handelt. Im übrigen sind solche Streitigkeiten im Feststellungsverfahren der Krankenversicherung zu entscheiden (§ 1551 Abs. 2). In den entsprechenden Fällen des § 1514 konnte für Streitigkeiten zwischen dem Kranken und dem Träger der Unfallversicherung nur das Feststellungsverfahren der Unfallversicherung zur Anwendung kommen (vgl. Anm. zu §§ 1514, 1515).

Gleichstellung anderer Kassen.

§ 1521. Die §§ 1518 bis 1520 gelten auch für knappschaftliche Krankenkassen und für Ersatzkassen. Der Grundlohn bestimmt sich nach § 1516 Abs. 2.

Vgl. § 20 IVG.

Hier gilt entsprechend das zu § 1516 gesagte. Vgl. im übrigen § 1551 Abs. 2, 3.

III. Unfallversicherung und Invaliden- und Hinterbliebenenversicherung.

Vorbemerkung.

In diesem Unterabschnitte werden die im § 15 Abs. 2, Satz 2, § 21, § 113 IVG. behandelten Rechtsverhältnisse unter Berücksichtigung der neu eingeführten Hinterbliebenenversicherung im Zusammenhange geregelt. Dabei findet auch hier der Ausgleich zwischen den sich gegenübertretenden Ansprüchen in der Form des Ersatzanspruchs und unter den für diesen nach den Vorbemerkungen zum 1. Unterabschnitt geltenden Voraussetzungen statt. Auch hier sind die Sonderanstalten den V. Anst. gleichgestellt (§ 1372 Nr. 20).

Darüber, daß die Vorschriften dieses Unterabschnitts am 1. Januar 1912 noch nicht in Kraft treten, vgl. die Vorbemerkung zum 5. Buche.

Zusammentreffen von Ansprüchen bei Betriebsunfällen, die den Tod oder die Invalidität zur Folge haben.

§ 1522. Der Antrag, eine Invaliden- oder Hinterbliebenenrente festzustellen, kann nicht deshalb abgelehnt werden, weil Invalidität oder Tod Folge eines entschädigungspflichtigen Unfalls ist. Die Rente ist voll zu zahlen, bis die Unfallrente gewährt wird. Wird diese gewährt, so ist nur der sie übersteigende Betrag der Invaliden- oder Hinterbliebenenrente zu zahlen.

Das Gleiche gilt bei Heilanstaltpflege, die der Träger der Unfallversicherung gewährt. Dabei wird der Unterhalt in der Heilanstalt gleich der Vollrente gerechnet.

Ist die Rente für eine Zeit gezahlt, für die der Empfänger einen Anspruch auf Unfallrente hat, so kann die Versicherungsanstalt als Ersatz die Unfallrente beanspruchen, soweit die Rente, die sie gewährt, nicht höher ist. Für den Umfang des Ersatzanspruchs und für das Maß des Zugriffs auf die Unfallrente gelten die §§ 1506, 1507 entsprechend.

Vgl. § 15 Abs. 2 Satz 2, § 113 IVG.

Die Vorschrift hat die Bedeutung, daß dann, wenn der Tod oder die Invalidität des Versicherten durch einen nach den Vorschriften des 3. Buches zu entschädigenden Betriebsunfall herbeigeführt ist, Doppelleistungen des Trägers der Unfallversicherung und desjenigen der Invaliden- und Hinterbliebenenversicherung nach Möglichkeit vermieden werden sollen, und daß nur der Träger der Unfallversicherung endgültig in der Regel allein entschädigungspflichtig ist, daß aber der in Anspruch genommene Träger der Invaliden- und Hinterbliebenenversicherung sich darauf nicht berufen kann, sondern im Interesse einer schnellen Fürsorge die Invaliden- oder Hinterbliebenenrente vorläufig feststellen muß und alsdann von dem Träger der Unfallversicherung Ersatz für seine Leistungen verlangen kann, soweit sie diejenigen der Unfallversicherung nicht übersteigen.

In Bezug auf das Verhältnis der Invalidenrente zur Unfallrente ist gegenüber der bisherigen Gesetzgebung nichts geändert. Unter der Invalidenrente im Sinne dieses Paragrahen ist daher nur die eigentliche Invalidenrente ohne die freiwillige Zusatzrente (§ 1472 ff.) zu verstehen (vgl. Sten. Ber. S. 6982 A. B.).

Für die Voraussetzungen des Ersatzanspruchs, die Grenzen seines Umfangs und das Maß des Zugriffs gilt im übrigen das in den Vorbemerkungen zum 1. Unterabschnitt dieses Buches Gesagte. Was insbesondere den Umfang des Ersatzanspruchs anlangt, so beschränkt er sich auch hier auf die halbe Unfallrente. Infolgedessen kann auch hier eine gewisse Doppelleistung an den Versicherten tatsächlich vorkommen. Dagegen ist hier wegen der subsidiären Natur der Invaliden- und Hinterbliebenenrente ein Anspruch auf Doppelleistung nicht in dem weiteren Sinne gegeben, wie ihn § 1510 dem Versicherten gegenüber der gesetzlichen Krankenkasse neben der Unfallentschädigung gewährt.

Daß die Gewährung von Heilanstaltspflege durch den Träger der Unfallversicherung dem Bezuge der Vollrente gleich zu achten ist (Abs. 2), entspricht dem bisherigen Recht (vgl. Rev. Entsch. 494, 872, A. N. 1896, S. 253, 1901 S. 191). Für den Umfang des Ersatzanspruchs ist der Unterhalt in der Heilanstalt jetzt allgemein der Vollrente gleichzurechnen (vgl. auch § 1506 Abs. 3). Der Vorschrift des Abs. 2 bedurfte es eigentlich überhaupt nicht; sie ist nur zur besseren Klarstellung von der Kommission hinzugefügt worden (Kom. Ber. 5. Teil, S. 20 flg.).

Der Träger der Invaliden- und Hinterbliebenenversicherung hat eine Rente nicht festzustellen, wenn der Träger der Unfallversicherung wegen des die Invalidität oder den Tod verursachenden Betriebsunfalls eine die Invaliden- oder Hinterbliebenenrente übersteigende Unfallrente bezw. Unfallhinterbliebenenrente bereits festgestellt hat. Geschieht dies erst, nachdem eine Invaliden- oder Hinterbliebenenrente nach Maßgabe des 4. Buchs in Verbindung mit § 1522 Abs. 1 bereits gezahlt ist, so ist die weitere Zahlung der Invaliden- oder Hinterbliebenenrente einzustellen. Hierfür gilt das Feststellungsverfahren der Invaliden- und Hinterbliebenenversicherung.

Leistet der Träger der Unfallversicherung an den Entschädigungsberechtigten Zahlungen, bevor er von einem Ersatzanspruche des Trägers der Invaliden- und Hinterbliebenenversicherung Kenntnis erhält, so hat er nicht Ersatz zu leisten. Der Träger der Invaliden- und Hinterbliebenenversicherung kann sich alsdann nur an den Entschädigungsberechtigten halten.

Betreibung des Unfallentschädigungsverfahrens durch die V. Anstalt.

§ 1523. Die Versicherungsanstalt kann die Feststellung der Unfallrente betreiben, und zwar auch dann, wenn bei Bezug der Unfallrente die Invaliden-, Alters- und Hinterbliebenenrente ganz oder teilweise ruhen würde. § 1509 gilt entsprechend.

Vgl. § 113 Abs. 3, 4 IVG.

Vgl. im allgemeinen die Anm. zu § 1509.

Beibehalten ist die schon im § 113 Abs. 4 enthaltene Besonderheit, daß die V. Anstalt das Unfallentschädigungsverfahren auch dann betreiben kann, wenn bei Bezug der Unfallrente die Invaliden-, Alters- oder Hinterbliebenenrente ganz oder teilweise ruhen würde (§ 1311). Hier handelt es sich nicht um die Herbeiführung von Invalidität oder Tod durch einen entschädigungspflichtigen

Betriebsunfall, also auch nicht um einen Ersatzanspruch im Sinne des § 1522, sondern um das Nebeneinanderbestehen von Ansprüchen nach den Vorschriften des 3. und 4. Buches. Das Gesetz will der V. Anst. in diesem aus dem Rahmen des 5. Buches heraustretenden Sonderfall gleichfalls das Recht zur selbständigen Betreibung des Unfallrentenverfahrens — zur Verringerung ihrer Leistungen — gewähren.

Gewährung von Heilverfahren durch die V. Anstalt mit Verhinderung oder Beseitigung der Invalidität und Entlastung des Trägers der Unfallversicherung.

§ 1524. Gewährt die Versicherungsanstalt wegen einer Krankheit, die Folge eines entschädigungspflichtigen Unfalls ist, ein Heilverfahren, das den Eintritt der Invalidität verhindert oder sie beseitigt, so ist der Träger der Unfallversicherung der Versicherungsanstalt ersatzpflichtig für die Kosten des Heilverfahrens, wenn auch er dadurch entlastet worden ist. Für das Maß des Ersatzes gilt dabei § 1503 entsprechend. Ist kein Grundlohn bestimmt, so ist der wirkliche Aufwand zu ersetzen. Für das Heilverfahren während der ersten dreizehn Wochen nach dem Unfall kann die Versicherungsanstalt keinen Ersatz verlangen.

Gewährt die Versicherungsanstalt das Heilverfahren, so ist dieses für die Entschädigungsansprüche der Berechtigten einem von dem Träger der Unfallversicherung gewährten entsprechenden Heilverfahren gleich zu achten. Der Träger der Unfallversicherung wird von seiner Pflicht zur Gewährung von Angehörigenrente an die Berechtigten frei, soweit die Versicherungsanstalt für diese Hausgeld gezahlt hat. Zahlt die Versicherungsanstalt für eine Zeit des Heilverfahrens eine Invaliden- oder Hinterbliebenenrente, so gilt insoweit § 1522.

Vgl. § 21, § 23 Abs. 3, § 47 Abs. 2 IVG.

Die Vorschrift regelt im Anschluß an das bisherige Recht den Fall, daß durch ein Heilverfahren, welches die V. Anst. einem Unfallverletzten wegen der Folgen des Unfalls gewährt, der Eintritt der Invalidität im Sinne des 4. Buches gehindert (früher § 21 IVG.), oder die vorhandene Invalidität wieder beseitigt wird (früher § 47 Abs. 2 IVG.) und dadurch auch dem Träger der Unfallversicherung ein Vorteil erwächst. Dafür hat dieser der V. Anst. Ersatz zu leisten, und zwar nach den Pauschbeträgen des § 1503. Der Nachweis höherer Aufwendungen ist hier nicht zugelassen (vgl. hierzu Kom. Ber. 5. Teil, S. 21 flg.). Für Personen, die nicht gegen Krankheit versichert sind, für die es demnach an einem Grundlohn fehlt, sind die wirklichen Kosten des Heilverfahrens zu ersetzen.

Die Entlastung des Trägers der Unfallversicherung durch das Heilverfahren der V. Anstalt braucht keine unmittelbare zu sein. Sie ist vom RVA. auch in einem Falle anerkannt worden, wo zwar der Verletzte nach einem wegen der Unfallfolgen mit Erfolg durchgeführten Heilverfahren der V. Anst. alsbald wieder infolge desselben Unfalls völlig erwerbsunfähig geworden war, durch ein neues Heilverfahren der BG. aber die halbe Erwerbsfähigkeit dauernd wieder erlangte. Hier war nach den ärztlichen Gutachten festzustellen, daß das zweite Heilverfahren seinen günstigen Erfolg dem Einflusse des ersten Heilverfahrens zu verdanken hatte (Beschl. 1555, A. N. 1911, S. 437).

Abs. 2 bezieht sich auf das Verhältnis des Entschädigungsberechtigten, dem die V. Anst. das Heilverfahren gewährt, zu dem Träger der Unfallversichrung und bestimmt, daß insoweit dieses Heilverfahren einem entsprechenden Heilverfahren des Trägers der Unfallversicherung gleich zu achten ist. Hat die V. Anst. das Heilverfahren im Krankenhause gewählt, so ist das entsprechende Heilverfahren des Trägers der Unfallversicherung die Heilanstaltspflege (§ 597). Wie bei dieser der Anspruch auf die im § 558 vorgeschriebenen Leistungen wegfällt, aber gegebenenfalls nach § 598 die Angehörigenrente eintritt, so ist das Gleiche der Fall, wenn die V. Anst. ein Heilverfahren im Krankenhause eintreten läßt.

Abs. 2 Satz 2 trägt dem Gedanken Rechnung, daß die Angehörigen des Entschädigungsberechtigten das, was sie nach §§ 1271, 1305 von der V. Anst. an Hausgeld zu erhalten haben, von dem Träger der Unfallversicherung gemäß § 598 als Angehörigenrente nicht noch einmal empfangen sollen. Vielmehr haben sich diese Angehörigen das von der V. Anst. gezahlte Hausgeld auf ihre Kostenansprüche gegen den der V. Anst. ersatzpflichtigen Träger der Unfallversicherung anrechnen zu lassen. Um dies deutlich zum Ausdruck zu bringen, spricht das Gesetz hier nicht, wie § 21 Abs. 2 IVG., von den Ansprüchen „des Versicherten", sondern von den Entschädigungsansprüchen „der Berechtigten". Dabei erschien es zur Vermeidung von Doppelleistungen zugunsten derselben Personen gerechtfertigt, über das Bedenken hinwegzugehen, daß im Gegensatze zur Unfallversicherung, in der den Angehörigen bei Heilanstaltspflege ein selbständiger Anspruch auf Rente zusteht, in der Kranken- und Invalidenversicherung der Anspruch auf das Hausgeld ein Recht des Versicherten selbst ist (Begr. S. 464). Im übrigen hat Abs. 2, Satz 2 natürlich zur Voraussetzung, daß das Hausgeld und die Angehörigenrente für dieselben Personen zu zahlen ist.

Abs. 2 Satz 3 bringt zum Ausdruck, daß der Fall des § 1522 vorliegt, wenn die V. Anst. neben der Gewährung des Heilverfahrens in einem Krankenhause — von dem ihr nach § 1271 Satz 4 und § 1518 Abs. 1, Satz 2 gegebenen Rechte nicht oder nur teilweise Gebrauch machend — eine Invaliden- oder Hinterbliebenenrente zahlt. Denn alsdann liegt ein Zusammentreffen dieser Rente mit der Unfallrente vor, weil die Gewährung des Heilverfahrens durch die V. Anst. rechtlich wie eine Leistung des Trägers der Unfallversicherung zu behandeln ist und der von diesem gewährte Unterhalt in einer Heilanstalt der Gewährung der Vollrente gleichsteht (§ 1522 Abs. 2, Satz 2).

Gewährt die V. Anst. ein Heilverfahren außerhalb des Krankenhauses, so wird sie von ihrer sonst begründeten Pflicht, Invaliden- oder Hinterbliebenenrente zu zahlen, nicht befreit. (Begr. S. 465).

Gewährung von Heilverfahren durch die V. Anstalt mit anderweiter Entlastung des Trägers der Unfallversicherung.

§ 1525. Gewährt die Versicherungsanstalt wegen einer Krankheit, die Folge eines entschädigungspflichtigen Unfalls ist, ein Heilverfahren, das zwar nicht den Eintritt der Invalidität verhindert oder sie beseitigt, jedoch den Träger der Unfallversicherung entlastet, so gilt § 1524 entsprechend.

Vgl. § 113 Abs. 5 IVG.

Eine Entlastung im Sinne dieser Vorschrift liegt z. B. dann vor, wenn eine infolge Betriebsunfalls im Sinne des 3. Buchs völlig erwerbsunfähige und zugleich auch im Sinne des 4. Buchs invalide Person durch ein Heilverfahren der V. Anst. soweit gebessert wird, daß sie zwar im Sinne des 4. Buchs invalide bleibt, aber doch im Sinne des 3. Buchs nicht mehr völlig erwerbsunfähig ist, und der Träger der Unfallversicherung infolgedessen die Unfallrente herabsetzt. —

Die Gewährung der Invalidenrente setzt diese Vorschrift nicht voraus (vgl. Rev. Entsch. 1101, A. N. 1904, S. 190).

Entscheidung bei Streit über Ersatzansprüche zwischen dem Träger der Unfallversicherung und der V. Anstalt.

§ 1526. Streit über Ersatzansprüche (§ 1522 Abs. 3, § 1524 Abs. 1, 1525) wird im Spruchverfahren entschieden.

Vgl. § 113 Abs. 6, § 23 Abs. 3 IVG.

Vgl. die Vorbemerkung zum 5. Buch, sowie die Anm. zu den §§ 1515, 1520.

Zweiter Abschnitt.

Beziehungen zu anderen Verpflichteten.

Vorbemerkung.

Für diesen Abschnitt besteht der allgemeine, auch schon für das bisherige Recht geltende Grundsatz, daß durch die Reichsversicherung an den bestehenden — wie immer gearteten — Fürsorgeverpflichtungen, einschließlich derjenigen, die auf der öffentlichen Armenpflege beruhen, nichts geändert wird (vgl. § 57 Abs. 1 KVG., § 49 Abs. 1 IVG., § 25 Abs. 1 GUVG. und die entsprechenden §§ der anderen UVGe.). Aber auch hier wird, ebenfalls in Übereinstimmung mit dem bisherigen Recht, die Notwendigkeit eines Ausgleichs zwischen den Leistungen einzelner dieser Verpflichteten und denjenigen der Reichsversicherung zur Verhütung ungerechtfertigter Doppelleistungen anerkannt. Die Durchführung dieses Ausgleichs erfolgt nunmehr einheitlich in der Form des Ersatzanspruchs, für dessen Voraussetzungen und Umfang einschließlich des Maßes des Zugriffs die in den Vorbemerkungen zum 1. Unterabschnitt des I. Abschnitts erörterten Grundsätze mit der Ausnahme gelten, daß für Ersatzansprüche der Gemeinde- und Armenverbände aus den Leistungen der Invaliden und Hinterbliebenenversicherung das Erfordernis der Einheit des Leistungsgrundes nicht aufgestellt ist.

Es kommen hier in Betracht Ersatzansprüche von Knappschaftsvereinen, Knappschaftskassen und Ersatzkassen gegen den Träger der Unfallversicherung (§ 1528), Anrechnung der Unfallentschädigung auf die Leistungen der genannten Kassen (§ 1529), Ersatzansprüche der Träger der Armenpflege gegenüber den Trägern der verschiedenen Zweige der Reichsversicherung (§§ 1531 bis 1537), sowie Ersatzansprüche von Betriebsunternehmern und Kassen, die an Stelle der Gemeinden oder Armenverbände nach gesetzlicher Vorschrift unterstützungspflichtig sind (§ 1541).

Schließlich sieht der Abschnitt im § 1542 einen Rechtsübergang von gewissen Schadenersatzansprüchen der Versicherten und ihrer Hinterbliebenen auf die Träger der Reichsversicherung vor.

Im übrigen vgl. die Vorbemerkung zu diesem Buche.

Fortbestand anderer Fürsorgeverpflichtungen neben der Reichsversicherung.

§ 1527. Unberührt von diesem Gesetze bleiben die gesetzlichen Pflichten der Gemeinden und Armenverbände zur Unterstützung Hilfsbedürftiger und andere auf Gesetz, Satzung, Vertrag oder letztwilliger Verfügung beruhende Pflichten zur Fürsorge für die nach diesem Gesetze Versicherten und ihre Hinterbliebenen.

Vgl. § 57 Abs. 1 KVG., § 49 Abs. 1 IVG., § 25 Abs. 1 GUVG. und die entsprechenden Vorschriften der anderen UVGe.

Es handelt sich hier einmal um Leistungen aus der gesetzlichen Armenfürsorgepflicht und sodann um Fürsorgeverpflichtungen irgend welcher anderen Art. Welche Fürsorgepflichtigen Ersatzansprüche haben und inwieweit dies der Fall ist, bestimmen die folgenden Paragraphen.

Ersatzansprüche von Knappschaftsvereinen usw. aus der Unfallentschädigung.

§ 1528. Leistet ein Knappschaftsverein, eine Knappschaftskasse, oder eine Ersatzkasse infolge eines Unfalls pflichtgemäß für eine Zeit, für die der Berechtigte infolge des Unfalls einen Anspruch auf reichsgesetzliche Unfallentschädigung hatte oder noch hat, so kann der Knappschaftsverein oder die Kasse unter entsprechender Anwendung des § 1501 Abs. 2, 3 und der §§ 1502 bis 1507, 1516 Abs. 2 als Ersatz die Unfallentschädigung beanspruchen.

Vgl. § 25 Abs. 2 GUVG.

Über „Knappschaftsverein" und „Ersatzkasse" vgl. Anm. zu § 1516. Der Ausdruck „Knappschaftskasse" hat nur für das Königreich Sachsen Bedeutung, wo er dasselbe bezeichnet, was die RVO. sonst unter Knappschaftsverein versteht. (Begr. S. 245/246).

Während der Entwurf — entsprechend dem § 25 Abs. 2 GUVG. — den ersatzberechtigten Kassen auch Sterbe- und andere Unterstützungskassen zugezählt hatte, hat die RVO. die Ersatzberechtigung zufolge eines Beschlusses der Kommission in der Ausgleichslesung auf Knappschaftsvereine, Knappschaftskassen und Ersatzkassen beschränkt, weil die privaten Unterstützungs- und Sterbekassen mit den reichsgesetzlichen und diesen gleichstehenden öffentlich-rechtlichen Kassen nicht auf eine Stufe gestellt werden sollten (Kom. Ber. Teil 5, S. 22 flg.).

Im übrigen kommen die im § 1528 genannten Kassen hier nur als Kranken- oder Pensionskassen in Betracht, nicht dagegen insoweit, als sie als Sonderanstalten im Sinne der §§ 1360 ff. an Stelle der V. Anstalten zugelassen sind. In letzterem Falle finden auf sie vielmehr die Vorschriften des I. Abschnitts (Unterabschnitt II) dieses Buches Anwendung (vgl. Begr. S. 466, 467 und § 1372 unter III).

Als Sterbegeld (vgl. § 1502) gelten bei Knappschaftsvereinen, soweit sie Pensionskassen sind, auch ähnliche Leistungen, wie Begräbnisbeihilfen und einmalige außerordentliche Unterstützungen, die Angehörigen tödlich verunglückter Pensionskassenmitglieder mit Rücksicht auf den Todesfall gewährt werden (Komm.-Ber. Teil 5 S. 24).

Anrechnung der Unfallentschädigung auf die Leistungen der Knappschaftsvereine usw. bei Vorleistung des Trägers der Unfallversicherung.

§ 1529. Entschädigt ein Träger der Unfallversicherung pflichtgemäß für eine Zeit, für die der Berechtigte auch Leistungen von einem Knappschaftsverein, einer Knappschaftskasse oder einer Ersatzkasse beanspruchen kann, so können diese die Unfallentschädigung auf ihre

Leistungen anrechnen, soweit sie für diese im Falle des § 1528 Ersatz beanspruchen könnten.

Vgl. die Anm. zu §§ 1510, 1528.

Für die hier bezeichneten Kassen ist eine dem § 1510 entsprechende Regelung vorgesehen, weil diese Rechtsträger hier an die Stelle der gesetzlichen Krankenkassen treten (Begr. S. 466).

Einschränkung der Gewährung von Krankengeld.

§ 1530. § 1511 gilt entsprechend für knappschaftliche Krankenkasen und Ersatzkassen.

Die Vorschrift ist eine Folge des § 1511 (vgl. die Anm. das.). Über knappschaftliche Krankenkassen und Ersatzkassen vgl. Anm. zu § 1516.

Ersatzanspruch der Gemeinde oder des Armenverbands.

§ 1531. Unterstützt eine Gemeinde oder ein Armenverband nach gesetzlicher Pflicht einen Hilfsbedürftigen für eine Zeit, für die er einen Anspruch nach diesem Gesetze hatte oder noch hat, so kann die Gemeinde oder der Armenverband, jedoch nur bis zur Höhe dieses Anspruchs, nach den §§ 1532 bis 1537 Ersatz beanspruchen.

Vgl. § 57 Abs. 2 KVG.; § 49 Abs. 2 IVG.; § 25 Abs. 2 GUVG. und die entsprechenden Vorschriften der anderen UVG.e.

Vgl. § 1501 Abs. 2, § 1528.

Den Gemeinden und Armenverbänden können wegen der von ihnen gewährten Unterstützungen Ersatzansprüche aus den Leistungen der Krankenversicherung (§§ 1532, 1533), der Unfallversicherung (§§ 1534, 1535), sowie der Invaliden- und Hinterbliebenenversicherung (§§ 1536, 1537) zustehen.

Auch hier ist jetzt an die Stelle des Rechtsübergangs der Ersatzanspruch getreten.

Einheit des Leistungsgrundes für den Ersatzanspruch der Gemeinden usw. gegen die Krankenkasse.

§ 1532. Aus den Leistungen der Krankenkasse (§ 225) kann eine Gemeinde oder ein Armenverband Ersatz nur dann beanspruchen, wenn sie die Unterstützung wegen der Krankheit gewährt hat, auf die sich der Anspruch des Unterstützten gegen die Kasse gründet.

§ 57 Abs. 1, 2 KVG.

Zur Verhütung von Zweifeln ist für diesen Ersatzanspruch die Einheit des Leistungsgrundes als Voraussetzung noch ausdrücklich vorgeschrieben. Im übrigen gelten auch hier die allgemeinen Erfordernisse der Identität der Person und der Gleichzeitigkeit von Leistung und Anspruch, und der Zugriff ist, wie auch sonst, nicht auf die Kassenleistungen beschränkt, die auf die Unterstützungszeit entfallen (Begr. S. 467). Daß die Armenunterstützungen auch nur aus den gleichartigen Kassenleistungen ersetzt werden sollen, bestimmt des Näheren § 1533; vgl. die Anm. daselbst auch darüber, daß unter Umständen die Unterstützung der Angehörigen als Unterstützung des Versicherten gilt.

Gleichartigkeit der Leistungen der Gemeinden usw. und Krankenkassen.

§ 1533. Zu ersetzen sind

1. Begräbniskosten, die bei Tod des Versicherten gewährt worden sind, aus dem Sterbegeld,
2. Unterstützungen bei Krankheit des Versicherten, die der Krankenpflege entsprechen, auch bei Behandlung im Krankenhause, nach § 1503 aus den ihnen entsprechenden Leistungen der Krankenkasse,
3. die übrigen Unterstützungen aus den ihnen entsprechenden Leistungen der Krankenkasse. Dabei wird für den Unterhalt des Unterstützten im Krankenhause die Hälfte des Grundlohns angesetzt. Für den Umfang des Ersatzanspruchs und für das Maß des Zugriffs auf Krankengeld und ähnliche Leistungen laufender Art gelten entsprechend die §§ 1506, 1507.

§ 57 Abs. 5 KVG.

Diese Vorschrift führt den allgemeinen Grundsatz der Gleichartigkeit der Leistungen für Ersatzansprüche der Gemeinden und Armenverbände gegen Krankenkassen durch.

Die Nr. 1 und 2 beziehen sich nur auf den Fall von Tod oder Krankheit des Versicherten selbst.

Zu Nr. 1 vgl. Anm. zu §§ 1502, 1528.

Nr. 2 hat die Unterstützung im Auge, die dem Versicherten für die erforderliche Krankenpflege, einschließlich derjenigen im Krankenhause, zuteil wird und gewährt der Gemeinde oder dem Armenverbande dafür gegen die Krankenkasse einen Ersatzanspruch nach dem Pauschsatze von $^1/_8$ des Grundlohns.

Nr. 3 ergreift alle übrigen Leistungen der Armenpflege und verweist die Ersatzansprüche daraus auf die entsprechenden Kassenleistungen. Der Gesetzgeber hat nach der Begr. S. 469 bei der Vielgestaltigkeit der in Betracht kommenden Leistungen davon abgesehen, sie genauer abzugrenzen und gegeneinanderzustellen, indem er das Weitere dem verständigen Gebrauche des Gesetzes überläßt und von der Praxis erwartet, daß sie dabei nicht zu sehr ins einzelne gehen, sondern beachten werde, daß die Leistungen sich nur im allgemeinen zu entsprechen brauchen.

Unter Nr. 3 fällt auch die Unterstützung, die ein Armenverband einem Kranken dadurch gewährt, daß er ihn in einem Krankenhaus unterbringt. Hier hat die Krankenkasse nur aus dem Krankengeld Ersatz zu leisten. Denn zur Gewährung von Krankenhauspflege ist die Krankenkasse regelmäßig nicht verpflichtet.

Hat der Armenverband aus Anlaß eines Wochenbetts oder einer Schwangerschaft eine Versicherte unterstützt, die gegen eine Krankenkasse Anspruch auf Wochengeld gemäß §§ 195 ff. hat, so kann der Armenverband aus diesem Wochengelde der Krankenkasse ebenfalls nach Nr. 3 Ersatz verlangen.

Da nach den armenrechtlichen Grundsätzen eine Unterstützung, welche der Armenverband den von einem Versicherten abhängigen Familienangehörigen infolge von Krankheit des Versicherten gewährt, in gewissem Umfang als Unterstützung des Versicherten selbst anzusehen ist, so kann dem Armenverband aus dieser Unterstützung nach Nr. 3 ein Ersatzanspruch gegen die Krankenkasse erwachsen, wenn und soweit diese dem Versicherten gemäß § 205 Familienhilfe zu gewähren hat; denn auch die Familienhilfe der Krankenversicherung gilt als Leistung an den Versicherten selbst, und die Identität der Person ist somit gewahrt (Begr. S. 468).

Aus Nr. 3 Satz 3 ergibt sich, daß dem Versicherten das Krankengeld in der Regel zur Hälfte belassen werden muß.

Einheit des Leistungsgrundes für den Ersatzanspruch der Gemeinde usw. aus der Unfallentschädigung.

§ 1534. Aus den Leistungen der Unfallversicherung kann die Gemeinde oder der Armenverband Ersatz nur dann beanspruchen, wenn die Unterstützung infolge des Unfalls gewährt worden ist.

§ 25 Abs. 2 GUVG. und die entsprechenden Vorschriften der anderen UVGe.

Auch hier ist zur Verhütung von Zweifeln die Einheit des Leistungsgrundes noch ausdrücklich als Voraussetzung für den Ersatzanspruch hervorgehoben worden.

Gleichartigkeit der Leistungen der Gemeinden usw. und des Trägers der Unfallversicherung.

§ 1535. Zu ersetzen sind

1. gewährte Begräbniskosten aus dem Sterbegeld,
2. Unterstützungen, die der Krankenbehandlung entsprechen, welche dem Träger der Unfallversicherung obliegt, auch bei Behandlung im Krankenhause, nach dem wirklichen Aufwand aus den entsprechenden Leistungen dieses Trägers,
3. die übrigen Unterstützungen aus der Unfallrente. Für den Umfang des Ersatzanspruchs und für das Maß des Zugriffs auf die Rente gelten die §§ 1506, 1507.

§ 25 Abs. 2 GUVG. und die entsprechenden Vorschriften der anderen UVGe.

Vgl. die Anm. zu § 1533.

Zu Nr. 2: Da die Krankenbehandlung vom Beginn der 14. Woche nach dem Unfall dem Träger der Unfallversicherung gemäß § 558 obliegt, die Leistung des Armenverbandes aber ihrer Natur nach höchst subsidiär ist, so kann für diese Leistung nach dem wirklichen Aufwand Ersatz verlangt werden.

Ersatzansprüche der Gemeinden usw. gegenüber den Versicherungsanstalten.

§ 1536. Für den Ersatz aus Leistungen der Invaliden- und Hinterbliebenenversicherung können nur die Renten beansprucht werden. Für den Umfang des Ersatzanspruchs und für das Maß des Zugriffs gelten entsprechend die §§ 1506, 1507.

Vgl. § 49 Abs. 2 IVG.

Hier besteht die Besonderheit, daß die Einheit des Leistungsgrundes nicht Voraussetzung für den Ersatzanspruch ist. Dies wurde, wie die Begr. S. 469 hervorhebt, schon bisher nach der herrschenden Auffassung für die Invalidenversicherung angenommen, da die Invaliden- und Altersrenten von einem Zustand, nämlich dem der Invalidität oder des Alters, nicht aber von einer bestimmten einzelnen Ursache abhängig seien.

Im übrigen besteht auch hier ein Ersatzanspruch nur für diejenige Zeit, für die ein Rentenanspruch des Versicherten besteht, also z. B. bei vorübergehender Invalidität (§ 1255 Abs. 3, § 1258 Abs. 3) nicht für die Zeit vor dem Ablauf der 26. Woche oder vor Wegfall des Krankengeldes. Dagegen ist der Zugriff auch hier nicht auf Rententeile beschränkt, die auf einen der Unterstützungszeit entsprechenden Zeitraum entfallen.

Die Identität der Person ist auch dann gewahrt, wenn die der Ersatzforderung zugrundeliegende Unterstützung den Angehörigen des Rentenberechtigten, für die dieser zu sorgen hat, geleistet worden ist, da eine solche Unterstützung nach den armenrechtlichen Grundsätzen als Unterstützung des Rentenberechtigten selbst zu gelten hat. (Vgl. Urteil des preußischen OVG. v. 17. Februar 1903, A. N. 1904, S. 368).

Ersatzansprüche der Gemeinden usw. gegenüber den V. Anstalten bei Tod des Hilfsbedürftigen.

§ 1537. Eine Gemeinde oder ein Armenverband kann auch dann Ersatz beanspruchen, wenn der Hilfsbedürftige, der einen Anspruch auf Invaliden-, Alters- oder Hinterbliebenenrente hat, stirbt, ohne die Rente beantragt zu haben.

Vgl. § 50 Abs. 2, Satz 1 IVG.

Diese Vorschrift ist — unter Ausdehnung auf die Hinterbliebenenversicherung — dem bisherigen Rechte nachgebildet.

Eine dem § 50 Abs. 2, Satz 2 IVG. entsprechende Bestimmung war in die RVO. nicht aufzunehmen, weil jene Bestimmung den Fall des Zusammentreffens von Ersatzansprüchen der Gemeinden pp. mit Beitragserstattungsansprüchen der Hinterbliebenen (§ 44 a. a. O.) betraf. Solche Fälle können nur noch in der Übergangszeit praktisch werden. In dieser Beziehung bestimmt Art. 75 Abs. 2, Satz 1 Einf.-Ges., daß § 44 IVG. Geltung behält für die Erstattung der Beiträge von Personen, die vor dem 1. Jan. 1912 gestorben sind. Demgemäß findet in diesen Fällen auch noch § 50 Abs. 2, Satz 2 IVG. in Verbindung mit § 44 Abs. 4 a. a. O. Anwendung. Daraus folgt für die Übergangszeit, daß, wenn beim Tode des Versicherten ein Rentenfestsetzungsverfahren schwebt, der Erstattungsanspruch der Erben den Ersatzanspruch der Gemeinde pp. ausschließt, solange den Erben nicht eine ihren Anspruch auf die rückständigen Rentenbeträge anerkennende Entscheidung zugestellt ist. Ist letzteres aber der Fall, so findet § 1536 Anwendung.

Betreibung der Feststellung der Versicherungsleistungen durch die Ersatzberechtigten.

§ 1538. Auch die ersatzberechtigten Kassen, Gemeinden und Armenverbände (§§ 1528, 1531) können die

Feststellung der Leistungen aus der Reichsversicherung betreiben. § 1509 gilt entsprechend.

Das Gleiche gilt für Knappschaftsvereine und Kassen, die ihre Leistungen nach den §§ 1321 bis 1323 ermäßigen.

Vgl. die Anm. zu § 1509.

Über „Knappschaftsvereine" vgl. die Anm. zu § 1516.

Abs. 2 gilt für die sog. Zuschußkassen, deren Leistungen sich beim Zusammentreffen mit Bezügen aus der Invaliden- und Hinterbliebenenversicherung nach Maßgabe der §§ 1321 bis 1323) ermäßigen, und die deshalb ein selbständiges Interesse an der Feststellung dieser reichsgesetzlichen Bezüge haben. Bisher hatten sie nicht das Recht, diese Feststellung zu betreiben, sondern konnten nur in den Satzungen ihre Mitglieder zur rechtzeitigen Erhebung und Verfolgung ihrer reichsgesetzlichen Ansprüche bei Vermeidung entsprechender Abzüge verpflichten (vgl. Isenbart-Spielhagen II. Aufl. Anm. 4 zu § 52 IVG.).

Anmeldung und Ausschluß der Ersatzansprüche.

§ 1539. Der Anspruch auf Ersatz (§§ 1528, 1531 bis 1537) ist ausgeschlossen, wenn er nicht spätestens sechs Monate nach Ablauf der Unterstützung bei dem Träger der Reichsversicherung geltend gemacht wird.

Hier ist in Abweichung von § 1508 eine sechsmonatige Ausschlußfrist vorgesehen; dafür fehlt aber die Schutzvorschrift des § 1508 Abs. 2.

Entscheidung bei Streit über Ersatzansprüche aus den §§ 1528, 1531 bis 1537.

§ 1540. Streit über Ersatzansprüche aus den §§ 1528, 1531 bis 1537 wird im Spruchverfahren entschieden.

Vgl. die Vorbemerkung zum 5. Buch, sowie die Anm. zu den §§ 1515, 1520, 1526.

Betriebsunternehmer und Kassen, die an die Stelle der Gemeinden und Armenverbände treten.

§ 1541. Was in diesem Abschnitt für Gemeinden und Armenverbände vorgeschrieben ist, gilt auch für Betriebsunternehmer und Kassen, die statt solcher Verpflichteten nach gesetzlicher Pflicht Hilfsbedürftige unterstützen.

Vgl. § 57 Abs. 3 KVG.; § 51 IVG.; § 27 GUVG. und die entsprechenden Vorschriften der anderen UVG.e.

Die Vorschrift stellt solche Unternehmer und Kassen, welche auf Grund landesgesetzlicher Bestimmungen zur Unterstützung hilfsbedürftiger Personen verpflichtet sind, den Gemeinden und Armenverbänden gleich. Derartige landesgesetzliche Bestimmungen gibt es in Preußen nicht, wohl aber in Süddeutschland.

Übergang von anderen gesetzlichen Schadenersatzansprüchen auf die Träger der Reichsversicherung.

§ 1542. Soweit die nach diesem Gesetze Versicherten oder ihre Hinterbliebenen nach anderen gesetzlichen Vorschriften Ersatz eines Schadens beanspruchen können, der ihnen durch Krankheit, Unfall, Invalidität oder durch den Tod des Ernährers erwachsen ist, geht der Anspruch auf die Träger der Versicherung insoweit über, als sie den Entschädigungsberechtigten nach diesem Gesetze Leistungen zu gewähren haben. Dies gilt jedoch bei den gegen Unfall Versicherten und ihren Hinterbliebenen nur insoweit, als es sich nicht um einen Anspruch gegen den Unternehmer oder die ihm nach § 899 Gleichgestellten handelt.

Auf das Maß des Ersatzes für Krankenpflege und Krankenhauspflege sowie für Krankenbehandlung und Heilanstaltpflege ist § 1503 entsprechend anzuwenden.

Vgl. § 57 Abs. 4 KVG.; § 54 IVG.; § 140 Satz 2 GUVG. und die entsprechenden Vorschriften anderer UVG.e.

Die Fassung der Vorschrift beruht auf Beschlüssen der Kommission in der 2. und in der Ausgleichslesung.

Die Vorschrift regelt für den Fall des Zusammentreffens von Ansprüchen aus den drei Zweigen der Reichsversicherung mit anderen gesetzlichen Schadenersatzansprüchen das Verhältnis dieser Ansprüche zusammenfassend und unter Ausdehnung auf die Hinterbliebenenversicherung in ähnlicher Weise, wie dies bisher in den einzelnen Arbeiterversicherungsgesetzen geschehen ist. Sie will Doppelleistungen der Versicherungsträger und der schadenersatzpflichtigen Dritten auf dasselbe verhindern. Die gesetzlichen Vorschriften, auf die sich solche Schadenersatzansprüche gründen, bleiben unberührt.

Nur gesetzliche Schadenersatzansprüche kommen in Betracht. Hierhin gehören die Schadenersatzansprüche aus unerlaubten Handlungen (§§ 823 ff. BGB.), insbesondere die Schadenersatzansprüche der Versicherten oder ihrer Hinterbliebenen gegen Dritte wegen schuldhafter Körperverletzung oder Tötung (§§ 843 ff. BGB.). Ausgeschlossen sind die auf Vertrag beruhenden Schadenersatzansprüche.

Die nach dieser Vorschrift in Betracht kommenden Dritten sind solche, die nicht auf Grund dieses Gesetzes, sondern aus anderen Rechtsgründen den Versicherten oder deren Hinterbliebenen leistungspflichtig sind. Unternehmer und Angestellte, deren zivilrechtliche Haftung gegenüber Versicherten und deren Hinterbliebenen auf dem Gebiete der Unfallversicherung durch dieses Gesetz selbst geregelt ist (§§ 898 ff.), gehören nach Abs. 1 Satz 2 nicht hierher.

In den Fällen des § 1542 findet kraft Gesetzes ein Übergang des Anspruchs des Versicherten oder seiner Hinterbliebenen gegen den schadenersatzpflichtigen Dritten auf den Träger der Reichsversicherung statt.

Der Rechtsübergang vollzieht sich in der Weise, daß der Anspruch des Entschädigungsberechtigten zunächst in dessen Person entsteht, aber sofort auf den Versicherungsträger übergeht, indem sich die Entstehung und der Übergang des Anspruchs zeitlich berühren (Entsch. d. RG. in Zivilsachen vom 26. Januar und 2. März 1905, Bd. 60, S. 200, 207, sowie vom 29. Juni 1905, Bd. 61, S. 164). Der Versicherungsträger braucht also nicht geleistet zu haben, bevor der Anspruch des Versicherten oder seiner Hinterbliebenen auf ihn übergeht. Auch kann ein nach dem Rechtsübergange zwischen dem Verletzten oder seinen Hinterbliebenen einerseits und dem nach bürgerlichem Rechte zum Schadenersatze Verpflichteten anderseits abgeschlossener Vergleich dem Versicherungsträger nicht mehr zum Schaden gereichen (vgl. auch Kom. Ber. 5. Teil, S. 27).

Der Anspruch geht nur in dem Umfang auf den Versicherungsträger über, wie dieser nach dem Gesetz leistungspflichtig ist; auf Kosten geschäftlicher Behandlung der Sache, bare Auslagen für ärztliche Gutachten u. dgl. erstreckt sich der Übergang daher nicht (vgl. Hdb. d. UV., III. Aufl., Anm. 4 zu § 140 GUVG.).

Hat der schadenersatzpflichtige Dritte nach dem Übergange der Forderung an den ursprünglich Berechtigten gutgläubig gezahlt, so hat der Versicherungsträger gegen letzteren nur noch einen Bereicherungsanspruch nach bürgerlichem Rechte (vgl. §§ 407, 412, 816 Abs. 2 BGB.; desgl. Rev. Entsch. 1519, A. N. 1910 S. 653).

Entscheidung über Streitigkeiten aus § 1542.

§ 1543. Hat ein ordentliches Gericht über solche Ansprüche (§ 1542) zu erkennen, so ist es an die Entscheidung gebunden, die in einem Verfahren nach diesem Gesetze darüber ergeht, ob und in welchem Umfange der Versicherungsträger verpflichtet ist.

Für die Aussetzung des Verfahrens vor dem ordentlichen Gericht gilt entsprechend § 901 Abs. 2.

Vgl. §§ 135, 136, 138 GUVG. und die entsprechenden Vorschriften der anderen UVG.e. —

Die Fassung des Abs. 1 beruht auf einem Beschlusse der Kommission in der Ausgleichslesung (vgl. auch § 901 Abs. 1).

Über Streitigkeiten aus § 1542 haben, da es sich dabei um Ansprüche des bürgerlichen Rechts handelt, die ordentlichen Gerichte zu entscheiden. Diese Ansprüche hängen aber in ihrem Bestand und Umfang davon ab, ob und inwieweit die Versicherten und deren Hinterbliebenen nach der RVO. Ansprüche auf Leistungen eines Versicherungsträgers haben. Um nun zu verhüten, daß die ordentlichen Gerichte diese Vorfrage des Rechtsübergangs im Einzelfalle anders beurteilen, als die nach der RVO. zur Feststellung des Anspruchs aus der Reichsversicherung berufenen Instanzen, bestimmt Abs. 1, daß die Entscheidungen der letzteren für die ordentlichen Gerichte bindend sein sollen. Ähnliches galt bisher nur für die jetzt im § 901 Abs. 1 und im § 907 Abs. 2 geregelten Fälle zivilrechtlicher Haftung des Unternehmers und seiner Angestellten gegenüber dem Verletzten und seinen Hinterbliebenen einerseits und gegenüber dem Träger der Unfallversicherung anderseits (vgl. §§ 135, 136, 138 GUVG.).

Nach Abs. 2 in Verbindung mit § 901 Abs. 2 hat das ordentliche Gericht — abgesehen von Arresten und einstweiligen Verfügungen — sein Verfahren solange auszusetzen, bis in dem durch die RVO. geordneten Verfahren über den Anspruch aus der Reichsversicherung entschieden ist. Eine solche Verpflichtung bestand für die ordentlichen Gerichte bisher auch in den Fällen der §§ 135, 136 GUVG. nicht (vgl. Handb. d. UV., III. Aufl., Anm. 7 zu § 135 GUVG.).

Gleichstellung von knappschaftlichen Krankenkassen und Ersatzkassen mit den gesetzlichen Krankenkassen hinsichtlich der Ansprüche aus §§ 1531 bis 1533, 1539 bis 1542.

§ 1544. Die §§ 1531 bis 1533, 1539 bis 1542 gelten auch für knappschaftliche Krankenkassen und für Ersatzkassen. Der Grundlohn bestimmt sich nach § 1516 Abs. 2.

Vgl. § 76 KVG. § 49 IVG., § 25 GUVG. und die entsprechenden Vorschriften der anderen UVGe.

Über knappschaftliche Krankenkassen und Ersatzkassen vgl. Anm. zu § 1516.

Diese Vorschrift stellt die knappschaftlichen Krankenkassen und die Ersatzkassen mit Bezug auf die Ersatzansprüche der Gemeinden, Armenverbände und der ihnen gleichgestellten Unternehmer und Kassen sowie mit Bezug auf den Übergang gesetzlicher Schadenersatzansprüche den gesetzlichen Krankenkassen gleich.

Sechstes Buch.

Verfahren.

Einleitung.

Die Vorschriften über das Verfahren sind in 4 Teile gruppiert:

A. Das Feststellungsverfahren (§§ 1545 bis 1770), d. h. die Vorschriften darüber, in welcher Weise die Leistungen aus der Reichsversicherung den Berechtigten gegenüber festgestellt werden, wobei unter „Feststellung“ nicht nur die Anerkennung, sondern auch die Ablehnung der Ansprüche zu verstehen ist. Das Feststellungsverfahren zerfällt in vier Unterabschnitte:

I. die „Feststellung durch die Versicherungsträger“. Dieser Unterabschnitt umfaßt die Vorschriften darüber, wie die Versicherungsträger zu den Ansprüchen auf die Leistungen aus der Reichsversicherung Stellung zu nehmen haben.

II. Die „Feststellung im Spruchverfahren“. Dieser Unterabschnitt regelt das Verfahren, das im Falle des Streits zwischen den Berechtigten und den Versicherungsträgern bei den Spruchbehörden der Reichsversicherungsordnung (dem Spruchausschuß des Versicherungsamts, den Spruchkammern des Oberversicherungsamts und den Spruchsenaten des RVA. oder der Landesversicherungsämter sowie den Vorsitzenden dieser Ausschüsse, Kammern und Senate) anzuwenden ist.

III. „Besondere Arten des Verfahrens."
IV. „Besondere Vorschriften für die See-Unfallversicherung".

B. Andere Spruchsachen. (§§ 1771—1779). Diese Streitsachen (im wesentlichen Ersatz- und Erstattungsansprüche) sind ebenso, wie die im Feststellungsverfahren zu erledigenden Streitigkeiten im Spruchverfahren, d. h. von den Spruchbehörden der Reichsversicherungsordnung zu entscheiden.

C. Das Beschlußverfahren, in welchem Fragen verwaltungsgerichtlicher Art entschieden werden (§§ 1780 bis 1801).

D. Kosten und Gebühren. (§§ 1802—1805).

Die Vorschriften über das Verfahren finden ihre Ergänzung durch die Kaiserlichen Verordnungen über das Verfahren vor den Versicherungsbehörden (§ 35, Abs. 2), für die LV. Ämter durch die Verordnungen der Landesregierungen (§ 109). Die zur Zeit noch nicht ergangenen Kaiserlichen Verordnungen über das Verfahren werden im Nachtragsbande dieser Handausgabe Abdruck finden. Lücken der Verfahrenvorschriften werden unter entsprechender Anwendung der ZPO. auszufüllen sein.

Die Vorschriften des sechsten Buchs finden keine Anwendung (Begr. S. 478):

1. Für das Verfahren, das bei den Versicherungsträgern selbst für die Durchführung der Reichsversicherung in Beschlußsachen anzuwenden ist, z. B. in Sachen der Unfallversicherung auf das Verfahren bei Aufnahme eines Unternehmers in das Betriebsverzeichnis (§ 659), bei Einspruch gegen die Festsetzung der Beiträge und Prämien (§§ 757, 814).
2. Für das Verfahren vor anderen Behörden als den Versicherungsbehörden, z, B. für das Verfahren vor dem Seemannsamte (§ 1108), den obersten Verwaltungsbehörden (z. B. § 76), den Vollstreckungsbe-

hörden (§ 28 Abs. 1, § 115), für das dem Beitreibungsverfahren vorhergehende Mahnverfahren (§ 28 Abs. 2).

3. Für das Verfahren bei Streitigkeiten aus den rechtlichen Beziehungen der Krankenkassen und Ärzte usw. zu einander.
4. Auf die Auszahlung der Unterstützungen, Entschädigungen und Renten. Die Vorschriften hierüber finden sich in den einzelnen besonderen Büchern (vgl. §§ 726 bis 730, 988, 1159 bis 1161, 1383 bis 1386).

Die Übergangsvorschriften für das Verfahren befinden sich in den Art. 85 bis 99 des Einf.-Ges. Als Regel gilt, daß ein Verfahren, das beim Inkrafttreten des 6. Buches (vgl. Art. 4 Abs. 1 Einf.-Ges.) bereits anhängig ist, nach den alten Vorschriften zu erledigen ist. Zur Erledigung anhängiger Sachen, auf welche die alten Vorschriften anzuwenden sind, treten an die Stelle der Schiedsgerichte die OVÄmter und an die Stelle der alten Senate die neugebildeten Senate des RVA. (LV. Amts) (Art. 97 Einf.-Ges.).

A. Feststellungen der Leistungen.

Erster Abschnitt.

Feststellung durch die Versicherungsträger.

I. Einleitung des Verfahrens.

Vorbemerkung.

Die Feststellung durch die Versicherungsträger ist für die drei Versicherungszweige verschieden gestaltet. Den wenigen allgemeinen Vorschriften über die Einleitung des Verfahrens folgen daher getrennt die Vorschriften für die

Krankenversicherung, für die Unfallversicherung und für die Invaliden- und Hinterbliebenenversicherung.

Allgemeines.

§ 1545. Die Leistungen aus der Reichsversicherung sind festzustellen und zwar

1. auf dem Gebiete der Unfallversicherung von Amts wegen,
2. im übrigen auf Antrag.

Die Feststellung ist zu beschleunigen.

Vgl. § 71 Abs. 1, § 73 Abs. 1 GUVG.; § 77 Abs. 1, § 79 Abs. 1 LUVG.; § 37 Abs. 1 BUVG.; § 76 Abs. 1, § 78 Abs. 1 SUVG.; § 112 Abs. 1 IVG.

Die Einleitung des Verfahrens in Sachen der Unfallversicherung ist von einem Antrage des Verletzten oder seiner Hinterbliebenen nicht abhängig. Ist die Feststellung von Amtswegen aus irgend einem Grunde unterblieben, so ist der Anspruch nach Maßgabe der §§ 1546 bis 1549 anzumelden. — Im übrigen bringt der Antrag das Verfahren nur in Gang; die notwendigen Erhebungen werden stets von Amtswegen angestellt (vgl. aber auch Anm. zu § 1584 und zu §§ 1613, 1635).

Verjährung des Anspruchs auf Unfallrente (§§ 1529 bis 1531).

§ 1546. Wird die Unfallentschädigung nicht von Amts wegen festgestellt, so ist der Anspruch zur Vermeidung des Ausschlusses spätestens zwei Jahre nach dem Unfall bei dem Versicherungsträger anzumelden.

Für die Hinterbliebenen eines Versicherten, der auf einem untergegangenen oder verschollenen Schiffe gefahren ist, wird die Frist von dem Tage gerechnet, an dem nach § 1099 der Anspruch auf Hinterbliebenenrente entstanden ist.

Vgl. § 72 Abs. 1, Satz 1 GUVG., § 78 Abs. 1, Satz 1 LUVG., § 37 Abs. 1 BUVG., § 77 Abs. 1, Satz 1 SUVG.

Der Paragraph erfaßt die Fälle, in denen eine Feststellung der Unfallentschädigung von Amts wegen nicht erfolgt ist (vgl. § 1559 Abs. 1). Als Feststellung der Entschädigung gilt nicht die Einleitung der Unfalluntersuchung, sondern erst die

Bescheidserteilung seitens des Versicherungsträgers (der die tatsächliche Gewährung eines Hilfsmittels — § 558 Nr. 1 — gleichsteht, Rek. Entsch. 2036, A. N. 1904, S. 248), die Ablehnung aber nur für die Unfallfolgen, auf deren Entschädigung der erhobene Anspruch gerichtet war. (Rek. Entsch. 1832, A. N. 1901, S. 170).

Dem Wortlaut des Gesetzes nach ist die zweijährige Frist eine Ausschlußfrist. Doch ist nach der Rechtsprechung ihre Innehaltung nicht von Amtswegen zu prüfen, auch ist Verzicht auf die aus ihrem Ablauf erwachsenen Rechte zulässig (Rek. Entsch. 937, A. N. 1891, S. 150). Ist der Entschädigungsanspruch rechtzeitig angemeldet, so kann er durch Fristablauf nicht mehr verloren gehen. Der Erhebung einer Feststellungsklage, die überhaupt diesem Gesetz fremd ist, bedarf es nicht. Die Anmeldung muß bei einer, — wenn auch nicht der zuständigen — BG. oder bei den im § 1549 bezeichneten Behörden, sie kann gelegentlich der Unfalluntersuchung oder der Verfolgung anderer (z. B. Invalidenrenten-) Ansprüche und auch bedingt (z. B. für den Fall spätern Eintritts von Unfallfolgen) geschehen. — Die Anmeldung des Entschädigungsanspruchs liegt in der Anmeldung des Unfalls nicht ohne weiteres.

Hat die Genossenschaft den Verletzten von der rechtzeitigen Anmeldung seines Entschädigungsanspruchs abgehalten, so wirkt der Fristablauf nicht zu ihren Gunsten.

Die — vom früheren Recht abweichende — Bestimmung des Abs. 2 entspricht der Billigkeit; die Ausschlußfrist soll nicht laufen, solange den Hinterbliebenen noch kein Anspruch zusteht. Wegen der Übergangszeit vgl. Anm. zu Art. 60 Einf.-Ges. — Im übrigen hat der Lauf der Ausschlußfrist gegen die Hinterbliebenen durch § 1548 eine besondere Regelung erfahren.

Anmeldung nach Ablauf der Verjährungsfrist.

§ 1547. Nach Ablauf der Frist kann der Anspruch noch geltend gemacht werden, wenn

1. eine neue Folge des Unfalls, die einen Entschädigungsanspruch begründet, erst später, oder eine innerhalb der Frist eingetretene Folge erst nach Ablauf der Frist in wesentlich höherem Maße, wenn auch in allmählicher gleichmäßiger Entwicklung des Leidens, bemerkbar geworden ist,
2. der Berechtigte an der Anmeldung durch Verhältnisse verhindert worden ist, die außerhalb seines Willens liegen.

Der Anspruch ist in diesen Fällen binnen drei Monaten anzumelden, nachdem die neue Unfallfolge oder die wesentliche Verschlimmerung bemerkbar geworden oder das Hindernis weggefallen ist.

Vgl. § 72 Abs. 2 GUVG., § 78 Abs. 2 LUVG., § 37 Abs. 1 BUVG., § 77 Abs. 2 SUVG.

Diese Vorschrift mildert die Härten, die sich aus der Anwendung des § 1546 ergeben können.

Zu Abs. 1 Nr. 1: Die bisherige entsprechende Gesetzesbestimmung schloß nach ihrer Auslegung durch die Praxis die Wirkungen des Ablaufes der Ausschlußfrist nur dann aus, wenn ein nach Erscheinungsform, Art oder Natur neues Krankheitsbild erst später bemerkbar geworden ist. In dieser Beschränkung erblickte die Reichstagskommission eine Beeinträchtigung gerade der bescheidenen Versicherten, welche mit ihren Ansprüchen zurückhaltend seien. Man hat daher die nachträgliche Anmeldung des Anspruchs auch dann zugelassen, wenn eine innerhalb der Ausschlußfrist eingetretene Folge sich in fortschreitender, wenn auch allmählicher Entwickelung des Leidens verschlimmert. Der Zusatz „wesentlich" hat die gleiche Bedeutung wie im § 608; es soll also nicht jede geringfügige Verschlimmerung einer früheren Unfallfolge das Recht auf ihre nachträgliche Anmeldung geben, sondern es muß die Verschlimmerung, wenn auch in allmählicher Entwickelung einen Grad erreicht haben, der sie als eine wesentliche, d. h. immerhin erheblichere und jedenfalls zweifelsfrei feststellbare und abschätzbare Verschlimmerung erscheinen läßt. Eine sprunghafte, oder eine plötzliche Verschlimmerung der Unfallfolge ist nicht für erforderlich erachtet worden. Die Hinzufügung des „wesentlich" hielt man auch im Hinblick auf Abs. 2 für erforderlich, da erst bei einer „wesentlichen", also mit Sicherheit wahrnehmbaren Verschlimmerung der Unfallfolgen ein fester Zeitpunkt gegeben sei, mit dem die Dreimonatsfrist zu laufen beginne. Eine Veränderung der Arbeits- und Lohnverhältnisse kann nicht als eine wesentliche Verschlimmerung angesehen werden, wohl aber auf eine solche unter Umständen schließen lassen (Kom. Ber. Bd. III, S. 26). Wegen der Übergangszeit vgl. Anm. zu Art. 60 Einf.-Ges.

Bemerkbar ist eine Unfallfolge, wenn die Erkrankung für den Verletzten (bei Minderjährigkeit für seinen gesetzlichen Vertreter) als Folge des Unfalls erkennbar geworden ist.

Zu Abs. 1 Nr. 2. Die Vorschrift ist anzuwenden, wenn der Verletzte auch nur gegen Ende der Frist eine nicht unerhebliche Zeit durch außerhalb seines Willens liegende Verhältnisse an der Anspruchsanmeldung gehindert worden ist. Inwieweit als solche Verhältnisse auch unrichtige Rechtsbelehrungen seitens der Behörden über die Durchführung des Entschädigungsanspruchs angesehen werden können, ist nicht unzweifelhaft, sicherlich etwaige unrichtige Auskunftserteilungen der Versicherungsämter im Rahmen des § 37 Abs. 1. Die Unkunde des Lesens, des Schreibens, der deutschen Sprache schließt den Ablauf der Ausschlußfrist nicht aus.

Verjährung der Ansprüche der Hinterbliebenen.

§ 1548. Stirbt der Verletzte infolge des Unfalls, so ist der Anspruch auf Entschädigung für die Hinterbliebenen, wenn sie nicht von Amts wegen festgestellt ist, zur Vermeidung des Ausschlusses spätestens zwei Jahre nach dem Tode des Verletzten bei dem Versicherungsträger anzumelden.

Nach Ablauf der Frist kann der Anspruch noch geltend gemacht werden, wenn die Voraussetzung des § 1547 Abs. 1, Nr. 2 vorliegt und der Anspruch binnen drei Monaten nach Wegfall des Hindernisses angemeldet worden ist.

Vgl. § 92 Satz 1, 2 GUVG.; § 98 Satz 1, 2 LUVG.; § 37 Abs. 1 BUVG.; § 96 Satz 1, 2 SUVG.

Für die Hinterbliebenen läuft die zweijährige Ausschlußfrist stets erst vom Tode des Verletzten, im Gegensatz zu dem früheren Recht also auch dann, wenn für den Verletzten eine Entschädigung nicht festgestellt worden ist. Die Reichstagskommission hatte bei dieser auf sie zurückzuführenden Änderung den Fall im Auge, daß die Sektion der Leiche eines Versicherten, der seine Erkrankung nicht auf einen Unfall zurückgeführt hat, den ursächlichen Zusammenhang zwischen Tod und Unfall mit Sicherheit ergibt. — Diese Neuerung wird wahrscheinlich zu zahlreichen, unnützen Erhebungen über weit zurückliegende angebliche Unfälle Anlaß geben. — Wegen der Übergangszeit vgl. Anm. zu Art. 60 Einf.-Ges.

Der Fall des § 1547 Abs. 1, Nr. 1 kann bei Hinterbliebenenrenten nicht eintreten.

Stelle der Anmeldung.

§ 1549. Die Fristen (§§ 1546 bis 1548) werden auch gewahrt, wenn der Anspruch rechtzeitig bei einem nicht zuständigen Träger der Unfallversicherung oder bei einem Versicherungsamt angemeldet wird.

Die Anmeldung ist unverzüglich an die zuständige Stelle abzugeben; der Beteiligte ist zu benachrichtigen.

Vgl. § 72 Abs. 1, Satz 2, 3, § 92 Satz 3 GUVG.; § 78 Abs. 1, Satz 2, 3, § 98 Satz 3 LUVG.; § 37 Abs. 1 BUVG.; § 77 Abs. 1, Satz 2, 3, § 96 Satz 3 SUVG.

Die Anmeldung des Entschädigungsanspruchs muß bei dem Versicherungsträger oder bei einer im § 1549 bezeichneten Stelle rechtzeitig erfolgt oder infolge Abgabe gemäß Absatz 2 rechtzeitig eingegangen sein. Die Anmeldung kann auch durch den Arbeitgeber des Verletzten auf dessen Veranlassung geschehen.

Freiwillige Leistungen.

§ 1550. Gelangen Fälle, in denen freiwillige Leistungen der Versicherungsträger angezeigt scheinen, zur Kenntnis des Versicherungsamts, so benachrichtigt es den Versicherungsträger.

Vgl. § 57 Nr. 4 IVG.

Die Vorschriften des 6. Buchs gelten nicht für freiwillige Leistungen, über deren Gewährung die Versicherungsträger nach billigem Ermessen zu befinden haben. Als solche Leistungen gelten namentlich (Begr. S. 482):

1. die Erhöhung der Teilrente bei unverschuldeter Arbeitslosigkeit (§§ 562, 930, 1065;
2. die Gewährung von Witwenrenten, wenn die Ehe erst nach dem Unfall geschlossen worden ist (§§ 590 Abs. 2, §§ 950, 1098 Abs. 2;
3. die Gewährung von Kinderrenten, wenn der Vater noch lebt, gemäß § 592 Abs. 3, § 950, § 1098 Abs. 2;
4. die Gewährung „besonderer Unterstützungen" während der Heilanstaltspflege gemäß §§ 602, 952, 1105;
5. Einleitung des Heilverfahrens durch die V. Anstalten (§§ 1269, 1270);
6. Verwendung der Überschüsse des Sondervermögens über die gesetzlichen Leistungen hinaus zum wirtschaftlichen Nutzen der Rentenempfänger und Versicherten, sowie ihrer Angehörigen (§ 1400).

Die Benachrichtigung des Versicherungsamts greift der Entscheidung des Versicherungsträgers darüber nicht vor, ob er die freiwillige Leistung gewähren will.

II. Krankenversicherung.

Vorbemerkung.

Vgl. Vorbem. zu § 1528.

§ 1551. Anträge auf Leistungen der Krankenversicherung sind bei der Krankenkasse oder dem sonst Verpflichteten zu stellen.

Als Leistungen der Krankenversicherung gelten auch
- die Leistungen der Krankenkassen, knappschaftlichen Krankenkassen und Ersatzkassen nach den §§ 573, 1083,
- die Leistungen der Unternehmer, Arbeitgeber und Träger der anderen Fürsorge nach den §§ 577, 1084, 1085,
- die Leistungen der Gemeinden und Krankenkassen nach den §§ 942 bis 944, 1087 Abs. 2, § 1088 Abs. 2, § 1089,
- die Leistungen der Träger der Unfallversicherung bei Heilverfahren in den Fällen der §§ 580, 946, 1092,
- die Leistungen der Krankenkassen, knappschaftlichen Krankenkassen, Ersatzkassen, Gemeinden und des Unternehmers an die Träger der Unfallversicherung nach den §§ 583, 948, 1094,
- die Leistungen der Krankenkassen, knappschaftlichen Krankenkassen und Ersatzkassen bei Übertragung der Fürsorge durch Träger der Invaliden- und Hinterbliebenenversicherung nach den §§ 1519, 1521, soweit es sich nicht um Invaliden- oder Hinterbliebenenrente handelt,
- die Leistungen der Unternehmer, Gemeinden und Krankenkassen, wenn ihnen die See-Berufsgenossenschaft nach § 1106 oder die Zweiganstalt nach § 1091 die Fürsorge für die ersten dreizehn Wochen übertragen hat.

Als Leistungen der Krankenversicherung gelten ferner die Leistungen der Träger der Unfallversicherung und der Träger der Invaliden- und Hinterbliebenenversicherung, wenn sie in den Fällen der §§ 579, 600, 945, 1086, 1090, 1104, 1513, 1516, 1518, 1521 die Leistungen von den im Abs. 2 bezeichneten Verpflichteten übernehmen.

Dies gilt für die vorbezeichneten Fälle der §§ 1083 bis 1086, 1092, 1094, 1104, 1106 nur, soweit § 1770 für Seeleute nichts anderes bestimmt.

Vgl. § 76c Abs. 2, § 76d KVG.; § 11 Abs. 2, Satz 1, Abs. 4, § 14 GUVG.; § 14 Abs. 2, 5, § 29 Abs. 1 LUVG.; § 9 BUVG.; § 20 Abs. 3, § 156 Abs. 1 SUVG.; § 23, § 47 Abs. 2, § 166 IVG.)

Dieser Paragraph erfaßt neben den eigentlichen Leistungen der Krankenversicherung in Abs. 2 bis 4 auch Leistungen, die zwar ihren Grund in den Vorschriften über die Unfallversicherung oder in den Vorschriften des 5. Buches haben, die aber während der Wartezeit zu gewähren sind und den Leistungen der Krankenversicherung entsprechen. Der Gesetzgeber hat also für das Verfahren lediglich die Natur des Anspruchs, nicht aber die Person des Verpflichteten maßgebend sein lassen (Kom. Ber. Bd. VI, S. 29). In allen in Abs. 2 bis 4 aufgeführten Fällen handelt es sich nicht um Ersatzansprüche, für welche die §§ 1771 bis 1779 gelten, sondern um direkte Ansprüche der Berechtigten gegen die in Abs. 2 bis 4 bezeichneten Verpflichteten. Bei rein freiwilligen Leistungen der Versicherungsträger, wie z. B. bei der Gewährung eines Heilverfahrens durch den Träger der Unfallversicherung auf Grund des § 580, gilt § 1551 nur, soweit in solchen Fällen rechtlich erzwingbare Ansprüche bestehen. So z. B. der Anspruch des Verletzten auf Vergütung des entgangenen Arbeitsverdienstes, wenn der Versicherungsträger von der Befugnis des § 580 Gebrauch macht, oder der Anspruch auf Hausgeld (vgl. §§ 1519, 1521 und 1271).

Der § 1551 gilt nicht für die Leistungen der knappschaftlichen lichen Krankenkassen und der Ersatzkassen (§ 225).

Der Antrag auf Gewährung der Leistungen der Krankenversicherung ist bei der Krankenkasse oder dem sonst Verpflichteten zu stellen. Zu letzteren gehören der Arbeitgeber bei Erkrankungen des Versicherten im Ausland (§ 221), ferner der Unternehmer, der Arbeitgeber und der Träger der anderen Fürsorge in den Fällen des § 577. — Wird der Antrag ganz oder teilweise abgelehnt, so entscheidet das Versicherungsamt (§§ 1636 flg.). Die Zulässigkeit der Revision bei der Weiterverfolgung solcher Ansprüche ist im § 1695 geregelt.

Zu Abs. 4. Bei Ansprüchen von Seeleuten tritt nach § 1108 an die Stelle des Versicherungsamts (§ 1636) das Seemannsamt.

III. Unfallversicherung.

Vorbemerkung.

Vgl. Vorbemerkung zu § 1528.

1. Unfallanzeige.

Anzeigepflicht des Unternehmers.

§ 1552. Der Betriebsunternehmer hat jeden Unfall in seinem Betrieb anzuzeigen, wenn durch den Unfall ein im Betriebe Beschäftigter getötet oder so verletzt ist, daß er stirbt oder für mehr als drei Tage völlig oder teilweise arbeitsunfähig wird.

Der Unfall ist binnen drei Tagen anzuzeigen, nachdem der Betriebsunternehmer ihn erfahren hat.

Vgl. § 63 Abs. 1, 2 GUVG.; § 70 Abs. 1, 2 LUVG.; § 37 Abs. 1 BUVG.; § 66 SUVG.

Der Betriebsunternehmer ist zur Anzeige verpflichtet, sobald er in irgend einer Weise, sei es auch nur durch Mitteilung des Verletzten, von dem Unfall erfährt. Er kann zur Anzeige durch polizeiliche Zwangsmittel angehalten werden. (Entsch. des preuß. Oberverw.-Gerichts, Bd. 31, S. 346.) Eine Pflicht zur Erstattung weiterer Anzeigen, z. B. im Falle einer Verschlimmerung im Zustande des Verletzten, ist dem Betriebsunternehmer nicht auferlegt.

Ist dem Betriebsunternehmer zweifelhaft, ob sich ein Unfall „beim Betriebe" (§§ 544, 923, 1052) ereignet hat, so soll er doch die Anzeige erstatten. Einen eigenen Unfall hat er nur dann anzuzeigen, wenn er zwangsweise oder freiwillig selbst versichert ist.

Bei Berechnung der Frist ist der Tag, an dem der Unternehmer von dem Unfall Kenntnis erhalten hat, nicht mitzurechnen (§ 124). Die Frist endigt mit dem Ablauf des letzten Tages der Frist (§ 125 Abs. 1); bis dahin muß die schriftliche Anzeige bei der zuständigen Stelle eingegangen sein.

Zuständige Behörde.

§ 1553. Die Anzeige ist schriftlich oder mündlich der Ortspolizeibehörde des Unfallorts und der durch die Satzung bestimmten Stelle des Versicherungsträgers zu erstatten.

Ereignet sich der Unfall auf der Reise, so kann er auch der inländischen Ortspolizeibehörde angezeigt werden, in deren Bezirke sich der Verletzte zuerst nach dem Unfall aufhält.

Ereignet sich der Unfall im Ausland und ist keine nach Abs. 2 zuständige Behörde im Inland vorhanden, so ist er der Ortspolizeibehörde des inländischen Betriebsitzes anzuzeigen.

Vgl. § 63 Abs. 1, § 68 Abs. 1, Satz 1 GUVG.; § 70 Abs. 1 LUVG.; § 37 Abs. 1 BUVG.; §§ 66, 164 SUVG.

Die mündliche Anzeige ist insbesondere mit Rücksicht auf die Verhältnisse auf dem Lande (mangelnde Schreibfertigkeit) zugelassen. Die schriftliche oder mündliche Anzeige ist bei der Ortspolizeibehörde des Unfallorts, nicht bei der des Betriebssitzes zu erstatten.

Unfälle im Ausland kommen im Allgemeinen (vgl. § 157) nur insoweit in Betracht, als die Tätigkeit, wobei sich der Unfall ereignet hat, wegen ihres engen Zusammenhanges einem versicherten inländischen Betriebe zugehört (Ausstrahlungen inländischer Betriebe).

Anzeigepflicht des Betriebsleiters.

§ 1554. Für den Betriebsunternehmer kann der Leiter des Betriebs oder Betriebsteils, in dem sich der Unfall ereignet hat, die Anzeigen erstatten. Er ist dazu verpflichtet, wenn der Unternehmer abwesend oder verhindert ist.

Vgl. § 63 Abs. 3 GUVG.; § 70 Abs. 3 LUVG.; § 37 Abs. 1 BUVG.; § 66 Abs. 1 SUVG.

Auch gegen den zur Anzeige verpflichteten Leiter des Betriebs oder eines Betriebsteils kann durch polizeiliche Zwangsmittel (Anm. zu § 1552) und durch Bestrafung vorgegangen werden. Ob der Betriebsunternehmer neben dem verpflichteten Betriebsleiter strafbar ist oder wenigstens für die Beitreibbarkeit der Strafe haftet, ist aus §§ 913, 1045, 1223 zu entnehmen.

Muster für Unfallanzeigen.

§ 1555. Das Reichsversicherungsamt stellt die Muster für die Unfallanzeigen fest.

Vgl. § 63 Abs. 4 GUVG.; § 70 Abs. 4 LUVG.; § 37 Abs. 1 BUVG.

Das Muster für Unfallanzeigen ist zuletzt durch die Bek. des RVA. vom 1. Oktober 1900 (A. N. S. 710) festgestellt worden. Das Muster betrifft nur die schriftliche Anzeige; bei mündlicher Unfallanzeige wird sich das aufzunehmende Protokoll tunlichst diesem Muster anzupassen haben.

Strafen.

§ 1556. Wird der Unfall nicht oder zu spät angezeigt, so kann der Vorstand der Berufsgenossenschaft gegen den Verpflichteten Geldstrafe bis zu dreihundert Mark verhängen.

Dies gilt auch im Falle des § 913 Abs. 1 und der entsprechenden Vorschrift für die landwirtschaftliche Unfallversicherung (§ 1045). § 913 Abs. 2, 3, §§ 1045, 1223 gelten entsprechend.

Auf Beschwerde entscheidet das Oberversicherungsamt (Beschlußkammer) endgültig.

Vgl. § 147 Abs. 2, §§ 148, 149 GUVG.; § 157 Abs. 2, §§ 158, 159 LUVG.; § 45 Abs. 2 BUVG.; § 144 Abs. 2, §§ 145, 147 SUVG.

Die Bestrafung setzt nur voraus, daß sich ein Unfall der im § 1552 Abs. 1 bestimmten Art beim Betriebe ereignet hat, nicht aber auch, daß der Unfall zur Entschädigung an sich führen kann. Die Bestrafung darf nur der Vorstand der Genossenschaft verhängen, nicht aber der Vorsitzende des Vorstandes allein.

War der Betrieb zur Zeit des Unfalls noch nicht in das Betriebsverzeichnis aufgenommen, und wird die Anzeige unmittelbar nach Erhalt des Mitgliedscheins erstattet, so stellt die Verzögerung der Anzeige neben der unterlassenen Betriebsanmeldung keine besondere Straftat dar (Handbuch Bd. I, S. 659).

Das OVA. entscheidet auf Beschwerde in voller Besetzung gemäß §§ 1791 bis 1796.

Reichs- und Staatsbetriebe.

§ 1557. Die Vorstände der vom Reiche oder von einem Bundesstaate verwalteten Betriebe erstatten die Anzeige der vorgesetzten Dienstbehörde nach deren näherer Anweisung.

Vgl. § 63 Abs. 5 GUVG.; § 70 Abs. 5 LUVG.; § 37 Abs. 1 BUVG.; § 66 Abs. 2 SUVG.

Diese Vorschrift trägt dem Umstande Rechnung, daß in den staatlichen Betrieben, vor allem in den staatlichen Bergwerken und auf den Staatseisenbahnen die örtliche Polizei nicht von der Ortspolizeibehörde, vielmehr von besonderen Organen wahrgenommen wird. Aus dem gleichen Grunde schließt § 1561 hier die Untersuchung durch die Ortspolizeibehörde aus; denn diese ist in den erwähnten Betrieben zur Ausführung von Amtshandlungen nicht zuständig (Kom. Ber. Bd. VI, S. 35).

Unfallanzeige bei versicherten Tätigkeiten.

§ 1558. Die Vorschriften über die Unfallanzeige gelten entsprechend für Unfälle bei einer versicherten Tätigkeit, die keinem versicherten Betriebe zugehört.

Diese Vorschrift trifft die nicht gewerbsmäßigen Bauarbeiten und ferner das in den Ziffern 6 und 7 des § 537 erwähnte nicht gewerbsmäßige Halten von Reittieren und Fahrzeugen.

2. Unfalluntersuchung.

Untersuchungspflicht.

§ 1559. Ist ein Versicherter getötet oder derart verletzt worden, daß er voraussichtlich nach diesem Gesetze zu entschädigen ist, so untersucht die Ortspolizeibehörde des Unfallorts sobald als möglich den Unfall.

Die Ortspolizeibehörde hat den Unfall auch dann zu untersuchen, wenn es ein nach diesem Gesetze zur Leistung Verpflichteter beantragt.

Der Berechtigte kann die Untersuchung des Unfalls bei dem Versicherungsamte beantragen. Dieses kann die Ortspolizeibehörde ersuchen, dem Antrag zu entsprechen.

Vgl. § 64 GUVG.; § 71 LUVG.; § 37 Abs. 1 BUVG.; § 68 SUVG.

Die Ortspolizeibehörde ist von Amtswegen — auch ohne daß eine Unfallanzeige des Betriebsunternehmers vorliegt — zur Untersuchung des Unfalls in dem von ihr für erforderlich gehaltenen Umfang verpflichtet, wenn ein Versicherter getötet oder derart verletzt worden ist, daß ihm voraussichtlich eine Unfallentschädigung zu gewähren ist, d. h. daß der Unfall Folgen über die 13. Woche hinaus zeitigen wird. Nimmt hiernach die Ortspolizeibehörde eine Unfalluntersuchung nicht vor, glaubt aber der Versicherte, daß doch mit Unfallfolgen über die 13. Woche hinaus zu rechnen sei, so kann er versuchen, dies der Polizeibehörde wahrscheinlich zu machen. Weigert sich diese trotzdem, so kann sich der Verletzte nach allgemeinen Verwaltungsgrundsätzen im Wege der Beschwerde an die der Ortspolizeibehörde vorgesetzte Behörde wenden, die dann ihrerseits durch Anweisung der Ortspolizeibehörde Schädigungen des Verletzten verhüten kann. Der Verletzte kann sich aber auch gemäß Abs. 3 an das V. Amt wenden, welches als sachverständige Fachbehörde seinen Antrag auf Unfalluntersuchung zu prüfen und, wenn es den Antrag für gerechtfertigt hält, im Wege der Rechtshilfe (§ 115) die Polizeibehörde um Vornahme der Unfalluntersuchung zu ersuchen hat (Kom. Ber. Bd. VI, S. 38 bis 40). Man wird nach der Ansicht des Gesetzgebers, welcher an Stelle der Anrufung der Polizeibehörde dem Verletzten das Recht der Anrufung des V. Amts gewähren wollte, auch annehmen müssen, daß das V. Amt auf Antrag des Verletzten die Polizeibehörde auch nach Abschluß der Unfalluntersuchung um Ergänzung derselben nach einer bestimmten Richtung zu ersuchen berechtigt ist. Dem Ersuchen des V. Amts muß die Polizeibehörde entsprechen.

Zur Vornahme der Unfalluntersuchung ist die Polizeibehörde — auch wenn die Voraussetzungen des Abs. 1 nicht vorliegen — stets verpflichtet, wenn ein gesetzlich zur Leistung Verpflichteter dies beantragt. Hiermit ist den Fällen Rechnung getragen, in denen schon während der ersten 13 Wochen Leistungen in Frage kommen, die das Vorhandensein eines Betriebsunfalls zur Voraussetzung haben. Vgl. z. B. die §§ 573, 577 über die Leistungen an Unfallerkrankte während der ersten 13 Wochen, und ferner die §§ 582, 580, 942.

Die Kosten der Unfalluntersuchung sind, abgesehen vom Falle des § 1564 Abs. 2, von der Polizeibehörde zu tragen. Zu diesen Kosten gehören auch die Kosten der Ausgrabung und Öffnung von Leichen, sowie die Kosten der zur Aufklärung des Sachverhalts erforderlichen Zuziehung eines Arztes gemäß § 1564 Abs. 1 und auch die etwa gezahlten Zeugengebühren. Die Frage, inwieweit Zeugen eine Entschädigung seitens der Polizeibehörde zu zahlen ist, richtet sich nach den hierüber in den Einzelstaaten geltenden Bestimmungen. In Preußen z. B. steht den Zeugen ein Gebührenanspruch nicht zu; in besonderen Fällen kann jedoch nach freiem Ermessen der Polizeibehörde eine Entschädigung gewährt werden (Kom. Ber. Bd. VI, S. 42, 45). — Soweit Untersuchungen von den Polizeibehörden nicht auf eine Anregung, sondern auf ein Rechtshilfeersuchen (§ 115) seitens des Versicherungsträgers vorgenommen worden sind, ist der Versicherungsträger gemäß § 117 ersatzpflichtig.

Unfälle auf Reisen und im Ausland.

§ 1560. Unfälle, die sich auf der Reise oder im Ausland ereignen, untersucht die Ortspolizeibehörde, der sie angezeigt werden.

Die höhere Verwaltungsbehörde kann auf Antrag eines nach § 1562 Beteiligten die Untersuchung einer anderen Ortspolizeibehörde übertragen.

Vgl. § 68 Abs. 1, Satz 2, 3 GUVG.; § 37 Abs. 1 BUVG.

Die Untersuchungpflicht trifft die Polizeibehörde, bei der die Anzeige erfolgt ist, gleichgültig, ob die Anzeige bei ihr gemäß § 1553 Abs. 2 oder 3 hätte erstattet werden sollen.

Erfolgt die Übertragung auf Antrag einer Beteiligten, so fallen diesem damit nicht etwa die durch die Übertragung erwachsenen Mehrkosten zu Last.

Reichs- und Staatsbetriebe.

§ 1561. Bei den vom Reiche oder von einem Bundesstaate verwalteten Betrieben bestimmt die vorgesetzte Dienstbehörde, wer den Unfall zu untersuchen hat.

Vgl. § 67, § 68 Abs. 2 GUVG.; § 74 LUVG.; § 37 Abs 1 BUVG.

Diese Vorschrift gestattet nur eine besondere Bestimmung darüber, wer die Unfalluntersuchung führt. Die Frage, wie die Unfalluntersuchung zu führen und wer zu ihr zuzuziehen ist, bestimmt sich nach den §§ 1562 flg. — Vgl. auch Anm. zu § 1557.

Beteiligte.

§ 1562. An der Untersuchung können teilnehmen oder sich dabei vertreten lassen

der Verletzte oder seine Hinterbliebenen,
der Träger der Unfall- und der Krankenversicherung,
der Unternehmer,
das Versicherungsamt,
bei Unfällen in Betrieben, die der Gewerbeaufsicht unterliegen, der staatliche Aufsichtsbeamte (§ 139b der Gewerbeordnung).

Vgl. §§ 64, 65, § 68 Abs. 1 GUVG.; §§ 71, 72 LUVG.; § 37 Abs. 1 BUVG.; §§ 68, 70 SUVG.

Der Vorsitzende des V. Amts — nicht etwa auch dessen Beisitzer (Kom. Ber. Bd. VI, S. 34) — ist befugt an der Untersuchung teilzunehmen. Ihm liegt es namentlich ob, durch Stellung geeigneter Anträge auf eine möglichst erschöpfende Aufklärung des Sachverhalts hinzuwirken. Durch diese Tätigkeit des V. Amts wird die Ortspolizeibehörde bei Durchführung ihrer Aufgabe wesentlich unterstützt (Begr. S. 484).

Die bezeichneten Personen und Versicherungsträger können sich bei der Unfalluntersuchung auch vertreten lassen. Die hierzu erforderlichen Vollmachten sind nach §§ 137, 138 frei von Gebühren und Stempel. Eine Verpflichtung der Beteiligten zur Teilnahme an der Untersuchung ist gesetzlich nicht begründet; einen Anspruch auf Ersatz der ihnen durch die Teilnahme erwachsenen Kosten haben sie gegen die Ortspolizeibehörde nicht.

Über Beschwerden wegen des Verfahrens der Polizeibehörden haben die zuständigen Landesbehörden zu entscheiden.

Zuziehung der Beteiligten.

§ 1563. Diese Beteiligten werden vom Zeitpunkt der Untersuchung rechtzeitig benachrichtigt.

Ist die Berufsgenossenschaft in Sektionen geteilt, oder hat sie Vertrauensmänner bestellt, so wird der Sektionsvorstand oder der Vertrauensmann benachrichtigt.

Zur Untersuchung sollen auch etwa sonst Beteiligte zugezogen werden.

Der Verletzte oder seine Hinterbliebenen können erwachsene Angehörige oder andere geeignete Personen, die das Verhandeln vor Behörden nicht geschäftsmäßig betreiben, als Beistand zu den Verhandlungen zuziehen.

Vgl. §§ 64, 65, 68 Abs. 1 GUVG.; §§ 71, 72 LUVG.; § 37 Abs. 1 BUVG.; § 68, 70 SUVG.

Ist die berufsgenossenschaftliche Zugehörigkeit des Betriebs, in dem sich der Unfall ereignet hat, zweifelhaft, so werden zweckmäßig die mehreren etwa in Betracht kommenden Berufsgenossenschaften unter Mitteilung der Sachlage zu benachrichtigen sein.

Durch Abs. 4 ist die Vertretung der Verletzten durch Personen, die das Verhandeln vor Gericht geschäftsmäßig betreiben, insbesondere also auch durch Arbeitersekretäre, nicht gestattet. Den Grund hierfür sah man ebenso wie bei dem entsprechenden § 1604 darin, daß das Verfahren noch nicht den Charakter des Streitverfahrens habe. — Im Gegensatz zu § 1604 ist hier die Vertretung der BG. durch ihre Beamten nicht verboten. Insbesondere wird die Teilnahme des technischen Aufsichtsbeamten bei der Unfalluntersuchung oft recht zweckmäßig sein.

Umfang der Untersuchung.

§ 1564. Die Ortspolizeibehörde stellt den Sachverhalt fest. Sie kann Ermittlungen jeder Art mit Ausschluß eidlicher Vernehmungen anstellen.

Auf Antrag der Versicherungsträger oder des Berechtigten sollen Sachverständige zugezogen werden, die Kosten trägt der Antragsteller.

Soll im Dienstraum einer Behörde oder in einem Fahrzeug der Kaiserlichen Marine Augenschein eingenommen werden, so ist die Genehmigung der zuständigen Dienst- oder Kommandobehörde einzuholen.

Vgl. §§ 64, 65, 68 Abs. 1 GUVG.; §§ 71, 72 LUVG.; § 37 Abs. 1 BUVG.; §§ 68, 70 SUVG.; § 9 Abs. 2 HG.

Nach Abs. 1 ist die Polizeibehörde auch befugt, einen Arzt zur Unfalluntersuchung hinzuziehen (Kom. Ber. Bd. VI, S. 45), wenn dies zur Vervollständigung der Unfalluntersuchung notwendig ist. Dagegen liegt der Polizeibehörde die Beiziehung eines ärztlichen Gutachtens nicht ob, wenn es sich lediglich um die Frage der alsbaldigen Übernahme des Heilverfahrens handelt; eine dahingehende Bestimmung des Entwurfs (§ 1540) hat die Reichstagskommission abgelehnt (Kom. Ber. Bd. VI, S. 47).

Ein Arzt soll nach Abs. 2 zur Untersuchung stets zugezogen werden, wenn dies der Versicherungsträger oder der Berechtigte (also der Verletzte oder seine Hinterbliebenen) beantragt. Der Antragsteller muß aber dann die durch die Zuziehung erwachsenen Kosten tragen; die Polizeibehörde wird von dem Berechtigten vor Zuziehung des Arztes einen angemessenen Betrag zur Deckung der dadurch erwachsenden Kosten zu erfordern haben.

§ 1565. Durch die Untersuchung werden namentlich festgestellt

Veranlassung, Zeit, Ort, Hergang und Art des Unfalls,

Name der getöteten oder verletzten Person, sowie Tag und Ort ihrer Geburt,

die Art der Verletzung,

der Verbleib des Verletzten,

die Hinterbliebenen des Getöteten und die Angehörigen des Verletzten, die eine Entschädigung nach diesem Gesetze beanspruchen können,

die Höhe von Unterstützungen und Renten, die der Verletzte aus der Reichsversicherung bezieht.

Vgl. §§ 64, 65, 68 Abs. 1 GUVG.; §§ 71, 72 LUVG.; § 37 Abs. 1 BUVG.; §§ 68, 70 SUVG.

Es müssen auch die Leistungen, die der Verletzte aus der Krankenversicherung bezieht, ihrer Höhe nach bei der Unfalluntersuchung festgestellt werden. Die Kenntnis dieser Bezüge ist für die Versicherungsträger zur leichteren Abwickelung der Rechtsverhältnisse aus ihren Beziehungen zu einander von Bedeutung (Begr. S. 485).

§ 1566. Das Reichsversicherungsamt kann nähere Bestimmungen über die Niederschrift der Untersuchungsverhandlungen erlassen.

Die Aufstellung eines einheitlichen Formulars für die Unfalluntersuchungsverhandlung hat die Reichstagskommission für sehr wichtig und wünschenswert angesehen.

Einsichtnahme und Abschriftserteilung.

§ 1567. Sobald die Untersuchung abgeschlossen ist, übersendet die Ortspolizeibehörde die Verhandlungen dem Versicherungsträger.

Die Beteiligten können Einsicht in die Verhandlungen und Abschrift verlangen.

Für die Abschrift können Schreibgebühren erhoben werden.

Vgl. § 66 GUVG.; § 73 LUVG.; § 37 Abs. 1 BUVG.; § 72 Satz 2, 3 SUVG.

Der Versicherungsträger hat für die ordnungsmäßige Aufbewahrung der Verhandlungen zu sorgen.

Die in Abs. 2 und 3 den Beteiligten eingeräumten Rechte auf Einsicht in die Verhandlungen und auf Abschriftserteilung beziehen sich nur auf die Unfalluntersuchungsverhandlung. Die Vorschriften über die Erteilung von Abschriften im Laufe des weiteren Verfahrens sind im § 1607 Abs. 2 (vgl. § 1631 Abs. 2), sowie im § 1653 (vgl. §§ 1679, 1698, 1701) enthalten.

3. Entscheidung der Versicherungsträger.

a) Allgemeine Vorschriften.

Vorbemerkung.

Die §§ 1568 bis 1582 regeln die sachliche Zuständigkeit der Feststellungsorgane der Träger der Unfallversicherung und enthalten neben allgemeinen für die Feststellung durch die Versicherungsträger maßgebenden Vorschriften die Bestimmungen für das Ermittelungsverfahren vor Erteilug des Bescheides (vgl. Vorbem. zu § 1583) und für die nach § 1606 Abs. 1 etwa noch erforderliche Beweiserhebung durch den Versicherungsträger.

Feststellungsorgane (§§ 1568 bis 1570).

§ 1568. Die Leistungen der Unfallversicherung werden festgestellt

1. durch den Sektionsvorstand, wenn die Berufsgenossenschaft in Sektionen eingeteilt ist und es sich handelt um
   a) Krankenbehandlung (§ 558 Nr. 1), oder Hauspflege (§ 599),
   b) Rente für die Dauer einer voraussichtlich vorübergehenden Erwerbsunfähigkeit,
   c) Heilanstaltpflege,
   d) Angehörigenrente,
   e) Sterbegeld;
2. durch den Genossenschaftsvorstand in allen übrigen Fällen.

Vgl. § 69 Abs. 1 GUVG.; § 75 Ab. 1 LUVG.; § 37 Abs. 1 BUVG., § 74 Abs. 1, SUVG.

Dieser Paragraph regelt die sachliche Zuständigkeit der Feststellungsorgane innerhalb derselben Berufsgenossenschaft. (Der Streit mehrerer Berufsgenossenschaften über die Zuständigkeit zur Entschädigung ist in den §§ 1735 flg. geregelt.) Entsteht über die örtliche Zuständigkeit unter den Feststellungsorganen der Berufsgenossenschaft Streit, so ist die Sache dem Genossenschaftsvorstand zur Entscheidung der Zuständigkeitsfrage zu unterbreiten. Die sachliche Zuständigkeit zur Feststellung von Leistungen umfaßt auch die Zuständigkeit zu ihrer Ablehnung. Ist die Rentenfestsetzung durch ein sachlich unzuständiges Feststellungsorgan äußerlich ordnungsgemäß erfolgt, so sind die Spruchinstanzen zur Aufhebung des Bescheids berechtigt (vgl. jedoch Ende der Anm. zu § 1715), die Berufsgenossenschaft bleibt aber an seinen Inhalt gebunden. Ebenso bleibt die Berufsgenossenschaft gebunden, wenn sich im Falle der Nr. 1b später die Erwerbsunfähigkeit als dauernd erweist und deshalb ein anderes Feststellungsorgan zuständig ist (vgl. Handbuch Bd. I, S. 472, 473).

Zu Nr. 1b: Wenn der Sektionsvorstand bei gewissenhafter Prüfung annehmen konnte, daß die Erwerbsunfähigkeit voraussichtlich vorübergehen werde, so wird seine Zuständigkeit als Feststellungsorgan nicht dadurch beseitigt, daß sich diese Annahme später als unrichtig erweist (Rek. Entsch. 2436, A. N. 1910, S. 635).

Zu Nr. 1c: Das RVA. hat angenommen, daß in eilbedürftigen Fällen die Einweisung in eine Heilanstalt auch von dem Vorsitzenden oder einem anderen Mitglied des Feststellungsorgans kraft einer ihm allgemein erteilten Ermächtigung vorläufig formlos verfügt werden kann; die Beschlußfassung des Feststellungsorgans ist dann aber unverzüglich nachträglich einzuholen. Zur Erteilung förmlicher Bescheide ist der Vorsitzende des Feststellungsorgans allein niemals befugt.

§ 1569. Die Satzung der Berufsgenossenschaft kann die Feststellung übertragen

1. in den Fällen des § 1568 Nr. 1
   dem Genossenschaftsvorstand,
   einem Ausschuß des Genossenschafts- oder Sektionsvorstandes,
   besonderen Kommissionen,
   örtlichen Beauftragten (Vertrauensmännern);
2. in den Fällen des § 1568 Nr. 2
   dem Sektionsvorstand,

einem Ausschuß des Genossenschafts- oder Sektionsvorstandes,

besonderen Kommissionen.

Vgl. § 69 Abs. 2 GUVG.; § 75 Abs. 2 LUVG.; § 37 Abs. 1 BUVG.

Dem Vorsitzenden des Genossenschaftsvorstands kann durch die Satzung die Feststellung der Leistungen nicht übertragen werden.

Die entsprechenden Vorschriften für die See-Unfallversicherung sind im § 1769 enthalten.

§ 1570. Die Ausführungsbestimmungen bezeichnen die Behörde, welche die Leistungen feststellt, wenn ein anderer Träger der Unfallversicherung an die Stelle der Berufsgenossenschaft tritt.

Vgl. § 131 GUVG.; § 137 LUVG.; § 43 BUVG.; § 131 SUVG.

Die Feststellung der Leistungen kann an eine andere Behörde als die Ausführungsbehörde übertragen werden.

Weitere Aufklärung des Sachverhalts (§§ 1571 bis 1580).

§ 1571. Hält der Versicherungsträger die Sache nicht für genügend aufgeklärt, so hat er, vorbehaltlich des § 1572, weitere Ermittlungen anzustellen.

Sollen Zeugen oder Sachverständige im Wege der Rechtshilfe eidlich vernommen werden, so soll das Versicherungsamt ersucht werden. Unterliegt die Beweisaufnahme vor dem Versicherungsamt erheblichen Schwierigkeiten, insbesondere wegen großer Entfernung des Aufenthalts des Zeugen von dem Sitze des Versicherungsamts, oder ist Gefahr im Verzuge, so kann auch das Amtsgericht ersucht werden.

Um eidliche Vernehmung eines Zeugen oder Sachverständigen darf der Versicherungsträger nur ersuchen, wenn er die Vereidigung für notwendig hält, um eine wahre Aussage herbeizuführen.

Wird das Ersuchen um eine Beweisaufnahme von dem Amtsgericht abgelehnt, so entscheidet das Oberlandesgericht endgültig.

Dem Versicherungsträger ist es, wenn er nicht den Weg des § 1572 einschlagen will, überlassen, die Ermittelungen in der von ihm für angemessen erachteten Weise anzustellen. Es ist ihm unbenommen, die Polizeibehörde oder das Versicherungsamt, in deren Bezirk der Zeuge oder Sachverständige wohnt oder sich aufhält, um bestimmte uneidliche Vernehmungen anzugehen oder den Sachverhalt auch, wenigstens soweit technische Erörterungen notwendig sind, durch seine eigenen Beamten aufklären zu lassen. Auch das örtlich zuständige Amtsgericht wird der Versicherungsträger um uneidliche Vernehmungen ersuchen dürfen, wenn die Voraussetzungen des Abs. 2, Satz 2 gegeben sind, die eine Überlastung der Gerichte verhüten sollen, und wenn ausnahmsweise (z. B. wegen Schwierigkeit der Sachlage) die Vernehmung durch die örtliche Polizeibehörde nicht angängig erscheint (§ 115).

Um eidliche Vernehmung von Zeugen und Sachverständigen darf der Versicherungsträger nur dann ersuchen, wenn die Vereidigung zur Herbeiführung einer wahren Aussage notwendig ist und es auf die Aussage für die Leistungsfeststellung überhaupt ankommt. Ob diese Voraussetzung gegeben ist, haben das ersuchte örtlich zuständige Versicherungsamt oder Amtsgericht nicht nachzuprüfen. (Vgl. RG. Bd. 69, S. 274.)

Übertragung der Aufklärung an das Versicherungs-Amt.

§ 1572. Auf Ersuchen des Versicherungsträgers hat der Vorsitzende des Versicherungsamts den gesamten Sachverhalt aufzuklären und sich gutachtlich zu äußern. Er entscheidet nach freiem Ermessen, welche Ermittelungen erforderlich sind.

Für die Zuständigkeit des Versicherungsamts gelten die §§ 1637 bis 1639 entsprechend.

Die Bestimmung des Abs. 1 gibt dem Versicherungsträger das Recht, durch das zuständige (Abs. 2) V. Amt den gesamten Sachverhalt aufklären zu lassen. In diesem Falle entscheidet der Vorsitzende des V. Amts nach freiem Ermessen, welche Ermittelungen (z. B. Beobachtungen im Krankenhaus — eidliche Vernehmungen) erforderlich sind. Nach Abschluß der Ermittelungen hat er sich gutachtlich zu äußern. — Der hier vorgesehene Weg der Vorbereitung der Sache kann für die landwirtschaftlichen Berufsgenossenschaften landesgesetzlich allgemein vorgeschrieben werden (§ 1037).

Im Falle des Abs. 1 kann das V. Amt auch andere Behörden um Vornahme von Beweiserhebungen im Wege der Rechtshilfe ersuchen.

Die Vorschrift des Abs. 2 über die Zuständigkeit bezieht sich nicht auf den Fall, daß das V. Amt gemäß § 155 um eine bestimmte Beweisverhandlung ersucht wird (Begr. 487 — vgl. Anm. zu § 1571 Abs. 1).

Anwesenheit der Beteiligten bei Vernehmungen.

§ 1573. Bei Vernehmung von Zeugen oder Sachverständigen ist den Beteiligten Gelegenheit zur Teilnahme zu gewähren.

Diese Vorschrift bezieht sich auf alle Vernehmungen von Zeugen und Sachverständigen in Sachen der Unfallversicherung, gleichgiltig bei welcher Stelle oder Behörde sie stattfinden.

Verfahren vor dem ersuchten Amtsgericht.

§ 1574. Die Vorschriften der Zivilprozeßordnung über die Pflicht, als Zeuge oder Sachverständiger zu erscheinen, sich vernehmen und vereidigen zu lassen, gelten für das Verfahren vor dem ersuchten Richter entsprechend. Die Aussage darf nicht deshalb verweigert werden, weil dieses Gesetz eine Schweigepflicht begründet.

Ob die Aussage oder die Eidesleistung verweigert werden darf, entscheidet der ersuchte Richter. Gegen dessen Entscheidung ist binnen einer Woche Beschwerde an das zunächst höhere Gericht nach den Vorschriften der Zivilprozeßordnung zulässig.

Vgl. § 18 Sch. V. v. 22. November 1900.

Die entsprechenden Vorschriften der ZPO. sind in den §§ 373 bis 414 enthalten. — Die im Satz 3 erwähnte Schweigepflicht ist in den §§ 141, 142 geregelt.

An die Stelle des Prozeßgerichts, das nach der ZPO. darüber entscheidet, ob die Aussage oder die Eidesleistung verweigert werden darf, tritt nach Abs. 2 der ersuchte Richter. Gegen seine Entscheidung ist die Beschwerde nach Maßgabe der §§ 567 bis 576 der ZPO. gegeben. Die Beschwerde ist also beim Amtsgericht, in dringenden Fällen auch bei dem im Instanzenzuge vorgesetzten Landgericht einzulegen. Sie kann auf neue Tatsachen gestützt werden. Das Amtsgericht kann der Beschwerde abhelfen, wenn es sie für begründet hält. Die Entscheidung durch das Beschwerdegericht kann ohne mündliche Verhandlung erfolgen. — Eine weitere Beschwerde wird auch, falls sich ein neuer selbständiger Beschwerdegrund finden lassen sollte (§ 568 Abs. 2 ZPO.), nicht angängig sein, wie sich aus ihrer Nichterwähnung in Abs. 2, Satz 2 und aus einer Vergleichung mit dem § 1576 ergibt, dem auch eine weitere Beschwerde unbekannt ist.

Verfahren vor dem Versicherungsamte (§§ 1575 bis 1579).

§ 1575. Die Vorschriften des § 1574 gelten auch, soweit die §§ 1576 bis 1579 nichts anderes vorschreiben, für das Verfahren vor dem Versicherungsamte.

Vgl. § 18 Sch. V. v. 22. November 1900.

Die §§ 1575 bis 1579 gelten im Allgemeinen sowohl für den Fall, daß das V. Amt gemäß § 1571 um einzelne Beweisverhandlungen ersucht ist, als auch für den Fall des § 1572 Abs. 1.

§ 1576. Ist das Versicherungsamt um die Vernehmung von Zeugen oder Sachverständigen ersucht, so entscheidet dieses darüber, ob die Aussage oder die Eidesleistung verweigert werden darf. Gegen dessen Entscheidung ist binnen einer Woche Beschwerde an das Oberversicherungsamt zulässig. Das Oberversicherungsamt (Beschlußkammer) entscheidet endgültig.

An die Stelle des fehlenden Prozeßgerichts, das nach der ZPO. über die Berechtigung der Verweigerung der Aussage oder Eidesleistung entscheidet, tritt hier das V. Amt. Über die gegen seine Entscheidung seitens des Zeugen oder des Versicherungsträgers erhobene Beschwerde — einen Zwischenstreit — entscheidet das OVA. in voller Besetzung (§ 1792).

§ 1577. Gegen Zeugen oder Sachverständige, die
sich nicht einfinden,
ihre Aussage oder die Eidesleistung ohne Angabe eines Grundes oder, nachdem der vorgeschützte Grund rechtskräftig für unerheblich erklärt ist, verweigern,

kann nur eine Geldstrafe bis zu dreihundert Mark verhängt werden.

Die Strafe verhängt das Versicherungsamt. Für die Beschwerde gilt § 1576 Satz 2, 3.

Vgl. § 18 Sch. V. v. 22. November 1900.

Dieser Paragraph bezieht sich, wie der § 1575 ergibt, nur auf das Verfahren vor dem V. Amt (Kom. Ber. Bd. VI, S. 55); das gleiche gilt für die §§ 1578, 1579.

Weitere Zwangsmaßregeln, insbesondere Vorführung und Haft, sind für das Verfahren vor dem ersuchten V. Amt nicht gegeben. Sind ausnahmsweise solche Zwangsmaßregeln geboten, so ist das Amtsgericht um die Vernehmung zu ersuchen (Begr. S. 487). — Entschuldigt der Zeuge oder Sachverständige nachträglich sein Fernbleiben genügend, so werden die getroffenen Maßnahmen von dem V. Amt wieder aufgehoben (vgl. § 381 ZPO., der nach 1575 anwendbar ist).

§ 1578. Militärpersonen, die dem aktiven Heere, der aktiven Marine oder einer der Schutztruppen angehören, werden als Zeugen oder Sachverständige auf Ersuchen von der Militärbehörde geladen.

Verweigern sie das Zeugnis oder den Eid, so verhängt auf Ersuchen das Militärgericht die Geldstrafe.

Vgl. § 18 Sch. V. v. 22. November 1900.

Diese nur für das Verfahren vor dem V. Amt erlassene Vorschrift enspricht den § 378, § 390 Abs. 4 der ZPO.

§ 1579. Die Zeugen und Sachverständigen erhalten Gebühren wie bei Vernehmungen vor dem ordentlichen Gericht in bürgerlichen Rechtsstreitigkeiten.

Auf Beschwerde gegen die Festsetzung der Gebühren entscheidet das Oberversicherungsamt endgültig.

Vgl. § 18 Sch. V. v. 22. November 1900.

Diese nur für das Verfahren vor dem V. Amt geschaffene Bestimmung entspricht dem § 401 ZPO. — Für die Gebühren der Zeugen und Sachverständigen sind die Gebührenordnung vom 30. Juni 1878 in der Fassung vom 17. Mai 1898 (RGBl. S. 689) und die etwa künftig infolge Gesetzesänderung an deren Stelle tretenden Vorschriften maßgebend.

Einnahme des Augenscheins.

§ 1580. Verweigert der Unternehmer dem Versicherungsträger die Einnahme des Augenscheins, so entscheidet das Versicherungsamt, ob und in welcher Weise der Augenschein stattfinden soll.

Das Versicherungsamt kann die Einnahme des Augenscheins selbst vornehmen und sich dabei der Mitwirkung der Ortspolizeibehörde bedienen oder die Ortspolizeibehörde darum ersuchen.

Die Beschwerde bewirkt Aufschub.

Für den Augenschein im Dienstraum einer Behörde oder in einem Fahrzeug der Kaiserlichen Marine gilt § 1564 Abs. 3.

Die oberste Verwaltungsbehörde bestimmt, wie weit Abs. 1 bis 3 für Betriebe gilt, die unter bergpolizeilicher Aufsicht stehen.

Vgl. § 9, Abs. 1, 2 HG.

Das Gesetz hat ebenso wie hinsichtlich der eidlichen Vernehmung von Zeugen und Sachverständigen die Rechte der Versicherungsträger erweitert und ihnen auch das Erkenntnismittel des Augenscheins gegeben. Im Interesse der persönlichen Freiheit und des Schutzes des Betriebsgeheimnisses des Betriebsunternehmers ist aber dem Versicherungsträger nicht das Recht eingeräumt, den Eintritt in die fremde Betriebsstätte zu erzwingen. Die Einnahme des Augenscheins darf vielmehr im Falle der Verweigerung seitens des Betriebsunternehmers nur dann stattfinden, wenn sie das V. Amt auf Grund sorgfältiger Würdigung der Verhältnisse angeordnet hat, und nur in der Weise, wie sie von dem V. Amt für angemessen erachtet worden ist. Die von dem Betriebsunternehmer eingelegte Beschwerde (§ 1792), die an das OVA. geht, bewirkt Aufschub.

Das V. Amt hat insbesondere auch darüber zu befinden, ob und inwieweit Beamten- oder Organen der Genossenschaft die Teilnahme an der Augenscheinseinnahme zu gestatten ist.

Die Vorschrift des Abs. 5 soll den besonderen Betriebs- und Gefahrverhältnissen beim Bergbau Rechnung tragen.

Nachweisung des Entgelts des Verletzten.

§ 1581. Der Unternehmer hat der Genossenschaft auf Verlangen binnen einer Woche den Entgelt nachzuweisen, der für die Berechnung der Entschädigung maßgebend ist. Er hat zu diesem Zwecke fortlaufende Aufzeichnungen über den von den einzelnen Versicherten verdienten Entgelt zu führen. Das Nähere bestimmt die Satzung.

Weist der Unternehmer den Entgelt nicht nach, so kann er mit Geldstrafe bis zu dreihundert Mark bestraft werden. Enthält der Nachweis Angaben, deren Unrichtigkeit der Unternehmer kannte oder den Umständen nach kennen mußte, so kann er mit Geldstrafe bis zu fünfhundert Mark bestraft werden.

Die Strafe verhängt der Genossenschaftsvorstand. Auf Beschwerde entscheidet das Oberversicherungsamt endgültig.

Diese Vorschriften gelten auch gegenüber den Personen, die in den §§ 912, 913 Abs. 1, § 1220 und in den entsprechenden Vorschriften für die landwirtschaftliche und die See-Unfallversicherung (§§ 1045, 1222) bezeichnet sind. § 913 Abs. 2, 3, §§ 1045, 1223 geltend entsprechend.

Vgl. § 74, § 146 bis 149 GUVG.; § 80, §§ 156 bis 159 LUVG.; § 37 Abs. 1, 2, § 45 Abs. 2 BUVG.; §§ 143 bis 147 SUVG.

Die hier vorgeschriebenen Pflichten liegen den im § 633 bezeichneten Unternehmern ob. Die Führung fortlaufender Aufzeichnungen der Individuallöhne ist zur Kontrolle der Lohnnachweise (vgl. bes. § 750 Abs. 2) und im Interesse der Versicherten für erforderlich erachtet worden. Die Aufzeichnungen können gemäß § 876 von den Versicherungsträgern eingesehen werden. Die Pflicht des Unternehmers zum Nachweis des Entgelts besteht auch im Berufungs- und Rekursverfahren (§ 1679 Abs. 2, § 1701 Abs. 1).

Anhörung des behandelnden Arztes.

§ 1582. Soll auf Grund eines ärztlichen Gutachtens die Entschädigung abgelehnt oder nur eine Teilrente gewährt werden, so ist vorher der behandelnde Arzt zu hören, wenn er nicht schon ein ausreichendes Gutachten erstattet hat.

Steht der behandelnde Arzt zu dem Versicherungsträger in einem nicht nur vorübergehenden Vertragsverhältnis, so ist auf Antrag ein anderer Arzt zu hören.

Vgl. § 69 Abs. 3 GUVG.; § 75 Abs. 3 LUVG.; § 37 Abs. 1 BUVG.; § 74 Abs. 3 SUVG.

Die Vorschrift des Abs. 1 gilt, wie bisher, nur für die Fälle der ersten Feststellung der Entschädigung, mithin nicht für die Fälle der Neufeststellung nach Änderung der Verhältnisse (Begr. S. 488). Die Notwendigkeit der Anhörung des behandelnden Arztes liegt vor, wenn die Entscheidung ausschließlich oder doch im wesentlichen auf der medizinisch-wissenschaftlichen Beurteilung des Falles fußt; die Rechtsmittelinstanzen haben die unterbliebene Anhörung nachzuholen oder die Sache zur Nachholung an die Vorinstanz zurückzuverweisen. (Rek. Entsch. 2001, 2002 A. N. 1903, S. 472.) Der behandelnde Arzt muß sich hinsichtlich der ärztlichen Würdigung des Falles geäußert haben; in welchem Umfange diese Äußerung zu erfolgen hat, richtet sich nach der Lage des Einzelfalles. Wird die Vollrente gewährt, oder unterliegt der Rentenanspruch ohne Rücksicht auf die ärztliche Beurteilung des Falles der Abweisung, so ist die Zuziehung des behandelnden Arztes nicht erforderlich. Verzögert der behandelnde Arzt die Abgabe der von ihm verlangten Äußerung, so kann der Versicherungsträger dem Arzt eine Frist setzen, nach deren Ablauf das V. Amt oder bei Gefahr im Verzuge das Amtsgericht um Vernehmung ersucht wird.

Ärzte, die mit dem Versicherungsträger lediglich über die Honorarhöhe Vereinbarungen getroffen haben, stehen deshalb noch nicht zu ihm in einem Vertragsverhältnis im Sinne dieser Bestimmung (Kom. Ber. Bd. VI, S. 65). Die Frage, ob ein solches Vertragsverhältnis vorliegt, richtet sich nach den für den Einzelfall bestehenden Abmachungen. Wenn das Gesetz von einem „nicht nur vorübergehenden" Vertragsverhältnis spricht, so ist dieser Zusatz nach Begr. S. 488 deswegen gemacht worden, weil der Arzt, der von der Genossenschaft gehört wird, schon dadurch zu ihr in ein Vertragsverhältnis tritt. — Zur Stellung des Antrags werden unter Umständen auch Krankenkassen befugt sein, die auch in gewissen Fällen das Verfahren auf Gewährung einer Rente aufnehmen können (Kom. Ber. Bd. VI, S. 66). —

Zu Abs. 2 vgl. auch § 1686, der über die Auswahl der Ärzte beim OVA. Bestimmungen trifft.

b) Bescheid.

Vorbemerkung.

Die besonderen Vorschriften über die Entscheidungen der Träger der Unfallversicherung sind gegenüber dem früheren Recht wesentlich abgeändert worden; von Anführung der entsprechenden früheren Paragraphen ist daher im Folgenden abgesehen. — Zunächst ist der Vorbescheid des früheren Rechts als zwecklos fallen gelassen worden. Da erfahrungsgemäß der weitaus größte Teil der Bescheide der Genossenschaften unangefochten bleibt, wird hierdurch das Verfahren beschleunigt. Als Ausgleich dafür hat das Gesetz das Einspruchsverfahren (§ 1591 flg.) eingeschoben (Kom. Ber. Bd. VI, S. 93). — Neu ist die Unterscheidung von vorläufigen und Dauerrenten (§ 1585). Die Festsetzung aller vorläufigen Renten, sowie die Abänderung von Dauerrenten ist der Nachprüfung des Rekursgerichts entzogen (§ 1574 Nr. 7 und 8). — Eine verschiedene Gestaltung der Rechtslage des Verletzten hinsichtlich des Verfahrens während der ersten 5 Jahre und später, wie sie der § 88 Abs. 3 GUVG. und die entsprechenden Paragraphen der anderen Unfallversicherungsgesetze vorgesehen hatten, findet nicht mehr statt.

Fälle der Bescheidserteilung.

§ 1583. Die zur Feststellung berufene Stelle (§§ 1568 bis 1570) erteilt einen schriftlichen Bescheid,

1. wenn eine Entschädigung gewährt oder abgelehnt werden soll,
2. wenn eine Rente wegen Änderung der Verhältnisse (§§ 608, 955, 1115) neu festgestellt werden soll,
3. wenn es sich handelt um

Krankenbehandlung (§ 558 Nr. 1) oder Hauspflege (§ 599),
Heilanstaltpflege und Angehörigenrente,
Feststellung der Leistungen nach Beendigung von Heilanstaltpflege,
Sterbegeld,
Einstellung einer Unfallrente wegen Ruhens der Rente,
Abfindung eines Berechtigten mit einem Kapital.

In dem Bescheide, der eine Kapitalabfindung feststellt, ist der Berechtigte darauf hinzuweisen, daß er nach der Abfindung keinen Anspruch auf Rente mehr habe, auch wenn sich die Unfallfolgen verschlimmern sollten.

Außer den in Abs. 1 angeführten Fällen kann die Erteilung eines Bescheides auch z. B. bei Streit über die Zulässigkeit einer von dem Versicherungsträger vorgenommenen Aufrechnung notwendig werden, wenn schwierige Rechts- und Tatfragen zu entscheiden sind. (Handbuch Bd. I, S. 492). — Zur Erteilung des Bescheides und damit zur Eröffnung des Verfahrens kann der Versicherungsträger im Aufsichtswege angehalten werden. Bei freiwilligen Leistungen findet eine förmliche Bescheidserteilung nicht statt.

In den im Besch. 1352 (A. N. 1894, S. 283) aufgeführten Fällen (z. B. beim Wegfall der Rente bei Wiederverheiratung einer rentenberechtigten Witwe) kann von der Erteilung eines förmlichen Bescheids abgesehen werden, es sei denn, daß die Zulässigkeit der formlosen Benachrichtigung angefochten wird.

Nach Beendigung der Heilanstaltpflege (Abs. 1 Nr. 3) ist stets ein neuer Bescheid zu erteilen, weil nach Beendigung der Heilanstaltpflege der frühere Rentenbescheid nicht wieder auflebt (Kom. Ber. Bd. III, S. 84). Über die Voraussetzungen, unter denen der neue Bescheid die Rente abweichend von der früheren Rente festsetzen darf, vgl. Anm. § 609.

Die Nichtbeobachtung der Vorschrift des Abs. 2 hat im allgemeinen die Nichtigkeit der Abfindung zur Folge (vgl. Rek. Entsch. 1988, A. N. 1903, S. 354).

Durch den Tod des Berechtigten während des Verfahrens wird dieses unterbrochen. Die im § 614 bezeichneten Bezugsberechtigten können das Verfahren aufnehmen. Ihnen ist seitens des Versicherungsträgers der Bescheid zu erteilen.

Anmeldung des Rentenerhöhungsanspruchs.

§ 1584. Beansprucht der Verletzte wegen Änderung der Verhältnisse die Erhöhung oder Wiedergewährung einer Rente, so hat er seinen Anspruch bei dem Versicherungsträger oder dem Versicherungsamt anzumelden. Das Versicherungsamt gibt den Antrag unverzüglich an den Versicherungsträger ab und teilt ihm den Tag des Eingangs mit.

Verlangt der Verletzte die Erhöhung oder Wiedergewährung der Rente, so ist der Träger der Unfallversicherung nur dann verpflichtet, hierzu Stellung zu nehmen, wenn die Behauptung der Verschlimmerung der Unfallfolgen in irgend einer Weise glaubhaft gemacht wird. Diese für das frühere Recht aus allgemeinen Erwägungen hergeleitete Auffassung, bleibt auch

fernerhin maßgebend, wenn auch die Reichstagskommission den aus ihrer Mitte gestellten Antrag, diese Auffassung gesetzlich festzulegen, abgelehnt hat (Kom. Ber. Bd. VI, S. 125).

Die Mitteilung des Eingangstages ist im Hinblick auf § 611 erforderlich.

Vorläufige und Dauerrente.

§ 1585. Kann die Rente eines Verletzten ihrer Höhe nach noch nicht als Dauerrente festgestellt werden, so ist der Versicherungsträger berechtigt, während der ersten zwei Jahre nach dem Unfall vorläufig eine Entschädigung festzustellen und nach Änderung der Verhältnisse zu ändern. In dem Bescheid ist zu bemerken, daß es sich um eine vorläufige Rente handelt. Die Befugnis zur Feststellung einer vorläufigen Entschädigung haben in der gleichen Frist das Oberversicherungsamt und das Reichsversicherungsamt (Landesversicherungsamt), sofern der Versicherungsträger die Entschädigung abgelehnt hat und sie eine Entschädigung zuerkennen. Beansprucht der Verletzte wegen Änderung der Verhältnisse die Erhöhung einer vorläufigen Rente, so ist § 1584 anzuwenden.

Spätestens mit Ablauf von zwei Jahren nach dem Unfall ist die Dauerrente festzustellen. Diese Feststellung setzt eine Änderung der Verhältnisse nicht voraus, auch ist für die sie vorher getroffene Feststellung der Grundlagen für die Rentenberechnung nicht bindend.

Neu ist die Unterscheidung der Renten in vorläufige und Dauerrenten. Letztere sind festzusetzen, sobald die Verletzungen soweit ausgeheilt sind und sich in ihrer Beeinflussung der Erwerbsfähigkeit ausgeglichen haben, daß ein Beharrungszustand eingetreten ist, der dann als die endgültige Folge des Unfalls anzusehen ist, — spätestens aber 2 Jahre nach dem Unfall. Die Festsetzung der Dauerrente kann in einem selbständigen Verfahren erfolgen oder auch gleichzeitig mit einer Erhöhung oder Minderung der bisherigen vorläufigen Rente vorgenommen werden. Solange eine Dauerrente nicht festgesetzt ist, kann jederzeit eine neue Rentenfeststellung wegen einer Änderung im Zustand des Verletzten vorgenommen oder beantragt werden, nach Festsetzung der Dauerrente nur in Jahresfristen (§ 609). Eine vorläufige Rente muß in dem Bescheid stets als solche bezeichnet sein; fehlt diese Bezeichnung im Be-

scheid, so gilt die Rente als Dauerrente. Die Berufung kann die Festsetzung der vorläufigen Rente (statt der Dauerrente) angreifen und das OVA. hat, wenn es die Voraussetzungen einer vorläufigen Entscheidung verneint, die Sache zur Erteilung eines Dauerrentenbescheids an die BG. zurückzuverweisen, die dann zur Erteilung eines Dauerrentenbescheids (vgl. §§ 1600 bis 1605) verpflichtet ist (Kom. Ber. Bd. VI, S. 107).

Ob das OVA. die von dem Versicherungsträger festgestellte Dauerrente auf Berufung des Verletzten in eine vorläufige umwandeln kann, wenn es den Dauerzustand noch nicht als eingetreten ansieht und seit dem Unfall noch nicht 2 Jahre verstrichen sind, ist nach der Fassung des Abs. 1 Satz 3 nicht unzweifelhaft, aber wohl zu bejahen, weil dem Verletzten die nur einmal gewährte Anrufung des Rekursgerichts zu der von dem Gesetzgeber gewollten Zeit gegeben sein muß. Entsprechend wird auch das Rekursgericht eine von dem Versicherungsträger und dem OVA. zuerkannte Dauerrente in eine vorläufige umwandeln können. Der Umstand, daß dem Verletzten dann die Schutzfrist des § 609 zunächst versagt ist, wird gegenüber der Bedeutung der Möglichkeit der Rekurseinlegung zur Zeit des Eintritts des Dauerzustands als reformatio in pejus nicht angesehen werden können.

Der Ausdruck Dauerrente soll als „Schlagwort" nach der Absicht des Gesetzgebers nur in der Systematik des Gesetzes in die Erscheinung treten, den Versicherten gegenüber aber nicht gebraucht werden, da er in ihnen die irrige Vorstellung hervorrufen könnte, daß die Rente nun nicht mehr herabgesetzt werden dürfe (Kom. Ber. Bd. VI, S. 98, 105).

Der Verletzte kann auch schon vor Ablauf der 2 Jahre mit dem Antrage auf Bewilligung der Dauerrente hervortreten. Ist sein Antrag in irgend einer Weise glaubhaft gemacht, so wird sich die BG. der Erteilung eines Bescheids nicht entziehen können (vgl. Kom. Ber. Bd. VI, S. 107). Das Verfahren bei Feststellung der vorläufigen Rente entbehrt grundsätzlich jeder präjudiziellen Wirkung für die Festsetzung der Dauerrente; alle Einwände aus jenem Verfahren können wiederholt und neue Behauptungen vorgebracht werden. Insbesondere unterliegt auch die Höhe des Jahresarbeitsverdienstes erneuter Nachprüfung (Kom. Ber. Bd. VI, S. 99), die im Hinblick auf die bereits bei Feststellung der vorläufigen Rente beigezogenen Unterlagen und mit Rücksicht auf die Bestimmung des § 1581 keinen besonderen Schwierigkeiten begegnen wird. — Wird bei Festsetzung der Dauerrente der Jahresarbeitsverdienst und damit die Rente erhöht, so ist doch die BG. zu Nachzahlungen nicht verpflichtet (Kom. Ber. Bd. VI, S. 106, 107). In solchen Fällen wird es aber billig sein, wenn die BG. von der Befugnis des § 619 Gebrauch macht.

Zwischennachricht.

§ 1586. Kann der Versicherungsträger nach Ablauf von drei Monaten noch keinen Bescheid erteilen, so hat er dem Berechtigten durch einfaches Schreiben die Gründe mitzuteilen. Die Frist läuft von dem Tage an, an dem der Versicherungsträger vom Unfall, im Falle des später eintretenden Todes vom Tode amtlich Kenntnis erhalten hat. Bei Hinterbliebenen eines Versicherten, der auf einem untergegangenen oder verschollenen Schiffe gefahren ist, wird die Frist von dem Tage an gerechnet, an dem nach § 1099 der Anspruch auf Rente entstanden ist.

Diese neue Vorschrift soll zur Verhütung von Verschleppung des Verfahrens und zur Beruhigung der Berechtigten dienen. Sie gilt nicht nur, wenn der Berechtigte seinen Anspruch angemeldet hat, sondern auch dann, wenn das Verfahren von Amtswegen eingeleitet ist (Begr. S. 489).

Vorschußpflicht.

§ 1587. Kann bei Beginn der Entschädigungspflicht die Höhe der Entschädigung noch nicht durch Bescheid festgestellt werden, so hat der Versicherungsträger einen Vorschuß auf die Entschädigung zu gewähren und es dem Berechtigten durch einfaches Schreiben mitzuteilen.

Für Verletzte, die nach Ablauf von dreizehn Wochen nach dem Unfall zur Heilung der Verletzungen noch ärztlich behandelt werden müssen, ist zunächst mindestens die Entschädigung festzustellen, die bis zum Abschluß des Heilverfahrens zu leisten ist.

Die Verpflichtung einen Vorschuß zu gewähren ist auf den Fall beschränkt, daß die Feststellung der Höhe der Entschädigung noch nicht möglich ist. Die Vorschußpflicht ist nicht gegeben, wenn der Anspruch überhaupt noch nicht anerkannt werden kann (Begr. S. 489).

Inhalt des Bescheids (§§ 1588 bis 1590).

§ 1588. Wird eine Entschädigung gewährt, so muß der Bescheid ihre Höhe und die Art der Berechnung ersehen lassen. Bei Entschädigungen an Verletzte, denen eine Rente gewährt wird, ist insbesondere anzugeben, welcher Grad der Erwerbsunfähigkeit angenommen wird.

Wird eine Entschädigung zuerkannt, so müssen aus dem Bescheide die rechnerischen Unterlagen für die Berechnung des Jahresarbeitsverdienstes sowie die Gründe für die Bemessung des Grades der durch den Unfall hervorgerufenen und der vor ihm etwa schon vorhandenen (vgl. z. B. § 571) Erwerbsunfähigkeit hervorgehen. In letzterer Hinsicht kann es insbesondere einer kurzen Angabe des Inhalts eingeholter ärztlicher Gutachten bedürfen.

§ 1589. Der Bescheid ist zu begründen und zu unterschreiben. Die Unterschrift des Vorsitzenden genügt.

Im Falle der Ablehnung des Entschädigungsanspruchs muß der Bescheid die hierfür maßgebenden Gründe so ausführlich enthalten, daß sie der Verletzte in tatsächlicher und rechtlicher Hinsicht nachprüfen kann.

Die Bescheide müssen namens des Feststellungsorgans ergehen. — Die Vorschrift des Satz 2 bezieht sich auf die Urschrift des Bescheides, der sich bei den Akten des Versicherungsträgers befindet; besteht das Feststellungsorgan aus mehreren Mitgliedern, so genügt die Unterschrift des Vorsitzenden (Begr. S. 489).

Rechtsmittelbelehrung. — Rechtskraft.

§ 1590. Der Bescheid muß den Vermerk enthalten, daß er rechtskräftig wird, wenn der Berechtigte nicht rechtzeitig Einspruch erhebt; in dem Bescheid ist die Einspruchsfrist anzugeben und auf die Berechtigungen nach den §§ 1592, 1595, 1596 hinzuweisen.

Enthält der Bescheid den Vermerk über die Zulässigkeit und Frist des Einspruchs, sowie den Hinweis auf die Berechtigungen des § 1592 (persönliches Gehör vor dem Versicherungsträger oder dem V. Amt) und der §§ 1595, 1596 (Einholung eines ärztlichen

Gutachtens auf Antrag), so wird die Rechtsmittelfrist nicht in Lauf gesetzt und der Bescheid kann nicht rechtskräftig werden.

Zuzustellen ist der Bescheid den Berechtigten, d. h. denjenigen, deren Anspruch anerkannt oder abgelehnt wird. Mehrere Berechtigte erhalten je eine Ausfertigung des Bescheids. Bei Ansprüchen von Ehefrauen ist diesen selbst zuzustellen. Ist der Berechtigte minderjährig, oder sonst nicht geschäftsfähig, so hat die Zustellung an seinen gesetzlichen Vertreter (Vater, Mutter, Vormund, Pfleger) zu erfolgen. Zulässig ist auch die Zustellung an eine mit ausreichender Vollmacht versehene Person; doch ist die Zustellung an den Berechtigten selbst stets ausreichend. Stirbt der Berechtigte vor der Zustellung des Bescheids, so ist dieser den nach § 614 Bezugsberechtigten zuzustellen. Wie die Zustellung zu bewirken ist, bestimmen die §§ 135, 136.

Ist gegen den Bescheid nicht rechtzeitig Einspruch erhoben, so wird er rechtskräftig. Die Wirkung der Rechtskraft geht nur soweit, als über den erhobenen Anspruch entschieden ist. Daher steht die Rechtskraft eines ablehnenden Bescheides der Erhebung eines neuen Anspruchs aus demselben Unfall nicht entgegen, wenn der Anspruch auf einer anderen Unfallfolge beruht, (Rek. Entsch. 1832, A. N. 1901, S. 170). Die Rechtskraft wirkt nur für und gegen die Parteien, sowie ihre Rechtsnachfolger. Eine weitergehende Bedeutung hat das RVA. insofern anerkannt, als die Bewilligung einer Rente seitens eines Trägers der Unfallversicherung die Erhebung des Anspruchs gegen einen andern solchen Träger ausschließt (vgl. Handbuch Bd. I, S. 497). — Schon mit der Zustellung gewinnt der Bescheid dem Träger der U.-Vers. gegenüber (relative) Rechtskraft, so daß zu seinen Ungunsten alle der Rechtskraft überhaupt fähigen Bestandteile des Bescheids unabänderlich sind. Erteilt der Träger der U.-Vers. über einen im Rechtsmittelverfahren schwebenden Anspruch einen neuen Bescheid, so kann dieser, auch wenn er unangefochten bleibt, nur gegenüber dem Versicherungsträger Rechtskraft erwirken, d. h. nur Bedeutung erlangen, soweit er die Rechtslage des Berechtigten verbessert (Rek. Entsch. 870, 904, 1715, A. N. 1890, S. 498 u. 594, 1898, S. 316). Hat der neue Bescheid die Rente wegen Veränderung der Verhältnisse neu festgestellt, so gilt § 1608.

Die Bedeutung der Rechtskraft bei der Festsetzung vorläufiger Renten ist durch § 1585 Abs. 2 erheblich abgeschwächt.

Daß der Versicherungsträger trotz Rechtskraft eines Bescheides zu Gunsten des Antragstellers einen neuen Bescheid erteilen kann, ist in Anm. zu § 1744 ausgeführt.

c) Einspruch.

Vorbemerkung.

Der Einspruch war dem früheren Recht unbekannt (Vorbem. zu § 1583). Der rechtzeitige Einspruch gibt dem Verletzten das Recht, persönlich vor einer objektiven örtlichen Stelle seinen Standpunkt zu vertreten, Beweismittel anzugeben, insbesondere die Vernehmung des Arztes seiner Wahl zu betreiben, seinen körperlichen Zustand in Augenschein nehmen zu lassen und Mängel des Verfahrens zu rügen. Ein erweitertes Einspruchsverfahren (vgl. Vorbem. zu § 1600) greift bei jeder neuen Feststellung infolge Veränderung der Verhältnisse nach Feststellung der Dauerrente Platz, zum Ausgleich dafür, daß auch solche Neufeststellungen der Nachprüfung des Rekursgerichts entzogen sind. — Befinden sich der Verletzte oder seine Hinterbliebenen im Ausland, so kann gemäß § 1608 von dem Einspruchsverfahren abgesehen werden.

Allgemeines.

§ 1591. Gegen den Bescheid findet Einspruch statt. Der Einspruch ist binnen einem Monat nach Zustellung des Bescheides bei dem Versicherungsträger schriftlich zu erheben. § 129 Abs. 2, 3 gilt entsprechend.

Für Seeleute, die sich außerhalb Europas aufhalten, gilt § 128 Abs. 2 entsprechend.

Minderjährige, die das sechzehnte Lebensjahr vollendet haben, können selbständig Einspruch erheben.

Als Einspruch gilt jede Eingabe, durch welche der Verletzte seine Unzufriedenheit mit dem erhaltenen Bescheid ausdrückt. — Dem Erfordernis der Schriftlichkeit ist bei telegraphischer Einlegung genügt, ebenso auch bei Übersendung des angefochtenen Bescheids in einem mit Aufschrift versehenen Briefumschlag (Rev. Entsch. 1340, Rek. Entsch. 2318, A. N. 1908, S. 498, 1909, S. 484). Die Begr. (S. 506) billigt diese Rechtsprechung und hebt hervor, daß die Rücksicht auf die nicht selten unerfahrenen und nicht schriftgewandten Versicherten eine möglichste Beschränkung in der zu verlangenden Form gebietet.

Daß der Verletzte die Einspruchsschrift eigenhändig unterschreibt, ist nicht erforderlich; es genügt, daß die Einlegung mit Einwilligung des Verletzten erfolgt oder von ihm nachträglich genehmigt wird. Die Genehmigung braucht nicht in der Einspruchsfrist beigebracht zu sein (Rek. Entsch. 2318, A. N. 1909, S. 484).

Ist der Einspruch verspätet eingelegt, so ist er gemäß § 1606 Abs. 2 durch Endbescheid als unzulässig zu verwerfen. Doch ist dabei § 1608 Abs. 1 zu beachten.

Eine selbständige Einspruchsfrist läuft für den über 16 Jahre alten Minderjährigen nicht, da die Zustellung des Bescheides des Versicherungsträgers an ihn nicht vorgeschrieben ist. Die Träger der Unfallversicherung werden aber der Absicht des Gesetzes, solchen Minderjährigen die Verfolgung ihrer Ansprüche zu erleichtern, entsprechen, wenn sie den Bescheid nicht bloß dem gesetzlichen Vertreter des Minderjährigen zustellen, sondern auch diesem selbst eine Abschrift des Bescheides mitteilen.

Hat der Minderjährige selbständig Einspruch eingelegt, so ist er auch im weiteren Verfahren als prozeßfähig anzusehen. Sein gesetzlicher Vertreter ist neben ihm selbst nur dann zuzuziehen, wenn auch er Einspruch eingelegt hat oder sonst dem Verfahren beigetreten ist. Wenn der Minderjährige neben seinem gesetzlichen Vertreter seine Rechte selbständig vertritt — was nicht unzulässig ist —, so ist beiden der Endbescheid zuzustellen, der erst rechtskräftig wird, wenn beide die Rechtsmittelfrist versäumt haben (vgl. Anm. zu § 1650 Abs. 3).

Persönliches Gehör des Verletzten (§§ 1592 bis 1594).

§ 1592. Die rechtzeitige Erhebung des Einspruchs begründet das Recht auf persönliches Gehör des Berechtigten. Die für den Erlaß des Bescheides zuständige Stelle bestimmt, ob der Berechtigte vor ihr oder vor dem Versicherungsamt vernommen werden soll. Für die Zuständigkeit des Versicherungsamts gelten die §§ 1637 bis 1639 entsprechend. Solange der Berechtigte vor der zuständigen Stelle noch nicht vernommen ist, kann er jedoch verlangen, daß er vor dem Versicherungsamt vernommen wird, in dessen Bezirk er zur Zeit der Vernehmung wohnt oder beschäftigt ist. Wird der Berechtigte vor dem Genossenschaftsorgan vernommen, so werden ihm bare Auslagen und Versäumnis vergütet. Auf Beschwerde gegen die Kostenfestsetzung entscheidet des Oberversicherungsamt endgültig.

Der Stelle, die den Berechtigten vernehmen soll, sind die Vorverhandlungen vorzulegen.

Das für den Erlaß des Bescheids zuständige (§§ 1568 bis 1570) Feststellungsorgan wird die Vernehmung vor ihm regelmäßig nur dann anordnen, wenn der Verletzte den Sitz dieses Organs leicht erreichen kann. Macht das Organ von dieser Befugnis Gebrauch, so müssen dem Verletzten die Reise- und Versäumniskosten erstattet werden. Leistet der Verletzte der Aufforderung Folge, so gelten für das weitere Verfahren ebenfalls die §§ 1594 bis 1597 (vgl. Kom. Ber. Bd. VI, S. 109 bis 111). Will der Verletzte der Anordnung des Feststellungsorgans, vor ihm zu erscheinen, nicht nachkommen, sondern von dem Versicherungsamt vernommen werden, so soll er dies dem Organ mitteilen. So lange der Verletzte von dem Organ noch nicht vernommen ist, hat er das Recht, die Vernehmung vor dem V. Amt zu verlangen. Das Recht nach seiner Vernehmung vor dem Feststellungsorgan noch einmal vor dem V. Amt gehört zu werden, hat der Verletzte nicht (Kom. Ber. Bd. VI, S. 101). — Wird der Verletzte vor dem V. Amt vernommen, so steht ihm ein Anspruch auf Ersatz seiner Auslagen nicht zu (Kom. Ber. Bd. VI, S. 110).

§ 1593. Der Berechtigte, der den Einspruch erhoben hat, ist vorzuladen.

Erscheint er in dem für seine Vernehmung angesetzten Termine nicht, ohne daß für das Ausbleiben triftige Gründe angegeben werden, so sind die Verhandlungen mit einer Mitteilung hierüber der für die Feststellung zuständigen Stelle unverzüglich zurückzugeben.

Hält das für den Erlaß des Endbescheides zuständige Feststellungsorgan, an welches die Akten zurückgelangt sind (§ 1599), das Ausbleiben des Verletzten in dem angesetzten Termin für ausreichend entschuldigt, so kann sich seinem Ersuchen, den Berechtigten nochmals zu vernehmen, das Versicherungsamt nicht entziehen.

§ 1594. Erscheint der Vorgeladene, so wird über seine Äußerungen eine Niederschrift aufgenommen. Hierbei hat die zur Vernehmung berufene Stelle auf tunlichst genaue und vollständige Anführung der für die Feststellung erheblichen Tatsachen und auf Angabe von Beweismitteln hinzuwirken.

Die Vernehmung beim V. Amt erfolgt ohne Zuziehung von Vertretern der Arbeitgeber und Versicherten.

Die Anwendung der Vorschriften der §§ 1641 bis 1649 für Ausschluß und Ablehnung des Vorsitzenden des V. Amts im Wege der Rechtsanalogie erscheint geboten (vgl. § 1621).

Einholung eines weiteren ärztlichen Gutachtens auf Antrag des Verletzten (§§ 1595 bis 1597).

§ 1595. Ist nicht schon durch den Versicherungsträger ein Arzt gehört worden, dem der Versicherte nach eigener Wahl seine Behandlung übertragen hat, so hat das Versicherungsamt auf den bei der Vernehmung zu stellenden Antrag des Versicherten das Gutachten eines bisher noch nicht gehörten Arztes einzuholen, wenn das Gutachten nach Ansicht des Versicherungsamts für die Entscheidung von Bedeutung sein kann.

Lehnt der vom Versicherungsamt um sein Gutachten ersuchte Arzt die Erstattung des Gutachtens ab, so entscheidet das Versicherungsamt, ob und von welchem anderen Arzte ein Gutachten einzuholen ist.

Dem Antrag auf Einholung eines ärztlichen Gutachtens ist nicht zu entsprechen, sowohl wenn ein Betriebsunfall auszuschließen ist, als auch wenn sich das V. Amt nach gewissenhafter Prüfung sagt, daß ein weiteres Gutachten die Entscheidung nicht mehr beeinflussen könne (Kom. Ber. Bd. VI, S. 112). Die Aufnahme einer Bestimmung, daß dem Antrag auf Beiziehung eines Gutachtens auch dann stattzugeben sei, wenn der bisher gehörte Arzt, auf dessen Gutachten der Bescheid im wesentlichen beruht, in einem Vertragsverhältnis zum Versicherungsträger steht, ist im Hinblick auf die ausreichenden Vorschriften der §§ 1582, 1686 ausdrücklich abgelehnt werden (Kom. Ber. Bd. VI, S. 113). — Der neue Gutachter ist von dem V. Amt auszuwählen, es sei denn, daß der Berechtigte die Kosten des Gutachtens zu tragen bereit ist (§ 1596). Die Einholung des vom V. Amt für notwendig gehaltenen ärztlichen Gutachtens ist für den Verletzten kostenlos.

Das V. Amt kann gemäß § 1598 auch ohne Antrag des Berechtigten ein ärztliches Gutachten beiziehen

§ 1596. Auf Verlangen des Berechtigten ist in allen Fällen, wenn er die Kosten im voraus entrichtet, ein von ihm bezeichneter Arzt als Gutachter zu vernehmen. Lassen sich diese Kosten im voraus nicht bestimmen, so kann das Versicherungsamt einen Pauschbetrag als Sicherheitsleistung für diese Kosten erfordern.

Ist bei der endgültigen Feststellung auf Grund des neuen Gutachtens eine Rente, die im Bescheid abgewiesen war, gewährt oder die im Bescheide festgestellte Teilrente erhöht worden, so sind dem Berechtigten die Kosten zu erstatten, soweit es angemessen ist. Bei Streit über die Erstattung entscheidet auf Beschwerde das Oberversicherungsamt endgültig.

Dem Versicherten steht das Recht zu, daß in jedem Falle der von ihm gewählte Arzt gehört werden muß, wenn er die Kosten vorausbezahlt. — Überschreiten die Kosten der ärztlichen Vernehmung ausnahmsweise den von dem Versicherten entrichteten Pauschbetrag und ist der ungedeckte Kostenrest von ihm nicht zu erlangen, so wird der Versicherungsträger die Tragung des Restes übernehmen müssen; dem Arzt gegenüber haftet die Stelle, die ihn als Gutachter vernommen hat. (Kom. Ber. Bd. VI, S. 97, 102). — Der Antrag, daß das V. Amt den von dem Berechtigten benannten Arzt ablehnen könne, wenn der Antrag nach Ansicht des V. Amts zur Verschleppung des Verfahrens dient, hat in das Gesetz keine Aufnahme gefunden (Kom. Ber. Bd. VI, S. 88, 113).

Zu der Erstattungsfähigkeit der Kosten des von dem Berechtigten gewählten Gutachters ist also, gemäß Abs. 2, in dem Endbescheide des Versicherungsträgers nicht Stellung zu nehmen. Über die Erstattung ist vielmehr im Beschlußverfahren (§§ 1780 flg.) zu entscheiden.

§ 1597. Das Versicherungsamt entscheidet, wieweit dem neuen Gutachter (§§ 1595, 1596) die vorhandenen ärztlichen Gutachten mitzuteilen sind; Einsicht in die übrigen Vorverhandlungen muß ihm auf Verlangen gewährt werden.

Die Zurückhaltung gewisser Teile und Äußerungen früherer ärztlicher Gutachten ist zugelassen, um eine gewisse Befangenheit der Gutachter zu vermeiden, die in einzelnen Fällen eintreten kann. Dagegen dürfen sonstige Teile der Akten, einschließlich vertraulicher Äußerungen von Vertrauenspersonen, nicht zurückbehalten werden (Kom. Ber. Bd. VI, S. 114).

Sonstige Ermittelungen und Gutachten des Vorsitzenden des Versicherungsamts.

§ 1598. Findet die Vernehmung vor dem Versicherungsamte statt, so kann es sich auch zur Sache äußern. Es kann hierzu Ermittlungen anstellen, soweit die Beweismittel bereit oder leicht zu beschaffen sind und erhebliche Kosten nicht entstehen.

Die Abgabe der gutachtlichen Äußerung ist in das Ermessen des Vorsitzenden des V. Amts gestellt; die Äußerung ist ohne Zuziehung von Vertretern der Arbeitgeber oder Versicherten abzugeben.

Umständlichere Erhebungen, z. B. eine längere Beobachtung des Verletzten in einem Krankenhause, bleiben dem Versicherungsträger überlassen (Kom. Ber. Bd. VI, S. 102).

§ 1599. Die Verhandlungen über den Einspruch sind mit den Vorverhandlungen an die für die Feststellung zuständige Stelle unverzüglich weiterzugeben

d) Besonderheiten für den Einspruch bei Änderung von Dauerrenten.

Vorbemerkung.

Über den Begriff der Dauerrente vgl. Anm. zu § 1585. Bei der Änderung von Dauerrenten ist für das Einspruchsverfahren vorgeschrieben, daß die Sache stets vor dem vollbesetzten V. Amt (nicht auch vor dem Versicherungsträger) zu erörtern ist, wobei Beistände zugelassen sind, sowie daß eine gutachtliche Äußerung von dem vollbesetzten V. Amt erstattet werden muß. Für die erstmalige Feststellung der Dauerrente sowie für die Feststellung der Leistungen nach Beendigung von Heilanstaltpflege, die der Nachprüfung des Rekursgerichts nicht entzogen sind, gilt das erweiterte Einspruchsverfahren nicht (vgl. Vorbem. zu § 1583).

§ 1600. Soll eine Dauerrente wegen Änderung der Verhältnisse (§§ 608, 955, 1115) neu festgestellt werden, so gelten die §§ 1591 bis 1599, soweit die §§ 1601 bis 1605 nichts anderes vorschreiben.

Persönliches Gehör des Verletzten (§§ 1601 bis 1604).

§ 1601. Die Vernehmung des Berechtigten findet vor dem Versicherungsamte statt. Dem Versicherungsamte sind die Vorverhandlungen vorzulegen.

Die durch § 1592 Abs. 1, Satz 2 zugelassene Vernehmung des Berechtigten durch das Feststellungsorgan ist hier nicht gestattet. Würde sie trotzdem nur vom Feststellungsorgan erfolgen, so wäre hierin ein wesentlicher Verfahrensmangel zu erblicken (vgl. Anm. zu § 1605).

§ 1602. Nach Abschluß der Ermittlungen wird die Sache vor dem Versicherungsamt unter Zuziehung von je einem Vertreter der Arbeitgeber und der Versicherten in mündlicher Verhandlung erörtert. Die Verhandlung ist nicht öffentlich.

§ 1603. Der Vorsitzende des Versicherungsamts bestimmt die Reihenfolge, in der die Versicherungsvertreter zu den Verhandlungen zuzuziehen sind. Das Oberversicherungsamt kann hierüber allgemeine Bestimmungen treffen.

§ 1604. Die Vernehmung des Berechtigten (§ 1594) und die Erhebungen (§ 1598 Satz 2) können mit der mündlichen Verhandlnug verbunden werden, wenn dies zweckmäßig erscheint.

Die Genossenschaft kann sich durch einen Vertrauensmann (§§ 678 Nr. 3, 973, 1144) oder ein Mitglied eines anderen Organs vertreten lassen; der Berechtigte kann erwachsene Angehörige oder andere geeignete Personen als Beistand zur Verhandlung zuzuziehen. Der Vertreter der Genossenschaft und der Beistand des Berechtigten dürfen nicht zu solchen Personen gehören, welche das Verhandeln vor Behörden geschäftsmäßig betreiben.

Bei Erhebung der nach § 1598 Satz 2 zulässigen Beweise sind die Versicherungsvertreter nicht zuzuziehen, es sei denn, daß die Erhebungen aus Zweckmäßigkeitsgründen mit der mündlichen Verhandlung verbunden werden.

Das V. Amt hat in diesem Verfahren im wesentlichen den Charakter einer sozialen Fürsorgestelle, nicht aber den einer verhandelnden Instanz. Deshalb ist die Vertretung der Genossenschaft auf ihre Vertrauensmänner und die Mitglieder eines anderen Organs beschränkt, die sich durch Teilnahme an der Verhandlung ein unmittelbares Bild von dem Verletzten und seinen Darlegungen machen können, aber zur Stellung von Beweisanträgen nicht berechtigt sind. Selbstverständlich wird sich das V. Amt von ihnen ausgehenden zweckmäßigen Anregungen nicht verschließen. Durch ihren Geschäftsführer oder einen anderen Angestellten darf sich die Genossenschaft ebensowenig vertreten lassen, wie der Verletzte durch Arbeitersekretäre (Kom Ber. Bd. VI, S. 116 bis 118).

Gutachten des Vorsitzenden und der Beisitzer des Versicherungsamts.

§ 1605. Das Versicherungsamt erstattet ein Gutachten in der Sache. Das Gutachten hat sich über alles auszusprechen, was nach Ansicht des Versicherungsamts für die Entschließung des Versicherungsträgers von Bedeutung ist.

Beruht das Gutachten nicht auf der Übereinstimmung des Vorsitzenden des Versicherungsamts und der Versicherungsvertreter, so sind die abweichenden Meinungen zu vermerken.

Das Gutachten des Vorsitzenden und der Beisitzer des V. Amts muß bei der Neufeststellung von Dauerrenten erstattet werden. Fehlt es, oder ist es ohne mündliche Verhandlung erstattet, so haben die Rechtsmittelinstanzen die Sache an den Versicherungsträger zurückzuverweisen; sie können aber auch unmittelbar das V. Amt veranlassen, ein Gutachten auf Grund erneuter mündlicher Verhandlung zu erstatten, und so den vorhandenen wesentlichen Mangel des Verfahrens beseitigen (§§ 1690, 1715).

e) Endbescheid.

Allgemeines.

§ 1606. Die nach den §§ 1568 bis 1570 zur Feststellung berufene Stelle erhebt nach Eingang der Verhandlungen über den Einspruch oder nach Mitteilung über das Nichterscheinen des Berechtigten in dem Verhandlungstermine den etwa noch erforderlichen Beweis und erteilt sodann den Endbescheid.

Ist der Einspruch verspätet eingelegt, so wird er durch die im Abs. 1 bezeichnete Stelle mittels Endbescheids als unzulässig verworfen.

Der Versicherungsträger hat vor der Erteilung des Endbescheids noch diejenigen Beweise zu erheben, die er für erforderlich hält. Insbesondere werden Ermittelungen in Betracht kommen, die nach § 1598 Satz 2 dem V. Amt entzogen sind.

Ist der Einspruch verspätet eingelegt, so bedarf es natürlich vor der Erteilung des Endbescheids des in den §§ 1591 bis 1605 geregelten Verfahrens nicht.

Inhalt des Endbescheids. — Insbesondere die Rechtsmittelbelehrung.

§ 1607. Für den Endbescheid gelten die §§ 1588, 1589.

Dem Berechtigten ist von dem Gutachten des Versicherungsamts auf Antrag kostenlos Abschrift zu erteilen. Ferner sind ihm auf Antrag Abschriften der Niederschriften über die Vernehmung von Zeugen und Sachverständigen sowie der ärztlichen Gutachten zu erteilen; die Kosten hat der Antragsteller vorher zu zahlen. Sämtliche Abschriften sind nur zu erteilen, soweit dies mit Rücksicht auf die Berechtigten zulässig erscheint. Auf Beschwerde entscheidet das Oberversicherungsamt endgültig.

Der Endbescheid muß den Vermerk enthalten, daß er rechtskräftig wird, wenn der Berechtigte nicht binnen einem Monat nach Zustellung des Bescheids die Berufung bei dem Oberversicherungsamt einlegt.

Für Seeleute, die sich außerhalb Europas aufhalten, gilt § 128 Abs. 2 entsprechend.

Der Endbescheid bedarf erneuter eingehender Begründung (vgl. Anm. zu §§ 1588, 1589). Die Bezugnahme auf den Inhalt des Bescheids genügt nicht. Ein unzureichender Inhalt des Endbescheids kann die Rechtsmittelinstanzen zur Zurückverweisung an die Genossenschaft veranlassen; sie werden von dieser Befugnis aber nur dann Gebrauch machen dürfen, wenn etwa eine Genossenschaft ihre Endbescheide regelmäßig mangelhaft begründet.

Bei der Erteilung von Abschriften ist sorgfältig alles zurückzubehalten, was dem Berechtigten zu einer erheblichen Beunruhigung über seinen Zustand Anlaß geben kann und ihm noch unbekannt ist (z. B. Vermutungen der Ärzte über das Bestehen eines Krebsleidens.) Vgl. auch die Anm. zu § 1567.

Fehlt der Vermerk über die Rechtsmitteleinlegung, so wird die Rechtsmittelfrist nicht in Lauf gesetzt und der Endbescheid kann nicht rechtskräftig werden (vgl. Anm. zu § 1590).

Im Falle des Abs. 4 hat der Endbescheid die Berufungsfrist zu bestimmen, sie darf nicht weniger als 3 Monate betragen (vgl. § 339 Abs. 2 ZPO.).

Das am Anfang der Anm. zu § 1590 über die Zustellung des Endbescheids Gesagte gilt auch hier. Über die Zustellung des Endbescheids an über 16 Jahre alte Minderjährige ist am Ende der Anm. zu § 1591 das Erforderliche ausgeführt.

f) Sonstige Vorschriften.

Während eines schwebenden Verfahrens neu erteilter Bescheid.

§ 1608. Erteilt der Versicherungsträger, bevor die frühere Entscheidung über die Höhe der Entschädigung rechtskräftig wird, einen neuen Bescheid, durch den die Rente wegen Änderung der Verhältnisse neu festgestellt wird, so gelten der Einspruch und die Rechtsmittel gegen den früheren Bescheid auch als Einspruch oder Rechtsmittel gegen den neuen Bescheid.

Eine Abschrift des neuen Bescheids ist der Stelle mitzuteilen, bei der das ältere Streitverfahren schwebt. Diese kann das Verfahren über den neuen Bescheid an sich ziehen und bei Entscheidung der älteren Sache darüber befinden, welche Entschädigung für die Zeit nach Erlaß des neuen Bescheids zu gewähren ist.

Die Vorschrift des Abs. 1 soll dem Berechtigten die Verfolgung seiner Ansprüche erleichtern (Kom. Ber.

Bd. VI S. 126). Der Berechtigte soll vor Mißverständnissen über die Bedeutung eines einmal eingelegten Einspruchs oder Rechtsmittels bewahrt werden. Deshalb kann im Sinne dieser Bestimmung ein Bescheid erst dann als erteilt gelten, wenn er dem Berechtigten zugegangen ist.

Ein einmal erhobener Einspruch oder ein solches Rechtsmittel gilt als auch gegen den neuen Bescheid erhoben; aber, nach dem Zweck dieser Bestimmung nur dann, wenn über den Einspruch oder das Rechtsmittel nicht schon vor Erteilung des neuen Bescheids Entscheidung getroffen ist. Ob der neue Bescheid die Rente mindert oder erhöht, ist gleichgültig. Entspricht der neue Bescheid den Wünschen des Berechtigten, so kann dieser den Rechtsbehelf gegen den neuen Bescheid zurücknehmen (Kom. Ber. Bd. VI, S. 120).

Die Stelle, bei der das ältere Streitverfahren schwebt, kann über den neuen Bescheid unter Verbindung beider Sachen mitentscheiden. Hierzu ist auch das RVA. befugt, wenn eine Dauerrente während des über ihre erstmalige Festsetzung schwebenden Verfahrens geändert wird. Bei Entscheidung des RVA. in einem solchen Falle bedarf es des vorgängigen Einspruchsverfahrens über den zweiten Bescheid nicht, da das Einspruchsverfahren durch die Nachprüfung seitens der Rekursinstanz ersetzt wird (Vorbem. zu § 1583). Dagegen kann das Einspruchsverfahren nicht entbehrt werden, wenn das OVA. über mehrere Rentenfeststellungsbescheide zu erkennen hat und das von ihm zu erlassende Urteil nicht rekursfähig ist. Das OVA. kann das Verfahren über den zweiten Bescheid also entweder erst an sich ziehen, wenn das Einspruchsverfahren erledigt ist, oder muß selbst zunächst das V. Amt ersuchen, gemäß §§ 1591 flg. zu verfahren. Durch die mündliche Verhandlung vor dem OVA. wird die Verhandlung vor dem V. Amt, worin der Gesetzgeber eine wesentliche Rechtsgarantie erblickt hat, nicht entbehrlich.

Für die Übergangszeit vgl. zu Abs. 2, Satz 2 den Art. 92 des Einf.-Ges.

Zuständigkeit anderer Stellen als des V. Amts.

§ 1609. Soweit die oberste Verwaltungsbehörde von der Befugnis nach § 112 Gebrauch gemacht hat, treten die dort bezeichneten Organe an die Stelle des Versicherungsamts für dessen Aufgaben im Einspruchsverfahren.

Berechtigter wohnt im Ausland.

§ 1610. Soll eine Unfallentschädigung für solche Verletzte oder deren Hinterbliebene, die sich im Ausland befinden, gewährt, abgelehnt oder wegen Änderung der Verhältnisse neu festgestellt werden, so kann ohne vorhergehenden Bescheid und Einspruch alsbald Endbescheid erteilt werden.

Die Vorschrift gilt auch für den Fall, daß der Bescheid das Ruhen der Rente ausspricht. Doch kann auch im Ausland befindlichen Personen, z. B. Grenzbewohnern, das Einspruchsverfahren eröffnet werden. Hierüber befindet der Versicherungsträger, der nach pflichtgemäßem Ermessen Bescheid oder Endbescheid zu erteilen hat (§§ 1590, 1607 Abs. 3).

Beurkundung der Feststellungsbeschlüsse. — Unterzeichnung und Ausfertigung der Bescheide.

§ 1611. Das Reichsversicherungsamt kann über die Beurkundung der Feststellungsbeschlüsse sowie über die Unterzeichnung und Ausfertigung der Bescheide und Endbescheide Näheres bestimmen.

Die bisherigen Vorschriften des RVA. sind enthalten in §§ 12, 63, 64 des Rundschreibens, betr. die Feststellung der Entschädigungen, v. 15. November 1904, A. N. S. 643 und in den § 6 Abs. 2, § 15 Abs. 2 der Vorschriften, betr. die Übertragung von Verwaltungsgeschäften auf die Geschäftsführer der BGn., v. 18. September 1903 (Handbuch Bd. III, S. 397). — Über die Zulässigkeit der Verwendung von Namensstempeln vgl. Rek. Entsch. 2302, A. N. 1909, S. 433, Rev. Entsch. 1141, A. N. 1910, S. 427.

Benachrichtigung der Versicherungsträger durch das V. Amt.

§ 1612. Das Versicherungsamt benachrichtigt den Versicherungsträger, wenn es erfährt, daß

eine Übernahme des Heilverfahrens durch den Versicherungsträger vor Ablauf der Wartezeit oder eine Übertragung des Heilverfahrens durch den Versicherungsträger auf die Krankenkasse nach Ablauf der Wartezeit angezeigt ist,

eine Unfallrente wegen Änderung der Verhältnisse neu festzustellen oder zu entziehen ist,

eine Rente zu ruhen hat.

Hierdurch wird nur eine Verpflichtung des V. Amts geschaffen, die bezeichneten Tatsachen dem Versicherungsträger unaufgefor-

dert mitzuteilen, wenn es sie in Erfahrung bringt. Zur Erforschung solcher Tatsachen ist das V. Amt nicht verpflichtet. (Begr. S. 491.)

IV. Invaliden- und Hinterbliebenenversicherung.

Vorbemerkung.

Nach dem IVG lag die Vorbereitung und Begutachtung der Rentensachen in den Händen der unteren Verw.-Behörden oder der Rentenstellen, und in den wichtigeren Sachen war eine mündliche Verhandlung vor diesen Behörden unter Mitwirkung von Vertretern der Arbeitgeber und der Versicherten vorgesehen (vgl. §§ 57 flg., 79 flg., § 112 Abs. 1, 2, 3 IVG.). Nähere Vorschriften waren für Preußen gemäß § 64 Abs. 6 IVG. in der Anweisung des Ministers für Handel und Gewerbe vom 15. November 1908, betr. das Verfahren vor den unteren Verw.-Behörden (A. N. S. 705 flg.) erlassen worden. An diese Vorschriften hat das Gesetz angeknüpft, wobei es, wie auch sonst, an die Stelle der unteren Verw.-Behörden oder der Rentenstellen die V. Ämter gesetzt hat. Von der Einführung eines Verfahrens, das dem für die Unfallversicherung vorgeschriebenen Einspruchsverfahrens entsprechen würde, hat das Gesetz abgesehen.

Die Übergangsvorschriften befinden sich, soweit die Entscheidung der Träger der Invalidenversicherung in Betracht kommt, in den Art. 85, 94, 96, 97 Einf.-Ges. — Über die Erstattung von Beiträgen (§§ 42 flg. IVG.), die nur während der Übergangszeit in gewissem Umfange stattfindet (Art. 75, 76 Einf.-Ges.), wird in Art. 95 Einf.-Ges. das Nähere bestimmt.

1. Anmeldung der Ansprüche.

Stelle der Anmeldung.

§ 1613. Anträge auf die Leistungen der Invaliden- und Hinterbliebenenversicherung sind an das Versicherungsamt zu richten; die Beweisstücke sollen beiliegen.

Vgl. § 112 Abs. 1 IVG.

Die Vorschrift bezieht sich auf sämtliche Leistungen der Invaliden- und Hinterbliebenenversicherung, auf Invaliden-, Alters-, Witwen-, Waisen-, Witwer- und Zusatzrente, Witwengeld und Waisenaussteuer (vgl. §§ 1255, 1257, 1258, 1259, 1260, 1264), ferner auf die Zahlung einer gemäß § 1743 der Höhe nach festgestellten Witwenrente.

Im Gegensatz zu der Unfallversicherung wird die Feststellung stets nur auf Antrag eingeleitet. Der Antrag ist an keine Frist gebunden. Vgl. jedoch wegen der Beschränkung des Rentenanspruchs für die vor dem Antrage liegende Zeit § 1253, und wegen des Beginns der Invalidenrente, falls sich der Invaliditätsbeginn nicht feststellen läßt, § 1256 Satz 2.

Daß zu den Beweisstücken, die den Rentenanträgen beizufügen sind, die letzte Quittungskarte gehört, ist nicht mehr — wie im IVG. — besonders gefordert, weil es selbstverständlich ist. Andere Beweisstücke sind z. B. ärztliche Gutachten über die Erwerbsunfähigkeit, Bescheinigungen nach § 1438 usw. Ärztliche Atteste hat grundsätzlich der Rentenbewerber auf seine Kosten einzureichen; doch pflegen die V. Anstalten die auf Veranlassung der Rentenbewerber ausgestellten Arztgutachten unter gewissen Voraussetzungen ganz oder teilweise zu honorieren. Die Ausstellung der Beweismittel ist gebühren- und stempelfrei (§§ 137, 138).

Das Fehlen von Beweisstücken bei Anmeldung des Anspruchs zieht Rechtsnachteile für den Antragsteller nicht nach sich, sofern die Beschaffung der Beweisstücke anderweit möglich ist. Denn alle zur Klarstellung des Sachverhalts erforderlichen Erhebungen sind von Amts wegen zu veranlassen (vgl. § 1617). Der Antrag äußert also auch dann die an den Zeitpunkt der Anmeldung geknüpften Rechtswirkungen, wenn Beweisstücke erst nachträglich vorgelegt oder beschafft werden.

Der Berechtigte braucht den Anspruch nicht persönlich anzumelden. Er kann sich dabei durch Bevollmächtigte vertreten lassen. Hat er einen gesetzlichen Vertreter, so hat dieser für ihn den Antrag zu stellen. Gegebenenfalls ist zu diesem Zwecke die Bestellung eines Vormundes oder Pflegers zu veranlassen.

Die Anmeldung kann schriftlich oder zu Protokoll des V. Amts erfolgen. Ob auch eine mündliche Anmeldung zulässig ist, ist zweifelhaft. Nach dem IVG. ist dies allgemein angenommen worden. Allerdings kam der Wortlaut des Gesetzes, nach dem die Beweisstücke bei der Anmeldung „einzureichen" waren, dieser Auslegung entgegen. Jetzt sollen die Beweisstücke „beiliegen". Doch wird hieraus kaum geschlossen werden können, daß eine Änderung der bisherigen Rechtsübung beabsichtigt war. Mit der Anmeldung wird der Anspruch vererblich (vgl. § 1303). Stirbt der

Berechtigte nach Anmeldung des Rentenanspruchs, so wird dadurch das eingeleitete Verfahren unterbrochen, gleichgültig, ob der Berechtigte einen Vertreter hatte (anders § 246 Abs. 1 ZPO.). Die im § 1303 bezeichneten Bezugsberechtigten sind berechtigt, das Verfahren aufzunehmen und ist ihnen der von dem Versicherungsträger zu erlassende Bescheid zuzustellen.

Zulässig ist die gleichzeitige Anmeldung des Anspruchs auf Invaliden- und Altersrente. Von dem Tage des Zusammentreffens beider Ansprüche wird jedoch nur eine und zwar die höhere Rente gezahlt (§ 1318).

Der angemeldete Anspruch kann auch erweitert und geändert werden, und zwar noch im Berufungsverfahren bis zum Schlusse der mündlichen Verhandlung, nach der das Urteil ergeht. So ist es zulässig, einen Invalidenrentenanspruch in einen Altersrentenanspruch umzuändern und umgekehrt. —

Zuständigkeit des Versicherungsamts (§§ 1614, 1615).

§ 1614. Für die Zuständigkeit des Versicherungamts gelten die §§ 1637 bis 1640 entsprechend.

Vgl. § 112 Abs. 1 IVG.

Die Zuständigkeit des V. Amts richtet sich nach denjenigen Grundsätzen, die für die Bestimmung der Zuständigkeit des V. Amts bei Streit über die Leistungen der Krankenversicherung maßgebend sind.

§ 1615. Wird die Zahlung einer der Höhe nach festgestellten Witwenrente beansprucht, so ist das Versicherungsamt des Ortes zuständig, an dem die Witwe zur Zeit des Antrags auf Zahlung wohnt oder beschäftigt ist; dabei gelten die §§ 1639, 1640 entsprechend.

Wird die Voraussetzung für den Bezug einer Waisenaussteuer erst nach dem Tode des Versicherten erfüllt, so richtet sich die Zuständigkeit nach dem Wohnort der Waisen.

Abs. 1 betrifft den Fall, daß eine Witwe wegen Eintritts der Invalidität (§ 1258) die Zahlung der früher gemäß § 1743 der Höhe nach festgesetzten Witwenrente verlangt.

Die Voraussetzungen für die Gewährung der Waisenaussteuer sind in den §§ 1252, 1264 näher geregelt.

Entgegennahme von Rentenanträgen durch andere Behörden.

§ 1616. Die oberste Verwaltungsbehörde kann anordnen, daß die Ansprüche auch bei einer anderen Behörde mit der Wirkung der §§ 1256, 1263 angemeldet werden dürfen. Diese gibt die Anträge unverzüglich an das zuständige Versicherungsamt weiter.

Vgl. § 112 Abs. 1 Satz 2 IVG.

Die Anmeldung bei einer anderen zugelassenen Behörde hat für den Rentenbeginn dieselbe Wirkung wie die Anmeldung beim V. Amt; die andere Behörde hat sich aber mit dem Antrage nicht sachlich zu befassen, sondern ihn lediglich an das V. Amt weiterzugeben.

Über die Zulassung solcher Anmeldestellen sind bisher neue Bestimmungen noch nicht erlassen. Auf Grund der entsprechenden Bestimmung des IVG. waren zugelassen z. B.: in Preußen die Gemeindevorstände, in Landgemeinden außerdem die Ortspolizeibehörden, in Bayern und Königreich Sachsen die Gemeindebehörden, in Württemberg die Ortsbehörden für die Arbeiterversicherung.

2. Vorbereitung der Sache durch das Versicherungsamt.

Sachaufklärung durch den Vorsitzenden des Versicherungsamts.

§ 1617. Der Vorsitzende des Versicherungsamts ermittelt nach freiem Ermessen, was zur Klarstellung des Sachverhalts erforderlich ist; dabei gilt § 1652 entsprechend.

Die Erhebungen sollen sich auf alle Fragen erstrecken, die für die Entschließung des Versicherungsträgers von Bedeutung sind, insbesondere auf

die Versicherungspflicht oder die Versicherungsberechtigung,

die Invalidität und den Tag ihres Eintritts,

das Alter der Waisen,

die Bedürftigkeit, wenn es sich um die Witwerrente oder in den Fällen der §§ 1260 bis 1262 um die Waisenrenten handelt.

Auf Antrag des Berechtigten ist das Gutachten eines von ihm benannten Arztes einzuholen, wenn das Gutachten nach Ansicht des Versicherungsamts für die Entscheidung von Bedeutung sein kann; die Kosten hat der Berechtigte vorher zu zahlen. Im übrigen gelten § 1595 Abs. 2, §§ 1596, 1597 entsprechend.

Vgl. § 58, § 112 Abs. 2 IVG. in Verbindung mit der Anweisung des preuß. Handelsministers v. 15. November 08.

Der Vorsitzende des V. Amts hat bei der ihm obliegenden Klarstellung des Sachverhalts im wesentlichen dieselben Rechte und Pflichten, wie bei der Vorbereitung der Entscheidung des Spruchausschusses bei Streitigkeiten über Leistungen der Krankenversicherung. Er kann Zeugen und Sachverständige — auch eidlich — vernehmen, auch andere Behörden um solche Beweiserhebungen ersuchen. (§ 1652 u. Anm. dazu.)

Abs. 2 hebt im Anschluß an § 58 IVG. und unter Berücksichtigung der neu hinzugetretenen Hinterbliebenenversicherung die für die Entschließung der V. Anstalt in Betracht kommenden wichtigsten Punkte hervor.

Abs. 3 beruht auf Beschlüssen der Kommission. Hier wird abweichend von § 1596 Abs. 1 die Anhörung des vom Berechtigten benannten Arztes nicht schon dann vorgeschrieben, wenn der Berechtigte sie beantragt und vorher die Kosten zahlt, oder dafür Sicherheit leistet (§ 1596 Abs. 1, Satz 2); vielmehr muß noch hinzukommen, daß das verlangte Gutachten nach Ansicht des V. Amts für die Entscheidung von Bedeutung sein kann. — Der Arzt hat das Recht auf Einsicht in vorhandene Gutachten nur nach Ermessen des V. Amts, in die übrigen Vorverhandlungen aber unbeschränkt (§ 1597). Verweigert er das Gutachten, so bestimmt das V. Amt, ob und von welchem anderen Arzt ein Gutachten einzuholen ist (§ 1595 Abs. 2). Die Kosten sind dem Berechtigten, wenn ihm auf Grund des neuen Gutachtens eine Rente gewährt wird, in angemessener Höhe zu erstatten. Die Festsetzung erfolgt im Beschlußverfahren (§§ 1780 flg.). Bei Streit entscheidet das OVA. entgültig (§ 1596 Abs. 2).

Daß das V. Amt auf die Zurücknahme aussichtsloser Anträge hinzuwirken hat, versteht sich von selbst und ist deshalb nicht besonders hervorgehoben (Bgr. S. 492).

Mündliche Verhandlung vor dem vollbesetzten Versicherungsamt.

§ 1618. Nach Abschluß der Erhebungen durch den Vorsitzenden wird die Sache vor dem Versicherungsamt unter Zuziehung von je einem Vertreter der Arbeitgeber und der Versicherten in mündlicher Verhandlung erörtert, soweit § 1624 nichts anderes vorschreibt.

Im Anschluß an die Anweisung des preuß. Handelsministers v. 15. Nov. 1908 ist die mündliche Verhandlung vor dem vollbesetzten V. Amt nunmehr als Regel aufgestellt. Ausnahmen bestehen nur, soweit sie durch § 1624 Abs. 1 und 2 zugelassen sind. Für ein Ersuchen der V. Anstalt in ihr geeigneten Fällen die mündliche Verhandlung zu verlangen (§ 59 Abs. 2 IVG.), ist kein Raum mehr vorhanden. — Die mündliche Verhandlung vor dem V. Amt, die eine gründliche Prüfung verbürgen soll, dient nach der Absicht des Gesetzgebers sowohl zum Schutze des Rentenbewerbers oder Rentenempfängers, wie auch zum Schutze des Versicherungsträgers vor unberechtigten Rentenansprüchen (Begr. S. 493).

Ist das Gutachten entgegen der Vorschrift des Gesetzes ohne Zuziehung der Versicherungsvertreter oder ohne mündliche Verhandlung erstattet, so ist darin ein wesentlicher Mangel des Verfahrens zu erblicken (§ 1697 Nr. 2).

Vorbereitung der mündlichen Verhandlung.

§ 1619. Für die Vorbereitung der mündlichen Verhandlung gelten die Vorschriften der §§ 1652, 1655 entsprechend. Namentlich kann der Vorsitzende vor der mündlichen Verhandlung die Untersuchung des Antragstellers und die Begutachtung dessen Gesundheitszustandes durch einen Arzt sowie das persönliche Erscheinen des Antragstellers in der mündlichen Verhandlung anordnen.

Die Anführung des § 1652 wäre mit Rücksicht auf § 1617 wohl entbehrlich gewesen. Auch § 1619 Satz 2 enthält nichts, wozu der Vorsitzende nicht schon nach § 1617 und 1655 Abs. 2 befugt wäre; nach der Begr. soll diese Vorschrift dem Vorsitzenden insbesondere nahelegen, den Rentenbewerber unmittelbar vor der mündlichen Verhandlung ärztlich untersuchen und begutachten zu lassen, wenn es auf die Frage der Invalidität ankommt. Dabei werden dem Sachverständigen alle auf den Rentenbewerber bezüglichen Vorgänge vorzulegen sein, sofern nicht etwa die oberste Verwaltungsbehörde im Rahmen ihrer durch § 1627 begründeten Zuständigkeit etwas anderes bestimmt.

Reihenfolge in der Zuziehung der Versicherungsvertreter.

§ 1620. Für die Reihenfolge, in der die Versicherungsvertreter zu den Verhandlungen zuzuziehen sind, gilt § 1603 entsprechend.

Ausschluß und Ablehnung.

§ 1621. Für Ausschluß und Ablehnung des Vorsitzenden des Versicherungsamts und der Versicherungsvertreter gelten die §§ 1641 bis 1649 entsprechend.

Die angezogenen Vorschriften (vgl. auch die ihnen zugehörigen Anm.) sind für den Ausschluß und die Ablehnung von Mitgliedern des Spruchausschusses des V. Amts bei Streitigkeiten über Leistungen der Krankenversicherung gegeben.

Nichtöffentlichkeit der mündlichen Verhandlung.

§ 1622. Die mündliche Verhandlung ist nicht öffentlich.

Im übrigen gelten für die mündliche Verhandlung die §§ 1662 bis 1665, 1667, 1669, 1672 entsprechend, jedoch ist § 1654 nicht anzuwenden.

Die mündliche Verhandlung ist, wie bisher, nicht öffentlich, weil sie nicht mit einem Urteil, sondern mit einem Gutachten (§ 1623) abschließt. Abgesehen hiervon finden die Vorschriften über die mündliche Verhandlung vor dem Spruchausschusse des V. Amts bei Streitigkeiten über Leistungen der Krankenversicherung entsprechende Anwendung. Danach hat der Antragsteller das Recht, in der mündlichen Verhandlung zu erscheinen oder sich vertreten zu lassen. Er wie sein Vertreter müssen gehört werden. Dasselbe gilt von der V. Anstalt (§ 1662). Die Zulassung von Vertretern regelt § 1663, für die Aufrechterhaltung der Ordnung in der Sitzung gilt § 1664. Es kann weitere Beweisaufnahme beschlossen werden (§ 1665). In welchem Sinne das Gutachten abzugeben ist, darüber entscheidet, nach § 1667 Abs. 1, Stimmenmehrheit; abweichende Meinungen sind aber im Rahmen des § 1623 Abs. 3 zu vermerken. Über die Verhandlung ist eine Niederschrift aufzunehmen (§ 1672). Dem in der Verhandlung erschienenen Antragsteller werden unter Umständen die baren Auslagen und der Zeitverlust vergütet (§ 1669). Näheres vgl. in den angeführten Paragraphen und den zugehörigen Anm.

Die mündliche Verhandlung hat in den Fällen des § 1624 Abs. 1 u. 2, § 1626 Abs. 3 zu unterbleiben.

Inhalt des Gutachtens.

§ 1623. Das Versicherungsamt erstattet ein Gutachten in der Sache; das Gutachten hat sich über alles auszusprechen, was nach Ansicht des Versicherungsamts für die Entschließung des Versicherungsträgers von Bedeutung ist.

Kann wegen Verbrechens oder vorsätzlichen Vergehens (§ 1254) oder wegen Widersetzlichkeit (§§ 1272, 1306) der Anspruch ganz oder teilweise versagt oder entzogen werden, so hat sich das Gutachten auch darüber auszusprechen, wieweit von dieser Befugnis Gebrauch zu machen ist.

Beruht das Gutachten nicht auf der Übereinstimmung des Vorsitzenden des Versicherungsamts und der Versicherungsvertreter, so sind die abweichenden Meinungen mit Angabe der Gründe zu vermerken.

Vgl. §§ 58, 59 IVG.

Die Vorschrift beschränkt sich — abweichend vom IVG und abgesehen von Abs. 2 — auf die Angabe einer allgemeinen Richtschnur für den Inhalt des Gutachtens. Die wesentlichsten Punkte, auf die das Gutachten sich zu erstrecken hat, werden die im § 1617 Abs. 2 aufgeführten sein. Bei der Frage der Invalidität ist zu beachten, „daß diese keine rein medizinische ist, und daß ihre Beantwortung nicht ausschließlich oder in erster Linie Sache des Arztes ist, sondern in der Hauptsache eine der vornehmsten Aufgaben der mit der Rentenfestsetzung betrauten Instanzen bildet“ (Rundschreiben des RVA.s vom 31. Dezember 1901 — A. N. 1902, S. 178).

Das Gutachten muß zu bestimmten Ergebnissen kommen und darf sich nicht darauf beschränken, Fragen, über die es zu erstatten ist, als zweifelhaft hinzustellen. Zweifel sind durch Sachaufklärung zu beseitigen.

Abs. 3 entspricht im Allgemeinen dem § 59 Abs. 1, Satz 3 IVG.; während aber bisher vorgeschrieben war, daß aus dem Gutachten zu ersehen sei, wie die beiden Versicherungsvertreter gestimmt haben, sind jetzt nur abweichende Meinungen — aber auch die des Vorsitzenden — zu vermerken, und für die abweichenden Meinungen in allen Fällen die Gründe anzugeben.

Wegfall der mündlichen Verhandlung.

§ 1624. Eine mündliche Verhandlung findet nicht statt, wenn es sich handelt um

Altersrente,
Waisenrente,
Witwengeld und Waisenaussteuer,
Kapitalabfindung (§§ 1316, 1317, 1476),
Fälle, in denen der Versicherungsträger und der Berechtigte einig sind.

Die Kaiserliche Verordnung (§ 35 Abs. 2) kann weitere Fälle bestimmen, in denen eine mündliche Verhandlung nicht stattfindet.

Findet eine mündliche Verhandlung nicht statt, so erstattet der Vorsitzende des Versicherungsamts das Gutachten.

Der Wegfall der mündlichen Verhandlung bei Einigkeit des Versicherungsträgers und des Berechtigten beruht auf einem Kommissionsbeschlusse. Es wird sich hier insbesondere um Fälle handeln, die so klar liegen, daß der Vorsitzende des V. Amts eine dem Wunsche des Antragstellers entsprechende Stellungnahme der V. Anstalt erwarten kann. Will dann doch die V. Anstalt dem Antrage nicht entsprechen, so ist gemäß § 1632 die mündliche Verhandlung nachzuholen. Auch beim Ruhen der Rente findet eine mündliche Verhandlung nicht statt (§ 1626).

Die im Abs. 2 vorgesehene Kaiserl. Verordnung ist noch nicht erlassen (vgl. Einleitung zum 6. Buch).

Ein Gutachten ist in jedem Falle, auch wenn eine mündliche Verhandlung nicht stattgefunden hat (Abs. 1, 2), zu erstatten; das Gutachten hat alsdann der Vorsitzende des V. Amts allein abzugeben.

Abgabe an die Versicherungsanstalt.

§ 1625. Der Vorsitzende des Versicherungsamts übersendet die Verhandlungen und das Gutachten dem Versicherungsträger (§ 1630).

Der Antragsteller erhält von dem Gutachten auf Antrag kostenlos Abschrift, wenn sein Anspruch von der V. Anstalt abgelehnt wird (§ 1631 Abs. 2, Satz 1).

Mündliche Verhandlung vor dem Versicherungsamt bei Rentenentziehung und -Einstellung.

§ 1626. Die §§ 1617 bis 1625 gelten entsprechend, wenn eine Invaliden-, Hinterbliebenen- oder Zusatzrente entzogen oder eine Rente eingestellt werden soll.

Für die Zuständigkeit des Versicherungsamts gelten die §§ 1637 bis 1640 entsprechend.

Eine mündliche Verhandlung findet nicht statt, wenn es sich um das Ruhen der Rente (§§ 1311 bis 1315, 1318) handelt.

Vgl. § 57 Nr. 2, 3, § 58 Abs. 2, § 59, § 121 Abs. 2 IVG.

Die Vorschriften über die Entziehung und Einstellung der Renten befinden sich in den §§ 1304 flg. und in § 1310.

Regelung des Verfahrens durch die oberste Verwaltungsbehörde.

§ 1627. Die oberste Verwaltungsbehörde kann das Verfahren bei Vorbereitung und Begutachtung der Sache durch das Versicherungsamt näher bestimmen, soweit es nicht durch Kaiserliche Verordnung (§ 35 Abs. 2) geregelt ist.

Vgl. IVG. § 64 Abs. 6.

Auf Grund dieser Vorschrift sind bisher neue Anweisungen der obersten Verwaltungsbehörden noch nicht erlassen.

Die mündliche Verhandlung vor dem V. Amt darf durch eine solche Anordnung in weiterem Umfang, als § 1624 Abs. 1, § 1626 Abs. 3 und die im § 1624 Abs. 2 erwähnte Kaiserl. Verordnung vorsehen, nicht ausgeschlossen werden. —

Vorbereitung und Begutachtung durch andere Organe.

§ 1628. Ist die Vorbereitung und Begutachtung der Sache Organen von Knappschaftsvereinen, Knappschaftskassen oder von Sonderanstalten für Betriebe des Reichs oder der Bundesstaaten übertragen, so gelten die §§ 1617 bis 1627 entsprechend.

Sollen Zeugen oder Sachverständige eidlich vernommen werden, so gelten der § 1571 Abs. 2 bis 4 und die §§ 1573 bis 1579 entsprechend.

Über die Voraussetzungen für die im Abs. 1 vorgesehene Übertragung vgl. § 112. Dort ist auch Vorsorge getroffen, daß bei der mündlichen Verhandlung von den Knappschaftsorganen Vertreter der Arbeitgeber und der Versicherten mitwirken.

Die Befugnis, Zeugen und Sachverständige eidlich zu vernehmen, steht nach Abs. 2 den Knappschaftsorganen nicht zu. Darum sind die V. Ämter oder die Amtsgerichte zu ersuchen.

Sonstige Mitteilungen.

§ 1629. Das Versicherungsamt benachrichtigt den Versicherungsträger, wenn es erfährt, daß

ein Versicherter oder eine Witwe durch ein Heilverfahren vor der Invalidität bewahrt werden kann,

der Empfänger einer Invaliden-, Witwen- oder Witwer- oder Zusatzrente durch ein Heilverfahren wieder erwerbsfähig werden kann,

die Invaliden-, Witwen-, Witwer- oder Zusatzrente zu entziehen ist,

eine Rente zu ruhen hat.

Vgl. § 57 Abs. 4, § 172 Abs. 1 IVG.

Eine Verpflichtung des V. Amtes zur Ermittlung der in der Vorschrift bezeichneten Tatsachen besteht nicht; vgl. Anm. zu § 1612.

3. Entscheidung der Versicherungsträger.

Zuständigkeit.

§ 1630. Die Leistungen aus der Invaliden- und Hinterbliebenenversicherung werden durch den Vorstand der Versicherungsanstalt festgestellt.

Zuständig ist die Versicherungsanstalt für den Bezirk des Versicherungsamts, bei dem der Anspruch anzumelden ist.

Vgl. § 112 Abs. 4, 5 IVG.

Zuständig ist zur Feststellung der Leistungen der Vorstand der V. Anst.

Die Satzung kann diese Feststellung einem Ausschuß des Vorstandes oder besonderen Kommissionen übertragen, auch sonstige Geschäftsvereinfachungen vorsehen (vgl. § 1338 Nr. 4 und Kom. Ber. Bd. VI, S. 135).

Bescheid. — Rechtsmittelbelehrung.

§ 1631. Wird der angemeldete Anspruch anerkannt oder abgelehnt, so ist ein schriftlicher Bescheid zu erteilen. Er ist zu begründen und zu unterschreiben. Die Unterschrift des Vorsitzenden genügt. Für die Beurkundung der Feststellungsbeschlüsse und die Ausfertigung der Bescheide gilt § 1611.

Wird der Anspruch abgelehnt, so ist dem Berechtigten von dem Gutachten des Versicherungsamts auf Antrag kostenlos Abschrift zu erteilen. Ferner sind ihm auf Antrag Abschriften der Niederschriften über die Vernehmung von Zeugen und Sachverständigen sowie der ärztlichen Gutachten zu erteilen; die Kosten hat der Antragsteller vorher zu zahlen. Sämtliche Abschriften sind nur zu erteilen, soweit dies mit Rücksicht auf den Berechtigten zulässig erscheint. Auf Beschwerde entscheidet das Oberversicherungsamt endgültig.

Wird eine Rente gewährt, so ist in dem Bescheid ihre Höhe, der Beginn und die Art ihrer Berechnung anzugeben.

Der Bescheid muß den Vermerk enthalten, daß er rechtskräftig wird, wenn der Berechtigte nicht binnen einem Monat nach Zustellung des Bescheids Berufung bei dem Oberversicherungsamt einlegt. Für Seeleute, die sich außerhalb Europas aufhalten, gilt § 128 Abs. 2.

Vgl. § 112 Abs. 4, 5, § 114 Abs. 4, § 167 Abs. 3 IVG.

Die Form für die Anerkennung wie für die Ablehnung des Anspruchs ist der schriftliche Bescheid. Er ist nicht nur, wie bisher (§ 112 Abs. 4 IVG.), im Falle der Ablehnung, sondern auch im Falle der Anerkennung des Anspruchs mit Gründen zu versehen. Besondere Bedeutung hat die Begründung aber nur für den Fall der Ablehnung. Sie darf sich nicht auf bloße Angabe des Endergebnisses ärztlicher Begutachtung beschränken, sondern muß feststellen, welche Tatsachen für die Ablehnung maßgebend sind und woraus sie sich ergeben.

Darüber, wie die Feststellungsbeschlüsse zu beurkunden und die Bescheide auszufertigen sind, kann das RVA. näheres bestimmen. Solche Bestimmungen sind noch nicht erlassen.

Der Abs. 2 entspricht dem für das Gebiet der Unfallversicherung geltenden § 1607 Abs. 2.

Enthält der Bescheid die Berufungsklausel (Abs. 4) nicht, oder ist sie in wesentlichen Punkten unrichtig oder unvollständig, so wird die Berufungsfrist trotz der Zustellung nicht in Lauf gesetzt (vgl. § 1607 Abs. 3).

Für die Zustellung des Bescheids gilt das in der Anm. zu § 1590 Gesagte. Da den über 16 Jahre alten Minderjährigen das Recht der selbständigen Berufungseinlegung gegeben ist, so wird der Versicherungsträger nicht bloß ihren gesetzlichen Vertretern den Bescheid zustellen, sondern zweckmäßig auch den Minderjährigen eine Abschrift des Bescheides mitzuteilen haben (vgl. Anm. zu § 1591 Abs. 3). Eine selbständige Berufungsfrist läuft für die Minderjährigen nicht.

Die V. Anstalt ist an den von ihr erlassenen Bescheid gebunden, auch wenn er auf irrtümlichen Voraussetzungen tatsächlicher oder rechtlicher Art beruht — soweit nicht etwa die Gründe für eine Wiederaufnahme des Verfahrens vorliegen (§ 1744). Das gilt nicht nur für den Fall, daß ein den Anspruch anerkennender Bescheid rechtskräftig wird, sondern auch für den Fall seiner Anfechtung (z. B. wegen des Beginns der Invalidenrente). Denn die Lage des Berechtigten kann dadurch, daß er ein Rechtsmittel einlegt, nicht verschlechtert werden.

Ist ein Anspruch rechtskräftig abgelehnt, so braucht die V. Anstalt im Allgemeinen auf seine Wiederholung nicht einzugehen. Ihr steht der Einwand der rechtskräftig entschiedenen Sache zur Seite.

Zu einer erneuten Bescheiderteilung ist aber die V. Anstalt insbesondere verpflichtet:

1. Wenn eine Invaliden- oder Witwenrente rechtskräftig abgelehnt worden ist, weil Invalidität noch nicht vorgelegen hat und sie nunmehr eingetreten sein soll.
2. Wenn eine Invaliden- oder Witwenrente rechtskräftig entzogen worden ist, weil Invalidität nicht mehr vorgelegen hat, und sie nunmehr wieder eingetreten sein soll.

In diesen Fällen kann der Anspruch unter Umständen aber erst nach einem Jahre wiederholt werden (§ 1635).

3. Wenn der Anspruch lediglich wegen Fehlens der zur Erfüllung der Wartezeit erforderlichen Zahl von Beiträgen abgelehnt worden war und die fehlenden Beiträge nunmehr entrichtet worden sind, sei es, daß Beitragsmarken weiter verwendet oder in den Grenzen der §§ 1442, 1443 nachgebracht worden sind.

4. Wenn der Anspruch wegen vorzeitigen Eintritts der Invalidität abgelehnt worden war und mit der glaubhaft zu machenden Behauptung erneuert wird, daß der Versicherte nach der Ablehnung wieder erwerbsfähig gewesen sei und die Wartezeit erfüllt habe.

Wird der Anspruch in dem neuen Verfahren anerkannt, so kann er wegen der formalen Rechtskraft des früheren Bescheides oder der früheren Entscheidung doch nicht vor dem Tage nach Erlaß des früheren rechtskräftig gewordenen Bescheids oder des früheren rechtskräftigen Berufungsurteils in Wirksamkeit treten. Nur wenn der Anspruch lediglich wegen Nichterfüllung der Wartezeit abgewiesen war und nachträglich geschuldete Pflichtbeiträge beigebracht werden, so kann die Rente auch für die Zeit vor der früheren Entscheidung gewährt werden, wobei jedoch für die Jahresfrist des § 1253 der neue Antrag maßgebend ist.

Aber auch in Fällen, wo nach Vorstehendem eine Verpflichtung dazu nicht begründet ist, kann der Vorstand über einen bereits rechtskräftig erledigten Anspruch zu Gunsten des Versicherten einen neuen berufungsfähigen Bescheid erteilen (vgl. Anm. zu § 1744). Diese Befugnis ist ihm durch § 1319 ausdrücklich für den Fall gegeben, wenn er sich bei erneuter Prüfung überzeugt, daß eine Leistung mit Unrecht abgelehnt, entzogen, eingestellt oder zu niedrig festgestellt worden ist. Macht er von dieser Befugnis Gebrauch, so tritt der neue Bescheid völlig an die Stelle des früheren; der Anspruch ist von neuem nach allen Richtungen frei zu prüfen und kann auch für Zeiten zur Geltung kommen, die vor der früheren Entscheidung liegen, soweit § 1253 nicht entgegensteht.

Eine besondere Art der Feststellung enthält der sog. Anwartschaftsbescheid. Vgl. das Nähere darüber bei § 1743.

Rückgabe an das Versicherungsamt.

§ 1632. Will der Versicherungsträger dem für die Gewährung einer Rente abgegebenen Gutachten des Vorsitzenden des Versicherungsamts nicht entsprechen, so ist die Sache zur Erörterung und Begutachtung (§ 1623) an das Versicherungsamt zurückzugeben, wenn es sich um die Versicherungspflicht, die Versicherungsberechtigung oder die Invalidität handelt.

Vgl. § 112 Abs. 3 IVG.

Diese Vorschrift ist nur in den Fällen anwendbar, in denen eine mündliche Verhandlung vor dem vollbesetzten V. Amt nicht stattgefunden hat, d. h. in den Fällen, die § 1624 Abs. 1 und die zu erwartende Kaiserliche Verordnung für das Verfahren vor dem V. Amt feststellen.

Bescheid bei Entziehung oder Einstellung der Rente.

§ 1633. Die §§ 1630 bis 1632 gelten entsprechend, wenn die Rente entzogen oder eingestellt werden soll.

Vgl. § 121 IVG.

Die materiellen Vorschriften über die Entziehung der Rente und über die Einstellung der Rente sind in den §§ 1304 flg., 1310 enthalten. Zuständig ist der Vorstand derjenigen V. Anstalt, die den Rentenbewilligungsbescheid erlassen hat.

Durch Mutwillen usw. entstandene Kosten.

§ 1634. Der Versicherungsträger kann auf Antrag des Versicherungsamts einem Beteiligten in dem Bescheide solche Kosten zur Last legen, die dieser durch Mutwillen, Verschleppung oder Irreführung veranlaßt hat.

Diese Kosten fließen in die Kasse des Versicherungsträgers.

Vgl. § 64 Abs. 5 IVG.

Als Beteiligter im Sinne dieser Vorschrift kommt nur die Partei selbst in Betracht; denn die Kostenauferlegung kann nur durch den Bescheid ausgesprochen werden, dieser ergeht aber nur an die Partei.

Die gemäß Abs. 1 auferlegten Kosten können mit Rentenforderungen aufgerechnet werden (§ 1324).

Vgl. auch § 1802, der eine dem Abs. 1 entsprechende Vorschrift für das Verfahren vor den Versicherungsbehörden enthält.

4. Wiederholung von Anträgen.

§ 1635. Ist ein Antrag auf Invalidenrente oder auf Zahlung der Witwenrente endgültig abgelehnt worden, weil dauernde Invalidität nicht nachweisbar war oder ist eine Invalidenrente oder Witwenrente rechtskräftig entzogen, weil Invalidität nicht mehr vorlag, so kann der Antrag erst ein Jahr, nachdem die Entscheidung zugestellt worden ist, vorher aber nur dann wiederholt werden, wenn glaubhaft bescheinigt wird, daß inzwsichen Umstände eingetreten sind, die den Nachweis der Invalidität liefern.

Wird die Bescheinigung nicht beigebracht, so weist das Versicherungsamt den vorzeitig wiederholten Antrag zurück. Der Bescheid ist nicht anfechtbar.

Vgl. § 120 IVG.

Die entsprechende Vorschrift des IVG. war beschränkt auf Fälle, in denen Invalidenrentenanträge wegen noch nicht eingetretener dauernder Invalidität endgültig abgelehnt worden waren. Jetzt ist diese Vorschrift einmal auf den Fall ausgedehnt worden, daß in dem früheren Verfahren der Anspruch der Witwe seiner Höhe nach festgestellt, die Zahlung aber auf die Zeit nach Eintritt der Invalidität hinausgeschoben worden ist (§ 1743). Sodann sind infolge eines Kommissionsbeschlusses auch diejenigen Fälle der Vorschrift unterstellt worden, in denen eine Invaliden- oder Witwenrente rechtskräftig entzogen worden ist, weil Invalidität nicht mehr vorliegt.

Die Vorschrift findet nach wie vor keine Anwendung auf solche Fälle, in denen die Abweisung erfolgt ist, weil der Rentenbewerber zwar zur Zeit, aber bei nicht dauernder Invalidität noch nicht 26 Wochen (§ 1255 Abs. 3, § 1258 Abs. 3) invalid ist. Dagegen findet die Vorschrift Anwendung, wenn der innerhalb Jahresfrist wiederholte Anspruch auf § 1255 Abs. 3 oder § 1258 Abs. 3 gestützt wird und in dem früheren Verfahren festgestellt war, daß weder dauernde noch vorübergehende Invalidität vorgelegen hat (vgl. Rev. Entsch. 1490, A. N. 1910, S. 532).

Die Jahresfrist des § 1635 läuft von der Zustellung der die Rente „endgültig" ablehnenden oder „rechtskräftig" entziehenden Entscheidung ab. Es ist nicht anzunehmen, daß die Bezeichnungen „endgültig" und „rechtskräftig" einen verschiedenen Sinn haben sollen. In Betracht kommen Bescheide der Versicherungsträger und Entscheidungen des OVA. sowie des Revisionsgerichts. Als endgültige Entscheidung ist die Entscheidung des Revisionsgerichts auch dann anzusehen, wenn dieses das Urteil des OVA. lediglich bestätigt (Rev. Entsch. 1190 A. N. 1905, S. 285). Ein verspätet eingelegtes Rechtsmittel entkleidet die angefochtene Entscheidung des Charakters der Endgültigkeit nicht.

Wird dem neuen Antrage stattgegeben, so kann die Rente zeitigstens mit dem auf den Erlaß des früheren Bescheids oder der früheren Entscheidung folgenden Tage beginnen, wenn durch diese der Antrag auf Invalidenrente oder auf Zahlung einer der Höhe nach festgestellten Witwenrente abgelehnt worden war. Denn da durch die Rechtskraft des früheren Bescheids oder der früheren Entscheidung lediglich festgestellt ist, daß bis zu deren Erlaß der betr. Anspruch noch nicht bestand, so sind in dem neuen Verfahren die Verhältnisse von da ab in Betracht zu ziehen. Dabei kommt die Entscheidung des Revisionsgerichts nicht in Betracht, wenn sie lediglich das Urteil des Schiedsgerichts bestätigt. Hat es sich aber in dem früheren Verfahren um die Entziehung der Rente gehandelt, so ist in dem neuen Verfahren die Rente zeitigstens mit dem ersten Tage desjenigen Monats zu gewähren, von dem ab die Rentenentziehung gemäß § 1308 in Wirksamkeit trat. Hat das OVA. entgültig entschieden und fällt dessen Entscheidung auf einen späteren Tag, so kann die Rente in dem neuen Verfahren auch hier erst von dem darauf folgenden Tage gewährt werden.

Die in Abs. 2 erwähnte Bescheinigung, von deren Beibringung die Erneuerung des Anspruchs vor Ablauf der Frist abhängig ist, soll den Nachweis der Invalidität erbringen. Gemeint ist nur ein Wahrscheinlichkeitsbeweis (Kom. Ber. Bd. VI, S. 138). Er kann durch ärztliche Atteste, Auskünfte von Arbeitgebern, Mitarbeitern u. dergl. geführt werden.

Die Zuständigkeit des V. Amts richtet sich nach den §§ 1614, 1615.

Der Kaiserl. Verordnung über das Verfahren vor dem V. Amt (§ 35 Abs. 2) ist die Bestimmung vorbehalten, daß der Vorsitzende des V. Amts allein den zurückweisenden Bescheid erlassen kann.

Zweiter Abschnitt.

Feststellung im Spruchverfahren.

Vorbemerkung.

Dieser Abschnitt regelt das Verfahren, das im Falle des Streits zwischen den Berechtigten und den Versicherungsträgern über die Leistungen aus der Reichsversicherung bei den Spruchbehörden der RVO. (dem Spruchausschuß des V. Amts, den Spruchkammern des OVA. und den Spruchsenaten des RVA. oder der LV. Ämter sowie den Vorsitzenden dieser Ausschüsse, Kammern und Senate) anzuwenden ist. Zur Entscheidung welcher Streitigkeiten die genannten Spruchbehörden berufen sind, ergeben die §§ 1636, 1675, 1694, 1699.

I. Verfahren vor dem Versicherungsamt.

Vorbemerkung.

Dieser Unterabschnitt, der das Spruchverfahren vor dem VAmt behandelt, gilt nur für die Leistungen der Krankenversicherung, zu denen auch die im § 1551 bezeichneten Leistungen gehören.

Der zur Entscheidung berufene Spruchausschuß ist aus dem Vorsitzenden des VAmts und je einem Vertreter der Arbeitgeber und der Versicherten zusammengesetzt (§ 56).

1. Zuständigkeit des Versicherungsamts.

Sachliche Zuständigkeit.

§ 1636. Bei Streit über die Leistungen aus der Krankenversicherung entscheidet auf Antrag in erster Instanz, vorbehaltlich des § 1661, das Versicherungsamt (Spruchausschuß).

Vgl. § 58 Abs. 1 Satz 1, 2 KVG.

Die Anführung des § 1661 ist erforderlich, weil in den dort aufgeführten Fällen statt des Spruchausschusses der Vorsitzende entscheidet.

Leistungen der Krankenversicherung sind auch die des § 1551.

Örtliche Zuständigkeit (§§ 1637 bis 1640).

§ 1637. Zuständig ist das Versicherungsamt, in dessen Bezirke der Versicherte zur Zeit des Antrags wohnt oder beschäftigt ist.

Die an § 112 IVG. anknüpfende, für den Versicherten bequemste Regelung der örtlichen Zuständigkeit ist damit begründet worden, daß das V. Amt des Wohnorts des Verpflichteten zur Beurteilung seines körperlichen Zustandes am geeignetsten sei (Kom. Ber. Bd. VI, S. 140).

§ 1638. Hat der Versicherte keinen Wohn- oder Beschäftigungsort im Inland, oder ist er gestorben oder verschollen, so ist sein letzter inländischer Wohn- oder Beschäftigungsort maßgebend.

Ist ein solcher nicht vorhanden, so ist der Sitz des Betriebs maßgebend, in dem der Versicherte beschäftigt ist oder zuletzt beschäftigt war.

Abs. 1 gilt namentlich dann, wenn es sich handelt um Ansprüche der Hinterbliebenen, oder desjenigen, der das Begräbnis besorgt hat, oder solcher Personen, die auf dem Gebiet der Reichsversicherung an die Stelle der Erben treten (§§ 203, 614).

Abs. 2 will Fälle treffen, in denen ein verletzter Ausländer im Ausland einen Unfall erleidet, der nach inländischem Rechte zu entschädigen ist — Fälle, die insbesondere im Hinblick auf internationale Verträge über Unfallversicherung vorkommen können (Begr. S. 495).

§ 1639. Sind nach den §§ 1637, 1638 mehrere Versicherungsämter zuständig, so gebührt dem der Vorzug, das zuerst angegangen wird.

Entscheidung bei Streit über die Zuständigkeit.

§ 1640. Hält das Versicherungsamt ein anderes für zuständig, so gibt es die Sache an dieses weiter.

Hält sich auch dieses nicht für zuständig, so entscheidet der Vorsitzende des beiden Ämtern übergeordneten Oberversicherungsamts oder, wenn ein solches nicht vorhanden ist, das Reichsversicherungsamt (Landesversicherungsamt).

Die Entscheidung ist endgültig und bindet die Instanzen.

Vgl. § 6 Sch. V. v. 22. November 1900.

Hiernach ist eine Entscheidung des V. Amts, in der es seine Unzuständigkeit ausspricht, dem Antragsteller gegenüber unzulässig. Die Entscheidung über die Zuständigkeit des V. Amts bindet die Instanzen, d. h. wird ein V. Amt auf dem Wege des § 1600 für zuständig erklärt, so wird hiermit formell seine Zuständigkeit für die späteren Instanzen festgestellt (Begr. S. 495).

Das L V A. ist zur Entscheidung zuständig, wenn der Sitz beider V. Ämter in seinem Bezirk liegt.

2. Ausschluß und Ablehnung von Mitgliedern des Spruchausschusses.

Vorbemerkung.

Die in diesem Unterabschnitt enthaltenen Vorschriften sind den §§ 41 bis 49 ZPO nachgebildet und den besonderen Bedürfnissen in Sachen der Reichsversicherung angepaßt (Begr. S. 496). Zu diesem Unterabschnitt vgl. die früheren Bestimmungen in § 43 Abs. 2 LUVG, §§ 41 bis 48 ZPO, § 4 SchV. — Die §§ 1641 flg. gelten auch für das Beschlußverfahren (§ 1789).

Gründe für den Ausschluß und die Ablehnung (§§ 1641 bis 1644).

§ 1641. Von der Mitwirkung im Spruchausschuß ist ausgeschlossen,

1. wer in der Sache selbst Partei ist,
2. wer einer Partei ersatzpflichtig ist,
3. wer mit einer Partei verheiratet ist oder gewesen ist,
4. wer mit einer Partei in gerader Linie verwandt oder verschwägert oder in der Seitenlinie im zweiten oder dritten Grade verwandt oder im zweiten Grade verschwägert ist,
5. wer in der Sache als Bevollmächtigter oder Beistand einer Partei zugezogen oder als ihr gesetzlicher Vertreter aufzutreten berechtigt ist oder gewesen ist,
6. wer in der Sache als Zeuge oder Sachverständiger vernommen ist,
7. wer als Mitglied eines Organs des Versicherungsträgers bei dem Beschluß über die Leistung mitgewirkt hat.

Dieser Paragraph (vgl. § 41 ZPO.) beschäftigt sich nur mit den sog. relativen Hinderungsgründen, die auf Beziehungen des Richters zu einer Partei oder sonst zu dem bestimmten Rechtsstreit fußen. Die absoluten Hinderungsgründe, d. h. solche, die stets eintreten, in welcher Sache es auch sei, z. B. Geisteskrankheit, haben selbstverständlich daneben Geltung. (RG. Bd. 44, S. 396).

Die von einem ausgeschlossenen Richter vorgenommenen richterlichen Handlungen sind rechtsunwirksam. (Grund für die Revision, § 1697 Nr. 2, und für die Wiederaufnahme des Verfahrens, § 1722 Abs. 1, Nr. 2).

Zu Ziffer 3, 4: Die familienrechtlichen Beziehungen sind nach dem bürgerlichen Recht zu beurteilen (Begr. S. 496).

Zu Ziffer 6: Von der Ausübung des Richteramts ist auch ausgeschlossen, wer in der Sache als Dolmetscher vernommen worden ist, wer auch ohne förmliche Vernehmung der BG. eine Auskunft über die Arbeits- und Lohnverhältnisse des Verletzten erteilt hat (Rev. Entsch. 605, A. N. 1897, S. 471, Rek. Entsch. 2374, 2496, A. N. 1910, S. 446, 1911, S. 486).

§ 1642. Ist der Vorsitzende des Versicherungsamts zugleich Vorsitzender eines Organs eines Versicherungsträgers, so ist er auch in solchen Sachen dieses Versicherungsträgers von der Mitwirkung im Spruchausschuß ausgeschlossen, bei denen er früher nicht mit tätig gewesen ist.

§ 1643. Mitglieder des Spruchausschusses können sowohl aus Gründen, die ihre Ausschließung rechtfertigen, als wegen Befangenheit abgelehnt werden. Die Ablehnung wegen Befangenheit ist begründet, wenn Tatsachen vorliegen, die Mißtrauen gegen ihre Unparteilichkeit rechtfertigen können.

Kein Mitglied kann als befangen abgelehnt werden, wenn die Partei den Ablehnungsgrund schon vorher kennt, aber erst geltend macht, nachdem sie sich in eine Verhandlung vor dem Spruchausschuß eingelassen hat.

Ein objektiver Besorgnisgrund muß vorliegen, um die Ablehnung zu rechtfertigen; der bloße Glaube des Berechtigten, ein Mitglied des Spruchausschusses sei befangen, ist ohne Bedeutung.

Ein Untergebener des Versicherungsträgers ist als Richter weder ausgeschlossen, noch ohne weiteres als befangen zu erachten (Rek. Entsch. 782, A. N. 1890, S. 129).

§ 1644. Der Vorsitzende des Versicherungsamts ist nicht deshalb von der Mitwirkung im Spruchausschuß ausgeschlossen, weil er im vorbereitenden Verfahren in der Sache amtlich tätig gewesen ist; er kann aus diesem Grunde auch nicht als befangen abgelehnt werden.

Dies gilt auch, wenn der Vorsitzende des V. Amts (oder sein Stellvertreter) in der Sache gemäß § 1572 tätig gewesen ist und sich gutachtlich geäußert hat (Begr. S. 496).

§ 1645. Der Ablehnungsgrund muß glaubhaft gemacht werden.

Lehnt die Partei ein Mitglied des Spruchausschusses als befangen ab, nachdem sie sich in eine Verhandlung eingelassen hat, so muß sie glaubhaft machen, daß der Ablehnungsgrund erst später entstanden oder ihr bekannt geworden ist.

Zur Glaubhaftmachung kann sich die Partei auf eine Äußerung des abgelehnten Mitglieds des Spruchausschusses beziehen.

Verfahren (§§ 1646 bis 1649).

§ 1646. Wird ein Versicherungsvertreter abgelehnt, so entscheidet der Vorsitzende. Wird der Vorsitzende abgelehnt, so entscheidet das Oberversicherungsamt endgültig. Einer Entscheidung bedarf es nicht, wenn der Abgelehnte das Ablehnungsgesuch für begründet hält.

Die Anhörung des abgelehnten Versicherungsvertreters ist nicht vorgeschrieben, wird aber regelmäßig zu erfolgen haben.

Der vor der mündlichen Verhandlung abgelehnte Vorsitzende des V. Amts muß sich auch jeder Tätigkeit in dem die mündliche Verhandlung vorbereitenden Verfahren enthalten, es sei denn, daß unaufschiebbare Handlungen vorzunehmen sind (§ 47 ZPO.).

Ist klar erkennbar, daß mit der Ablehnung absichtlich Mißbrauch getrieben wird, insbesondere daß sie nicht in der Meinung geschieht, die Ablehnung sei gesetzlich begründet, sondern nur aus Willkür oder zur Verschleppung der Sache, so hat der in der Sitzung abgelehnte Vorsitzende das Ablehnungsgesuch unberücksichtigt zu lassen und ohne weiteres in der Sache zu entscheiden. (Vgl. RG. Bd. 44, S. 402, und Entsch. des Reichsgerichts in Strafsachen Bd. 30, S. 274.) Das ergehende Urteil unterliegt dann nur der Anfechtung durch die Berufung; das Berufungsgericht hat auch darüber zu entscheiden, ob das Ablehnungsgesuch begründet war, und gegebenenfalls die Vorentscheidung aufzuheben.

§ 1647. Die Entscheidung, die den Antrag für begründet erachtet, ist endgültig.

Die Entscheidung des Vorsitzenden, die den Antrag ablehnt, kann nicht für sich allein, sondern nur mit der Entscheidung in der Hauptsache angefochten werden.

Hat das OVA. auf Beschwerde, gemäß § 1646, die Ablehnung des Vorsitzenden für unbegründet erklärt, so ist die Berechtigung der Ablehnung von den höheren Spruchbehörden, an welche die Sache im Rechtszuge gedeiht, nicht mehr nachzuprüfen. Auch ist die als unbegründet erklärte Ablehnung ungeeignet, die Wiederaufnahme des Verfahrens (§§ 1722 flg.) zu rechtfertigen (vgl. RG. Bd. 66, S. 47).

§ 1648. Der § 1646 gilt auch, wenn ein Mitglied des Spruchausschusses selbst eine Tatsache anzeigt, die seine Ablehnung rechtfertigen könnte, oder wenn Zweifel darüber entstehen, ob es aus einem gesetzlichen Grunde ausgeschlossen ist.

Während im Falle der Ablehnung der Abgelehnte ohne weiteres ausscheidet (§ 1646 Satz 3), kann sich beim Fehlen eines Ablehnungsgesuchs das Mitglied des Spruchausschusses, das gegen seine Unbefangenheit Bedenken hat, der Mitwirkung entgegen der Entscheidung des Vorsitzenden nicht entziehen (vgl. die §§ 45 und 48 ZPO., von denen das Gesetz nicht erkennbar abweichen wollte).

§ 1649. Wird eine Versicherungsbehörde nach Ausschluß oder Ablehnung von Mitgliedern beschlußunfähig, so bestimmt die zunächst höhere Spruchbehörde, welche andere Behörde gleicher Ordnung die Sache zu entscheiden hat.

3. Verfahren bis zur mündlichen Verhandlung.

Vorbemerkung.

Vgl. die Vorbem. zu § 1636 über das Verfahren vor dem V. Amt.

Antrag.

§ 1650. Der Antrag nach § 1636 ist bei dem zuständigen Versicherungsamte (§§ 1637 bis 1640) zu stellen.

Für die Anmeldung bei einer anderen Stelle gilt § 129 Abs. 2, 3 entsprechend.

Minderjährige, die das sechszehnte Lebensjahr vollendet haben, können selbständig den Antrag für sich stellen und ihn selbständig verfolgen.

Der Antrag auf Entscheidung des V. Amts in Sachen der Krankenversicherung ist an keine Frist gebunden, unbeschadet der materiellrechtlichen Vorschriften über die Verjährung der Ansprüche (§ 223 Abs. 1). Er ist kein Rechtsmittel im eigentlichen Sinne, er entspricht vielmehr für bürgerliche Rechtsstreitigkeiten der Klage, mit der das Streitverfahren erst eingeleitet wird. (Begr. S. 497).

Zu Abs. 3 gilt entsprechend das im letzten Absatz der Anm. zu § 1591 Gesagte.

Stirbt der Antragsteller im Laufe des Verfahrens oder wird er während desselben geschäftsunfähig (§ 104 BGB.), so wird ohne Rücksicht darauf, ob er durch einen Prozeßbevollmächtigten vertreten war (vgl. § 239 Abs. 1 ZPO., Rek. Entsch. 1343, A. N. 1908, S. 501) das Verfahren unterbrochen. Die Rechtsnachfolger oder der Versicherungsträger können es aufnehmen, letzterer nur, soweit er an der Durchführung des Verfahrens interessiert ist. Ein während der Unterbrechung des Verfahrens in Unkenntnis von der Unterbrechung ergangenes Urteil ist nichtig. Die Fristen für Rechtsbehelfe, die zur Zeit der Unterbrechung noch nicht verstrichen waren, laufen von der Aufnahme an voll von neuem (vgl. § 249 Abs. 1 ZPO., Rek. Entsch. 1175, A. N. 1892, S. 328).

Aufschiebende Wirkung des Antrags. Abfindung.

§ 1651. Der Antrag auf Entscheidung des Versicherungsamts bewirkt Aufschub, wenn es sich um Kapitalabfindung (§§ 217, 218) handelt. Die Abfindung kann im Spruchverfahren nur bestätigt oder aufgehoben werden.

Diese Vorschrift entspricht der Regelung für die Invaliden- und Unfallversicherung in den §§ 1682, 1689.

Vorbereitung durch den Vorsitzenden.

§ 1652. Der Vorsitzende bereitet die Sache vor und kann vor der mündlichen Behandlung Beweis erheben.

Er kann nach eigenem Ermessen Augenschein einnehmen, Zeugen und Sachverständige, auch eidlich, vernehmen, Gutachten von Ärzten und amtliche Auskünfte jeder Art einholen, auch andere Versicherungsträger beiladen.

Zeugen und Sachverständige werden nur vereidigt, wenn der Vorsitzende dies für notwendig hält, um eine wahre Aussage herbeizuführen. Der § 1571 Abs. 2 bis 4, die §§ 1573, 1574 Abs. 1, §§ 1575, 1577 bis 1579, 1580 Abs. 2 bis 5 gelten entsprechend; ob die Aussage oder die Eidesleistung verweigert werden darf, entscheidet der Vorsitzende. Gegen seine Entscheidung ist binnen einer Woche Beschwerde an das Oberversicherungsamt zulässig. Das Oberversicherungsamt (Beschlußkammer) entscheidet endgültig.

Vgl. § 9 HG.; § 17 Abs. 3, Satz 3 Sch. V. v. 22. Nov. 1900.

Zu Abs. 1: Dem Vorsitzenden des V. Amts liegt es ob, alle zur genügenden Klarstellung des Sachverhalts erforderlichen Ermittelungen vor der mündlichen Verhandlung anzustellen. Er kann Zeugen und Sachverständige auch zur mündlichen Verhandlung laden.

Zu Abs. 2. Soweit der Vorsitzende den Beweis nicht selbst erheben kann, bieten ihm die Vorschriften über die Rechtshilfe (§§ 115 bis 117) eine Handhabe zur Ausführung seiner Obliegenheiten.

Nach Abs. 3 Satz 2 sind aus den allgemeinen Vorschriften betreffend die Entscheidung der Träger der Unfallversicherung die Vorschriften über die Rechtshilfeersuchen an V. Ämter und Amtsgerichte, über das Recht der Beteiligten auf Zuziehung bei Vernehmungen, über die Zeugnispflicht sowie über den Augenschein anzuwenden. — Das ersuchte V. Amt oder Amtsgericht hat der Auffassung des Vorsitzenden über die Notwendigkeit der Vereidigung nicht nachzuprüfen.

§ 1653. Den Beteiligten ist der Inhalt und auf Verlangen eine Abschrift der Beweisverhandlungen mitzuteilen.

Der Vorsitzende entscheidet, wie weit ärztliche Zeugnisse und Gutachten mitzuteilen sind. Der Spruchausschuß kann die Mitteilung nachholen.

Vgl. § 9 Abs. 4 HG.

Der Berechtigte soll über den Stand des Prozesses unterrichtet sein, um zu dem Ergebnis der Beweisverhandlungen Stellung nehmen und um beurteilen zu können, ob sein Erscheinen in der mündlichen Verhandlung erforderlich ist. Deswegen muß ihm auch der Inhalt der Beweisverhandlungen (einschließlich der von den Gegnern beigebrachten Beweisstücke) rechtzeitig mitgeteilt werden.

Die Mitteilung des Inhalts der Beweisverhandlungen kann unterbleiben, wenn der Beteiligte bei der Beweiserhebung zugegen gewesen ist. Doch kann auch in einem solchen Falle die verlangte Abschrift der Beweisverhandlung nicht abgelehnt werden.

Die Kosten der Abschriften gehören zu den Kosten der Gerichtshaltung.

Die beschränkte Mitteilung ärztlicher Gutachten ist im Interesse des Verletzten aus Gründen der Menschlichkeit und im Interesse des begutachtenden Arztes, der den Fall offen beurteilen soll, angeordnet (vgl. Rev. Entsch. 932, A. N. 1901, S. 629). Dem Versicherungsträger, der auf die Mitteilung des ungekürzten Gutachtens Wert legt, wird dieses daher im allgemeinen nicht vorenthalten werden können.

Die endgültige Entscheidung darüber, ob ein ärztliches Gutachten vor der Entscheidung des Spruchausschusses den Parteien zur Wahrnehmung ihrer Rechte mitzuteilen gewesen wäre, ist durch die zugelassene Nachprüfung der Entscheidung des Vorsitzenden seitens des Spruchausschusses natürlich den höheren Instanzen nicht entzogen (Begr. S. 498, vgl. Rev. Entsch. 1334, A. N. 1908, S. 288).

Aussetzung des Verfahrens.

§ 1654. Hängt der Anspruch von einem familienrechtlichen oder erbrechtlichen Verhältnis ab, so kann der Vorsitzende den Beteiligten aufgeben, das Verhältnis im ordentlichen Rechtsweg feststellen zu lassen.

Er bestimmt zugleich, bis wann die Klage zu erheben ist; die Frist kann auf Antrag verlängert werden.

Vgl. § 77 GUVG.; § 83 LUVG.; § 37 Abs. 1 BUVG., § 81 SUVG.

Zur Klarstellung familien- oder erbrechtlicher Verhältnisse kann das Verfahren von Amts wegen ausgesetzt werden. Von dieser Befugnis darf das V. Amt nur in verhältnismäßig seltenen, verwickelter liegenden Fällen Gebrauch machen. In erster Linie liegt es dem V. Amt selbst ob, sich der erforderlichen Prüfung zu unterziehen, wie dies die Versicherungsträger, denen eine dem § 1654 entsprechende Befugnis nicht gewährt ist, vor der Bescheidserteilung in allen Fällen tun müssen. — Im Verfahren vor dem OVA. ist die Aussetzung des Verfahrens durch § 1679 auch für die Unfall- und die Invalidenversicherung zugelassen.

Der § 1654 soll nicht etwa die Verpflichtung der bürgerlichen Gerichte zur Feststellung von Rechtsverhältnissen erweitern. Der Vorsitzende kann vielmehr nur den Beteiligten aufgeben, das Rechtsverhältnis im ordentlichen Rechtswege feststellen zu lassen, soweit dies zulässig ist.

Anberaumung des Verhandlungstermins.

§ 1655. Der Vorsitzende bestimmt die Verhandlungszeit und teilt sie den Parteien mit.

Der Vorsitzende kann für die mündliche Verhandlung Zeugen und Sachverständige laden und anderes anordnen, besonders auch das persönliche Erscheinen des Antragstellers.

Vgl. § 106 Abs. 1 IVG.; § 17 Abs. 2 Sch. V. v. 22. Nov. 1900.

Die erforderlichen Ermittelungen sind in der Regel vor der mündlichen Verhandlung anzustellen (§ 1652), es kann jedoch der Beweis entweder ganz oder teilweise auch in der mündlichen Verhandlung erhoben werden; das verständige Ermessen des Vorsitzenden entscheidet hierüber. Dieser hat von vornherein darauf Bedacht zu nehmen, die Sache so vorzubereiten, daß voraussichtlich in der ersten mündlichen Verhandlung das Endurteil ergeht.

Die Festsetzung der Rechtsnachteile, die den Berechtigten treffen, wenn er der Anordnung zum persönlichen Erscheinen nicht nachkommt, ist der Kaiserlichen Verordnung, betr. das Verfahren vor dem V. Amte (§ 35 Abs. 2) vorbehalten (vgl. § 11 Abs. 3 Sch. V. v. 22. Nov. 1900.

Zuziehung der Versicherungsvertreter.

§ 1656. Für die Reihenfolge in der die Versicherungsverteter zu den Verhandlungen des Spruchausschusses zuzuziehen sind, gilt § 1603 entsprechend.

Vorentscheidung (§ 1657 bis § 1659).

§ 1657. Der Vorsitzende kann in allen Sachen ohne mündliche Verhandlung eine Vorentscheidung treffen.

Die Vorentscheidung ist durch die Reichstagskommission in Anlehnung an den Vorbescheid der §§ 64 bis 67 des preußischen Landesverwaltungsgesetzes, der sich im preußischen Verwaltungsstreitverfahren gut bewährt hat, in das Gesetz eingeführt worden (Kom. Ber. Bd. VI, S. 145).

Die Vorentscheidung ist auch in den im § 1661 bezeichneten Streitsachen zulässig, in denen der Vorsitzende an Stelle des vollbesetzten V. Amts zu entscheiden hat.

§ 1658. Gegen die Vorentscheidung kann entweder dasjenige Rechtsmittel, welches gegen das Urteil zulässig wäre, eingelegt oder binnen der gleichen Frist der Antrag auf mündliche Verhandlung gestellt werden. Die Vorentscheidung muß hierauf unter Angabe der Frist hinweisen.

Minderjährige, die das sechszehnte Lebensjahr vollendet haben, können selbständig den Antrag auf mündliche Verhandlung stellen.

Ist der Antrag auf mündliche Verhandlung verspätet gestellt, so wird er als unzulässig verworfen.

Gegen die ohne mündliche Verhandlung ergangene Vorentscheidung ist sowohl das Rechtsmittel der Berufung als auch der Rechtsbehelf des Antrags auf mündliche Verhandlung zulässig. Wird der Antrag auf mündliche Verhandlung gestellt, so hat diese vor der zuständigen Stelle — also im Falle des § 1661 vor dem Vorsitzenden — stattzufinden.

Enthält die Vorentscheidung den im Abs. 1 Satz 2 vorgeschriebenen Hinweis nicht, so kann sie nicht rechtskräftig werden.

Für den über 16 Jahre alten Minderjährigen läuft eine selbständige Frist für die Einlegung des Rechtsmittels oder des Rechtsbefehls nur dann, wenn er in den vorausgegangenen Verfahren seine Ansprüche bereits selbständig verfolgt hat (§ 1650 Abs. 3) und ihm demgemäß auch selbst die Vorentscheidung zugestellt worden ist (vgl. Anm. zu § 1591 a. E.).

§ 1659. Ist von beiden Rechtsbehelfen Gebrauch gemacht, so findet die mündliche Verhandlung statt.

Die Vorentscheidung steht für die Rechtsmittel und die Wiederaufnahme des Verfahrens einem Urteil gleich, wenn mündliche Verhandlung nicht beantragt worden ist.

Wenn aus dem Antrag des Berechtigten nicht hervorgeht, ob er von beiden Rechtsbehelfen Gebrauch machen will, so wird er darüber gehört werden müssen. Ist auch alsdann noch keine Klarheit zu erzielen, so wird angenommen werden müssen, daß von beiden Rechtsbehelfen Gebrauch gemacht ist, und es hat die mündliche Verhandlung stattzufinden.

4. Mündliche Verhandlung.

Mündlichkeit und Öffentlichkeit.

§ 1660. Vor dem Spruchausschusse des Versicherungsamts wird mündlich und öffentlich verhandelt.

Die Öffentlichkeit kann aus Gründen des öffentlichen Wohles oder der Sittlichkeit ausgeschlossen werden; der Beschluß ist öffentlich zu verkünden.

Vgl. § 13 Abs. 1 Sch. V. 22. Nov. 1900.

Die Verletzung der im Abs. 1 festgesetzten Grundsätze des Verfahrens würde einen wesentlichen Mangel des Verfahrens darstellen.

Über die Ausschließung der Öffentlichkeit entscheidet der Spruchausschuß nach freiem Ermessen. Einer näheren Begründung bedarf der die Ausschließung anordnende Beschluß nicht (vgl. Entsch. des Reichsgerichts in Strafsachen Bd. 26, S. 395). Dieser Beschluß muß ebenso wie schließlich das Urteil des Spruchausschusses öffentlich verkündet werden.

§ 176 GVG. ist anwendbar (§ 1664). Danach kann der Zutritt zu öffentlichen Verhandlungen unerwachsenen und solchen Personen untersagt werden, welche sich nicht im Besitze der bürgerlichen Ehrenrechte befinden, oder welche in einer der Würde des Amts nicht entsprechenden Weise erscheinen (§ 176 GVG.). Auch kann trotz Ausschließung der Öffentlichkeit der Zutritt einzelnen Personen vom V. Amt gestattet werden.

Bagatellsachen.

§ 1661. Der Vorsitzende entscheidet in öffentlicher mündlicher Verhandlung allein über Leistungen der Krankenversicherung, wenn es sich handelt um

1. lediglich rechnerische Feststellung der Dauer und Höhe der Krankenhilfe,
2. Gewährung der Krankenhauspflege an Stelle der Krankenhilfe,
3. Sterbegeld,
4. Leistungen im Gesamtwert von weniger als fünfzig Mark.

In den bezeichneten Bagatellsachen entscheidet der Vorsitzende allein an Stelle des V. Amts ebenfalls in öffentlicher Sitzung. Sein Urteil, — das mit der Vorentscheidung, gemäß § 1658 nicht zu verwechseln ist — steht dem des Spruchausschusses gleich und kann nur mit dem ordentlichen Rechtsmittel der Berufung angefochten werden.

Zu Nr. 1: Krankenhilfe vgl. §§ 182 bis 194.

Zu Nr. 2: Gedacht ist hierbei vor allem an Streitigkeiten auf Grund des § 184 Abs. 3 (Kom. Ber. Bd. VI, S. 146).

Zu Nr. 3: Sterbegeld vgl. §§ 201 bis 204.

Erscheinen im Termin. Vertretung.

§ 1662. Der Antragsteller kann selbst erscheinen oder, wie auch der Versicherungsträger, sich vertreten lassen. Die erschienenen Parteien und Parteivertreter sind zu hören.

Vgl. § 10 Abs. 2 Sch. V. v. 22. Nov. 1900.

Erscheint der Antragsteller in der mündlichen Verhandlung nicht und läßt er sich auch nicht vertreten, so wird ohne ihn verhandelt. Ergibt dann eine in dem Termin vorgenommene Beweiserhebung, mit welcher der Antragsteller nicht rechnen konnte, eine wesentliche neue Tatsache, so muß ihm der Inhalt der Beweisverhandlungen erst mitgeteilt werden (§ 1653 Abs. 1), ehe das Urteil ergehen kann. Entsprechendes gilt, wenn der Versicherungsträger in dem Verhandlungstermin nicht vertreten ist (vgl. Rev. Entsch. 1334, A. N. 1908, S. 228).

Die Prozeßfähigkeit einer Partei, d. h. die Fähigkeit sich selbst zu vertreten (vgl. § 104 BGB.), ist von Amts wegen zu prüfen. Ebenso auch die Legitimation des gesetzlichen oder anderweiten Vertreters. Schriftlichkeit der Vollmacht ist nicht ausdrücklich vorgeschrieben. — Bei schriftlichen Vollmachten Schreibensunfähiger ist die Beglaubigung des Handzeichens durch eine öffentliche Behörde zu erfordern. Über die bestrittene Echtheit einer Vollmachtsurkunde ist nach freiem Ermessen zu entscheiden. Der Umfang der Vollmacht ist nach Lage des Einzelfalles zu beurteilen. Bei allgemein gehaltener Fassung enthält sie auch die Befugnis zum Abschluß eines Vergleichs (Rek. Entsch. 517, A. N. 1888, S. 215).

Die von einer prozeßunfähigen Partei vorgenommenen Prozeßhandlungen werden rechtswirksam, wenn sie von dem gesetzlichen Vertreter oder von der Partei selbst nach erlangter Prozeßfähigkeit genehmigt werden (vgl. Rek. Entsch. 1175, 2098, A. N. 1892, S. 328, 1905, S. 407).

Zurückweisung von Bevollmächtigten.

§ 1663. Das Versicherungsamt kann Bevollmächtigte und Beistände zurückweisen, die das Verhandeln vor Behörden geschäftsmäßig betreiben.

Dies gilt nicht für Rechtsanwälte und solche Personen, welchen das Verhandeln vor Gericht gestattet ist (§ 157 der Zivilprozeßordnung), auch nicht für solche Personen, welche zur geschäftsmäßigen Rechtsvertretung vor den Versicherungsämtern und Oberversicherungsämtern zugelassen sind.

Über die Zulassung entscheidet das Oberversicherungsamt, auf Beschwerde die oberste Verwaltungsbehörde.

Die Zulassung darf nur versagt werden, wenn ein wichtiger Grund vorliegt; sie darf nicht versagt werden aus Gründen, die sich auf die religiöse oder politische Betätigung des Antragstellers stützen.

Vgl. § 10 Abs. 2 Sch. V. v. 22. Nov. 1900.

Während im Falle des § 1604 das V. Amt vor allem den Charakter einer sozialen Fürsorgestelle hat und deswegen Vertreter, die das Verhandeln vor Behörden geschäftsmäßig betreiben, gleichmäßig für den Versicherungsträger und für den Versicherten nicht zugelassen werden, wird hier, wo das V. Amt eine entscheidende Tätigkeit ausübt, die geschäftsmäßige Vertretung gestattet.

Zu Abs. 1. Weist das V. Amt auf Grund der ihm eingeräumten Befugnis den Vertreter einer Partei zurück, so ist der Termin zu vertagen und der Partei von der Zurückweisung Mitteilung zu machen, damit sie in dem neuen Termin entweder selbst erscheinen oder einen anderen geeigneten Vertreter bestellen kann (Rek. Entsch. 2118, A. N. 1905, S. 488). Sendet sie zu dem neuen Termin wieder den bereits zurückgewiesenen Vertreter, so kann ohne weiteres entschieden werden.

Zu Abs. 2 bis 4: Die zuständigen Behörden haben darauf zu achten, daß sie die Arbeiter vor der Vertretung durch ungeeignete Personen bewahren. Eine Vorschrift, daß Arbeitersekretäre, Gewerkschaftssekretäre, Rechtsschutzbeamte ebenso wie Rechtsanwälte stests zuzulassen seien, hat trotz eines dahingehenden Antrags (Kom. Ber. Bd. VI, S. 150) in das Gesetz nicht Aufnahme gefunden. Doch werden solche Personen nur dann zurückzuweisen sein, wenn sie zur Vertretung ungeeignet sind.

Die oberste Verwaltungsbehörde ist als Beschwerdeinstanz eingeführt, weil es sich um eine Verwaltungsangelegenheit handelt, die in enger Fühlung mit den örtlichen Verhältnissen erledigt werden muß (Kom. Ber. Bd. VI, S. 155).

Das RVA. (LV. Amt) entscheidet für die vor ihm verhandelten Sachen über die Zulassung von geschäftsmäßigen Rechtsvertretern selbst (§ 1714). Die Zulassung durch ein OVA. wirkt nur für die V. Ämter und die OVÄmter allgemein. Doch wird das RVA. (LVA.) beim Fehlen besonderer Umstände einen durch ein OVA. zugelassenen Vertreter nicht zurückweisen.

Ordnung in der Sitzung.

§ 1664. Die Vorschriften des Gerichtsverfassungsgesetzes über die Aufrechterhaltung der Ordnung in der Sitzung (§§ 176 bis 182, 184) gelten entsprechend.

Über Beschwerden gegen Ordnungsstrafen entscheidet das Oberversicherungsamt endgültig.

Vgl. § 13 Sch. V. v. 22. Nov. 1900.

Der Zutritt zu den öffentlichen Verhandlungen kann unerwachsenen und solchen Personen untersagt werden, die sich nicht im Besitze der bürgerlichen Ehrenrechte befinden oder die in einer der Würde der Behörde nicht entsprechenden Weise erscheinen (§ 176 GVG.). Personen, welche den zur Aufrechterhaltung der Ordnung in der Sitzung erlassenen Befehlen nicht gehorchen, können auf Beschluß des Spruchausschusses (im Falle des § 1661: des Vorsitzenden) aus dem Sitzungszimmer entfernt, auch zur Haft abgeführt und während einer in dem Beschlusse zu bestimmenden Zeit, die 24 Stunden nicht übersteigen darf, festgehalten werden (§ 178 GVG.). Gegen Personen, die sich einer Ungebühr schuldig machen, kann der Spruchausschuß (bezw. der Vorsitzende) eine Ordnungsstrafe von 100 M. oder, soweit sie nicht Rechtsanwälte sind, bis zu 3 Tagen Haft festsetzen und sofort vollstrecken lassen (§ 179, 180 a. a. O.).

Ist eine Ordnungsstrafe wegen Ungebühr festgesetzt, oder eine Person zur Haft abgeführt, oder eine bei der Verhandlung beteiligte Person entfernt worden, so ist der Beschluß und dessen Veranlassung in die Niederschrift (§ 1672) so vollständig aufzunehmen, daß dem mit der Nachprüfung befaßten OVA. ein vollständiges Urteil über die getroffene Maßnahme ermöglicht wird (§ 184 GVG.). Ermangelt die Niederschrift dieses Inhalts, so ist der angefochtene Beschluß aufzuheben (vgl. Johow. Jahrbuch der Entsch. des Kammergerichts in Sachen der freiw. Gerichtsbarkeit Bd. 8, S. 260).

Weitere Aufklärung.

§ 1665. Hält der Spruchausschuß die Sache noch nicht für genügend aufgeklärt, so beschließt er den erforderlichen Beweis. Die Ausführung des Beschlusses kann er dem Vorsitzenden übertragen.

Für die Beweisaufnahme gelten § 1652 Abs. 2, 3, § 1653, für die nachträgliche Anordnung, ein Rechtsverhältnis im ordentlichen Rechtsweg feststellen zu lassen, gilt § 1654 entsprechend.

Vgl. § 106 Abs. 2 IVG.

Über die Vereidigung der noch zu vernehmenden Zeugen und Sachverständigen beschließt der Spruchausschuß oder bei Ausführung des Beweises der Vorsitzende, der sich aber mit dem Beschluß des Spruchausschusses nicht in Widerspruch setzen darf. Letzteres gilt auch bei Auswahl der zu vernehmenden Sachverständigen.

Vergleich.

§ 1666. Vergleichen sich die Parteien über den streitigen Anspruch und die etwa entstandenen Kosten, so gilt der Streit als erledigt.

Vgl. § 15 Sch. V. v. 22. Nov. 1900.

Der Inhalt des Vergleichs braucht nicht in eine förmliche Entscheidung gefaßt zu werden.

Der Vergleich kann nur, gemäß § 119 BGB., wegen Irrtums angefochten werden (vgl. Rek. Entsch. 2110, A. N. 1905, S. 456), wenn er nicht etwa schon wegen mangelnder Geschäftsfähigkeit (§§ 105 flg. GBG.) nichtig ist. Darüber, ob ein rechtswirksamer Vergleich geschlossen ist, hat nötigenfalls das V. Amt durch Urteil zu entscheiden (vgl. Besch. 593, Rev. Entsch. 723, A. N. 1897, S. 384, 1899, S. 446). — Bei Vergleichen, die von Ehefrauen abgeschlossen werden, bedarf es wie auch sonst im Streitverfahren, der Zuziehung des Ehemannes nicht. Über 16 Jahre alte Minderjährige (§ 1650 Abs. 3), die ihren Anspruch selbständig verfolgen, können sich auch rechtswirksam vergleichen. Der Vergleich des Minderjährigen ist aber unwirksam, wenn auch sein gesetzlicher Vertreter das Verfahren betreibt und dem Vergleiche nicht beitritt (vgl. Anm. zu § 1591 a. E.).

Abstimmung.

§ 1667. Der Spruchausschuß entscheidet nach Stimmenmehrheit.

Bildet sich bei Abstimmung über die Höhe von Beträgen keine Mehrheit, so werden die für den größeren Betrag abgegebenen Stimmen den für den zunächst geringeren so lange hinzugerechnet, bis sich eine Mehrheit ergibt.

Vgl. § 106 Abs. 4 IVG.; § 19 Abs. 1 Sch. V. v. 22. Novbr. 1900.

Der Spruchausschuß hat nach freiem Ermessen zu prüfen, ob die zur Begründung oder Ausschließung des Anspruchs erforderlichen Tatsachen nachgewiesen sind. Er kann — anders wie die Zivilgerichte — seine Entscheidung nicht darauf stützen, daß eine Partei die ihr obliegende Beweispflicht nicht erfüllt habe; denn die Instanzen der sozialen Versicherung sind verpflichtet, den gesamten Sachverhalt von Amts wegen aufzuklären und Behauptungen der Parteien von Amts wegen nachzuprüfen. In der Entscheidung sind alle bis zum Schluß der mündlichen Verhandlung vorgebrachten Angriffs- und Verteidigungsmittel zu berücksichtigen.

Urteilsinhalt.

§ 1668. Hält der Spruchausschuß den Anspruch für begründet, so stellt er zugleich Betrag und Beginn der Leistung fest.

Wird der Anspruch ausnahmsweise nur dem Grunde nach anerkannt, so ist eine vorläufige Leistung anzuordnen und dem Betrage nach festzustellen. Die Feststellung der vorläufigen Leistung ist endgültig; die vorläufigen Zahlungen werden angerechnet.

Vgl. § 78 GUVG.; § 84 LUVG.; § 37 Abs. 1 BUVG.; § 82 SUVG.; § 115 IVG.

Nach Abs. 1 würde die Verurteilung des Versicherungsträgers lediglich „zur Entschädigungsleistung nach Maßgabe der gesetzlichen Bestimmungen" unzulässig sein. — In dem Umstande, daß die Höhe der Entschädigung nicht in der Urteilsformel festgesetzt, sondern nur in den Gründen berechnet ist, ist eine Ordnungswidrigkeit, nicht aber ein wesentlicher Verfahrensmangel zu erblicken (Rev. Entsch. 1330, A. N. 1907, S. 550).

Das V. Amt darf nur ausnahmsweise dem Grunde nach erkennen. Darüber, ob ein solcher Ausnahmefall vorliegt, entscheidet das V. Amt nach freiem Ermessen (Begr. S. 500). Die Herbeischaffung der Unterlagen, die zur rechnungsmäßigen Herstellung des Betrages der zu leistenden Entschädigung erforderlich sind, liegt grundsätzlich dem V. Amt ob. Das Fehlen solcher Unterlagen rechtfertigt also nicht ohne weiteres eine Entscheidung nur dem Grunde nach. Gegen das Urteil, das nur über den Grund entscheidet, ist, wie gegen andere Urteile, die Berufung zulässig.

Hat das V. Amt die Festsetzung einer vorläufigen Entschädigung verabsäumt, so hat der Versicherungsträger seinerseits eine solche sofort zuzubilligen, wenn nicht alsbald die endgültige Feststellung der Entschädigung erfolgen kann (Hand-Buch Bd. II, S. 506).

Urteile, welche nicht die Anerkennung oder Zurückweisung eines Entschädigungsanspruchs, sondern nur die Entscheidung von Rechtsfragen oder die mit einer Verurteilung zur Gewährung einer Entschädigung nicht verknüpfte Feststellung von Rechtsverhältnissen (§ 256 ZPO.) zum Gegenstande haben, sind unzulässig. Ebenso auch Entscheidungen über einzelne Angriffs- und Verteidigungsmittel (Zwischenurteile — § 303 ZPO.), sowie bedingte Endurteile und bedingte Zwischenurteile (§§ 460, 461 ZPO.), Teilurteile werden im Allgemeinen nur auf Grund von teilweisen Anerkenntnissen ergehen dürfen.

Kosten des persönlichen Erscheinens.

§ 1669. Ist der Antragsteller auf Anordnung des Vorsitzenden in der mündlichen Verhandlung erschienen, so werden ihm auf Verlangen bare Auslagen und Zeitverlust vergütet; sie können vergütet werden, wenn er ohne Anordnung erscheint und der Spruchausschuß das Erscheinen für erforderlich hält.

Auf Beschwerde gegen die Verfügung, welche die Vergütung festsetzt oder ablehnt, entscheidet das Oberversicherungsamt endgültig.

War der Antragsteller ohne Anordnung erschienen, so gilt die Vergütung als abgelehnt, wenn der Spruchausschuß nicht ausdrücklich feststellt, daß das Erscheinen erforderlich war. In diesem Falle findet Beschwerde nicht statt.

Vgl. § 9 Abs. 5 HG.

Der Vorsitzende hat das Erscheinen des Antragstellers anzuordnen, wenn er es im Interesse der völligen Aufklärung des Sachverhalts, insbesondere zur Einnahme des richterlichen Augenscheins für erforderlich hält. War der Antragsteller ohne solche Anordnung erschienen, ergibt aber die Verhandlung, daß seine persönliche Anwesenheit zur Klarstellung des Sachverhalts notwendig war, so hat der Spruchausschuß ausdrücklich festzustellen, daß das Erscheinen erforderlich war. Die Feststellung ist in die Niederschrift (§ 1672) aufzunehmen. Hat der Vorsitzende das Erscheinen des Antragstellers angeordnet oder hält der Spruchausschuß sein Erscheinen für erforderlich, so ist der Erschienene zu entschädigen. Die zugebilligte Entschädigung gehört zu den gerichtlichen Kosten des Verfahrens (vgl. Rev. Entsch. 1086 unter c., A. N. 1903, S. 533). — Vgl. aber auch Anm. zu § 1670.

Über die Höhe der Vergütung kann die Kaiserliche Verordnung über das Verfahren vor dem V. Amt das Nähere bestimmen (Begr. S. 501).

Außergerichtliche Kosten.

§ 1670. Bei der Verhandlung wird von Amts wegen geprüft, ob und in welchem Betrage die unterlegene Partei dem Gegner seine Kosten zu erstatten hat.

Die Höhe dieser Kosten wird im Urteil festgesetzt.

Sie werden auf Antrag der Partei durch Vermittlung des Versicherungsamts wie Gemeindeabgaben beigetrieben.

Vgl. § 21 Sch. V. v. 22. November 1900.

Welche Partei als die unterliegende zu gelten hat, ist nach Lage des Einzelfalles zu beurteilen. Auch bei teilweisem Unterliegen des Antragstellers können ihm unter Umständen seine außergerichtlichen Kosten voll erstattet werden (Rek. Entsch. 775, A. N. 1889, S. 415).

Erstattungsfähig sind außergerichtliche Kosten, insoweit sie zur zweckentsprechenden Rechtsverfolgung oder Rechtsverteidigung erforderlich waren (vgl. § 91 ZPO.). Hiernach ist auch die Erstattungsfähigkeit der durch das persönliche Erscheinen vor dem V. Amt erwachsenen Kosten (soweit sie nicht nach § 1669 als Gerichtskosten gelten), sowie der durch die Annahme eines Vertreters (Rechtsanwalts) entstandenen Kosten zu beurteilen. Zu den Kosten, über deren Erstattung zu entscheiden ist, gehören auch solche, die dem Antragsteller etwa in dem Verfahren vor dem Versicherungsträger erwachsen sind (vgl. Handbuch Bd. II, S. 620, Anm. 5). — Über die Gebühren der Rechtsanwälte vgl. §§ 1804, 1805.

Vertretungskosten der Versicherungsträger können dem Antragsteller nur insoweit auferlegt werden, als sie dem Versicherungsträger aus Anlaß des Einzelfalls besonders entstanden sind (z. B. nur Reisekosten des vertretenden Geschäftsführers). Sind die Reisekosten für Wahrnehmung mehrerer Termine erwachsen, so sind sie auf diese Termine gleichmäßig zu verteilen, gleichgültig, ob in ihnen der Versicherungsträger obgesiegt hat, oder unterlegen ist.

Verkündung und Begründung des Urteils.

§ 1671. Das Urteil des Spruchausschusses wird öffentlich verkündet, auch wenn die Öffentlichkeit der Verhandlung ausgeschlossen war.

Es wird mit Gründen versehen, von dem Vorsitzenden unterschrieben, ausgefertigt und den Parteien zugestellt.

Vgl. § 79 GUVG.; § 85 LUVG.; § 37 Abs. 1 BUVG.; § 83 SUVG.; § 106 Abs. 4, § 114 Abs. 5 IVG.; § 23, 24 Sch. V. vom 22. November 1900.

Die öffentliche Verkündung muß in der Niederschrift (§ 1672) erkennbar gemacht werden, wenn die Öffentlichkeit der Verhandlung ausgeschlossen war.

Die Gründe müssen ersehen lassen, aus welchen Erwägungen der Spruchausschuß (oder der Vorsitzende, § 1661) zu seinem Endergebnis gelangt ist. Sie dürfen auch einer kurzen Darstellung des Tatbestandes nicht entbehren.

Die Vorschrift, daß der Vorsitzende das Urteil zu unterschreiben hat, bezieht sich auf die Urschrift des Urteils, die bei den Akten des V. Amts verbleibt. Das Nähere über die Ausfertigungen der Urteile, die den Parteien zuzustellen sind, bleibt der Regelung durch Kaiserliche Vorordnung vorbehalten. (Begr. S. 501.)

Über die Form der Zustellungen vgl. §§ 135 flg. Auf die Zustellung kann seitens der Parteien nicht verzichtet werden; unterbleibt die Zustellung, so kann die Frist zur Einlegung der Berufung nicht zu laufen beginnen (Rev. Entsch. 285, A. N. — I. u. AV. — 1893, S. 139).

Über die Zustellung des Urteils an über 16 Jahre alte Minderjährige vgl. Anm. zu § 1591 a. E.

Niederschrift.

§ 1672. Über die mündliche Verhandlung wird eine Niederschrift aufgenommen.

Vgl. § 16 Sch. V. v. 22. November 1900.

Über den notwendigen Inhalt der Niederschrift (des Protokolls) wird die Kaiserliche Verordnung (§ 33) noch nähere Bestimmungen zu treffen haben.

Offenbare Unrichtigkeiten.

§ 1673. Schreib- und Rechenfehler und ähnliche offenbare Unrichtigkeiten, die im Urteil vorkommen, sind jederzeit auf Antrag oder von Amts wegen zu berichtigen.

Der Vorsitzende entscheidet ohne mündliche Verhandlung, ob zu berichtigen ist.

Berichtigt er, so wird die Verfügung auf der Urschrift des Urteils und den Ausfertigungen vermerkt. Über die Verfügung kann sich der Beteiligte bei dem Oberversicherungsamte beschweren; das Oberversicherungsamt entscheidet endgültig.

Die Verfügung, die eine Berichtigung ablehnt, ist unanfechtbar.

Vgl. § 319 ZPO., § 45 der V. v. 19. Oktober 1900.

Die Unrichtigkeiten (Flüchtigkeitsversehen) müssen dem Inhalt der Entscheidungsgründe widersprechen und dergestalt erkennbar sein, daß aus dem Zusammenhalte von Urteilssatz und Urteilsgründen sich sowohl das Vorhandensein des untergelaufenen Versehens als auch das vom Richter wirklich Gewollte mit Gewißheit ergibt, da nur dann eine offenbare Unrichtigkeit gegeben ist. Mängel des Wollens, Irrtümer, die dieses beeinflußt haben, können nicht Gegenstand einer Berichtigung sein (RG. Bd. 23, S. 399). Die erfolgte Berichtigung setzt die begonnene oder bereits abgelaufene Berufungsfrist gegen das berichtigte Urteil nicht von neuem in Lauf.

Ist ein Anspruch oder der Kostenpunkt versehentlich übergangen, so findet nicht eine Berichtigung, sondern nur eine Ergänzung des Urteils gemäß § 1674 statt.

Die Vorschrift des § 320 ZPO., welcher innerhalb kurzer Frist auf Antrag die Beseitigung von anderen Unrichtigkeiten, Auslassungen, Dunkelheiten oder Widersprüchen in dem Tatbestand eines Urteils zuläßt, findet in dem Verfahren vor dem V. Amt keine entsprechende Anwendung (vgl. Rev. Entsch. 226, A. N. — I. u. AV. — 1893, S. 69).

Übergehen eines Anspruchs.

§ 1674. Hat das Urteil einen von einer Partei erhobenen Haupt- oder Nebenanspruch oder den Kostenpunkt ganz oder teilweise übergangen, so wird es auf Antrag nachträglich ergänzt.

Über den Antrag kann ohne mündliche Verhandlung entschieden werden, wenn es sich um einen Nebenanspruch oder um den Kostenpunkt handelt.

Die ergänzende Entscheidung wird auf der Urschrift des Urteils und den Ausfertigungen vermerkt.

Vgl. § 321 ZPO., § 46 Verordnung v. 19. Okt. 1900.

Die Ergänzung erfolgt durch Urteil.

Ist die Ergänzung unterblieben, so kann das Berufungsgericht den Kostenpunkt, wenngleich er das Verfahren vor dem V. Amt betrifft, in seiner Entscheidung mitberücksichtigen (vgl. Handbuch Bd. II, S. 621, Anm. 9).

II. Verfahren vor dem Oberversicherungsamt.

Vorbemerkung.

Das OVA. entscheidet auf allen Gebieten der Reichsversicherung über das Rechtsmittel der Berufung. Die zur Entscheidung bestellte Spruchkammer besteht aus einem Mitgliede des OVA. als Vorsitzenden und je 2 Beisitzern der Arbeitgeber und Arbeitnehmer. Die Berufung findet statt in Sachen der Krankenversicherung gegen die Urteile des V. Amts, oder (§ 1661) dessen Vorsitzenden, gemäß § 1658 auch gegen Vorentscheidungen des Vorsitzenden, — in Sachen der Unfallversicherung gegen die Endbescheide der Versicherungsträger — und in Invaliden- und Hinterbliebenensachen gegen die Bescheide der Versicherungsträger.

Die nähere Regelung wird auch dieses Verfahren durch Kaiserliche Verordnung gemäß § 35 finden. (Vgl. Einleitung zum 6. Buch).

Allgemeines.

§ 1675. Gegen Endbescheide der Träger der Unfallversicherung, ferner gegen Bescheide der Träger der Invaliden- und Hinterbliebenenversicherung sowie gegen Urteile des Versicherungsamts ist das Rechtsmittel der Berufung an das Oberversicherungsamt (Spruchkammer) zulässig.

Vgl. § 58 Abs. 1, Satz 3 KVG.; § 76 Abs. 1 GUVG.; § 82 Abs. 1 LUVG.; § 37 Abs. 1 BUVG.; § 80 Abs. 1 SUVG.; § 82 Abs. 1 LUVG.; § 114 Abs. 1 IVG.

Vgl. die Vorbemerkung zu diesem Paragraphen.

Gegen die Urteile des V. Amts steht dem Berechtigten und dem Versicherungsträger die Berufung zu, während die Träger der Unfall- und Invalidenversicherung gegen ihre eigenen Bescheide naturgemäß nicht Berufung einlegen können (vgl. Anm. zu § 1590 und zu § 1631).

Die Berufung ist nur insoweit zulässig, als der Berufende durch die angefochtene Entscheidung selbst beschwert ist, nicht aber, soweit sich die Berufung lediglich gegen die Gründe der Entscheidung richtet. — Ein Verletzter, der eine Rente auf Grund der gewerblichen Unfallversicherung beansprucht, ist durch die Gewährung einer nach den Vorschriften der landw. Unfallversicherung berechneten Rente beschwert und kann gegen den ihm die Rente zusprechenden Endbescheid Berufung einlegen.

Nicht beschwert ist eine Partei, wenn das Urteil des V. Amts in Krankensachen ihren Anträgen völlig entspricht. Die Berufung kann daher nicht lediglich zur Erweiterung der erhobenen Ansprüche eingelegt werden. — Bescheide der Träger der Unfall- und Invalidenversicherung werden von dem Berechtigten dann nicht angegriffen werden können, wenn sie entsprechend bestimmten unter Kenntnis der gesamten Sach- und Rechtslage gestellten Anträgen des Berechtigten ergangen sind. (Über die bisherige Rechtsprechung des RVA. vgl. Rev. Entsch. 1457, sowie 1023, 1056, A. N. 1910, S. 455, 1902, S. 687, 1903, S. 391).

Sonst ist die Erweiterung des erhobenen Anspruchs in der Rechtsmittelinstanz zulässig.

Auch gegen einen formlosen Bescheid der Träger der Unfall- und Invalidenversicherung muß die Berufung zugelassen werden, wenn der Versicherungsträger entweder die Absicht oder die Pflicht hatte, in förmlicher Weise zu dem erhobenen Anspruch Stellung zu nehmen (vgl. Rek. Entsch. 1806, Rev. Entsch. 882, A. N. 1900, S. 669 Nr. 1, 2; 1901, S. 200).

Eine Änderung des Klagegrundes (z. B. Altersstatt Invalidenrente, und umgekehrt) ist im Berufungsverfahren im allgemeinen nicht ausgeschlossen (Rev. Entsch. 1523, A. N. 1910, S. 655).

Die Berufungsfrist beträgt nach § 128 Abs. 1 einen Monat, von der Zustellung der angefochtenen Entscheidung an gerechnet. Für Seeleute, die sich außerhalb Europas aufhalten, muß die angefochtene Entscheidung die Berufungsfrist bestimmen (§ 128 Abs. 2). Diese Vorschrift gilt nicht für andere der See-Unfallversicherung unterworfene Personen (§ 1046 Nr. 2 u. 3), für die es bei der Regel des § 128 Abs. 1 verbleibt.

Die Berufungsfrist ist auch dann gewahrt, wenn die Berufung rechtzeitig bei einer für die Einlegung nicht zuständigen inländischen Behörde oder bei einem Organe der Versicherungsträger, auf dem Gebiete der See-Unfallversicherung auch bei einem deutschen Seemannsamt im Ausland eingegangen ist (§ 129 Abs. 2).

Die Zurücknahme der Berufung hat den Verlust des Rechtsmittels zur Folge, auch wenn die Berufungsfrist noch nicht abgelaufen ist (Rev. Entsch. 998, A. N. 1902, S. 512).

Anschlußberufungen (§§ 521, 522 ZPO.) sind nicht zulässig (vgl. Rev. Entsch. 52, A. N. — I. u. AV. — 1891, S. 161).

Die Vorschriften der ZPO. (§ 99) über die alleinige Anfechtung des Kostenpunkts gelten entsprechend. Danach kann das Urteil des V. Amts allein wegen des Kostenpunktes im allgemeinen nicht angefochten werden, gleichgültig, ob es sich um gerichtliche oder außergerichtliche Kosten handelt. Die Anfechtung ist nur zugelassen, wenn die Hauptsache durch eine auf Grund eines Anerkenntnisses ausgesprochene Verurteilung erledigt ist, und auch wenn eine Entscheidung in der Hauptsache nicht ergangen ist (Rek. Entsch. 2350, A. N. 1910, S. 417).

Die Bestimmung, daß das V. Amt, dessen Urteil angefochten worden ist, eine Abschrift des in der Berufungsinstanz erlassenen

Urteils erhält, bleibt der Kaiserlichen Verordnung (§ 35) überlassen. Ihr bleibt auch überlassen zu bestimmen, wie das V. Amt Kenntnis erhält, wenn ein Urteil des OVA. berichtigt oder ergänzt wird. (Begr. S. 504.)

Örtliche Zuständigkeit (§§ 1676 bis 1678).

a) f. d. Krankenversicherung.

§ 1676. Über die Berufung entscheidet in Sachen der Krankenversicherung das Oberversicherungsamt für den Bezirk desjenigen Versicherungsamts, welches das angefochtene Urteil oder dessen Vorsitzender die angefochtene Vorentscheidung erlassen hat.

Das Urteil wird in Sachen der Krankenversicherung in erster Instanz von dem Spruchausschuß des V. Amts oder bei Bagatellsachen (§ 1661) von dem Vorsitzenden nach mündlicher Verhandlung gefällt. Die ohne mündliche Verhandlung zu erlassende in allen Sachen zulässige Vorentscheidung kann nach § 1658 sowohl mit der Berufung als auch mit dem Rechtsbehelf des Antrags auf mündliche Verhandlung angefochten werden.

Die Vorschriften über die örtliche Zuständigkeit der zur Entscheidung in erster Instanz berufenen V. Ämter sind in den §§ 1637 bis 1640 enthalten (vgl. Anm. zu § 1640).

b) in Unfallsachen.

§ 1677. Über die Berufung entscheidet in Sachen der Unfallversicherung dasjenige Oberversicherungsamt, in dessen Bezirk der Versicherte zur Zeit der Erhebung der Berufung wohnt oder beschäftigt ist. Dabei gelten die §§ 1638 bis 1640 entsprechend.

In Sachen der See-Unfallversicherung ist für die Zuständigkeit des Oberversicherungsamts der Heimathafen desjenigen Fahrzeugs oder der Sitz desjenigen Betriebs maßgebend, in welchem sich der Unfall ereignet hat. Ist der Heimathafen nicht im Bezirk eines Oberversicherungsamts belegen, so ist die Berufung bei dem für den Sitz der See-Berufsgenossenschaft zuständigen Oberversicherungsamt zu erheben.

Vgl. § 76 Abs. 2 GUVG.; § 82 Abs. 2 LUVG.; § 37 Abs. 1 BUVG.; § 80 Abs. 2, Satz 1 SUVG.

Eine Entscheidung des OVA., in der es seine Unzuständigkeit ausspricht, ist dem Verletzten gegenüber unzulässig (§ 1640 u. Anm. dazu).

Die Sondervorschrift in Abs. 2 Satz 1 ist für die See-Unfallversicherung von der Reichstagskommission eingeführt worden, weil angeblich den binnenländischen OV. Ämtern die Sachkunde fehle, die für die See-Unfallversicherung zur Beurteilung der zur Entscheidung gelangenden Fragen erforderlich sei (Kom. Ber. Bd. VI, S. 158).

Abs. 2 Satz 2 regelt die Zuständigkeit für die in den Kolonien beheimateten Schiffe.

c) in Invalidensachen.

§ 1678. Über die Berufung entscheidet in Sachen der Invaliden- und Hinterbliebenenversicherung das Oberversicherungsamt für den Bezirk desjenigen Versicherungsamts, welches nach den §§ 1617 bis 1627 bei der Vorbereitung der Sache mitgewirkt hat.

Ist die Vorbereitung und Begutachtung der Sache Organen von Knappschaftsvereinen, Knappschaftskassen oder von Sonderanstalten für Betriebe des Reichs oder der Bundesstaaten übertragen, so ist das Oberversicherungsamt zuständig, in dessen Bezirke sich der Sitz dieser Organe befindet.

Vgl. § 114 Abs. 2, Satz 1 IVG.

Für die Zuständigkeit des V. Amts gelten nach §§ 1614, 1626 Abs. 1 die Vorschriften der §§ 1637 bis 1640.

Die besondere Vorschrift in Satz 2 ist mit Rücksicht auf die Vorschrift des § 1628 getroffen.

Geltung der Vorschriften über das Spruchverfahren.

§ 1679. Für das Verfahren über die Berufung gelten die Vorschriften über das Spruchverfahren vor dem Versicherungsamt entsprechend, soweit nicht die §§ 1680 bis 1693 etwas anderes vorschreiben.

Für die Pflicht zum Nachweis des Entgelts gilt § 1581 entsprechend.

Für das Berufungsverfahren gelten also im allgemeinen die Vorschriften über Ausschluß und Ablehnung von Mitgliedern des Spruchausschusses (§ 1641 bis 1649), über das Verfahren bis zur mündlichen Verhandlung (§§ 1650 bis 1659) und über die mündliche Verhandlung (§ 1660 bis 1674). Nicht gelten die Vorschriften, welche das Verfahren des V. Amts bei der Vorbereitung, bei dem Einspruch, und bei der Begutachtung auf den Gebieten der Unfall- und Invalidenversicherung betreffen.

Insbesondere gelten auch die Vorschriften der §§ 1657 bis 1659 über die ohne mündliche Verhandlung zu treffende Vorentscheidung des Vorsitzenden, die auch im preußischen Verwaltungsstreitverfahren, aus dem sie entnommen sind, für die höhere Instanz maßgebend sind (Kom. Ber. Bd. VI, S. 163). Doch ist gegen die Vorentscheidung nur der Rechtsbehelf des Antrags auf mündliche Verhandlung gegeben (§ 1692 Abs. 2).

Auch vor dem OVA. können über 16 Jahre alte Minderjährige selbständig ihre Ansprüche verfolgen. Soweit sie von diesem Rechte schon in dem Spruchverfahren vor dem V. Amt Gebrauch gemacht haben (§ 1610 Abs. 3), oder soweit sie, gemäß § 1591 Abs. 3, selbständig Einspruch eingelegt haben, läuft die Berufungsfrist für sie von dem Zeitpunkt der Zustellung der angefochtenen Entscheidung an sie selbst (vgl. § 1591 Anm. a. E.).

Abs. 2 gibt der Spruchkammer, außerhalb der mündlichen Verhandlung auch dem Vorsitzenden, die Mittel an die Hand, in Unfallrentensachen den Jahresarbeitsverdienst festzustellen.

Stelle für die Berufungseinlegung.

§ 1680. Die Berufung wird in Sachen der Krankenversicherung bei dem Versicherungsamt eingelegt. Das Versicherungsamt hat sie mit den Vorverhandlungen spätestens nach zwei Wochen dem Oberversicherungsamt einzureichen.

Die Bestimmung, daß die Berufung in Sachen der Krankenversicherung bei dem V. Amt einzulegen ist, hat das Gesetz zur Förderung der Einfachheit und Beschleunigung des Verfahrens getroffen. In Sachen der Unfall- und Invalidenversicherung ist die Berufung nach § 129 Abs. 1 bei dem OVA. einzulegen.

Die Berufungsfrist wird nach § 129 Abs. 2 auch gewahrt, wenn die Berufungsschrift bei einer anderen Behörde, bei einem Organe der Versicherungsträger oder bei einem Seemannsamt rechtzeitig eingeht.

Anhörung eines bestimmten Arztes auf Antrag des Versicherten.

§ 1681. Wenn der Versicherte oder seine Hinterbliebenen beantragen, daß ein bestimmter Arzt gutachtlich gehört werde, kann das Oberversicherungsamt, falls es diesem Antrag stattgeben will, diese Anhörung von der Bedingung abhängig machen, daß der Antragsteller die Kosten vorschießt und, falls das Oberversicherungsamt nicht anders entscheidet, sie endgültig trägt.

Durch diese Vorschrift wird die Gestaltung der Beweisaufnahme dem Ermessen des OVA. und (außerhalb der mündlichen Verhandlung) seines Vorsitzenden nicht entzogen. Hält das OVA. (oder sein Vorsitzender) die von dem Versicherten oder seinen Hinterbliebenen beantragte Anhörung des bezeichneten Arztes für erforderlich, um den Sachverhalt vollkommen aufzuklären, so hat er von Amts wegen die Anhörung dieses Arztes zu veranlassen, ohne den Versicherten zur Kostentragung heranzuziehen. Das OVA. ist aber auch nicht verpflichtet, dem Antrag des Versicherten nachzukommen, selbst wenn dieser die Mittel, die zur Deckung der zu erwartenden Kosten erforderlich sind, bereitstellt.

Von der Vorschrift dieses Paragraphen wird im allgemeinen dann Gebrauch zu machen sein, wenn der Versicherungsträger bereits ein Gutachten beigebracht hat und das OVA. diesem Gutachten, das zu Ungunsten des Versicherten von früheren amtlich eingezogenen Gutachten abweicht, zu folgen geneigt ist (vgl. Kom. Ber. Bd. VI, S. 161).

Das OVA. wird die Kosten des gemäß § 1681 beigezogenen Gutachtens dann zur Erstattung festzusetzen haben, wenn das Gutachten sich nachträglich als zur Aufklärung des Sachverhalts notwendig erweist; die Kosten werden dann als gerichtliche Kosten zu gelten haben. Im Falle des Obsiegens des Antragstellers wird die Frage der Kostenerstattung auch von dem Gesichtspunkt zu prüfen sein, ob die Aufwendung der Kosten zur zweckentsprechenden Rechtsverfolgung erforderlich war und die Kosten daher als außergerichtliche zu erstatten sind (vgl. die Anm. zu §§ 1669, 1670 über die Erstattung der Kosten des persönlichen Erscheinens).

Aufschiebende Wirkung der Berufung.

§ 1682. Die Berufung bewirkt Aufschub, wenn es sich handelt um

Wiederaufnahme des Heilverfahrens nach den §§ 603, 604, 952, 1112,
Kapitalabfindung (§§ 616, 617, 955, 1117, 1316, 1317, 1476).

Diese Bestimmung stellt ebenso wie die der §§ 1710, 1779 eine Ausnahme von der Regel des § 130 dar. — Vgl. im übrigen die angezogenen Paragraphen und die zugehörigen Anm. Im Falle des § 606 bewirkt die Berufung abweichend vom früheren Recht (§ 76 Abs. 5, § 23 GUVG.) keinen Aufschub mehr.

Bei „anderen Spruchsachen" hat die Berufung auch aufschiebende Wirkung, wenn es sich um Ersatzansprüche handelt (§ 1779).

Aussetzung des Vollzugs des Bescheids.

§ 1683. Wird ein Endbescheid des Versicherungsträgers angefochten, der eine Unfallentschädigung wegen Änderung der Verhältnisse herabsetzt oder entzieht, so kann der Vorsitzende auf Antrag anordnen, daß der Vollzug des Bescheids einstweilen ganz oder teilweise ausgesetzt wird.

Die Anordnung kann jederzeit wieder aufgehoben werden. Sie kann nicht für sich allein, sondern nur mit der Entscheidung in der Hauptsache angefochten werden.

„Änderung der Verhältnisse" vgl. §§ 608, 609.

Diese Bestimmung ist deshalb von besonderer Bedeutung, weil die Herabsetzung und Entziehung von Dauerrenten — im Gegensatz zu früher — auch nach Ablauf von 5 Jahren durch den Versicherungsträger erfolgt. Sie ist nach der Begründung (S. 474 und 497) insbesondere zum Ausgleich für diese Rechtsänderung geschaffen. Der Vorsitzende des OVA. wird also in der Anwendung dieser Bestimmung nicht allzu zurückhaltend sein dürfen. —

Hatte der Vorsitzende von der Aussetzungsbefugnis Gebrauch gemacht und wird dann die Berufung zurückgewiesen, so ist der zu Unrecht gezahlte Rentenbetrag von den späteren Rentenbezügen zu kürzen (§ 1688).

Zuziehung der Beisitzer. (§§ 1684, 1685).

§ 1684. Die Besitzer werden zu den Verhandlungen der Spruchkammer nach einer im voraus aufgestellten

Reihenfolge zugezogen. Das Nähere bestimmt die oberste Verwaltungsbehörde. Beisitzer, die in die Beschlußkammer gewählt sind, sind entsprechend seltener zu den Verhandlungen der Spruchkammer zuzuziehen.

Will der Vorsitzende von der Reihenfolge aus besonderen Gründen abweichen, so hat er sie in den Akten zu vermerken.

Vgl. § 106 Abs. 5 IVG.

Gründe für das Abweichen von der Reihenfolge sind besonders die im § 1685 aufgeführten.

Die Vorschriften über die Bildung der Spruch- und Beschlußkammern befinden sich in den §§ 77, 78.

§ 1685. In Sachen der Unfallversicherung sollen außer der Reihe möglichst Beisitzer aus Angehörigen solcher Betriebe zugezogen werden, welche dem Unfallbetriebe technisch und wirtschaftlich nahestehen.

Dies muß geschehen, wenn es sich um Unfälle in der Landwirtschaft oder in Bergbaubetrieben handelt, sofern Angehörige solcher Betriebe als Beisitzer bei dem Oberversicherungsamt vorhanden sind. Ausnahmen sind aus besonderen Gründen zulässig, die in den Akten zu vermerken sind.

Vgl. § 7 HG.

Werden in Streitsachen über Unfälle in der Land- und Forstwirtschaft oder im Bergbaubetriebe keine Besitzer aus diesen Betrieben zugezogen, ohne daß die hier zugelassenen Ausnahmen vorliegen, so ist das Verfahren nichtig (Rek. Entsch. 1920, A. N. 1902, S. 368). Unter Bergbaubetrieben sind nur die eigentlichen Bergbaubetriebe, nicht aber auch solche Betriebe zu verstehen, die nur in das Betriebsverzeichnis als Nebenbetriebe des Bergbaus aufgenommen sind. Als besonderen Grund im Sinne des Satz 2 hat das RVA. auch die Aufwendung unverhältnismäßig hoher Kosten anerkannt.

Die Vorschrift des Abs. 2 Satz 2 bezieht sich nur auf die in Abs. 2 Satz 1 bezeichneten Unfälle und ist auf Abs. 1 nicht auszudehnen.

Ärzte des O. V. A.

§ 1686. Das Oberversicherungsamt (Beschlußkammer) wählt je für vier Jahre am Schlusse des letzten, in der

Regel nach Anhören der zuständigen Ärztevertretung, aus seinem Bezirke die Ärzte aus, die es als Sachverständige nach Bedarf zuzieht. In Sachen der Unfallversicherung dürfen keine Ärzte als Sachverständige zugezogen werden, die in einem Vertragsverhältnis zu Trägern der Unfallversicherung stehen oder von ihnen regelmäßig als Gutachter in Anspruch genommen werden. Das Entsprechende gilt für die Invaliden- und Hinterbliebenenversicherung. Mindestens zur Hälfte müssen sie am Sitze des Oberversicherungsamts wohnen.

Die Namen der Gewählten sind öffentlich bekannt zu machen.

Den Sachverständigen ist vor Abgabe ihres Gutachtens Einsicht in die Akten zu gewähren.

Die oberste Verwaltungsbehörde regelt die Durchführung dieser Vorschrift.

Vgl. § 8 HG.

Die Vorschrift des Abs. 1 Satz 1 gilt für die 3 Versicherungszweige. Für die Unfall- und Invalidenversicherung ist die Zuziehung der Vertrauensärzte der Träger dieser Versicherung allmein untersagt. Wer als Vertrauensarzt anzusehen ist, kann nur nach Lage des Einzelfalles beurteilt werden; das zu § 1582 Abs. 2 Gesagte gilt auch hier.

Durch die Ausdehnung der Wahlzeit auf 4 Jahre soll den gewählten Ärzten Gelegenheit gegeben werden, sich in die speziellen Aufgaben, die ihnen die Arbeiterversicherung stellt, einzuarbeiten und ihre Praxis der Tätigkeit für das OVA. anzupassen.

Die Veröffentlichung ist angeordnet, um dem Versicherten die Möglichkeit zu geben, einen der Ärzte des Schiedsgerichts schon vor der Verhandlung aufzusuchen. Der Arzt sei dann in der Lage, schon vor der Sitzung den Zustand des Versicherten genau zu untersuchen und in der Sitzung alsbald sein Gutachten zu erstatten (Kom. Ber. Bd. VI, S. 170).

Wenn ein Arzt in der Vorinstanz als Gutachter vernommen ist, so kann er, wenn ein anderer Arzt ein entgegenstehendes Gutachten abgibt, vom OVA. in derselben Sache nicht wiederum als Obergutachter vernommen werden (Kom. Ber. Bd. VI, S. 170). Doch steht nichts im Wege, den früheren Gutachter zu einer Äußerung über einzelne Punkte des späteren Gutachtens zu veranlassen.

Den Zeitpunkt der erstmaligen Wahl der ärztlichen Sachverständigen bestimmt die oberste Verwaltungsbehörde. Bis zu diesem Zeitpunkt werden die bisher gewählten Ärzte zugezogen (Art. 98 Einf.-Ges.); die Vorschrift des § 1686 Abs. 1, Satz 2 u. 3 gilt aber auch für die Zuziehung dieser Ärzte.

Beiladung eines anderen Trägers der Unfallversicherung.

§ 1687. Am Streite nicht beteiligte Träger der Unfallversicherung können zur Entschädigung verurteilt werden, wenn sie zur Verhandlung beigeladen worden sind.

Vgl. § 82 GUVG.; § 88 LUVG.; § 37 Abs. 1 BUVG.; § 86 SUVG.

Diese Bestimmung ist anzuwenden, wenn nach Ansicht des OVA. nicht der in Anspruch genommene, sondern ein anderer Träger der Unfallversicherung als entschädigungspflichtig in Frage kommt. Das OVA. ist jedoch nicht befugt, eine diesem andern Versicherungsträger gegenüber ergangene Entscheidung, die diesen von der Entschädigungspflicht befreit hat, aufzuheben; hierzu ist nur das Rekursgericht (§ 1703) berechtigt.

Rentenkürzung bei Zuvielzahlung.

§ 1688. Wird eine Unfallrente gemindert, so bestimmt das Oberversicherungsamt endgültig, in welchen Beträgen die einzelnen späteren Rentenbezüge zum Ausgleich gekürzt werden dürfen.

Vgl. § 90 Abs. 1 GUVG.; § 96 Abs. 1 LUVG.; § 37 Abs. 1 BUVG.; § 94 SUVG.

Die Vorschrift hängt mit der des § 1683 zusammen, wonach der Vorsitzende des OVA. den Vollzug einer von dem Versicherungsträger vorgenommenen Rentenminderung ganz oder teilweise aussetzen kann (vgl. Anm. zu § 1683).

Kapitalabfindung.

§ 1689. Ein Bescheid oder Endbescheid, der eine Kapitalabfindung nach den §§ 616, 617, 955, 1117, 1316, 1317, 1476 feststellt, kann im Spruchverfahren nur bestätigt oder aufgehoben werden.

Vgl. § 95 Abs. 1, Satz 6 GUVG.; § 101 Abs. 1, Satz 6 LUVG.; § 37 Abs. 1 BUVG.; § 99 Abs. 1, Satz 6 SUVG.

Zu einer Erhöhung der Abfindungssumme ist das OVA. nicht berechtigt.

Zurückverweisung.

§ 1690. Hebt die Spruchkammer den angefochtenen Bescheid oder Endbescheid oder das angefochtene Urteil auf, weil das Verfahren an einem wesentlichen Mangel leidet, so kann sie die Sache an die Vorinstanz oder an den Versicherungsträger zurückverweisen.

Dabei kann sie die Gewährung einer vorläufigen Leistung anordnen.

Vgl. § 539 ZPO.

Das Wort Bescheid bezieht sich auf die Invalidenversicherung, während der Endbescheid von den Trägern der Unfallversicherung erteilt wird.

An einem wesentlichen Mangel leidet das Verfahren der Vorinstanz insbesondere dann, wenn die notwendige Klarstellung des Sachverhalts unterblieben oder wichtige zu Gunsten des Versicherten getroffene Bestimmungen (vgl. § 1697) nicht beobachtet worden sind. Im allgemeinen wird das OVA. im Interesse der Prozeßbeschleunigung von der Befugnis der Zurückverweisung nur dann Gebrauch machen dürfen, wenn es den Mangel nicht selbst ohne Schwierigkeit beheben oder die Vorinstanz oder der Versicherungsträger sich wiederkehrend derselben Flüchtigkeit schuldig gemacht haben. Das Revisions- oder Rekursgericht ist berechtigt, nachzuprüfen, ob die von einem OVA. wegen eines wesentlichen und noch nicht beseitigten Mangels ausgesprochene Zurückverweisung nach Lage der Sache gerechtfertigt war (Rev. Entsch. 1417, A. N. 1909, S. 499).

Glaubt das OVA., daß der Anspruch des Versicherten begründet ist, so hat es die Gewährung einer vorläufigen Leistung anzuordnen, deren Höhe nach der dem Versicherten voraussichtlich zustehenden Entschädigung zu bemessen ist. Diese Entscheidung kann nur mit dem Urteil des OVA. angefochten werden.

Keine Entscheidungen des Vorsitzenden in Bagatellsachen.

§ 1691. Die Vorschrift des § 1661 über die Entscheidung durch den Vorsitzenden allein gilt nicht für das Berufungsverfahren.

In der Berufungsinstanz entscheidet sonach auch in Sachen des § 1661 nicht der Vorsitzende allein, sondern das

Kollegium. — Wohl aber ist der Vorsitzende zum Erlaß einer Vorentscheidung im Sinne des § 1657 stets befugt.

Vermerk über die Unanfechtbarkeit des Urteils.

§ 1692. Steht es fest, daß das Urteil mit der Revision oder dem Rekurse nicht angegriffen werden kann (§§ 1695, 1696, 1700), so vermerkt der Vorsitzende der Spruchkammer unter Hinweis auf die gesetzlichen Vorschriften am Schluß des Urteils, daß hiergegen kein Rechtsmittel mehr zulässig ist.

Wird eine Vorentscheidung erlassen (§ 1679 in Verbindung mit § 1657), so geht der Vermerk dahin, daß nur Antrag auf mündliche Verhandlung vor der Spruchkammer zulässig ist; die Frist hierfür ist zu bezeichnen.

Diese neue Vorschrift verfolgt den Zweck, die Berechtigten in den Fällen, in denen das OVA. endgültig entscheidet, darauf hinzuweisen, um die Zahl der unzulässigen Revisionen möglichst einzuschränken. Zum anderen bezweckt sie, dem RVA. (LV. Amt) die erste Nachprüfung zu erleichtern. Die Endgültigkeit der Entscheidung hat der Vorsitzende zu vermerken, weil die Beurteilung dieser Frage nicht zur Zuständigkeit der Spruchkammer gehört, hierüber vielmehr schließlich das RVA. (LV. Amt) zu entscheiden hat. Der Fall, daß das Urteil mit Unrecht als endgültig bezeichnet ist, wird durch § 1711 ausdrücklich geregelt. — Eine Belehrung darüber, daß das Urteil mit der Revision oder dem Rekurse angefochten werden kann, hat zu unterbleiben.

Im Falle des Erlasses einer Vorentscheidung des Vorsitzenden des OVA. (vgl. Anm. zu § 1679) ist also nicht, wie im Verfahren vor dem V. Amt wahlweise die Rechtsmitteleinlegung oder der Rechtsbehelf des Antrags auf mündliche Verhandlung, sondern nur der letzterwähnte Rechtsbehelf gegeben.

Abgabe an das RVA. (LV. Amt).

§ 1693. Will das Oberversicherungsamt in einem Falle, in dem die Revision oder der Rekurs ausgeschlossen ist (§§ 1695, 1696, 1700), von einer amtlich veröffentlichten grundsätzlichen Entscheidung des Reichsversicherungsamts abweichen oder handelt es sich in einem solchen Falle um eine noch nicht festgestellte Auslegung gesetzlicher Vorschriften von grundsätzlicher Bedeutung, so hat es die Sache unter Begründung seiner Rechtsauffassung an das Reichsversicherungsamt abzugeben.

Will das Oberversicherungsamt in einem solchen Falle von einer amtlich veröffentlichten Entscheidung des ihm übergeordneten Landesversicherungsamts abweichen, so ist die Sache an dieses abzugeben.

Will das Oberversicherungsamt in derselben Sache von einer amtlich veröffentlichten grundsätzlichen Entscheidung des Reichsversicherungsamts und eines Landesversicherungsamts abweichen, so ist das Reichsversicherungsamt zur Entscheidung zuständig.

Das Reichsversicherungsamt (Landesversicherungsamt) entscheidet in diesen Fällen an Stelle des Oberversicherungsamts. Von der Abgabe der Sache sind die Beteiligten zu benachrichtigen.

Vgl. § 28 des Ges. über die Angelegenheiten der freiwilligen Gerichtsbarkeit vom 17. Mai 1898.

Die — für das Beschlußverfahren nach § 1799 entsprechend geltende — Vorschrift des § 1693, welche die Rechtseinheit erhalten soll, ist eine notwendige Ergänzung der Bestimmungen über den Ausschluß der Revision und des Rekurses für bestimmte Fälle. Deswegen ist § 1693 in allen revisions- und rekursfähigen Sachen nicht anwendbar. In den Fällen des Abs. 1 tritt an die Stelle der Revision gegen das gefällte Urteil die vorherige Abgabe an das RVA., damit dieses unter Würdigung der Rechtsauffassung des OVA. Stellung nehme. Die Sache prüft zunächst der an sich zuständige Senat des RVA., und erst wenn er von der früheren Entscheidung des RVA. abweichen will, kommt die Sache an den Großen Senat (§ 101). Der zuständige Senat und gegebenenfalls der Große Senat haben nicht nur den Grundsatz aufzustellen, nach welchem die Sache zu entscheiden ist, sondern in der Sache selbst, unter Würdigung ihrer tatsächlichen und rechtlichen Seite, zu erkennen oder sie an das OVA. zurückzuverweisen. Dies gilt sowohl für die Rekurs-, wie auch für die Revisionssenate (Begr. S. 475 u. 504.)

Soweit das RVA. über das Maß der Erwerbsunfähigkeit bei bestimmten Verletzungen (so bei Augenverletzungen) oder über die Frage des ursächlichen Zusammenhangs bei bestimmten Gebrechen (z. B. bei Leistenbrüchen) Entscheidungen von grundsätzlicher Bedeutung veröffentlicht hat, ist auch § 1693 anzuwenden (vgl. Kom. Ber. Bd. VI, S. 103).

Das LV. Amt ist nur im Falle des Abs. 2 zur Entscheidung berufen.

Sollte das OVA. versehentlich die Anwendung des § 1693 unterlassen haben, so wird hierdurch das erlassene Urteil nicht revisions- oder rekursfähig (Kom. Ber. Bd. VI, S. 175).

Über die Art der Veröffentlichung der grundsätzlichen Entscheidungen des RVA. und der LV. Ämter ist § 1716 zu vergleichen.

Für die Übergangszeit (die ersten 5 Jahre) ist durch Art. 99 des Einf.-Ges. die Abgabe an das RVA. (LV. Amt) vorgeschrieben, wenn ein OVA. in Angelegenheiten der Krankenversicherung von einer Entscheidung des Reichsgerichts oder des höchsten Verwaltungsgerichts des Bundesstaats, in dem es seinen Sitz hat, abweichen will.

III. Verfahren vor dem Reichsversicherungsamt (Landesversicherungsamt).

Das RVA. (LV. Amt) ist im Spruchverfahren zu Entscheidungen in Sachen der Kranken-, Invaliden- und Hinterbliebenenversicherung als Revisionsinstanz, in Sachen der Unfallversicherung als Rekursinstanz gegenüber den Urteilen des OVA. eingesetzt. Das Verfahren wird, soweit es nicht in diesem Unterabschnitt geregelt ist, gemäß § 35 durch Kaiserliche Verordnung näher bestimmt. (Vgl. die Einleitung zum 6. Buch). — Die Spruchsenate des RVA. (LV. Amt) sind mit 7, der Große Senat mit 11 Mitgliedern besetzt.

1. Krankenversicherung, Invaliden- und Hinterbliebenenversicherung.

Revision.

§ 1694. Gegen die Urteile der Spruchkammern ist in Sachen der Krankenversicherung sowie der Invaliden- und Hinterbliebenenversicherung Revision zulässig.

Vgl. § 116 Abs. 1 IVG.

Für die Revision gilt im allgemeinen dasselbe, was zu § 1675 gesagt ist. Eine Änderung des Klagegrundes oder eine Erweiterung der erhobenen Ansprüche ist in der

Revisionsinstanz nicht zugelassen. Hinsichtlich des Kostenpunktes vgl. § 1695 Nr. 6, § 1696 Nr. 5.

Der Träger der Versicherung ist zugunsten des Versicherten zur Einlegung der Revision nicht berechtigt. Hatte die V. Anstalt durch förmlichen Bescheid den erhobenen Anspruch anerkannt und dem Antragsteller die Rente zugesprochen, so ist sie nicht berechtigt, gegen das die Berufung des Antragstellers zurückweisende Urteil des OVA. Revision einzulegen.

Das Revisionsgericht kann die Vorentscheidung aus Gründen bestätigen, die mit denen der Vorentscheidung im Widerspruch stehen. Doch darf hierdurch zu Ungunsten des Revidenten nichts für die Rechtskraft gefolgert werden.

Revision in Sachen der Krankenversicherung.

§ 1695. Bei Ansprüchen auf Leistungen der Krankenversicherung ist die Revision ausgeschlossen, wenn es sich handelt um

1. die Höhe des Kranken-, Haus- oder Sterbegeldes,
2. Unterstützungsfälle, in denen der Kranke nicht oder weniger als acht Wochen arbeitsunfähig war,
3. Wochenhilfe,
4. Familienhilfe,
5. Abfindung,
6. Kosten des Verfahrens.

Zu den Leistungen der Krankenversicherung im Sinne dieser Bestimmung gehören auch die im § 1551 aufgeführten Leistungen, die ihren Grund in den Vorschriften der Unfallversicherung oder des 5. Buches haben und sich gegen den Unternehmer, Arbeitgeber, Träger der anderen Fürsorge usw. richten.

Bei den Streitigkeiten über Leistungen der Krankenversicherung wird es sich nicht selten um die Gültigkeit von Satzungsbestimmungen handeln, über welche das RVA. auch auf Beschwerde über Versagung der Genehmigung von Satzungen oder Satzungsänderungen zu entscheiden hat. Dem RVA. liegt es ob, die Entscheidungen der Revisions- und Beschlußsenate übereinstimmend zu gestalten.

Die Revision ist in den bezeichneten Fällen ausgeschlossen, weil es sich um Leistungen von minderem Umfang handelt. Solche Leistungen unterliegen aber auch dann der Nachprüfung des RVA., wenn sie verbunden mit revisiblen Ansprüchen geltend gemacht werden. Hierdurch wird — vgl. auch § 1693 — die Einheitlichkeit der Rechtsprechung gewährleistet.

Nr. 1 betrifft Bemängelungen der ziffernmäßigen Höhe des Kranken-, Haus- und Sterbegeldes.

Nr. 2 schließt die Revision für alle Fälle aus, in denen es sich nur um Krankenpflege (§ 182 Nr. 1) handelt, sowie auch für die weniger wichtigen Fälle, wo Erwerbsunfähigkeit vorliegt.

Nr. 6: Ob die Kostenentscheidung unmittelbar im Urteil oder gemäß § 1674 im Wege nachträglicher Ergänzung des Urteils erfolgt ist, sowie ob sie auf Grund eines Anerkenntnisses in der Hauptsache, oder ohne eine Entscheidung in der Hauptsache ergangen ist (§ 99 ZPO.), bleibt ohne Belang. Die Anfechtung der Kostenentscheidung ist auch dann nicht zugelassen, wenn die Gegenpartei in der Hauptsache Revision eingelegt hat (vgl. § 1707 und Anm.). Die Kostenentscheidung kann auch dann nicht nachgeprüft werden, wenn die Revision in der Hauptsache zurückgenommen worden ist (§ 1707).

Revision in Sachen der Invaliden- und Hinterbliebenenversicherung.

§ 1696. Bei Ansprüchen auf Leistungen der Invaliden- und Hinterbliebenenversicherung ist die Revision ausgeschlossen, wenn es sich handelt um

1. Höhe, Beginn und Ende der Rente,
2. Kapitalabfindung,
3. Witwengeld,
4. Waisenaussteuer,
5. Kosten des Verfahrens.

Vgl. § 116 Abs. 1, Satz 1 IVG.

Nach dem IVG. war die Revision gegen Urteile der Berufungsinstanz in Sachen der Invalidenversicherung allgemein zugelassen, nur wegen der Kostenentscheidung allein nicht. Die nunmehr eingeführten Beschränkungen betreffen nur weniger wichtige Fragen und Ansprüche von geringerer Bedeutung. Auch für diese Rechtsgebiete wird die Einheitlichkeit der Rechtsanwendung durch den § 1707 gewahrt, nach dem beim Zusammentreffen revisibler und nichtrevisibler Ansprüche über leztere unter Umständen mit zu entscheiden ist (vgl. auch § 1693). Für die wichtigsten Fragen — die Versicherungspflicht und das Vorliegen der Invalidität — ist die Revision grundsätzlich zugelassen.

Zu Nr. 5 vgl. Anm. zu § 1695 Nr. 6.

Revisionsgründe.

§ 1697. Die Revision kann nur darauf gestützt werden, daß

1. das angefochtene Urteil auf der Nichtanwendung oder auf der unrichtigen Anwendung des bestehenden Rechtes oder auf einem Verstoße wider den klaren Inhalt der Akten beruhe,
2. das Verfahren an wesentlichen Mängeln leide.

Vgl. § 116 Abs. 3 IVG.

Das Revisionsgericht hat die angefochtene Entscheidung nur auf Grund des Sachverhalts nachzuprüfen, welcher dem OVAmte bis zur Entscheidung vorgelegen hat. Die Berücksichtigung neuer Behauptungen oder Beweismittel ist daher im Revisionsverfahren unzulässig, ebenso eine Beweiserhebung über bereits festgestellte oder neu behauptete Tatsachen. Dadurch wird aber nicht jegliche Beweiserhebung im Revisionsverfahren ausgeschlossen. Eine solche kann z B. zur Prüfung der Zulässigkeit der Revision, der Prozeßfähigkeit des Klägers, der gerügten Verstöße gegen Verfahrensvorschriften und dergl. erforderlich werden.

Die Revision kann nur gegründet werden:

a) auf eine Gesetzesverletzung; eine solche liegt vor, wenn das bestehende Recht nicht oder nicht richtig angewendet worden ist. Zu dem bestehenden Recht im Sinne dieser Gesetzesvorschrift ist jede Rechtsnorm öffentlich- und privatrechtlicher Natur zu rechnen, also nicht bloß die RVO., sondern auch andere Reichs- und Landesgesetze, Verordnungen, Bundesratsbeschlüsse usw.;

b) auf einen Verstoß wider den klaren Inhalt der Akten; ein solcher liegt namentlich dann vor, wenn eine Tatsache festgestellt worden ist, für die sich in den Akten kein genügender Anhalt findet, oder wenn ein Beweis oder eine Behauptung über eine erhebliche Tatsache, die zu einer anderen Entscheidung hätte führen können, in der Entscheidung völlig übergangen, also weder im Tatbestande noch in den Urteilsgründen berücksichtigt worden ist (Rev. Entsch. 144, A. N. — I. u. AV. — 1892, S. 54);

c) auf wesentliche Mängel des Verfahrens; die Frage, ob ein Mangel des Verfahrens als ein wesentlicher zu gelten hat, ist von dem Revisionsgericht unter Würdigung der Bedeutung der in Betracht kommenden Verfahrensvorschrift zu entscheiden. Unter Verfahren ist das gesamte Feststellungsverfahren einschließlich des Verfahrens vor dem V. Amt (§ 1617) zu verstehen. Hier kommen nicht nur Verstöße gegen die Verfahrensvorschriften der RVO., sondern auch gegen die gemäß § 35 Abs. 2 noch zu erlassende Kaiserliche Verordnung über den Geschäftsgang und das Verfahren der Versicherungsbehörden (vgl. Einleitung zum 6. Buch) in Betracht.

Wesentliche Mängel des Verfahrens liegen u. a. vor, wenn

die vorgeschriebene mündliche Verhandlung vor dem V. Amt nicht stattgefunden hat,

das OVA. bei der Entscheidung nicht vorschriftsmäßig besetzt war,

eine Partei zur mündlichen Verhandlung, nach der das Urteil ergangen ist, nicht oder nicht ordnungsmäßig geladen war,

den Beteiligten ärztliche Zeugnisse und Gutachten nicht ausreichend mitgeteilt worden sind (§ 1653 Anm.; vgl. auch Rev. Entsch. 1334, A. N. 1908, S. 228),

der Sachverhalt nicht genügend aufgeklärt worden ist,

mit einer prozeßunfähigen Partei verhandelt worden ist.

In den Fällen der Nr. 1 ist die Revision nur dann begründet, wenn die angefochtene Entscheidung auf der Rechtsverletzung oder dem Aktenverstoße beruht; in den Fällen der Nr. 2 auch dann, wenn nicht ersichtlich ist, daß die angefochtene Entscheidung auf dem festgestellten wesentlichen Verfahrensmangel beruht.

Die Nichtanwendung der für den Berechtigten günstigeren Vorschriften der RVO. stellt bei Invaliden- und Altersrentenansprüchen, über die am 1. Januar 1912 das Feststellungsverfahren noch schwebt, einen Revisionsgrund dar, und zwar auch dann, wenn das Schiedsgericht diese Vorschriften noch nicht anwenden konnte (Art. 79 Einf.-Ges.).

Geltung d. Vorschriften ü. d. Verfahren v. d. V. Amt.

§ 1698. Für das Verfahren über die Revision gelten die Vorschriften über das Spruchverfahren vor dem Versicherungsamt entsprechend, soweit die §§ 1707 bis 1721 nichts anderes vorschreiben.

Die Vorschriften der §§ 1656 bis 1659, 1661 gelten nicht.

Vgl. § 16 Abs. 3, § 22 Abs. 7 HG.

Durch Abs. 2 ist die Geltung der Vorschriften über die Vorentscheidung durch den Vorsitzenden und über die alleinige Entscheidung des Vorsitzenden in Bagatellsachen ausgeschlossen.

2. Unfallversicherung.

Vgl. Vorbemerkung zu § 1694.

Rekurs.

§ 1699. Gegen die Urteile der Spruchkammern ist in Sachen der Unfallversicherung Rekurs zulässig.

Vgl. § 80 Abs. 1 GUVG.; § 86 Abs. 1 LUVG.; § 37 Abs. 1 BUVG; § 84 Abs. 1 SUVG.

Der Vorschlag des Entwurfs, in Unfallsachen an die Stelle des Rekurses die Revision zu setzen, hat nicht die Billigung des Reichstags gefunden, der vor allem im Interesse einheitlicher Handhabung der Unfallversicherung auch eine tatsächliche Nachprüfung durch das RVA. in wichtigeren Fällen für erforderlich hielt, um so die Aufstellung auch tatsächlicher Leitsätze zu ermöglichen, die für die Veränderung der Verhältnisse gelten können (Kom. Ber. Bd. VI, S. 96, 98).

Der Rekurs ist wesentlich beschränkt worden (§ 1700). Zum Ausgleich hierfür ist das Einspruchsverfahren eingeschoben worden (vgl. Vorbem. zu § 1591).

Eine Erweiterung des Entschädigungsanspruchs in der Rekursinstanz ist zulässig, doch kann der Rekurs nicht lediglich zwecks Erweiterung des Entschädigungsanspruchs eingelegt werden. Im übrigen gilt für den Rekurs auch das zu § 1675 Ausgeführte. Hinsichtlich der Anfechtbarkeit der Kostenentscheidung vgl. § 1700 Nr. 10.

Ausschluß des Rekurses.

§ 1700. Der Rekurs ist ausgeschlossen, wenn es sich handelt um

1. Krankenbehandlung (§ 558 Nr. 1) oder Hauspflege (§ 599),
2. Renten für eine Erwerbsunfähigkeit, die zur Zeit der Entscheidung des Rekursgerichts unstreitig oder nach rechtskräftiger Feststellung vorübergegangen ist,
3. Rententeile, die bei dauernder Erwerbsunfähigkeit für begrenzte und bereits abgelaufene Zeiträume zu gewähren sind,
4. Heilanstaltpflege,
5. Angehörigenrente,

6. Sterbegeld,
7. vorläufige Renten (§ 1585 Abs. 1),
8. Neufeststellung von Dauerrenten wegen Änderung der Verhältnisse,
9. Kapitalabfindung,
10. Kosten des Verfahrens.

Vgl. § 80 Abs. 1 GUVG.; § 86 Abs. 1 LUVG.; § 37 Abs. 1 BUVG.; § 84 Abs. 1 SUVG.

Zu Nr. 1: Die Verurteilung des Versicherungsträgers zur Gewährung eines Hilfsmittels im Sinne des § 558 Nr. 1 oder zum Ersatz der von dem Verletzten selbst aufgewendeten Kosten des Heilverfahrens, sowie die Abweisung eines solchen Antrags unterliegt also nicht der Nachprüfung im Rekursverfahren.

Zu Nr. 2: Ist die Wiedererlangung der Erwerbsfähigkeit weder unstreitig noch rechtskräftig festgestellt (vgl. hierzu § 1608), so ist der Rekurs nach dieser Vorschrift nicht unzulässig.

Zu Nr. 3: Diese Vorschrift bezieht sich auf Rentenansprüche für bereits abgelaufene Zeiträume, so z. B. wenn ein Verletzter Ansprüche auf Erhöhung der Rente wegen einer bereits vorübergegangenen zeitweiligen Verschlimmerung erhebt, wenn die im § 614 bezeichneten Bezugsberechtigten Rentenansprüche eines Verstorbenen verfolgen, oder wenn der Versicherungsträger behauptet, daß das OVA. dem Verletzten zu Unrecht für eine gewisse vorübergegangene Zeit eine zu hohe Rente gewährt habe (vgl. Begr. S. 505, Kom. Ber. Bd. VI, S. 188). — Der Rekurs ist nur dann unzulässig, wenn zur Zeit der Entscheidung des Rekursgerichts (vgl. Nr. 2) unstreitig ist oder sonst feststeht, daß der fragliche Zeitraum abgelaufen ist.

Zu Nr. 7: Diese Vorschrift bildet in Verbindung mit Nr. 8 die wirksamste Entlastung des RVA. Daß eine Rente als vorläufige festgesetzt ist, läßt der Inhalt des Bescheides des Versicherungsträgers oder des Urteils des OVA. erkennen (§ 1585). — Hatte der Versicherungsträger den erhobenen Rentenanspruch abgelehnt, war er aber durch das OVA. zur Leistung einer vorläufigen Rente verurteilt worden, so kann er das Urteil des OVA. anfechten, wenn er die Pflicht, überhaupt Entschädigung zu leisten, bestreitet.

Zu Nr. 8. Ob der Neufeststellung einer Dauerrente ein Heilverfahren vorausgegangen ist, hat keine Bedeutung. Denn auch nach einem Heilverfahren kann die Neufeststellung einer Dauerrente nur beim Nachweis einer Änderung der Verhältnisse erfolgen (§§ 608, 609). Bestand aber das Heilverfahren in Heilanstaltpflege, so ist die Feststellung der Leistungen des Versicherungsträgers nach ihrer Beendigung keine Neufeststellung wegen Änderung der Verhältnisse (vgl. Anm. zu § 609). Da die Feststellung der Leistungen nach Beendigung der Heilanstaltpflege (anders wie im § 1583) im § 1700 nicht ausgeführt ist, so sind solche neue Feststellungen vom Rekurs nicht ausgeschlossen.

Zu Nr. 9. Vgl. Anm. zu § 1695 Nr. 6.

Verfahren (Allgemeines).

§ 1701. Für das Verfahren über den Rekurs gelten die Vorschriften über das Spruchverfahren vor dem Versicherungsamt, sowie der § 1679 Abs. 2 und die §§ 1681, 1682 entsprechend, soweit die §§ 1702 bis 1721 nichts anderes vorschreiben.

Die §§ 1656 bis 1659 gelten nicht.

Die § 1679 Abs. 2, §§ 1681, 1682 betreffen den Nachweis des Entgelts des Versicherten, die Anhörung eines bestimmten Arztes auf seine Kosten und die aufschiebende Wirkung der Berufung.

Durch Abs. 2 ist die Anwendung der Vorschriften über die Zuziehung der Versicherungsvertreter und über die Vorentscheidung des Vorsitzenden ausgeschlossen. Die Vorschriften über die alleinige Entscheidung des Vorsitzenden an Stelle der vollbesetzten Spruchbehörde (§ 1661) kommen überhaupt nicht in Frage.

Zuziehung von Arbeitgebern und Versicherten.

§ 1702. Zu den Verhandlungen werden die aus dem entsprechenden Bereiche der Unfallversicherung gewählten Arbeitgeber und Versicherten zugezogen.

Vgl. § 16 Abs. 3, § 22 Abs. 7 HG.

Konkurrenz mehrerer Versicherungsträger (§§ 1704 bis 1706).

§ 1703. Ein am Streite nicht beteiligter Träger der Unfallversicherung kann im Rekursverfahren beigeladen werden. Er kann auch dann zur Entschädigung verurteilt werden, wenn ein Anspruch gegen ihn bereits rechtskräftig abgelehnt worden ist.

Vgl. § 16 Abs. 1, Nr. 3, § 22 Abs. 7 HG.; § 82, § 127 Abs. 1 GUVG.; § 88, § 133 Abs. 1 LUVG.; § 37 Abs. 1, § 41 BUVG.; § 86 SUVG.

Der beigeladene Versicherungsträger ist hiernach gegebenenfalls unter Ausschluß des Instanzenweges zur Entschädigung zu verurteilen.

Die Vorschrift ist auch dann anwendbar, wenn das Leiden des Verletzten durch 2 Unfälle verursacht oder verschlimmert worden ist, die zur Zuständigkeit verschiedener Berufsgenossenschaften gehören (Rek. Entsch. 2192, A. N. 1907, S. 472). Vgl. auch die entsprechende Vorschrift des § 1687 für das Verfahren vor dem OVA. und die §§ 1735 bis 1738, welche den Fall regeln, daß mehrere Versicherungsträger nur darüber streiten, wer von ihnen zur Entschädigung eines Unfalls verpflichtet ist.

§ 1704. Hat ein Senat des Reichsversicherungsamts die Entschädigungspflicht eines Versicherungsträgers verneint, weil ein anderer Versicherungsträger verpflichtet sei, so kann der Anspruch gegen den anderen Versicherungsträger nicht deshalb abgelehnt werden, weil der im früheren Verfahren befreite Versicherungsträger entschädigungspflichtig sei.

Hat ein Landesversicherungsamt in einem früheren Verfahren die Entschädigungspflicht verneint, und will ein anderes Landesversicherungsamt den Anspruch ablehnen, weil es den im früheren Verfahren befreiten Versicherungsträger für entschädigungspflichtig hält, so ist die Sache an das Reichsversicherungsamt zur Entscheidung abzugeben.

Vgl. § 127 Abs. 3 GUVG.; § 133 Abs. 3 LUVG.; § 41 BUVG.

Die Vorschrift des Abs. 1 richtet sich nicht nur an den anderen Versicherungsträger, den der Senat des RVA. für entschädigungspflichtig erklärt hat, sondern bindet auch die weiteren Instanzen, die über den neu erhobenen Anspruch gegen den Versicherungsträger zu entscheiden haben. (Begr. S. 509.) Das RVA. wird durch die entsprechende Entscheidung des Senats eines Landesversicherungsamts nicht gebunden.

§ 1705. Steht die Entschädigungspflicht eines Versicherungsträgers endgültig fest, so kann das Reichsversicherungsamt (Spruchsenat) auf Antrag ein Verfahren einstellen, das wegen desselben Unfalls gegen einen anderen Versicherungsträger anhängig ist.

An Stelle des Reichsversicherungsamts tritt das Landesversicherungsamt, wenn sich der Bezirk keines der beteiligten Versicherungsträger über das Gebiet des Bundesstaats hinaus erstreckt.

Vgl. § 16 Abs. 1, Nr. 3, § 22 Abs. 7 HG.; § 83 Abs. 1, § 127 Abs. 1, 2 GUVG.; § 89 Abs. 1, § 133 Abs. 1, 2 LUVG.; § 37 Abs. 1, § 41 BUVG.; § 87 Abs. 1 SUVG.

Die §§ 1705, 1706 regeln die Fälle, in denen ein Entschädigungsanspruch wegen desselben Unfalls von mehreren Versicherungsträgern bewilligt oder erstritten wird.

Das RVA. (LV. Amt) ist auch befugt, das schwebende Verfahren fortsetzen zu lassen und dann in Anwendung des § 1703 zu entscheiden.

Ist eine Rente bereits von einer BG. rechtskräftig zuerkannt, so ist eine andere BG., welche der Verletzte sodann etwa mit Rücksicht auf die Erwirkung eines höheren der Rentenberechnung zu Grunde zu legenden Jahresarbeitsverdienstes angeht, zur Einleitung des Verfahrens nicht verpflichtet (Rek. Entsch. 1496, A. N. 1896, S. 245, vgl. aber auch Rek. Entsch. 2415, A. N. 1910, S. 551).

Die Zuständigkeit des LV. Amt ist entsprechend dem § 1708 geregelt.

§ 1706. Sind wegen desselben Unfalls Entschädigungsansprüche gegen mehrere Versicherungsträger endgültig anerkannt worden, so hebt das Reichsversicherungsamt (Spruchsenat) die zu Unrecht ergangene Feststellung auf. Die geleisteten Zahlungen sind aus der Entschädigung zu ersetzen; über den Ersatzanspruch wird bei Streit im Spruchverfahren entschieden.

An Stelle des Reichsversicherungsamts entscheidet das Landesversicherungsamt, wenn sich der Bezirk keines der beteiligten Versicherungsträger über das Gebiet des Bundesstaats hinaus erstreckt.

Vgl. § 16 Abs. 1, Nr. 3, § 22 Abs. 7 HG.; § 83 Abs. 2, 3, § 127 Abs. 1, 2 GUVG.; § 89 Abs. 2, 3 § 133 Abs. 1, 2 LUVG.; § 37 Abs. 1, § 41 BUVG.; § 87 Abs. 2, 3 SUVG.

Vgl. Anm. zu § 1705.

Der Ersatzanspruch ist aus dem Entschädigungsanspruch des Berechtigten zu decken. Hierüber, insbesondere über die angemessene Verteilung des zu erstattenden Betrages auf die laufenden Rentenbeträge ist von dem zuständigen V. Amt gemäß § 1771 flg. im Spruchverfahren zu entscheiden.

Die Zuständigkeit der LV. Ämter ist im Einklang mit § 1708 geregelt.

3. Gemeinsame Vorschriften.

Die §§ 1707 bis 1721 enthalten gemeinsame Vorschriften für das Spruchverfahren vor dem RVA. (LV. Amt) in Sachen der Kranken-, Invaliden- und Hinterbliebenenversicherung einerseits und der Unfallversicherung andererseits.

Nichtrevisions- und nichtrekursfähige Ansprüche.

§ 1707. Bezieht sich ein im übrigen zulässiges Rechtsmittel einer Partei auch auf Ansprüche, für die das Rechtsmittel ausgeschlossen ist, so darf über diese nur dann entschieden werden, wenn den zulässigen Anträgen ganz oder zum Teil entsprochen wird.

Vgl. § 80 Abs. 2 GUVG.; § 86 Abs. 2 LUVG.; § 37 Abs. 1 BUVG.; § 84 Abs. 2 SUVG.

Diese Vorschrift dient der Erhaltung der Rechtseinheit auch für solche Ansprüche, die mangels Revisions- oder Rekursfähigkeit sonst nicht zur Entscheidung der höchsten Instanz gelangen.

Die Vorschrift ist unanwendbar, wenn beide Parteien Revision oder Rekurs eingelegt haben, die eine wegen eines revisionsfähigen, die andere wegen eines nicht revisionsfähigen Gegenstandes (Begr. S. 506, die auf Rek. Entsch. 1979, A. N. 1903, S. 257 Bezug nimmt).

Z. B. kann eine Anordnung über Aufnahme des Verletzten in eine Heilanstalt (vgl. § 1700 Nr. 4) dadurch rekursfähig werden, daß im Zusammenhange mit ihr seitens des Versicherungsträgers Anordnungen über den Rentenanspruch des Verletzten getroffen worden sind, es sei denn, daß es sich nur um die Einstellung der Rente während der gewährten Heilanstaltpflege handelt.

Zuständigkeit (LV. Amt).

§ 1708. Über das Rechtsmittel entscheidet das Reichsversicherungsamt.

An Stelle des Reichsversicherungsamts entscheidet das Landesversicherungsamt, wenn der Bezirk des beteiligten

Versicherungsträgers sich nicht über das Gebiet des Bundesstaats hinaus erstreckt. Soweit jedoch ein Versicherungsträger mitbeteiligt ist, für den das Reichsversicherungsamt oder ein anderes Landesversicherungsamt zuständig ist, entscheidet das Reichsversicherungsamt.

Die Entscheidungen werden durch die Spruchsenate getroffen.

Vgl. § 16 Abs. 1, Nr. 1, § 21, § 22 Abs. 7 HG.; § 80 Abs. 3, Satz 1, § 127 Abs. 1 GUVG.; § 86 Abs. 3, Satz 1, § 133 Abs. 1 LUVG.; § 37 Abs. 1, § 41 BUVG.; § 84 Abs. 3, Satz 1 SUVG.; § 116 Abs. 2, Satz 1 IVG.

Die Grundsätze, welche bisher für die Zuständigkeit der LV. Ämter in Unfallsachen galten, sind aufrecht erhalten und auch auf die anderen Versicherungszweige erstreckt worden. Nach dem früheren Recht war das LV. Amt zur Entscheidung über Revisionen in Invalidensachen nicht berufen.

Die Regelung der Zuständigkeit der LV. Ämter zur Entscheidung von Beschlußsachen ist im § 1800 entsprechend geregelt.

Rechtsmittelschrift.

§ 1709. Das Rechtsmittel ist schriftlich einzulegen, es soll die Gründe für die Einlegung angeben.

Der Senat kann das angefochtene Urteil auch aus anderen Gründen ändern, als im Rechtsmittel angegeben sind.

Vgl. § 117 Abs. 1 IVG.

Als Rechtsmittel ist jede Eingabe anzusehen, durch welche der Verletzte seine Unzufriedenheit mit dem ergangenen Urteil zum Ausdruck bringt. Vgl. im übrigen das zu § 1591 Abs. 1 Gesagte.

Die Partei soll die Rechtsmitteleinlegung überhaupt näher begründen. Dies ist eine Ordnungsvorschrift, deren Nichtbeachtung das RVA. (LV. Amt) nicht der Prüfung überhebt, ob das Rechtsmittel gerechtfertigt ist. — Aus der Pflicht des RVA. (LV. Amt), alle Gründe von Amts wegen zu berücksichtigen, folgt nicht etwa, daß der erhobene Anspruch als verjährt (§ 1546) zurückzuweisen ist, auch wenn der Einwand der Verjährung nicht erhoben ist.

Ob ein Mangel des Verfahrens als geheilt anzusehen ist, wenn die von ihm betroffene Partei trotz Kenntnis von demselben die Rüge in der mündlichen Verhandlung vor dem

OVA. unterlassen hat (vgl. § 295 ZPO.), ist nicht unzweifelhaft. In beschränktem Umfang und unter Würdigung des Einzelfalls wird der Verlust des Rügerechts zuzulassen sein (Rev. Entsch. 32, A. N. — I. u. AV. — 1891, S. 149), soweit es sich nicht etwa um Mängel handelt, die von Amts wegen zu berücksichtigen sind. Wird der Mangel in der Rechtsmittelinstanz beseitigt, so entfällt auch das Rügerecht der Partei.

Neue Behauptungen und Beweismittel der Parteien sind in der Rekursinstanz stets, in der Revisionsinstanz dann zu berücksichtigen, wenn das angefochtene Urteil aus einem gesetzlich zugelassenen Grunde (§ 1697) aufgehoben wird.

Aufschiebende Wirkung.

§ 1710. Die Rechtsmittel bewirken außer den Fällen des § 1682 Aufschub, wenn sie von dem Versicherungsträger eingelegt werden, soweit es sich um Beträge handelt, die für die Zeit vor Erlaß des angefochtenen Urteils nachgezahlt werden sollen.

Vgl. § 80 Abs. 1 GUVG.; § 86 Abs. 1 LUVG.; § 37 Abs. 1 BUVG.; § 84 Abs. 1 SUVG.; § 116 Abs. 1, Satz 2, 3 IVG.

Diese Vorschrift enthält eine Ausnahme von der Regel des § 130, wonach die Rechtsmittel keine aufschiebende Wirkung haben. Die Fälle des § 1682 sind teilweise den Rechtsmitteln der Revision und des Rekurses entzogen (vgl. jedoch auch § 1707).

Die Vorschrift, daß die Rentenbeträge für die Zeit vor dem Erlaß des angefochtenen Urteils erst zu zahlen sind, wenn das endgültige Urteil ergangen ist, entspricht dem bisherigen Recht.

Die Revision bewirkt bei „andern Spruchsachen“ auch Aufschub, wenn es sich um Ersatzansprüche handelt (§ 1779).

Unzutreffender Vermerk über die Endgültigkeit eines Urteils.

§ 1711. Ist das angefochtene Urteil mit Unrecht als endgültig bezeichnet (§ 1692), so ist das Rechtsmittel zulässig; es ist binnen einem Jahre nach der Zustellung einzulegen.

Das Gesetz hat für den Fall, daß der Vermerk über die Endgültigkeit der Entscheidung nicht zutrifft, in Anlehnung an § 234 Abs. 3 ZPO. die Frist für die Einlegung des Rechtsmittels auf ein Jahr verlängert, aber davon abgesehen, die Wiedereinsetzung in den vorigen Stand zu geben.

Ablehnung wegen Befangenheit.

§ 1712. Wird ein Mitglied des Spruchsenats aus einem Grunde, der seine Ausschließung rechtfertigt, oder wegen Besorgnis der Befangenheit abgelehnt, so entscheidet über das Ablehnungsgesuch der Spruchsenat. Bei der Entscheidung darf der Abgelehnte nicht mitwirken. Bei Stimmengleichheit gilt das Gesuch als abgelehnt.

Der Rest des Spruchsenats entscheidet über den Ablehnungsantrag, gleichgültig, ob der Antrag den Vorsitzenden oder ein anderes Mitglied des Senats betrifft (vgl. auch §§ 1646, 1679 Abs. 1). Sonst gelten die Vorschriften der §§ 1641 flg. auch für das Verfahren vor dem RVA. (LV. Amt).

Unzulässige und verspätete Rechtsmittel.

§ 1713. Ist der Vorsitzende des Senats mit dem Berichterstatter darüber einig, daß das Rechtsmittel unzulässig oder verspätet eingelegt ist, so kann er es ohne mündliche Verhandlung verwerfen. Ist das Rechtsmittel als verspätet verworfen, so kann der Antragsteller binnen einer Woche nach Zustellung der Verfügung die Entscheidung des Spruchsenats anrufen; die Verfügung muß darauf hinweisen.

Sonst wird nach mündlicher Verhandlung in öffentlicher Sitzung entschieden.

Vgl. § 16 Abs. 2, § 22 Abs. 7 HG.; § 81 Abs. 1 GUVG.; § 87 Abs. 1 LUVG.; § 37 Abs. 1 BUVG.; § 85 Abs. 1 SUVG.; § 110 Abs. 2, § 117 Abs. 2 IVG.

Ist der Vermerk über die Endgültigkeit der Entscheidung (§ 1692) zutreffend oder ist das Rechtsmittel aus einem sonstigen Grunde unzulässig oder verspätet, und sind sich hierüber der Vorsitzende des Senats und der Berichterstatter einig, so wird das Rechtsmittel durch einfache Verfügung des Vorsitzenden — die aber nicht etwa eine Verwaltungsentscheidung darstellt — verworfen. Im Falle der Verwerfung als verspätet kann der Antragsteller die Entscheidung des vollbesetzten Spruchsenats anrufen; er kann insbesondere anführen, daß er die Rekursschrift an eine andere Behörde gerichtet hat (§ 129 Abs. 2). Hat der Vorsitzende bei der Zurückweisung eines verspäteten Rechtsmittels den Hinweis auf die Zulässigkeit der Anrufung des Spruchsenats und auf die Frist für die Anrufung unterlassen, so wird die einwöchige Frist für die Anrufung des Spruchsenats nicht in Lauf gesetzt.

Zulassung zur geschäftsmäßigen Rechtsvertretung.

§ 1714. Über die Zulassung zur geschäftsmäßigen Rechtsvertretung vor den Senaten (§ 1663 Abs. 3) entscheidet das Reichsversicherungsamt (Landesversicherungsamt). § 1663 Abs. 4 gilt entsprechend.

Vgl. § 1663 und die zugehörigen Anm.

Wenn das RVA. (LV. Amt) auch regelmäßig die vor den V.-Ämtern und OVÄmtern zugelassenen geschäftsmäßigen Vertreter nicht zurückweisen wird, so kann hierzu doch Anlaß vorliegen, wenn ein vor den unteren Instanzen zugelassener Vertreter für die Rechtsvertretung vor der obersten Instanz ungeeignet ist (Kom. Ber. Bd. VI, S. 155). Die Entscheidung über die Zurückweisung eines geschäftsmäßigen Vertreters trifft der mit der Sachentscheidung befaßte Spruchsenat. Eine Anfechtung der Zurückweisung ist gesetzlich nicht zugelassen. — Auch im Verwaltungswege wird eine Aordnung über die Zulassung bestimmter Personen zur Vertretung vor dem RVA. (LV. Amt) entsprechend dem § 1663 Abs. 3 ergehen können, die dann die Spruchsenate bindet.

Das RVA. kann auch Personen, denen das Verhandeln vor Gericht gestattet ist (§ 157 ZPO.), zurückweisen. Die hierüber ergangene Vorschrift des § 1663 Abs. 2 gilt nicht für das Verfahren vor dem RVA.

Aufhebung des angefochtenen Urteils.

§ 1715. Wird das angefochtene Urteil aufgehoben, so kann der Senat entweder selbst in der Sache entscheiden oder sie an eine der Vorinstanzen oder den Versicherungsträger zurückverweisen. Dabei kann er die Gewährung einer vorläufigen Leistung anordnen.

Die Stelle, an welche die Sache überwiesen wird, ist an die rechtliche Beurteilung gebunden, die der Aufhebung des angefochtenen Urteils zu Grunde liegt.

Vgl. § 81 Abs. 2 GUVG.; § 87 Abs. 2 LUVG.; § 37 Abs. 1 BUVG.; § 85 Abs. 2 SUVG.; § 117 Abs. 3 IVG.

Wird das angefochtene Urteil aufgehoben, so hat das Revisions- oder Rekursgericht in der Sache selbst zu entscheiden wenn sie spruchreif ist. Andernfalls hat das Revisionsgericht die Sache an die Vorinstanzen oder den Versicherungsträger zur weiteren Klarstellung des Sachverhalts zurückzuverweisen. Das Rekursgericht kann entweder die notwendigen weiteren Ermittelungen selbst vornehmen, oder — und zwar in allen Fällen der Aufhebung des schiedsgerichtlichen Urteils (vgl. Rek. Entsch. 2002, A. N. 1903, S. 472 und auch § 1690, der die Zurückverweisung nur beim Vorliegen eines wesentlichen Verfahrensmangels gestattet), — ebenfalls von dem Rechte der Zurückverweisung Gebrauch machen. Dafür, ob die Sache an das OVA. oder an das V. Amt bezw. den Versicherungsträger zurückzuverweisen ist, sind Zweckmäßigkeitserwägungen entscheidend; liegt ein wesentlicher Verfahrensmangel in dem Verfahren vor dem OVA., so kann die Sache natürlich nicht an das V. Amt oder den Versicherungsträger zurückverwiesen werden.

Die rechtliche Beurteilung, auf die das RVA. (LV. Amt) die Aufhebung des angefochtenen Urteils gestützt hat, ist den weiteren Entscheidungen zu Grunde zu legen. Das Gleiche muß aber in gewissem Umfange auch für die tatsächlichen Erwägungen des RVA. (LV. Amt) gelten, soweit sie zur Aufhebung des angegriffenen Urteils geführt haben. Hat z. B. das RVA. (LV. Amt) ein Urteil des OVA. aufgehoben, weil bestimmte Tatsachen die die Endentscheidung begründende Feststellung nicht stützen, also ein Verstoß wieder den klaren Inhalt der Akten vorliegt (§ 1697), so kann das OVA. die Feststellung nicht wieder bei völlig unveränderter Sachlage auf dieselben Tatsachen stützen. — Zieht das RVA. (LV. Amt) außer der Frage, die zur Aufhebung der Vorentscheidung führt, noch andere Rechts- oder Tatfragen in den Kreis seiner Erörterungen, so sind die Vorinstanzen oder der Versicherungsträger an diese Beurteilung nicht gebunden (Begr. S. 508).

Hat nur eine Partei gegen das Urteil des OVA. Revision oder Rekurs eingelegt und wird die Sache an die Vorinstanz oder den Versicherungsträger zurückverwiesen, so sind diese an das aufgehobene Urteil insofern gebunden, als es nicht zu Ungunsten der Partei, welche die Revision oder den Rekurs eingelegt hatte, und zu Gunsten der anderen Partei entscheiden darf (Rev. Entsch. 1335, A. N. 1908, S. 441).

Das RVA. (LV. Amt) ist befugt, nachzuprüfen, ob die von dem OVA. ausgesprochene Zurückverweisung an das V. Amt oder den Versicherungsträger gerechtfertigt war (vgl. Anm. zu § 1690).

Abs. 1 gibt dem Rekursgericht die Befugnis, auch dann in der Sache selbst zu entscheiden, wenn der Feststellungsbescheid nicht von der dazu berufenen Stelle ausgegangen ist. Eine demgemäß von ihm vorgenommene Rentenherabsetzung wird jedoch erst mit Ablauf des auf die Zustellung der Entscheidung des RVA. (LV. Amt) folgenden Monats wirksam (Rek. Entsch. 2302, A. N. 1909, S. 438 zu b in Verbindung mit § 610).

Veröffentlichung grundsätzlicher Entscheidungen.

§ 1716. Das Reichsversicherungsamt und die Landesversicherungsämter veröffentlichen ihre Entscheidungen, die grundsätzliche Bedeutung haben.

Die Art der Veröffentlichung bestimmt für das Reichsversicherungsamt der Reichskanzler, für das Landesversicherungsamt die oberste Verwaltungsbehörde.

Diese bestimmen auch die früheren Veröffentlichungen, auf welche die §§ 1693, 1717, 1718 anzuwenden sind.

Für die amtliche Veröffentlichung der grundsätzlichen Entscheidungnen des RVA. (LV. Amt) sind Anordnungen darüber vorbehalten, welche Zeitschriften und Blätter, in denen solche Entscheidungen veröffentlicht sind, maßgebend sein sollen. Auch ist nähere Bestimmung darüber zu treffen, auf welche Veröffentlichungen früherer Entscheidungen die §§ 1693, 1717, 1718 anzuwenden sind.

Die Bestimmung darüber, welcher Stelle die Entscheidung zusteht, ob es sich um eine zu veröffentlichende Entscheidung von grundsätzlicher Bedeutung handelt, bleibt der Regelung der Verordnungen über das Verfahren vor dem RVA. bezw. vor den LV. Ämtern (§ 35) vorbehalten (Begr. S. 508).

Abweichungen von grundsätzlichen Entscheidungen (§§ 1717 bis 1719).

§ 1717. Will in einer grundsätzlichen Rechtsfrage ein Senat des Reichsversicherungsamts von der Entscheidung eines anderen abweichen, so hat er die Sache unter Begründung seiner Rechtsauffassung an den Großen Senat (§ 101) zu verweisen. Das Gleiche gilt, wenn ein Senat von der Entscheidung des Großen Senats selbst abweichen will.

Der verweisende Senat hat eines seiner Mitglieder zu bezeichnen, das für die Entscheidung der Sache als Beisitzer in den Großen Senat an Stelle eines anderen Mitglieds der gleichen Gruppe dieses Senats eintritt. Die Reihenfolge, in der die übrigen Mitglieder des Großen

Senats an den Entscheidungen teilzunehmen haben, bestimmt die Kaiserliche Verordnung (§ 35 Abs. 2).

Vgl. § 17 HG.

Die Vorschrift des Abs. 1 gilt auch dann, wenn die Entscheidung eines Senats des RVA., von der ein anderer Senat abweichen will, nicht veröffentlicht ist. Dies ergibt eine Vergleichung des Absatzes 1 mit Abs. 1 des § 1718, der ausdrücklich von veröffentlichten Entscheidungen des RVA. spricht. § 1716 Abs. 3 bezieht sich nur auf die vor dem Inkrafttreten dieses Gesetzes ergangenen Entscheidungen.

Eine Überweisung an den Großen Senat, der aus 11 Mitgliedern besteht, ist nicht erforderlich, wenn es sich nur um eine verschiedenartige Beurteilung von tatsächlichen Verhältnissen handelt. (Anders § 1693 für das OVA.). Nach der Verweisung an den Großen Senat sind die etwa noch erforderlichen Beweiserhebungen von dem Vorsitzenden des Großen Senats im Einvernehmen mit dem Berichterstatter anzuordnen. Wenn die Voraussetzungen für die Verweisung an den Großen Senat nachträglich wegfallen oder nicht mehr für vorliegend erachtet werden, so kann von dem Vorsitzenden des verweisenden Senats im Einvernehmen mit dem Berichterstatter neuer Verhandlungstermin vor dem ordentlichen Senat anberaumt werden, der zur Aufhebung des Aufhebungsbeschlusses und zur Entscheidung in der Sache selbst befugt ist.

§ 1718. Der § 1717 Abs. 1 gilt entsprechend, wenn ein Spruchsenat eines Landesversicherungsamts von einer amtlich veröffentlichten Entscheidung des Reichsversicherungsamts in einer grundsätzlichen Rechtsfrage abweichen will.

Zu den Verhandlungen des Großen Senats entsendet der verweisende Senat des Landesversicherungsamts eines seiner Mitglieder, das als Beisitzer in den Großen Senat eintritt. Außerdem tritt als Mitglied dieses Senats ein Mitglied eines anderen Landesversicherungsamts hinzu, das nach näherer Bestimmung der Landesregierung für ein Geschäftsjahr im voraus bezeichnet wird. Welches Landesversicherungsamt das zweite Mitglied zu entsenden hat, bestimmt die Kaiserliche Verordnung (§ 35 Abs. 2). Besteht nur ein Landesversicherungsamt, so entsendet dieses zwei Mitglieder.

Vgl. § 17 HG.

Der Senat eines LV. Amtes ist nur dann zur Verweisung an den Großen Senat verpflichtet, wenn er von einer veröffentlichten Entscheidung des RVA. abweichen will. Die Senate des RVA. können von veröffentlichten Entscheidungen der Senate der LV. Ämter abweichen, ohne daß es der Verweisung an den Großen Senat bedarf.

Die Mitglieder der LV. Ämter sind bei der Beschlußfassung und Entscheidung des Großen Senats stimmberechtigt. Über die Zusammensetzung des Großen Senats vgl. § 101 Abs. 2.

Sollte der Fall eintreten, daß gleichzeitig 2 LV. Ämter von derselben grundsätzlichen Entscheidung des RVA. abweichen wollen, so hat der Große Senat die Streitfrage in dem Verfahren, welches zuerst vor ihn gebracht worden ist, und mit der sich daraus ergebenden Besetzung zu entscheiden (Kom. Ber. Bd. VI, S. 198).

§ 1719. Die Landesregierung bestimmt, wie zu verfahren ist, wenn ein Senat eines Landesversicherungsamts von der Entscheidung eines anderen Senats desselben Landesversicherungsamts abweichen will.

Vgl. § 17 HG.

Die Senate eines LV. Amtes können von den veröffentlichten Entscheidungen eines anderen LV. Amtes abweichen, ohne den Großen Senat angehen zu müssen (Begr. S. 508). Um die Rechtseinheit innerhalb des Gebiets eines Bundesstaats zu sichern, ist die Vorschrift des § 1719 geschaffen.

Unterschrift der Urteile.

§ 1720. Die Urteile der Senate werden von dem Vorsitzenden, dem Berichterstatter und einem anderen Mitgliede des Senats unterschrieben.

Ist der Vorsitzende oder der Berichterstatter verhindert, so hat für ihn ein anderes Mitglied des Senats zu unterschreiben.

Vgl. § 44, V. v. 19. Oktober 1900.

Diese Vorschrift entspricht der bisherigen Praxis.

§ 1721. Die Verfügung, die ein Urteil berichtigt (§ 1673), wird von dem Vorsitzenden und den Mitgliedern des Senats erlassen, die das Urteil unterschrieben haben; die Verfügung ist unanfechtbar.

Vgl. §§ 45, V. v. 19. Oktober 1900.

Diese Vorschrift bezieht sich nur auf das Verfahren bei Berichtigung von Schreib- und Rechenfehlern und ähnlichen offenbaren Unrichtigkeiten, die im Urteil untergelaufen sind. Für die Ergänzung des Urteils ist der § 1674 entsprechend anzuwenden.

IV. Wiederaufnahme des Verfahrens.

Vorbemerkung.

Die Vorschriften über die Wiederaufnahme des Verfahrens entsprechen im wesentlichen den Vorschriften in den bisherigen sozialen Versicherungsgesetzen (§ 84, § 127 Abs. 1 GUVG., § 90, § 133 Abs. 1 LUVG., § 37 Abs. 1, § 41 BUVG., § 88 SUVG.; § 119 IVG.). Die früher für anwendbar erklärten §§ 578 bis 591 ZPO. sind nunmehr in das Gesetz hineingearbeitet. — Abweichende Regelung durch Kaiserliche Verordnung (§ 35 Abs. 2) ist vorbehalten (§ 1734).

Gegen Entscheidungen, die vor dem Tage des Inkrafttretens des sechsten Buchs rechtskräftig geworden oder die im Verfahren nach den alten Vorschriften erledigt und nach diesem Tage rechtskräftig geworden sind, gelten die §§ 1722 flg. nach Art. 96 Einf.-Ges.

1. Anfechtungsgründe.

§ 1722. Ein durch rechtskräftiges Urteil abgeschlossenes Verfahren kann wieder aufgenommen werden, wenn

1. die Spruchstelle nicht vorschriftsmäßig besetzt war,
2. eine Person bei der Entscheidung mitgewirkt hat, die von der Mitwirkung aus einem gesetzlichen Grunde ausgeschlossen war, sofern nicht dieses Hindernis durch Ablehnung oder Rechtsmittel ohne Erfolg geltend gemacht worden ist,
3. bei der Entscheidung eine Person mitgewirkt hat, obgleich sie als befangen abgelehnt und die Ablehnung für begründet erklärt worden war,
4. eine Partei in dem Verfahren nicht nach Vorschrift der Gesetze vertreten war, sofern sie nicht die Führung des Streites ausdrücklich oder stillschweigend genehmigt hat.

In den Fällen der Nr. 1, 3 ist die Wiederaufnahme unstatthaft, wenn der Anfechtungsgrund durch ein Rechtsmittel geltend gemacht werden konnte.

Das Wiederaufnahmeverfahren setzt ein durch rechtskräftiges Urteil abgeschlossenes Verfahren voraus. Deswegen ist bei Anträgen auf Wiederaufnahme des Verfahrens stets zunächst zu prüfen, ob der Antrag nicht vielmehr als ein rechtzeitig eingelegtes Rechtsmittel oder ein solcher Rechtsbehelf anzusehen ist, oder ob etwa die Voraussetzungen für die Wiedereinsetzung in den vorigen Stand (§ 131 bis 134) gegeben sind. — Die Anfechtung rechtskräftiger Bescheide oder Endbescheide der Versicherungsträger ist in dem § 1744 geregelt.

Der § 1722 (vgl. § 579 ZPO.) gewährt die Wiederaufnahme des Verfahrens beim Verstoß gegen grundlegende Verfahrensvorschriften, und der § 1723 (§ 580 ZPO.) läßt die Wiederaufnahme ferner zu, wenn die Entscheidung durch eine strafbare Handlung herbeigeführt ist, oder gewisse neue Umstände ermittelt sind.

Zu Nr. 1: Hat der Vorsitzende des Senats gemäß § 1713 den Rekurs oder die Revision als verspätet zurückgewiesen und stellt sich nachher heraus, daß das Urteil des OVA. durch einen bei einer anderen Behörde eingegangenen Schriftsatz rechtzeitig angefochten war, so liegt doch kein Grund zur Wiederaufnahme vor. Denn die Entscheidung ist in der Besetzung erfolgt, wie sie der Aktenlage zur Zeit der Entscheidung entsprach (vgl. Handbuch Bd. I, S. 516).

Zu Nr. 2: vgl. die §§ 1641 bis 1649, 1679, 1698, 1701, 1712.

Zu Nr. 3: Die Ablehnung muß während des Rechtsstreites erfolgt und für begründet erklärt sein. Ist eine Ablehnung im Rechtsstreit nicht erfolgt, so kann die Anfechtung des rechtskräftig gewordenen Urteils nicht damit begründet werden, daß eine Ablehnung mit Recht hätte erfolgen können.

Zu Nr. 4: Nicht vorschriftsmäßige Vertretung liegt vor, wenn eine geisteskranke Partei keinen Vormund hatte, nach Rek. Entsch. 1498, A. N. 1910, S. 556 auch dann, wenn einer Partei die Ladung zu dem Termine vor der entscheidenden Instanz nicht zugestellt war (vgl. aber § 1725). Der Antrag auf Wiederaufnahme des Verfahrens kann auch von dem Gegner der nicht vertretenen Partei erhoben werden, doch kann diese die Prozeßführung nachträglich genehmigen (Rek. Entsch. 2217, A. N. 1907, S. 549).

§ 1723. Die Wiederaufnahme ist ferner zulässig, wenn
1. eine Urkunde, auf die sich die Entscheidung stützt, fälschlich angefertigt oder verfälscht war,

2. durch Beeidigung eines Zeugnisses oder eines Gutachtens, auf die sich die Entscheidung stützt, der Zeuge oder Sachverständige vorsätzlich oder fahrlässig die Eidespflicht verletzt hat,
3. der Vertreter der Partei oder der Gegner oder sein Vertreter die Entscheidung durch eine mit öffentlicher Strafe bedrohte Handlung erwirkt hat,
4. eine Person bei der Entscheidung mitgewirkt hat, die bei der Verhandlung ihre Amtspflichten gegen die Partei verletzt hat, sofern diese Verletzung mit öffentlicher Strafe bedroht ist,
5. ein strafgerichtliches Urteil, auf das sich die Entscheidung stützt, durch ein anderes rechtskräftig gewordenes Urteil aufgehoben worden ist,
6. eine Partei nachträglich eine Urkunde, die eine ihr günstigere Entscheidung herbeigeführt haben würde, auffindet oder zu benutzen instand gesetzt wird.

Zu Nr. 2: Zur Begründung des Wiederaufnahmeantrags genügt es nicht, wenn ein ärztlicher Sachverständiger sein früheres Gutachten als irrtümlich zurückzieht, oder wenn neue Zeugen oder sonstige Beweismittel geltend gemacht werden (Begr. S. 510).

Zu Nr. 3: Diese Vorschrift ist auf die Fälle anwendbar, in denen die Versicherten durch betrügerische Angaben eine Rente erwirkt haben (Rek. Entsch. 818, 1459, A. N. 1890, S. 192, 1895, S. 253).

Zu Nr. 6: Das angefochtene Urteil muß sich der neu aufgefundenen Urkunde und den Ergebnissen des früheren Verfahrens gegenüber als unrichtig darstellen. Gleichgültig ist, ob die durch die Urkunde bewiesene Tatsache bereits im früheren Verfahren vorgebracht war oder nicht (RG. Bd. 48, S. 384). Es genügt zur Wiederaufnahme des Verfahrens nicht, wenn der Inhalt der aufgefundenen Urkunde nur in Verbindung mit anderen neuen Beweismitteln (z. B. Zeugenaussagen) die frühere Entscheidung beeinflußt haben würde (RG. Bd. 14, S. 329). Urkunden (ärztliche Gutachten, Arbeitsbescheinigungen), die nach der rechtskräftigen Entscheidung ausgestellt worden sind, um die Wiederaufnahme des Verfahrens zu begründen, rechtfertigen den Antrag auf Wiederaufnahme nicht. — Entsprechend diesen Grundsätzen ist wegen Auffindung einer Urkunde, die nur nach dem IVG., nicht aber nach dem I. u. AVG., unter dessen Geltung die rechtskräftige Entscheidung ergangen war, eine dem Antragsteller günstige Entscheidung herbeigeführt haben würde, die Wiederaufnahme des Verfahrens nicht zugelassen worden (Eev. Entsch. 796, A. N. 1900, S. 411).

§ 1724. Die Wiederaufnahme ist in den Fällen des § 1723 Nr. 1 bis 4 nur zulässig, wenn

1. wegen der strafbaren Handlung eine rechtskräftige strafgerichtliche Verurteilung ergangen ist,
2. ein gerichtliches Strafverfahren aus anderen Gründen als wegen Mangels an Beweis nicht eingeleitet oder nicht durchgeführt werden konnte.

Diese Vorschrift (vgl. § 581 ZPO.) setzt eine strafgerichtliche Verurteilung voraus, eine disziplinargerichtliche Entscheidung genügt nicht (Begr. S. 510). Das Strafurteil ist für die Entscheidung der Instanzen der sozialen Versicherung nicht nach jeder Richtung bindend (vgl. Rek. Entsch. 2371, A. N. 1910, S. 441, in der das Wiederaufnahmegericht den Tatbestand des vollendeten Betrugs für gegeben angesehen hat, obwohl nur Verurteilung wegen versuchten Betruges erfolgt war).

§ 1725. Die Wiederaufnahme ist in allen Fällen des § 1723 nur zulässig, wenn nicht die Partei ohne ihr Verschulden den Anfechtungsgrund in dem früheren Verfahren, insbesondere durch Einlegung eines Rechtsmittels, geltend machen konnte.

Vgl. § 582 ZPO.

Die Wiederaufnahme des Verfahrens ist z. B. unzulässig wegen der Auffindung eines Urteils oder von Akten, von deren Vorhandensein die antragstellende Partei schon vor der Rechtskraft der endgültigen Entscheidung Kenntnis erlangt hat.

Der Möglichkeit der Geltendmachung eines Anfechtungsgrundes durch ein Rechtsmittel steht die der Geltendmachung durch einen Rechtsbehelf (§ 1692 Abs. 2, § 1713 Abs. 1) gleich.

§ 1726. Mit dem Antrag auf Wiederaufnahme können Anfechtungsgründe, durch die eine ältere Entscheidung derselben oder einer unteren Instanz betroffen wird, geltend gemacht werden, wenn die angefochtene Entscheidung auf der älteren beruht.

Vgl. § 583 ZPO.

2. Zuständigkeit.

§ 1727. Über den Antrag entscheidet die Spruchstelle, deren Urteil angefochten wird.

Sind mehrere Urteile angefochten, die von Spruchstellen verschiedener Ordnung erlassen sind, so entscheidet die Spruchstelle höherer Ordnung. An Stelle des Reichsversicherungsamts (Landesversicherungsamt) entscheidet das Oberversicherungsamt, wenn ein in der Revisionsinstanz erlassenes Urteil auf Grund des § 1723 Nr. 1, 2, 5 oder 6 angefochten wird.

Auf den Wortlaut des Antrags kommt es nicht an, es genügt, daß die Absicht der Partei, das abgeschlossene Verfahren wieder aufzurollen, erkennbar ist (vgl. auch Anm. zu § 1722.)

Hat die Spruchstelle höherer Ordnung nicht sachlich erkannt, sondern das Rechtsmittel lediglich als verspätet zurückgewiesen, so ist die Spruchstelle der niederen Ordnung zuständig (Rev. Entsch. 546, A. N. 1897, S. 185).

3. Gang des Verfahrens.

§ 1728. Der Antrag ist binnen einem Monat zu stellen.

Die Frist beginnt mit dem Tage, an dem die Partei den Anfechtungsgrund erfährt, jedoch nicht bevor das Urteil rechtskräftig geworden ist. Nach Ablauf von fünf Jahren vom Tage der Rechtskraft an ist der Antrag unstatthaft.

Die Vorschriften des Abs. 2 gelten nicht, wenn die Wiederaufnahme wegen mangelnder Vertretung beantragt wird. Die Frist läuft dann von dem Tage, an dem das Urteil der Partei oder, wenn sie nicht fähig war, den Streit selbst zu betreiben, ihrem gesetzlichen Vertreter zugestellt worden ist.

Vgl. 586 ZPO.

Die Partei erfährt den Anfechtungsgrund, wenn sie von den Tatsachen Kenntnis erhält, auf welche die Wiederaufnahme gestützt werden soll, z. B. von der Auffindung der Urkunde (§ 1723 Nr. 6).

Ein nach Ablauf der 5 Jahre entstandener Grund für die Aufnahme des Verfahrens kann auch dann nicht geltend gemacht werden, wenn der Antrag auf Wiederaufnahme bereits vorher gestellt und über diesen Antrag noch nicht entschieden war (vgl. RG. Bd. 64, S. 227).

§ 1729. Die Wiederaufnahme kann auch von Amts wegen eingeleitet werden.

Die Spruchstelle, die für die Entscheidung bei gestelltem Antrag auf Wiederaufnahme des Verfahrens zuständig wäre, kann hiernach auch ohne Antrag das Verfahren einleiten und eine Entscheidung erlassen. Hierzu wird nur in seltenen Fällen (z. B. § 1722 Nr. 1) Anlaß vorliegen. Die Einleitung des Verfahrens von Amts wegen ist auch nicht mehr zulässig, wenn der Antrag, falls er gestellt wäre, wegen Fristablauf abgewiesen werden müßte.

§ 1730. Die Vorschrift des § 129 Abs. 2, 3 über Wahrung der Frist gilt auch für die Ausschlußfristen des § 1728 entsprechend.

Die Anwendbarkeit der Vorschriften des § 129 Abs. 2, 3 (Wahrung der Frist im Falle der Einlegung von Rechtsmitteln an unzuständiger Stelle), mußte ausdrücklich bestimmt werden, weil die Wiederaufnahme des Verfahrens kein Rechtsmittel im eigentlichen Sinne ist.

§ 1731. Ist der Antrag verspätet oder unzulässig, so kann ihn der Vorsitzende der Spruchstelle ohne mündliche Verhandlung durch eine mit Gründen versehene Verfügung verwerfen. Der Vorsitzende des Spruchsenats darf es nur dann, wenn er mit dem Berichterstatter darüber einig ist.

Der Antragsteller kann binnen einer Woche nach der Zustellung die Entscheidung der zuständigen Stelle anrufen. Die Verfügung muß darauf hinweisen.

Diese Vorschrift verfolgt den Zweck, unzulässige Anträge auf einem möglichst einfachen Wege zu erledigen. Gegen die Verfügung des Vorsitzenden der Spruchstelle (d. h. des Spruchausschusses, der Spruchkammer und des Spruchsenats) kann nur die Entscheidung der zuständigen Spruchstelle selbst angerufen werden. Gegen deren Entscheidung sind die allgemein zulässigen Rechtsmittel gegeben (§ 1733. Begr. S. 510).

§ 1732. Ist der Antrag rechtzeitig gestellt worden und zulässig, so wird die Hauptsache, soweit der Anfechtungsgrund sie betrifft, neu verhandelt.

Für das neue Verfahren gelten die Vorschriften, die für diejenige Instanz maßgebend sind, bei welcher das neue Verfahren anhängig geworden ist.

Ist der Antrag unzulässig, weil keiner der Gründe der §§ 1722, 1723 vorliegt, so bedarf es keiner neuen Verhandlung der Hauptsache.

§ 1733. Rechtsbehelfe sind zulässig, soweit solche gegen die Urteile der mit der Wiederaufnahme befaßten Instanzen überhaupt gegeben sind.

4. Schlußvorschrift.

§ 1734. Die Wiederaufnahme des Verfahrens kann durch Kaiserliche Verordnung mit Zustimmung des Bundesrats abweichend von den vorstehenden Vorschriften geregelt werden.

Hiernach können entsprechend der Vorschrift des früheren Rechts (vgl. § 84 GUVG. und die gleichlautenden Paragraphen der übrigen UVGesetze) die in das Gesetz hineingearbeiteten Bestimmungen der ZPO. durch Kaiserliche Verordnung eine weitere Abänderung erfahren.

Dritter Abschnitt.

Besondere Arten des Verfahrens.

I. Streit mehrerer Versicherungsträger über die Entschädigungspflicht.

Vorbemerkung.

Die §§ 1735 bis 1738 enthalten die Vorschriften über die Bestimmung des entschädigungspflichtigen Trägers der Unfallversicherung und entsprechen im wesentlichen dem bisherigen Recht. (Vgl. § 16 Abs. 1, Nr. 3, § 22

Abs. 7 HG.; § 73 Abs. 2, §§ 82, 127 GUVG.; § 79 Abs. 2, §§ 88, 133 LUVG.; § 37 Abs. 1, § 41 BUVG.; § 78 Abs. 2, § 86 SUVG.)

§ 1735. Ist ein Träger der Unfallversicherung der Ansicht, daß zwar ein entschädigungspflichtiger Unfall vorliege, die Entschädigung aber nicht von ihm, sondern von einem anderen Versicherungsträger zu gewähren sei, so hat er dem Berechtigten eine vorläufige Fürsorge zuzuwenden, dem anderen Versicherungsträger die Verhandlungen mitzuteilen und ihn zur Anerkennung der Entschädigungspflicht aufzufordern.

Das Verfahren kann nur von einem Versicherungsträger eingeleitet werden, der die Entschädigungspflicht noch nicht anerkannt hat. Daß der Versicherungsträger den Anspruch bereits abgelehnt hat, steht der Einleitung des Verfahrens durch ihn nicht im Wege. Ebensowenig wird das Verfahren unzulässig, wenn der angegangene Versicherungsträger die Entschädigung bereits rechtskräftig abgelehnt hat. Die Rekursfähigkeit des streitigen Anspruchs ist gleichgültig. Die Verhandlungen sind zwischen den Vorständen der Versicherungsträger, nicht aber der Sektionen zu führen.

Die vorläufige Fürsorge ist nicht durch förmliche Bescheidserteilung zuzubilligen. Über ihre Höhe entscheidet der Genossenschaftsvorstand nach pflichtgemäßem Ermessen.

§ 1736. Lehnt der andere Versicherungsträger die Entschädigungspflicht ab oder erklärt er sich nicht binnen sechs Wochen, so ist die Sache dem Reichsversicherungsamte vorzulegen. Dieses entscheidet im Spruchverfahren darüber, welcher Versicherungsträger entschädigungspflichtig ist.

Wo ein Landesversicherungsamt besteht, entscheidet dieses, wenn der Bezirk der beteiligten Versicherungsträger nicht über das Gebiet des Bundesstaats hinaus reicht. Soweit jedoch ein Versicherungsträger mitbeteiligt ist, für den das Reichsversicherungsamt oder ein anderes Landesversicherungsamt zuständig ist, entscheidet das Reichsversicherungsamt.

Die §§ 1701, 1702, 1708 Abs. 2, §§ 1712, 1714, 1716 bis 1721 gelten entsprechend. Die Entscheidung wird den beteiligten Versicherungsträgern und dem Berechtigten zugestellt.

Das RVA. (LV. Amt) (Spruchsenat) ist — ohne Rücksicht auf die Rekursfähigkeit des Anspruchs des Berechtigten — zur Entscheidung berufen, um möglichst schleunig eine endgültige Entscheidung über die Zuständigkeit der streitenden Versicherungsträger herbeizuführen. Der Antrag auf Entscheidung an das RVA. kann nur von dem Vorstand der Genossenschaft (nicht einer Sektion) gestellt werden. Das RVA. kann nur dann um Entscheidung angegangen werden, wenn unter den beteiligten Versicherungsträgern unstreitig ist, daß der Unfall zu entschädigen ist, und, abgesehen von der Höhe der Entschädigung, nur darüber Streit herrscht, welcher Versicherungsträger einzutreten hat. Das RVA. kann auch dann nicht entscheiden, wenn unter den Beteiligten streitig ist, ob die Verletzung die Folge eines früheren oder eines neuen selbständigen, zur Zuständigkeit eines anderen Versicherungsträgers gehörigen, Betriebsunfalls ist (Rek. Entsch. 2165, A. N. 1906, S. 510). — Ist der Weg der §§ 1735 bis 1738 nicht gegeben, so ist das instanzielle Verfahren zu eröffnen, wobei die §§ 1687, 1703, 1704 anzuwenden sind.

§ 1737. Das Reichsversicherungsamt (Landesversicherungsamt) kann in dem Verfahren nach § 1736 andere Versicherungsträger beiladen. Sie können dann zur Entschädigung verurteilt werden, auch wenn der Anspruch gegen sie bereits rechtskräftig abgelehnt worden ist. Dabei gilt § 1704.

Die Beiladung hat zu erfolgen, wenn das RVA. keinen der streitenden, sondern einen anderen Versicherungsträger für versicherungspflichtig erachtet. Bestreitet der vom RVA. zugezogene Versicherungsträger, daß überhaupt ein entschädigungspflichtiger Betriebsunfall vorliegt, so ist die Sache im instanziellen Verfahren auszutragen (Anm. zu § 1736).

§ 1738. Erkennt der andere Versicherungsträger (§ 1735) seine Entschädigungspflicht an oder wird er von dem Reichsversicherungsamt (Landesversicherungsamt) für entschädigungspflichtig erklärt, so hat er dem Versicherungsträger, der die vorläufige Fürsorge zuzuwenden hat, alle Aufwendungen zu ersetzen. Streit über Ersatzansprüche wird im Spruchverfahren entschieden.

Der für entschädigungspflichtig erklärte Versicherungsträger hat die dem Verletzten zu gewährende Entschädigung sofort festzustellen. Er hat dem Versicherungsträger, der dem Verletzten die vorläufige Fürsorge zugewendet hat, alle Aufwendungen zu ersetzen. Ein Streit zwischen den Versicherungsträgern über die Ersatzansprüche ist gemäß §§ 1771 flg. zu entscheiden.

Der für entschädigungspflichtig erklärte Versicherungsträger hat auch dem vom RVA. zum Verfahren zugezogenen Berechtigten die ihm hierdurch entstandenen außergerichtlichen Kosten zu erstatten.

II. Verteilungsverfahren.

Vorbemerkung.

Die §§ 1739 bis 1742, die ebenso wie die §§ 1735 flg. nur für die Unfallversicherung gelten, umfassen das sog. Verteilungsverfahren und schließen sich den Vorschriften des bisherigen Rechts an. Vgl. § 16 Abs. 1, Nr. 3, § 22 Abs. 7 HG.; §§ 85, 127 GUVG.; §§ 91, 133 LUVG.; § 37 Abs. 1, § 41 BUVG.; § 89 SUVG.

§ 1739. Hat die Beschäftigung, bei der sich ein Unfall ereignet hat, für mehrere Betriebe oder Tätigkeiten stattgefunden, die bei verschiedenen Versicherungsträgern versichert sind, so können die beteiligten Versicherungsträger die Entschädigungslast unter sich verteilen.

Das Verteilungsverfahren hat auf den Entschädigungsanspruch des Berechtigten keinen Einfluß. Dieser hat seinen Anspruch lediglich gegen die nach den sonstigen gesetzlichen Vorschriften haftbare Genossenschaft zu richten, deren Zuständigkeit zugleich auch für die Berechnung des Jahrearbeitsverdienstes entscheidet.

Das Verteilungsverfahren ist nach der Rechtsübung des RVA. nur dann anzuwenden, wenn die Tragung der Entschädigungslast durch eine einzige Genossenschaft eine große Unbilligkeit bedeuten würde. Es scheidet also aus bei geringfügigen Entschädigungsansprüchen, sowie dann, wenn die unfallbringende Beschäftigung nur in verhältnismäßig geringem Grade auch einem bei einer anderen Genossenschaft versicherten Betrieb zu nützen bestimmt war (Rek. Entsch. 2081, A. N. 1905, S. 214).

Auch eine landwirtschaftliche BG. kann zur anteilmäßigen Tragung einer gewerblichen Rente herangezogen werden.

§ 1740. Einigen sie sich nicht, so kann das Reichsversicherungsamt (Spruchsenat) auf Antrag eines von ihnen nach billigem Ermessen die Entschädigungslast verteilen.

Wo ein Landesversicherungsamt besteht, steht die Befugnis diesem zu, wenn der Bezirk der beteiligten Versicherungsträger nicht über das Gebiet des Bundesstaats hinausreicht. Soweit jedoch ein Versicherungsträger mitbeteiligt ist, für den das Reichsversicherungsamt oder ein anderes Landesversicherungsamt zuständig ist, hat die Befugnis das Reichsversicherungsamt.

Die §§ 1701, 1702, 1712, 1714, 1716 bis 1721 gelten entsprechend.

Das Verteilungsverfahren kann dem Verfahren, das die Feststellung der Leistungen zum Gegenstande hat, selbst nach rechtskräftiger Feststellung nachfolgen, aber auch diesem Verfahren vorangehen oder mit einem Rekursverfahren und ebenso mit einem Verfahren gemäß §§ 1735 bis 1738 verbunden werden (vgl. Handbuch Bd. I, S. 519; Begr. S. 511).

§ 1741. Ein am Streite nicht beteiligter Träger der Unfallversicherung kann auch dann noch herangezogen werden, einen Teil der Entschädigung aufzubringen, wenn der Anspruch gegen ihn schon rechtskräftig abgelehnt worden ist.

§ 1742. Zum Verfahren über die Höhe der Entschädigung sind alle Versicherungsträger zuzuziehen, die an der Last beteiligt sind.

Das RVA. (LV. Amt) kann auch einen Versicherungsträger zu dem Verfahren zuziehen, dessen anteilige Mithaftung die dem Verletzten gegenüber entschädigungspflichtige Genossenschaft beim RVA. nicht beantragt hatte.

III. Feststellung der Anwartschaft auf Witwenrente.

§ 1743. Erhebt eine Witwe, ehe sie invalide ist, Anspruch auf Grund der Hinterbliebenenversicherung, so wird auf ihren Antrag die Höhe ihrer Witwenrente festgestellt und die Witwe über ihr Recht belehrt, nach Eintritt der Invalidität ihren Anspruch auf Zahlung anzumelden (Anwartschaftsbescheid).

Der Anwartschaftsbescheid kann nur erteilt werden, wenn der verstorbene Ehemann der Antragstellerin zur Zeit seines Todes die Wartezeit für die Invalidenrente erfüllt und die Anwartschaft aufrecht erhalten hat (vgl. § 1252 und die Anm. dazu). Ist das der Fall, dann ist die Höhe der Witwenrente, die nach Eintritt der Invalidität zu zahlen ist (§ 1258), sofort festzustellen, (vgl. §§ 1285, 1288, 1289, 1290, 1292, 1294, 1295; sowie auch Art. 69 flg. des Einf.-Ges.).

In dem späteren Verfahren ist dann nur noch zu prüfen, ob und bejahenden Falls wann die Invalidität der Witwe eingetreten ist.

IV. Anfechtung endgültiger Bescheide der Versicherungsträger.

§ 1744. Gegenüber einem rechtskräftigen Bescheid oder Endbescheid eines Versicherungsträgers kann eine neue Prüfung beantragt oder vorgenommen werden, wenn eine der Voraussetzungen des § 1723 Nr. 1 bis 3, 5 oder 6 vorliegt.

Die §§ 1724 bis 1734 gelten entsprechend.

Die Vorschriften über die Wiederaufnahme des Verfahrens sind auf endgültige Bescheide der Versicherungsträger nicht anzuwenden, weil sie keine Urteile sind. Sie stehen aber, wenn sie unangefochten bleiben, in ihrer Wirkung den Urteilen gleich. Deshalb ist die entsprechende Anwendung der Vorschriften über die Wiederaufnahme des Verfahrens vorgeschrieben worden. Die Aufhebung des Bescheids ist zu Gunsten wie zu Ungunsten des Berechtigten möglich. Die Aufhebung durch den neuen Bescheid erfolgt ex tunc, d. h. von Anfang an, wenn der Versicherungsträger die gesetzlichen Voraussetzungen für die Wiederaufnahme als gegeben ansieht.

Durch § 1744 wird der Versicherungsträger nicht gehindert, freiwillig einen neuen Bescheid zu erteilen, wenn er sich nachträglich davon überzeugt, daß in dem früheren Verfahren die Leistung zu Unrecht abgelehnt oder zu niedrig festgesetzt worden ist (vgl. § 619; Begr. S. 512).

Vierter Abschnitt.

Besondere Vorschriften für die See-Unfallversicherung.

Vorbemerkung.

Die besonderen Vorschriften beziehen sich namentlich auf die Unfallanzeige, Unfalluntersuchung, Strafvorschriften und die Zuständigkeit der Organe der See-BG. für die Feststellung der Leistungen. Die Vorschriften entsprechen im wesentlichen dem bestehenden Recht.

I. Allgemeine Vorschrift.

§ 1745. Die Vorschriften über die Feststellung der Leistungen gelten, soweit die §§ 1746 bis 1770 nichts anderes vorschreiben, auch für die See-Unfallversicherung.

II. Unfallanzeige.

§ 1746. Ein Unfall, den ein auf einem Seefahrzeuge Beschäftigter während der Reise erleidet und der die im § 1552 Abs. 1 bezeichneten Folgen hat, ist in das Tagebuch (Schiffsjournal, Loggbuch) einzutragen und dort oder in einem Anhang kurz darzustellen.

Ist kein Tagebuch zu führen, so hat der Schiffsführer solche Unfälle in einer besonderen Niederschrift nachzuweisen.

Vgl. § 65 Abs. 1, 2 SUVG.

§ 1747. Der Schiffsführer hat von jedem Eintrag dieser Art eine von ihm beglaubigte Abschrift dem Seemannsamte zu übergeben, bei dem es zuerst geschehen kann. Statt dessen kann er auch das Tagebuch oder die Niederschrift dem Seemannsamte zur Abschrift des Eintrags vorlegen.

Das Seemannsamt gibt das Tagebuch oder die Niederschrift binnen vierundzwanzig Stunden zurück.

Vgl. § 65 Abs. 3 SUVG.

§ 1748. Ereignet sich der Unfall im Inland vor oder nach der Reise, so hat ihn der Schiffsführer spätestens am dritten Tage, nachdem er ihn erfahren hat, dem Seemannsamt oder, wo keines am Orte ist, der Ortspolizeibehörde sowie dem durch die Satzung bestimmten Genossenschaftsorgan anzuzeigen.

Vgl. § 65 Abs. 4 SUVG.

Die Anzeigefrist ist mit der des § 1552 Abs. 2 in Übereinstimmung gebracht.

Zuständig ist die Polizeibehörde des Unfallorts (Begr. S. 513).

§ 1749. Das Seemannsamt oder die Ortspolizeibehörde übersendet die Abschriften und Anzeigen dem Seemannsamte des Heimathafens.

Vgl. § 65 Abs. 5 SUVG.

§ 1750. Bei Kleinbetrieben der Seeschiffahrt wie bei der See- und Küstenfischerei (§§ 1186, 1187) ist die Unfallanzeige an die Ortspolizeibehörde im Inland zu richten, in deren Bezirke sich der Unfall ereignet hat oder der Verletzte sich zuerst danach aufhält.

Besondere Nachweise über Unfälle an Bord sind nicht zu führen.

Vgl. § 160, § 164 Satz 1 SUVG.

§ 1751. Das Reichsversicherungsamt stellt die Muster für die Beschreibung der Unfälle und für die Nachweise fest.

Vgl. § 67, 152 SUVG.

Maßgebend waren bisher die Bekanntmachungen v. 23. Dezember 1887 (A. N. 1888, S. 8), v. 1. Februar 1894 (A. N. S. 123) und v. 1. Oktober 1900 (A. N. S. 710). — Vgl. Anm. zu § 1555.

§ 1752. Im übrigen gelten für die Unfallanzeige die §§ 1552 bis 1558.

Es ist also im Falle der § 1748, 1750 auch die mündliche Unfallanzeige zugelassen. Das gemäß § 1751 festgestellte Muster gilt nur für den Fall der schriftlichen Unfallanzeige.

III. Unfalluntersuchung.

§ 1753. Der Unfall ist von einem Seemannsamt oder von einer Ortspolizeibehörde des Inlandes unter entsprechender Anwendung der §§ 1559, 1563 Abs. 4, §§ 1564 bis 1567 zu untersuchen.

An die Stelle der §§ 1560 bis 1562, 1563 Abs. 1 bis 3 treten die §§ 1754 bis 1766.

Vgl. § 68 SUVG.

Die Unfalluntersuchung muß namentlich auch die im § 1565 bezeichneten Punkte umfassen.

§ 1754. Ist der Unfall im Ausland zu untersuchen, so hat der Schiffsführer vor dem deutschen Seemannsamte (Konsulate), vor dem es zuerst geschehen kann, unter Zuziehung von zwei Schiffsoffizieren oder anderen glaubwürdigen Personen eine eidesstattliche Erklärung über die Tatsachen abzugeben, die nach § 1565 festzustellen sind.

Das Seemannsamt kann, um den Sachverhalt festzustellen, auch noch andere Personen eidesstattlich vernehmen und andere Beweise erheben.

Vgl. § 69 Abs. 1 SUVG.

Die Bestimmung enthält eine durch § 1767 unter Strafe gestellte Ordnungsvorschrift, deren Nichtbeachtung das Seemannsamt nicht von der Verpflichtung der amtlichen Unfalluntersuchung, insbesondere auch nicht von der etwa erforderlichen Vernehmung anderer Personen (Abs. 2), befreit.

§ 1755. Ist der Unfall im Inland zu untersuchen, so hat dies der Schiffsführer bei einem Seemannsamt oder, wo keines am Orte ist, bei einer Ortspolizeibehörde des Inlandes zu beantragen.

Die angerufene Behörde hat die Untersuchung zu führen.

Vgl. § 69 Abs. 2 SUVG.

§ 1756. Unfälle in inländischen Betrieben schwimmender Docks und anderen Betrieben, die unter § 1046 Nr. 3 fallen, werden von der Ortspolizeibehörde untersucht, der die Unfallanzeige erstattet worden ist.

Vgl. § 69 Abs. 3 SUVG.

§ 1757. Auf Antrag Beteiligter kann die höhere Verwaltungsbehörde die Untersuchung einem anderen Seemannsamt oder einer anderen Ortspolizeibehörde übertragen.

Vgl. § 69 Abs. 4 SUVG.

Beteiligte sind die im § 1545 bezeichneten Personen.

§ 1758. Bei den vom Reiche oder von einem Bundesstaate verwalteten Betrieben führt die vorgesetzte Dienstbehörde die Untersuchung. Sie kann einer anderen Behörde übertragen werden.

Vgl. § 69 Abs. 5 SUVG.

§ 1759. Auf die Pflicht der Schiffsmannschaft, bei Erklärungen und Verhandlungen zum Zwecke der Unfalluntersuchung mitzuwirken, ist § 42 der Seemannsordnung entsprechend anzuwenden.

Vgl. § 69 Abs. 6 SUVG.

§ 1760. Für die Zuziehung der Beteiligten zu der Untersuchung gelten die §§ 1562, 1563 Abs. 1 bis 3, soweit es ausführbar ist.

Sachverständige werden auch auf Antrag des Betriebsunternehmers und des Schiffsführers zugezogen; die Kosten fallen dem Versicherungsträger zur Last.

Vgl. § 70 SUVG.

Zu Abs. 2: Der Versicherungsträger hat diese Kosten zu tragen, ohne Unterschied, ob er selbst oder der Unternehmer oder der Schiffsführer den Antrag auf Vernehmung der Sachverständigen gestellt hat. Die sonstigen Kosten der amtlichen Unfalluntersuchung hat das Seemannsamt (Konsulat) zu tragen.

§ 1761. Eine Verklarung (§ 552 des Handelsgesetzbuchs), die den §§ 1565, 1760 genügt, ersetzt die eidesstattliche Erklärung und die Unfalluntersuchung.

Die Freiheit von Gebühren und Stempel (§ 137) gilt auch für die Verklarung (Abs. 1), die vor inländischen Behörden abgelegt wird, und für die Unfalluntersuchung bei dem Seemannsamte.

Vgl. § 71, § 142 Satz 1 SUVG.

§ 1762. Die Behörde übersendet dem Vorstand der Berufsgenossenschaft beglaubigte Abschrift der Untersuchungsverhandlungen oder der Verklarung.

Vgl. § 72 Satz 1 SUVG.

§ 1763. Für die Unfälle, welche die im § 1559 Abs. 1 bezeichneten Folgen haben, gelten die Vorschriften des Gesetzes, betreffend die Untersuchung von Seeunfällen, über die Pflicht

1. der Gerichte, Hafenbehörden, Strandbehörden, Seemannsämter und Schiffsregisterbehörden, die zu ihrer Kenntnis gelangten Seeunfälle unverzüglich anzuzeigen (§ 14 a. a. O.)
2. der deutschen Seemannsämter im Ausland, bei den zu ihrer Kenntnis gelangten Seeunfällen die unaufschieblichen Ermittlungen und Beweiserhebungen vorzunehmen (§ 15 a. a. O.).

Vgl. § 73 SUVG.

Das Gesetz, betreffend die Untersuchung von Seeunfällen. datiert vom 27. Juli 1877 (RGBl. S. 549).

§ 1764. Die Anzeigen über die Unfälle (§ 1763) sind an den Vorstand der Genossenschaft zu richten.

Die Pflicht, Seeunfälle einem Seeamt anzuzeigen, bleibt daneben bestehen.

Vgl. § 73 SUVG.

§ 1765. Hat das Seemannsamt des Heimathafens 6 Monate nach der Kunde des Unfalls keine Nachricht über die Untersuchung, so leitet es diese selbst ein.

Vgl. § 73 SUVG.

§ 1766. Bei Kleinbetrieben der Seeschiffahrt wie bei der See- und Küstenfischerei (§§ 1186, 1187) untersucht den Unfall die Ortspolizeibehörde, der er angezeigt worden ist.

Auf Antrag Beteiligter kann die höhere Verwaltungsbehörde die Untersuchung einer anderen Polizeibehörde übertragen.

Vgl. § 164 Satz 2, 3 SUVG.

IV. Strafvorschriften.

§ 1767. Verletzt der Verpflichtete die Vorschriften über die

Eintragung in das Tagebuch (Schiffsjournal) oder andere Nachweisung der Unfälle,
Mitteilung der Eintragung,
Abgabe eidesstattlicher Erklärungen,
Herbeiführung der Unfalluntersuchung,

so kann der Vorstand der Genossenschaft gegen ihn Geldstrafen bis zu dreihundert Mark verhängen.

Der Reeder haftet für die Strafen, die ihm oder dem Schiffsführer auferlegt sind, nach § 1183.

Auf Beschwerde entscheidet das Oberversicherungsamt endgültig.

Vgl. § 144 Abs. 2, §§ 145 bis 147 SUVG.

Die Strafvorschriften des Abs. 1 beziehen sich auch auf die Personen, welche durch § 1222 für die Strafandrohungen den Unternehmern oder Mitreedern gleichgestellt sind.

§ 1183 bestimmt, daß der Reeder — die Mitreeder nach Verhältnis ihrer Anteile — persönlich haften.

Das Beschwerdeverfahren ist in den §§ 1791 flg. geregelt.

V. Zuständigkeit der Feststellungsorgane.

§ 1768. Hat nach § 1568 der Sektionsvorstand die Unfallentschädigung festzustellen, so ist die Sektion zuständig, in deren Bezirke der Heimathafen des Fahrzeugs liegt oder der Betrieb seinen Sitz hat.

Vgl. § 74 Abs. 2 SUVG.

§ 1769. Die Satzung der See-Berufsgenossenschaft kann für alle Fälle des § 1568 die Feststellung

einem anderen Organe der Genossenschaft,

einem Ausschusse des Genossenschafts- oder Sektionsvorstandes,

besonderen Kommissionen,

örtlichen Beauftragten (Vertrauensmännern)

übertragen.

Vgl. § 74 Abs. 2 SUVG.

VI. Streitsachen.

§ 1770. Auf Streitigkeiten über Ansprüche von Seeleuten aus den §§ 1083 bis 1086, 1092, 1104, 1106 sind die §§ 1108, 1109 anzuwenden.

Das Gleiche gilt für Ansprüche von Seeleuten, die nach § 1094 auf den Versicherungsträger übergegangen sind.

Vgl. § 20 Abs. 1, 2 SUVG.

Diese Vorschrift betrifft Leistungen, die im Sinne des § 1551 als Leistungen der Krankenversicherung gelten. Zur Entscheidung bei Streitigkeiten über diese Leistungen ist anstelle des V. Amts das Seemannsamt berufen, gegen dessen Urteil der Rechtszug an das im § 1109 Abs. 2 bezeichnete OVA. geht.

B. Andere Spruchsachen.

Vorbemerkung.

Neben dem Feststellungsverfahren schreiben die §§ 1723 bis 1729 ein besonderes Verfahren vor, das für solche Streitigkeiten gilt, die nicht im Feststellungsverfahren, aber doch im Spruchverfahren (also nicht vor den Beschlußbehörden) entschieden werden. Daß der Streit im Spruchverfahren zu erledigen ist, bestimmt das Gesetz in allen Fällen ausdrücklich. Es handelt sich namentlich um Ersatz- und Erstattungsansprüche.

I. Allgemeine Vorschrift.

§ 1771. Für Streitigkeiten, die nicht im Feststellungsverfahren, aber nach ausdrücklicher Vorschrift dieses Gesetzes im Spruchverfahren zu erledigen sind, gelten die §§ 1636 bis 1734 entsprechend, soweit die §§ 1772 bis 1779 nichts anderes vorschreiben.

Hierher gehören namentlich die Fälle (Begr. S. 513):

1. des § 224, 422 Abs. 3, § 500 Abs. 1, § 525,
2. der §§ 585, 601, 949 Abs. 2, § 1110,
3. der §§ 1515, 1516, 1520, 1521, 1526, 1540, 1541, 1544,
4. des § 1706 Abs. 1, Satz 2.

Die §§ 1636 bis 1734, deren Anwendung vorgeschrieben ist, regeln das Verfahren, das im Falle des Streits zwischen den Berechtigten und den Versicherungsträgern über Leistungen aus der Reichsversicherung bei den Spruchbehörden der RVO. anzuwenden ist.

II. Zuständigkeit.

§ 1772. Streitigkeiten der im § 1771 bezeichneten Art entscheidet das Versicherungsamt (Spruchausschuß).

Der Spruchausschuß besteht aus dem Vorsitzenden des V. Amts und 2 Versicherungsvertretern (§ 56).

Gegen die Entscheidung des Spruchausschusses — oder die sie ersetzende Vorentscheidung des Vorsitzenden (§§ 1657, 1776) — ist die Berufung an das OVA. und gegen dessen Entscheidung im Rahmen des § 1778 die Revision an das RVA. (LV. Amt) zugelassen.

§ 1773. Das Versicherungsamt, das bei Streit über den Hauptanspruch zu entscheiden hat, ist auch zuständig für alle Ersatz-, Erstattungs- und anderen Ansprüche, die aus dem Hauptanspruche hergeleitet werden.

Die Zuständigkeit des V. Amts richtet sich — entsprechend wie im Falle des § 1534 — nach dem Hauptanspruch, aus dem der Ersatz- oder Erstattungsanspruch (vgl. Vorbem. zu § 1771) hergeleitet wird. Dies gilt nicht nur für Ersatz- und Erstattungsansprüche zwischen den Versicherungsträgern untereinander (z. B. §§ 197, 222, 224, 1515, 1516, 1520, 1521, 1526), sondern auch für Ersatzansprüche zwischen Armenverbänden, Gemeinden usw. einerseits und Versicherungsträgern andererseits (z. B. § 1540) und zwischen Versicherungsträgern und Arbeitgebern (z. B. §§ 222, 224).

§ 1774. Ist über den Hauptanspruch nicht von einem Versicherungsamte zu entscheiden oder ist der Ersatzanspruch aus der Verpflichtung einer Gemeinde, eines Armenverbandes, eines Betriebsunternehmers oder einer Kasse zur Unterstützung Hilfsbedürftiger (§§ 1531, 1541) entstanden, so ist das Versicherungsamt zuständig, in dessen Bezirke der Versicherte wohnt oder beschäftigt ist.

Hat der Versicherte keinen Wohn- oder Beschäftigungsort im Inland, ist er gestorben oder verschollen, so gilt § 1638.

Diese Vorschrift gilt natürlich nur, soweit die Erledigung der Streitigkeiten dem Spruchverfahren überwiesen ist. Dies trifft, was die Ersatzkassen anlangt, namentlich bei Streitigkeiten wegen Ersatzes zu Unrecht gewährter Leistungen zu (§ 525).

§ 1775. Bei Streit zwischen einer Krankenkasse, die einem Versicherungsamt untersteht, und einer knappschaftlichen Krankenkasse oder einer Ersatzkasse entscheidet das Versicherungsamt.

Während der § 1551 nicht für die Leistungen der knappschaftlichen Krankenkassen und der Ersatzkassen gilt, unterliegen nach § 1775 Ersatz- und Erstattungsstreitigkeiten zwischen ihnen und einem Träger der Reichsversicherung dem Spruchverfahren nach den Vorschriften dieses Gesetzes. (Begr. S. 482.)

III. Sonstige Vorschriften.

Vorentscheidungen.

§ 1776. Gegen Vorentscheidungen ist nicht der Antrag auf mündliche Verhandlung, sondern nur das Rechtsmittel zulässig.

Die Reichstagskommission, auf deren Veranlassung diese Bestimmung in das Gesetz aufgenommen worden ist, hat in den hier in Betracht kommenden Fällen den Erlaß einer Vorentscheidung im allgemeinen als wünschenswert bezeichnet. Zur Vermeidung der meist überflüssigen Verhandlung vor dem Spruchausschuß des V. Amts oder der Spruchkammer des OVA. ist gegen die Vorentscheidung (§§ 1658, 1679, vgl. §§ 1698) nicht der Rechtsbehelf des Antrags auf mündliche Verhandlung, sondern nur die Berufung oder die Revision (anders § 1692 Abs. 2) gegeben.

Revision.

§ 1777. Gegen die Urteile der Spruchkammern ist nur die Revision zulässig.

Die Revision kann nur auf die Gründe des § 1697 gestützt werden.

Ausschließung der Revision.

§ 1778. Die Revision ist bei Erstattungs- und Ersatzansprüchen ausgeschlossen, wenn es sich um vorübergehende Leistungen handelt.

Sie ist aber zulässig für Erstattungs- und Ersatzansprüche, die im Fünften Buche dieses Gesetzes geordnet sind.

Bei Bestimmung des Begriffs der vorübergehenden Leistungen wird sich die Praxis — wie in der Begr. S. 505 ausgeführt wird — an die bisherige Übung der Verwaltungsgerichte zu halten haben, die sich an § 25 Abs. 4, 5 GUVG. angeschlossen hat. Nach der Rechtsprechung des Preuß. Oberverwaltungsgerichts (Entscheidungnen Bd. 45, S. 569, Bd. 49, S. 358) haben als vorübergehende solche Leistungen zu gelten, deren Anlaß ihre zeitliche Begrenzung und ihren Wegfall in absehbarer Zeit voraussehen läßt (A. A. Hahn in der Arbeiterversorgung 1902, S. 49). Zu den vorübergehenden Leistungen gehören alle diejenigen, die sich in einer einmaligen Gewährung erschöpfen.

Im Interesse einer einheitlichen Rechtsprechung über die Ersatzansprüche, von denen das Fünfte Buch handelt, ist für diese Fälle die Revision stets zugelassen.

Aufschiebende Wirkung der Rechtsmittel.

§ 1779. Die Berufung und die Revision bewirken Aufschub, wenn es sich um Ersatzansprüche handelt.

Die aufschiebende Wirkung der Rechtsmittel bei Streit um Ersatzansprüche — eine Ausnahme von der allgemeinen Regel des § 130 — ist mangels eines Bedürfnisses zur alsbaldigen Vollstreckung des ergangenen Urteils vorgeschrieben.

C. Beschlußverfahren.

Vorbemerkung.

Soweit die Entscheidungen der Versicherungsbehörden nicht nach ausdrücklicher Vorschrift (§ 1771) im Spruchverfahren ergehen müssen, sind sie im Beschlußverfahren zu treffen, das sonach die verschiedensten Arten von Streitigkeiten erfaßt. Die Vorschriften über das Beschlußverfahren finden ihre Ergänzung in den verschiedenen noch zu erlassenden Verordnungen über das Verfahren (§ 35 Abs. 2, § 109). — Die Vorschriften über das Beschlußverfahren gelten auch dann, wenn keine Beschwerde gegen eine Entscheidung des Versicherungsträgers vorliegt, sondern das V. Amt oder OVA. als erste Instanz entscheidet.

Erster Abschnitt.

Allgemeine Vorschriften.

Allgemeines.

§ 1780. Soweit dieses Gesetz nicht das Spruchverfahren vorschreibt, ergehen die Entscheidungen der Versicherungsbehörden im Beschlußverfahren.

Das Beschlußverfahren ist überall da anzuwenden, wo das Spruchverfahren nicht ausdrücklich vorgeschrieben ist (vgl. § 1771).

Im Beschlußverfahren ergehen namentlich folgende Gruppen von Streitigkeiten (Begr. S. 514):

1. In Sachen der Krankenversicherung: Streitigkeiten:

zwischen verschiedenen Krankenkassen über die Frage, welcher von ihnen Betriebe oder Betriebsteile angehören, oder bei Ablehnung der Kassenzugehörigkeit durch die beteiligten Kassen (§ 258);

zwischen dem Arbeitgeber und den von ihm Beschäftigten über die Berechnung und Anrechnung ihrer Beitragsteile (§ 405 Abs. 1);

der Arbeitgeber, Versicherten oder zu Versichernden mit einer Krankenkasse über das Versicherungsverhältnis oder über die Verpflichtung zur Leistung, Einzahlung oder Rückzahlung von Beiträgen (§ 405 Abs. 2);

zwischen dem Kassenverband und den angeschlossenen Kassen aus dem Verbandsverhältnisse (§ 413 Abs. 3);

zwischen dem Dienstberechtigten und der Krankenkasse über deren Verpflichtung zur Gewährung erweiterter Krankenpflege (§ 438);

zwischen dem Unternehmer eines Wandergewerbbetriebs und den von ihm Beschäftigten über Lohnabzüge (§ 463);

zwischen dem Vorstand der Krankenkasse und ihren Mitgliedern über die Festsetzung von Strafen (§ 529).

2. In Sachen der Unfallversicherung:

das Betriebsverzeichnis betreffende Beschwerden (§§ 660, 662, 667, 668, 669, 670);

Beitrags-, Prämien- und Abschätzungsbeschwerden (§§ 758, 761, 816, 821);

Gefahrtarifbeschwerden (§ 674 Abs. 3, § 711 Abs. 3, § 712 Abs. 2);

Strafbeschwerden (§§ 870, 887, 908 bis 913);

Streitigkeiten über die Anordnung des V. Amts, wonach der Bauherr für die Beiträge zu haften hat, sowie über die Versagung und Aufhebung solcher Anordnungen (§§ 765, 768, 769, 770, 776).

3. In Sachen der Invaliden- und Hinterbliebenenversicherung:

Entscheidung über Anträge auf Befreiung von der Versicherungspflicht (§ 1240);

Streitigkeiten, die aus den Vorschriften über die Gewährung eines Heilverfahrens entstehen (§ 1273);

Beschwerden gegen die Aufrechnung der Quittungskarten und den Inhalt der Bescheinigung (§ 1422);

Streitigkeiten über die Beitragsleistungen (§ 1459);

Streitigkeiten zwischen V. Anstalten über die Frage, an welche von ihnen für bestimmte Personen Beiträge zu entrichten sind (§ 1460);

Streitigkeiten zwischen Arbeitgebern und Arbeitnehmern über Berechnung, Anrechnung, Erstattung und Ersatz der Beiträge (§ 1461);

Beschwerden gegen die Auferlegung von Kosten, die durch die Überwachung entstehen (§ 1468);

Beschwerden gegen die Straffestsetzungen der V. Anstalten und V. Ämter (§ 1500).

4. Auf allen Gebieten der Reichsversicherung: Beschwerden wegen Umwandlung der Rente in Sachleistungen (§ 121).

Das Beschlußverfahren findet nicht nur statt in Fällen, in denen die Versicherungsbehörden über Beschwerden gegen Entscheidungen der Versicherungsträger zu befinden haben, sondern auch in Fällen, in denen es sich nicht um die Anfechtung der Entscheidung eines Versicherungsträgers handelt (vgl. z. B. §§ 258, 405, § 413 Abs. 3).

Die Vorschriften über das Beschlußverfahren gelten nicht, wenn Einwände der Beteiligten gegen Maßnahmen der Versicherungsträger erhoben werden, soweit diese selbst hierüber zu befinden haben (z. B. über Einsprüche nach §§ 757, 814).

Sachliche Zuständigkeit.

§ 1781. Das Gesetz bestimmt, welche Beschlußsachen durch Beschlußausschuß, Beschlußkammer oder Beschlußsenat zu entscheiden sind. Beschlußsachen, die nach Gesetz der Beschlußausschuß zu entscheiden hat, werden, soweit der Rechtszug des Beschlußverfahrens zulässig ist, von Beschlußkammer und Beschlußsenat entschieden. Dies gilt entsprechend für Beschlußsachen, welche die Beschlußkammer nach Gesetz in erster Instanz zu entscheiden hat.

Der Vorsitzende der Beschlußkammer kann ihr auch andere Beschlußsachen überweisen, sofern es sich um Fragen von grundsätzlicher Bedeutung handelt; er hat es zu tun, wenn es bei Meinungsverschiedenheit ein an der Bearbeitung der Sache beteiligtes Mitglied beantragt. Das Entsprechende gilt für den Beschlußsenat.

Zu den Entscheidungen des Beschlußsenats können Mitglieder des Reichsversicherungsamts (Landesversicherungsamts), die mit der Bearbeitung der Sache betraut sind, nach näherer Bestimmung der Verordnungen über das Verfahren (§ 35 Abs. 2, § 109 Abs. 1) zugezogen werden.

Im übrigen bestimmen diese Verordnungen, wer die Beschlußsachen zu erledigen hat.

Bei denjenigen Beschlußsachen, die unter Zuziehung der Beisitzer zu entscheiden sind, sagt dies das Gesetz stets ausdrücklich. Eine Änderung, insbesondere eine Ausdehnung dieser Vorschriften ist den Kaiserlichen Verordnungen (§ 35) nicht überlassen (vgl. Kom. Ber. Bd. VI, S. 208). Wohl aber bleibt ihnen die Bestimmung darüber vorbehalten, wer die Beschlußsachen zu erledigen hat, die ohne Zuziehung der Beisitzer zu entscheiden sind.

Die Entscheidung durch die Beschlußkammer zieht in der Beschwerdeinstanz nur dann die Entscheidung durch den Beschlußsenat nach sich, wenn die Erledigung der Sache durch die Beschlußkammer im Gesetz vorgeschrieben ist.

Auf Antrag eines Mitgliedes des OVA. oder RVA. (LV. Amt), das mit der Bearbeitung der Sache als Berichterstatter oder als Mitberichterstatter befaßt ist, muß die Sache der Entscheidung der Beschlußkammer oder des Beschlußsenats überwiesen werden. Die Art der Bearbeitung der Sachen regelt die Kaiserliche Verordnung. Die nach dieser für die Bearbeitung gewisser Sachen bestimmten Berichterstatter und Mitberichterstatter können nach dem Sinne des Gesetzes von der Bearbeitung einer einzelnen in ihr Referat oder Korreferat fallenden Sache nicht ausgeschaltet werden, es sei denn, daß die Kaiserliche Verordnung dem Präsidenten des RVA. das Recht geben sollte, die Bearbeitung jeder Sache an sich zu ziehen.

Zuziehung von Vertretern der Arbeitgeber und Versicherten in Unfallsachen.

§ 1782. Zu den Verhandlungen der Beschlußsenate werden in Sachen der Unfallversicherung die aus dem entsprechenden Bereiche der Unfallversicherung gewählten Arbeitgeber und Versicherten zugezogen.

Entsprechendes bestimmt § 1702 für das Rekursverfahren.

Örtliche Zuständigkeit in Krankensachen.

§ 1783. In Sachen der Krankenversicherung ist örtlich zuständig als erste Instanz des Beschlußverfahrens, soweit dieses Gesetz nichts anderes bestimmt, das Versicherungsamt oder Oberversicherungsamt, in dessen Bezirke die beteiligte Kasse ihren Sitz hat.

Sind mehrere Kassen beteiligt, die ihren Sitz im Bezirke verschiedener Versicherungsämter haben, so ist das Versicherungsamt derjenigen von ihnen zuständig, welcher der Versicherte angehört. Gehört er keiner von ihnen an oder handelt es sich um einen Streit nach § 258, so bestimmt das Oberversicherungsamt, welches Versicherungsamt zuständig ist. Haben die Kassen ihren Sitz im Bezirke verschiedener Oberversicherungsämter, so bestimmt die oberste Verwaltungsbehörde das zuständige Versicherungsamt oder Oberversicherungsamt.

Als **beteiligt** im Sinne dieser Vorschrift gilt auch die Kasse, welcher der Versicherte angehört, wenn es sich um einen Streit zwischen Arbeitgeber und Versicherten über Berechnung und Anrechnung der Beiträge handelt (Begr. S. 516).

Örtliche Zuständigkeit in Unfallsachen.

§ 1784. In Sachen der Unfallversicherung ist örtlich zuständig als erste Instanz des Beschlußverfahrens, soweit dieses Gesetz nichts anderes ergibt, das Versicherungsamt oder Oberversicherungsamt, in dessen Bezirke der Sitz des Betriebs liegt oder die versicherte Tätigkeit ausgeführt wird.

Der Entscheidung der Versicherungsbehörde kann ein besonderes Verfahren vor dem Versicherungsträger vorausgehen, z. B. das Einspruchsverfahren nach den §§ 757, 814, 815. Dennoch entscheidet die Versicherungsbehörde „als erste Instanz des Beschlußverfahrens", weil das in den §§ 1780 flg. geregelte Beschlußverfahren sich nur auf Entscheidungen der Versicherungsbehörden, nicht aber der Versicherungsträger bezieht (vgl. § 1780 Anm. a. E. — Begr. S. 516).

Örtliche Zuständigkeit in Invalidensachen.

§ 1785. In Sachen der Invaliden- und Hinterbliebenenversicherung ist örtlich zuständig als erste Instanz des Beschlußverfahrens, soweit dieses Gesetz nichts anderes ergibt, das Versicherungsamt oder Oberversicherungsamt, in dessen Bezirke die Beschäftigung stattgefunden hat, die den Anlaß zur Entscheidung gibt, und bei freiwilliger Versicherung das Versicherungsamt oder Oberversicherungsamt, in dessen Bezirke der Versicherte wohnt.

Bei Ansprüchen der Hinterbliebenen ist auch das Versicherungsamt oder Oberversicherungsamt zuständig, in dessen Bezirke die Hinterbliebenen wohnen.

Streit über d. Zuständigkeit.

§ 1786. Hält ein Amt nicht sich, sondern ein anderes für zuständig, so gibt es die Sache an dieses ab.

Hält auch dieses sich nicht für zuständig, so ist § 1640 Abs. 2, 3 anzuwenden.

Eine Entscheidung der Versicherungsbehörde, die ihre Unzuständigkeit ausspricht, ist dem Antragsteller gegenüber wie im Spruchverfahren, so auch im Beschlußverfahren unzulässig (vgl. im übrigen die auch hier zutreffenden Ausführungen in Anm. zu § 1640).

Knappschaftliche Krankenkassen und Ersatzkassen.

§ 1787. Bei Streit zwischen einer Krankenkasse und einer knappschaftlichen Krankenkasse oder einer Ersatzkasse ist § 1775 anzuwenden.

Es entscheidet also das V. Amt, dessen Zuständigkeit sich aus § 1783 ergibt. Vgl. auch Anm. zu § 1775.

Bei Übertragung der Aufgaben des V. Amts an andere Organe.

§ 1788. Soweit die oberste Verwaltungsbehörde den im § 112 bezeichneten Organen Beschlußbefugnisse übertragen hat, stehen die Entscheidungen dieser Organe für die Rechtsmittel im Beschlußverfahren den Entscheidungen des Versicherungsamts gleich.

Im § 112 handelt es sich um Organe von Knappschaftsvereinen oder Knappschaftskassen, von Betriebskrankenkassen für Betriebsverwaltungen und Dienstbetriebe des Reichs und der Bundesstaaten, sowie von Sonderanstalten des Reichs und der Bundesstaaten.

Geltung von Vorschriften des Spruchverfahrens.

§ 1789. Für Ausschluß und Ablehnung von Personen, für die Klarstellung des Sachverhalts sowie für die Beweiserhebung gelten die gleichen Vorschriften wie für das Spruchverfahren.

Die Vorschriften über den Ausschluß und die Ablehnung von Personen sind in den §§ 1641 bis 1649 enthalten. Der Sachverhalt ist von Amts wegen klarzustellen; die Klarstellung kann vor der Sitzung des Beschlußausschusses, der Beschlußkammer, des Beschlußsenats durch den Vorsitzenden oder durch Beschluß von den bezeichneten Organen veranlaßt werden. Über die Beweiserhebung selbst vgl. insbesondere die §§ 1652, 1665.

Nicht gelten insbesondere die Vorschriften über die Erstattung außergerichtlicher Kosten (§ 1670).

Nichtöffentliches Verfahren. — Abstimmung. — Zustellung.

§ 1790. Die Verhandlungen im Beschlußverfahren sind nicht öffentlich. Für die Abstimmung der Beschlußbehörden gilt, vorbehaltlich des § 78 Abs. 3 für die Beschlußkammer, § 1667 entsprechend.

Die Entscheidung wird den Beteiligten zugestellt.

Bei den Beschlußkammern der OV. Ämter, die aus 4 Personen bestehen, gibt bei Stimmengleichheit der Vorsitzende den Ausschlag (§ 78 Abs. 3). Bei den Beschlußausschüssen und Beschlußsenaten, die eine ungerade Zahl von Mitgliedern aufweisen, entscheidet die Mehrheit der Stimmen. Bildet sich bei der Abstimmung über die Höhe von Beträgen keine Mehrheit, so ist § 1667 Abs. 2 anzuwenden.

Zweiter Abschnitt.

Beschwerde.

Vorbemerkung.

Die §§ 1791 bis 1796 gelten nicht, soweit es sich um Beschwerden gegen Entscheidungen anderer Stellen, wie der Versicherungsträger, der V. Ämter und der OV. Ämter handelt; sie sind also z. B. nicht anwendbar bei Beschwerden gegen die Anordnungen von Polizeibehörden, Ausgabestellen von Quittungskarten. Unter Entscheidungen der Versicherungsträger, der V. Ämter und der OV. Ämter sind auch Verfügungen und Anordnungen zu verstehen

(z. B. §§ 398, 765, 768), insbesondere auch Straffestsetzungen der Versicherungsträger (§§ 910, 1500) [Begr. S. 517].

Die §§ 1791 flg. betreffen auch nicht die reine Aufsichtsbeschwerde, die an die für die Rechtsbeschwerde im § 128 gesetzte Monatsfrist nicht gebunden ist und an die über den Versicherungsträger gesetzte Aufsichtsbehörde geht (Kom. B. Bd. VI, S. 210, Bd. I, S. 235).

Gegen die Entscheidungen der Versicherungsträger.

§ 1791. Soweit dieses Gesetz nichts anderes vorschreibt, ist gegen die Entscheidungen der Versicherungsträger Beschwerde zulässig. Die Beschwerde geht

in Sachen der Kranken-, Invaliden- und Hinterbliebenenversicherung an das Versicherungsamt,

in Sachen der Unfallversicherung an das Oberversicherungsamt.

Eine abweichende Vorschrift findet sich z. B. in §§ 20, 24 Abs. 3, wo die Zuständigkeit der Aufsichtsbehörde für die Entscheidung über die Beschwerde vorgeschrieben ist.

Welches Organ des Versicherungsträgers zur Entscheidung berufen ist, bestimmt das Gesetz oder die Satzung. So schreibt z. B. § 24 vor, daß die Enthebung eines Gewählten vom Amt durch den Vorstand des Versicherungsträgers erfolgen muß. Entsprechendes gilt für das V. Amt. So ist z. B. der Vorsitzende des V. Amts im § 51 zur Verhängung von Geldstrafen berufen (Begr. S. 517).

Die Zuständigkeit des V. Amts in Sachen der Kranken- und Invalidenversicherung entspricht im wesentlichen dem früheren Recht, nach welchem die Entscheidungen derartiger Beschwerden in der Hand der unteren Verwaltungsbehörde lag. In Sachen der Unfallversicherung ist an die Stelle des vordem als Beschwerdeinstanz zuständigen RVA. das OVA. gesetzt worden, um das RVA. zu entlasten. Die Rechtseinheit wird (abgesehen von § 1799) auch fürderhin dadurch gewährleistet, daß die Entscheidungen des OVA., soweit das Gesetz nicht ein anderes bestimmt (wie z. B. für den größten Teil der Strafbeschwerden, § 910) mit der weiteren Beschwerde an das RVA. (LV. Amt) angefochten werden können (§ 1797).

Gegen die Entscheidungen des V. Amts.

§ 1792. Gegen die Entscheidungen des Versicherungsamts in erster Instanz ist Beschwerde an das Oberversicherungsamt zulässig, soweit dieses Gesetz nichts anderes vorschreibt.

„Erste Instanz" ist hier in einem engeren Sinne gemeint als in den §§ 1783 bis 1785. Entscheidungen in erster Instanz im Sinne der §§ 1792, 1793 sind solche, die nicht auf die Anfechtung der Entscheidung des Organs eines Versicherungsträgers ergehen. — Über die weitere Beschwerde gegen Entscheidungen des V. Amts, die es als Beschwerdeinstanz (also im Falle des § 1791) erlassen hat, trifft § 1797 nähere Bestimmungen.

§ 1792 gilt auch, wenn es sich um Entscheidungen des V. Amts als Aufsichtsbehörde über Krankenkassen handelt. Das Gleiche gilt für Entscheidungen des V. Amts darüber, ob die Kassenleistungen gleichwertig sind — §§ 259 bis 263 (Begr. S. 517).

§ 1792 gilt nur, soweit im Gesetz nichts anderes vorgeschrieben ist. Dies ist z. B. der Fall im § 405, wonach das V. Amt Streitigkeiten zwischen Arbeitgebern und Arbeitnehmern über die Berechnung und Anrechnung ihrer Beitragsteile endgültig entscheidet.

Gegen die Entscheidungen des OVA.

§ 1793. Gegen die Entscheidungen des Oberversicherungsamts in erster Instanz ist Beschwerde an das Reichsversicherungsamt (Landesversicherungsamt, § 1800) zulässig, soweit dieses Gesetz nichts anderes vorschreibt.

Dieser Paragraph setzt ebenso wie § 1792 (vgl. dazu die erste Anm.) voraus, daß die Entscheidung des OVA. nicht in der Beschwerdeinstanz erlassen ist (für diesen Fall vgl. § 1797).

Abweichendes ist z. B. vorgeschrieben für die Fälle der §§ 223, 254, 284 Abs. 2, § 355 Abs. 4 in denen die Beschwerde an die oberste Verwaltungsbehörde vorgeschrieben ist, sowie in dem Falle des § 45, in dem die Beschwerde ausdrücklich ausgeschlossen ist.

Aussetzung des Vollzugs.

§ 1794. Die Behörde, die über die Beschwerde zu entscheiden hat, kann den Vollzug der angefochtenen Entscheidung aussetzen.

Die Einlegung der Beschwerde hat nach § 130 aufschiebende Wirkung nur da, wo es das Gesetz ausdrücklich vorschreibt. Der § 1794 ermächtigt daher die zur Entscheidung über Beschwerden berufenen Versicherungsbehörden, in geeigneten Fällen den Vollzug der angefochtenen Entscheidung auszusetzen. Von dieser Befugnis wird namentlich dann Gebrauch zu machen sein, wenn Prämien- und Beitragsbeschwerden vorliegen und die Aussetzung der Vollstreckung beantragt wird (Begr. S. 517).

Anhörung der Beteiligten.

§ 1795. Ist die Beschwerde zulässig und rechtzeitig eingelegt, so werden die Beteiligten gehört.

Die Beschwerde ist rechtzeitig eingelegt, wenn sie innerhalb eines Monats nach Zustellung der angefochtenen Entscheidung bei der Beschwerdeinstanz oder auch bei einer andern inländischen Behörde oder bei einem Organ der Versicherungsträger, oder bei einem deutschen Seemannsamt des Auslands eingegangen ist (§§ 128, 129).

Auf welche Weise die Beteiligten zu hören sind, bleibt dem Ermessen der zur Entscheidung berufenen Behörde überlassen (Begr. S. 518). Wer als Beteiligter zu gelten hat, ist nach Lage des Einzelfalles zu entscheiden.

Sachliche Entscheidung oder Zurückverweisung.

§ 1796. Ist die Beschwerde begründet, so kann die zur Entscheidung berufene Stelle entweder selbst in der Sache entscheiden oder sie an eine Vorinstanz oder an den Versicherungsträger zurückverweisen, dessen Entscheidung angefochten wird. Dabei ist § 1715 Abs. 2 entsprechend anzuwenden.

Diese Vorschrift für das Beschlußverfahren entspricht dem § 1715 für das Spruchverfahren.

Ist die Beschwerde begründet, so hat die Beschwerdeinstanz in der Sache selbst zu entscheiden, wenn sie zur Entscheidung reif ist. Andernfalls hat die Beschwerdeinstanz entweder die notwendigen weiteren Erhebungen selbst anzustellen, oder die Sache an das V. Amt oder den Versicherungsträger zurückzuverweisen. Von der Befugnis der Zurückverweisung wird die Beschwerdeinstanz nur dann Gebrauch machen dürfen, wenn sie den Mangel nicht selbst ohne Schwierigkeiten beheben kann oder die Vorinstanz sich wiederholt derselben Flüchtigkeit schuldig macht. Soweit die weitere Beschwerde gegeben ist, hat die mit ihrer Erledigung befaßte Behörde auch nachzuprüfen, ob die Zurückverweisung an das V. Amt oder den Versicherungsträger gerechtfertigt war (vgl. § 1690 Anm.).

Die Stelle, an welche die Sache überwiesen wird, ist an die rechtliche Beurteilung gebunden, die der Aufhebung der angefochtenen Entscheidung zu Grunde liegt (§ 1715 Abs. 2). Hat die Beschwerdeinstanz außer der Frage, die zur Aufhebung der Vorentscheidung geführt hat, noch andere Rechtsfragen in den Kreis ihrer Erörterungen gezogen, so ist das V. Amt oder der Versicherungsträger an diese Beurteilung nicht gebunden.

Was in § 1715 Anm. darüber gesagt ist, daß die Instanz, an welche die Sache zurückverwiesen ist, an das aufgehobene Urteil, das nur von einer Partei angefochten ist, teilweise gebunden ist, gilt auch hier.

Dritter Abschnitt.

Weitere Beschwerde.

Zulässigkeit. — Verfahren.

§ 1797. Soweit dieses Gesetz nichts anderes vorschreibt, ist gegen die auf Beschwerde erlassene Entscheidung
des Versicherungsamts die weitere Beschwerde an das Oberversicherungsamt,
des Oberversicherungsamts die weitere Beschwerde an das Reichsversicherungsamt (Landesversicherungsamt)
zulässig.

Für das Verfahren gelten die gleichen Vorschriften wie für die Beschwerde.

Die weitere Beschwerde ist durch das Gesetz in zahlreichen Fällen ausgeschlossen (zu vergl. z. B. § 51 Abs. 3, § 53 Abs. 3, § 263 Abs. 2, § 303 Abs. 3, § 347 Abs. 3, § 398 Abs. 2, § 405 Abs. 2, §§ 910, 1500, 1556 Abs. 3, § 1579 Abs. 2, § 1581 Abs. 3).

Der Gang des Verfahrens ist derselbe, wie bei der ersten Beschwerde.

Endgültige Entscheidungen des OVA.

§ 1798. Die auf weitere Beschwerde erlassenen Entscheidungen des Oberversicherungsamts sind endgültig.

Die auf die erste Beschwerde ergangenen Entscheidungen des OVA. sind dagegen anfechtbar, soweit das Gesetz nichts anderes vorschreibt (vgl. § 1797).

Abgabe an das RVA. (LV. Amt).

§ 1799. Will das Oberversicherungsamt in einem Falle, in dem es endgültig zu entscheiden hätte, von einer amtlich veröffentlichten grundsätzlichen Entscheidung des Reichsversicherungsamts (Landesversicherungsamts) abweichen oder handelt es sich in einem solchen Falle um eine noch nicht festgestellte Auslegung gesetzlicher Vorschriften von grundsätzlicher Bedeutung, so ist nach § 1693 zu verfahren.

Vgl. die Anm. zu dem für das Spruchverfahren geltenden § 1693. Auch hier ist die Abgabe der Sache an das RVA. oder das nach § 1800 zuständige LV. Amt nur in solchen Fällen zulässig, in denen das OVA. endgültig entscheidet.

Für Sachen der Krankenversicherung und die Übergangszeit vgl. auch Art. 99 Einf.-Ges.

Zuständigkeit (LV. Amt).

§ 1800. Wo ein Landesversicherungsamt besteht, entscheidet es in Beschlußsachen, wenn der Bezirk der beteiligten Versicherungsträger nicht über das Gebiet des Bundesstaats hinaus reicht. Sonst entscheidet das Reichsversicherungsamt.

Soweit ein Versicherungsträger mitbeteiligt ist, für den nach Abs. 1 das Reichsversicherungsamt oder ein anderes Landesversicherungsamt zuständig ist, entscheidet das Reichsversicherungsamt.

Vgl. § 21 HG.

Die Zuständigkeit der LV. Ämter ist für das Beschlußverfahren ebenso wie für das Spruchverfahren (§ 1706 Abs. 2) geregelt.

Veröffentlichung grundsätzlicher Entscheidungen.

§ 1801. Die Vorschrift des § 1716 über die Veröffentlichung grundsätzlicher Entscheidungen gilt auch für Beschlußsachen.

Vgl. Anm. zu § 1716.

D. Kosten und Gebühren.

I. Kosten des Verfahrens.

Vorbemerkung.

Die §§ 1802 bis 1803 gelten nur für das Verfahren vor den Versicherungsbehörden und beziehen sich nur auf die gerichtlichen Kosten des Verfahrens. Gerichtliche Kosten können den Parteien nur auferlegt werden, soweit es das Gesetz bestimmt. Solche gesetzliche Vorschriften sind, abgesehen von § 1802 nur für die Spruchsachen der Krankenversicherung (§ 1803) gegeben. Das Verfahren in Sachen der Unfall- und Invalidenversicherung und für die Beschlußsachen der Krankenversicherung ist daher gebührenfrei. Diese Regelung der Kostenfrage entspricht im Wesentlichen dem bisherigen Recht.

Über die Kosten der Rechtshilfe vgl. § 117. Die Vorschriften über die Auferlegung außergerichtlicher Kosten sind in den §§ 1670, 1679, 1698, 1701 enthalten.

Die Tragung der Kosten der Versicherungsbehörden ist eine Frage der Organisation derselben und im ersten Buche geregelt (§ 59, 80, 104, 105).

Mutwillig verursachte Kosten.

§ 1802. Hat ein Beteiligter durch Mutwillen, Verschleppung oder Irreführung Kosten des Verfahrens veranlaßt, so können die Versicherungsbehörden sie ihm ganz oder teilweise auferlegen.

Vgl. § 10 Abs. 4, § 19 Abs. 2 HG.; § 104 Abs. 5, Nr. 3 IVG.

Bei Prüfung der Frage, ob dem Versicherten die mutwillig verursachten Kosten des Verfahrens ganz oder teilweise aufzuerlegen sind, haben die Spruchbehörden den Grad des Verschuldens zu berücksichtigen, der je nach den Umständen, insbesondere bei sachwidriger Beeinflussung durch unzuverlässige Ratgeber, sehr verschieden sein kann (Begr. S. 519).

Der § 1802 ist für die drei Gebiete der Reichsversicherung anzuwenden.

Für das Verfahren vor dem Träger der Invaliden- und Hinterbliebenenversicherung ist im § 1634 eine entsprechende Vorschrift gegeben. Während diese Kosten in die Kassen der Versicherungsträger fließen (§ 1634 Abs. 2), dienen die auf Grund des § 1802 eingehenden Strafgelder zur Deckung der Kosten des Verfahrens vor den Versicherungsbehörden (vgl. § 59 Abs. 3, § 80 Abs. 4, § 104 Abs. 2, § 108 Abs. 2).

Die Auferlegung der Kosten kann für sich allein mit der Revision oder dem Rekurse nicht angefochten werden (§ 1695 Nr. 6, § 1696 Nr. 5, § 1700 Nr. 10).

Die Endbescheide der Träger der Unfallversicherung und die Bescheide der Träger der Invalidenversicherung sollen keinen Hinweis darauf enthalten, daß das Berufungsgericht gegebenenfalls von der Befugnis des § 1802 Gebrauch machen kann (Handbuch Bd. I, S. 32).

In Krankensachen.

§ 1803. In Spruchsachen der Krankenversicherung legt das Oberversicherungsamt dem unterliegenden Teile eine Gebühr auf. Sie beträgt je nach dem Werte des Streitgegenstandes eine bis zwanzig Mark und wird in der Entscheidung festgesetzt.

Die Kaiserliche Verordnung über das Verfahren (§ 35 Abs. 2) bestimmt darüber Näheres.

Die oberste Verwaltungsbehörde regelt die Beitreibung.

In Spruchsachen der Krankenversicherung werden dem unterliegenden Teile in der zweiten Instanz mäßige Gebühren auferlegt. Das Verfahren vor dem V. Amt ist auch in Sachen der Krankenversicherung gebührenfrei, ebenso auch das Beschlußverfahren vor dem OVA.

Der Grundsatz der Kostenfreiheit ist für das Verfahren vor dem RVA. (LV. Amt) „der Gleichmäßigkeit halber" (Begr. S. 519) auch auf die Sachen der Krankenversicherung ausgedehnt worden.

Ein Kostenvorschuß kann nicht verlangt werden. Damit entfiel die Notwendigkeit für die gesetzliche Einführung von Bestimmungen über das Armenrecht.

II. Gebühren der Rechtsanwälte.

§ 1804. Die Vergütung für die Berufstätigkeit der Rechtsanwälte im Verfahren vor den Versicherungsbehörden bestimmt sich nach einer Gebührenordnung.

Die Gebührenordnung wird durch Kaiserliche Verordnung mit Zustimmung des Bundesrats und für das Verfahren vor dem Landesversicherungsamte von der Landesregierung erlassen.

Vgl. § 20 HG.

Die Gebühren der Rechtsanwälte vor den Schiedsgerichten und dem RVA. sind zuletzt durch Kaiserliche Verordnung vom 22. Dezember 1901 (RGBl. S. 497, A. N. 1902, S. 177) festgesetzt worden. Hiernach ist für die Bemessung der Höhe der Vergütung einschließlich aller Auslagen (jedoch abgesehen von Kosten der Teilnahme an Beweisverhandlungen außerhalb der Gerichtsstätte) für das Schiedsgerichtsverfahren ein Spielraum von 3 bis 30 M., für das Verfahren vor dem RVA. ein Spielraum von 5 bis 50 M. gesetzt. — Eine Neuregelung muß erfolgen, da sich die bisherige Verordnung auf die Kranken- und Hinterbliebenenversicherung nicht erstreckt. Die zu erwartende Kaiserl. Verordnung wird in dem Nachtragsband aufgenommen werden.

Für die Festsetzung der dem Rechtsanwalt von seinem Auftraggeber zu zahlenden Gebühren sind die ordentlichen Gerichte zuständig (Kom. Ber. Bd. VI, S. 212).

§ 1805. Eine Vereinbarung über höhere Beträge, als die Gebührenordnung vorsieht, ist nichtig.

Vgl. § 20 HG.

Alphabetisches Sachregister.

Die Ziffern bedeuten die Seiten.

Druck von Rudolf Vierthaler, Wernigerode.

Kolibri 360 GmbH
Ferdinand-Jühlke-Straße 7
99095 Erfurt, Deutschland
produktsicherheit@kolibri360.de